贯彻落实教育规划纲要，推进教育体制改革

国际教育政策与发展趋势年度报告2016

北京师范大学国际与比较教育研究院　组编

北京师范大学出版集团
BEIJING NORMAL UNIVERSITY PUBLISHING GROUP
北京师范大学出版社

图书在版编目(CIP)数据

国际教育政策与发展趋势年度报告 2016 / 北京师范大学国际
与比较教育研究院组编 . —北京：北京师范大学出版社，2018.3
（2020.12 重印）

（教育部哲学社会科学系列发展报告）

ISBN 978-7-303-23744-9

Ⅰ. ①国… Ⅱ. ①北… Ⅲ. ①教育政策－研究报告－世界－
2016 ②教育事业－发展－研究报告－世界－2016 Ⅳ. ①G51

中国版本图书馆 CIP 数据核字(2018)第 099000 号

营 销 中 心 电 话 010-58802135　010-58802786
北师大出版社教师教育分社微信公众号　京师教师教育

GUOJI JIAOYU ZHENGCE YU FAZHAN QUSHI NIANDU BAOGAO 2016

出版发行：北京师范大学出版社　www.bnup.com
　　　　　北京市西城区新街口外大街 12-3 号
　　　　　邮政编码：100088

印　　刷：北京京师印务有限公司
经　　销：全国新华书店
开　　本：787 mm×1092 mm　1/16
印　　张：32.75
字　　数：590 千字
版　　次：2018 年 6 月第 1 版
印　　次：2020 年 12 月第 2 次印刷
定　　价：118.00 元

策划编辑：陈红艳　　　　　责任编辑：戴　轶　肖　寒
美术编辑：李向昕　　　　　装帧设计：李尘工作室
责任校对：段立超　丁念慈　责任印制：马　洁

前　言

　　扩大教育对外开放是我国教育改革和发展长期坚持的战略方针。要落实好这一战略方针，就需要我们更加及时和深入地把握世界教育改革与发展的大势，从各国面临的教育问题与相关对策中汲取可资借鉴的经验和教训。

　　北京师范大学国际与比较教育研究院在半个多世纪的发展中，始终及时追踪各国教育政策的动向，20 世纪 90 年代以后又开始加强对国际组织教育政策的研究，出版了一大批高水平的论文、著作和政策咨询报告，有力地推进了比较教育学科的发展，也为政府教育决策和区域教育改革提供了高质量的咨询服务。2009年起，我院开始承担北京师范大学设立的社会科学数据平台与政策咨询项目《国际教育政策与发展趋势报告》。2011 年，我院申报的《国际教育政策与发展趋势年度报告》获教育部社会科学司"教育部哲学社会科学发展报告"培育项目立项，并先后出版了《国际教育政策与发展趋势年度报告 2013》《国际教育政策与发展趋势年度报告 2014》和《国际教育政策与发展趋势年度报告 2015》，以北京师范大学国际与比较教育研究院的研究队伍为基础，同时得到兄弟院校专家同仁的大力支持，初步探索出及时、准确、简明地概览国际教育政策与发展趋势的呈现形式。

　　《国际教育政策与发展趋势年度报告 2016》主要介绍和分析 2014 年 7 月至2015 年 12 月世界主要国家和地区在教育领域颁布的重要法律法规、研究报告、教育规划及国际会议的宣言、决议、行动计划等。《国际教育政策与发展趋势年度报告 2016》由高益民教授主编，是团队合作的结晶。具体国别分工如下：

　　第一章 综述：胡瑞（华中农业大学）、刘宝存（北京师范大学）

　　第二章 美国：林杰（北京师范大学）、冯庚祥（北京师范大学）、晁亚群（北京师范大学）

　　第三章　英国：王雪双（北京体育大学）、王小栋（北京理工大学）、赵博涵（北京学而思网校）、程媛（陕西省图书馆）、王璐（北京师范大学）

　　第四章　法国：刘敏（北京师范大学）、张自然（北京师范大学）

　　第五章　德国：石玥（中国人民大学）、孙进（北京师范大学）

第六章 俄罗斯：刘晓璇（北京师范大学）、徐娜（北京师范大学）、王贺（北京师范大学）、肖甦（北京师范大学）

第七章 日本：王希彤（北京师范大学）、

第八章 韩国：姜英敏（北京师范大学）、李昕（北京师范大学）

第九章 印度：杨明全（北京师范大学）

第十章 东南亚：王文靖（国家教育行政学院）、廖亚兰（杭州市丁荷小学）、常甜（华南师范大学）、李玲（北京华图宏阳教育文化发展股份有限公司）、张素雅（仲恺农业工程学院）、王格格（华南师范大学）、马早明（华南师范大学）

第十一章 拉丁美洲：胡昳昀（北京师范大学）、秦毛毛（北京第二外国语学院）

第十二章 大洋洲：马健生（北京师范大学）、田京（杭州电子科技大学）、王杨楠（北京师范大学）

第十三章 非洲：万秀兰（浙江师范大学）、张燕军（浙江师范大学）、张玉婷（浙江师范大学）、汤春红（浙江师范大学）、钟颖（浙江师范大学）、吴书敏（浙江师范大学）

第十四章 国际组织：滕珺（北京师范大学）、沈蕾娜（首都师范大学）、乔鹤（首都师范大学）

在统稿过程中，本书得到了罗怡雯、王希彤以及其他北京师范大学国际与比较教育研究院在校研究生的大力协助，在此表示感谢！

由于编者水平有限，错讹之处在所难免，恳请读者批评指正。

《国际教育政策与发展趋势年度报告》项目组

2017 年 12 月

目　录

总 论 篇

第一章　国际教育政策与发展趋势综述

　　当今世界，全球化进程加快，知识经济高速发展，国际竞争空前激烈，人才与科技始终是国际竞争的焦点，教育已然置身于国家经济振兴、社会发展的战略核心地位。近年来，新一轮的全球教育改革浪潮正在兴起，"信念""坚守"与"创新"成为国际教育政策与发展的内核。教育改革的"信念"依然反映着不同类型教育参与者的美好夙愿：教育体现人类共同价值，反映"全球共同利益"，培养成功的个体，呈现自由、平等、理解与尊重的愿景。教育改革的"坚守"主要体现在追求公平的教育、高质量的教育、安全的教育、拥有高水平教师的教育、培养优质毕业生的教育等方面的坚持与改进。教育政策的"创新"则主要由新时期、新问题而引发，集中体现为发展公民教育、情感教育以应对恐怖主义蔓延给教育带来的冲击；高校进一步走出象牙塔，与政府、企业形成"三螺旋"结构，且不断加强三者的相互依赖关系；数字化时代推动教育转型，"互联网＋"时代的到来给教育带来的机遇和挑战需要新的政策措施予以应对。

>> 第一节　世界各国教育面临的挑战与冲击 <<

　　当前，经济全球化和信息网络化影响着社会生活的各个领域，许多教育问题已经逐渐跨越地域和时间，成为众多国家普遍遇到并渴求解决的现实难题。教育活动一方面受制于所在国家发展形势和整体规划，另一方面又面临国际竞争压力和冲击。随着教育规模的扩大，教育内部也不断滋生出一些新的弊端和矛盾。综合来看，尽管不同国家的教育事业具体情况和所处的发展阶段不同，2014—2015 年依然存在一系列共性问题，对世界教育产生冲击和影响：一是恐怖主义外延冲击和谐教育秩序；二是传统校园安全问题尚未有效缓解；三是优质师资队伍供给仍显不足；四是高质量教育目标的达成困难重重；五是教育公平的实现尚需逾越鸿沟。

一、恐怖主义外延冲击和谐教育秩序

　　恐怖主义以其复杂性和国际蔓延特征深刻地影响着国际局势，也成为挑战传统价值观的重要因素。因此，教育工作者有责任思考文明社会当中冲突的源头是什么、可能的出路在哪里、如何促进教育世俗性原则的传播、"公民教育和文化认同"如何展开等一系列问题。

　　首先，恐怖主义蔓延对理想、信念和价值观教育提出挑战。恐怖主义蔓延给

欧洲国家的教育带来了直接而剧烈的冲击和影响。2015 年丹麦和法国相继发生的恐怖主义袭击震惊国际社会,事件严重背离了法国言论自由、信仰自由、教育世俗化原则等核心价值观,促使法国政府通过加强公民教育宣传、普及法国核心价值观理念。文明社会中剧烈动荡的诱因在哪里?如何解决?法国对此提出促进教育世俗性原则和传播"共和国价值观""加强公民教育和文化认同""减少不平等和社会融合""高等教育及科研领域的动员"等方式,以期缓解冲击。

其次,"激进主义"给文化间理解与融合带来了新难题。欧盟明确将恐怖主义外延归结为"激进主义"危机引发的一系列社会问题,"激进主义"表现为对现存社会的组织和运作方式怀有强烈的不满及否定态度,希望对社会进行根本性的即时改变。欧盟认为,改善"激进主义"危机的策略包括建立通过教育提升欧洲价值观的新行动计划;以公民价值观为核心的国际交流与合作;增加高等教育体系外的青年人参与交流的机会等。欧委会教文委员蒂博尔·瑙夫劳契奇(Tibor Navracsics)在 2015 年 3 月 17 日巴黎举行的欧盟各国教育部长会议上表示,"我们将共同致力于促进言论及思想自由、社会融合以及相互尊重,打击挑衅上述价值的任何行为"①。他呼吁各成员国思考如何通过各类交流项目促进和倡导共同价值观,如何通过教育及青年政策倡导欧洲共同价值观如个人尊严、言论自由、民主平等和法治等,认为这是欧洲教育和青年政策的基石。欧盟通过"新伊拉斯谟计划"项目促进学生的跨境流动,促进不同文化间理解与融合,并向志愿者、青年人尤其是高等教育体系以外的青年人提供交流机会,"新伊拉斯谟计划"在促进移民背景学生及青年融入所在地教育体系方面发挥了重要作用。

最后,传统教育国际化渠道无法适应新形势。从本质上看,教育现象及问题离不开对于政治、经济等外部环境的依赖。国际政治格局是教育政策制定的重要背景,2015 年恐怖主义等影响政局,进而潜在并深刻影响着教育。自 2014 年年初以来,克里米亚公投入俄、乌克兰东部局势激化、马航波音 777 坠机等一系列事件使得俄罗斯联邦与西方国家的关系日益恶化,俄罗斯联邦与西方国家开始了制裁与反制裁的斗争。新的国际政治与经济局势带给俄罗斯联邦的挑战同样将影响其教育走向,"爱国主义"成为教育领域的热词。一方面,教育政策需要专门为克里米亚保留空间,以便这个地区的教育体系能够顺利地融入整个联邦的教育体系;另一方面,俄罗斯联邦也更为积极地寻求与同盟国家和邻国之间的合作,以期从这里拓宽教育国际化的道路。

---

① European Commission. Tackling Radicalization Through Education and Youth Action[R/OL]. http://ec. europa. eu/programmes/erasmus-plus/documents/fact-sheet-post-paris_en. pdf,2016-03-25.

二、传统校园安全问题尚未有效缓解

"无危则安，无缺则全。"安全和谐的校园是学生健康成长的基石，然而传统校园安全问题并没有得到有效缓解。依据 2014 年 7 月至 2015 年 12 月世界不同国家和地区教育政策中反映的安全问题，校园暴力、校园欺凌、网络欺凌、非正常辍学等依然是制约和谐校园建设的隐患。美国、英国、法国、日本和墨西哥等国分别从不同角度提出了对传统校园安全问题的担忧。英国教育部认为，欺凌是个体或群体施加的、反复的、意在伤害其他个体或群体的身体上或情感上的行为。欺凌往往出于对某特定群体的偏见，如种族、宗教、性别、性取向等，儿童间实际的差别或感知的差别可能诱发该类事件发生。英国从国家层面、校园层面、家庭层面全方位地为欺凌行为制定一系列的应对策略，给学生营造安全、舒适的学习氛围。

在法国，校园暴力有集中发生的态势，已成为教育部改善学校环境关注的重点问题之一。校园暴力行为受地域、社区与学校文化等因素影响，40% 的校园暴力都发生在 10% 的初中和高中。法国教育部统计数据显示，当前校园暴力与学校类型、性别、地域有着极高的相关性。在 2013—2014 学年，法国初中、普通高中的暴力事件从性别特征上看，施暴者 76% 为男生、24% 为女生，男生涉及严重暴力事件的比重比女生高 2.6 倍。数据同时显示，校园暴力的主要组成为人身伤害（79%）和财产伤害（9.1%），具体为语言暴力占 41%、肢体暴力占 30%；此外，其他暴力行为如毒品及酒精消费、交通违规或携带武器占全部暴力行为的 11.6%。[①]法国现已将缓解并消除校园暴力作为教育政策的焦点之一。

墨西哥发布的《T 计划》（国立高中社会情感培养计划）主要培训对象是墨西哥 32 个州公立高中学校管理者、教师及在校学生，学生年龄在 15～18 岁。然而，参与 2014—2015 学年培训的学生平均辍学率为 15.6%，这些学生所在学校普遍存在因暴力、怀孕和吸毒而导致辍学的现象。[②]

在基础教育阶段，2016 年美国的一项全国调查表明，美国 10～15 岁的孩子中有 38% 被欺凌过的孩子对他们最近在学校经历的最严重的欺凌感到非常不安。[③] 2015 年 2 月对美国中西部随机抽取的一所中学进行的网络欺凌调查显示，

---

① MENESR. L'ambition de la reforme du college pour l'allemand[EB/OL]. http：//www. pedagogie. ac-aix-marseille. fr/upload/docs/application/pdf/2015-05/cp _ - _ lambition _ de _ la _ re-forme _ du _ college _ pour _ lallemand. pdf，2017-03-24.

② Subsecretaría de Educación Media Superior. Programa Construye T 2014-2018[EB/OL]. http：//www. construye-t. org. mx/resources/DocumentoConstruyeT. pdf，2016-09-28.

③ CDC. Bullying Surveillance Among Youths[EB/OL]. https：//www. cdc. gov/violencepre-vention/pdf/bullying-definitions-final-a. pdf，2016-06-04.

大约34％的学生经历过网络欺凌。当被问及调查前的一个月他们所经历的网络欺凌类型时，网上伤害性的评论(12.8％)以及网上散布谣言(19.4％)仍然是最常被提及的，电话恐吓(12.8％)与网络恐吓(10.1％)紧随其后。① 在2013年的一项全国调查中，20％的高中学生在调查前一年中因为财物问题受到欺凌，据估计，受到网络欺凌的高中学生占15％。② 2013年，根据"学龄儿童健康行为"(The Health Behavior in School-aged Children，HBSC)的调查数据，5~10年级每月受2~3次欺凌的学生最常受到的欺凌是语言欺凌和谣言传播。女生受欺凌比重呈上升趋势，男生受欺凌比重则几乎一直呈现平稳上升趋势，在11年级有微小下降；在整个3~12年级阶段，男生的欺凌发生率一直高于女生。③

"初一断层"是日本校园安全问题导致的教育乱象。校园欺凌、暴力行为、需要日语指导的外籍学生的增加、需要应对多样化的学生需求等，给日本中学带来一系列难题。近年来，校园欺凌、虐待贫困儿童被列为日本学校面临的重要教育问题。适龄儿童升入初一后，欺凌事件、不登校(由于心理抵触而拒绝上学)、暴力行为等现象大幅增加。日本将学生从小学进入到中学后对于新的学习和生活环境不适应所造成的不登校现象称为"初一断层"。这对日本道德教育课程改革中的道德教育提出挑战，不仅是为了解决校园欺凌问题，而且是为了培养学生在面临各种困难状况时的应对能力。其中，对于社会所关心的校园欺凌问题，一是要培养学生敢于直面困难的坚强与高尚的品德，二是要培养学生对生命尊重的精神，逐步促进自我认同感的提高、同情心和助人为乐精神的养成。

三、优质师资队伍供给仍显不足

高质量、结构优化的师资队伍是保障教学质量和人才培养质量的前提和基础，为应对国际竞争、满足社会经济及高科技发展等对人才的需求，世界各国高度重视培养师资队伍，特别是教师教育教学水平的提升。目前，优质师资队伍的缺乏以及后续储备不足、整体素质难以达到预期等一系列问题尤为突出，主要表现为教师学历普遍偏低、任职期间缺乏技能培训、待遇欠佳引发的人员流失及思想不稳定、受教育者的多元文化背景给教师带来的诸多挑战等。

首先，教师难以满足多元文化教育对象的教育需求。不同文化背景的学生不仅在他们已经获得的知识和技能上有所不同，而且他们解决问题的策略也有所不

---

① CDC. 2015 Cyberbullying Data[EB/OL]. http：//cyberbullying. org/2015-data，2015-05-01.

② CDC. Understanding Bullying [EB/OL]. http：//www. cdc. gov/violenceprevention/pdf/bullying _ factsheet. pdf，2016-05-31.

③ S. P. Limber，D. Olweus，H. Luxenberg. Bullying in U. S. Schools：2012 Status Report [EB/OL]. http：//www. violencepreventionworks. org/public/index. page，2014-05-19.

同。然而，教师在语言、文化理解、文化认同、教育方式方法等方面很难做到与之相适应。经济合作与发展组织（OECD，以下简称经合组织）在 2015 年 11 月发布的报告《学校中的移民学生：迈向缓和的融合之路》（*Immigrant Students at School：Easing the Journey towards Integration*）中，对各国的移民教育政策提出了指导性策略。经合组织调查了移民学生的教育期望和归属感以及移民对于子女学业发展上的困惑与无助，认为各国需要为学校的领导和教师提供跨文化教学和语言培训；为教师提供有关形成性评价的培训，使教师调整教学以满足学生个性化学习的需要；为在薄弱学校工作的教师和学校领导提供奖励措施，包括在职培训、经济奖励和专业认可等，以满足多元文化教育对象的教育需求。①

其次，从能力结构上看，拔尖人才培养挑战现有师资质量。以德国为代表的发达国家，师资困难主要表现为高水平师资力量供给不足。德国围绕高层次人才培养问题进行研究，认为目前的师资在达到标准教学法方面仍显欠缺，政府出台的《教师教育标准：教育科学》以及《各州通用的对教师教育的学科专业和学科教学法的内容要求》就是对这些具体问题的应对。与德国类似，法国的学生学业失败现象也被部分归咎为高水平师资的不足。为了应对学业失败，"一起跟上学业"的口号虽然是从加拿大魁北克省来的舶来品，但是在具体政策上对师资提出了要求：改进教师基础培养和在职培训中的教学实践，帮助其观测和预防课堂内学业的失败；改善为教师服务的网络课程，丰富教师资历。

最后，从数量上看，师资队伍流失严重。社会经济地位不高、教师队伍流失、供给不足以及学历偏低是长期困扰柬埔寨教师队伍发展的桎梏。2013—2014年，每年离开柬埔寨教育行业的教师的数量已超过 2000 人，且每年呈现出增长趋势（2012 年的数量为 2017 人，2013 年增长到 2137 人）。与此同时，每年新入职与接受培训的教师却仅有 5000 人左右，并且中等教育水平阶段的教师流失率也在不断提高。② 严重的教师供给不足以及未达标的师生比例极大地影响了学校的教育质量。目前，柬埔寨教师行业中获得学士学位的人数每年仅以大约 2% 的速度增加，这意味着如果没有一项大胆的政策干预，到 2020 年持有学士学位的教师人数只能达到总数的 28%；教师的社会经济地位偏低，教师的薪酬仅仅是私人部门具有同等教育水平和技能资格的其他专业人员的 60%。③ 许多教师被迫寻找另一份工作，凭借微薄的薪酬来贴补家用，这大大地降低了他们工作的效率

① OECD. Immigrant Students at School：Easing the Journey towards Integration［R/OL］. http：//www. oecd. org/education/Helping-immigrant-students-to-succeed-at-school-and-beyond. pdf，2016-02-21.

② Ministry of Education，Youth and Sport. Teacher Policy Action Plan［EB/OL］. https：//drive. google. com/file/d/0B1ekqZE5ZIUJbEVSSzhoSFZOaVU/view？usp＝drive_web，2015-12-05.

③ Ibid.

以及在周边社区的整体社会地位。与此同时，教师入职后，接受专业教育的机会很少，这使教师的职业生涯成长与发展的路径受限，因此教师无法成为大学生的未来职业选择之一。面对以上在教师教育领域所出现的种种问题与挑战，柬埔寨教育青年与体育部决定有针对性地对教师职业生涯规划与发展进行大胆的干预。

在日本，教师资质能力的提高不仅是教育政策中的重大课题，而且是内阁全体成员面临的重大课题。教师大量辞职和大量聘用的现象，致使日本传统上由经验丰富的教师对新教师在教育实践中进行的知识和技能传承无法延续，能够对年轻教师进行经验指导的中层以上的教师人数也降至近 30 年来最低值。根据 2015 年学校教师统计调查显示，中学经验年数未满 5 年的教师在所有中学教师中所占比重最高（约 20％），大概是具有 11 年到 15 年的经验的中层阶段教师的 2.5 倍。①因此，在 2014 年 7 月内阁总理大臣主持召开的教育再生实行会议第五次发言会议上，确立了培养具有自学精神、高意志力、高质量的教师的方针。在 2015 年的第七次发言会议上，提出了为培养实践教育革新的教师，积极推进教师培养、聘用、研修制度的改革议案。

四、高质量教育目标的达成困难重重

2014 年，联合国教科文组织（UNESCO）第 11 次《全民教育全球监测报告》中对全球教育的基本情况进行了总括："世界上大多数国家已经把受教育权载入宪法，因此越来越多的儿童有机会接受教育"，"但是，受教育机会还不充足，教育质量不高的问题仍然十分严峻"。② 众所周知，高质量教育的稀缺将限制社会进步，引发经济增长缓慢、就业机会减少以及社会凝聚力欠缺等问题。然而，目前全世界仍有大量适龄儿童不具备基本的知识储备与能力，即便是发达国家也受到教育质量非均衡发展的困扰，高质量教育目标的实现尚有较大距离。

在基础教育领域，全世界初等教育的质量不尽如人意。2014 年 11 月，联合国儿童基金会（United Nations of Children's Fund，UNICEF）发布《〈儿童权利公约〉颁布 25 周年：儿童生活在一个更好的世界吗？》指出，目前全球范围内，尚有 2500 万初等教育阶段的适龄儿童不具备基本的读写能力，部分国家师生比依然

---

① 文部科学省．これからの学校を担う教員の資質能力の向上についての一学び合い、高め合う教員育成コミュニティの構築に向けて一[EB/OL]．http：//www. mext. go. jp/component/b _ menu/shingi/toushin/ _ icsFiles/afieldfile/2016/01/13/1365896 _ 01. pdf，2015-12-21.

② UNESCO. The 2015 Global Monitoring Report (GMR)-Education For All 2000—2015：Achievements and Challenges [R/OL]．http：//www. unesco. org/new/en/media-services/singleview /news/the _ 2015 _ global _ monitoring _ report _ gmr _ education _ for _ all _ 2000 _ 2015 _ achievements _ and _ challenges/#. VrGW4dKl9OA，2016-02-13.

较低，不能满足高质量基础教育的需求。① 儿童就学的硬件设施令人担忧，有的国家的学生还坐在地上或在室外上课，没有洁净水、缺乏营养等现实困难严重制约教育质量的提升。

同样是在基础教育阶段，不可否认，美国的基础教育一直处于较好的发展态势，美国联邦各州在提高学生的毕业率、缩小学生的成绩差距上做出了卓有成效的努力。即便如此，美国仍有5%的中小学处于落后状态，学校处于低水平，学生得不到有效的帮助，很多学生不能顺利毕业，且这些学校中的弱势群体学生的学业希望渺茫，此类学校被称为"失败学校"。② 2015年，奥巴马政府的《每一个学生成功法》(Every Student Succeds Act，ESSA)针对以上问题设计并实施各项干预措施，力求为学生提供高质量的教育。

与美国的"失败学校"不同，个体"学业失败"是法国中小学教育质量提升的障碍。在2000—2012年经合组织的评估中，法国15岁中学生达到中等、良好及优秀的学生比例从84.8%下滑至81.1%。③ 法国教育部对中小学生的学业测试结果得出了和经合组织类似的结论：未掌握基本法语能力的小学毕业生约占12%，而到了初中四年级未掌握基本法语能力的学生则飙升至25%。④ 针对"学业失败"的冲击，2014年，法国教育部先后提出三项新计划——动员全体(mobilisation de tous)、预防学业失败的选择(choix de la prévention)、获取职业资格的新渠道(une nouvelle chance pour se qualifier)，力图在改善甚至是遏制"学业失败"上有所作为。

日本进入了少子化时代，直接制约了高等教育的生源质量。在日本，适龄入学群体的减少使得大学入学选拔的状况由曾经激烈变得逐渐平缓。在目前生源不充足以及大学入学选拔状况的影响下，高中教育培养的学生质量不尽如人意，未能达到以往大学入学选拔对于生源的要求。大学常常抱怨，大部分高中生只具备了基本的知识和技能，而对基本知识和技能的活用能力，自己发现问题并解决问题的思维能力、判断能力和表现能力以及与他人合作的能力则较为欠缺，甚至许

---

① UNICEF. 25 Years of the Convention on the Rights of the Children[R/OL]. http：//www. unicef. org/publications/files/CRC _ at _ 25 _ Anniversary _ Publication _ compilation _ 5Nov 2014. pdf，2016-03-25.

② The Executive Office of the President. Give Every Child a Fair Shot[EB/OL]. https：//www. whitehouse. gov/sites/default/files/docs/esea _ white _ house _ report _ . pdf，2016-05-18.

③ OECD. L'éducation aujourd'hui，la perspective de OECD[EB/OL]. http：//www. oecd-ili-brary. org/fr/education/resultats-du-pisa-2012-l-equite-au-service-de-la-reussite-volume-ii _ 97892642 05321-fr，2017-03-24.

④ La DEPP. Cedre 2003-2009-2015- Maitrise de la langue en fin d'école[EB/OL]. http：//www. education. gouv. fr/cid57052/cedre-2003-2009-2015-%E2%80%93-maitrise-langue-fin-ecole-eca rt-creuse-entre-filles-garcons. html，2017-03-24.

多高中生在基础知识与基本技能都未掌握牢固的情况下就进入了大学。因此，如何提高教学质量，保证学生通过高中教育掌握共通的学力等，构成了日本基础教育的难题，也成了日本高等教育极为关注的问题。

成人教育及培训的问题依然突出，根据经合组织国际成人技能评估（PIAAC）的调查结果显示，应届毕业生中，10％的人读写能力非常差，14％的人计算能力非常差。在完成高中学业前就辍学的学生中，超过 40％ 的人读写能力和计算能力都非常差。① 此外，太多青年人中途辍学，也无工作经验。即便是拥有出色技能的青年人也很难找到工作。许多公司觉得雇用没有劳动力市场经验的员工太昂贵。实际上，青年人失业率可能是处于黄金年龄段的成人的两倍。

欧洲的成人教育与培训状况也不尽如人意。欧盟基于对 32 个欧洲国家（除欧盟成员国外，冰岛、列支敦士登、挪威和土耳其也被列入研究范围）和 35 个不同的教育体系（部分国家按不同语言区采取不同教育政策）的调查研究，于 2015 年 2 月发布《欧洲成人教育与培训：拓展学习准入机会》（*Adult Education and Training in Europe：Widening Access to Learning Opportunities*）报告。该报告回顾了欧洲成人教育与培训的问题，指出在调研国家当中，有 1/5 的成人具有较低的读写和计算能力；近 1/3 的成人掌握较少的甚至没有掌握任何计算机技能；现有的终身学习体系无法满足巨大的成人教育与培训需求。② 法国教育部的统计结果也反映了这一紧迫状况：法国每年有 14 万名青年人脱离教育体制，无法获得职业能力证书（Certificat d'Aptitude Professionnelle，C. A. P. ）、职业学校毕业证书（Brevet d'Études Professionnelles，B. E. P. ）与法国中学毕业证书等值的职业资历证明，现阶段法国有 62 万名 18～24 岁青年人置身所有的教育机构之外，造成严重的社会影响。③

五、教育公平的实现尚需逾越鸿沟

教育是一项基本人权，是一项可行使的权利，为实现这一权利，国家必须确保普及全纳、公平、优质的教育。教育公平反映了教育资源的分配问题，包含了受教育者接受教育的起点、过程和结果的公平。同时，教育应以人类个性的全面发展，促进相互理解、宽容、友谊与和平为目标。这需要全社会共同努力，民间

---

① OECD. OECD Skills Outlook 2013—First Results from the Survey of Adult Skills［DB/OL］. http：//skills. oecd. org/OECD _ Skills _ Outlook _ 2013. pdf，2016-03-21.

② European Commission. Adult Education and Training in Europe：Widening Access to Learning Opportunities［R/OL］. http：//eacea. ec. europa. eu/education/eurydice/documents/thematic _ reports/179EN. pdf，2016-03-21.

③ Ibid.

团体、私营部门、社区、家庭、教育者、青年和儿童在实现公平教育方面都发挥着重要作用。然而，现实中教育公平发展面临诸多困境：一是发达国家主要面临学业平等的挑战；二是发展中国家面临性别、经济发展不平衡等引发的受教育机会公平等问题；三是移民学生空前增多带来的教育公平困境；四是包括残疾儿童在内的特殊群体普遍面临的教育公平挑战。

"儿童的权利"曾在 1989 年以《儿童权利公约》的形式予以保护，25 年后，联合国儿童基金会再次通过《给每个儿童公平的机会》这一报告警示世界各国关注下一代接受公平、优质教育的问题。报告阐述了贫穷和不公在部分国家和地区存在代际循环的残酷现实，处境不利的儿童，包括贫困儿童、残疾儿童、移民、少数族裔、难民等群体，无法享有充分的权利，且儿童的受教育权及其他基本权益未得到有效保障。① 甚至于，在联合国儿童基金会公布的《世界儿童状况 2015：重新想象未来》中的数据显示，仍有数百万儿童面临着生存问题、温饱问题以及不公平对待等困境。②

首先，基于性别的教育不平等现象依然是传统顽疾。女子教育包括女童和妇女教育两个层面。在非洲，女童入学率低、辍学率高和男女教育性别差异大等问题突出。依据联合国教科文组织发布的《全民教育全球检测报告（2013—2014）》的测算，到 2020 年底，在撒哈拉以南非洲的农村地区，预计仅有 23% 贫困家庭的女童能完成初等教育；在非洲大陆有超过 75% 的女童能够上学，但却仅有 8% 顺利毕业。③ 报告指出，女童辍学的原因包括早婚早孕，在学校和周围地区受到性别暴力，家庭贫困，家务琐事繁重，缺乏性别适宜的学习内容和环境等。性别刻板模式（gender stereotypes）则是东南亚国家对于教育中的性别不平等现象的表述。2015 年，第二届东盟部长会议也表达了对这种文化态度和教育系统不平等的担忧，指出教育改革要立足于改变这种男女不平等的现状，改变性别刻板模式，追求男女权利的平等。

其次，移民、难民普遍面临教育不公待遇。据经合组织成员国统计，2015年，进入欧洲难民数量远多于"二战"以来的任何时期。④ 然而，现存的学校教育体系不能适应甚至是无法解决移民的社会融入问题。从 2012 年经合组织国际学

① UNICEF. For Every Child, a Fair Chance[R/OL]. http：//www.unicef.org/publications/index_86269.html，2016-03-20.

② UNICEF. The State of the World's Children[R/OL]. http：//www.unicef.org/publications/files/SOWC_2015_Summary_and_Tables.pdf，2016-03-20.

③ UNESCO，UNGEI. EFA Global Monitoring Report(2013-2014)[R/OL]. http：//www.unesco.org/images/0022/002266/226662e.pdf，2016-03-22.

④ OECD. Immigrant Students at School—Easing the Journey towards Integration[EB/OL]. http：//www.oecd.org/education/school/，2016-02-21.

生评估项目(PISA)的结果看，由于经济地位卑微、社会融入困难等问题，导致移民学生的劣势背景使其更容易在"低轨"结束学业，与非移民学生比较成绩明显落后，与此同时，语言和学习障碍对移民学生的学习水平的制约显著。通过实证调查，经合组织于 2015 年 11 月发布了《学校中的移民学生：迈向缓和的融合之路》报告，调查了移民学生的教育期望和学生的归属感，并且研究了最近欧洲国家欢迎移民进入自己国家的趋势，在此基础上专门探讨了难民教育问题和移民教育政策，对各国的移民教育政策提出了相应的建议。① 2015 年，难民教育问题困扰德国，德国超过一半难民不足 25 岁，其社会融入以及职业获得均依赖于教育。德国联邦教育与科学部认为德语学习课程、职业生涯的职业培训以及大学学习帮助是解决难民教育问题的核心挑战。

最后，收入和区域差别引发教育不公问题。以印度尼西亚为例，印度尼西亚中央统计局(BPS)2013 年全国社会经济调查显示，中下层家庭的印度尼西亚学生入学率只有 42.9%。同时，富人孩子获得教育的比重达到 75.3%。这说明教育不公问题严重。印度尼西亚省际、省内地区入学水平也均有差异。② 2013 年印度尼西亚教育和文化部的数据显示，仍有 9 个省的初中教育净入学率(32.5%)远远低于全国平均水平(76.6%)。③

>> 第二节　世界各国与主要国际组织教育改革 与发展的政策措施 <<

教育改革是推动教育发展与进步的重要方式之一，能否建立持续有效的教育体系，关系到国家的可持续发展动力以及核心竞争力的提升。为了赢得未来竞争的核心优势，许多国家都制定了面向未来经济社会发展和科技进步的教育战略规划，具体包括大力推进教育综合改革、大幅增加教育投入、增加各层次教育入学机会，促进高质量教师队伍的培养，提升职业教育对推动社会经济发展及促进就业的作用等。最终目标是实现高质量、公平的教育，力求向所有人提供高质量的教育，同时尊重学生的多样性，包括学习需求、能力特点、学习预期等，消除

---

① OECD. Immigrant Students at School：Easing the Journey towards Integration[R/OL]. http：//www. oecd. org/education/Helping-immigrant-students-to-succeed-at-school-and-beyond. pdf，2016-02-21.

② Direktorat Statistik Kesejahteraan Rakyat dan Direktorat Statistik Harga-Badan Pusat Statistik. Indonesia-Survei Sosial Ekonomi Nasional 2013 Kor Gabungan[EB/OL]. http：//microdata. bps. go. id/mikrodata/index. php/catalog/220，2016-02-02.

③ Amich Alhumami. Wajib Belajar 12 Tahun[EB/OL]. https：//lautanopini. wordpress. com/category/httpschemas-google-comblogger2008kindpost/page/10/，2016-02-12.

"一切形式的歧视"。

一、教育综合改革政策措施

当今世界教育发展状况呈现出许多历史上任何时期都从未有过的新特点，与之相对应的是教育理念的发展与变革也体现在了诸多的方面：从教育供给到教育需求、从学前教育到高等教育、从扫除文盲到培养拔尖人才、从精英教育到全民教育，终身教育成为一种现实的需要，就业与创业成为热点，"让每个学生都成功"深入人心，教育组织机构的健全与完善受到关注等。教育综合改革往往涉及一个国家或地区教育发展的多个领域，2014 年 7 月到 2015 年年底，世界许多国家出台了综合改革政策措施，促进教育事业的全面发展。

《每一个学生成功法》既是美国的基础教育法令，也是涉及美国教育事业发展全局的综合改革法。法令除了深入全面阐述基础教育的理想、目标与措施等，还在培训和招聘优质教师和校长、大力促进学前教育、提升和加强特许学校计划和"磁石学校"项目、加强对英语学习者和移民学生的语言教育、支持乡村学校及美国印第安人和阿拉斯加土著学生等诸多方面都有明确规定，起到综合性、全面推进改革的作用。

以巴西、智利为代表的南美洲国家也相继出台了教育综合改革政策。巴西政府于 2014 年 6 月通过了《国家教育规划》(*Plano Nacional de Educação*)法案，从宏观层面制定了国家教育未来 10 年发展目标，重点关注了普及学前教育、消除文盲和高层次人才培养等方面。例如，规划明确提出，到 2024 年消除 15 岁及以上年龄人群中的文盲，每年毕业 6 万名硕士研究生和 2.5 万名博士研究生，以及截至 2016 年年底在 4～5 岁的儿童中普及学前教育等。①智利教育部于 2015 年正式实施的《教育改善计划》(*Plan de Mejoramiento Educativo*，PME)强调计划实施的全面性和可持续性，且注重从教育需求的角度全面提高学生的学习能力，具体策略则包括对学校教学和管理能力的综合性培训。计划的具体目标层次首先是促进学校的反思、分析、规划、实施、跟踪、自我测评；其次是根据学生培训需求，在全国范围内推动课程学习；最后是全面推进教育机构和教师管理的发展，从而提高教育机构的教学质量。

新西兰秉承教育政策的延续性，在《加速成功战略 2013—2017》(*Accelerating Success 2013—2017*)和《高等教育战略 2014—2019》(*Tertiary Education Strategy 2014—2019*)等战略的基础上，于 2015 年 10 月发布了《教育部年度报告 2015》(*The Ministry of Education Annual Report* 2015)，报告围绕儿童早期教育、中

---

① 徐星. 巴西推出新十年教育规划[J]. 上海教育，2015(6)：44.

小学教育、高等教育与职业教育以及特殊教育的目标、措施及实现路径展开，认为教育在实现社会、文化及经济长期目标中有重要作用，并将新西兰未来教育发展目标确定为三大方面：促进教育系统与所有儿童的密切相关，"让每个学生都成功"，使新西兰人民拥有工作和生活所需的知识与技能。

2015 年 6 月，以促进非洲发展为主题的第二十五届非洲联盟峰会召开，发布了非盟《2063 年议程》，将教育领域的组织机构改革、经费保障、人力资源提升以及非洲区域一体化等作为推进非洲教育改革的重点。会议决定成立"非盟专业技术委员会"（The African Union Special and Technical Committee，STC）作为教育指导、管理和协调的专门组织，负责管理教育、科学和技术发展事务，围绕科技、创新等事务向非盟和各国政府提出建议，并同时负责制定政策，商定策略优先项，协调各方采取有效方法和策略，促进科技创新。

作为非洲的发达国家，南非锐意推动教育改革。南非的学校 R[①]-12 年级的教育，甚至于成人扫盲计划等均由基础教育部（Department of Basic Education，DBE）负责。南非新推出的"南非教育行动计划"中的改革更多地体现出综合改革的特色，关注于开发、维护和支持 21 世纪的南非学校教育体系，目标在于促进南非全民获得教育和培训的机会，大力发展终身学习，最终提高全民生活质量。

俄罗斯联邦于 2015 年 12 月 29 日发布了《2016—2020 年教育发展联邦专项计划》（简称《2016—2020 年计划》），确立了教育优先领域与核心"成长点"，教育目标将配合经济目标，协助完成俄罗斯联邦社会经济发展任务，这些"成长点"拟将有效和成功地运用财政资源。与此同时，《2016—2020 年计划》详尽地设置了目标、参考指数和预期成果等内容，同时还着眼于俄罗斯联邦各主体参与到实施教育发展优先方向的具体机制。

二、基础教育政策措施

基础教育是个体社会化的起点，从基础教育发展的价值取向上看，世界各国更加关注人的本体发展，人不再作为生产手段而是作为受教育者在个性、潜力等方面得到充分和自由的发展，正如联合国教科文组织总干事费德里科·马约尔（Federico Mayor）先生曾经指出的："发展过程首先应为发挥今天还有明天生活在地球上的人的一切潜力创造条件，人既是发展的第一主角，又是发展的终极目标"[②]。2015 年度最引人注目的基础教育改革法案，当属奥巴马政府的《每一个学生成功法》。随着美国各方对于《不让一个孩子掉队法》中"一刀切"问责制的质疑，

---

① R 年级指儿童在入读小学前还要接受学前教育一年，也叫 Reception Year，一般为 6 岁入学。

② 联合国教科文组织国际 21 世纪教育委员会工作报告．教育财富蕴藏其中[M]．北京：教育科学出版社，1996.

以及该法案未能给予教师、学校和州实现教育目标自主权等问题受到普遍诟病，2015 年 12 月 10 日，美国总统奥巴马签署了《每一个学生成功法》，正式取代《不让一个孩子掉队法》，这标志着联邦政府控制公立学校成绩的时代宣告结束，各州和地方学区重获公立学校的控制权，"继续了联邦对于美国学校的长期退避"①。新的法案将基础教育还权于各州和地方决策者，各州有权开发适合本地区实情的教育体系，减少冗杂的测试负担，为家长和教育者提供更加全面完整的信息，采取措施确保弱势学生和学校得到强有力的援助。

"中小学一贯制"是日本教育制度化改革的方向，是目标也是特色。2013 年 10 月，日本召开"教育再生实行会议"，出台了《关于日本中小学一贯制教育的制度化及综合推进方案》，就"中小学一贯制"的制度设计提出了具体的实施措施以及综合推进方案，包括创设实践中小学一贯制教育的新型学校、基于一体化的教育课程设计、教师资格证书的规定以及在中小学一体化过程中实现教育机会均等、对中小学一贯制教育进行评价等。方案特别强调了九年一贯制教育要保持系统性和联系性。②

在英国，2014 至 2015 年度基础教育改革的诱因是存在为数不少的"引起关注的学校"。"引起关注的学校"特指公立学校中教育质量和办学水平方面存在较大问题，被国家教育标准局评估评定为"存在严重问题"的学校。为了提升英国基础教育整体质量，2015 年 1 月，英国教育部发布了《引起关注的学校：地方当局法定指南》(*School Causing Concern：Statutory Guidance for Local Authorities*，简称《法定指南》)③。《法定指南》要求地方教育当局应该对于"需要做出很大改进的学校"和"需要特别措施的学校"进行干预。干预措施包括地方教育当局有权终止下放给学校董事会管理学校经费的权力；为学校董事会提供特殊指导与合作、建立联合体。同时，地方教育当局有权收回董事会管理经费的权力，并将此权力交给"临时执行委员会"。

面对中学生学业落后或辍学率上升，学业不平等持续拉大的严峻现实，法国试图采取三项措施：一是教育部于 2015 年 3 月 11 日全面开启初中教育教学课程内容和教学方法的双重改革规划，在改革规划下形成的创新教学课程大纲于

---

① 搜狐教育.《每一个学生成功法案》取代《不让一个孩子掉队法案》[EB/OL]. http：//learning. sohu. com/20160108/n433943813. shtml，2016-02-21.

② 文部科学省. 子供の発達や学習者の意欲・能力等に応じた柔軟かつ効果的な教育システムの構築について（答申）[EB/OL]. http：//www. mext. go. jp/b _ menu/shingi/chukyo/chukyo0/toushin/ _ icsFiles/afieldfile/2014/12/22/1354193 _ 1 _ 1 _ 1. pdf，2014-12-22.

③ Department for Education(UK). School Causing Concern：Statutory Guidance for Local Authorities [EB/OL]. http：//dera. ioe. ac. uk/21840/7/Schools _ Causing _ Concern _ Jan2015 _ FINAL _ 24Mar. pdf，2015-01-22.

2016 年 9 月在法国各所初中全面实施；二是针对中学生学业落后的问题，法国通过发布《知识、能力和文化的基础核心》，明确了每一位学生在 16 岁必须掌握的能力；三是为了缩小学业不平等差距，2015—2016 年，法国出台新一轮"教育优先区"的划分，并投资 3.5 亿欧元，以学业困难程度为依据促进教育资源的公平分配，改变以往盲目分配经费的乱象。①

与法国解决学业落后的"立地"式改革相比，德国体现出"顶天"的中小学生培养夙愿。2015 年 6 月，德国文教部长联席会议出台了《中小学尖子生培养资助方案》，为表现出色和有天赋的中小学生创造更好的学习条件，使其潜能得到充分发挥，让更多学生进入尖子生行列。该"培养资助方案"立足于学习成绩优秀和已经显露出天赋的中小学生，通过实行"充实课程"模式（Enrichment），为尖子生提供常规课程之外的学习内容；提供加速计划（Akzeleration），为学生制订较为紧密的学习计划，用较短时间完成规定时间内的正常学习要求，使他们可以提前入学、毕业；打造分组学习模式（Gruppierung）；成立中小学生研究院（Schülerakademie）以及国外交流项目等，充分发挥尖子生的才能和潜力。德国试图通过一系列措施满足这些学生的特定需求，尽可能为他们创造最完美的学习条件，设计出最适合他们的教学方案，使其学习能力得到进一步提高。

2015 年 1 月，印度尼西亚发布了"12 年义务教育计划"，该计划是印度尼西亚 2015—2019 年发展规划政策的重要组成部分。"12 年义务教育计划"规定，所有适龄儿童都必须上学，印度尼西亚政府有义务提供资金以及相应的设施。印度尼西亚将为 7～18 岁的适龄青少年儿童提供从小学至高中的 12 年免费义务教育，且这一政策制度将以法律形式予以保障，计划已于 2015 年 6 月开始全面实施。

基础教育始终是南非教育发展的重点，南非基础教育部推出了《2019 行动计划》，阐释了南非基础教育将以"儿童早期发展质量的提高"为首要目标，扩大儿童早期发展的途径，具体通过教师、课程、学校、社区、学生和政府部门等多维途径实现计划目标。此外，该计划的另一个突出亮点体现在拟将南非基础教育国家评估体系打造成世界级评估体系的雄心。

三、高等教育政策措施

毋庸置疑，高等教育在社会文化、经济发展以及赋予青年一代以新思想、知识和技能中的突出作用是无可替代的。然而，高水平高等教育供给与空前高涨的高等教育需求之间的矛盾较为突出；高等教育的民主化、普及化、终身化和信息

---

① MEN. Le socle commun de connaissances，de compétences et de culture［EB/OL］. http：//www. education. gouv. fr/cid2770/le-socle-commun-de-connaissances-et-de-competences. html，2017-03-24.

化等均有待改善；部分国家和地区高等教育的格局有待优化；高等教育的公平与质量问题受到持续关注，"高等教育一体化"发展策略有待改进，通过高等教育提升科研水平依然承载众望。因此，高等教育改革政策和措施的出台成为国际组织和各国关心的重要问题。

"合并"或"改组"成为2015年欧洲大学改革的新图景。2015年10月8日，欧洲大学协会(European University Association，EUA)发布《欧洲大学合并状况》报告，并首次发布"欧洲大学合并动态地图"。事实上，高等教育资源不足、办学经费减少助推了欧洲大学的合并或改组，欧洲大学协会希望通过该策略实现高效资源利用、形成规模效应，进而提升整体办学水平、推动大学国际排名大幅向前迈进。依据欧洲大学协会的统计结果，在过去的15年间，有超过100所欧洲大学进行合并和重组。[①]《欧洲大学合并状况》提出，合并应该始终将履行学术使命放在首位，在合并过程中，要充分考虑大学合并过渡期及之后所丧失的机会成本，即使在大学合并后，其获取经费模式是否具有可持续性也需慎重考虑。依据"欧洲大学合并动态地图"，欧洲大学协会对欧洲大学合并重组进行了分析评估，认为欧洲大学合并的常见原因包括对高等教育质量的追求(如科研和教学质量)、地理因素(如相邻大学的互补程度)、经济因素(如经费来源减少、加大办学资金筹措力度)或应对内外部变化(如避免重复设施建设)等，但其中经济因素起到主要作用。[②]

2015年3月27日，欧盟委员会发布了《欧洲高等教育现代化：入学、保持和就业 2014》(*Modernization of Higher Education in Europe：Access，Retention and Employability 2014*)。在高等教育改革层面，该报告提出了机会公平的政策措施，提高全民接受高等教育的比例，特别是父母未受过高等教育的子女群体。此外，男性公民接受高等教育的比例的提升也被列入该政策。[③] 法国注重提升高等教育的社会影响力，力图就系列高等教育问题在国内达成共识。为避免激进行为引发的高等教育乱象，法国国家科研署(Agence Nationale de la Recherche，A. N. R.)和法国大学研究院(Institut Universitaire de France，I. U. F)加强了对当代社会激进性问题研究的支持。此外，法国高等教育及科研部拟在科研经费上

---

① European University Association. Define Thematic Report：University Mergers in Europe [R/OL]. http：//www. eua. be/Libraries/publications-homepage-list/DEFINE _ Thematic _ Report _ 2 _ University _ Mergers _ in _ Europe _ final. pdf? sfvrsn＝2，2016-03-25.

② European University Association. About the Tool[EB/OL]. http：//www. university-mer-gers. eu，2016-03-25.

③ European Commission. Modernization of Higher Education in Europe：Access，Retention and Employability ［R/OL］. https：//webgate. ec. europa. eu/fpfis/mwikis/eurydice/index. php/Publications：Eury，2016-03-25.

引导性地支持上述相关问题的科研项目，建立良好的欧洲高校科研人员合作网络。

"非洲高等教育一体化"无疑是 2015 年非洲高等教育进程中的新思路。"为了非洲未来复兴高等教育"成为 2015 年 3 月达喀尔非洲高等教育峰会的主题。① 峰会旨在促成有共同愿景的机构携手改革非洲高等教育，力图从投资机制、建立示范性非洲高等教育、创新高等教育领域、教育干预措施等方面促进非洲教育改革。一体化改革中提出了一系列创新性思路，包括高等教育学科能力认定，分为非洲各国国家资格与学分框架（National Qualifications and Credit Framework，NQCF）、建立国家学分积累与转换系统（Credit Accumulation and Transfer Systems，CATS）、形成非洲资格与学分框架（African Qualifications and Credit Framework，AQCF）三个核心部分。② 此外，大学生就业、高等教育质量保障、研究与研究生教育、科学技术与创新发展等一揽子计划均被列入峰会探讨议题。

异曲同工的是，"一体化改革"也是 2014 年以来日本高等教育改革的思路。日本高等教育阶段"一体化改革"思想集中体现于 2014 年 12 月日本中央教育审议会提出的《关于实现新时代高中大学衔接的高中教育、大学教育及大学入学选拔一体化改革——为了所有年轻人的梦想发芽、开花》中。该方案着力推动高中大学一贯制，具体涉及高中教育改革、大学教育改革以及大学入学选拔的改革三个方面。报告明确地指出了新时代日本大学生应以具有"生存能力"与"扎实的学力"为目标；改革方略上，"高中大学衔接"改革中包含"大学考试"的改革，在保证入学者的多样性的基础上，确立公正的大学入学选拔标准；在教育内容、学习与指导方法、评价方法、教育环境方面，与高中教育相比高等教育应有根本的转变。③

马来西亚将提高教育质量列为高等教育的首要目标。2015 年 4 月 7 日，马来西亚总理纳吉布在吉隆坡发布《2015—2025 年马来西亚高等教育发展蓝图》（*The Malaysia Education Blueprint 2015—2025：Higher Education*）。蓝图明确指出，政府应为民众提供符合国际标准的高水平教育；高等教育的改革与完善需要社会各行各业共同参与，并与高校建立合作伙伴关系。政策实施规划为"三步走"：

---

① ADEA. Revitalizing Higher Education for Africa's Future ［R/OL］. http：//summit. trustafrica. org/，2016-01-05.

② ADEA. Harmonization of Higher Education in Africa or Why We Need to Hang in There Together. Association for the Development of Education in Africa，March 10-12，2015.

③ 文部科学省. 新しい時代にふさわしい高大接続の実現に向けた高等学校教育、大学教育、大学入学者選抜の一体的改革について～すべての若者が夢や目標を芽吹かせ、未来に花開かせるために～（答申）［EB/OL］. http：//www. mext. go. jp/b _ menu/shingi/chukyo/chukyo0/toushin/__ icsFiles/afieldfile/2015/01/14/1354191. pdf，2015-01-14.

2015 年，进一步全面推动高等教育发展；2016—2020 年，加快高等教育制度的改革与完善；2021—2025 年，提升高等教育体系的运作灵活性，迈向卓越教育。马来西亚的高等教育改革不仅得到国内的广泛支持，而且得到了欧盟在高等教育的质量保证、资格框架和信用转换系统等方面的大力支持。

四、职业与就业教育政策措施

就业与民生息息相关，就业状况对一个国家社会经济的发展有着十分重要的影响。高质量的职业教育能为就业市场提供高素质的劳动力，满足市场和商业发展的实际需求，增强国际竞争力。近年来，国际组织、区域性机构和各国认识到发展职业教育对推动社会经济发展及促进就业的重要作用，把发展和改革职业教育作为规划教育和培训体系的重要组成部分，重点关注了促进青年就业所需技能的培养；提升职业教育的形象和质量；为职业教育提供资金支持；增强受教育者技能提升效果；通过教育培训变革解决劳动力市场中技能不匹配等一系列问题。

国际组织对于职业教育及就业问题高度关注。联合国教科文组织 2015 年 11 月 4 日发布的《教育 2030 行动框架》中多次对职业教育及培训、发展中国家的职业教育发展、弱势群体职业技能习得等方面提出政策措施。行动框架包含三方面的具体任务：第一，到 2030 年，大幅度增加拥有相关技能的青年和成年人数量，这里所指的技能主要是与就业和职业获得相关的创业及职业技能；第二，职业技术教育与培训要成为全民终身学习的重要组成部分，且将职业培训以及信息通信技术的习得等作为发展中国家教育供给的重点；第三，职业培训应当作为实现教育公平的路径之一，通过职业教育与培训消除教育中的性别差异，确保残疾人、原住民和弱势儿童等弱势群体平等获取各级教育。

世界银行自 2012 年开始展开了"促进就业和生产力的技能（2012—2014 年）"(Skills Toward Employability and Productivity，STEP)的测试，主要测试职业技能培训对象的认知技能、非认知技能和职业技能三个维度。截至 2015 年，该项目已完成低收入和中等收入共 10 个国家的测试。结果显示，职业技能发展的前提条件是认知技能和非认知技能，职业技能的高低与高工资的获得直接相关。因此教育体系、培训计划和实习几乎都应该更加关注并加强这些技能。世界银行以测试结果为基础，进一步提出了多维度的职业技能战略框架：职业教育需要明确的学习标准、高素质的教师、充足的学习资源和适合正规学习的良好环境；培养工作真正需要的职业技能，从而提高劳动者的就业能力和工作效率；加强创新、创业教育；增强劳动力市场的流动，实现技能的供需匹配，从而解决职业教育对劳动力市场对技能需求的变化反应迟缓的顽疾。

围绕职业教育发展，经合组织先后发布《超越学校的技能：综合报告》和《技能展望 2015》两份报告。《超越学校的技能：综合报告》基于对韩国、丹麦、美国等 20 个国家的考察，强调了职业教育与培训体系对国家技能体系的关键性作用。报告提出要重视对职业教育与培训的整体形象的提升，职业技术教育质量的提升，一是要在职业教育与培训项目中系统地开展基于工作的学习（work-based learning）；二是职业教育与培训体系中的教师需要同时具备教学技能和与时俱进的行业知识与经验；三是确保受教育者获得基本的读、写、算技能，使之获得继续学习的基础，并顺利进入劳动力市场；四是经过有效评估获得资格证书；五是在专业教育与学术性高等教育之间建立起良好的衔接，以确保专业教育与培训学习的互促共进。

与《超越学校的技能：综合报告》相辅相成，经合组织的另一份报告《技能展望 2015》指出，2014 年失业或不接受教育或培训的青年非常多，职业教育应致力于促使年轻人成为国家资产而非潜在负担，具体措施至少包括五个方面：确保所有的青年人毕业时获得一系列相关技能；帮助应届毕业生进入劳动力市场；教育工作者和雇主可以一起合作，确保学生获取所需的各种技能，确保那些技能自青年人工作生涯开始就能得到应用；扫除青年人就业的制度障碍；通过公共就业服务机构、社会机构及教育与培训系统帮助难以进入或已退出劳动力市场的青年，促进青年人的技能与工作得到更好的匹配。[①]

面对持续低迷的就业市场，欧盟先后出台三项政策为成人教育与培训提供政策支持。首先，欧盟于 2015 年 2 月发布《欧洲成人教育与培训：拓展学习准入机会》（*Adult Education and Training in Europe：Widening Access to Learning Opportunities*）。报告认为，为了完善欧盟职业教育体系，应该保证职业教育和培训项目的充足供给，为成人提供接受获得认可的从业资格培训的机会，强化正规教育与非正规教育的流通性，加强公共就业服务（public employment service），重点对低水平或缺少从业资格的成人学习进行干预等多个方面。[②] 其次，《欧洲高等教育现代化：入学、保持和就业 2014》将促进毕业生就业作为主要任务，提出通过吸引雇主参与到高等教育课程开发和教学过程中；增加就业培训的人员配置，提供优质的就业指导；监测毕业生的就业情况，在高等教育绩效评价中设立与就业相关的质量评价指标等途径促进职业教育发展。最后，欧盟发布了《创业教育：通往成功之路》（*Entrepreneurship Education：A Road to Success*），报告指出，在

---

① OECD. OECD Skills Outlook 2015 ［R/OL］. http：//www.oecd-ilibrary. org/deliver/8714011 e. pdf？itemId＝/content/book/9789264234178-en&mimeType＝application/pdf，2016-02-21.

② European Commission. Adult Education and Training in Europe：Widening Access to Learning Opportunities［R/OL］. http：//eacea. ec. europa. eu/education/eurydice/documents/thematic _ rep orts/179EN. pdf，2016-03-21.

欧洲核心能力中，"创业力"是一种将观念转化为行动的能力，大力开展创业教育有利于受教育者未来的职业获得。① 创业教育的开展包括三个层次：首先，国家/地区层面要制订创业教育战略行动计划，并提供一定的项目资助经费；其次，机构变革层面，教育机构制定并实践创业教育的教学内容以及教学方法，如学校整体模式；最后，创业课堂层面，学校要为受教育者提供形式多样的创业教育课程。

2015 年，德国联邦职业教育研究所（Bundesinstitut für Berufsbildung，BIBB)发布了德国培训市场发展调查报告。数据显示，由于经济的繁荣以及企业和年轻人对职业教育和培训兴趣的提升，2015 年德国培训市场的发展好于预期，主要体现为培训岗位供给数增加，以及年轻人对双元制职业教育的参与度有所提升。但是，培训岗位的供给数增加的同时，在没有找到培训岗位的年轻人中，持有应用科学大学入学资格或者有高中毕业文凭的人数远超 2014 年，企业所提供的培训岗位与年轻人培训需求之间的不匹配问题没有得到有效解决。②

"使新西兰人民拥有工作和生活所需的技能与知识"是新西兰发布的《2015—2019 四年计划》(*Four Year Plan 2015—2019*)中的核心要义，该计划鲜明提出，从传承产业技能、推行青年保障项目（Youth Guarantee Project）和提高成年人的读、写、算能力等方面提升职业教育水平。

通过丰富、高层次的项目推动职业培训是澳大利亚职业教育的一大特色。澳大利亚教育与培训部致力于高等教育和职业教育改革，并将职业教育改革目标设定为提升培训质量、为学生就业做准备。2015 年设立了工业技能基金项目（The Industry Skills Fund Program），计划到 2020 年增加培训岗位设置，满足工作对高技能劳动力的需求。同时，澳大利亚于 2015 年 3 月设置青年员工通道（Youth Employment Pathways)项目，为 15～18 周岁的学生提供毕业前的三个月的职业培训，帮助他们顺利完成从学校到工作的过渡。此外，还通过国家劳动力发展基金（National Workforce Development Fund）、澳大利亚学徒计划（Australian Apprenticeships)、贸易支持贷款项目（The Trade Support Loans Program)、为工作做准备项目（The Job Ready Program)等支持职业教育的发展，增强学生的工作能力。

此外，非洲在《非洲教育发展协会的促进青年就业的职业技术培训计划》中提

---

① European Commission. Entrepreneurship Education：A Road to Success[R/OL]. http：//bookshop. europa. eu/en/entrepreneurship-education-a-road-to-success-pbNB0614225/？CatalogCategoryID＝QN4KABste0YAAAEjFZEY4e5L，2016-03-25.

② BIBB. MehrAusbildungsangebote, stabile Nachfrage, aberwachsendePassungsprobleme[EB/OL]. https：//www. bibb. de/dokumente/pdf/a21 _ beitrag _ naa-2015. pdf，2016-06-12.

出，拟将大力发展大学和技术学院，关注高等教育体系分层并加强技术与职业培训，提升能够满足区域发展要求的毕业生数量等。

五、教师教育政策措施

包容、公平、优质教育目标的实现有赖于高水平师资队伍，提高教师质量是国际社会关注的重要议题。围绕"提高教师质量""教师专业发展"和"教学专业化"的基本需求，各国针对本国教师教育发展和教师培养现状，采取了不同程度的政策支持，从教师选拔、培养、质量保障、行为监控和待遇保障等方面展开政策部署，重塑教师职业、吸引最优秀人才从教、提升教师综合素养、培养高水平教师、制定与完善教师专业标准体系等。

2014 年 12 月 15 日至 19 日，联合国教科文组织第七届国际政策对话论坛 (The Seventh International Policy Dialogue Forum)在摩洛哥举行，论坛主题为"2015 年后国际教育议程中的教师：与教师相关的政策、实践和工具"，重点关注了教师政策内容与实践、教师教育与教学创新以及教师的专业地位。[①] 为了进一步指导和帮助各国制定合理的教师政策，2015 年 11 月，联合国教科文组织发布了另一份题为《教师政策发展指南》(Teacher Policy Development Guide)的报告，该报告基于对个别国家的案例与相关文献的分析，以不同国别的政府政策、历史背景为依据，深入地剖析了教师政策发展与实施。该报告提出，合理的教育政策应该涉及教师选聘与保留；教师分配与宏观部署；教师的职前或在职教育与培训；职业结构和发展路径；教师雇用及其工作环境；教师的职责、奖励与薪酬待遇；学校高效合理的教师管理等方面。[②]

世界银行在 2015 年度主要通过三项措施促进教师教育的发展。首先，发布了《中东和北非地区教师政策综合调查：阶段一的主要结论》，报告详尽地提出了包括"吸引优秀人员从教"在内的八大促进教师发展的政策目标。[③] 报告同时指出，中东和北非地区应优先考虑教师的合理配置、在职前和职后培训中建立标准和规范从而促进教师切实有效的职业发展、加强校长的自主性并提高其领导力、

---

① UNESCO. Better Policies for Teacher Status and Training：Seventh International Policy Dialogue Forum [EB/OL]. http：//www. unesco. org/new/en/media-services/single-view/news/better _ policies _ for _ teacher _ status _ and _ training _ seventh _ international _ policy _ dialogue _ forum/back/9597/＃. V rxCe9Kl9OA，2016-02-13.

② UNESCO. Teacher Policy Development Guide [R/OL]. http：//202. 112. 81. 10/files/ 31440000003CAA39/unesdoc. unesco. org/images/0023/002352/235272e. pdf，2016-02-13.

③ World Bank. SABER Brief-Teachers [EB/OL]. http：//wbgfiles. worldbank. org/docu- ments/hdn/ed/saber/supporting _ doc/brief/SABER _ TCH _ Brief. pdf，2016-02-20.

建立激励机制和教师职业发展的支持体系、加强教师"教学作为一种专业"的意识等。① 其次，发布了《优秀教师：如何提升拉丁美洲和加勒比海地区学生的学习》报告，从教师构成、教师技能和工资待遇等方面分析了这一地区的教师现状，并就该地区教师的招聘、培养、激励等方面提出具体措施。最后，世界银行通过"战略影响评估基金"(The Strategic Impact Evaluation Fund)资助了一系列关注教师质量的研究项目，如印度公立学校和私立学校的教师非经济性外在和内在动机项目、巴西塞阿拉州的教师反馈项目、几内亚的教师绩效激励机制项目、卢旺达的影响小学教师业绩的因素和动机项目等。②

教师专业发展是经合组织教师教育政策的关注焦点，经合组织发布了2013年"教与学国际调查"(TALIS)的系列研究报告，这是全球第一个专门考察教师教学条件与环境的国际比较研究项目。它涵盖的主题包括：职前教师教育和教师专业发展、教师的考核和获得的反馈、学校环境、学校领导以及教师的教学观念与教学实践等。"教与学国际调查"一方面会提供跨国分析报告，另一方面也会提供参与国的国别报告和基于调查数据的专题报告，从而帮助各国发现所面临的共同挑战以及未来的政策改革方向。在2014年6月和11月，经合组织出版了基于"教与学国际调查"的三份研究报告：《教与学国际调查2013：教与学的国际视野》(TALIS 2013 Results：An International Perspective on Teaching and Learning)、《教师指南：教与学国际调查2013》(A Teachers' Guide to TALIS 2013)、《教与学国际调查2013的新见解：小学和高中的教与学》(New Insights from TALIS 2013：Teaching and Learning in Primary and Upper Secondary Education)。报告关注教师的专业发展活动，认为教师正规入职培训的参与情况是教师今后参与专业发展的一项重要的预测指标；与此同时，应该将教师的教学评价和反馈、自我效能感和工作满意度等纳入专业发展评估的组成部分。

作为一项现状调研的成果，欧盟发布了《2014—2015年度欧洲中小学教师和学校管理人员薪酬》(Teachers' and School Heads' Salaries and Allowances in Europe 2014/15)报告。报告认为，2014—2015年度欧洲教师收入较2013—2014年度有所增长，但是在奥地利、匈牙利和罗马尼亚等中东欧国家，教师的最低工资与最高工资之间的差距正在拉大；而在丹麦、英国等西北欧国家，工资差距则在不断缩小；大部分国家公立学校的教师薪资主要由国家教育部门决定，北欧国家

① World Bank. MENA Regional Synthesis on the Teacher Policies Survey：Key Findings from Phase one［R/OL］. https：//openknowledge. worldbank. org/bitstream/handle/10986/21490/944560WP00PUBL0y0Regional0Synthesis. pdf？sequence＝1＆isAllowed＝y，2016-02-20.
② World Bank. The Strategic Impact Evaluation Fund (SIEF)［EB/OL］. http：//www. worldbank. org/en/programs/sief-trust-fund＃2，2016-02-20.

则主要由学区决定。^① 报告特别强调，薪酬作为影响一个职业是否具有吸引力的重要指标，同时关系到教学质量，需要更多的政策关注。

紧随欧盟的区域政策，英国发布的适用于英格兰与威尔士的公立学校的《2015 学校教师工资标准和工作条件报告及法定指导》，已于 2015 年 9 月 1 日起生效。文件内容涵盖学校教师工资标准和工作条件的规定及相应的法定指导，提出了学校教师工资标准和工作条件的基本意见，涵盖了教师获得工资和津贴的权利、学校领导层和任课教师的工资标准基本生活保障金、基于教师合同的工资制度补充意见。

优秀的教师是保障"每一个学生成功"的前提和基础，奥巴马政府的《每一个学生成功法》当中明确提出要"培养、培训和聘任高质量的教师、校长和其他学校领导者"，预计在 2017—2020 财年，美国联邦政府每年为各州和地方教育机构拨款约 23 亿美元，用于加强学校的师资建设，专项支持优秀教师的专业发展。^② 具体措施包括：改革教师、校长和其他学校领导者认证、许可、任期体制以及培养标准，确保教师具备必要的专业知识和教学技能；完善教师培训和评估和反馈系统；开发、建立、完善和拓展教师资格认证制度和留任机制；采用差别工资和其他激励措施，招聘和留任高需求和紧缺学科、低收入学校及学区的教师；通过建立教师实习项目和学校领导者实习项目，改革和完善教师、校长和其他学校领导者的培养计划；促进教师将职业技术教育的内容融入学术教学实践，为学生未来升学和就业做充分的准备等。

长久以来，"高度专业化"是日本对教师职业的根本认识，针对日本教师教育改革，2014 年 7 月日本中央教育审议会接受了文部科学大臣对"关于学校提高承担着教育任务的师资队伍培养办法"的提案。提案分析了校园欺凌、外语教育早期化、信息通信技术的运用等教育问题多元化趋势给师资队伍建设带来的挑战，建议通过教师研修的改革、教师聘用改革、教师培养改革以及教师资格认证制度改革等方面提升教师教育工作，实现教师培养、招聘、研修的一体化。

德国在《中小学尖子生培养资助方案》中提出高质量的师资以及任课教师的良好职业素养是中小学尖子生培养的主要依托。方案要求教师教育应考虑到受教育者不同学习阶段的具体需求；同时以实践为导向，在培训期间为教师提供大量的实践学习机会，包括参与中小学生的假期研讨课、竞赛或者实验等。方案指出，

---

① European Commission. Teachers' and School Heads' Salaries and Allowances in Europe 2014/15［R/OL］. http：//bookshop. europa. eu/is-bin/INTERSHOP. enfinity/WFS/EU-Bookshop-Site/en _ GB/-/EUR/ViewPublication-Start？PublicationKey＝ECAM15002，2016-03-25.

② U. S. Department of Education. Every Student Succeeds Act ［EB/OL］. https：//www. gpo. gov/fdsys/pkg/BILLS-114s1177enr/pdf/BILLS-114s1177enr. pdf，2016-05-12.

不同类型学校的教师都可以通过培训加强学习诊断能力，教师将学习诊断和课堂实践衔接起来可以取得更好的教学效果。[①]

澳大利亚政府从教师入口进行了政策设计，实施了"为澳大利亚而教"（Teach for Australia）和"为下一代而教"（Teach Next）教师选聘项目，确保优秀人才进入教师队伍、提升队伍质量。此外，2015 年 2 月澳大利亚围绕教师培养发布了教育部长咨询组报告：《刻不容缓：为教学做好充分准备的教师》（Action Now：Classroom Ready Teachers）。报告指出，为提升初任教师的教学水平，可以从严格挑选师范生、增强教师教育课程的质量保障、严格教师评价体系、确保师范毕业生具备良好的教学能力等方面入手。

为了提高学校教育质量、改革教师教育机构，2015 年 1 月，柬埔寨教育青年与体育部的师资培训部颁布了"教师政策行动计划"（Teacher Policy Action Plan），计划提出，教师的培养伴随着教师社会经济地位的提高，同时利益相关者和发展伙伴应当参与到教师培养的过程当中，具体措施涵盖制定相关法律政策文本、完善相关保障政策实施的机制、吸引优秀人才进入教师行业、进一步完善教师培训体系、切实保障教师利益、提高学校的有效领导力、完善教师监督和评价机制等。

>> 第三节　世界各国及主要国际组织
教育政策的趋势及特点 <<

教育实现"全球共同利益"，这无疑是世界教育改革与发展的共同趋势。步入 21 世纪，教育置身于更复杂、矛盾和不确定的环境之中，多元文化的矛盾与共存、对人本化教育路径的需求、公民与道德教育的回归、对高质量教育的永恒追求、教育对政府和企业的依赖以及互联网时代下的新契机都对教育政策及其应对措施带来新的变革动力。理解和把握国际组织和不同国别教育政策的最新趋势，将有助于更好地开展国际教育交流、对话和合作，为未来引领世界教育发展奠定基础。

一、信念而非恐惧：加强公民教育及情感教育

当今世界多元文化共存、多民族交流与融合的全球化趋势不断推进，教育需要建立在文化多元、互相尊重的基础上，并从可持续发展的角度积极应对社会、

[①] KMK. Förderstrategiefü rleistungsstarkeSchü lerinnen und Schü ler［EB/OL］. https：//www.kmk. org/fileadmin/Dateien/veroeffentlichungen_beschluesse/2015/2015_06_11-Foerderstrategie-leistungsstarke-Schueler. pdf，2016-06-12.

经济和环境的挑战。公民教育和情感教育不仅有助于实现个人更加美好的人生，对于形成民主的国家、促进社会的可持续发展也具有极为重要的意义，其典型特征是从人性化视角出发，以尊重生命、人格、平等、社会公正、文化多样性为基础，积极倡导个人尊严、言论自由、民主平等和法治等，以此协调教育目的和组织形式并推动教育公共政策的实施。因此公民教育及情感教育成为 2014 年以来国际教育的新走向。

如第一节所述，恐怖主义外延引发的"难民危机"导致 2015 年涌入欧洲的难民猛增至 100 万人，而这些难民能否成功融入当地社区，能否在他们所服务的社区享受到应有的道德教育，对于难民的融入与成长以及国家社会的发展有着巨大的影响。这都有赖于当前的学校教育体系做出回应。经合组织于 2015 年 11 月发布了《学校中的移民学生：迈向缓和的融合之路》，报告对各国的移民教育政策提出建议：第一，各国需要为移民家庭提供足够的学校信息；限制那些优势学校根据社会经济地位来选择学生；帮助学校吸引和留住那些来自优势家庭的移民学生。第二，各国需要在低年级开展语言和学科学习的融合；帮助教师确定哪些移民学生需要接受语言培训。第三，各国需要提供高质量的早期儿童教育和护理计划；为具有学前教育需求的移民学生量身定制教育方案；提高移民家庭对孩子接受学前教育的认识；监控早期儿童教育和护理计划的质量。第四，各国需要减少使用或不使用能力分组和留级，避免过早地为移民学生确定学术或职业道路。第五，教师需要更好地应对多元文化班级中的教学。

2015 年 4 月，联合国教科文组织发布了《反思教育：走向全球共同利益?》(*Rethinking Education：Towards a Global Common Good*?)，这是继 1972 年《学会生存：教育世界的今天和明天》和 1996 年《教育：财富蕴藏其中》之后又一个具有里程碑意义的报告。报告指出，在全球教育复杂性、不确定性和矛盾性背景下，教育发展的重要基础是对文化多元化现状的尊重与理解，把教育和知识作为全球共同利益，以此协调教育目的和组织形式。未来教育的发展首先应建立在对多元文化的尊重和理解之上：一是把可持续发展作为教育发展的核心关注点；二是强调采用人本化的教育路径；三是在复杂的世界中采用同时兼顾地方和全球发展的政策制定模式；四是把教育与知识作为全球共同利益。①

自由、融合与尊重是新形势下欧盟公民教育和国际理解教育的基石。2015 年欧洲委员会发布《通过教育及青年政策应对激进主义危机》(*Tackling Radicalization through Education and Youth Action*)，这是欧委会教文总司推出的应对激进主义危机的重要举措。教文委员蒂博尔·瑙夫劳契奇表示，"我们将共同致

① UNESCO. Rethinking Education：Towards a Global Common Good? [R/OL]. http：// unesdoc. unesco. org/images/0023/002325/232555e. pdf, 2016-02-13.

力于促进言论及思想自由、社会融合以及相互尊重，打击挑衅上述价值的任何行为"。① 与此同时，欧委会在《欧洲 2020 战略》框架下推出通过教育提升欧洲价值观的"新伊拉斯谟计划"，将以公民价值观为导向，促进国际交流与合作，促进学生的跨境流动，促进不同文化间理解与融合，并向志愿者、青年人等提供交流机会，扩大欧洲青年的获益范围。

通过教育让难民融入德国社会是联邦教科部未来几年工作的重点。德国联邦教科部预计将投入约 1.3 亿欧元，有针对性地帮助难民学习德语，了解难民在各方面的能力和潜力，并帮助他们融入职业培训和各种职业。② 在难民的职业融入方面，2015 年 4 月德国联邦政府通过了《劳动技能认证法》(Anerkennungsgesetz)修订草案，以进一步简化外国职业学历在德国的认证手续，使得难民可以通过专业面试和试工证明自己的职业能力。通过"针对新移民教育的区域协调"(Kommunale Koordinierung der Bildungsangebotefür Neuzugewanderte)方针，为当地的组织人员提供资金支持③，将青少年"文化加强计划"的受益面扩大到难民④，为难民进入大学学习提供咨询、语言准备和专业支持，帮助难民申请入学，为难民提供更多的大学预科名额，帮助难民融入德国高校等。

"公民教育和文化认同"是法国教育的重要目标之一。针对法国 2015 年 1 月初发生的恐怖袭击事件，1 月 22 日法国国民教育、高等教育及科研部(以下简称"教育部")部长娜雅·瓦洛-贝尔卡桑(Najat Vallaud-Belkacem)颁布有关学校内推广共和国核心价值观重要原则，主要围绕"教育世俗性原则和传播共和国价值观""公民教育和文化认同""减少不平等和社会融合"和"高等教育及科研领域的动员"等方面，力图处理好教育世俗性和传播共和国价值观，通过促进基于法国价值的公民教育和文化认同、减少不平等和促进社会融合，促进高等教育及科研部门在社会舆论、公开讨论(débat public)上发挥引领作用。

2015 年，墨西哥开展了国家级教育项目"国立高中社会情感培养计划"，即《T 计划》，由墨西哥教育部(Secretaría de Educación Pública)主持和资助，目的是通过情感教育提高青少年的社会情感交流能力，从而改善校园环境，间接减少校园暴力、毒瘾和意外怀孕等导致的辍学事件的发生。与此同时，政府期望通过社会情感培训，引导青少年正确积极面对由于年龄、家庭、社会经济和生活所带

---

① European Commission. Tackling Radicalization through Education and Youth Action[R/OL]. http://ec.europa.eu/programmes/erasmus-plus/documents/fact-sheet-post-paris_en.pdf，2016-03-25.

② BMBF. Flüchtlingedurch Bildungintegrieren[EB/OL]. https://www.bmbf.de/de/fluechtlinge-durch-bildung-integrieren-1944.html，2016-06-12.

③ Ibid.

④ Ibid.

来的挑战和问题，进而直接提高课业成绩。

2014年2月，日本文部科学省发布《关于充实道德教育的座谈会》报告［「道德に係る教育课程の改善等について」（答申）］，提出加快施行制度改革及准备、谋求学校道德教育的根本改善与充实，同时强化学校、家庭、地域的联系和协作，通过社会全体的努力来提高中小学生的道德教育。这次改革重点是加强道德课程建设，设定"特别的科目：道德"课程来改善、充实道德教育，以期促进道德教育的良性发展。① 报告进一步提出，道德教育是养成学生"丰富的内心""扎实的学习能力"以及"健康的体魄"的基础，同时也是支撑着每个学生的"生存能力"的根本。

尽管不像法国、德国直接受到恐怖主义影响，美国也始终将公民教育贯穿于受教育者的学习过程。在《每一个学生成功法》当中，联邦计划在2017—2020年四个财年中，每年提供1.4%的教育经费支持美国历史和公民教育计划，通过让中小学生学习美国历史和宪法等相关内容，促进公民教育和政府教育质量的提升。

二、安全与和谐：打造良好的教育环境

校园安全是教育活动的基础和教育改革发展的基本保障，学生需要一个安静、相互尊重、相互信任的校园。安全和谐的校园教育环境，不仅是社会安全和谐的重要组成部分，而且对社会稳定繁荣具有引领、示范和推动作用。近年来，全球范围内校园安全事件频发，引发社会各界的高度关注。如何保护好每一个孩子和年轻人，使发生在他们身上的意外事故减少到最低限度，是校园教育和管理的重要内容，需要社会、学校和家庭的共同努力，形成"政府—学校—社会—家庭"多元协作、广泛参与的支持体系。墨西哥、美国、英国、法国等国家纷纷采取措施，为受教育者拥有良好教育环境而保驾护航。

墨西哥力图建立一个没有暴力、性骚扰的和谐校园环境。2015年，墨西哥正式实施《2013—2018墨西哥教育部计划》（*Programa Sectorial de Educación 2013—2018*），通过一系列具体措施改善学生身心健康，预防因犯罪而导致的中途辍学现象，提高教育的融入性。从情感教育的角度看，新政策与之前颁布的《T计划》相呼应，政策重点在于培训教育管理者及教师，使他们正确了解并掌握主要社会情感技能及其培训技能；出版社会情感培养教材，改善校园环境：聘请社会情感专家编撰适合青少年使用的书籍和视频，加强学校对社会情感和校园环

---

① 文部科学省. 道德に係る教育课程の改善について（答申）［EB/OL］. http://www.mext.go.jp/b_menu/shingi/chukyo/chukyo0/toushin/_icsFiles/afieldfile/2014/10/21/1352890_1.pdf，2014-10-21.

境的制度建设。此外，该计划呼吁通过校际合作共同预防校园暴力，加强对学校管理者、教师、学生及学生家长的培训，对于校园暴力事件采取恰当处理方式，同时加强学校的组织管理能力，提高学校的人权、民主意识，培养学生对多元文化的理解和尊重。①

在地方分权的教育管理体制框架下，美国各州分别出台适合本地区实际的政策，以期遏制或打击传统校园安全隐患。在美国，许多州的法律要求学区或学校制定具体的政策。以蒙大拿州为例，该州于 2015 年 3 月 20 日通过了《学校纪律的法律法规汇编》(Compilation of School Discipline Laws and Regulations)。该文件介绍了美国各州、各地区以及华盛顿哥伦比亚特区与学校纪律相关的法律法规，列举了禁止欺凌的地点与活动，规定由学区制定反欺凌政策，每一个学区董事会对欺凌政策和程序都有自由裁量权等。总体来看，作为一个地方分权型的联邦制国家，美国各州的反欺凌政策在内容界定、政策目标、实施策略等方面有明显差异，但目标均为打造和谐安全的校园。

直面校园欺凌是英国政府教育政策的重点之一。2014 年以来，英国政府针对校园欺凌频发的现状连续发布五项文件，拟从不同角度予以解决，包括 2014 年 10 月发布的《预防和应对欺凌：给校长、员工和董事会的建议》(Preventing and Tackling Bullying-Advice for Headteachers, Staff and Governing Bodies)②，以及随之发布的《学校支持受欺凌儿童和年轻人》(Supporting Bullied Children)、《给家长和监护人关于网络欺凌的建议》(Advice for Parents on Cyber Bullying)、《网络欺凌：对校长和学校员工的建议》(Cyber Bullying-Advice for Headteachers and School Staff)四份建议报告。2015 年 3 月，英国又发布了针对英国学校和学院的法定指导文件《确保儿童在教育中的安全》(Keeping Children Safe in Education)。以上五项文件的核心要义在于明确政府应对欺凌的方法、学校应对欺凌的法律义务、学校处理欺凌的权力以及有效的校园反欺凌的基本策略，最终目的是帮助学校预防和应对欺凌问题。

在法国，校园暴力行为极大程度上集中在少数学校里，且校园暴力与学校类型、性别、地域有着极高的相关性，杜绝校园暴力成为近年法国教育部改善学校环境的重要障碍。2014 年 12 月，法国教育部提出预防和治理校园暴力的具体措施，包括：在国民教育阶段，开设预防和对抗性侵扰的专业咨询热线，提供教育

① Secretaría de Educación Pública. Construye T-Marco Institucional[EB/OL]. http://www.construye-t.org.mx/inicio/construyeT#ComoFunciona，2016-09-28.

② Department for Education(UK). Preventing_and_Tackling_Bullying_Advice[EB/OL]. https://www.gov.uk/government/uploads/system/uploads/attachment_data/file/444862/Preventing_and_tackling_bullying_advice.pdf，2014-10-10.

指导；在初中、高中设立预防针对性别暴力的课程；在高等教育阶段，教育部拒绝向那些实施歧视性学生政策的大学提供经费支持，同时出版并传播《性侵犯：了解和抵御》等指导性书籍，扩大大学生对相关问题的认知。此外，反校园暴力的网络宣传、视频征集大赛等，无疑也是学生从理解、宣传到参与反对校园暴力的有效方式。

三、追求卓越：着力提升教育质量

为什么每个儿童都应得到高质量的教育？教育质量问题涉及教育内容、组织方式等系列教学问题，也是教育公平和教育获得感的体现。由于不同国家在教育背景、教育需求甚至是政府对于学生就业期望上的不同，其关于高质量教育的判断标准也体现出明显差别。英国及非洲都提出了以"卓越"为核心的高质量教育发展目标；欧盟着眼于高层次的博士教育阶段，将国际化作为高水平博士培养的手段；国际组织则从学习环境、教师培养、课程改革等具体教学过程提出高质量教育的保障措施。总体来看，不同国家和地区依据高质量教育的核心构成，从不同角度勾勒和设计未来提升教育质量的途径，这已经成为这一时期教育发展的共同趋势。

"全球学习危机：为什么每个儿童都应得到高质量的教育？"这一重要问题在2014年联合国教科文组织发布的《全民教育全球监测报告》中被明确提出。

基于全球学习危机的现状与原因，报告提出了确保高质量教育的建议：改变课堂和营造多元化的学习场景，改善教师的工作条件，修订学校课程，提供促进课堂学习的素材，教育过程要反映当地的教育价值，拓展全球教育投资等。[1] 从另一个角度来看，联合国教科文组织呼吁以课程建设为突破口提高教育质量。2015年8月联合国教科文组织国际教育局(International Bureau of Education)发布了《处于争论和教育改革中的课程问题——为21世纪的课程议题做准备》(*The Curriculum in Debates and in Educational Reforms to 2030：For a Curriculum Agenda of the Twenty-first Century*)[2]，该报告总结了近年来国际社会对于课程问题的争论以及课程未来发展趋势，勾勒出21世纪课程改革的发展蓝图。报告探讨了课程的属性——是技术性还是非技术性？如今课程的定位应该从单纯的技

---

① 《全民教育全球监测报告》提出确保高质量教育的六条建议，载于《中国教育报》2014年5月14日。

② UNESCO. The Curriculum in Debates and in Educational Reforms to 2030：For a Curriculum Agenda of the Twenty-first Century [R/OL]. http://www.ibe.unesco.org/en/document/curriculum-debates-and-educational-reforms-2030-ibe-working-papers-curriculum-issues-n％C2％B0-15，2016-02-13.

术问题转变为国家教育发展的核心要素，应该将课程要素定位为适合国家教育目标。报告进一步指出，课程改革能够有效推动教育改革及质量提升，课程有着其独特的教育性和社会性，未来课程改革将以培养能力、学生中心、整体综合、多样包容、数字化以及科学评估为新的发展趋势。

欧洲大学协会发布《国际博士生教育的准则与实践》(*Principles and Practices for International Doctoral Education*)研究报告，提出国际化是高水平博士培养的重要途径，也是大学发展博士生教育的核心构成部分，对于任何一个学科和专业的博士生而言，国际化经历对于其专业发展至关重要。① 报告提议欧洲的大学应从战略的高度重视连续性地培养博士生的国际化视野，从博士生的研究能力与兼容性、所处的国际化办学环境条件、所在机构组织的合理程度以及博士生自身的流动性等角度对博士生国际化水平展开测评，这四项标准将成为高水平国际化博士生教育的新准则，有利于促进博士培养质量提升。

在英国，是否"卓越"成为衡量学校教育质量的重要判断标准。2015 年 11 月英国商业、创新与技能部(Department for Business Innovation & Skills，BIS)发布了绿皮书《实现我们的潜能：优质的教学、社会的流动和学生的选择》(*Fulfilling Our Potential：Teaching Excellence，Social Mobility and Student Choice*)。绿皮书以提高教学标准为核心，呼吁扩大高等教育的参与，吸纳高质量的新生，重塑英国高等教育的整体环境，更加注重高校毕业生的就业能力的培养。② 绿皮书提出的"卓越教学框架"(Teaching Excellence Framework)颇具特色，要求政府和高校积极引导公众关注教学，鼓励面向所有学生的优质教学；帮助高等教育机构通过有效实践提升教学质量；打造在高等教育领域重视教学，将教学和研究地位等同的文化。在操作过程中，"卓越教学框架"规定，院校有权自行决定是否申请进入"卓越教学框架"中的最高水平评估，在进入计划的第一年，达到或者超过英格兰质量保障评估标准(QA)的学校将被确定为第一等级，并获得特别财政奖励。这一实施框架既表明高等教育质量在英国被优先考虑，也为不同来源的学生提供一个清晰的选择高等教育机构的依据。

"非洲卓越中心项目"的建立与发展是非洲教育质量保障的重要依托，该项目促进了研究生培养过程中的资源整合及区域互动。作为"非洲卓越中心项目"的标

---

① European University Association. Principles and Practices for International Doctoral Education[R/OL]. http：//www. eua. be/Libraries/publications-homepage-list/eua _ frindoc _ leaflet _ 08 _ 15 _ web. pdf? sfvrsn＝6，2016-03-20.

② UK Department for Business，Innovation and Skills. Fulfilling our Potential：Teaching Excellence，Social Mobility and Student Choice [EB/OL]. https：//www. gov. uk/government/uploads/system/uploads/attachment _ data/file/523420/bis-16-261-he-green-paper-fulfilling-our-potential-summary-of-responses. pdf，2016-04-21.

志性成果，泛非大学(The Pan African University，PAU)已运行 5 年，成为通过研究生培养和科学研究提升非洲大学质量的跨国高等教育科研机构。在"非洲卓越中心项目"框架下，非洲已有多个知名卓越中心和扩张计划，意在增强卓越中心与合作伙伴，包括非洲区域和国际高等教育机构的合作能力。其中，非洲质量评估机制(The African Quality Rating Mechanism，AQRM)已运行 5 年，主要对大学进行类别评定，评估其发展现状并提出改进措施，旨在建立一套对非洲高等教育机构进行客观衡量和比较的评估标准。① 又如，非洲教育发展协会（ADEA）提出了提升非洲大学质量、卓越和适切性保障政策等。最近，许多非洲大学已经建立起了自己的内部质量保障机制，既可以应对外部机构的评估要求，也可以加强机构自身的内部管理。②

四、人本与平等：持续改善教育公平

2014 年到 2015 年，"公平"和"质量"成为国际组织教育政策中出现频率最高的关键词，联合国教科文组织和经合组织提出要"将社会不公和贫困问题作为重点加以解决"，不同国家也纷纷强调了政府在推进教育公平中的主体地位。由于教育公平问题的表现形式多种多样、形成的原因各不相同，不同区域、国别在历史背景、教育传统等诸多方面也存在差异，使得各国在推进教育公平策略上呈现出多样化特征。从宏观趋势上看，主要关注弱势群体的受教育机会公平问题；通过教育资源合理分配，改善不均衡导致的教育公平问题；从以基础教育为重心的教育公平改进方案逐步延伸到高等教育领域。

2015 年 4 月，联合国教科文组织发布最新的全民教育全球监测报告《全民教育 2000—2015：成就与挑战》(Education for All 2000—2015：Achievements and Challenges)。报告提出，为了实现教育公平，全民教育发展目标包括扩大对幼儿，尤其是弱势群体儿童的早期保护和教育；普及初等教育，尤其要确保女童、少数民族儿童以及边缘化儿童能接受和完成免费的初等义务教育；确保年轻人和成年人拥有平等的学习机会；持续降低成人文盲率，实现教育的性别平等。③

随后，在 2015 年 11 月 4 日召开的联合国教科文组织第 38 次大会期间，《教育 2030 行动框架》正式发布。行动框架将教育平等作为 2030 年教育发展重要目

---

① 焦阳. 非洲发展高等教育将有"大手笔"三大行动启动[N]. 中国教育报，2011-02-15.

② Stephen Coan. Learning Lessons Abroad on Funding Research，Innovation [EB/OL]. http：//www. universityworldnews. com/article. php？ story＝20160414100004288，2016-04-14.

③ UNESCO. The 2015 Global Monitoring Report (GMR) - Education For All 2000-2015：Achievements and Challenges [R/OL]. http：//www. unesco. org/new/en/media-services/single view/news/the_2015_global_monitoring_report_gmr_education_for_all_2000-2015_a-chievements_and_challenges/#.VrGW4dKl9OA，2016-02-13.

标,提出要确保所有女童和男童接受完全免费、公平和优质的中小学教育;确保所有女童和男童获得优质的早期儿童发展、保育和学前教育,为接受初等教育做好准备;确保所有女性和男性获得优质的高等教育,包括技术培训和职业教育;确保残疾人、原住民和弱势儿童等弱势群体平等获取各级教育和职业培训;确保所有青年和大部分成年人、男性和女性,获得读、写、算能力等。此外,促进和平与非暴力文化、全球公民意识、理解文化多样性的教育,以及通过教育实现可持续发展和可持续的生活方式及人权,也成为《教育 2030 行动框架》中的对教育公平提出的高层次要求。

奥巴马政府颁布的《每一个学生成功法》,就促进教育公平提出了具体的政策措施。法案要求美国各州对表现最差的学校、高辍学率的高中以及学生亚群体落后的学校进行改革,通过具体改革措施为处于劣势的学校和学生提供资源,促进其改变后进的状态。改革具体包括:各州必须制订缩小教育不公平的目标,同时学区对于"失败学校"要采取个性化措施,如果措施不力,干预权将由该州承担,并以更严格的职责督促学校落实。

与美国不同,俄罗斯关注了残障人士的受教育公平问题。在 2014 年 7 月颁布的《2016—2020 年教育发展联邦专项计划》当中,从宏观规划、目标设计和具体实施等方面对残障人士的教育问题提出具体策略,规定了全国残障人士教育机构数量占所有实施全纳教育机构的比例,要求通过实施投资项目为残障人士接受中等职业教育和高等教育创造条件,从开发教育项目、教学方法资源中心建设、开展职业大师竞赛、强化远程教育等角度为残障人士提供更多的教育选择。

英国将社会流动和社会参与作为教育公平和进步的重要标志,提高来自弱势群体家庭、社会和团体学生接受高等教育的比例,兼顾质量和公平,促进社会和谐发展,始终是英国教育的重要愿景。2014 年 4 月,英国创新、大学与技能部发布了扩大高等教育入学的国家调查,分析了导致不同学生(包括黑人和少数族群学生)成绩差异的原因,作为下一步推进教育公平政策的依据。2015 年 11 月该部发布高等教育绿皮书《实现我们的潜能:优质的教学、社会的流动和学生的选择》,提出高等教育是促进社会流动的重要推动力,在关注社会弱势群体的同时,也要对于不断取得进步或已经获得成功的特殊群体提供支持性策略。

少数族裔的受教育公平问题是新西兰促进教育公平政策的焦点,目的是促使所有学生,特别是毛利族学生、太平洋族裔学生、处境不利的学生以及有特殊教育需求的学生都能够接受教育并成功,最大程度实现教育的均衡化发展。新西兰2015 年发布了《2015 教育部年度报告》,报告从教育系统与所有儿童及学生密切相关,使每个儿童和学生都实现教育成功,使新西兰人民拥有工作和生活所需的技能与知识这三个方面,对儿童早期教育、中小学教育、高等教育与职业教育以及特殊教育的目标、措施及其实现程度进行了详细阐释。

为了保证教育公平政策在各级高等教育机构中有效落实，2015 年 1 月 26 日，菲律宾性别与发展委员会、管理委员会以及委员会的全体成员等共同商讨出台了"高等教育性别平等与发展政策"，围绕着性别与发展的主题实施一系列改革项目，主要包括课程开发、促进两性平等的科研项目等[①]，要求各大高校制定促进两性平等的科研项目（Gender-Responsive Research Program，GRRP），由坚持性别平等理念的学者推动，高校各部门相互协作而开展，旨在实现两性平等、促进个人和团体的共同发展。政策要求成立性别平等与发展中心组织，对基于性别平等的课程体系、各类项目的运行与有效实施提供保障。

非洲积极支持妇女、儿童参与科技教育，认为技术有利于激发文盲妇女学习的兴趣，帮助女孩改善 STEM 课程。这一导向的重要背景是，2015 年 11 月联合国教科文组织召集有关专家，围绕妇女参与 STEM 教育问题举行会议，审议了 STEM 教育对于促进性别平等的重要性，认为有必要激发励教师参与 STEM 教育，使培训女教师制度化。[②] 此外，非洲《2063 年议程》中就教育平等提出了展望：信赖非洲人的潜能，依靠非洲人发展非洲，注重调动妇女、儿童的积极性，并为妇女提供优质的教育，激发其能量、勇气和创造力，以收获人口红利，促进非洲的发展。

2015 年 10 月，非盟在第一届教育、科学和技术专业技术委员会会议（STC-EST）上出台了一个报告，即《非盟—非洲女子教育国际中心战略规划 2015—2017》[③]（简称《AU/CIEFFA 战略规划》），从整体的角度规划了非洲女性教育在 2015—2017 年的发展蓝图，针对女童教育及妇女教育各自的问题和特点，制定了一系列战略规划，提出健全相关法律法规体制；加强互动与协作，促进"非盟—区域经济共同体—各成员国"三方主体形成合力；注重与国际组织的往来。

五、数字化变革："互联网＋"时代的教育转型

"抓住数字化机遇、引领教育转型"无疑是"互联网＋"时代给教育带来的新契机。信息通信技术正在悄然打破知识传播的边界，改变师生的交流以及知识传承的方式，从根本上改变学校教学方式，促进了教学路径的多样化与完整性。"互

---

① Commission on Higher Education. Establishing the Policies and Guidelines on Gender and Development in the Commission on Higher Education and Higher Education Institutions［R/OL］. http：//www. ched. gov. ph/wpcontent/uploads/2015/12/CMO-no. -1-s. -2015. pdf，2016-02-13.

② UNESCO Office in Dakar. Technology Increases Illiterate Women's Interest in Learning［R/OL］. http：//www. unesco. org/new/en/dakar/about-this-office/single-view/news/technology＿increases＿illiterate＿womens＿interest＿in＿learning/#. V2SVsCwit-t，2016-02-13.

③ STC-EST，African Union-International Centre for Girls and Women Education in Africa (AU/CIEFFA). Strategic Plan 2015-2017［R］. AU/STC/EST/EXP (10)，October 2015.

联网+"教育给成人教育、个体学业成功、教学组织及管理方式变革等带来了一系列新动向。

2015年5月,国际教育信息化大会(International Conference on ICT and Post—2015 Education)在中国青岛召开,这次会议的重要成果之一是与会各方共同签署的《青岛宣言》(Qingdao Declaration)。《青岛宣言》以"抓住数字化机遇、引领教育转型"为标题,内容涵盖入学与包容、开放教育资源、终身学习、在线学习、质量保障、成果认证、国际合作等方面。信息通信技术是此次宣言中的热词,宣言提出要充分利用信息通信技术加强教育系统建设、知识传播、信息获取、优质而有效的学习,以及提供更高效的服务。具体来说,信息通信技术给教育带来的契机至少可以涵盖信息通信技术与全纳教育、开放教育资源与开放解决方案、信息通信技术与终身学习、信息通信技术与在线学习创新等方面。[1]

2015年6月经合组织发布了《成人、计算机和解决问题的能力:问题在哪?》研究报告,重申了国际成人技能评估的调查结果,20%以上的成年人基本上不具备信息通信技术技能。报告认为,利用信息通信技术解决问题的能力与较低失业率和高工资收入直接相关。因此,通过信息通信技术相关政策,提升个体在正规教育和终身学习体系中的信息技术掌握水平,拥有当今"连通世界"(connected world)的技能至关重要。[2] 2015年9月经合组织又发布了《学生、计算机与学习——促进彼此联系》(Students,Computers and Learning:Making The Connection),报告进一步重申,尽管信息通信技术在日常生活中的应用范围越来越广泛,但是这些技术并没有真正应用到正规教育中,在改善信息技术教育的同时,要及时规避互联网使用可能引发的负面影响。

为实现"每位学生的成功",2014年9月2日,法国总统奥朗德正式公布"数字化学校教学计划"以提高教育质量和减轻学生的社会阶层不平等问题。从发展数字化的原因上看,计划认为数字化教育能够增强学生的基础知识学习,促进学业成功,降低辍学率,促进学业公平,有利于思想解放、培养数字化时代的公民,提高家庭的教育参与度等。从实施策略上看,"数字化学校教学计划"要求自2015学年起提高学校平板电脑等移动数字化设备的使用,同时围绕培训、设备、资源与创新四个维度开展数字化教学。从资源分配上看,2016—2018年,法国政府将斥资十亿欧元公共投资用于学校数字化教育计划的建设及发展,打造系列

---

① UNESCO. Qingdao Declaration- International Conference on ICT and Post-2015 Education [EB/OL]. http：//www. unesco. org/new/en/education/resources/in-focus-articles/qingdao-declaration, 2016-02-13.

② OECD. Adults,Computers and Problem Solving[R/OL]. http：//www. oecd-ilibrary. org/education/adults-computers-and-problem-solving _ 9789264236844-en, 2016-02-21.

数字化核心基础课程。

2015 年，南非基础教育部门公布了国家信息化教育战略草案，提出了南非信息化教育改革措施：一是改进学校教育目标，以适应在教育系统中大范围使用信息通信技术的新趋势；二是要明确可利用的技术及其使用方式；三是基于信息化教育的实现需要与各部门团结协作，要强化高等学校之间以及和外部的紧密联系与配合；四是要收集大量有关当前学校信息化教育的类型和规模的信息，为信息化路径的效果评价提供依据。[①] 此外，南非教育行动计划（2015—2019）中将多媒体学习资源确定为教学材料，并首次提到要大力推进学校信息化教育，这些都反映出南非政府已经意识到信息科学技术在现今这个知识大爆炸的时代所起的不可替代的作用。

"互联网＋"时代引发了考试方式与策略的革新。2015 年，为了规避频发的考试诚信问题，印度尼西亚政府推行了基于计算机的测试（Computer Based Test，CBT）模式的国家统考政策，随后传统的纸质书面测试（Paper Based Test，PBT）被废止，取而代之的是基于计算机的测试，这一改革已推广至全国范围，极大地提高了网络计算机等信息技术在印度尼西亚教育领域所产生的作用与影响。

六、"三螺旋"结构：大学、政府、企业的深度依赖

大学与政府、企业的共同主体地位及相互关系构成"三螺旋"的关联模式和组织架构，"三螺旋"体系确定了大学、产业和政府三者之间组合方式，反映三者之间相互沟通与协作的制度设计。在新型关系结构中，大学与商业界建立直接联系，最大限度地促进知识的商业化，实现大学服务经济发展的"第三职能"。[②] 大学传播的专业知识促进区域新资源增长，同时被证明在经济发展以及教学、研究中扮演重要角色。[③] 2014 年以来，世界多国的教育政策导向呈现出大学、政府和企业的深度合作，三方主体的深度合作与相互促进不仅体现在一个国家内部，同时也突出表现在跨国教育、科技以及政府联合的进程中。

经合组织发布的《促进就业和生产力的技能测试 2014 年简报》中明确指出，大学与企业的深度合作是国家鼓励创业和创新的环境条件与基础。教育界和企业界的联姻能有效激发创业和创新的活力，提升劳动者的技能。

---

① Department of Basic Education. Action Plan to 2019：Towards the Realisation of Schooling 2030[R]. Republic of South Africa，April，2015，19-20.

② H. Etzkowitz，& L. Leydesdorff . The Future Location of Research and Technology Transfer[J]. Journal of Technology Transfer，1999(24)：111-123.

③ H. Lundberg & E. Andresen. Cooperation Among Companies，Universities and Local Government in a Swedish context. Industrial Marketing Management. 2012，(41) (3)：429-437.

日本推进教育委员会制度改革，发布了《新时代下教育与地区联动发展：学校与地方协同合作发展策略》，该策略系统分析了学校与地区协同合作的必要性及其理想状态，指出公立学校、国立学校以及私立学校都发挥着与地区合作的重要作用。方案要求强化学校的管理，并建立学校、家庭与地区间的信任与合作关系。其次，推动社区学校的综合发展，推动都道府县、市町村的职能实现，提升地区教育水平以及地区学校的合作体制，实现地区与学校深度融合新型合作关系；最后，为了让地区与学校合作体制能够持续、有组织地稳定开展，地区和学校应在培养儿童方面有共同的目标，从"支援"向"合作"、从"个别活动"向"综合化网络化"发展。[①]

学校与外部非营利组织合作推动教育教学是德国政策的一大特色。例如，德国推行的"充实课程"模式（Enrichment）经常与校外专家，如教育与人才促进协会（Bildung&Begabung）、KARG 基金会、博世基金会等进行合作。"充实课程"包含的"周末计划"（Wochenendveranstaltung）和"假期学院"（Ferienakademien）两个板块就是学校与外部非营利组织合作的成果，成绩优异的儿童和青少年通过参加该项目可以体验实际的工作方法。同时，中小学与高校和企业建立合作往来，举办中小学生竞赛旨在尽早激发尖子生对某个专业方向的兴趣，寻找该领域的学术后备力量（如 MINT 专业领域[②]和工程科学专业）。此外，德国中小学与社团、咨询中心、艺校、图书馆和高校的合作也进一步加强。

学校、政府、企业"三螺旋"互促共进在非洲显得较为生动。2014—2015 年底，非洲大学和世界高水平大学加强合作伙伴关系，推进国家/区域高等教育机构质量保障工作，整体提升非洲大学质量。2015 年出台的《AU/CIEFFA 战略规划》中，频繁提到要注重与国际组织的合作，诸如与联合国教科文组织、联合国开发计划署（UNDP）、联合国儿童基金会、联合国女童教育倡议（UNGEI）等国际组织的合作，利用相关国际组织的平台及优势，借助它们的资金和力量，学习其他国家的成功事例，促进工作效果的提升。非盟《2063 年议程》中也强调科技创新与教育培训的联姻，将科技创新和教育培训视为非盟及其成员国完成发展目标的主要驱动力。该议程表明，非洲无论是持续发展、提高竞争力，抑或是促进经济转型，都需要在农业、能源、教育、健康等领域持续投入新技术。因此，《2063 年议程》将科技、创新及相关教育和培训视为保持经济持续增长的良方。

---

① 中央教育審議会．新しい時代の教育や地方創生の実現に向けた学校と地域の連携・協働の在り方と今後の推進方策について（答申）[R/OL]．http://www. mext. go. jp/b _ menu/shin-gi/chukyo/chukyo0/toushin/__ icsFiles/afieldfile/2016/01/05/1365791 _ 1. pdf，2015-12-21．

② MINT 专业指数学（Mathematik）、信息学（Informatik）、自然科学（Naturwissenschaft）、技术（Technik）专业。

在南非，有着发达的利益相关者协商机构，如教育劳动关系委员会等，南非发布的《中期战略框架（2014—2019）》①明确提出，要在政府、商业与民间社会组织、学校管理部门、教师联盟、教师培训机构、家长之间建立社会契约，推动合作与交流，提升相关机构的效率。

2015 年 10 月，新西兰教育部发布的《2015 教育部年度报告》提出，要不断完善自身的领导与管理，加强与其他部门、行业、社区乃至国际组织的联系与合作，构建一个更加合理、完善的新西兰教育系统，为新西兰更好地发展做出应有的贡献。澳大利亚政府为促进科研成果的转化，积极建立大学、科研院所、政府以及产业之间的联系，通过政府和企业的多要素博弈，推动高等教育的科研成果转化。

综上所述，不断变革是现代教育的基本特征和存在形式。一方面，教育改革会成为社会经济发展变革的推动力量，因为教育是具有先导性、全局性、基础性的知识产业。可以想象，没有教育的革新，社会将难以发展。另一方面，教育改革又以社会变革和发展作为动力，以所处社会发展背景作为外部条件。展望未来，在知识经济迅速崛起的今天，伴随世界范围内社会、政治、经济、科技、军事、文化等的剧烈深刻变化，教育会随之发生广泛而深远的变革，提高国际竞争能力的关键是人才，基础在教育，只有与时俱进更新教育思想观念，打破传统教育禁锢，建立适应时代和社会发展的全新的教育体系，培养出各类适应社会发展的人才，才能不断推动世界各国持续蓬勃发展。

---

① 2014 年 8 月由南非共和国规划，监测和评估部门出台的政府在 2014—2019 年的战略计划，它反映了执政党在选举宣言中所做的承诺，包括对《2030 年国家发展规划》的实施承诺。

国别区域篇

第二章　美国教育政策与发展趋势

>>第一节　美国联邦政府出台《每一个学生成功法》<<

2015 年 12 月 10 日，美国总统奥巴马签署了《每一个学生成功法》，正式取代《不让一个孩子掉队法》(*No Child Left Behind*，*NCLB*)。《纽约时报》认为，《每一个学生成功法》的出台，代表着"一个时代的终结，即联邦政府咄咄逼人地控制公立学校成绩时代的终结，从而将控制权归还于各州和地方学区"。

一、《每一个学生成功法》出台的背景

1965 年，民主党和共和党共同通过的美国《初等和中等教育法》(*Elementary and Secondary Education Act*，*ESEA*)被视为是一项公民权利法案，被誉为是美国基础教育法案的根基，体现了美国联邦政府对全国公立基础教育学校的要求。法案最初颁布主要是针对下层贫民，为公立和私立学校提供联邦经费。[①] 该法案坚持对美国弱势学生群体的保护条款，对那些一直表现较差的学校进行改革，采取补救措施，促使其不断改善和进步。法案规定联邦应给予专用经费和资源，用于支持美国弱势孩子的教育，包括残障学生、英语学习者、土著学生、流浪儿童、失足青少年以及移民学生。《初等和中等教育法》还为各州和学区已开始的工作提供保障，确保美国每一个孩子，不论其肤色，不论其家庭背景如何，都能够平等接受优秀教育者的教育。但是随着社会进步和科学技术的不断发展，该法案也不断出现很多的问题和弊端。为了改善美国基础教育的质量，20 世纪 80 年代以来，美国的参议院和众议院曾多次对《初等和中等教育法》进行了修订。其中具有重要意义的有：

1983 年，美国高等质量教育委员会提出《国家处在危机中：教育改革势在必行》(*A Nation at Risk：The Imperative for Education Reform*)的报告。该报告对美国 1973 年至 1983 年这十年间学生的考试成绩进行统计分析后，发现当时美国教育存在以下五项危险指标：①美国青年中半文盲(functionally illiterate)率居高不下，通过对日常的阅读、写作以及理解能力的测试后发现，全美大约有 2300

---

① 李春黎. 美国《初等和中等教育法案》的历史演变与分析[J]. 外国中小学教育，2006(1).

万的成年人是半文盲，17 岁青年中的半文盲人口约占 13％，未成年人中半文盲人口高达 40％；②学生的学术性向测验(Scholastic Aptitude Tests，SAT)成绩连续下滑：从 1963 年到 1980 年，学生的平均言语能力分数下降到 50 分，平均数学运算能力分数下降到 40 分；③大多数 17 岁青年不像社会所期望的那样具备"高层次"的知识技能，学生的阅读能力、写作能力以及运算能力逐渐下降：17 岁的青年学生中有近 40％的人不能从书面材料中做出推论，仅五分之一的人能够撰写短论文，他们中有三分之一的人需要分步骤来解决数学问题；④学生的工作技能和思考能力逐渐下降；⑤学生在国际性学业成就测验中落后于其他先进工业国家。[①]

为此，该报告建议：①加强中小学五门"新基础课"的教学，中学必须开设数学、英语、自然科学、社会科学、计算机课程；②提高教育标准和要求；③改进教师的培养，提高教师的专业训练标准、地位和待遇；④政府、学校和全体公民要为教育改革提供必要的财政资助等。该报告被认为是 20 世纪 80 年代中期美国基础教育改革的纲领性文件，对美国教育产生了很大的影响，但同时也引发了很多问题。有人批评其在重视美国基础教育质量的同时，忽视对学生情感以及个性的培养，教学缺乏灵活性。[②]

1991 年，《美国 2000 年教育战略》(*American* 2000：*An Education Strategy*)出台。该法案主要强调文化多样性，鼓励家长适时为学生选择合适的学校。该法案促进了校际竞争，有利于价值选择，但却冲击了美国以公立教育为基础的教育体系，遭到了很大的质疑。

2002 年，布什政府出台《不让一个孩子掉队法》，旨在解决美国中小学教育质量低下的问题。该法案主要涉及七个方面的内容：①建立中小学责任制；②给地方和学校更大的自主权；③给父母更多的选择权；④保证每一个孩子都能阅读；⑤提高教师质量；⑥测试各州学生的学习成绩；⑦提高移民儿童的英语水平。[③]《不让一个孩子掉队法》使美国基础教育质量有了整体的提高，曾被认为是 1965 年以来美国最重要的中小学改革法。然而，法案也存在很多问题和弊端，致使其后来遭到多方的质疑和批判。比如，传统上，美国公立学校是由州政府和地方学区管理的。但《不让一个孩子掉队法》规定从国家层面要求各州对学生进行考试和测试，被认为是州政府和地方学区教育管理权的丧失。

此外，法案所规定的每年对学生进行的标准化测试以及严格的奖惩制度，使其日益成为美国中小学教育的"指挥棒"，学区、学校、学生为了应对考核，不惜

---

① 陶蕾 . 美国基础教育问责制度研究[D]. 西南大学硕士学位论文，2013：2.
② 吴式颖 . 外国教育史教程[M]. 北京：人民教育出版社，1999：636.
③ 罗朝猛 ."还权"：美国《每一个学生成功法案》的最大亮点[J]. 教书育人，2016(2).

采取任何手段，学校和教师开始越来越注重标准化考试所规定的内容的教学，从而导致教学质量的下降，隐没了美国"快乐教育"的实质。总体而言，美国的一些学生仍然得不到平等的学习机会。具体表现为：①相对于美国其他高中学校87％的学生毕业率来说，资源不足的高中学校毕业率更低，仅有五分之二的学生能够按时毕业。②5％表现最差的小学和中学学生与其他学校的同年级学生相比，在阅读的熟练程度上相差 31 个百分点，同时在数学上有 36 个百分点的差距。这些表现最差的学校中，有将近三分之二的学生无法达到年级平均水平。③全美范围内，黑人和拉美裔的全体四年级学生中，可能只有一半的学生在数学学习中能够达到与白人一样的年级水平。① 因此，为了确保法案能够惠及每一个学生，必须要制定一个更加强有力的法案取代《不让一个孩子掉队法》。

2010 年 3 月，奥巴马政府颁布了《改革蓝图：对初等和中等教育法的再授权》（*A Blueprint for Reform：The Reauthorization of the Elementary and Secondary Education Act*），尝试解决《不让一个孩子掉队法》所产生的弊端和问题。2011 年 1 月，奥巴马政府呼吁国会对《不让一个孩子掉队法》重新授权，但遗憾的是，这次呼吁并没有获得成功。于是，在新法案还没有出台之前，奥巴马政府于 2011 年 9 月宣布《初等和中等教育法》的灵活豁免的行政令（ESEA Flexibility），提出给予学生成绩优秀的学校相应的豁免政策作为激励手段，以此来鼓励学校不断地完善和进步。截止到 2012 年 12 月，除了华盛顿哥伦比亚特区获得审批通过之外，全国共有 34 个州的灵活豁免申请获得批准。② 此外，全美教育协会（National Education Association）也对《不让一个孩子掉队法》"一刀切"的模式不断诟病。2014 年美国参议院卫生、教育、劳工和福利委员会主席（Senate HELP Committee Chairman）拉马尔·亚历山大（Lamar Alexander）提出，应该重新修订《不让一个孩子掉队法》。同时，美国民主党和共和党议员也都纷纷向国会提交其对《不让一个孩子掉队法》改革的议案。③ 在这样的背景下，修订《不让一个孩子掉队法》，出台新的基础教育法案——《每一个学生成功法》已成为必然。《每一个学生成功法》保持了《不让一个孩子掉队法》原有的一些教育条款，如仍要求 3～8 年级的学生参与年度测试等，但在此基础上也做了很多的修改。新的法案授权各州和地方决策制定者，包括学校领导、负责人以及各州政府官员，让其自主开发适合各州

---

① Give Every Child a Fair Shot［EB/OL］. https：//www. whitehouse. gov/sites/default/files/docs/esea _ white _ house _ report _ . pdf，2016-05-05.

② The Opportunity of ESEA Flexibility：Protecting Students and Local Education Solution［EB/OL］. http：//www. ed. gov/policy/elsec/guid/esea-flexibility/resources/esea-flex-brochure. pdf，2016-05-19.

③ Every Student Succeeds Act［EB/OL］. https：//en. wikipedia. org/wiki/Every _ Student _ Succeeds _ Act♯History，2016-05-19.

的教育体系,从而更好地测量和改善各州的学校教育。同时还促使各州减少冗杂的测试,为家长和教育者提供更全面更完整的信息,采取措施确保弱势学生和学校得到强有力的援助和保障(详见表2-1)。①

表 2-1 《每一个学生成功法》《不让一个孩子掉队法》与奥巴马政府政策的对比

	《不让一个孩子掉队法》	奥巴马政府政策	《每一个学生成功法》
升学和就业准备标准	E	√	√
所有学生年度学习评估	√	√	√
创新地方评估试点		√	√
学生表现目标和学校评估	√ 不现实的,联邦政府仅仅依据测试成绩制定	√ 由各州自行负责,采用多元化的方式	√ 由各州自行负责,采用多元化的方式
对弱势学校的问责、干预和支持	√ 由联邦政府认定和干预,采取"一刀切"的模式	√ 由各州自行认定和干预,支持表现最差的5%的学校,这些学校主要表现为学生亚群体学习成绩落后,高中辍学率高	√ 由各州自行认定和干预,支持表现最差的5%的学校,这些学校主要表现为学生亚群体学习成绩落后,高中辍学率高
教师和领导者评估以及包括学生学习和观察在内的支持系统	—	√	
在有高需求的学校开展竞争性评估项目;依据学生学习情况对有效的教育者进行奖赏	√	√	
学前教育的涉入		√	
开展以创新和实证建设为基的竞争项目		√	
开展推广高质量特许学校的竞争项目		√	
开展竞争项目,鼓励建立全方位支持系统,帮助弱势社区		√	

注:表中"√"表示法案中所包含的项。

---

① Every Student Succeeds Act [EB/OL]. U. S. Department of Education. http://www.ed. gov/essa? src=rn, 2016-04-20.

二、实施《每一个学生成功法》的适切性

2011 年 3 月 14 日奥马巴总统发言："在我们的国家，每一个孩子，不论他们来自哪里，都可以在这里苗壮成长，成长为他们想要成为的人……我坚信如果我们对《不让一个孩子掉队法》进行修订，如果我们继续对美国的教育进行改革，不断投资孩子的未来，那么我们将长盛不衰。"①

2011 年，奥巴马总统通过行政令宣布了针对《不让一个孩子掉队法》的第一项综合性计划——自愿豁免计划，使得各州能够获得免除该项法律具体强制政策的灵活性，代之以州设计的高标准计划；重塑问责制；支持对教师和校长的评估和培养。这些行动建立在奥巴马政府于 2010 年所规划的全面改革蓝图的基础之上，奥巴马总统指出，与《不让一个孩子掉队法》有关的各种问题"多年来对于全国各地的家长和教育工作者来说一直是显而易见的，但是，尽管某些人拥有良好愿望，国会却未能解决问题"。

2012 年，奥巴马总统欢迎来自 10 个州的领导人造访白宫，宣布了第一轮依据其政府所签署的提供《初等和中等教育法》灵活性的行政令而获得批准的豁免者名单。迄今，已有超过 40 个州通过《初等和中等教育法》的灵活性制订出由各州所推动的解决方案。人们期望它们为每个学生上大学和就业做好准备，运用多重测量措施来区分争取奖励和支持的学校，将资源侧重运用于对表现最差学校的综合性、严厉的干预措施上，并且确保所有成绩最差学生得到为赶上同龄人所需要的各种支持。得益于《初等和中等教育法》的灵活性，这些州已经实施了关键的改革，使得表现最差学校的数量有所减少；少数族裔学生和白人学生之间毕业率差距不断缩小；更注重面向教师、校长和教育主管的有意义的职业发展。②

美国联邦和各州都在不断地完善基础教育，不断地提高学生的毕业率，缩小学生的成绩差距，但是，美国仍有 5％的中小学校处于落后状态，成绩表现最差（详见表 2-2）。③

---

① FACT SHEET：Congress Acts to Fix No Child Left Behind ［EB/OL］. https：//www. whitehouse. gov/the-press-office/2015/12/03/fact-sheet-congress-acts-fix-no-child-left-behind，2016-05-10.

② Every Student Succeeds Act：A Progress Report on Elementary and Secondary Education ［R/OL］. https：//www. whitehouse. gov/sites/whitehouse. gov/files/documents/ESSA _ Progress _ Report. pdf，2016-04-22.

③ Give Every Child a Fair Shot ［EB/OL］. https：//www. whitehouse. gov/sites/default/files/docs/esea _ white _ house _ report _ . pdf，2016-05-18.

表 2-2　美国表现最差的学校的成绩差距

州名称	数学平均水平（%）			阅读/语言学科平均水平（%）			平均毕业率（%）		
	表现差的学校	其他学校	差距	表现差的学校	其他学校	差距	表现差的学校	其他学校	差距
全美	29	65	36	36	67	31	40	87	47
阿拉巴马州	47	83	36	65	88	23	52	83	31
阿拉斯加州	51	77	26	53	83	30	37	83	46
亚利桑那州	28	64	36	49	79	30	30	85	55
阿肯色州	45	78	33	52	81	29	—	87	—
加利福尼亚州	26	62	36	26	58	32	44	89	45
科罗拉多州	27	67	40	35	72	37	30	86	56
康涅狄格州	41	85	44	38	82	44	53	89	36
特拉华州	28	72	44	39	75	36	45	83	38
华盛顿哥伦比亚特区	18	56	38	17	52	35	46	82	36
佛罗里达州	24	59	35	26	60	34	19	83	64
佐治亚州	56	86	30	79	95	16	47	79	32
夏威夷州	38	64	26	49	75	26	—	83	—
爱达荷州	61	83	22	71	90	19	—	—	—
伊利诺伊州	23	61	38	25	61	36	47	85	38
印第安纳州	52	84	32	51	81	30	45	89	44
爱荷华州	50	78	28	44	73	29	45	92	47
堪萨斯州	41	81	40	49	87	38	37	89	52
肯塔基州	17	44	27	22	51	29	75	91	17
路易斯安那州	36	72	36	41	73	32	52	80	28
缅因州	36	63	27	44	72	28	70	87	16
马里兰州	40	81	41	55	86	31	45	87	42
马萨诸塞州	19	60	41	22	67	45	38	89	51
密歇根州	8	44	36	29	69	40	35	89	54
明尼苏达州	17	64	47	16	59	43	29	90	61
密西西比州	35	68	33	31	60	29	54	78	24
密苏里州	15	56	41	17	54	37	45	90	45
蒙大拿州	18	69	51	41	86	45	54	85	31
内布拉斯加州	28	73	45	43	80	37	73	90	17

（续表）

州名称	数学平均水平（%）			阅读/语言学科平均水平(%)			平均毕业率（%）		
	表现差的学校	其他学校	差距	表现差的学校	其他学校	差距	表现差的学校	其他学校	差距
内华达州	26	62	36	35	64	29	59	79	20
新罕布什尔州	46	73	27	52	80	28	—	88	—
新泽西州	34	77	44	24	69	45	46	89	43
新墨西哥州	15	45	30	22	52	30	40	75	35
纽约州	3	34	31	5	34	29	44	85	41
北卡罗来纳州	13	44	31	15	45	30	50	86	36
北达科他州	37	80	43	31	76	45	56	91	35
俄亥俄州	26	78	52	42	85	43	31	91	60
俄克拉荷马州	32	71	39	34	70	36	37	87	50
俄勒冈州	32	64	32	43	72	28	34	78	44
宾夕法尼亚州	31	77	46	28	71	43	46	89	43
罗德岛州	26	65	39	37	75	38	48	83	35
南卡罗来纳州	40	74	34	49	78	29	32	80	48
南达科他州	18	76	58	29	76	47	37	89	52
田纳西州	16	53	37	14	52	38	49	88	39
德克萨斯州	44	77	33	54	80	26	39	91	52
犹他州	50	80	30	56	83	27	31	87	56
佛蒙特州	39	67	28	47	74	27	64	87	23
弗吉尼亚州	38	72	34	42	74	32	51	85	34
华盛顿州	30	63	33	41	72	31	23	84	61
西弗吉尼亚州	26	47	21	26	49	23	26	49	23
威斯康星州	12	51	39	6	37	31	6	37	31
怀俄明州	48	80	32	48	76	28	48	76	28

注：①数学和阅读/语言学科成绩资料来源：2012-2013 Common Core of Data（Title I status，student membership）and 2012-2013 ED Facts State Assessment Data；②毕业率资料来源：2012-2013 Common Core of Data（Title I status，student membership）and 2012-2013 ED Facts Adjusted Cohort Graduation Rate data.

由此可见，美国5%表现最差的学校仍是基础教育改革和关注的重点。自《不让一个孩子掉队法》实施以来，虽然已经取得了明显的进步，但该法案提供的使学校获得成功的机会也极少。该项法律强迫各学校和学区采用"一刀切"的解决方案，没有顾及社区的各种需求和环境。对此，奥巴马政府决定采取行动来解决这些问题，《每一个学生成功法》应运而生。

《每一个学生成功法》建立在实施《初等和中等教育法》灵活性释放出来的州领导力和创新力的基础之上，继续允许各州确定目标、设定衡量学校成功的多项指标、决定如何区分学校以及识别出所有学生和各个学生亚群体所取得的进展，以及学生陷入困境的地方——尤其是在 5% 成绩垫底的学校、学生亚群体表现不佳的学校、有着很高辍学率的高中，设计并实施各项干预措施。《每一个学生成功法》巩固了奥巴马政府的《初等和中等教育法》豁免计划下所取得的进展。

在一定意义上，《每一个学生成功法》是对《不让一个孩子掉队法》的修订。该法案反对美国中小学过度采用标准化统一测试，确保美国教育系统为每一个孩子未来的就业和升学做准备，并为更多的孩子制定高质量的学前教育计划。

三、《每一个学生成功法》的内容

（一）《每一个学生成功法》出台的原则

1. 为学校制定为学生上大学和就业做好准备的标准

《每一个学生成功法》肯定了 48 个州和华盛顿哥伦比亚特区允许所有学生挑战学术内容标准所选择的道路，这将为他们从高中毕业并且成功地进入大学和就业做好准备。2008 年，美国的州长和州教育官员聚集在一起，致力于为学校制定出一套为学生上大学和就业做好准备的新标准。奥巴马政府通过"力争上游"倡议以及在《初等和中等教育法》的灵活性协议里所建立起来的联邦与州伙伴关系对此进行支持。

2. 为所有的学生制定全面干预措施

与奥巴马政府各项立法提案相一致，《每一个学生成功法》建立在 40 多个州与联邦达成的《初等和中等教育法》灵活性协议的基础之上，旨在为所有学生取得进展而设定有意义的目标，且确保每一个学生亚群体在为大学学习和就业做好准备方面有所收获。为了实现目标，各州必须制订出旨在缩小各个学生亚群体间学生成就和毕业率差距的目标。在一些有许多学生始终未能达到由州所设定的目标以及其他指标的学校，学区将会确保其获得与自身及学生的各种需求相称的量身定制的干预措施。

3. 为美国弱势的学校和学生提供各种资源

《每一个学生成功法》把资源、注意力和努力放在最需要帮助的学生获益上。与依照奥巴马政府《初等和中等教育法》的灵活性协议已出台的各项政策保持一致，《每一个学生成功法》废除了《不让一个孩子掉队法》里"一刀切"的问责制，并且确保各州最起码对其表现最差的学校、有着高辍学率的高中以及学生亚群体落后的学校进行改革。具体包括要求各学区使用基于证据的模式以支持在 5% 表现最差学校以及有超过三分之一的学生不能按时毕业的学校里实施全校性干预措施的规定,包括支持在这些学校实施干预措施的专项资金。在学生亚群体一直表现不佳的学校里,各学区必须增加有针对性的干预措施和支持,以缩小差距并且提高学生的成就。如果这类学校没有显示出任何改进,那么就指定该州承担起更严格的职责以督促学校落实相应政策。此外,联邦教育部拥有确保各州履行各自职责的权力。

4. 各项旨在为学生增加机会的新的激励措施

《每一个学生成功法》包括以奥巴马政府计划作为蓝本的各项倡议,旨在:①为来自中低收入家庭的孩子创建高质量的、州政府资助的幼儿园,或者增加其进入该幼儿园的机会,这是从奥巴马政府的学前发展资助计划扩展而来的。②制定、改进和复制创新的、雄心勃勃的改革计划以缩小美国学校的成就差距。③增加各种在学校里准备、培养和推进的激励措施。④通过承诺社区活动,利用各种资源,解决生活在极度贫困社区里的学生以及学生家庭所面临的各种重大挑战,增强从早期学习直至大学的各项服务的连续性。⑤增加对为高需求学生服务、表现较好的公立特许学校的支持。

5. 对测试采取一种智慧和平衡的做法

《每一个学生成功法》保留了全州范围的重要评估,以确保教师和家长能够了解到他们的孩子每年所取得的进展和具体表现。鼓励对测试采取一种更加聪明的做法,不只是关注标准化测试,而是转向围绕着学校质量推动的各项决策,允许使用多重衡量措施评估学生的学习进展。该法还包含了与奥巴马政府减少标准化测试课堂时间的各项原则相一致的规定,包括支持各州为审核和简化评估体系以及试验各种创新评估。

6. 促进州和地方拨款的公平

奥巴马政府一再呼吁州和学区应该更加公平地将州和地方资金分配给有着最大需求的学校。《每一个学生成功法》规定各学区必须基于每个学生的实际开支,将州和地方资金公平分配给各自最贫困的学校。作为交换,各学区将获准采用更加灵活的方式分配和使用联邦划拨的资金,以支持各项改善各自贫困学生成就和结果。

(二)《每一个学生成功法》的主要内容①

1. 完善由各州和地方教育机构实施的基础项目

这部分内容旨在为每个学生提供平等的接受高质量教育的机会,缩小教育成

---

① Every Student Succeeds Act〔EB/OL〕. U. S. Department of Education. https://www. gpo. gov/fdsys/pkg/BILLS-114s1177enr/pdf/BILLS-114s1177enr. pdf,2016-05-12.

绩差距。法案规定，各州教育机构应保证财政经费被恰当地分配给地方教育机构。应给予表现最差的学校经费支持，帮助其提高学生的学习成绩。地方教育机构对于经费的使用规定，具体包括：用于与学生家长沟通和交流的费用不超过总经费的 1％；用于对学生进行直接管理的费用不超过 2％；剩余的经费用于招生，课程设置（包括高阶课程、职业和技术教育课程），学生学习（如对学生进行高质量的学术辅导）等。

法案规定，各州应制定和实施具有挑战性的学术标准。具有挑战性的学术标准应体现至少 3 个成绩等级，分别适用于州、地方教育机构和学校。各州有自由制订学术标准的权利，但是各州内所有的公立学校在数学、阅读、语言艺术、科学以及其他学科方面都必须采用州统一定的学术标准。其中，对于英语学习者的成绩标准，主要分为听、说、读、写四个方面。在学术评估方面，各州教育机构应该与地方教育机构协商，针对数学、阅读、语言艺术和科学等学科实施一系列高质量的学术评估。法案还规定，每年对 3～8 年级的数学、阅读和语言艺术学科评估一次；对 9～12 年级的数学、阅读和语言艺术学科至少评估一次；对 3～5 年级、6～9 年级和 10～12 年级的科学学科至少评价一次；至于对其他学科的评估，各州可灵活安排。法案还指出，应该不断更新学生学术评估测量方法，包括对学生思维能力和理解力的评估。同时，对于残障学生、英语学习者以及其他学生亚群体的学术评估也成为该法案强调的重点。依据不同学生群体的学术需求，家长、教师、校长和其他学校领导者应提供不同的学术评估，评估的结果因各州、地方教育机构、学生亚群体数量、主体民族群体、学生家庭经济状况、英语水平、性别、移民地位等不同而有所区别。减少不必要的测试。为了保证教师和学生有最大限度的学习时间，应对测试设置合理的限制。比如，纽约州规定，州测试的时间总量不能超过总体上课时间的 2％。这也意味着，各州和学区应严格审查各自的测试制度，消除那些过时的、重复的、低效的以及不必要的考试，减轻教师和学生的压力。

法案还提出，各州的教育计划应该明确阐述以下内容：①各州应该对地方教育机构提供怎样的援助？各小学应如何分配和使用财政经费，以支持早期儿童教育项目的实施？②各州应采取怎样的措施帮助学校中低收入家庭的学生以及少数民族学生，改变其接受低效的、非专业的以及无经验教师教育的局面？③各州教育机构如何为地方教育机构提供支持，以改善学生学习状况，包括减少校园欺凌、骚扰等不良事件的发生？④各州教育机构将给予地方教育机构怎样的援助，满足不同年级学生的需求，降低高中学生的辍学率？⑤各州教育机构在挑战性学术标准的条件下，又该如何为每个学生提供平等的机会，使其获得必要的知识和技能？

此外，法案主张建立州问责体系，各州应设计自己的发展计划，由地方教育机构配合，确保每个学生都能够接受高质量的教育，缩小学生之间的成绩差距。

2. 培养、培训和聘任高质量的教师、校长和其他学校领导者

美国联邦政府预计在2017—2020财年，每财年为各州和地方教育机构拨款约23亿美元，用于加强学校的师资建设。具体工作包括：①改革教师、校长和其他学校领导者的认证、再认证、许可、任期体制以及培养标准，确保教师具备必要的专业知识和教学技能，加强校长和其他学校领导者的教学领导能力，帮助学生达到各州的挑战性学术标准。②帮助地方教育机构设计、开发、实施并完善以学生学术成绩为基础的教师、校长以及其他学校领导者评估和支持系统。鼓励评估测量的多元化，包括课堂观察评估、培训和听课，保证评估结果的可靠性。③为校长、其他学校领导者、辅导员、导师以及评估人员提供有效的培训，确保评估的准确性。同时，有效和及时的反馈也可以促进各自的专业发展，帮助决策者做出正确的教育决策和人事决定。④为所有教师成为有效教师提供平等的机会。⑤各州应开发、建立、完善和拓展教师资格认证制度，尤其是针对师资力量短缺的学科领域的教师资格认证，包括特殊儿童教育、对英语学习者的教育、科学和技术教育、工程学以及数学教育。⑥各州应开发、实施并完善有效教师、校长和其他学校领导者的聘任和留任机制，为地方教育机构和学校招揽更多优秀的教师和教学领导团队助力。⑦各州教育机构要履行其职责，在给予各地方教育机构技术支持的同时，恰当、有效地监管学校师资建设项目的实施。⑧鼓励和帮助地方教育机构开发多种促进教师专业发展的路径，采用差别工资和其他激励措施，招聘和留任高需求和紧缺学科，低收入学校及学区的教师、校长和其他学校领导者。通过改进学校领导力项目，对新教师、校长和其他学校领导者进行培训和指导，帮助他们更好地管理课堂、教学，促进学生学习，提高学生的学业成绩。⑨帮助地方教育机构开发和实施高质量的校长专业发展项目，使其成为一名能够使所有学生达到各州挑战性学术标准的优秀校长。⑩为教师、校长和其他学校管理者提供支持和培训（如帮助教师有效开展混合教学项目），使其能够有效地将技术融入课程和教学。⑪通过建立教师实习项目和学校领导者实习项目，改革和完善教师、校长和其他学校领导者的培养计划。⑫在州法律许可的范围内，建立和扩展教师、校长和其他学校领导者培养学院，其使用经费不得超出州拨款经费的2%。⑬为全校全体人员（包括教师、校长、其他学校领导者、专业的教学支持人员、专业辅助人员等）提供与认识和预防儿童性侵害相关的培训。⑭为教师、校长、其他学校领导者、专业辅助人员、早期儿童教育项目主管以及其他早教项目开发者提供共同参与的机会，共同解决学生学业过渡相关事宜。⑮为教师、校长和其他学校领导者开发全方位的专业发展体系，确保科学、技术、工程学、数学以及计算机科学领域具有高质量的教学和高效的教学领导水平。⑯改进教师、校长和其他学校领导者的教学策略，在提升学生专业学习能力的同时，将职业技

术教育的内容融入学术教学实践，帮助学生更好地理解州和地区劳动力的需求状况，为学生未来升学和就业做好准备。⑰依照各州的学生隐私法和地方教育机构保护学生隐私的相关政策，应对教师提供必要的培训，使其能够更好地利用学生相关信息，保证学生个人隐私的安全。

此外，联邦政府还出资支持各州和地方教育机构开展全国性活动。具体包括：①联邦政府计划于 2017—2019 财年，每财年拿出 49.1％的财政经费，在 2020 财年，拿出 47％的财政经费用于开展教师和学校领导者激励项目。旨在帮助各州、地方教育机构以及非营利性组织开发、实施和完善综合绩效薪酬体系以及人力资源管理系统，尤其是针对高需求学校教师、校长和其他学校领导者的管理体系，从而提高学生的学术成绩，缩小表现优异与表现较差的学生之间的成绩差距。②联邦政府还将在 2017—2019 财年，每财年分别拿出 34.1％的财政经费，以及在 2020 财年拿出 36.8％的财政经费用于实施全民文化素养教育。通过联邦财政支持，不断修正和完善综合素养教育计划，致力于提高从早期教育到 12 年级的学生在阅读和写作方面的学术成绩。法案明确规定，"综合素养教育"应该具有适切性（如符合学生的年龄特征）、明确性（如写作教学应使学生明晰写作主题，具有批判性思维）和系统性（如教师选择的阅读材料应该遵循学生的发展规律）。同时，对于阅读和写作教学，应与频繁的练习相结合。对于低收入家庭以及高需求的落后学校，联邦还应提供适当的资助和补贴，帮助其不断地完善和发展。③联邦政府计划在 2017—2020 财年中，每年提供 1.4％的经费支持美国历史和公民教育计划。通过让中小学生学习美国历史和宪法等相关内容，促使学生了解美国历史，促进公民教育和政府教育质量的提升。④2017—2019 财年，联邦每财年将拿出 15.4％的财政经费，2020 财年提供 14.8％的财政经费，支持开展具有重大意义的全国性项目，包括有效教师的专业发展项目、学校领导者的聘任和支持项目、技术援助和全国性评估项目以及发展 STEM 高级教师团队项目。

3. 针对英语学习者和移民学生的语言教学

联邦政府在 2017 财年，拨出约 7.6 亿美元，2018 财年，拨出约 7.7 亿美元，2019 财年，拨出约 7.8 亿美元，2020 财年，拨出约 8.8 亿美元，用于支持和发展英语学习者和移民学生的语言教学，确保包括移民学生在内的英语学习者英语水平的提升，满足各州挑战性学术标准的要求。具体内容包括：①提高英语学习者和移民学生的学术成绩以及英语水平。各州与地方教育机构协商建立针对英语学习者和移民学生的标准化评估准则，并在全州范围内实施。提高教师教学技能，制订和实施有效的课程和教学计划，以便满足英语学习者的多样化需求。此外，法案还鼓励家长和社区积极参与针对英语学习者和移民学生的教学计划。②为符合条件的实体机构提供必要的资助。对愿意出资完善和发展英语学习者教育的实体机构，州教育机构应该给予一定的经费支持。该实体机构应将财政经费用于为英语学习者和移民学生开发和实施新型语言教学项目和课程内容，既包括学前儿童教育项目，也涉及初等和中等教育项目。改革、重建和升级与之相关的项目和活动，加强对英语学习者学业和职业技术双方面的教育。③实施全国专业发展计划。联邦政府五年内出资支持公立和私立高等教育机构开展一系列的专业发展活动，致力于提高英语教学工作者的教学水平；开发适切的课程和教学策略，以达到各州挑战性学术标准的要求；鼓励家长和学区参与到对英语学习者的教育中；通过分享和传播有效的教学实践，提高英语学习者的学术成绩；采取适当有效的策略，帮助英语学习者更好地从学前教育过渡到初等教育，做好幼小衔接工作，如"启蒙计划"（Head Start）和公立学前教育项目等。

4. 创建 21 世纪社区学习中心

这部分在《不让一个孩子掉队法》中插入了许多新的法律条款，如创造丰富多样的有利于学生发展的学术环境，打造优质的特许学校，扩大学生学习机会等。具体表现为：①创造有利于学生发展的丰富多样的学术环境。新法律规定，各州、地方教育机构、学校和学区应该为每一个学生提供全面发展教育，改善学校的学习环境，改进教学技术的使用，在加强自身的教育能力的同时，促进学生学术成绩的提升。法案规定，每个州给地方教育机构不少于 95% 的财政经费。而各州在履行职责过程中所承担的经费最多也不能超过 1%。这些经费应该用于创造丰富多样的学术环境以及开展全面发展教育相关活动和项目，包括为地方教育机构提供指导、培训以及技术援助；促进地方教育机构与其他机构、学校和社区建立良好的合作关系；提供优质的科学、技术、工程学、数学以及计算机科学、音乐与艺术课程，提高学生的课程参与度以及学业成绩；各州与地方教育机构合作为学生创建一个安全、卫生、健康的环境，突出对学生心理健康状况的关注，通过建立学校心理健康服务合作项目，为学生提供心理咨询，帮助解决其心理健康方面的困惑和问题；增加学生个体化严格的学习经历，利用技术满足每个学生的学习需要，提升教师、校长、其他学校领导者以及地方教育机构管理者使用信息和技术的能力；加大对农村和偏远地区学校的技术支持力度，增加这些学校学生进行高质量数字化学习的机会；地方教育机构及类似机构的联盟应实施综合需求评估，确保全面发展教育的成功实施和创造丰富多样学术环境相关活动和项目的有效落实。②创建 21 世纪社区学习中心。21 世纪社区学习中心的创建旨在为每一个学生，尤其是那些表现落后学校的学生创造丰富多样的学习环境，提供更多的学习机会，以使其达到各州挑战性的学术标准。具体采取的措施有：为学生提供各种服务，开展大量相关项目计划和活动，如举行青年发展和服务学习活动；实施预防毒品和暴力计划、实习计划以及其他与社会职业相关的计划；开展营养健康教育、音乐与艺术教育、职业技术教育、环境教育、经济教育等。此外，21 世纪社区学习中心还提供更多的机会鼓励家长积极参与学生教育以及与全面发展教育相关的活动。法案规定，每个财年，各州除了 2％的经费用于履行自身职责外，应划拨给实体机构(包括地方教育机构、社区组织、印第安部落、其他公立和私立实体机构以及 2 个或 2 个以上机构和组织的联盟)不少于 93％的财政经费支持。同时，还应该建立和实施严格的同行评审制度，负责评估和审查与创建 21 世纪社区学习中心相关的项目和活动。③打造优质特许学校，扩大学生学习机会。法案明确强调，增加对特许学校的财政投入，在创新和完善美国教育体制的同时，为每一个学生提供平等的教育机会。法案规定，2017—2018 财年，每财年划拨 2.7 亿美元支持特许学校的发展。到 2019—2020 财年，每财年划拨的财政经费增加至 3 亿美元。此外，联邦政府可以向各州划拨用于特许学校发展的专项资金，其中不少于 90％的经费用以支持符合条件的特许学校的各项教育活动，对于各州履行管理职责费用的承担则不得超过 3％。法案还提出，各州应该建立透明的、严格的特许学校绩效管理、评估和问责制度，对特许学校进行有效的监管、审查和评估。④全国性活动。法案规定，联邦政府 2017—2018 财年，每财年拨款约 2 亿美元，2019—2020 财年，每财年拨款约 2.2 亿美元支持开展全国性活动，包括教育创新和研究活动、为学校成功助力社区活动、校园安全活动以及丰富多样的学术活动等。

5. 各州创新和地方灵活性

这一部分突出了《每一个学生成功法》与《不让一个孩子掉队法》的最大不同，被认为是《每一个学生成功法》的最大亮点。

法案规定，废除联邦问责制和 49 个无效的项目，禁止联邦政府强迫各州采纳共同核心。各州和地方教育机构对学校的改善负有相应的责任，同时应为学区和学校提供更加灵活的财政援助，赋予各州制定适合本州学校发展的适切的教育标准、建立有效评估体系的权力。另外，对于联邦设立和开展的教育项目，根据各州意愿，给予其自愿加入和退出的权利。

诚如奥巴马所言："《不让一个孩子掉队法》提出的教育目标是正确的，包括许诺为每一个孩子提供优秀教师，采取更高的标准和问责制等，但该法未能给予教师、学校和州实现教育目标所需要的东西。这就是改革《不让一个孩子掉队法》的缘由"。[①]《每一个学生成功法》是在奥巴马教育政策所取得的重大成功的基础上建立起来的，是改进美国基础教育体制所迈出的重要一步。

四、总结

虽然美国的基础教育一直在不断地发展和完善，但是，仍有 5％的学校处于

---

① Every Student Succeeds Act [EB/OL]. http：//www.ed.gov/essa? src＝policy，2016-05-01.

低水平，那里的学生得不到有效的帮助，很多学生不能顺利毕业。因此，为了确保每一个学生都能够接受好的教育，保证每一个学生都享有平等的受教育机会，美国政府、各州和地方教育机构、教育者和家长等仍需不断地努力。

《每一个学生成功法》使各州成为教育问责的主体，真正将教育的控制权归还各州，可以使各州根据本州以及州内学校的实际，制定适切的有利于各州学校发展的政策、制度，给予各州学校办学的最大灵活性。同时，《每一个学生成功法》也改革了《不让一个孩子掉队法》中繁重的测试制度，致力于改变因测试而造成的"大棒"效应，为每一个学生提供成功的最大可能性，是每一个学生和每一所学校的希望。

>> 第二节　美国防范校园欺凌的政策、法律与判例 <<

一、美国校园欺凌的概况

美国的学校管理者和研究者通常将校园欺凌定义为"反复故意实施的侵犯行为"。校园欺凌一般包含故意侵犯、以强凌弱和反复实施三个要素。每个州对欺凌的定义有所不同。如有的州将欺凌定义为"身体或语言的侵犯行为"，有的州认为欺凌只包含身体侵犯行为，有的州强调"反复实施"才算欺凌行为。有些州将欺凌与骚扰(harassment)等同起来，也有些州对欺凌和骚扰稍做区别：欺凌可以针对任何对象，骚扰一般是针对特殊人群(如女性、残障者、少数族裔)。

(一)欺凌的基本要素

1. 故意侵犯

主要是指欺凌者故意侵犯被欺凌者。欺凌并不是意外事件，它总是伴随着伤害、羞辱、贬低或恐吓而被有目的地实施。第一个要素的重点在于侵犯者是否打算实施有害行为，而不是侵犯者是否旨在造成有害结果。

2. 以强凌弱

主要是指欺凌者和被欺凌者之间的力量不对等。欺凌者具有真实的或者是可被感知到的优势，使得被欺凌者很难保护自己免受欺凌。力量不对等有多种表现形式：年龄差异、体型差异、社会地位差异、种族差异、文化差异、经济地位差异、智力差异以及其他的一些能力差异。①

3. 反复实施

主要是指被欺凌者经历多次欺凌或一种针对他们的侵犯模式。根据欺凌定

---

① 比如将一个学生的全部信息以消息或图片的方式在线发布的能力差异。

义，如果在一次侵犯之后类似行为很有可能再次发生，那么单个的侵犯事件也可以被认为是欺凌。

(二)欺凌与骚扰、暴力以及戏弄的关系

1. 欺凌与骚扰的关系

在各州法律中，骚扰通常是贬低、威胁或者侵犯他人的行为，并且总是给受害者带来充满恶意的环境。根据联邦法律，基于种族、肤色、国籍、性别或残疾产生的骚扰是违反公民权利的。正如美国联邦教育部所言，歧视性的骚扰必须与一般形式的欺凌区别开来，因为骚扰通常是由于受害者的特定特点引起的，而欺凌包含的受害者特点更广泛，所以骚扰是一种特殊形式的欺凌。一般来说，在没有以强凌弱的情况下骚扰也可能发生，如双方势均力敌的侵犯行为。然而，《民权法案》(*Civil Rights Act*)对特定群体的界定本身表明了"以强凌弱"的存在，即根据性别、种族、宗教、民族起源或残疾状况来界定的特定群体必须被保护。在这种意义下，骚扰仍然可以被视为欺凌的一种特殊形式。①

2. 欺凌与暴力的关系

青少年暴力包括攻击行为，攻击行为又分为言语攻击和身体攻击，是任何旨在伤害他人的行为，主要包含一个要素——故意侵犯。欺凌可以看成是一种特殊的攻击行为(包含三个要素的攻击行为)，因为欺凌总是有攻击性的，但是并非所有的攻击行为都是欺凌。例如，两个势均力敌的青少年之间打架属于攻击行为，但不属于欺凌，因为它不包括以强凌弱这一要素。欺凌也可以看成是青少年暴力的一种低层级形式，② 与高层级的暴力相比，校园欺凌通常不为成年人发觉并且往往是潜伏的。应该更多地关注以欺凌为代表的校园低层级暴力，因为这种暴力可能通过很多隐性的方式影响受害者。③

3. 欺凌与戏弄的关系

戏弄通常被认为是青少年尤其是男孩之间友谊的一种标志，将戏弄同欺凌区分开来非常有必要。戏弄一般不旨在伤害他人，而欺凌从一开始就旨在伤害对方，被戏弄者对戏弄的反应往往决定了事情的性质。比如，如果一个男生嘲笑另一个男生的裤子太短，戏弄事件可能就此打住。然而，如果被戏弄的男生在听到嘲笑后非常气愤，那么戏弄事件可能会演变为两个力量对等的同伴之间的打架。

---

① Cornell D. and Limber S. P., "Law and policy on the concept of bullying at school", *American Psychologist*, Vol. 70, No. 4, May-June 2015, 333-342.

② David R. Dupper and N. Meyer-Adams, "Low-Level Violence: A Neglected Aspect of School Culture", *Urban Education*, Vol. 37, No. 3, May 2002, 350.

③ David R. Dupper, *School Bullying: New Perspectives on a Growing Problem*, New York: Oxford University Press, 2013.

如果戏弄者旨在长期伤害被戏弄者，那么最初的戏弄就演变成了欺凌。[1]

因此，欺凌与骚扰、暴力以及戏弄之间并不是简单的非此即彼的关系，只有明确了欺凌与三者的区别和联系，才能为制定防范欺凌的法律与政策奠定基础。

（三）欺凌的类型

欺凌包括直接欺凌和间接欺凌。直接欺凌主要是指侵犯行为发生时受害者在场，比如推搡受害者或者对其进行书面或口头攻击。间接欺凌主要是指侵犯行为发生时受害者不在场，如散布流言以及通过网络传播谣言等。[2] 欺凌主要有以下几种广泛的表现形式：身体欺凌、语言欺凌、社交欺凌和网络欺凌。其中，身体欺凌和语言欺凌属于直接欺凌，社交欺凌和网络欺凌属于间接欺凌。

1. 身体欺凌

身体欺凌是一种有意的挑衅，包括伤害他人身体或损害他人财物。身体欺凌是最容易被发觉也最可能留下外伤的一种欺凌形式，在各种欺凌事件中，身体欺凌大约占青少年欺凌的30%。[3] 男生比女生更容易受到身体欺凌。身体欺凌包含以下形式：打人、踢人、推人、抓人、挠人、扯头发、扔物品、脱他人衣服、非法囚禁他人、偷窃或损害他人财产或是对他人做粗鲁的手势等。

2. 语言欺凌

语言欺凌主要是指说或者写一些伤害别人的话。随着儿童口语表达能力的发展，他们也会发现语言既可以使人愉悦，也可以作为伤害别人的武器。语言欺凌在各种欺凌事件中占到70%，是最常发生的一种欺凌形式。[4] 儿童在是否报告语言欺凌这一问题上可能会犹豫不决，鲜有证据可以支持他们的话，即使儿童有了证据，也很难实现公正地解决欺凌事件，因为对于语言欺凌的解释是主观的，欺凌者很可能会为自身辩解。语言欺凌包括针对别人以下特征的伤害性的评论：长相、智商、兴趣、着装、文化、种族、家庭、演讲、残疾或者是性取向，也包括旨在造成伤害的大吼、戏弄、嘲笑、辱骂、威胁、骚扰电话以及背后说人坏话等。

3. 社交欺凌

社交欺凌也称关系欺凌，是一种旨在损害别人声誉或社会关系的有意侵犯，一般出现在儿童晚期或青春期。它是除了语言欺凌外最频繁发生的一种欺凌形式，主要表现为某人暗中操纵一个群体的社交结构以试图破坏另一个人在群体中

---

① David R. Dupper，*School Bullying：New Perspectives on a Growing Problem*，New York：Oxford University Press，2013.

② CDC. Bullying Surveillance Among Youths ［EB/OL］. https：//www.cdc.gov/violenceprevention/pdf/bullying-definitions-final-a. pdf，2016-06-04.

③ Coloroso B.，The Bully, the Bullied, and the Bystander［M］. New York：Harper Resource，2003：15.

④ Ibid.

的关系、被接纳程度或者是地位。女生之间社会欺凌的发生频率高于男生。社交欺凌通过散布旨在损害别人名声和友谊的谎言或谣言来实现。它包括联合反对某人、孤立、诽谤、不理睬、打击某人自信等。研究发现，美国学校枪击案往往与社交欺凌联系在一起。社交欺凌的伤害性如此之大的部分原因在于，孩子们正在从家庭中脱离出来并建立与同辈之间的关系，同龄人的言行影响着孩子的身份认同和自尊。

4. 网络欺凌

近年来，随着网络技术的普及以及各种社交软件在青少年人群中的使用，很多欺凌正在通过网络发生，这种类型的欺凌被称为电子攻击或网络欺凌。[1] 网络欺凌即通过电子设备如手机、电脑、平板电脑或者其他渠道包括社交媒体网站、短信、聊天室、视频分享网站、博客、留言板和游戏网站等发布骚扰、色情评论以及侮辱性的图片。

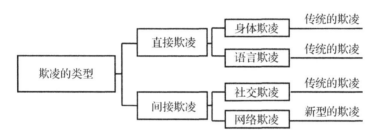

图 2-1 欺凌的类型

(四)欺凌的危害

1999 年，科伦拜恩校园枪击事件之后，美国联邦调查局暴力犯罪研究中心的紧急工作小组对 18 所曾经发生过枪击事件的学校进行了深入调查。研究人员发现，在所有案件中，欺凌[2]风气严重的学校环境更容易成为"校园枪手"攻击的目标，而且"校园枪手"的个性特征和行为与校园欺凌者或被欺凌者极其相似，他们都有低防御能力、精神错乱、被他人羞辱、缺乏同情心、个性偏执、夸大自己的权利、自尊意识薄弱以及用暴力解决问题等特点。疾病控制中心和暴力防治小组经过 5 年对校园暴力伤亡的研究，认为欺凌与日后的暴力行为是紧密相连的，严重受害者会自杀。[3]

---

① Safe Supportive Learning. Bullying/Cyberbullying [EB/OL]. https：//safesupportivelearning. ed. gov/topic-research/safety/bullyingcyberbullying，2016-05-30.

② 《校园欺侮与骚扰——给教育者的法律指导》一书中对 Bullying 的译法是"欺侮"，为使全文的译法一致，特将所有"欺侮"改为"欺凌"。

③ [美]Kathleen Conn. 校园欺侮与骚扰——给教育者的法律指导[M]. 万赟译. 北京：中国轻工业出版社，2006.

很多研究表明，与不受欺凌的学生相比，受欺凌学生更可能表现出自信心较低、在学校有较差表现、在学校的朋友很少、对学校有负面评价并且有更多的身心问题等。此外，他们更易有精神健康问题，如抑郁、自杀的念头和焦虑等。一项全美调查表明，美国10～15岁的孩子中有38%被欺凌过的青少年对他们最近在学校经历的最严重的欺凌感到非常不安。研究发现，儿童时期经历欺凌往往预示着成年后患抑郁症的可能性更大。[①]

欺凌带来的危害如此之大，然而，美国青少年中的欺凌发生频率与涉及人数却不容乐观。据美国疾病控制与预防中心2011年的青少年危险行为监测系统显示，20%的美国高中生经历过欺凌，据国家教育统计中心与司法部的统计，2009年全美6～12年级有28%的学生遭受过欺凌，每一年都有上百万学生遭受欺凌。在2013年的一项全国调查中[②]，20%的高中学生在调查前一年中因为财物问题受到欺凌；据估计，受到网络欺凌的高中学生占15%。根据"学龄儿童健康行为"的调查数据，5～10年级每月受2～3次欺凌的学生最常受到的欺凌是语言欺凌和谣言传播（见图2-2）。根据司法部年度犯罪受害人问卷的收集数据（National Crime Victimization Survey，NCVS），谣言传播和语言欺凌是6～10年级学生中最常见的欺凌方式（见图2-3）。

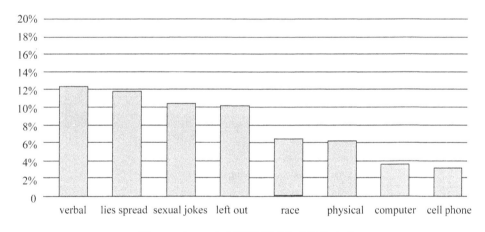

图 2-2 5～10 年级不同类型欺凌的发生率

儿童最可能被欺凌的年龄段是小学和中学阶段，并且这会导致他们整个高中阶段成绩的下降（见图2-4）。一项针对2万多名3～12年级学生的调查发现，8年级和9年级学生受欺凌的比例最高，为16%，3～8年级阶段，女生的受欺凌比

① CDC. Bullying Surveillance Among Youths ［EB/OL］. https：//www. cdc. gov/violen-ceprevention/pdf/bullying-definitions-final-a. pdf，2016-06-04.
② CDC. Understanding Bullying ［EB/OL］. http：//www. cdc. gov/violenceprevention/pdf/bullying _ factsheet. pdf，2016-05-31.

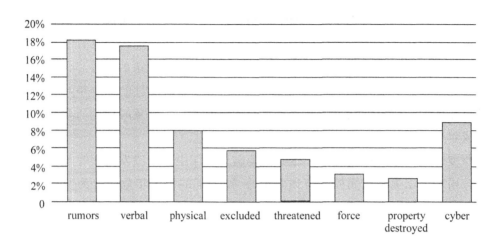

图 2-3　6～10 年级不同类型欺凌的发生率

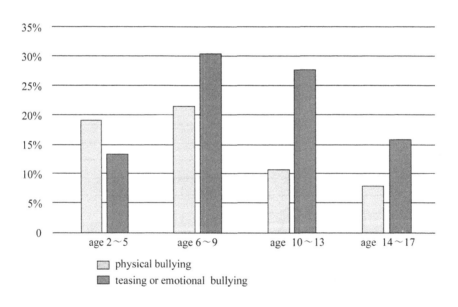

图 2-4　青少年不同年龄段的欺凌发生率

例呈上升趋势，8～12 年级阶段，呈下降趋势；男生受欺凌的比例则几乎一直呈现平稳上升趋势，在 11 年级有微小下降；在整个 3～12 年级阶段，男生的欺凌发生率一直高于女生（见图 2-5）。

　　2015 年 2 月对美国中西部随机抽取的一所中学进行的网络欺凌调查显示，大约 34％的学生经历过网络欺凌。当被问及到调查前的一个月他们所经历的网络欺凌类型时，网上散布谣言（19.4％）以及网上伤害性的评论（12.8％）仍然是最常被提及的，电话恐吓与网络恐吓的比例紧随其后，分别为 10.1％和 8.3％（见图 2-6）。

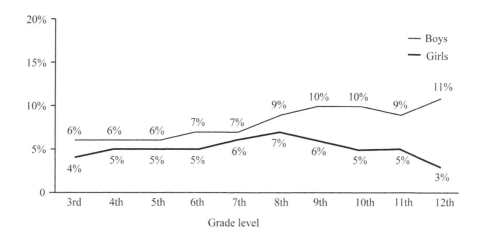

图 2-5　3～12 年级的男女学生欺凌发生率

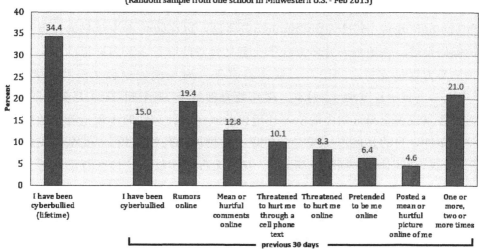

图 2-6　美国一所中学的网络欺凌调查情况

来源：Cyberbullying Research Center：2015 Cyberbullying Data①

---

①　CDC. 2015 Cyberbullying Data [EB/OL]. http：//cyberbullying. org/2015-data，2015-05-01.

二、校园欺凌的相关法律与政策

20 世纪 90 年代以来的校园枪击事件引起了美国公众与政府的广泛关注与警惕。美国联邦政府出台了一些针对校园欺凌的项目。美国各州和华盛顿哥伦比亚特区相继制定或修订了反欺凌法。2015 年，蒙大拿州（Montana）成为最后一个通过反欺凌法的州。其中，49 个州和华盛顿哥伦比亚特区都将网络欺凌纳入反欺凌法中。①

（一）联邦项目、相关法律与政策指导

联邦虽然没有专门的反欺凌法，但相关联邦法律比如 1964 年的《民权法案》（*Civil Rights Act of 1964*）、1972 年的《教育法修正案》（*The Education Amendments of 1972*）是欺凌诉讼主要援引的法律；联邦教育部出台的相关政策也为州和学区应对欺凌提供了指导框架；此外，联邦政府还发起了致力于解决青少年欺凌问题的项目。

1. 联邦项目

最早的联邦项目是在 1999 年启动的。作为对 20 世纪 90 年代末一系列学校枪击案的回应，美国联邦教育部、司法部以及卫生部合作发起"安全学校/健康学生"（The Safe Schools/Healthy Students）项目，旨在防止青少年暴力，促进青少年的健康发展。该项目通过多方合作、更具效益的服务以及多渠道的资金来为学校预防暴力提供支持。2010 年，联邦教育部针对校园安全做了一些重要工作，在"安全与支持学校"（S3）计划下，联邦教育部给予 11 个州 3880 万美元的资助，以支持各州改善全州范围内的学习环境以及制定有针对性的干预措施来改善学生的学习条件，目的是促进校园安全并减少学校内的药物滥用。"安全与支持学校组"负责执行 S3 计划，同时负责管理"安全无毒的学校"和"社区行动与地方补助金项目"，这些是 1994 年由《初等和中等教育法》授权的。② 除了 S3 项目之外，"安全与支持学校组"还负责管理许多跨部门的协议，这些协议主要涉及校园欺凌、药物滥用和校园暴力等问题。

2010 年，在美国联邦教育部与其他八个联邦机构的共同努力下，成立了联邦预防欺凌合作机构（The Federal Partners in Bullying Prevention，FPBP）。③ FPBP 由联邦教育部领导，主要工作是负责协调有关欺凌的政策、研究以及交流。FPBP 的官网提供了大量与欺凌相关的资源，包括：欺凌的定义、欺凌的风

---

① 阿拉斯加州没有将网络欺凌纳入反欺凌法中，但是在 2014 年，该州修订了反欺凌法中"二级骚扰罪"的定义，将针对 18 岁以下青少年的电子形式的骚扰纳入进来。

② CDC. 2015 Cyberbullying Data [EB/OL]. http：//cyberbullying.org/2015-data，2015-05-01.

③ 其他八个联邦机构分别是美国农业部、国防部、卫生和公共服务部、内政部、司法部、联邦贸易委员会、针对亚裔与太平洋族裔的白宫计划以及全国残疾委员会。

险、欺凌的警告标志以及欺凌的影响。FPBP 于成立当年举办了第一次会议，在吸引公众关注欺凌问题的同时，帮助促进反欺凌项目的落实。自此，FPBP 制定了预防欺凌的重要措施，其中包括教育部门的宣传工作，以确保学校、学区和各州充分意识到各自在预防欺凌中的责任。①

其他联邦机构也利用网络建立起反校园欺凌的屏障。2004 年，美国健康资源与服务管理局（Health Resources and Services Administration，HRSA）发起了第一个联邦反欺凌运动，包括建立第一个联邦预防欺凌网站。现在，这些努力已经演变成一个由"反欺凌官网"②举办的多方协作的跨部门活动，"反欺凌官网"可以说是涉及所有联邦欺凌预防的一站式服务资源。

2. 联邦法律③

正如美国联邦宪法第十四修正案（The Fourteenth Amendment）中所述：被欺侮和被骚扰者可以控诉自己的公民权利受侵犯。④ 其他一些联邦反歧视法以不同的公民权为基础，为公民提供保护，也可以作为公民的教育权益受到侵犯的法律依据。为了保护易受歧视的特定群体的利益，美国《民权法案》的制定经历了多次争取权利的运动和努力。1964 年的《民权法案》第六章规定："接受联邦财政援助时，禁止针对种族、宗教或种族背景的歧视。"⑤1972 年的《教育法修正案》第九章规定，联邦拨款的教育规划和活动中禁止性别歧视。⑥ 因此，当学生因为种族、肤色、民族、性别、残疾或宗教信仰而受到欺凌时，学校就违反了以上联邦法律。学校有维护安全的环境以使儿童和青少年在学校中接受教育和其他服务的法律责任，必须立即采取适当的措施来解决学校管理者或教师发现的骚扰。

1990 年修订的《残疾人教育法》（*The Individuals with Disabilities Education Act*）给特定儿童提供进一步的保护，这一法案要求接受联邦教育资助的各州为残疾儿童提供免费适宜的公共教育，州政府必须提供受限最少的教育环境和个性化的教育计划。因此，如果欺凌行为妨碍了特定儿童接受适当的公共教育的机会，

---

① Safe and Drug-Free Schools and Communities Act—U. S. Department of Education［EB/OL］. http：//www. ojjdp. gov/pubs/gun_violence/sect08-i. html，2016-06-04.

② 反欺凌官网网址：http：//www. stopbullying. gov.

③ Federal Partners in Bullying Prevention Summit［EB/OL］. http：//youth. gov/feature-article/federal-partners-bullying-prevention-summit，2016-06-25.

④ 美国联邦宪法第十四修正案包括正当程序和平等保护条款："在美国出生或美籍，均为合众国的和他们居住州的公民。任何一州，都不得制定或实施限制合众国公民的特权或豁免权的任何法律；不经正当法律程序，不得剥夺任何人的生命、自由或财产；对于在其管辖范围内的任何人，不得拒绝给予法律的平等保护。"

⑤ Kathleen Conn. 校园欺侮与骚扰——给教育者的法律指导［M］. 万赟译. 北京：中国轻工业出版社，2006.

⑥ 同上。

那么学校可能会因此受到索赔，因为学校没有提供安全的校园环境。与《民权法案》的救济不同，《残疾人教育法》通常不会导致补偿性损失赔偿，相反，它会导致学校被要求采取具体措施保证特殊儿童接受适当的教育。美国联邦教育部和司法部负责监督并执行以上联邦法律以解决歧视和骚扰。根据指控的性质，个人的投诉可以提交给上述任何一个部门。向联邦教育部民权办公室提出的申诉通常会通过与学校签订协议来采取具体行动以解决骚扰，这些行动可以是个别行动，也可以是系统行动①；向美国联邦司法部提交的申诉则会导致合意判决和协商解决，要求学校解决欺凌问题；此外，个人还可以提起民事诉讼。

因此，相关联邦法律在保护受欺凌的人群类别这一问题上还是受限的，如果一个儿童不属于受保护类别而受到了欺凌，他可能不能从联邦法律那里获得需要的帮助。然而，各州和学区的补救措施——具体的反欺凌法律与政策可能是有用的，州、学区或学校可以制定联邦法律没有明确规定的反欺凌法律和政策。

当然，除了对欺凌提供潜在的补救措施，美国联邦宪法第一修正案（The First Amendment）还信奉对个人权利的保护，这在一定程度上限制了州政府和学校在应对欺凌方面的权力。第一修正案规定公民的言语和表达不受政府权力的约束。特别是在欺凌的背景下，宪政保护言论自由和隐私以防范政府对个人自由的不当侵犯是有深远意义的。一方面，在具有里程碑意义的廷克诉得梅因独立社区学区案（Tinker v. Des Moines Independent Community School District）中，美国最高法院声明，学生不应该放弃宪法赋予他们的在校门口演讲或发表言论的自由。② 同样，联邦法院认识到学生享有宪法保护的反对非法搜查和扣押的权利。另一方面，法院也已经授予了学校一定的权力范围，允许学校对学生的权利施加一定的限制，以维持积极的教育环境，并确保学生的安全。由此可以看出，维持学校对学生的监管权力与学生所享有的宪法权利之间的平衡是一个持续的挑战。

3. 政策指导

联邦政府也提供一些对州和地方有显著影响的政策指导。2010 年 10 月和 12 月联邦教育部民权办公室分别发布了两封"致同仁书"（The Dear Colleague Letter）。③④

---

① 比如采取政策和程序，培训员工等。

② National Academies of Sciences，Engineering，and Medicine. Preventing Bullying Through Science，Policy，and Practice[M]. Washington DC：The National Academies Press，2016：257-260.

③ US Department of Education. Dear Colleague Letter［EB/OL］. http：//www2. ed. gov/about/offices/list/ocr/letters/colleague-201010. html，2016-10-06.

④ 一般而言，"致同仁书"是美国立法机构争取法律通过、影响投票、描述新法案的一种非正式的方式。联邦教育部民权办公室发布的"致同仁书"则是政策指导性文件，主要目的是在民权办公室执行相关法律法规之时，给收件人（指公立学区和学校的负责人）提供相关信息，帮助收件人履行其义务，并为公众提供关于其所享有权利的信息。"致同仁书"并不增加已有法律的条款，而是提供信息和案例来通知收件人民权办公室是如何评估其所辖学区是否履行法律义务的。

2010 年 10 月的"致同仁书"提供了相关联邦法律的概述，指出了学校在解决欺凌中应负的责任，还提供了欺凌的举例以及学校在每一种情况下的应对措施。2010 年 12 月的"致同仁书"要求各州反欺凌法和各学区欺凌政策中应该包含 11 个重要组成部分。当各州和学区制定新的反欺凌政策或修订相关法律和政策时，联邦教育部制定的这些标准可以为其提供技术指导。

（1）目标陈述；

（2）范围声明；

（3）禁止行为规范；

（4）对曾经被欺凌过的学生的实际的或感知到的具体特点的列举；

（5）地方教育领域政策的发展和实施；

（6）地方教育领域政策的基本组成部分；

（7）对定期检讨当地政策的规定；

（8）通知学生、学生家庭和学校员工关于校园欺凌政策的沟通计划；

（9）培训和预防教育；

（10）透明度和监测；

（11）能够表明政策并不排除那些寻求其他法律救济的受欺凌学生的声明。

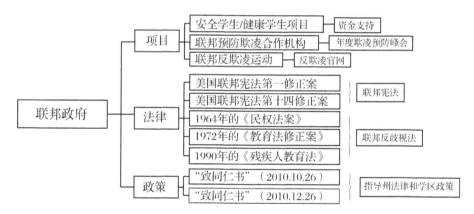

图 2-7 联邦项目、相关法律与政策指导

（二）各州反欺凌法律与政策

在美国，教育历来是州和地方政府的首要责任，所以确保反欺凌法律与政策的出台尤为重要，这有助于促进并支持学校反欺凌项目的实行。在过去的 15 年中，美国的 50 个州和哥伦比亚特区都通过或修改了关于欺凌的法律。[1] 许多州的法律要求学区或学校实行反欺凌政策，但允许学区或学校自己确定具体的政策内

---

[1] National Academies of Sciences，Engineering，and Medicine. Preventing Bullying Through Science，Policy，and Practice[M]. Washington DC：The National Academies Press，2016：261.

容。因此，不同学区和学校的反欺凌政策可能会有所不同。

以蒙大拿州为例。2015 年 3 月 20 日，蒙大拿州通过了《学校纪律的法律法规汇编》(*Compilation of School Discipline Laws and Regulations*)，这本汇编介绍了美国各州、各地区以及华盛顿哥伦比亚特区与学校纪律相关的法律法规。[①] 此外，还提供了一些与学校纪律和学生行为相关的教育机构网站以及资源。根据国家安全与支持性学习环境中心 (The National Center for Safe and Supportive Learning Environments)开发的组织框架，这本汇编中提出的学校法律和法规被按照特定的纪律类型进行了分类。汇编共由十一个部分组成，其中第五部分是"解决具体违规行为等的惩罚方法"，主要包括以下七个主题内容：(1)枪支(《校园无枪支法案》的要求)；(2)其他的武器；(3)长期存在纪律问题的学生；(4)考勤与逃课；(5)药物滥用；(6)欺凌、骚扰；(7)特殊的违规行为或情况。第六个主题涉及欺凌问题，这部分内容被称为《蒙大拿州无欺凌法案》(*Bully-Free Montana Act*)。

1. 法案中详细界定了欺凌的定义

该法案将"欺凌"定义为任何骚扰、恐吓、欺负、威胁、侮辱、轻蔑的手势或者是身体接触，包括任何针对一个学生的有意的书面、口头、电子交流或威胁，并且这种行为是持久的、严重的或者是重复性的：首先，行为造成学生的身体伤害、财产损害或者使学生处于害怕其自身及财产受到伤害的状态(以下简称为定义一)；其次，通过妨碍或拒绝一个学生接受教育的机会或相关利益，以创建一个敌对的环境；最后，行为实质上破坏了学校的正常秩序(以下简称为定义二)。此外，欺凌也包括报复那些报告欺凌行为的受害者或证人，以及竞技运动或学校举办的团体活动中的欺凌行为。欺凌涉及的对象主要是 K-12 年级学生，法案禁止其他学生或学校员工对 K-12 年级学生的欺凌行为。在用尽所有行政救济措施后，受欺凌者可以在任何可行的法律下寻求赔偿，无论是民事诉讼还是刑事诉讼。

2. 法案要求各学区制定反欺凌政策

各学区应当实施反欺凌政策，旨在阻止持续的威胁、侮辱或身体侵犯行为，包括有意针对某个学生或一些学生的书面的、口头的、电子的交流或威胁，而无论这些行为的根本原因是什么。这些行为主要分为以下三种类型：(1)造成学生的身体或情感上的伤害，损害学生的财产，或使学生处于害怕其自身及财产受到伤害的状态；(2)基本或严重妨碍了一个学生接受教育的机会或享受相关利益的

---

① Montana Compilation of School Discipline Lawsand Regulations [EB/OL]. https：//safe-supportivelearning. ed. gov/sites/default/files/discipline-compendium/Montana％20School％20Discipline％20Laws％20and％20Regulations. pdf，2016-01-12.

机会；(3)基本或严重扰乱了学校的正常秩序。禁止对报告欺凌行为的受害者或证人进行报复。

3. 法案还规定了禁止欺凌的地点与活动

禁止但不限于以下地点或活动中：(1)校园内；(2)任何学校举办的项目和活动中，包括学生上学和放学的途中、校车或者其他学校相关车辆上；(3)通过使用电子通信，严重影响学校的正常秩序或者破坏任何学校举办的项目或活动。

4. 法案中规定，每一个学区董事会对欺凌政策和程序都有自由裁量权，但是其政策和程序至少应该包括以下几个部分

(1)禁止定义二中所规定的行为，无论学生实施这种行为的原因是什么；(2)报告和记录被报告的定义二中所禁止的行为；(3)对所有报告定义一中禁止行为的调查程序，包括对调查和应对欺凌问题负责人的身份鉴定；(4)确定被报告的行为是否受学区或其他公共机构管辖，包括法律的实施和转介到有适当管辖权的人或机构；(5)及时通知受害者和犯罪嫌疑人，或者是犯罪嫌疑人的父母或监护人，或者是未成年涉事学生的父母或监护人；(6)一个保护定义二中行为的任何受害者的程序，防止此类行为的进一步发生；(7)使学生了解如果做出定义二中所规定的行为的后果；(8)一个对受害者和嫌疑人适当干预和补救的程序。

蒙大拿州对欺凌的立法，标志着美国所有的州和华盛顿哥伦比亚特区都具有了各自的反欺凌法，但是作为一个地方分权型的联邦制国家，美国各州的反欺凌法也有很大差异。以下以一些较为典型的州为例，对各州反欺凌法异同进行比较分析。①

第一，虽然美国所有州和华盛顿哥伦比亚特区都制定了反欺凌法律，但是这些法律的内容有很大差异。虽然大多数州的法律都包括欺凌的定义，但是并没有用统一的定义列出欺凌的禁止行为。因此，一个行为或一系列行为可能在某些州构成欺凌，但是在其他州可能不构成欺凌。例如，在新泽西州，欺凌可以是一个单一事件或一系列事件，而在内布拉斯加州，欺凌被定义为任何形式的侮辱。

此外，随着各州着手解决网络欺凌问题，各州对网络欺凌的定义也有很大差别。一些州使用"网络欺凌"的概念，而另一些州则指任何形式的"电子"交流。例如，爱荷华州禁止任何构成欺凌的电子、书面、口头或针对一个学生的肢体行为(定义中对欺凌是附加强调的)，它将"交流电子"定义为任何涉及通过有线、无线、光纤电缆、电磁或其他类似手段传输信息的交流，包括但不限于电子邮件、网络通信、传呼服务、手机、短信。同样，蒙大拿州也禁止有意针对某个学生或

---

① National Academies of Sciences, Engineering, and Medicine. Preventing Bullying Through Science, Policy, and Practice[M]. Washington, DC: The National Academies Press, 2016: 261-265.

一些学生的书面的、口头的、电子的交流或威胁。马萨诸塞州对网络欺凌的定义包括许多相同的方式，但也明确包括假定别人在网上的身份对另一个学生在一定程度上造成了伤害或恐惧，创建了一个敌视性的学校环境，侵犯了另一个学生的权利或者是扰乱了学校环境。在各州的法律中并没有制定单独的网络欺凌政策，它作为州反欺凌法律中欺凌的一种类型存在。

第二，虽然许多州提供了一个受保护或弱势群体的列表，但也有一些州没有提供。在那些提供列表的州当中，一些州的列举范围更广泛。例如，马萨诸塞州规定，基于实际的或可能的鉴别特征，包括种族、肤色、宗教、血统、国籍、性别、社会经济地位、无家可归、学习成绩、性别认同或表达、外貌、怀孕或养育状况、性取向、精神缺陷、身体缺陷、发育或感觉障碍，或者与具备以上一个及几个特征的人交往，这类学生更易受到伤害。佛蒙特州反欺凌法规定，基于学生或学生的家庭成员实际的或被认为的种族、信仰、肤色、国籍、婚姻状况、性别、性取向、性别认同或残疾，这类学生更易受伤害。另外一些州，如亚利桑那州、俄亥俄州、德克萨斯州和蒙大拿州等，在其反欺凌法中并没有列举要保护的类别。

对于在反欺凌法中是否应该列举出具体的类别，存在争议。一般而言，在法律中列举出受保护的类别，有两方面作用：一是明确法律的覆盖面，二是突出强调需要解决的特定个人或情况。"一个更具包容性的方法是列举出最容易受欺凌的群体，但是也要在法律中明确承认对任何学生的任何形式的欺凌都是被禁止的。"[①]

第三，各州学校的管辖权也存在显著差异。一些州将学校的权力限制在校园内或者由学校控制的网站或活动。例如，北卡罗来纳州的反欺凌法仅限于校园内、学校举办的活动或者校车上发生的欺凌。一些州则给了学校更大的权力，学校有权处理虽然发生在校外但是对校内学生造成伤害的欺凌事件。例如，马里兰州的反欺凌法涵盖任何发生在校园内、学校活动和事件、校车的实际扰乱学校正常有序运行的行为。蒙大拿州的反欺凌法也禁止任何发生在学校教室、学校其他地点、上学和放学途中、校车或其他学校相关车辆以及学校发起的项目、活动等学校应该对学生负责的地点并实际扰乱学校正常秩序的行为。马里兰州、蒙大拿州的法律和二十多个州的类似法律，实质上扩大了学校处理欺凌事件的权力。并且，学校权力的扩大与网络欺凌之间的联系比较多。

第四，各州反欺凌法的十一个组成部分，从教师培训和其他重要人员培训的预防项目到报告程序，再到对受欺凌学生的相关保护措施，都存在一些不同。在马萨诸塞州，学区的计划必须包括专业发展，以形成包括教育者、管理者、学校

---

① Cornell D. and Limber S. P., "Law and Policy on the Concept of Bullying at School", *American Psychologist*, Vol. 70, No. 4, May 2015, 333-343.

护士、食堂职工、托管人、校车司机、运动教练、课外活动顾问和辅助性专业人员等人员预防、识别并应对欺凌的能力。其计划也必须包括通知家长和监护人对学校校园欺凌预防课程的规定。在报告欺凌事件方面，很多州的法律要求学校建立报告程序，某些情况下既是为了强制学校工作人员对校园欺凌进行报告，也是为了对报告欺凌的人进行保护，以防止报复的发生。比如，蒙大拿州的反欺凌法规定，报告欺凌事件方面，要求禁止对报告欺凌行为的受害者或证人进行报复；建立起报告和记录被报告的欺凌行为的程序，及时通知受害者、犯罪嫌疑人及双方监护人的程序，保护受害者以防止此类行为再发生的程序等。

第五，绝大多数学校在落实反欺凌法时都面临着资金匮乏的窘境。反校园欺凌的经费主要来源于通识教育。很多反欺凌法明确要求学区和学校承担额外的任务，比如为教师提供欺凌方面的培训以及对其他学校工作人员的培训，但是学校却没有给这些任务分配额外的经费，经费不足可能会给反欺凌法的实施与执行带来一定的限制。

三、校园欺凌的诉讼与判例

20 世纪 90 年代至今，与欺凌相关的诉讼案件也在增加，并有不少胜诉了。每个联邦上诉巡回法院都受理过校园性骚扰的案子。[①] 联邦或州的法院都可以受理校园欺凌案件，主要依据诉讼援引的法律是联邦的还是州的而定。校园欺凌诉讼所涉及最多的联邦法律，是 1964 年《民权法案》禁止性别歧视的第六章和 1972年《教育法修正案》禁止性别歧视的第九章。

校园欺凌诉讼的被告往往都是学校或学区，而非实施了欺凌行为的学生及监护人。这说明，在校园欺凌中，学校并非可以免责的第三方。基础教育属于义务教育，学生是未成年人，学校对学生具有监护的权利和义务。下面选取几个上诉到联邦巡回法院或最高法院的校园欺凌判例。这些判例社会影响较大，时间较近。联邦最高法院一旦做出终审裁决，按照遵循先例原则，这些判例将会成为以后审理同类判例的依据，也对学区和学校制定相关反欺凌的政策与程序产生重要影响。这些判例主要适用于联邦法律，指向的主要问题是在校园欺凌中学区或学校是否应负有责任，及负责任的相应的条件。

（一）格布泽案：学校管理者的责任

20 世纪 90 年代以来，美国报道的校园欺凌事件越来越多，各级法院都试图厘清在欺凌问题上学校所应负的责任，以及在什么条件下负有责任。这是美国校

---

① 校园欺凌案件的数量不好统计，原因有：（1）大多数案件在庭外和解，不记录在案；（2）对欺凌案件地方有统计数据，但没有全国性的统计系统；（3）案件信息库里一般只有上诉案件。

园欺凌所亟待解决的问题。但各级法院的标准不一致，学区和学校根据法院的判决进行损失补偿的标准也五花八门。1998 年，美国联邦最高法院在格布泽诉拉戈维斯塔独立学区(*Gebser v. Lago Vista Independent School District*)的判例中确立了该类案件判决的基本原则以及归责标准。在格布泽案中，最高法院的大法官们通过 5∶4 的投票判定：在"实际知情"(actual knowledge)与"故意漠视"(deliberate indifference)条件成立的前提下，学区对于教职工性骚扰学生的行为负有责任。

1. 案件的概况

原告阿莉达·格布泽(Alida S. Gebser)是德克萨斯州拉戈维斯塔独立学区的学生。当她 13 岁时，被分在一个读书讨论班，负责教师是弗兰克·沃尔德罗普(Frank Waldrop)。沃尔德罗普在课上经常对学生们说一些带有性暗示的话。1991 年秋，格布泽进入拉戈维斯塔高中，沃尔德罗普教授她一学年的课程，期间持续用言语对她进行挑逗。1992 年春，格布泽和沃尔德罗普发生性关系。1992 年 10 月，班上有两个学生反映沃尔德罗普在课上有不当言论。学校于是召开了一个由家长、校长参加的专门会议，当事人做出道歉，并被学校警告。会后，校长并未进行深入调查，也未向学区的主管汇报。1993 年，格布泽成为沃尔德罗普负责的大学先修班的学生，在此期间二人仍保持不正当关系。格布泽虽然意识到不妥，但从未向学校报告，因为她不知该向谁倾诉。有一次，格布泽和沃尔德罗普发生性关系时，被警察发现。于是沃尔德罗普被学区解聘，教师资格证也被吊销。

在当时，美国的学区还未就性骚扰问题设立申诉的程序，也未制定反性骚扰的政策。学校没有专人负责性骚扰的申诉工作，也没有对师生进行过反性骚扰的教育和培训。格布泽和她的母亲向州法院起诉沃尔德罗普违反了州的相关法律，后又起诉学区违反了《民权法案》以及《教育法修正案》。德克萨斯州西部地区法院认为，要学区负责任的前提条件是，学校管理者必须知悉当事人的不正当关系且没有做出反应。格布泽母女的起诉被驳回。案件上诉到联邦第五巡回法院，巡回法院支持了地区法院的判决。

第五巡回法院否定了根据《教育法修正案》第九章，学区在性骚扰问题上负有严格责任(strict liability)。[①] 第五巡回法院判决，除非学校管理者知悉师生不当

---

① "严格责任"概念产生于英美侵权责任法，是比过失责任更为严格的一种责任标准。通常是指不考虑加害人的主观过错，只要符合某一类型的侵权行为，就必须承担法律责任。严格责任不要求将犯意(主观意图)作为客观要件。严格责任可以追溯到罗马法，目的是实现社会公平与正义，19 世纪之后，在英美等国的民商法、刑法、侵权法领域都有体现。主要是针对那些加害主体复杂、过错判定困难、社会危害较大的案件采纳严格责任的标准。

行为且没有采取措施，否则在事件中学区并不负有责任。法院的意思是，师生发生不伦关系，如果学校不知情，就可以不负责。法院这么判也自有其道理：如果师生暗地里发生不伦之恋时瞒着学校，当师生关系破裂时学生又状告学校，学校岂不冤枉？[①] 格布泽母女又向联邦最高法院提出上诉。五年后，最高法院做出终审裁决：学区应该对教师性骚扰学生负责，但前提是学校管理者必须对事件"实际知情"并"故意漠视"。

2. 学区的责任标准

联邦第五巡回法院在格布泽案中并未回避学区和学校对校园欺凌所应承担的责任，其争议的焦点是：在什么样的条件下，学区和学校才承担应有的责任？第五巡回法院认为存在四个不同的归责标准：（1）实际知情（actual knowledge）；（2）推定知情（constructive knowledge）；（3）代理人原则（agency principles）；（4）严格责任。

"实际知情"是指学区在明知性骚扰的情况下，没有做出必要的反应。"推定知情"是指学区"已知或应该知道"性骚扰的情况下，没有采取正当行动。"代理人原则"认为即使教师的不当行为是发生在非工作期间，学区也要为教师的不当行为（侵权行为）负责，因为教师与学校之间存在代理的关系，教师的权力是学校赋予的。"严格责任"是指无论管理者知情与否，都要对性骚扰负责。所以，"代理人原则"也可以被视为严格责任理论的一种。因为在每一个性骚扰的判例中，教师之所以构成侵权行为，都是由于学校赋予他地位和权力，他才有了条件。按照这个理论，无论学区知不知情，有没有采取妥善的行动，都必须负责。

第五巡回法院在审判中没有采纳严格责任和代理人原则，而是采纳了实际知情的标准。其理由是，《教育法修正案》第九章虽然具有代理人原则的法理基础，但如果学区在不知情的情况下要对所有学生负责，代价太大。只有在负有责任的教育官员实际知情并且没有采取行动制止性骚扰的情况下，学区才需要负法律责任。[②]

3. 最高法院采纳的标准

联邦最高法院在受理格布泽案时是从适用的法律条文出发，来确定审判所应采纳的标准。校园欺凌案件诉讼的联邦法律依据一般是《民权法案》第六章和《教育法修正案》第九章。1972 年《教育法修正案》第九章规定：在联邦资助的教育活动与项目中，不得以性别为由对任何人进行排斥、歧视，剥夺其权益。1964 年

---

① Kelly Titus. Students，Beware：Gebser v. Lago Vista Independent School District［EB/OL］. http://digitalcommons. law. lsu. edu/cgi/viewcontent. cgi? article=5808&context=lalrev：322-323，2016-06-02.

② Ibid.

《民权法案》第六章提供了反性骚扰的依据：雇用者不能以任何理由(种族、肤色、性别、宗教、来源国等)对受雇者进行歧视。依据1991年修订的《民权法案》第七章，申诉人因受到歧视可要求得到至少30万美元的赔偿。

巡回法院在审理过程中，曾对《民权法案》第七章和《教育法修正案》第九章的关系讨论不休。《民权法案》第七章与《教育法修正案》第九章最主要的区别在于：《民权法案》第七章中的"雇员"也包括雇员的代理人，因此，法院判决时就可以使用代理人原则。而《教育法修正案》第九章是针对教育活动和项目，不对人，只对机构，因此，代理人原则就不适用：学区管理者只对教育活动和项目负责，而无须对所有雇员即教师的行为负责。

联邦最高法院小心翼翼地区分《民权法案》第七章和《教育法修正案》第九章的差异：《民权法案》第七章指向禁止雇主性骚扰雇员，《教育法修正案》第九章指向禁止教师性骚扰学生。校园欺凌的诉讼适用于《教育法修正案》第九章。因此，代理人原则就不能被采纳。联邦最高法院的投票围绕着应不应该采纳代理人原则而展开。最终，大法官们以5∶4的投票结果，支持了第五巡回法院的判决。桑德拉·奥康纳代表多数派大法官写了判词，她以《教育法修正案》第九章为依据，界定了学区的责任标准：(1)学区管理者必须实际知情；(2)学区管理者没有采取充分措施(包括"故意漠视")。在格布泽案中，原告起诉的理由不成立，因为学区管理者并不实际知情，学校校长是从其他家长那里得知教师不当行为的。

投反对票的大法官认为，根据代理人原则，学区与教师之间存在代理关系，学区应该为教师性骚扰学生的后果负责。约翰·史蒂文森代表少数派大法官写了判词，他坚持认为无论学校或学区管理者知不知情，都要对性骚扰负责，因为教师滥用了学校赋予其的权力。代理人原则适用于学区对教师的侵权行为负责。美国联邦教育部专门负责《教育法修正案》第九章监督执行的民权办公室(OCR)所发布的有关学区责任的政策正是基于代理人原则。虽然法院在判案时不必依据联邦教育部的政策，但是史蒂文森大法官认为，学区既然接受了联邦的资助，就应该按联邦的要求遵从《教育法修正案》第九章，必须保护学生免于性别歧视，包括性骚扰和欺凌。其条件和要求都是非常明晰的。[①]

4. 对最高法院判决的质疑

最高法院的终审裁决做出后，不仅受到少数派大法官的批评，而且引发了一些学者的质疑。他们认为最高法院多数派的判决可能会造成消极的后果：学生免受性骚扰的权利少于雇员免受雇主性骚扰的权利。在实际知情的标准下，当学生

---

① Amy K. Graham. Gebser v. Lago Vista Independent School District：The Supreme Court's Determination That Children Deserve Less Protection Than Adults from Sexual Harassment. *Loyola University Chicago Law Journal*，Vol. 30，Spring 1999，578-581.

受到侵害时，他们必须向学校相关负责人进行报告。否则，学校就可以免责。但问题是，不是所有受到性骚扰的学生都知道应该向谁报告。许多学生还不成熟、练达，不知道如何求助。另外，许多学生也因为畏惧或难堪，而不愿进行举报。

不同的归责标准决定着学区和学校采取何种行动以防范校园性骚扰。实际知情的标准有可能造成学校的管理者故意对性骚扰问题不闻不问，以规避法律责任。因为学校一旦"闻了问了"，就是实际知情，从而就负有责任了。实际知情的标准的设定，将大大缩小学生受保护的范围，造成《教育法修正案》第九章在实践中无效。学生受到教师的性骚扰，也很难获得学区的赔偿。① 也有学者担心，这一判决可能导致教师性骚扰学生的几率增加，对于学生之间的性骚扰的责任问题也会产生不良影响。②

(二)戴维斯案：学校制定反欺凌的政策

联邦最高法院对格布泽案的终审结果是否如少数派大法官和一些批评人士所言，责任的高标准让学区和学校管理者对校园欺凌现象不闻不问，缩小了学生权利受保护的范围？1999 年，最高法院在戴维斯诉门罗县教育局(*Davis v. Monroe County Board of Education*)的判决中，回应了批评，澄清了误解：学校管理者在已知欺凌情况存在的条件下，没有采取干预措施，将要承担严重的后果。最高法院在戴维斯案判决中，采用了格布泽案中"实际知情"和"故意漠视"两个要件，不仅没有造成批评者所担心的消极后果，反而对美国各级各类学校制定反校园欺凌的政策、建立申诉与处理的正当程序起到巨大的推动作用。

1. 案件的概况

1992 年 10 月到 1993 年 5 月，门罗县佐治亚小学五年级男生 G.F.(法院为保护未成年人，姓名缩写)性骚扰同班女同学拉松达(La Shonda)，其冒犯行为包括反复抚摸并使用粗俗的语言，已超出在校园里嬉闹的界限。如 1992 年 10 月，G.F. 跟拉松达说：我要和你上床。他还试图触摸她的隐私部位。1993 年 2 月，G.F. 在体育课上对拉松达做不雅动作。1993 年 4 月，G.F. 在学校的走廊用身体不怀好意地触碰拉松达。拉松达并非学校里唯一的受害者，但是学校的负责人在得到受害学生的报告后，对 G.F. 未采取任何惩罚措施。拉松达将情况报告给老师，她的母亲在女儿每次受到欺凌后都与校长和教师联系，要求保护她的女儿。学校负责人除了口头上要惩罚肇事者，别无作为。到 1993 年 5 月，G.F. 的

---

① Amy K. Graham. Gebser v. Lago Vista Independent School District: The Supreme Court's Determination That Children Deserve Less Protection Than Adults from Sexual Harassment. *Loyola University Chicago Law Journal*，Vol. 30，Spring 1999，578-581.

② Elizabeth A. Rice. Gebser v. Lago Vista School District: A Look at School Districts' Liability for Teacher-Student Sexual Harassment. *Journal of Urban and Contemporary Law*，Vol. 55，January 1999，365.

行为愈发恶劣。在长达三个月的时间里，学校唯一做的就是让拉松达调换座位，离 G. F. 远一点。学校负责人没有提高师生员工防范性骚扰的意识，也没有教会学生面临性骚扰的时候要如何应对，更没有制定防范性骚扰的政策。

随后，拉松达的母亲奥瑞莉亚·戴维斯（Aurelia Davis）以监护人的身份状告门罗县教育局局长、学校校长，请求采取强制措施制止性骚扰，并要求赔偿损失。其申诉的法律依据是《教育法修正案》第九章。原告认为，持续的性骚扰给女儿造成了威胁、敌视、冒犯、羞辱的环境，侵犯了她免于性别歧视的权利。性骚扰不仅给拉松达造成心理创伤，也导致她学习成绩下滑。学校在知悉性骚扰的情况下，没有进行干预，未能有效禁止性骚扰，所以，应对受害者负责。

佐治亚州中部地区法院驳回了戴维斯的诉讼请求，理由是：被告（教育局局长和学校校长）并未参与性骚扰活动，拉松达所受的伤害与学校受不受联邦资助没有关系。在地区法院的两次初审中，戴维斯都败诉了。她继续上诉，要求得到50万美元的精神赔偿。案件上诉到联邦第十一巡回法院。巡回法院上诉庭推翻了初审法院的判决：依据《教育法修正案》第九章，学校负责人在明知性骚扰的情况下，没有采取行动，其后果造成了敌视性的教育环境。第十一巡回法院在戴维斯案中认为，学校中的性骚扰比职场中的性骚扰危害性更大。因为学生处于智力发展的关键阶段，性骚扰将产生持久而严重的影响，抑制学生的潜能。在职场中，成人可以自主决定离职避免性骚扰，但未成年的学生却没有这样的能力。这就要求家长的监护和法律的介入。

但是，第十一巡回法院在随后的全体法官重审时，却重新认定初审法院的判决。巡回法院认为，将《教育法修正案》第九章作为诉讼依据并不充分，第九章是在职场内禁止歧视行为，但对禁止同伴间性骚扰的责任没有充分提示。

2. 最高法院的判决

戴维斯不服巡回法院的判决，上诉到联邦最高法院。最高法院同意调阅案卷。1999年，基于初审法院和巡回法院的判决结果，联邦最高法院对戴维斯案进行司法审查，以解决校园欺凌诉讼的法律困境：《教育法修正案》第九章是否适用于个人行为责任？最高法院裁决：依据《教育法修正案》第九章，学校有责任保护学生的个体权益。法院认为，当性骚扰变得严重而频繁的情况下，学校却未足够重视。大法官最终以5∶4的投票，裁定戴维斯胜诉，推翻了联邦第十一巡回法院的判决。戴维斯母女理应得到赔偿。[①]

大法官奥康纳认为，要在《教育法修正案》第九章下讨论学生间性骚扰的责任问题，法院必须明确两个问题。一是界定当事人（校方）行为的界限，校方是否积极主动地采取了措施使学生免受同伴的性骚扰。法院遵循格布泽案中"故意漠视"

---

① Davis v. Monroe County Board of Education [EB]. Decided on May 24，1999；526 US 629.

的标准，但奥康纳大法官将"故意漠视"标准又做了延伸：如果当事人疏忽大意，没有阻止学生间的性骚扰行为，与故意违反《教育法修正案》第九章无异。换言之，无论对性骚扰是故意无视，还是无意无视，校方都要负法律责任。二是没有履行《教育法修正案》第九章，当事人所要负的行为责任。奥康纳大法官认为，学校既然拿了联邦的拨款，即意味着连带责任。遵循《教育法修正案》第九章，以及联邦教育部的要求，当事人（校方）必须监督第三方（学生）的行为，防止校园性骚扰。①

3. 戴维斯案的政策意义

在校园欺凌事件中，受害学生及其家长往往不满于学校的处理结果而诉诸司法，但要打赢官司并不容易，因为按照格布泽案的判决结果，原告要向法庭提供学校对欺凌"故意漠视"的证据，而这很难做到。而戴维斯案恰恰为解决"故意漠视"的取证难提供了一个范本：受害学生所在学校对性骚扰的行为熟视无睹，无所作为，未尽监护责任。本案中，没有处罚性骚扰者，却处罚了学校，因为学校失责。性骚扰是任何教育阶段普遍存在的现象，如果不积极应对，那么最终会损害教育公平。戴维斯案后，许多学校不再坐等类似的案件也在本校发生，积极行动起来。对于那些暂时没有行动起来的学校，戴维斯案的影响也是深远的：随着时间流逝，社会压力增大，形成一种反校园欺凌的文化氛围，最终会影响所有的学校。

戴维斯案最直接的影响是敦促学校管理者制定反校园欺凌的相关政策。学校在针对校园欺凌的态度与行为上，从原先的消极以待转变成积极应对。在戴维斯案前，许多学校在接到性骚扰的申诉时，总是以"男孩子本来就调皮"搪塞过去。但在戴维斯案后，学校管理者从该案汲取教训，给出"同伴性骚扰"详细、可操作的定义。在学校里，学生之间相互戏弄、逗趣、推搡本属正常，但当这些行为不当、对同伴造成伤害时，其性质就从"调皮"转变为"欺凌"。学校作为监护者，必须设定学生的行为准则，以及相应的处罚标准。在发生法律诉讼时，学校管理者能够向法院出示校方的政策。戴维斯案后，学校防范性骚扰的政策也扩展到培训教师、咨询受害学生、建立申诉程序等多个方面。

（三）科瓦尔斯基案：校外欺凌的处罚

戴维斯案在联邦最高法院判决之后，令不少人士对于格布泽案判决可能造成消极后果的疑虑释然。学校一反常态，积极行动起来，建立反校园欺凌的规章制度，完善程序正义，以消除在法律诉讼中因故意或无意漠视校园欺凌所可能附带的侵权

---

① Lindsay Havern. Davis v. Monroe County Board of Education: Setting a Stringent Standard of Fault for School Liability in Peer Sexual Harassment under Title IX Demanding Responsible Proactive Protection. *Pepperdine Law Review*，Vol. 28，2000，208-209.

责任。但近年来，随着教育信息化的加快，美国校园欺凌出现了新的形式——网络欺凌。网络欺凌有别于传统的校园欺凌，它更多是肇事学生在校外利用网络手段对受害学生进行的言语攻击。网络欺凌可能是一次性的，但一次性的网络欺凌借助于网络的存储与传播功能，其欺凌后果不亚于多次性的伤害。在法律诉讼方面，网络欺凌也带来了一个新问题：网络欺凌的行为不是在校园内、在校产（如校车）范围内发生的。那么，校方是否还有进行处理的权力与责任？科瓦尔斯基诉伯克利县学校案（*Kowalski v. Berkeley County Schools*）对这个问题进行了解释。

1. 案件的概况

2005 年 12 月 1 日，伯克利县马索曼（Musselman）高中 12 年级的学生卡拉·科瓦尔斯基（Kara Kowalski）从学校回到家后，用自己的电脑在 MySpace 上建立了一个名为"S. A. S. H."的讨论小组。S. A. S. H 是"学生抵制性病"（Students Against Sluts Herpes）的首字母缩写，但这一缩写却实际指向另外一个该校女生谢伊（Shay N.）（Students Against Shay's Herpes）。在创建了网上讨论小组之后，科瓦尔斯基邀请了大约 100 个网友加入。注册的用户都可以对讨论的内容与照片进行发帖评论。其中，马索曼高中有 20 多个学生加入了讨论小组。

瑞·帕森斯（Ray Parsons）是第一个加入讨论小组的成员，他是在课后用学校的电脑注册的，并上传了自己和朋友的一张合影。照片上，他们打出"谢伊有性病"的字样。网页记录显示，科瓦尔斯基立即回复说"太有趣了""这是网上最佳照片"，其他几个学生也做了类似回复。帕森斯又上传了两张谢伊的照片，并对照片进行了编辑：第一张是谢伊的脸上被加了红点，就像得了性病；第二张照片是在谢伊脸上加了"妓女"字样。

网上讨论小组的发帖几乎都指向谢伊，最早的五个评论都是马索曼高中的学生发布的。在评论和照片上传到网上几小时后，谢伊的父亲打电话给帕森斯，表达了愤怒。帕森斯打电话给科瓦尔斯基，试图删掉讨论小组以及照片，但未成功，于是她把讨论小组换了一个名称。次日早晨，谢伊和她的双亲一齐到校，向副校长提出申诉，并出示了网页的打印件。随后，谢伊和父母离开学校，没有上课，因为她觉得和那些在网上非议她的同学坐在一起不舒服。

收到申诉后，校长与学校董事会商讨是否对相关学生进行处罚。校董会主张处罚，以儆效尤。于是校长着手进行调查：他和副校长与相关的学生进行谈话，确认到底是谁把照片和评论发在网上。帕森斯承认系自己所为。科瓦尔斯基也承认是她创建了网上讨论小组。最后，校方认定科瓦尔斯基创建了一个仇恨性质的网页（hate website），违反了学校关于"反骚扰、欺凌与胁迫"的政策。作为惩罚，科瓦尔斯基停课 10 天，90 天内不得参加学校的各种活动。科瓦尔斯基要求校方减轻或撤销处罚决定，她担心这一惩罚使她被同学孤立，受到教师和管理人员的冷遇。她情绪低落，开始依靠药物进行调整。

2007 年 11 月，科瓦尔斯基状告学区主管和学校校长，声称依据美国联邦宪法第一修正案的言论自由条款、第八修正案免受不正当惩罚的条款、第十四修正案的正当程序条款和平等保护条款，以及依据弗吉尼亚州宪法和有关精神伤害的法律，其权利受到侵犯。科瓦尔斯基承认，每学年开始，她都会收到学生手册和学生行为规则，里面有学区关于骚扰、欺凌和胁迫的相关政策。[①] 但她认为学区的欺凌政策内容模糊、边界不清，违反宪法，并强烈要求学校删除任何关于她的处罚记录。[②]

2. 法院的审理

地区初审法院认为，学校发布过学生校外行为不当将受惩处的警示，校方没有违反正当程序。法院否定了原告援引联邦和州的法律作为诉讼依据，因为证据不充分。科瓦尔斯基以联邦宪法所赋予的言论自由和正当程序被剥夺为由，上诉至联邦第四巡回法院。巡回法院支持初审法院的裁决：学生上网的行为虽然发生在校外，但是对学校的学习环境造成极大破坏，因此，学校对学生进行适当惩戒是合理的。

科瓦尔斯基申辩，她的行为是发生在校外，因此校方无权进行处罚。她坚称"最高法院非常审慎地将侵犯学生权利的行为限定在学校的范围之内（校产、学校活动、学校职能），联邦最高法院的判例中并无对学生校外言论进行处罚的先例"。伯克利县学区则辩解，作为管理者，对那种可预见不良后果的校外言行可以进行控制。原告建立网页的行为对受害学生造成骚扰与欺凌，这一行为虽发生在校外，但欺凌后果却是可预见的，并对校内教育环境造成较大危害。[③]

这就触及本案的核心问题：学校为了维护校园秩序，保护学生的权利，其合法性边界在哪里？科瓦尔斯基的行为是在边界之内，还是在边界之外？美国联邦宪法第一修正案禁止各州剥夺公民的言论自由，这是一条铁律。然而，在学校教育的背景下，第一修正案对学生权利的保护与成人是不同的。因为学校教育的特殊需求，学校管理者为实现教育目标，有一定的权限来调控学生的言论。根据联邦的政策，学生间的欺凌被"特别关注"，因为欺凌会导致受害学生情绪低落、紧

---

① 学生手册里规定：在学校的活动或事务中，禁止学生有任何形式的骚扰、欺凌或胁迫。骚扰、欺凌或胁迫指任何故意的动作、文字、口头或身体的行为。学生行为规则规定：伯克利县所有公立学校的学生举止行为要得当，以期创设一个有序、安全、宜于学习与个人社会发展的校园环境。同学之间要相互尊重、相互关爱，富有同情心。学生行为规则中的处罚包括：停课 10天；签署行为承诺书；不能参加班级和/或学校的活动；一学期不能参加社会活动。学生行为规则中要求，在处罚学生前，校长必须亲自或授权进行调查，包括"与申诉人、被申诉人和事件相关人士进行个人谈话"。

② Kowalski v. Berkeley County Schools［EB/OL］. http：//www.ca4.uscourts.gov/opinions/published/101098. p. pdf，2016-07-08.

③ Ibid.

张、厌学，甚至产生自杀的念头。 学校有责任为学生提供免于受骚扰和欺凌的安全的教育环境。科瓦尔斯基所建网页上的文字与照片包含污辱与诽谤，其言行已经构成伤害，故其权利不受第一修正案的保护。

科瓦尔斯基在申诉中并未将重点放在所建网页是否构成骚扰上，而是一再辩解她的行为是发生在校外。这就触及网络欺凌的新问题：在使用互联网时，其行为发生地如何限定？如果科瓦尔斯基是在上学期间使用学校的电脑和网络建立网页，那问题就简单了。科瓦尔斯基是在家里使用自己的电脑上网，但是网络传媒的影响力远远超出了家庭的范围，传播效果会到达学校，并对学校的教育环境造成影响。维护学生的安全与健康，是学校的责任和底线。科瓦尔斯基的言行尽管发生在校外，但已经触犯了这个底线。因此，法院认为，网页及网上言论虽是发生在校外，但指向校内的学生，参与者也是校内的学生。因此，性质等同于在校内的言论。对欺凌者进行处罚，可以儆效尤。

美国校园欺凌的经典判例说明，在学校建立防范欺凌的政策过程中，除立法机关和教育行政部门发挥了重要作用外，法院的角色也不可替代。校园欺凌与人权、平等、言论自由往往有着复杂的联系。因此，学校在处理校园欺凌时可能引发一些诉讼，涉及法律法规。联邦最高法院和联邦巡回法院受理的一些上诉案件，都指向校园欺凌可能涉及比较棘手的司法问题，如适用的法条、归责的标准、学校权力的边界，等等。联邦法院的判决结果不仅解决了当事人的法律纠纷，为下级或同级法院提供可资借鉴的先例，也对学校制定反校园欺凌的政策和程序产生积极的促进作用。

四、总结

自1999年科伦拜恩中学校园枪击案以来，校园欺凌受到美国公众与管理者的广泛关注，美国政府、立法与司法机关都采取了一系列措施应对校园欺凌问题。第一，联邦政府出台了欺凌相关政策与项目，联邦教育部民权办公室发布的两封"致同仁书"，不仅提供了与欺凌相关的联邦法律的概述，指出了学校在解决各种形式的欺凌中应负的责任，还确定了各州和学区的欺凌相关法律与政策中应该包括的11个组成要件。第二，各州政府纷纷制定了反欺凌法。截至2015年，美国50个州和华盛顿哥伦比亚特区都有了专门的反欺凌法，大都要求学区和学校实行反欺凌政策，并为反欺凌政策提供基本的框架。第三，联邦最高法院和巡回法院的欺凌判例，尤其是学区败诉的判例，极大地促进了各学区反欺凌政策的

① Lisa Furst, The Warning Signs of Bullying [EB/OL]. http://www.stopbullying.gov/blog/2015/10/29/warning-signs-bullying, 2015-10-29.

制定。在以上因素的综合作用下，美国公立学校应对校园欺凌的政策和程序迅速建立并完善起来。

当然，为了更好地解决校园欺凌问题，未来还需要重点关注以下几个方面的问题。首先，需要进一步研究联邦法律在何种程度上保护所有易受欺凌的青少年，也需要进一步研究州民权法和反欺凌法，包括法律的覆盖面、申诉程序及其解决欺凌的可行性。其次，在过去的 15 年中，各州的反欺凌法迅速出台，为了解决各种形式的欺凌问题，各州反欺凌法也发生了很大变化。由于州法律不得侵犯个人的宪法权利，其对欺凌的作用存在固有的限制。如何保持学校解决欺凌问题的权利和学生的自由表达权、隐私权之间的平衡是一个重要问题。[①] 在这方面还需要进一步研究，以保障州法律与学区政策为学校提供足够的权力以预防和应对欺凌问题，同时也保证学校不侵犯学生的宪法权利，特别是确保学校在电子通信方面的管理不要侵犯学生的宪法权利。最后，还需要进一步研究欺凌诉讼对学校的积极与消极影响。各州反欺凌法在欺凌定义和法律术语等方面有很多不同，这也需要进一步研究，以更好地了解这些差异是否影响各州对欺凌的应对以及是如何影响各州对欺凌的应对的。

---

① Kathleen Conn. 校园欺侮与骚扰——给教育者的法律指导［M］. 万赟译. 北京：中国轻工业出版社，2006.

第三章　英国教育政策与发展趋势

2014—2015 年英国教育政策基本延续了近年来关注教育质量提升、促进教育公平的一贯政策。在 2015 年 5 月的大选中，保守党以绝对优势成为新一届国会的第一大党，结束了与自由民主党联合执政的状态，独立组建新政府。在这样的情况下，保守党能够更加深入地贯彻该党的教育理念。本年度英国教育政策体现出深化高等教育改革、加强基础教育阶段薄弱学校改进、关注校园安全、完善教师工资制度和严格管理教师行为等问题。

在高等教育方面，英国商业、创新与技能部（Department for Business Innovation & Skills, BIS）于 2015 年 11 月发布高等教育绿皮书：《实现我们的潜能：优质的教学、社会的流动和学生的选择》①，该绿皮书致力于重塑英国高等教育的整体环境，使学生处于高等教育的核心。其核心目标是提高教学标准，更加注重高校毕业生的就业能力（employability），扩大高等教育参与和吸纳高质量的新成员。

在基础教育方面，英国 2014—2015 年度政策体现了对薄弱学校和公立学校管理的关注。针对薄弱学校的改进问题，英国教育部（Department for Education）于 2015 年 1 月发布了《引起关注的学校：地方政府法定指南》（*School Causing Concern：Statutory Guidance for Local Authorities*）②，该指南进一步明确了薄弱学校的认定标准，提出了地方教育当局在改进薄弱学校方面所扮演的角色。

英国政府本年度的政策聚焦引起社会关注的教育问题。如针对校园欺凌频发的现状连续发布多个政策，包括 2014 年 10 月发布的《预防和应对欺凌：给校长、员工和董事会的建议》（*Preventing and Tackling Bullying：Advice for Headteachers，Staff and Governing Bodies*）③，以及随之发布的《对受欺凌儿童和年轻

---

① BIS, Fulfilling our Potential：Teaching Excellence，Social Mobility and Student Choice [EB/OL]. https：//www. gov. uk/government/uploads/system/uploads/attachment ＿ data/file/523420/bis-16-261-he-green-paper-fulfilling-our-potential-summary-of-responses. pdf，2016-12-21.

② Department for Education，School Causing Concern：Statutory Guidance for Local Authorities [EB/OL]. http：//dera. ioe. ac. uk/21840/7/Schools ＿ Causing ＿ Concern ＿ Jan2015 ＿ FINAL ＿ 24Mar. pdf，2016-12-21.

③ Department for Education，Preventing and Tackling Bullying Advice[EB/OL]. https：//www. gov. uk/government/uploads/system/uploads/attachment ＿ data/file/444862/Preventing ＿ and ＿ tackling ＿ bullying ＿ advice. pdf，2016-12-21.

人给予支持》(*Supporting Bullied Children*)①、《网络欺凌：给家长和监护人的建议》(*Advice for Parents on Cyberbullying*)②、《网络欺凌：给校长和学校员工的建议》(*Cyberbullying：Advice for Headteachers and School Staff*)③共四份建议报告。还有 2015 年 3 月发布的针对英国学校和学院的法定指导文件《确保儿童在教育中的安全》(*Keeping Children Safe in Education*)④。通过这一系列文件帮助学校预防和应对欺凌，明确政府应对欺凌的方法、学校应对欺凌的法律义务、学校处理欺凌的权力以及支撑最有效的校园反欺凌策略的原则。

关于教师问题的政策文件包括关于教师薪资的《2015 学校教师工资和条件法》(*School Teachers' Pay and Conditions Document 2015 and Guidance on School Teachers' Pay and Conditions*)⑤和关于教师职业行为的《教师职业不端行为惩戒程序》(*Teacher Misconduct-Disciplinary Procedures for the Teaching Profession*)⑥。前者为英格兰与威尔士的公立学校提供了有关教师薪酬与工作条件的法定标准，后者则详细规定了教师出现职业不端行为时的处理原则和规范流程。

在学校管理方面，英国教育部于 2015 年 8 月发布了《公立学校董事会的构成：针对公立学校和地方教育当局的法定指导》(*The Constitution of Governing Bodies of Maintained Schools：Statutory Guidance for Governing Bodies of*

---

① Department for Education，School Support for Children and Young People：People Who Are Bullied［EB/OL］．https：//www. gov. uk/government/uploads/system/uploads/attachment _data/file/444864/Supporting_bullied_children. pdf，2016-12-23.

② Department for Education，Advice for Parents on Cyberbullying［EB/OL］．https：//www. gov. uk/government/uploads/system/uploads/attachment _data/file/444865/Advice _for _parents_on_cyberbullying. pdf，2016-12-23.

③ Department for Education，Cyberbullying：Advice for Headteachers and School Staff［EB/OL］．https：//www. gov. uk/government/uploads/system/uploads/attachment _ data/file/374850/Cyberbullying_Advice_for_Headteachers_and_School_Staff_121114. pdf，2016-12-23.

④ Department for Education，Keeping Children Safe in Education ［EB/OL］．https：//www. gov. uk/government/uploads/system/uploads/attachment _data/file/447595/KCSIE _July _2015. pdf，2016-12-23.

⑤ Department for Education，School Teachers' Pay and Conditions Document 2015 and Guidance on School Teachers' Pay and Conditions［EB/OL］．https：//www. gov. uk/government/uploads/system/uploads/attachment _ data/file/451908/School-teachers _ -pay-and-conditions-document-2015. pdf，2016-12-23.

⑥ Department for Education，Teacher Misconduct：Disciplinary Procedures for the Teaching Profession［EB/OL］．https：//www. gov. uk/government/publications/teacher-misconduct-disciplinary-procedures，2016-12-23.

Maintained Schools and Local Authorities in England）[1]，该法定指导提出了公立学校董事会的构成和成员资格等方面的要求，对公立学校和和地方教育当局具有指导作用，致力于加强公立学校管理。

>> 第一节 《实现我们的潜能：优质的教学、社会的流动和学生的选择》高等教育改革绿皮书 <<

2015 年 11 月英国商业、创新与技能部发布了《实现我们的潜能：优质的教学、社会的流动和学生的选择》绿皮书。该绿皮书建议要重塑英国高等教育的整体环境，使学生处于高等教育的核心。其核心目标是提高教学标准，更加注重高校毕业生的就业能力，扩大高等教育参与和吸纳高质量的新成员。

正如英国大学与科学国务大臣（Minister of State for Universities and Science）在绿皮书的前言中所言："我们会嘉奖卓越的教学并且会给予财政上的激励；扩大弱势群体的高等教育参与；更加聚焦于就业能力；将高等教育部门置于更加激烈的竞争中，从引入新的高质量的高等教育提供部门开始；改革高等教育的监管结构，体现学生和纳税者所花费的金钱的价值。"

绿皮书的主要内容涉及四个方面：（1）引进一个"卓越教学框架（Teaching Excellence Framework）"，提升教学在高等教育中的位置，使学生、雇主和纳税者的金钱得到更好的使用；（2）通过扩大弱势群体（disadvantage and underrepresented groups）在高等教育中的参与率来推动社会前进；（3）改革高等教育系统，反映出当前的高等教育是由学生提供资金这一现实，并且要减少部门的监管负担；（4）以上潜在的变化对科研带来的影响，减少科研资助中的复杂性和官僚性。

一、引入卓越教学框架

（一）为什么要开发卓越教学框架

绿皮书指出，之前政府提出了许多改革，鼓励高等教育中更多的选择，给予学生更多的信息帮助他们来正确地选择课程。鼓励新的高等教育机构进入高等教育体系以扩大选择，从 2015—2016 学年开始取消了对学生数量的控制。这些改革给予了高等教育机构成长的机会，已经有迹象表明学生对新的机会做出反应。

---

[1]　Department for Education，The Constitution of Governing Bodies of Maintained Schools：Statutory Guidance for Governing Bodies of Maintained Schools and Local Authorities in England.［EB/OL］. https://www.gov.uk/government/uploads/system/uploads/attachment _ data/file/459032/The _ Constitution _ of _ Governing _ Bodies _ of _ Maintained _ Schools _ Stat _ Guidance....pdf，2016-12-23.

　　然而，高等教育机构仍然有改进的空间。特别是在教学方面。英国大学与科学国务大臣在绿皮书的前言中指出"很长时间以来，教学被认为是学术研究的一个可怜的表弟(poor cousin)"。在高等教育系统中有许多卓越的教学案例，但是正如国家学生调查(National Student Survey，NSS)数据所显示的那样，教学质量差异很大。

　　当前，并不是所有的大学都将教学视为和科研一样重要。重大资金都是通过卓越科研框架(Research Excellence Framework)分配给研究质量高的大学。没有奖励卓越教学的机制，使得学生无法感受到教育质量的提高。

　　要确保高等教育机构能够提供被认可的高质量的课程，将教学放在和研究同样重要的位置上。学生期待他们的学费能实现更好的价值，雇主需要获得他们所需要的毕业生，纳税者需要看到他们对公共高等教育系统的投资实现了更好的经济和社会效益。

　　2012年以来英国对高等教育部门的改革中，学生选择已经成为一个驱动改变的关键因素，但是关于教学质量、课程内容和毕业生的出路方面的不完善信息使得新的学生在选择哪些课程和去哪里学习方面做出决定很困难。

　　同时，学位价值的贬值(degree inflation)使得英国高等教育在声誉上承担着巨大风险：雇主面临着怎样在毕业生中做出区分的挑战，商人需要一个学位区分系统以帮助他们确定对于公司来说最好的申请者。学位价值的贬值不仅影响着学校的声誉，也体现了毕业生的价值，还影响到未来学生对学校的选择。

　　这就是为什么要开发新的卓越教学框架的原因。该框架将确保和激励高质量的教学，提升高等教育标准，产生更高质量的学生，确保纳税者的价值得到更好的实现。

　　新的卓越教学框架会将卓越的教学与激励相挂钩，并且会给予学生更多的关于他们所期待的教学类型和他们在毕业后可能的职业路径方面的信息。

　　卓越教学框架旨在通过制订教学标准认可和奖励高质量的教学。这样那些即将入学的学生就能够运用卓越教学框架的结果来帮助自己做出要去哪所高校的决定，并且雇主能够在他们招聘的时候将这一结果考虑在其中，而不是更多地依赖于成功的科研方面的数据。

　　一些平衡教学和科研的举措无疑是需要的，但这样的举措不应该以牺牲科研为代价，而应该通过额外的奖励措施来推动教学质量的提升。

　　(二)卓越教学框架的目标

绿皮书提出的卓越教学框架的目标包括以下几方面：

(1)使公众关注教学并且鼓励面向所有学生的优质教学。

(2)帮助高等教育机构通过有代表性的实践提升教学质量。

(3)创建一种认可教学、在高等教育部门中教学和研究具有同等地位的文化。

和研究一样，卓越的教师也会享受到同样的专业认可、职业机会和工资上的晋升，研究和教学应该被认为是相辅相成的活动。

（4）通过课程和学位的结果提供更加优质和清晰的信息，帮助雇用者确定和招收具有他们所需要的技能的毕业生。

（5）给予那些在招收弱势群体学生方面表现突出的高等教育机构认可，支持他们继续保持他们的课程，并且帮助他们在进一步学习和获得高技能工作上做出努力。

（6）反映多样化高等教育部门的优势，并且在承认不同类型的卓越方面要具有灵活性。

（7）表明高等教育质量在英国是被优先考虑的，并且为英国和其他国家的学生提供一个清晰的路径来选择高等教育机构。

（三）卓越教学框架的基本思路

对于个人来说，做出进入高等教育的决定是一生中特别重要的决定，这代表了一项非常重大的投资。同时，与那些只有 A-Level 成绩的个体相比，高校毕业生希望他们能够在工作中收入更高。然而现实情况却并非如此，至少有 20％的毕业生在毕业三年半之后并没有在高技能的工作岗位上就业。

这样的结果引起了对教育所投入的价值的关注。例如，英国 2015 年学术体验调查（Student Academic Experience）的结果发现，在英格兰只有 35％的每年花费了 9000 英镑学费的学生对于他们所付出学费的价值感觉是"好"和"非常好"。

同时，关于教学质量不充分、不连贯和没有效率的信息，意味着很难为新生提供一条哪所院校卓越的信息。很重要的一点是必须为所有学生提供最好的机会，让学生对他们做出的决定感到自信，认为他们的金钱会带来更好的价值。

关于教学质量的信息对于提高英国的生产率来说也非常重要。随着全球化进程的加速，对于个人和经济来说，最高的回报就是拥有最高的技能。然而，由于课程质量信息的缺失，雇主不能根据学科的内容和培训的技能招募到合适的人才。同时，对于高等教育机构来说，提高他们课程的质量也变得很困难。例如，英国毕业生招聘协会（The Association of Graduate Recruiters）2015 年的数据显示，四分之一的雇主有职位空缺，但他们不能够在最近毕业的毕业生群体中找到他们所需要的拥有适当技能的人才。

高等教育机构各具特色，必须对其不同的目标进行平衡。这种复杂性有时候会削弱对学生所付学费价值的激励。比如，一些院校特别注重科研，部分原因是因为当前的高等教育系统对科研的强有力的激励措施。院校长时期地关注和奖励科研，会使院校和个人距离教学越来越远。

有证据已经表明，强有力地聚焦于科研会弱化教学，反之亦然。在这种情况下，最极端的例子就是，因为一些大学很重视他们的声誉，他们的国际声誉和他们所能够拿到的资金都会受他们科研产出量的影响，导致的结果就是教学在某种程度上成为了这一体系中科研的"可怜的表弟"。

(四)当前提议的卓越教学框架模型

由于当前教育方面的信息还很零散，没有条件对教学质量进行可靠的比较。同时信息也是不清晰的，很难进行确定。因此这一框架还没有最后确定，但已经有一个初步的提议模型。

(1)卓越教学框架中的一些因素已经确定和清晰。

(2)卓越教学框架的评价会独立于政府之外。

(3)卓越教学框架将会从财政和声誉两个方面提供激励。

(4)在第一年，达到或者超过英格兰质量保障评估标准(QA)的院校会在卓越教学框架中给予第一等级。在第一年的评估中获第一等级的院校会在2017—2018学年得到特别的财政激励。

(5)院校自己决定是否申请卓越教学框架中的最高水平评估。

(6)在第二年，根据卓越教学框架中的要求，院校会奖励高水平的教学成果。英国期待根据卓越教学框架的奖励水平让院校来申请2018—2019学年机构层面的财政激励。

卓越教学框架的标准和度量会随着时间的推进来开发。卓越教学框架也会随着时间的推移而演化得越来越具有可测量性和整合性，因为人们会从之前几年的发展中更好地理解和发展卓越教学框架。

二、促进社会流动和扩大参与

扩大参与是英国政府优先考虑的政策，因为扩大参与会促进社会流动。在绿皮书中这样写道："高等教育是促进社会流动的重要推动力。作为一个国家政府，我们相信具有聪明才智和潜力的任何人都能够从高等教育中获益。我们会继续帮助弱势群体和少数族群获得接受高等教育的学习机会，并在今后获得就业机会。"

英国政府从20世纪90年代开始推行扩大高等教育入学政策，旨在扩大高等教育规模的同时更加注重来自弱势群体家庭、社会和团体的学生进入高等教育的比重，使他们有机会参与到高等教育之中并从中获益。在扩大高等教育入学数量的同时，兼顾质量和公平，促进社会和谐发展。

近些年来，英国已经在扩大高等教育参与方面取得了重大进步，弱势群体背景的学生的高等教育入学率获得了明显增加，但是仍然有许多方面需要继续加强。政府想要弱势群体进入高等教育机构中的比重在2020年翻一倍，与2009年相比，到2020年将黑人和少数群体进入高等教育的比重增加到20%。

(一)当前的政策

英国已经建立了一个强有力的扩大高等教育参与的框架。英国政府每年投入资金来促进弱势群体学生进入高等教育并在高等院校中获得成功。

在 2014 年 4 月，英国商业、创新与技能部发布了扩大高等教育入学的国家调查，调查覆盖了学生的整个学习周期，一直到毕业，而不仅仅是从最初的入学开始，并对这一领域的工作进行了重新定位。

英格兰高等教育拨款委员会最近发布了一项报告，是关于什么原因导致不同学生具有不同的学习结果的，其中就包括对黑人和少数族群学生的关注。该报告提出了一系列的建议，英国政府期待英格兰高等教育拨款委员会来进一步推进部门的行动。

(二)进一步的行动

敦促公平入学主任办公室(Director of Fair Access，DfA)发布一个新的指导方案。政府将要求敦促公平入学主任办公室聚焦于那些取得进步和获得成功的特殊群体，寻找需要进一步做些什么的依据。

敦促公平入学主任办公室也会进一步征求英国大学联合会(Universities UK)的意见。英国大学联合会正在组建一个促进社会流动咨询小组，该小组的建立就是为了在当前良好实践的基础上取得进步。该小组在 2015 年 12 月发表了一项中期报告。

与此同时，改进高等教育入学和让学生获取成功也会与卓越教学框架密切相关，卓越教学框架和弱势群体参与高等教育并在高等教育中取得成功会在细节，上得到进一步的探讨。

扩大高等教育入学的举措也会与即将建立的新的高等教育体系架构(the higher education system architecture)密切相关。英国会采取不同的举措聚焦于扩大高等教育参与，以产生最大的影响力，进一步完善资助方式，提高资助效能。

三、改革高等教育体系

绿皮书设定的目标是提高教学质量、发展高等教育和实现经费的价值。为了支持这些政策，政府会改革高等教育体系架构，使其更加简化和更有效率，并且确保这一架构能够反映出高等教育部门将要面临的挑战。

在英国，认为高等教育监管架构落后的看法已经存在很长时间了，需要对其进行改革以反映几十年来已经发生的重大改变。2013 年，高等教育委员会(The Higher Education Commission)提出了一个新的监管框架，并对学生的额外保护进行说明。同时，在 2015 年 2 月，英国大学联合会发布了一个报告《质量，平等，可持续：高等教育监管的未来》(*Quality，Equity，Sustainability：The Future of Higher Education Regulation*)。英国大学联合会的这一报告呼吁建立一个新的监管机构，这一监管机构能够整合英国高等教育拨款委员会(HEFCE)的功能，能够反映一种新的图景并且要更加聚焦于保护学生。

绿皮书建议要建立一个新的监管和学生支持机构——学生办公室(The Office for Students)，并且引入一个单一的、低干涉的高等教育监管体系。承认英国高等教育拨款委员会在专业方面的优势，并且要正视英国高等教育拨款委员会当前的主要功能都将会转向这一新的监管机构。学生办公室的建立目的是赋予学生权力，增强竞争，促进质量提高，消除不必要的官僚主义和节省纳税人的金钱。

(一)改革的原则

在创建一个更加简化和更有效率的高等教育体系架构和监管框架方面，政府将：

(1)确保这一体系能够促进学生、雇主和纳税者的利益以确保他们在教育投资方面价值的实现；

(2)创建一个开放的、以市场为基础的和可以负担得起的体系，更加具有竞争力和创新性，以及一个新的高等教育提供者公平竞争的环境；

(3)保持高等教育的最高质量，确保高等教育提供者的国际声誉；

(4)减少监管和管理的花费与负担，在改进学生问责(accountability)方面采用基于风险的方法(risk-based approach)；

(5)确保英语国家高等教育所强调和崇尚的机构自治和学术自由；

(6)需要来自高等教育提供者的透明度，这样学生、雇主和纳税者就能够掌握信息。

(二)新的高等教育体系架构

提升高等教育质量和发展高等教育需要多样性的、有选择性的和高质量的高等教育体系的支持，这一体系也需要反映当今高等教育的现实。当前英国高等教育体系中主要的资金来源已经转向学生，高等教育体系的设计要适应这个新的变化。因此，绿皮书建议改变将学生放在核心位置上的高等教育体系，创造一个更加简单和更有效率的高等教育体系。

绿皮书还建议减少具有公共监管角色的机构的数量，通过合并这些机构的功能形成一个单一的学生支持组织——学生办公室，将准入机制安排、教学经费、卓越教学框架和质量保障框架整合到一个单一的机构中来。学生办公室的创立建立在 2011 年改革的核心原则之上，将学生置于高等教育体系的核心位置。

上述这些改变将落实监管体系的要求，改善毕业生的就业情况，提升高等教育机构的质量。同时，这些改变也减少了机构的官僚主义、增加了行政的透明度、节省了公共开支。

英国政府希望完善高等教育体系架构，该架构重点强调了学生的利益。新的高等教育体系架构将由以下机构组成，其功能如下所述。

学生办公室将会是一个新的公共部门，其职责是促进学生利益的实现，其主要的职责是：(1)掌管准入门槛(operating the entry gateway)；(2)确保最低质量保障基线(baseline quality)；(3)运行卓越教学质量框架；(4)收集和提供信息；(5)扩大参与和弱势群体学生的成功；(6)分配拨款资金；(7)确保能够保护学生；(8)促进学生的利益；(9)确保学生和纳税人金钱的价值；(10)确保财政的可持续性，管理和良好的治理。这是有史以来第一次在高等教育监管的设计上考虑学生的利益，并且是通过学生的视角来对高等教育进行监管。学生贷款公司(Students Loans Company，SLC)继续为学生的学费和学生就学提供贷款。

由于这些变化，英国高等教育拨款委员会的功能将会转向其他部门。拨款委员会在调节高等教育系统方面的角色将会转向学生办公室，政府建议学生办公室发挥质量保障的功能以及实施卓越教学框架的功能。此外，英国高等教育拨款委员会持续发挥教学拨款分配的功能，并维持财政可持续发展的功能。

围绕着改革高等教育体系架构，英国政府提出一个新的单一的、透明的和低干涉的监管体系。在这个新的监管框架下，将不存在对不同类型高等教育机构的不同监管。将会有一个充满活力的质量保障体系，奖励那些高水平的高等教育机构。商业、创新与技能部将不再直接监管不同的高等教育部门，增强学术自由和机构自治。学生将会掌握做出最好选择的信息和获得他们需要的保护。学生和纳税者将会实现其金钱投资的更好价值。高等教育机构也会从监管中获益。

四、减少科研资助中的复杂性和官僚性

英国科研基础的卓越已经获得了国际上的广泛认可。英国一贯聚焦于激励和支持卓越的科学研究。

在研发(Research and Development，R&D)上的投入对英国生产力的提高至关重要，有必要吸引和保持在研发方面的私人投入和慈善投入，以及推动创新和科技进步。研发对英国的经济发展和社会福利发展来说是有巨大效益的。英国政府在研发上每花费 1 英镑，私人部门的生产力就会提高。政府的投资是至关重要的，强有力的证据已经说明了这一点，尤其是在私企部门中。

研究英国政策，对投资和资助有重要影响。英国政府致力于 Haldane 原则，这一原则指的是对个人研究计划的决定是由同行评议来进行。在 2015 年 7 月的生产力计划中，英国政府重申了 Haldane 原则所支持的双重支持体系。

绿皮书中提到，英国高等教育体系架构的转变是改善科研资助方式的转折点。这种转变使科研资助的方式更具有策略性，并促进了资助的连贯性，提升了资助效率。受议会的委托，绿皮书提议，英国高等教育拨款委员会将不再承担监管英国高等教育体系的责任，不再承担英格兰分配教学与经费的责任。但这并不意味着取消了资助和监管功能，绿皮书表示要对其进行重新部署和安排。

考虑到科研，在绿皮书中提出，英国将会：

(1)保持英国卓越的科研基础，通过双重来源资助保持双重支持系统；

(2)实现经济影响并且在可能的情况下确保研究的结果是让英国受益的；

(3)减少科学型、研究型领导者的管理负担，使他们能够更有策略地领导英国的科研机构；

(4)提升英国研究的声望，特别是在国际上；

(5)推动过程有效和清晰的问责。

英国建立的双重支持体系备受尊敬。这一体系保持了在国际同行评议和院校内评议之间的动态平衡。这种动态平衡对英国卓越的科研基础具有重大意义。

英国致力于保持这种双重支持体系作为重塑科研资助体系的一部分，大学的研究资助继续通过院校整体拨款(institutional block grant)提供给大学：

(1)追求纯理论研究(blue-skies)的自由；

(2)建立一个稳定的基础，使得终身学术研究人员能够产生可行的研究计划，为研究争取资金，并且使研究计划能够产生与资助相应的成果；

(3)在训练新的研究者方面的花费。英国在高等教育领域的这一改革为减少科研资助中的复杂性和官僚性提供了机会，并且有利于继续保持和实施双重研究资助体系(dual funding for research)。在任何一个未来的模式中，都希望能够确保特定的学科领军人物在所在的学术团体中扮演关键角色；

(4)减少科研资助中的复杂性和官僚性。英国科研基础的卓越是得到了广泛的国际认可的。英国一直以来都聚焦于鼓励和支持卓越的科学研究，英国期刊论文的引用率仅次于美国，而且英国的科研引用率的影响权重超过美国位居世界第一。

对高等教育体系的改变，特别是英国高等教育拨款委员会角色的变化，会对英国的科研产生重要影响。

>> 第二节　基础教育政策：《引起关注的学校：地方当局法定指南》<<

一、背景介绍

英国负责教育质量督导评估的国家教育标准局在对基础教育学校评估后，要给学校一个等级，包括优秀、良好、一般和存在严重问题。如果评定为"存在严重问题"，也就归为"引起关注的学校"，这类学校通常是指公立学校中教育质量和办学水平方面存在较大问题的学校，与中国通常意义上的薄弱学校相似。尽管绝大多数学校在督导评估中能获得优秀、良好和一般的等级，但仍然有一小部分学校被评定为"引起关注的学校"，它们严重影响了英国基础教育的整体质量。

为了促进这些学校的改进，2015 年 1 月，英国教育部发布了《引起关注的学校：地方当局法定指南》(*School Causing Concern：Statutory Guidance for Local Authorities*，简称"法定指南")。该指南延续了相关政策的精神，如《1996 年教育法》(*Education Act 1996*)，《2006 年教育与督导法案》(*Education and Inspections Act 2006*)，《教学的重要性：2010 年白皮书》(*The Importance of Teaching：The Schools White Paper 2010*)等，指出该指南的执行要参照以上法案的相关内容。

《1996 年教育法》中提出了地方教育当局在促进卓越教育发展方面的责任，强调了地方政府必须以提升教育质量为目的来行使其职能。《教学的重要性：2010 年白皮书》提到了地方教育当局在促进学校卓越教育发展方面的作用。具体如下：

第一，了解公立学校的绩效情况，运用统计数据，明确需要改进和指导的学校；

第二，当公立学校管理出现问题时，能够采取快速而有效的行动，必要时通过警告通知(Warning Notices)和临时董事会(Interim Executive Boards)的指导，改变学校现状；

第三，当公立学校绩效下降时，有必要尽早给予介入指导，确保学校获得帮助和支持，提升其绩效，使其达到"良好"及以上的水平；

第四，鼓励"良好"和"优秀"的公立学校不断自我提升，并发挥帮助其他薄弱学校的作用；

第五，与当地教育领导者建立密切的合作关系，鼓励学校骨干领导在工作中交流、互换；

第六，让经费到"一线"，尽可能直接用于学生；

第七，帮助公立学校从优秀供应商处购买物品；

第八，(地方当局)发挥指示性作用，使学校能够获得有效帮助；

第九，通过确定并支持资助者，给予薄弱学校明确的领导和管理支持；

第十，关注教育标准和领导力，寻求建设性的校际合作，并告知教育部。

二、哪些学校属于"引起关注的学校"

作为以上政策的延续，"法定指南"进一步明确了哪些学校属于"引起关注的学校"，提出了地方教育当局在改进这些学校方面所扮演的角色，强调了通过地方教育当局对薄弱学校的早期介入和迅速采取措施，促使其尽快改进。

"法定指南"重申了《2006 年教育与督导法案》中规定的"引起关注的学校"包

括以下几种情况：

第一，学校不遵守相关条例，要给予警告通知，不遵守地方当局的要求，地方当局也要给予董事会书面通知；

第二，学校未能履行教师的工资和待遇方面的职责，要给予警告通知，地方当局也要给予董事会书面通知；

第三，学校需要进行较大改进；

第四，学校需要采取专门的应对措施。

对于第一、二种情况，学校只是受到地方教育当局的"警告"，而对于第三、四种情况，地方教育当局将有权力和责任对其进行干预。

三、对"引起关注的学校"的"警告"

关于学校在哪些情况下将受到"警告"，"法定指南"进一步指出，若学校发生了以下三种情况，会收到"警告"通知。

（1）学生在校成绩很低，如果地方教育当局不行使某种干预将得不到进步、停滞不前。学生成绩低下主要是指根据学生的能力所及、与过去相比或与同类学校相比较而言。

（2）学校管理存在严重过失，或存在某些歧视，这些歧视影响到学生的成绩。

（3）学生或教职工在校的安全受到威胁。

"法定指南"对于向学校发出"警告"也提出了一些原则。在提出"警告"之前，地方教育当局必须依据一系列的定量和定性的数据对学校的整体水平有一个全面的了解。许多地方教育当局发现，有效使用"警告"能对"引起关注的学校"产生积极影响，成为校领导和董事会聚焦问题和采取有效措施的催化剂。"法定指南"期望地方教育当局在提高教育质量的计划中可以考虑更多地采用这一手段。

"法定指南"要求对学校的"警告"必须以书面形式给学校董事会，并且包括以下内容：

（1）地方教育当局对学校担忧的具体问题，解释这些问题的详细情况和事实，以及在何种情况下引起了地方教育当局的关注；

（2）给出要求董事会针对这些问题所采取的行动；

（3）提出解决问题的期限；

（4）如果问题得不到解决，地方教育当局可能采取的行动。

如果董事会认为地方教育当局所指出的问题缺乏客观依据，所提出的措施与问题的性质不符，也可以在15天之内提出不接受给予的"警告"。

四、对"引起关注的学校"的干预

"法定指南"要求地方教育当局应该对"需要做出很大改进的学校"和"需要特

别措施的学校"进行干预。

如果英国教育标准局在对学校评估后，给予学校的结果是等级 4，也就是在总体效能上是不合格的，那么这样的学校将视情况归为"需要做出很大改进的学校"和"需要特别措施的学校"，一般这类学校存在较为严重的薄弱环节。对于这类学校的干预措施包括以下方面。

(1)通过书面通知，地方教育当局有权中止下放给学校董事会管理学校的经费。

(2)地方教育当局有权任命一个"临时执行委员会"，这一干预措施的使用主要是为了加快学校的改进，向学校领导提出挑战，或在现任董事会内部工作关系存在破裂的情况下使用这一措施。地方教育当局在使用这一措施前，必须向现任董事会征求意见，并得到教育大臣的同意。获得教育大臣的书面同意后，地方教育当局必须通知董事会有关"临时执行委员会"的建立。如果地方教育当局收回了董事会管理经费的权力，应该将此权力交给"临时执行委员会"。

"临时执行委员会"替代原来的董事会行使职权，主要职能是促进学校质量的提高，提高学生成绩。关于"临时执行委员会"的成员问题，"法定指南"指出，一开始任命时不得少于两人，之后可以增加任命。"临时执行委员会"应该是一个精干的组织，能够在一段时间后给学校带来巨大的变化，其成员通常要具有管理经费的能力，并且有推动学校改进的经验。为了给学校的管理带来新的风格，与原先的管理风格有所不同，"法定指南"建议原来的董事会成员不要成为"临时执行委员会"的成员。

(3)地方教育当局有权任命其他董事会成员。对于需要干预的学校，地方教育当局可以任命其他额外的董事会成员，给学校管理带来新的技能。

(4)地方教育当局有权对董事会做出某些特定的安排。这些安排包括：

①安排为其提供特殊的指导(来自咨询机构或其他学校的董事会成员)；

②安排与其他学校的董事会进行合作；

③安排与继续教育机构合作；

④采取措施创建一个联合体。

>> 第三节 预防和应对校园欺凌系列文件 <<

英国教育部于 2014 年 10 月发布了《预防和应对欺凌：给校长、员工和董事会的建议》，随之又发布了《对受欺凌儿童和年轻人给予支持》《网络欺凌：给家长和监护人的建议》《网络欺凌：给校长和学校员工的建议》三份建议报告。这些文件出台的目的是帮助学校预防和应对欺凌（包括网络欺凌），文件中描述政府应对欺凌的政策、学校应对欺凌的法律义务、学校处理欺凌的权力以及支撑最有效的校园反欺凌策略的原则。针对新兴的网络欺凌，教育部提出了一系列帮助父母、看护人员、学校员工、儿童在遭遇此类欺凌时可以采取的具体操作方法途径。文件中还列出了一系列资源，儿童、学校员工、父母面临具体问题时可以通过这些资源途径获取专业信息。

本文旨在介绍英国教育部所发布的以上四份建议报告的主要内容，以期能对我国制定校园反欺凌策略有所启示。

一、什么是欺凌

英国教育部在 2014 年 10 月发布的《预防和应对欺凌：给校长、员工和董事会的建议》中对欺凌作出了如下的定义：欺凌是个体或群体施加的反复的、意在伤害其他个体或群体的身体上或情感上的行为。欺凌有多种形式，例如基于短信或网络的网络欺凌，并往往出于对某特定群体的偏见（种族、宗教、性别、性取向等）。欺凌可能是由于儿童间实际的差别或感知的差别所引起。阻止暴力和确保人身安全明显是学校的首要任务，但情感欺凌造成的伤害可能比身体欺凌更大；教师和学校针对每个具体的欺凌事件必须做出自己的判断。

英国教育部就欺凌问题进行了广泛的咨询，许多专家认为欺凌行为的产生牵涉到欺凌者和受害者之间的权力的不平衡。权力的失衡可以体现在很多方面，可能是身体上的，也可能是心理上的，或是源于智力上的不平衡，或是能够获得群组的支持去孤立他人。权力的失衡导致欺凌者有能力通过暴力威胁、孤立等手段来欺凌受害者。

二、英国反欺凌行为的法律规定

英国教育部在《预防和应对欺凌：给校长、员工和董事会的建议》中列举了如下的英国关于反欺凌行为的法律法规。

《2006 年教育与督导法案》第 89 条规定，公立学校必须采取措施鼓励好的学生行为，阻止学生之间任何形式的欺凌，这些措施必须包含在学校的行为政策里，并让所有学生、学校员工以及家长知晓。

《2010 年独立学校标准条例》（*Independent School Standard Regulations 2010*）规定，学校的举办者和所有独立学校必须确保实施或制定有效的反欺凌策略。

《2010 年平等法案》（*The Equality Act 2010*）第 6 部分规定，学校的责任主体歧视、骚扰、欺骗，排挤学生或让他们遭受任何其他伤害都是非法的。

根据《1989 年儿童法》（*Children Act 1989*），当有合理理由怀疑儿童正在遭受或可能遭受重大伤害时，欺凌事件应该作为一个儿童保护问题。在这种情况下，学校员工应该向当地权威的儿童社会福利部门报告他们的担忧。即使安全防护并不被认为是一个问题，学校仍可能需要利用一系列的外部服务支持正在遭受欺凌的学生，或解决任何导致孩子参与欺凌的潜在问题。

虽然欺凌本身在英国并不是一项具体的刑事犯罪，但某些类型的骚扰或威胁行为或者通信可能构成刑事犯罪，《1997 年防止骚扰法》（*Harassment Act 1997*）、《1988 年恶意通信法》（*Malicious Communications Act 1988*）、《2003 年通信法》（*Communications Act 2003*）和《1986 年公共秩序法》（*Public Order Act 1986*）均有相关规定。

如果学校员工觉得某种犯罪行为可能已经发生，他们应该寻求警察的帮助。例如，根据《1988 年恶意通信法》，某人对他人发送电子通信意图引起他人的痛苦或焦虑，或者发送的电子通信内容信息不雅或具有攻击性，或者发送者传递已知有误的信息都被认为是犯罪行为。

教师在“在某种程度上是合理的”的前提下有权力处理校外行为不端的学生。这可以联系到校园外任何发生欺凌事件的地方，如在学校巴士或公共交通工具上，在当地商店外，或在一个城镇或村庄中心。当学校员工收到校外欺凌的通知时，应该立即着手调查和行动。校长还应该考虑是否需要通知警察或地方当局反社会行为协调员。如果不当行为可能构成犯罪或对公众的一员构成严重威胁，校方必须通知警方。任何情况下的不当行为或欺凌，老师只能在学校或是在学生处于工作人员合法控制下的地方惩戒学生。

三、英国教育部对学校应对欺凌行为的建议

英国教育部在《预防和应对欺凌：给校长、员工和董事会的建议》中针对学校如何应对欺凌行为给出了一系列的建议。英国教育部认为成功的学校应当有适当的政策来应对欺凌和不良的行为，使家长、学生和校长及工作人员都能了解这些政策。一旦事件发生，就可以迅速地处理。学校在自己的行为政策里定义欺凌时，应该使学生、家长和工作人员清楚地理解它。成功的学校会创造一个环境，

在第一时间防止欺凌演变成一个严重的问题。校长和管理者决定如何应对特定的问题，没有单一的解决欺凌的方法适合所有的学校。英国教育部在欺凌行为的预防、干预以及问责方面给出了以下的建议。

（一）预防

学校对欺凌的回应不应该从某个孩子被欺凌开始。最好学校开发一种更复杂的方法，学校员工集思广益解决学生间的问题，在第一时间找出防止欺凌发生的对策。工作人员能够决定怎样做对学生是最好的。学校有效应对校园欺凌问题的起点应该是形成良好的校风，使学生间互相尊重，学生也应尊重校长及所有人员，并将这些价值观渗透进整个学校教育中。

（二）干预

学校应当对施行欺凌的学生采取管理措施以清楚地表示他们的行为是错误的。管理措施的实施应当公平一致并合理考虑特殊教育需求学生以及残疾学生和易受伤害的学生的需求，同样重要的是要考虑欺凌行为背后的动机。涉及父母时，必须确保父母清楚地知道学校不能容忍欺凌行为的存在，并知道如果他们的孩子遭遇欺凌时可以遵循的程序。父母确信学校会认真对待欺凌投诉并在保护儿童的基础上解决问题，会在家培养儿童树立正确的价值观。此外，所有学生理解学校的方法并清楚自己在防止欺凌时发挥的作用，包括当他们发现自己是旁观者的时候。考虑到技术手段的发展，学校应当定期评估和更新他们的方法，例如更新电脑使用的政策。学校应当对欺凌行为实施纪律制裁。欺凌行为的后果反映了此类事件的严重性，使其他人意识到欺凌是不可接受的。

公开讨论人们之间的差异可能会导致欺凌，比如宗教、种族、残疾、性别和性取向，还包括家庭背景。学校应该教导学生使用任何有偏见的语言都是不可接受的。学校应该使用特定的组织或资源去帮助解决特别的问题。学校可以利用反欺凌组织的经验和专业知识来处理特定类型的欺凌。

学校还应该提供有效的员工培训。当学校的所有员工理解学校政策的原则和目的、理解关于欺凌的法律责任、知道如何去解决问题以及去何处寻求支持时，反欺凌政策是最有效的。学校可以培训员工，让他们学会了解学生需求，包括具有特殊教育需求的学生，以及女同性恋、男同性恋、双性恋和变性（LGBT）的学生。在欺凌特别严重的地方和犯罪率较高的地方，学校要与其他机构和更广泛的社区合作，比如，与警察或儿童社会福利机构合作。成功的学校会与其他机构和更广泛的社区共同处理校外欺凌行为。

学校应使学生能够方便地报告欺凌行为，使学生确认他们被聆听而且事件正在解决。学生应当觉得他们可以报告发生在校外的欺凌行为，包括网络欺凌。学校应当创建一个包容、安全的环境，学生身处其中可以公开讨论引起欺凌行为的原因，而不用担心遭受进一步的欺凌或歧视。

(三)问责

学生在安全平和、远离扰乱、教育优先的学校氛围里才能更好地学习。修订后的英国教育标准局体系于 2012 年 1 月生效,并把"行为和安全"作为学校检查的一个关键标准。学校必须能够证明其反欺凌政策的实施效果。

四、欺凌的原因及严重后果

英国教育部在《预防和应对欺凌:给校长、员工和董事会的建议》中提出,欺凌可能发生在所有的儿童和年轻人身上,会影响他们的心理和情感健康。学校员工应该支持所有遭受欺凌的学生。这意味着应警惕任何形式的欺凌,尤其是警惕欺凌可能产生的严重影响。有些学生特别容易成为欺凌行为的受害者,可能因此受到严重的影响,如那些具有特殊教育需求或残疾的学生。另外一些学生容易受到伤害可能因为他们正在经历个人或家庭危机,或遭遇健康问题。被监护儿童经常搬家可能容易受到伤害是因为他们总是新来者。这些易受伤害的年轻人可能会转向社交媒体寻求安慰或通过网络欺凌进行报复,因此他们需要网络安全教育方面的帮助。

有证据表明,在学校遭受严重欺凌的学生有可能在校外也遭受欺凌,例如,在上下学途中遭受欺凌或遭受网络欺凌。还有一系列的地方或个人因素导致某些儿童更容易遭受欺凌。意识到这点可以帮助学校研究阻止欺凌发生的策略,还可以帮助学校警惕当欺凌发生时这些儿童可能会受到的严重影响。

欺凌所带来的影响可能会特别严重,因为欺凌的性质、程度会影响学生的社交、心理和情感健康。在某些情况下,欺凌的后果可能会导致儿童经历明显的社交、心理和情感健康问题。学校应当制定相应的措施确保儿童的短期需求,其中包括当欺凌行为严重影响儿童的学习能力时学校应当采取适当的措施。如果欺凌行为一直持续发生,会导致儿童相比同龄人而言在学习上有明显的困难,这时学校应当考虑儿童是否会受益于特殊教育需求(SEN)的评估项目。

五、解决受欺凌的学生的需求

英国教育部在《预防和应对欺凌:给校长、员工和董事会的建议》中指出,学校必须支持和帮助受欺凌学生的需求,支持受欺凌学生的性质和程度将取决于个人情况和需求水平,可以包括老师了解学生的私下谈话,向教牧团寻求支持,提供正式的辅导,与父母接洽,联系当地政府的儿童服务机构,联系儿童和青少年心理健康服务机构(CAMHS),给予相应的支持。当受欺凌的儿童按常规被认为不需要特殊教育需求的支持时,学校和地方当局应当以合适的方式提供支持以满足个体的需求。新的特殊教育需求政策认为开发一个应对不同水平的有特殊教育需求的儿童和年轻人的分等级的回应是最好的提供支持的方法，其中包括受欺凌儿童的需求。

学校应当尽其所能确保受欺凌儿童继续上学。学校可以使用单独教学和保护，给受欺凌儿童提供缓冲的机会，同时维持他们的教育进程。这种支持与应对欺凌的措施相辅相成，使受欺凌的儿童在学校和上下学路上感受到安全。从学校接走儿童，即使是临时的，也会打乱儿童的教育进度并使他们难以恢复。这并不能解决问题，而且还传达了错误的信息——欺凌行为的受害者是不受欢迎的。由于欺凌行为导致缺课发生时，学校应当敏感地作出回应，但在大多数情况下，从学校接走儿童可能并不是有益的行为。

在极端情况下，当欺凌影响太严重，让儿童重新回归学校已经不可能时，学校必须做出其他的安排来确保学生继续他们的教育，如将受欺凌的儿童转移到其他主流学校。当儿童因为欺凌导致有复杂的需求并在其他主流学校难以得到满足时，学校需要做出其他安排。

六、什么是网络欺凌

英国教育部在《网络欺凌：给校长和学校员工的建议》中给网络欺凌下了这样的定义：网络欺凌是通过使用技术产生的欺凌。无论是通过社交网站、手机还是游戏网页，网络欺凌对卷入其中的年轻人的影响都可能是毁灭性的。有很多方法可以帮助儿童免于遭受网络欺凌，或者在网络欺凌发生时有效应对并制止。由于网络欺凌的性质，往往涉及许多在线旁观者而且可能迅速失控。儿童和年轻人在网上欺凌其他人不需要强壮的身体，且欺凌方式常常比较隐蔽。

七、网络欺凌：给校长和学校员工的建议

英国教育部在《网络欺凌：给校长和学校员工的建议》中提到，任何形式的欺凌（包括网络欺凌）都应该作为整个学校的社会问题处理。学校采取措施来预防和处理学生间的欺凌是很重要的。同样重要的是，学校需清楚地表明不管是学生、家长还是同事导致的欺凌都是不可接受的。有证据表明，21％的老师报告社交网站上有来自家长和儿童的贬义评论。学校领导、老师、学校员工、家长和学生涉及网络欺凌时都有权利和责任，应共同努力创建一个学生可以学习和发展，学校员工可以实现职业抱负，远离骚扰和欺凌的环境。

学校可以向家长提供支持，指导他们如何帮助儿童安全并负责任地使用社交媒介，也许可以通过家长之夜（parents' evening）在学校新闻上提出建议。创建一个良好的家校关系可以帮助建立信任，并让学校以适当的方式引起家长的关注，

确保家长知道并理解如何与学校沟通。学校也应该明确表示，学生、家长在社交媒介贬低和欺凌学校员工是不可接受的，面对面的欺凌同样也是不可接受的。学校应当鼓励学校共同体（包括家长）负责任地使用社交媒介。家长有权担忧他们孩子的教育，但他们应当采取适当的方式。英国教育部就网络欺凌给学校提出了如下建议。

（一）对学校员工的建议

所有的学校员工都身居要职，并一直以专业的方式行动。下面是一些关键的建议，可以帮助学校员工保护他们的在线声誉：确保学校员工理解其所在学校在使用社交媒介上的政策；当学校员工离开办公桌时确保电脑及其他设备退出登录。

设置密码是避免学校员工从手机或其他设备（如果设备丢失、被偷或被学生打开）丢失个人数据和图像（或使它们被复制和分享）的重要步骤；学校员工应当熟悉自己使用的社交媒体和应用程序的隐私和安全设置并保持最新状态；检查自己的在线状态是一个好办法——如在搜索引擎中输入自己的名字。如果有负面内容，一出现就解决会更加容易；学校员工应当意识到自己的名誉可能会被在线共享的其他人所伤害；学校员工应当三思自己的网上行为，某些行为可能会违反职业行为准则；学校员工应当与家人、朋友和同事讨论这些问题，如果他们没有做好安全和隐私设置，学校员工可能会成为被攻击的目标。

学校员工不要接受过去或现在的学生的好友请求。如果学校员工觉得这是非常必要的，应当先寻求高级管理人员的指导。学校员工应当意识到如果没有合适的隐私设置，社交媒介上的朋友可能也是学生和其家庭成员的朋友，并因此可以阅读其发送的信息。学校员工不要公布私下交往的联系方式——如果学生由于家庭作业或考试需要联系自己，请使用学校的联系方式。学校组织活动时，学校员工应该有一个学校用的手机，而不必依赖自己的手机。学校员工应当在处理学校业务时使用学校的电子邮箱，在处理私人生活时使用个人电子邮箱，两者不能混用。另外还包括文件共享网站，如云存储和视频网站。

如果学校员工遭受网络欺凌，不应该回应或报复。受欺凌者应该适当地上报事件并向管理者或高级员工寻求帮助；应当保留欺辱证据，保留信息或网页截屏并记录时间和日期；当肇事者是当前学生或同事时，大多数情况下通过学校自己的仲裁和纪律程序来处理是最有效的；当肇事者是成年人时，在几乎所有情况下，首要行动应当是高级管理人员邀请肇事者参加会议并在会议上表达他们的顾虑，如果肇事者有合理的投诉，确保肇事者知道如何适当地解决问题，高级管理人员可以要求肇事者删除恶意评论；如果肇事者拒绝，应当由组织决定下一步做什么——无论是学校或者受欺凌者向社交网站报告此事，还是寻求地方当局的指导和其他机构的法律建议或支持；如果评论是具有威胁性的、辱骂性的或性歧视的，受欺凌者或学校代表可以考虑联系当地警察。在线骚扰是一种犯罪。

（二）如何支持受欺凌员工

雇主有义务向受欺凌的员工提供支持，避免员工在工作场所受到伤害。学校员工应当向高级管理团队或工会代表（如果是工会成员的话）寻求支持。

专业网络安全服务热线是一个免费的服务，由英国安全网络中心交付使用。热线提供指导，建议去解决网络安全问题（如保护职业身份，防止在线骚扰）或影响年轻人的问题（如网络欺凌或色情短信的问题）。

网络安全中心与互联网行业的重要公司发展战略伙伴关系。适当的时候使专业的热线服务电话能够直接与脸书、推特、谷歌等安全团队寻求解决策略。全校参与的政策和实践旨在对抗欺凌，包括网络欺凌。所有的雇主，包括学校员工的雇主，有法定义务照顾员工的生理和心理健康。这其中包括保护员工免受来自学生、家长和其他员工的网络欺凌，并在欺凌发生时支持员工。

每个学校都应该有明确并可被理解的政策，包括学生和员工如何合理使用技术应对网络欺凌。负责任的技术使用协议应当包括：在上课时间，在校内或校外使用学校设备、软件和访问途径的条例；学生和员工可接受的行为，包括校外行为（如教师和学生使用社交网络服务和其他网站时，应避免伤害他人或损害学校声誉；学校员工应当期待学校对上报事件迅速作出回应或支持员工）。

大多数的社交网站有申报机制用来报告违反网络使用要求的内容，如果负责人没被确认，或对撤下材料没有作出回应，员工应当使用社交网站的工具直接申报。

八、网络欺凌：给家长、监护人和儿童的建议

英国教育部发布的《网络欺凌：给家长和监护人的建议》就网络欺凌向家长、监护人以及儿童提出了如下建议。

（一）社交网络和网络欺凌

年轻人经常访问社交媒介，他们的大部分社会生活都在网络上，这可以创造一种虚假的安全感。例如，网上聊天的感觉不同于面对面聊天的感觉，可以更容易表达和揭露一些面对面不会说的事情，这些事可能是残酷的、激进的。重要的是年轻人必须记住在线行为会有离线后果。

有趣的评论在网上经常会被误解，如果面对面说可能是可以接受的，面部表情、肢体语言、语调和背景有助于确保其是正确的评论方式，但在网络上，情况却不是这样的。我们知道越来越多的孩子登录社交网络，可能并不能成熟地以安全和负责的方式把握他们的在线身份。

社交网络可以增加现有的社会压力并强化隔离感。网络欺凌往往涉及大量的

观众并因此增加当事人的压力。父母和看护人需要理解年轻人的沟通方式和潜在的风险。简单地要求孩子们不使用科技不是预防和应对网络欺凌的方法。

(二)给家长、监护人的建议

在预防网络欺凌方面，家长和监护人面临一个有挑战性的工作。他们需要知道他们的孩子在网上做什么，并帮助他们安全上网。随着科技的发展，保持消息灵通的最好方式是家长也参与其中。

监督孩子上网的好办法是同孩子达成一个协议，确定在网上能做什么以及不能做什么。如果孩子打破界限，则按协议限制他们的上网时间。社交网络有一个最低年龄限制，通常是 13 岁。家长应当告诉孩子年龄限制的原因，过早访问这些网站会让孩子遭受不必要的欺凌。

同样重要的是，确保儿童和年轻人与家长分享网络上发生的事情时感觉是舒适的。与孩子交谈可以让家长理解孩子使用互联网、社交媒介和手机的方式，与孩子讨论负责任的行为也很重要，有时网络欺凌的受害者也可能在网络上欺凌他人。确保孩子们知道他们在遭受欺凌和需要支持时可以诉诸成人和家长。家长与孩子交谈的方式应基于孩子们的年龄。

网络欺凌的迹象并不容易发现，因为网络欺凌可以一直发生，这使它与其他形式的欺凌区别开来。家长需要警惕孩子行为的变化，比如，孩子在使用互联网或手机后情绪低落；不愿意讨论网络生活和手机使用情况；花费更多或更少的时间发短信、玩游戏或使用社交媒体；有许多新的电话号码、短信或电子邮件出现在他们的手机、笔记本电脑或平板电脑里；不想去学校和/或避免见朋友和同学；回避以前乐意去的社交场合；失眠；缺乏自信。这些迹象说明孩子可能正在遭遇网络欺凌。

如果家长怀疑孩子或年轻人在网络上或手机上遭受骚扰或欺凌，应该让孩子们详述细节。如果你的孩子告诉你网上有人骚扰他/她，请认真对待并提供情感支持，打印证据以供将来使用。如果学校里的其他孩子涉及其中，则应告诉孩子所在学校的教师。

大多数社交媒介服务器和其他网站会有一个按钮，父母可以点击报告欺凌行为。许多服务器会认真处理欺凌行为，要么对个体进行警告，要么删除他/她的账户。

(三)给儿童的建议

以下可能是家长希望考虑教会孩子安全上网的一些方法：

(1)要确保儿童使用隐私设置。

(2)尊重他人——注意网上用语。

(3)注意上传的图片与视频，一旦在网上分享则不能撤回。

(4)网络上只添加熟悉的或信任的人，与陌生人交谈时，保持个人信息安全并隐藏所在位置。

（5）儿童要认真对待自己的密码，保密并定期更换。

（6）阻止欺凌——学习如何阻止或上报行为恶劣的人。

（7）不要报复或回复攻击性的电子邮件、短信或网络聊天。

（8）保留证据——保留攻击性电子邮件和短信的副本或网络聊天的截屏并传递给父母、看护人或老师。

（9）确保告诉你信任的成年人如家长、监护人、教师或反欺凌协调员，或打电话给儿童热线。

九、总结

近几年来，中国校园欺凌事件频发，关于校园欺凌的新闻层出不穷。欺凌现象常常会牵涉歧视留守儿童、暴恐年轻化、犯罪低龄化等社会问题，然而欺凌尚未进入国家决策层的视野，中国反欺凌机制建设起步也较晚，教育部尚未制定有关反欺凌的法律法规，学校对校园欺凌的重视程度不够，事后解决多于事前预防，在这样的大环境下，校园欺凌无法得到有效的遏制，反而有愈演愈烈的趋势。

英国一直非常关注校园欺凌问题，从国家层面、校园层面、家庭层面全方位地对欺凌行为制定了一系列的应对策略，给学生营造安全舒适的学习氛围。中国反欺凌机制建设刚刚起步，各方机制尚未完善，英国政府在这方面的成功举措值得借鉴。

>> 第四节　确保儿童在教育中的安全 <<

英国教育部在 2015 年 3 月发布了针对英国学校和学院的法定指导文件《确保儿童在教育中的安全》①，内容主要涉及确保儿童在教育中的安全。该指导文件明确了学校员工为确保儿童安全需要掌握的信息，学校和学院应如何进行安全防护管理，如何招募安全的员工，以及面对儿童安全的指控时相关涉及方应如何做等一系列内容。指导文件内容深入细致，其法定地位更是确保儿童在教育环境里可以得到充分的保护。

本文从四个部分介绍了确保儿童在教育中的安全的相关内容。第一部分介绍全体教职员工应该了解的确保儿童安全的信息以及应该如何去做；第二部分说明学校和学院的管理者和所有者在安全管理方面的一系列职责；第三部分重点说明

---

①　Department for Education, Keeping Children Safe in Education［EB/OL］. https：//www.gov.uk/government/uploads/system/uploads/attachment _ data/file/447595/KCSIE _ July _ 2015.pdf, 2016-11-15.

学校和学院在安全招募员工方面应该如何做以及应当规避哪些问题；第四部分说明如果存在指控案件，学校、案件管理者以及儿童福利机构该履行什么职责。通过四个部分的说明，可以清晰地了解英国教育部在确保儿童在教育中的安全方面所做出的一系列详尽的规定。

一、全体员工应了解的安全防护信息

英国教育部在《确保儿童在教育中的安全》中提到，学校和学院员工对于儿童安全防护信息应该知道和应该做到以下几点：保护儿童不受虐待；防止儿童的健康和发展受到损害；保证儿童生长在安全和有效护理的环境中；采取行动确保所有儿童获取最好的结果（此处儿童是指不满 18 岁的孩童）。当儿童遭受明显的伤害或可能遭受伤害时，必须采取行动保护儿童。当儿童需要额外的支持时需采取行动增加儿童福利，即使儿童没有遭遇伤害或面临威胁。

学校和学院员工在识别问题和提供帮助上起着重要的作用。学校和学院员工应该与社会、警察、健康服务和其他服务机构合作促进儿童福利并保护他们免受伤害。2012 年教师标准声明，教师包括校长应该将保证学生的身心健康、保持公信心作为教师的专业职能。所有学校和教职员工都有责任给学生学习提供安全的环境。所有学校和教职员工都有责任去识别需要额外帮助的学生和有可能遭受伤害的学生。所有学校和教职员工都有责任采取合适的措施，提供所需的服务。除了指定工作外，教职员工应该意识到他们可能会被要求帮助社会工作者针对个体学生提供帮助。

所有的教职员工应该了解所在学校或学院的安全防护系统，这包括：学校或学院的学生保护政策；学校或学院的员工行为政策（有时也称为法或条例）。所有教职员工都应该接受适当的学生防护培训。所有教职员工都应该了解虐待或忽视的信号，这样才能够识别出学生可能需要帮助或保护的情形。只要与安全防护有关，建议与儿童一起工作的教职员工始终保持一种"有可能会发生在这里"的态度。在关注儿童福利时，教职员工应该站在儿童的立场上。

对于虐待和忽视的早期识别至关重要，如果教职员工对此不够确定，他们应该与指派的安全防护方面的领导对话。在特殊情况下，如果情况紧急或领导没有采取适当行为的话，教职员工可以直接与儿童社会福利机构对话。儿童离开学校是虐待或忽视的潜在指标。学校和学院教职员工应该遵循学校或学院的程序处理儿童离开学校的问题，特别是在对待重复情况时，识别出虐待或忽视（包括性虐待或剥削）的危险因素以预防日后的学生流失。如果教职员工担心某个儿童遭受虐待或受到忽视，他们应该上报给安全防护方面的领导，共同协商，解决问题。安全防护方面的领导应该决定是否将该学生转给儿童社会福利机构，任何教职员工都可以直接将他们的疑惑转达给社工。当儿童或家庭受益于多个机构(如教育、健康、居住、警察)时需要有机构间的评估,这些评估可以确定儿童和家庭需要什么帮助。早期的帮助评估应该由教师、特殊教育需要协调员、全科医生、家庭支持人员、健康访问者等专业人士所承担。

如果存在对儿童严重伤害的风险,应该即刻将儿童转移给儿童社会福利机构,任何人都可以做此转移。在某些时刻,担心总能帮助到儿童。儿童能在正确的时间得到正确的帮助,对于解决问题和防止风险不断升级是很重要的。严重的案件回顾一再表明没有采取有效行动的危险性。不好的行为包括:未能针对虐待和忽视的早期迹象采取行动;记录保存不佳;未能倾听孩子的意见;当情况没能改善时未能重新评估;信息共享太慢以及缺乏对没有采取行动的人的怀疑。

二、虐待和忽视的类型

英国教育部在《确保儿童在教育中的安全》中对虐待和忽视作出了如下的定义和分类。

虐待:虐待孩子的一种形式。有人可能会通过造成伤害或者未采取行动阻止伤害来虐待或忽视儿童。儿童可能被一个大人、一群大人、一个儿童或一群儿童虐待。

身体虐待:虐待的一种形式,它包括击打、晃动、用身体撞击、下毒、烧伤或烫伤、溺水、窒息或其他给儿童造成身体伤害的行为。身体伤害还包括父母或者照顾者给小孩捏造症状或故意制造症状,包括疾病症状。

情感虐待:是对儿童持续性的粗暴对待,给儿童的情感发展造成严重的不良影响。这包括告诉儿童他们是无用的或者不被爱着的,他们是不合格的,或者仅仅当他们满足另一个人的需要时才是有价值的。也包括不给儿童表达自己观点的机会,故意不让他们说话或者嘲笑他们说话的内容和方式。这也跟年龄特征有关,强迫儿童做出与年龄不符的事情。也包括与儿童的发展能力不符合的互动,包括过度保护,限制儿童的探索、学习以及参与正常的社会交往。也包括让儿童看到或者听到对他人的恶劣对待。也包括非常严重的欺凌(包括网络欺凌)而导致儿童长期感到害怕或处在危险中,或对儿童的剥削。某种程度上的情感虐待包括对儿童粗暴对待的所有方式,尽管它可能是单独发生的。

性虐待:包括强迫或引诱儿童或青少年参与性行为,即使不是很大程度的暴力行为,不管儿童是否意识到将要发生的事情。这种行为可能包括身体接触,既包括直接的暴力性的侵犯(如强奸或口交)或者非直接性的行为如自慰、接吻、搓揉;也包括非接触性的行为,如使儿童参与观看、制作色情图片,观看色情电影,鼓励儿童在性方面做出不合适的动作,或者培养儿童为虐待做准备(包括网络途径）。性虐待不仅仅有男性罪犯，女性也会实施性虐待。

忽视：指持续性的未能满足儿童基本的身体或心理上的需要，可能会导致儿童健康和发展上遭受严重损害。忽视可能发生在怀孕期间，此时是来自于母亲的虐待。一旦儿童出生，忽视包括父母或者照看者未能够做到以下几点：

(1)提供足够的食物、衣服和住宿（包括将儿童从家中驱逐出去或者遗弃）；

(2)保护儿童免于身体上和精神上的伤害和危险；

(3)保护儿童获得充分的监管（包括不使用能力不足的照看者）；

(4)保护儿童获得合适的药物或治疗。

忽视也可能包括对儿童的基本情感需求不予理睬。

三、安全防护的管理

英国教育部要求管理机构和所有者必须依据《确保儿童在教育中的安全》这一指导文件去确保其学校或学院的政策、程序和培训是有效的，且在任何时候都不违反法律。

作为当地安全防护儿童委员会(Local Safeguarding Children Board，LSCB)建立的机构间安全防护程序的一部分，所有学校的管理机构和所有者应当确保其安全防护管理充分考虑到地方当局的程序和方法。英国 2004 年儿童法第 10 条要求地方当局作出安排，促进本身和相关合作伙伴以及其他参与儿童活动的相关组织之间的合作。2004 年儿童法第 14B 条规定 LSCB 可以要求学校或学院提供其功能信息，学校或学院必须配合。管理机构和所有者应当确保已有合适有效的儿童保护政策和员工行为规范。这两项须针对所有员工，包括临时工和志愿者。校长们应当确保政策和程序被管理机构和所有者所采纳，特别是关于涉嫌虐待和忽视的案件的，所有员工都必须遵守。

管理机构和所有者应当指定学校或学院的领导团队的一员来作为安全防护的领导者。这个人应当有一定的权威、时间、资金、培训、资源可以在儿童福利和儿童保护方面给其他工作人员提供建议和支持，并参与策略讨论和机构间的会议，可以有助于对儿童的评估。指派的安全防护方面的领导和地方政府应当保持联系，与其他机构一同合作。在出现任何对儿童造成直接严重伤害的风险时，必须立即将儿童移交给儿童社会福利机构，任何人都可以进行移交。指派的安全防护方面的领导每两年应该接受最新的儿童保护培训。校长和所有员工应当根据LSCB 的建议定期接受儿童保护培训。

作为提供全面平衡的课程的一部分，管理机构和所有者应当考虑怎样向儿童教授安全防护的知识（包括网络上）。

四、在人员招聘过程中的安全措施

英国教育部在《确保儿童在教育中的安全》中指出学校和学院应当营造安全招聘的文化氛围，安全的招聘程序有助于阻止、拒绝或者识别有可能虐待儿童的人。管理机构和所有者在决定未来雇员时应基于以下检查和证明：犯罪记录检查、禁止列表检查和禁令检查，以及推荐信和面试信息。当任命一个新员工时，学校和学院必须核实候选人的身份：在 DBS 网站上可以找到身份证明检查指南；参与常规活动的人员需获得加强的 DBS 检查证书，其中包含禁止列表信息；在 DBS 证书可信前，个人将要开始进行常规活动接受单独的禁止列表检查；核实候选人的精神和身体是否符合其工作职责。可以向求职者询问残疾或健康的相关问题以确定他们有能力胜任特定的工作角色；如果候选人生活或工作在国外，学校和学院可以实施更多的检查；合适的话核实候选人的专业资格。

雇主应当索取候选人之前工作经历的书面报告并检查信息是否矛盾或是否完整。所有入围的候选人在面试前需提供推荐信，这样他们出现了任何问题可以找推荐人解决。寻求推荐信的目的是获取客观真实的信息来支持录用的决定。推荐信应当确保所有的具体问题都已得到满意的回答。如果回答模棱两可的话，可以联系推荐人提供进一步的说明。问题的回答应与候选人提供的申请表上的信息保持一致。有任何关于申请人过去的纪律处分或指控的相关信息时，应当仔细考虑申请人是否适合该职位。

学校和学院必须拥有统一集中的记录，该记录必须覆盖所有在学校工作的员工。信息必须包括员工是否进行了以下检查：身份检查、禁止列表检查、加强版 DBS 检查、禁止教学检查、对生活或工作在国外的人员的进一步检查、专业证书检查、在英国的工作权利检查，并记录每个检查的完成日期或者证书获得的日期。学校应该记录志愿者的检查是在哪里进行的。学校和学院无需存有 DBS 证书的复印件去履行维持统一记录的义务。为了帮助学校和学院遵守数据保护法的要求，选择保留复本的学校和学院不得保留超过 6 个月，用来证明成功的候选人的身份、工作权利以及资格证书的文件复本应当留在人事档案中。

如果学校和学院担心现有工作人员与儿童在一起的合适性，应该实施与新员工类似的所有相关检查。同样的，如果工作人员从一个非常规工作的职位调到一个常规工作的职位，应当对其实施全部检查。

五、对老师或其他工作人员虐待的指控

英国教育部在《确保儿童在教育中的安全》中描述了如何对老师或其他工作人员的虐待行为进行指控。

　　首先，英国教育部对指控调查的结果的定义作出了如下的详细解释：

　　（1）证实的：有足够的证据来证明指控；

　　（2）恶意的：有足够的证据来反驳指控，并含有故意欺骗的行为；

　　（3）错误的：有足够的证据来反驳指控；

　　（4）未经证实的：没有足够的证据来证明或反驳指控，因此并不意味着有罪或无罪。

　　其次，英国教育部就指控教师或其他工作人员虐待儿童的程序进行了介绍。当校长是指控对象时，学校董事会主席、管理委员会主席或者独立学校的所有者应该就指控进行讨论。最初的讨论目的是让指派的官员和案件管理者了解指控的性质、内容和背景，并同意其采取行动。指派的官员要求案件管理者提供相关信息，如历史记录，其中包括儿童或者儿童监护人是否曾有过指控、被指控者近期是否与儿童有接触等。如果被指控者与儿童相处时存在直接危险，或曾有过犯罪记录，学校应让警方介入。若证据不足，案件管理者应该与指派的官员商量对策。最初的信息共享和评估可能导致不采取进一步行动的决定，这个决定以及决定的理由应当由案件管理者和指派的官员共同记录在案。案件管理者随后应当与指派的官员就个人和指控者考虑采取何种行动。

　　案件管理者咨询指派的官员后应当尽快通知被指控者关于指控的问题。案件管理者给他们提供足够的信息是极其重要的。但是，对策讨论是必需的，警察或儿童社会福利机构需要参与，案件管理者在咨询完这些机构后才能通知被指控者，并且就向被指控者披露何种信息达成一致。雇主必须仔细考虑案情是否证明被指控者需要被停职，或者作另外的安排直到指控的问题被解决。所有避免停职的选择应该优先于考虑停职。

　　如果有理由怀疑儿童正在遭受或者可能遭受明显的伤害，对策讨论应该遵守法定指导文件《共同维护儿童安全 2015》。如果指控是有关身体接触方面的，则需要警方考虑对策，必要时可使用武力。

　　最后，英国教育部详细说明了不同的指控结果会采取不同的处理方式。如果指控被证实，则被指控者被解雇或雇主停止使用其服务，则或被指控者辞职。指派的官员应当与案件管理者共同讨论学校和学院是否决定移交给 DBS，考虑列入禁止名单；案件中的教学人员是否移交给国家教学与领导学院，考虑禁止其教学。

　　如果一个指控未经证实，指派的官员应该将此事提交到儿童社会福利机构，以确定孩子是否需要帮助，或是否可能被其他人虐待。如果一个指控被证明是恶意的，校长或所有者应该考虑是否对制造事件的学生进行处分，或者是否需要警方介入。

　　当指控被证实，提出案件结论时，指派的官员应该与案件管理者审查案情并决定学校和学院是否需要改进制度来防止类似案件的发生。

六、总结

从上文可以看出，英国教育部在确保儿童在教育中的安全方面做了非常细致的指导，对涉及儿童安全问题的相关人员的角色做出了细致的职责安排，对各种行为做出了明确的界定，使相关工作人员在解决问题时可以遵照文件合理执行，在确保儿童安全方面动用各方面资源，并要求各方之间合作确保儿童安全能够实施到位。指导文件重点在于指导学校和学院的负责人以及教职员工、儿童社会福利机构在确保儿童安全方面应该采取的措施，并没有具体提到儿童如何实施自我保护以及遇到伤害应该采取的措施。在校园暴力案层出不穷的今日，英国在确保儿童安全方面的经验值得我国借鉴学习。

>> 第五节 《公立学校董事会的构成：针对公立学校和地方教育当局的法定指导》<<

董事会是英国公立学校管理的重要决策机构，为了更好地发挥董事会在公立学校管理和领导方面的作用，明确董事会管理的权限和义务，优化学校董事会的成员结构，2015 年 8 月，英国教育部发布了《公立学校董事会的构成：针对公立学校和地方教育当局的法定指导》（*The Constitution of Governing Bodies of Maintained Schools：Statutory Guidance for Governing Bodies of Maintained Schools and Local Authorities in England*）（以下简称"法定指导"）。"法定指导"适用于公立学校以及地方教育当局，这意味着董事会和地方教育当局在行使有关公立学校董事会的职责时，必须遵照该指导。

"法定指导"是针对《2012 学校董事会（章程）条例》《2012 学校董事会（联合）条例》以及《2014 学校董事会（章程和联邦）条例（修订版）》等文件的实施意见，规定了董事会的构成、规模、成员资格及其需要具备的技能，希望通过有效的管理，促进学校走向成功，并对董事会产生积极的影响。

一、董事会的构成

"法定指导"指出学校董事会的规模不宜过大，能够满足有效实施管理功能所需要的专业技能即可。董事会规模和结构的设定，能够使每一位成员积极发挥他们的技能和经验。

"法定指导"认为小而精的董事会更具凝聚力和活力，行动会更加果断。此外，董事会需要建立委员会，处理包括开除或违纪等事宜，但这一需要也不一定要建立一个大的董事会，根据《2003 学校董事会（合作）条例》的规定，为了某种特定的目的可以在董事会下设立委员会，并任命新的成员，但也可以与其他学校合作共同设立一个委员会，包含其他学校的董事会成员。

董事会应该定期自评管理的效能，包括评价董事会结构的优越性，思考联合董事会在管理多所学校时的优势。在联合董事会管理下，可以通过学校之间的比较，形成更具战略性的发展愿景和更严格的问责机制。

二、董事会成员的工作重点

"法定指导"指出，2012 年的董事会条例对每一类型的董事会成员的遴选标准做出了规定，此次并没有增加额外的标准，但是提出了一些董事会成员在行使其权力时应考虑的重点。

（1）董事会成员一旦当选，就必须为学生的最高利益而工作，而不是作为本选区的代表来影响学校的工作。

（2）董事会成员的工作主要是管理好学校，工作的重点必须关注核心功能，其中包括：提供战略性的领导，向校长问责，保证经费的有效使用等。所有董事会成员必须具备并不断提高管理的各项技能。

（3）董事会成员要与家长、教职工以及广大社区进行有意义的和有效的沟通，为了提升教育的价值和学生对未来的期望，董事会成员应该帮助学校与企业家和雇主建立联系。

（4）当有空缺要补充新成员时，一定要任命具有董事会所需技能的成员。在补充新成员时，考虑的首要重点是看其是否具备董事会所需要的相应的专业技能和背景。

三、董事会成员必备的技能

"法定指导"指出每个学校的董事会所面临的挑战是不同的，因此董事会在遴选成员时能够以自己的观点做出决定，选出具备董事会所需技能的成员。董事会应该对所需技能做出说明和解释，这可能包括个性因素、能力，如学习和提升新技能的能力和意愿等。

在工作过程中，所有董事会成员需要明确自身角色，促进学生成绩的提高，对遇到的问题和分析问题抱有好奇心，学习意愿强烈。因此，他们需要良好的人际沟通技能、语言文字水平和解读数据的能力。

经验表明，有效的董事会能够作为一个整体整合各种能力和专业背景，来分析成绩数据、进行预算、提升经费效率、进行绩效管理、招聘人员、处理不满情绪。所聘用的董事会成员能够有建设性地在委员会工作、主持会议和领导董事会。

董事会的责任是确定董事会成员接受相应的在职培训，并保证他们接受在职培训的基本需求。为此应该做出专门的经费预算。

四、董事会成员的遴选

关于董事会成员的遴选，"法定指导"指出董事会和地方教育当局在选择董事会成员时，应该努力秉承公开透明的原则，公布候选人的具体情况，最好的董事会一般会通过媒体公开发布如下招聘信息：

(1)董事会的功能和作用，为帮助新董事会成员履职向他们提供的入职和其他培训；

(2)对新成员的期望和要求，如任期、会议的频率以及培训的意愿；

(3)他们所应该具备的技能，以及他们如何面对新的挑战和帮助董事会更加有效。

"法定指导"指出，一个好的遴选机制能够给候选人提供一个充分表达自己想法的机会：

(1)表明自己具备董事会所期望的某种技能和能力的证据；

(2)表明自己为成为一名高效的成员而愿意掌握某种技能；

(3)如果是寻求连任，需要表明自己在前一任期中的工作和贡献情况；

(4)需要制订如何为董事会工作做出贡献的计划。

五、特点与总结

从"法定指导"所规定的内容来看，英国对公立学校董事会的要求有如下特点：

(一)小而精的规模

小规模的董事会更具活力和凝聚力，便于实施更多的决定。一旦在实施过程中发现错误，小规模的董事会比较容易发现，便于调整和修正。同时，小规模机构能够更紧密关注临时执行委员会产生的影响。

(二)重视效能评估

董事会重视效能的评估，当发现学校管理受阻时，根据发现的问题，对其进行适度的调整和优化，以适应未来的发展。同时，增加效能评估的可比性，统一校际管理体制，加强战略目标管理和问责。

(三)重视董事会成员的技能

关于人员招聘，强调了对候选人自身素质和经验的要求。例如，在工作中，致力于职业的可持续发展，提高自身的技能，弥补自身的不足。

(四)信息公开透明

董事会的信息要做到公开透明。一方面，董事会发布信息时，要选取最优媒介，并向社会公开。另一方面，董事会的招聘、评聘也要向社会公示。同时，还要求社区民众了解候选人的个人信息和背景。

(五)不限制董事会成员发展

如果候选人具备熟练技能和有足够的时间，能够有效服务多个董事会，他们的发展将不受限制。但是，候选人已经是其他学校的董事会成员时，董事会主席应该告知其他董事会，商谈候选人的技能是否能够正常、有效地服务其他机构。通常在极特殊情况下，才会出现能够有效服务两个以上机构的人员，这方面事宜应由任命机构自己做出决定。

>> 第六节 教师工资政策：《2015 学校教师工资标准和工作条件报告及法定指导》<<

自 2003 年起，英国教育部每年都发布关于学校教师工资体系实施办法的报告及法定指导文件。2015 年 9 月，英国教育部发布了《2015 学校教师工资标准和工作条件报告及法定指导》(*School Teachers' Pay and Conditions Document 2015 and Guidance on School Teachers' Pay and Conditions*，以下简称 STPCD 2015)①。文件主要包括两部分内容：(1)学校教师工资标准和工作条件的规定；(2)相应的法定指导。该文件适用于英格兰与威尔士地区的公立学校，于 2015 年 9 月 1 日起生效，要求地方教育局和学校董事会加以遵照执行。

一、公立学校教师工资标准和工作条件的规定

本文件对公立学校教师工资标准和工作条件的规定共包括以下七个方面：教师获得工资和津贴的权利、决议和申诉程序；学校领导职②的工资标准；任课教师的工资标准；任课教师的津贴和奖励标准；基本生活保障金；工资制度的相关补充；教师的合同框架。本节将重点介绍前四个方面。

(一)教师获得工资和津贴的权利、决议和申诉程序

截至 2015 年 9 月，国家工资框架中，从包含校长在内所有教师的工资水平

---

① Department for Education，School Teachers' Pay and Conditions Document 2015 and Guidance on School Teachers' Pay and Conditions [EB/OL]. https：//www.gov.uk/government/uploads/system/uploads/attachment _ data/file/451908/School-teachers _pay-and-conditions-document-2015. pdf，2016-08-13.

② 学校领导职人员(leadership group members)，包括校长、副校长和校长助理。

来看，最低工资和最高工资比 2014 年增加了 1%，但有两个例外——普通教师[1]的最高工资增加了 2%，学校领导职的最高工资没有增长。按照 STPCD 2015 的规定，所有学校任课教师和学校领导职的工资必须达到最低工资标准，学校董事会应按照国家工资结构的增长标准提高本校教师工资，并规定了教师的权利、申诉和决议程序：

合格教师、准资格教师[2]、兼职教师只要履行了专业职责，就有权获得工资和津贴。相关机构（地方教育局和学校董事会）在制定工资制度时，必须确定教师工资的确切数额和发放日期，并根据 ACAS[3] 有关准则，建立教师工资申诉的有关程序。

（二）学校领导职的工资标准

1. 学校领导职工资标准

校长工资标准的确定应以学校学生人数为基准，对不同性质和不同阶段的学生按照不同的权重进行学生单位总数的计算，根据计算结果确定校长的等级，进而根据等级确定相应的校长工资标准。

表 3-1 2015 年英格兰和威尔士地区公立学校领导职的年度法定工资标准

	英格兰和威尔士（不含伦敦）	内伦敦地区	外伦敦地区	伦敦郊区
最低（£[4]）	38598	45891	41660	39660
最高（£）	107210	114437	110243	108271

表 3-2 学校领导职等级划分标准和相应工资分布（单位：英镑）

级数	学生单位加权总数	英格兰和威尔士（不含伦敦）	内伦敦地区	外伦敦地区	伦敦郊区
1	0～1000	43665～58096	50966～65324	46727～61131	44733～59151
2	1001～2200	45876～62521	53177～69750	48939～65557	46939～63585
3	2201～3500	49481～67290	56776～74518	52540～70321	50544～68350
4	3501～5000	53180～72419	60479～79642	56238～75450	54247～73474
5	5001～7500	58677～79872	65978～87101	61743～82908	59743～80932
6	7501～11000	63147～88102	70448～95330	66213～91134	64221～89162

---

① 普通教师即指普通的合格教师（通过教师资格考试），为教师群体的主要组成部分。

② 准资格教师（unqualified teachers）即已经过教师教育或教师培训但尚未获得教师资格认证的任课教师。

③ （英国）咨询调解和仲裁局（Advisory，Conciliation and Arbitration Service，ACAS）。

④ £是英镑的货币符号，1 英镑＝8.8367 元人民币，2016-09-15.

（续表）

级数	学生单位加权总数	英格兰和威尔士（不含伦敦）	内伦敦地区	外伦敦地区	伦敦郊区
7	11001～17000	67963～97128	75264～104353	71025～100159	69034～98182
8	17001 及以上	74958～107210	82256～114437	78021～110243	76022～108271

学校领导职按照对学校学生人数的单位加权比重计算出的总数[1]进行等级划分，共分为 8 级。

表 3-3　普通学校各学段每位学生的加权

关键阶段[2]（以下简称 KS）	普通学校每位学生的加权
保育阶段和 KS1、KS2 阶段	7
KS3 阶段	9
KS4 阶段	11
KS5 阶段	13

表 3-4　特殊学校各学段每位学生的加权

关键阶段（以下简称 KS）	特殊学校每位学生的加权
保育阶段和 KS1、KS2 阶段	10
KS3 阶段	12
KS4 阶段	14
KS5 阶段	16

例如，一所普通公立小学 KS1 的学生为 100 人，KS2 的学生为 200 人，根据表 3-3，KS1 和 KS2 阶段每位学生单位权重均为 7，则学生单位加权总数为 $100×7+200×7=2100$，根据表 3-2，2100 属于第二等级，即该学校的学校领导职人员工资水平应对应第二等级下各个地区的工资标准。

若这所学校为特殊公立小学，学级和学生人数不变，根据表 3-4，特殊学校 KS1 和 KS2 阶段每位学生单位权重均为 10，则学生单位加权总数为 $100×10+200×10=3000$，根据表 3-2，3000 属于第三等级，即该学校的学校领导职人员工资水平应对应第三等级下各个地区的工资标准。

---

[1]　不同类型和学级的学校学生单位的加权也不相同。

[2]　关键阶段（KS，Key Stage）是英国公立学校系统对各年龄阶段学生知识学习预期的安排。共有五个关键阶段：KS1：1～2 年级，5～7 岁；KS2：3～6 年级，7～11 岁；KS3：7～9 年级，11～14 岁；KS4：10～11 年级，14～16 岁；KS5（又称第六学级）：12～13 年级，16～18 岁。

2. 学校领导职工资标准的制定依据

相关机构根据学校领导职中的特定职位长期承担的职责、面临的具体挑战及其他相关注意事项，确定合适的工资水平。对新任命的学校领导职人员，相关机构可根据这个职位的要求和候选人达到要求的程度，设定相关的最低工资标准。同时，相关机构必须确保随着业绩进步留有相应的工资增长空间。

学校领导职工资标准一般不超过规定的最高值，除非相关机构出于某些特殊的职位要求或特殊情况使然，需给予其高于一般水平的工资。若相关机构确定的工资标准超过了该文件规定的最高值，须重新评估并确定学校领导职工资标准。除去特殊情况，相关机构必须确保学校领导职人员的工资加上任何额外酬劳（临时职责工资）的总额不超过规定的学校领导职工资最大值的25％；特殊情况下，在达成此类决议之前，校董事会必须寻求外部独立意见，以为其决策提供相应的科学依据和支持。

3. 学校领导职工资增长的规定

相关机构必须考虑每年是否增加已完成一年任期的学校领导职人员工资，并按照相关标准执行。

（1）决定是否增加工资与个人绩效有关，若按照最新的评估结果，学校领导职人员有持续的高绩效、达到学校规定的目标，应适当地提高工资。同时也需根据《英格兰2012年规章》（*The 2012 Regulations in England*）或《威尔士2011年规章》（*The 2011 Regulations in Wales*）对地方教育局和学校的评估结果进行确定。

（2）在决定是否增加工资时，相关机构必须寻求与个人达成一致，综合学校领导与管理、学生进步等多方面的绩效因素进行评估，且关于工资的决议必须清晰地表明与个人业绩密切相关。

（3）如个人有关于工资的意见和建议，应以书面形式作为个人评估报告的一部分提出，相关机构在作决议时必须考虑此项建议。

（三）任课教师的工资标准

任课教师的工资标准涉及以下几个方面：四类教师群体的工资标准及要求、准资格教师成为合格教师的工资变化、绩效工资制的实行标准（工资增长与业绩的挂钩）。

1. 四类教师群体的工资标准及要求

教师群体的工资标准分为四类：合格教师的基本工资；合格教师的进阶工资（upper pay range）；教学领导（leading practitioner）的工资标准；准资格教师的工资标准。

（1）自2015年9月1日起，合格教师的基本工资标准如下。

表 3-5　合格教师基本工资标准

	英格兰和威尔士（不含伦敦）	内伦敦地区	外伦敦地区	伦敦郊区
最低（£）	22244	27819	25880	23313
最高（£）	32831	37862	36540	33909

（2）自 2015 年 9 月 1 日起，合格教师的进阶工资水平必须在相关机构设定内，合格教师的进阶工资标准如下。

表 3-6　合格教师进阶工资标准

	英格兰和威尔士（不含伦敦）	内伦敦地区	外伦敦地区	伦敦郊区
最低（£）	35218	42756	38739	36287
最高（£）	37871	46365	41660	38941

若教师满足以下条件，相关机构必须（must）按照合格教师的进阶工资标准进行支付：教师作为合格职员受雇于学校，尽职尽责，恪尽职守，几乎没有休息间隙；教师根据相关规定申请较高工资标准，符合要求并继续努力工作，几乎没有休息间隙；作为学校领导职人员的教师，在持续一年及以上的雇用期间没有休息间隙。

若教师满足以下条件，相关机构可以（may）按照合格教师的进阶工资标准进行支付：教师被定义为"资深教师"（post-threshold teacher），但是没有作为资深教师在其学校受雇，或者在他们持续工作却没有休息间隙之前，要以资深教师的待遇受雇；教师根据规定申请另一所学校的较高工资标准并且申请成功；教师被正式作为高级教师①发放工资。对于一个未受聘的教师而言，提前得到了进阶工资待遇（在一个教育机构或者地方教育当局），那么申请也就成功了。

合格教师进阶工资标准的申请与支付要求如下：

学校的工资制度中每年至少应有一次申请机会。相关机构应评估所有接收到的申请并做出决定，并在符合他们的工资制度的基础上，决定教师是否符合第（2）条中的标准。若教师受到《英格兰 2012 年规章》或《威尔士 2011 年规章》的限制，则相关机构应在规章的要求下在教师评估报告中提出评估和建议。

若一位合格教师在所有相关标准方面高度称职，对于学生的教育成就的提升

---

①　英国学校各级各类教师包括：新入职教师（Newly Qualified Teacher）、合格教师（Qualified Teacher Status）、校长（Headteachers）、优秀教师（Excellent Teachers）、高级技能教师（Advanced Skills Teachers）或教学领导（Leading Practitioner）、普通合格教师（Teachers on the Main Scale）和准资格教师（Unqualified Teachers）等。

贡献很大，就可以获得晋级。

（3）自 2015 年 9 月 1 日起，教学领导的工资标准如下。

表 3-7 教学领导工资标准

	英格兰和威尔士（不含伦敦）	内伦敦地区	外伦敦地区	伦敦郊区
最低（£）	38598	45891	41660	39660
最高（£）	58677	65978	61743	59743

（4）自 2015 年 9 月 1 日起，准资格教师的工资标准如下。

表 3-8 准资格教师工资标准

	英格兰和威尔士（不含伦敦）	内伦敦地区	外伦敦地区	伦敦郊区
最低（£）	16298	20496	19359	17368
最高（£）	25776	29970	28841	26843

2. 准资格教师成为合格教师的工资变化

准资格教师获得教师资格后，应将其薪酬调整为普通合格教师（主要教师群体）的工资标准。当准资格教师在获得教师资格后继续被同一所学校聘任，经相关机构认定合理后，所得工资应等于或高于准资格教师工资水平，并按规定发放津贴及保障金。且按照规定，相关机构在准资格教师成为合格教师之后应给予其一笔额外的补贴款项。

3. 绩效工资制

（1）相关机构必须考虑每年是否给已完成一年任期的教师增加工资，如果确定增加，则工资应在所规定的范围内提高。

（2）相关机构必须依据以下规定确定如何提高工资。

按照《英格兰 2012 年规章》或《威尔士 2011 年规章》，学校和地方教育局对教师的表现进行评价，以确定是否增加其薪酬。

相关建议必须以书面形式作为教师评估报告的一部分提出，相关机构必须对此建议予以考虑；工资水平必须清晰地表明是根据教师的绩效表现确定的。

校长有权决定任课教师或不具备资格的教师若有持续的出色业绩，可以在相应工资段内予以提高；应从教师的能力提高方面考虑，做出增加工资的决定。

（四）任课教师的津贴和奖励标准

任课教师的津贴和奖励标准主要包括以下几个方面：教学领导（TLR，Teaching and Learning Responsibility）岗位的奖励、特殊教育需求（SEN，Special Educational Needs）津贴、准资格教师的津贴、代理事务的津贴、临时借调教师

(Seconded Teachers)的绩效津贴、住宅税、额外津贴、招聘和留住人才的激励和福利、教育劳动委员会(Education Workforce Council)的费用津贴、放弃部分工资的实物福利(salary sacrifice arrangement)、伦敦特许教师(Chartered London Teacher，CLT)[①]的津贴等。

1. 教学领导岗位的奖励

(1)相关机构为勉励任课教师承担持续的额外职责，确保教师延续高质量的教学和学习，可做出奖励 TLR 的决定。该项奖励要求教师仍在与之前一样的岗位上，或者接替了一项空缺职位，并按照相应标准执行。只有合格教师才有资格获得此奖励，准资格教师不允许获得 TLR 奖励。在奖励任何 TLR 酬劳之前，相关机构必须确认教师的职责包括一些并不是所有任课教师都尽到的责任：专注于教与学；具备教师专业技能和专业评价的训练；领导、管理和开发一个学科或者课程领域，或领导和管理学生的整个课程；除了指派的班级和学生任务，还对学生群体的发展产生了影响；领导、发展和加强其他人员的教学实践。

(2)在决定授予 TLR 后，相关机构必须确定 TLR 的奖励等级，根据其工资制度衡量奖励力度：

TLR1 每年的额度不应低于 7546 英镑，不应高于 12770 英镑；TLR2 每年的额度不应低于 2613 英镑，不应高于 6386 英镑。

(3)相关机构可以对负责有明确时间规定的学校改进项目或者担负一次性外部驱动职责的教师进行 TLR3 的奖励。TLR3 每年的额度不应低于 517 英镑，不应高于 2577 英镑。这种持续的固定期限必须在一开始就建立起完善的机制，在这期间以月为单位支付该奖励。尽管教师不能同时获取 TLR1 和 TLR2，但是在获得 TLR1 或 TLR2 的同时亦可以获得 TLR3。

2. 特殊教育需求津贴

特殊教育岗位上的教师津贴每年不应低于 2064 英镑，不应高于 4075 英镑。在如下情况中，相关机构必须为任课教师提供 SEN 津贴：在要求强制性 SEN 资格证和教学对象中包括 SEN 学生的任何 SEN 职位上；在特殊教育学校任职；教师被指定在特殊班级或者作为独立教师在地方教育局的特殊教育部门任职和提供服务；在任何非指定的背景下类似于指派到一个特殊班级或部门，包括涉及特殊学生的实质性工作；教师拥有关于特殊儿童教育的专业技能和专业评价能力；在教授特殊儿童时比起普通教师对这类教师有更高层次的要求。

---

① 伦敦特许教师制度为伦敦中等教育改革策略之一，该制度对那些具有较高专业水平的教师授予"伦敦特许教师"的称号，并相应提高他们的平台与水平。教育部门负责制定的入选标准包括教学和科研水平，对学校事务的参与程度，与学生的交流水平，对不同文化的熟悉程度以及满足学生个性化需求的能力，等等。

相关机构必须在安排工资制度的伊始就将赋予 SEN 职责的任课教师纳入考虑因素中去。

3. 准资格教师的津贴

相关机构可以根据其对工资结构的考虑，决定准资格教师的额外津贴，这些教师须承担持续的额外职责如专注于教与学，并具备教师专业技能和专业评价的训练，或者其资历和工作经验为其所在职位增加了更多价值。

4. 代理事务的津贴

当教师被指派承担校长、代理校长或校长助理的职责，但并没有被任命为校长、代理校长或校长助理时，相关机构必须在指派期间的前四周决定是否要按照以下规定支付津贴。

如果相关机构的决定是不付给代理事务的津贴，但是教师继续被指派承担相关职责且不被任命，相关机构可以在任何时候改变其决定，以确定是否发放津贴。

如果相关机构决定教师必须获得津贴，则必须确保教师获得的津贴和工资水平与相关机构制定的标准相一致。

当教师被指派承担校长、代理校长或校长助理的职责，而这些职责的工资标准已经确定时，则若付教师酬劳，最终所获的津贴不能低于该项标准的最低额。

相关机构确定教师可以在接手校长、代理校长或校长助理的职责的当天或几天后开始计酬。

当教师被长期指派，并按照本条款在一个非常长的时期都获得该项津贴，那么根据规定应与教师签订有关合同。

5. 临时借调教师的绩效津贴

当教师短暂地借调到一所学校的校长岗位时，学校的相关机构要考虑在借调期间根据该教师的品行能力给予其额外的薪酬，以保持其高质量的业绩。相关机构可以据此支付教师一笔津贴。根据规定，在借调期间，额外的津贴和每年的工资以及其他支付给教师的总和不应超过学校领导职工资标准最大值的 25%。

6. 住宅税

教师的住宅税须由相关机构来决定。

7. 额外津贴

涉及以下四个方面，相关机构可以向除了校长以外其认为合适的教师支付额外津贴：

(1)在学校日之外的时间承担持续的专业发展；

(2)参与有关本校教师职前培训的活动；

(3)参与有关教师和校长的校外学习进修活动；

(4)参与有关提高一所学校或多所学校的教育标准的相关服务。

8. 招聘和留住人才的激励和福利

(1)当教师未受正式聘任的时候，地方教育局可以向新教师或在岗教师提供工资或者财政资助以作为激励和留住人才的途径。

(2)当相关机构做出一项工资或财政资助的决定时，相关机构或地方教育局应该在一开始搞清楚这类激励和福利的期限，以及可能被撤销的日期。

(3)校长、代理校长或校长助理可能按照有关规定获得激励和福利，其中不包括住房和搬迁的费用。关于其他的聘任和留任的考虑，津贴必须确定包括非货币形式福利的工资标准。

9. 教育劳动委员会的费用津贴

凡已在教育劳动委员会注册的教师，考虑到年度的注册费用，相关机构必须向每位教师提供每年 33 英镑的津贴，以让他们支付此项费用。

10. 放弃部分工资的实物福利

就本条的目的而言，"放弃部分工资"这一词条意味着教师放弃其获得总工资中部分工资的权利，相关机构提供如下方案中的实物福利(免去所得税)：儿童护理券或者其他儿童保健福利方案；一辆自行车或自行车安全设备的方案；一部手机的方案。若相关机构执行这样的放弃部分工资方案，教师在参与这项安排的过程中工资总额可能有所减少。需注意的是，教师参与任何这样的放弃部分工资方案，不对本文件中任何关于教师保障方面的规定产生影响。

11. 伦敦特许教师的津贴

根据学校教师审查机构报告中的建议，伦敦特许教师计划的注册于 2014 年 9 月 1 日关闭。教师应在这个日期或之前向学校递交申请，从 2014 年 9 月 1 日起两年内生效(到 2016 年 9 月 1 日)。一个合格教师根据有关要求，每学年有一次申请 CLT 职位的机会。

CLT 的要求包括：

(1)教师须拥有不少于四年的在大学(academy)、城市技术学院(city technology college)或艺术学院(city college for the technology of the arts)、非公立特殊学校(non-maintained special school)、内伦敦或外伦敦的教育当局或管理机构的工作经验。

(2)符合"资深教师"的标准，或者依据更早的文件属于工作技能较高的教师或极其优秀的教师。

(3)除非申请人是一位未受聘任的教师或是一位校长，否则相关机构必须委托其他机构对其申请进行评估。

(4)申请者必须按照伦敦特许教师标准(原文件附录 2，略)接受评估，如果确定申请者符合其中的所有标准，相关机构须基于申请者的 CLT 职位于同一学年内一次性支付申请者 1000 英镑的津贴。

二、有关公立学校教师工资的法定指导

在法定指导中，该文件对教师工资制度、反歧视原则、学校领导职工资、高级教师工资、独立教师工资、兼职教师、津贴与其他酬劳(TLR/SEN/CHI)、额外费用(持续专业发展、职前教师培训、服务、校外学习活动)、招聘与留任的激励机制与福利、保障金、工作时间均作出了相关的说明与指导。

(一)对教师工资制度的法定指导

所有的相关机构——包括地方教育局和学校董事会，对包括独立教师在内的所有老师都必须对应与之相称的工资制度，且与奖励政策相关联。工资制度和奖励政策应每年审查，并应将最新的国家框架和法令变更或人员结构的变化考虑在内。在制定政策及作出调整时应与教师以及工会代表进行商定。教师应能及时拿到相关机构工资制度的文本。

当制定每年的工资决议时，对于那些获得工资标准最低值的教师们而言，相关机构必须将他们的工资水平提高1%，必须将本文件有关个人工资标准的条例纳入考虑范畴，并决定如何做出提高个人工资水平的决定，优化国家整体的工资框架。尤其是对于那些在2014年已经拿到普通教师工资标准最高值的教师，相关机构可以考虑增加2%的工资；当工资决议使教师拿到2014年主要工资标准的最高值，相关机构可以考虑继续为其增加2%的工资；对于已经获得工资标准中最高值的学校领导职人员，相关机构不得再增加任何年度奖励。

工资制度的制定必须符合所有反歧视法令的要求，因此相关机构必须遵从以下法令：《就业关系法》(*The Employment Relations Act 1999*)，《平等法》(*The Equality Act 2010*)和《兼职工作者——预防歧视性待遇法》[*The Part-time Workers (Prevention of Less Favourable Treatment) Regulations 2000&2002*]。

制定工资制度时必须涵盖所有必要的细节，以便于个人理解和定期的审查。教师保留上诉权，且上诉不影响教师的法定就业权利。有关工资问题的申诉程序可在英国教育部网站中的"完善学校工资支付方案"(Implementing Your School's Approach to Pay)中找到。

(二)对学校领导职工资的法定指导

相关机构必须确保学校领导职的工资决策过程的公正透明。对决策的理由应有一个适当的记录(包括任何临时的款项决策)。

相关机构必须指定一所学校的领导人员，并确定相应的工资水平。当其打算任命一名新校长时，如有必要更换校长(包括校长负责学校联盟中的多所学校)，同样也要重新确定校长的工资水平。如果该职位的职责发生了重大变动，则可在任何时候对校长的工资水平进行决议。如果相关机构要重新决定一个新任校长的

工资水平，则应进行独立的考评和决议。

副校长和校长助理的工资水平：当相关机构打算任命一名新的副校长或校长助理，或者在任副校长或校长助理的职责发生了重大的变动时，则必须将该职位的职责和相应的挑战以及能否胜任该职位考虑在内。

应同时考虑承担了额外学校领导职责的教师的工资，并有所记录。工资的增长应该与校长职位（而不是教师）的额外职责的增加相对应。

（1）对校长工资限额的规定。

相关机构应该对校长的整体角色和任何附加于该职位的职责有宏观的把握，应保证相关机构可以对校长合理的工资水平以及代替校长职责的教师工资水平做出完全明智的决定。

根据相应年份学校领导职工资标准的最大值，若现领导工资超出最大值的25％，不论是就全部的工资数目还是就临时工资而言，都应该完全单独列出来。如果全部的特殊情况都被视为超出了该限度，相关机构必须将此工资案例作为一个个案向董事会进行申报。由董事会寻求外部的合适的人或机构的独立意见。在董事会做出该个案的决定之前，要确保这些外部的人或机构能够考虑到该文件的所有条款，确定他们将校长的工资和董事会后来的建议纳入其中，并保证对董事会意见的执行情况进行持续的审查追踪。同时，董事会所作的决定都应有完整和准确的记录。

关于住宅税，根据校长获得相应职位工资的规定，总额度不应超过最高值的25％。当校长放弃部分工资后，得到的是非货币形式的福利，那么其货币价值同样不应超过最高值的25％。

（2）对校长暂时负责多所学校的规定。

一所学校的校长职位有时可能出现空缺，并且也不太可能指派该学校的副校长或其他教职员工代替校长的职位，那么便可以指派其他学校的校长在负责其本学校的事务的同时管理该学校的事务。

该角色可以被视作暂时的代理校长，直至出现了长期校长的安排或一些其他的安排，如合并学校或建立联盟。这些临时安排应该是有时效性的，并要定期进行审查，最长期限不应超过两年。

所有有关校长工作量的问题以及作为临时安排的其他职员的额外职责应该纳入相关机构综合考虑的范围内。

（3）对学校提供额外服务的规定。

地方教育局应为草拟的地方规划负责。作为这些规划的一部分，他们可以选择一所学校询问校长和董事会是否愿意为该地区的儿童和青年提供额外的服务。如果校长和董事会同意，那么相关机构就有将该因素纳入其工资水平决议中的自由裁量权。当然这也不是随意的，而是根据所承担额外职责的记录，相应地增加其工资。

无论如何，当校长对与该学校有合作关系的学校的服务质量有兴趣，比如成立一个帮助一所或多所没有相关服务的学校的学生的言语障碍矫正中心，尽管学校不负责该项服务，但这也是校长的核心职责，所以不应将该项考虑进校长工资水平的设定。

（4）对学校领导职人员定期合同的规定。

相关机构可以根据学校的情况在定期合同的基础上任命校长。在制定合同的时候相关机构须考虑其工资框架，以及如何在短期或长期的时间段内评价客体绩效。

相关机构应确保根据有关标准、记录在案的近期评估报告对学校领导职人员的表现进行评估。若其成员没有遵守《英格兰2012年规章》或《威尔士2011年规章》，则应该根据有关规定进行审查。

（三）对任课教师工资的法定指导

（1）对进阶工资标准的指导。

按照前文较高教师工资标准的规定，当教师满足以下条件时董事会可以执行进阶工资标准：该教师应在所有的标准下都具备极强的竞争力；该教师对教育事业所做出的成就与贡献应是重要且持久的。学校应明晰他们工资制度中相关标准的阐述与应考虑的依据。

（2）对教学领导工资的指导。

对于有志成为教学技能先锋的模范教师，学校可自行安排，提供给他们教学领导的岗位。此类岗位没有国家标准。学校可以根据自身的空缺岗位任命教师，使他们代表最高水平的教学能力，并致力于提高整体的教学技能。

（3）对独立教师工资的指导。

地方教育局在决定独立教师的工资时应考虑他们的工资制度和人员结构。地方教育局也应该因此对独立教师进行工资制度的保障和人员结构的定期更新。

三、结语

从该文件可以看出，英国教育部对英格兰和威尔士地区公立学校的各级各类教师工资标准、津贴奖励、保障金、合同框架都做出了明确和详细的规定，并给出了相应指导，在其附录中还给出了英格兰和威尔士地区的教师标准、伦敦特许教师的标准和该文件的相关声明。虽然关于英国教师工资低、教师流失严重的话题在英国国内饱受议论，但从该文件来看，英国教师工资制度还是较为完善的，其对于各项津贴、奖励、保障金及合同框架的详细规定保障了教师工资体系的科学性和系统性，为教师提供了较完善的制度保障，不乏许多值得我国借鉴的地方，包括：

（1）校长的工资标准：根据学校规模、性质、学级等综合因素通过科学的计算公式制定校长的工资标准。

(2)任课教师的工资标准：根据教师的资格、职称、绩效确定其工资标准。

(3)津贴和保障金方面：支持教师的专业发展，为其提供培训和学习机会，并予以相应补贴；对特殊教育教师、临时借调教师、伦敦特许教师的津贴标准均进行明确而详细的规定；对各种情况下保障金的发放也进行了梳理，有利于教师权益得到保障，稳固教师队伍。

(4)从职责与权利两方面对教师的合同框架与内容进行详细规定，既对教师形成约束力，又能够充分保障教师权益。

>> 第七节　英国《教师职业不端行为惩戒程序》<<

教师不仅肩负着向下一代传授知识的使命，同时对学生的人格发展、身心健康具有重要影响，具有不良行为的人是绝对不能担当教师这个神圣职业的。英国一方面严格对教师不良行为的惩戒，净化教师队伍，另一方面为了保护教师的合法权益和声望，依法依规对教师的不良行为进行认定和惩戒。为此，英国教育部于 2015 年 2 月发布《教师职业不端行为惩戒程序》(*Teacher Misconduct：Disciplinary Procedures for the Teaching Profession*，以下简称《惩戒程序》)①。

关于哪些行为属于教师不端行为，在 2015 年 10 月发布的《教师行为不端：教师停职令》(*Teacher Misconduct：the Prohibition of Teachers*)②中有所规定。教师职业行为不端主要有以下几类：(1)暴力行为；(2)恐怖主义行为；(3)涉及性别、种族和宗教的偏激和仇恨行为；(4)欺骗或是严重的不诚实行为；(5)各种偷窃行为；(6)藏有未被允许的禁药；(7)提供任何类目下的违法违禁物品；(8)与学生的性行为；(9)纵火等严重刑事罪行；(10)涉及驾车的违规行为，尤其是和药物与酒驾相关的；(11)涉及酒精的严重罪行；(12)涉及赌博的严重罪行；(13)违法持有枪支、刀具或是其他武器；(14)任何关于观看、拍摄、制作、持有、传播或是出版不正当的儿童照片及影片的行为。

而《惩戒程序》的发布主要是为了创建更加完善的教师监察制度，按照一定的法律程序来执行对教师不端行为的惩戒。

---

①　Department for Education，Teacher Misconduct：Disciplinary Procedures for the Teaching Profession[EB/OL]. https：//www. gov. uk/government/uploads/system/uploads/attachment _ data/file/541048/Disciplinary-Procedures _ - _ updated _ July _ 2016. pdf，2016-07-27.

②　Department for Education，Teacher Misconduct：The Prohibition of Teachers ［EB/OL］. https：//www. gov. uk/government/uploads/system/uploads/attachment _ data/file/495028/Teacher _ Misconduct _ The _ Prohibition _ of _ Teachers _ advice _ updated _ 26 _ Jan _ 2016. pdf，2015-10-31.

在整个教师职业不端行为惩戒程序中，作为教育部独立执行机构的国家学校领导学院（National College for School Leadership，NCSL）代表国务大臣（Secretary of State）按《惩戒程序》要求予以执行。《惩戒程序》的面向对象是教师、听证会证人、教师的雇主或是代理机构以及那些想举报教师职业不端行为的公众，帮助他们理解在各个阶段的程序。

教师职业不端行为惩戒程序主要有四个阶段，分别是举报阶段、调查阶段、听证会阶段以及复审阶段，其中最重要和最复杂的阶段是调查阶段和听证会阶段。整个教师职业不端行为惩戒程序的简要流程如表3-9所示。

表 3-9　教师职业不端行为惩戒程序简要流程

阶段	步骤	备注
举报阶段	接受举报	接受来自教师雇主、警察、检举和维护服务局（Disclosure and Barring Service，DBS）以及其他各种社会监管部门和公众的举报
	核查身份	被举报教师需要符合以下两点，国家学校领导学院才会采取下一步措施：一是被举报者是英国境内的教师；二是犯下严重的职业不端行为
	程度界定	界定被举报教师职业不端行为是属于"无法容忍的职业行为，或是犯下了使教师行业蒙羞的职业行为，或是严重到犯罪的程度"这三种中的哪一种
	下达"临时停职令"	"临时停职令"（Interim Prohibition Order，IPO）是禁止一位教师在其案件有最终的完整结果之前继续从事教学活动的停职令。在对教师下达"临时停职令"之后，国家学校领导学院正式进入对案件的调查阶段
调查阶段	通知调查开始	通过书面形式通知被举报教师、被举报教师的雇主或是代理机构，以及举报者
	分析相关资料	在综合相关标准要求、从当事人和证人处获得的信息以及征求教育学、医学或法学领域的专家意见的基础上，对相关证据和资料进行分析
	做出调查决定	做出是否需要召开听证会的决定
	通知调查结果	国家学校领导学院向被举报教师发出书面通知，告知被举报教师国家学校领导学院将召开一个听证会，调查其不端行为
听证会阶段	组建听证会委员会	听证会委员会主要由两部分成员组成：一是常规成员，二是法律顾问
	发布《进程通知》	国家学校领导学院将任命讲解官员（Presenting Officer）与听证会委员会交接，确定听证会时间、地点等细节并通知相关人员
	回复《进程通知》	被举报教师在三周之内予以书面回复，回答特定问题
	召开听证会	听证会委员会主席全权主持听证会的召开，掌控各个步骤的进行
	听证会判决	听证会委员会成员综合考虑现有一切证据、减罪情节等作出判决，决定是否给被举报教师下达"停职令"
	通知听证会判决	国家学校领导学院的高级官员代表国务大臣正式下达"停职令"，这一通知会在两个工作日内以书面形式下发给教师并开始生效，同时被公布在英国政府网站上

（续表）

阶段	步骤	备注
复审阶段	教师上诉	自"停职令"生效起二十八个日历日之内，被下达"停职令"的教师可以向最高法院提出上诉
	召开听证会	除了听证会委员会的成员以外，这一重审听证会的一切流程和标准都和之前讨论是否该下达"停职令"的听证会完全相同
	听证会判决	国务大臣将委派一位国家学校领导学院的高级官员作为这一事件的决策者，决定是否接受撤回针对该教师的"停职令"的建议

一、举报阶段

（一）举报初始阶段

国家学校领导学院接受来自教师雇主、警察、检举和维护服务局①以及其他各种社会监管部门和公众的举报。在确认举报之时一切其他和解的办法已经不起作用，国家学校领导学院正式接受举报。接受举报之后，国家学校领导学院会核查被举报者的身份，以确认两个事实：一是被举报者是否是英国境内的教师；二是其是否犯下严重的职业行为不端。这意味着如果教师从未在英国境内教学因此国务大臣不具备对其的司法管辖权或者是职业素养不足而无法胜任教师一职，即使举报，国家学校领导学院也将不予受理。

（二）程度界定

一旦核实了教师是犯下严重的职业不端行为的英国境内教师，国家学校领导学院将接受举报，而后对职业不端行为进行界定，判断该教师的职业不端行为是属于"无法容忍的职业行为，或是犯下了使教师行业蒙羞的职业行为，或是严重到犯罪的程度"这三种中的哪一种②。这一程度界定阶段最主要的任务是根据行为不端的严重程度，考虑是否给该教师下达"临时停职令"。"临时停职令"是禁止一位教师在其案件有最终的完整结果之前继续从事教学活动的停职令。

如果国家学校领导学院认为该不端行为极其严重，并在衡量了公众利益和该教师个人利益以及考虑到下达"临时停职令"可能产生的后果之后，认为有必要对教师下达"临时停职令"，那么该教师就会在调查和听证会开始前收到"临时停职令"，在

---

① 检举和维护服务局是由英国内政部（Home Office）资助，独立于内阁部会之外的非部会组织公共机构（non-departmental public body），它不以传统的行政机关组织形式来提供公共服务。它代替了原有的犯罪记录局（Criminal Records Bureau，CRB）和独立安保局（Independent Safeguarding Authority，ISA），旨在帮助劳动雇主雇用到合适的人才，并且保证那些不适宜某项工作的人群不会从事那些涉及包括儿童在内的弱势群体的工作。

② 对于教师不端行为进行类别界定要求参考教育部官方建议《教师行为不端：教师停职令》中的细致定义。

"临时停职令"解除前不可以继续从事教学活动。这是在整个流程中首次考虑是否给该教师下达"临时停职令"的节点。总体来讲，如果国家学校领导学院在此时决定不下达"临时停职令"，那么整个案件到此结束，不再采取任何行动；如果国家学校领导学院在此时决定下达"临时停职令"，那么将进一步进入调查阶段。

另外，在对教师不端行为界定中有一种特例情况：如果该教师同时涉及职业不端行为以及安全问题（如有伤害学生的可能性或是产生了实质的伤害行为），那么国家学校领导学院会将一切相关资料提交给检举和维护服务局，检举和维护服务局也会展开一个平行调查。

（三）下达"临时停职令"

在对教师的职业行为不端行为进行界定，认定其严重性之后，国家学校领导学院会给该教师下达"临时停职令"，关于下达"临时停职令"的程序如下。

首先，通知下达"临时停职令"。国家学校领导学院要在三个工作日内决定是否下达这一停职令，一旦决定下达，国家学校领导学院首先要在一个工作日内向该教师寄去通知信，该通知信要告知教师他/她将可能会被下达"临时停职令"，并且列举促使国家学校领导学院下达这一命令的证据，同时要求教师针对指控写一封回复信以及提供希望被考量的其他证据为自己辩驳。

然后教师回复"临时停职令"。教师应当在七个日历日之内向国家学校领导学院确认国家学校领导学院是否已经收到回复信，否则邮寄的纸质的信件在其寄出的第四天被自动认定为已被国家学校领导学院签收；发送的电子版的信件在其发送出的第二天被自动认定为已被国家学校领导学院接收；当面送达的信件则在当天被自动认定为已被国家学校领导学院接收。如果国家学校领导学院没有收到教师的回复信或是教师没有提供新的证据，那么国家学校领导学院将按照已有证据进行接下来的评估。

最后决定下达"临时停职令"。在收到被指控教师的回复信，或是没有收到被指控教师的回复信而七个日历日的期限到期之后，国家学校领导学院将运用现阶段所有的证据分析，代表国务大臣在五个工作日内作出决定：是确定要给教师下达"临时停职令"还是不需要给教师下达"临时停职令"。

国家学校领导学院如果裁定不需要给教师下达"临时停职令"，那么将通知被举报教师、举报者和教师雇主，案件到此结束，国家学校领导学院不再采取更进一步的行动；国家学校领导学院如果确定要给教师下达"临时停职令"，那么将在两个工作日内通过书面形式正式向被举报教师、举报者和教师雇主通知这一决定。教师雇主应在"临时停职令"生效之时[①]立即采取行动，保证该教师不再参与

---

① 该"临时停职令"通知如果是邮寄的纸质信件，在其寄出的第四天被自动认定为已经生效；如果是发送的电子版的信件，在其发送出的第二天被自动认定为已经生效；如果是当面送达的信件，则在当天被自动认定为已经生效。

到教学当中。之后该教师的名字会被加入"临时停职令"名单之中。

值得一提的是，"临时停职令"可以被重新评估。被下达"临时停职令"之后，教师没有向高等法院(High Court)上诉的权利，但是在"临时停职令"生效的第六个月，以及之后每隔六个月的时候，如果该教师提出书面申请要求对"临时停职令"进行重新评估，那么国务大臣都必须同意申请并安排相关工作。重新评估仍然由国家学校领导学院执行，在任意一次重新评估中，如果国家学校领导学院认为该教师仍然应该被下达"临时停职令"，那么"临时停职令"继续有效。国家学校领导学院将在两个工作日内通过书面形式通知相关教师、雇主或是代理机构这一决定，同时在接下来的六个月中，该教师不可以再次申请进行重新评估。如果国家学校领导学院认为该教师不再有危害学生、教学、家长和其他教职员工的风险，那么"临时停职令"即被撤销。国家学校领导学院将在两个工作日内通过书面形式通知相关教师、雇主或是代理机构这一决定，同时该教师的名字将被从"临时停职令"名单中剔除。

二、调查阶段

在对教师下达"临时停职令"之后，国家学校领导学院正式进入对案件的调查阶段。

(一)通知调查开始

一旦决定开始调查，国家学校领导学院要通过书信形式通知被举报教师，在信中提出对其的指控、提供相关的证据的复印件、提供《惩戒程序》的复印件，同时要求被举报教师在收到通知信的四周之内提供回复信件。在提供相关证据的复印件时需要注意的是，可能有些证据是不适合寄给被举报教师的，比如被举报教师色情性质的证据、机密文档等，此时国家学校领导学院要在信中对这些证据进行描述，并且阐明不能将其寄给被举报教师的理由。国家学校领导学院还要将这份通知信寄给被举报教师的雇主或是代理机构，以及举报者。

(二)分析相关资料

随后，国家学校领导学院将在按照《教师行为不端：教师停职令》中设定的标准要求、通过合理手段进一步从当事人和证人处获得的信息以及征求教育学、医学或法学领域的专家意见的基础上，对相关证据和资料进行分析。国家学校领导学院将向被举报教师寄去所有其正在考量的证据和资料，并且要求被举报教师在两周之内提交回复以及其他证据为自己辩驳。

(三)做出调查决定

之后，国家学校领导学院做出是否需要召开听证会的决定：如果决定不召开听证会，意味着本案件没有值得质疑之处，那么就不需要召开听证会与教师当面对质。至此调查阶段结束，整个惩戒程序也结束了；如果决定召开听证会，意味着本案件仍然存在疑点，需要召开听证会与教师当面对质。

（四）通知调查结果

做出需要召开听证会的决定之后，国家学校领导学院要通过书信通知被举报教师，告知一个针对其职业不端行为的听证会将会召开，并明确国家学校领导学院对其的指控内容。在收到召开听证会通知书信的两周之内，如果被举报教师承认书信中指出的事实以及对其的指控，那么该教师可以向国家学校领导学院提出申请不召开任何听证会，而是私下对其罪名进行判决。在这种情况下，被举报教师或是该教师的代理人要首先和国家学校领导学院负责此案件的官员进行交涉，承认其提出的指控，国家学校领导学院的官员还可能对其认罪有其他要求。之后的三周内，被举报教师或是该教师的代理人要回复国家学校领导学院官员，表示其已经完成要求，陈述为何自己的案例可以不召开听证会，同时可以在回复中列举他们针对判决的希望，如一些减罪申请等。之后国家学校领导学院会秉承公正的态度，考虑公众的利益，综合现阶段各种证据和信息判定是否同意被举报教师的申请。如果国家学校领导学院认为不召开听证会，那么针对该教师的判决将在听证会委员会的会议上进行，并且由委员会主席全权主持；如果国家学校领导学院认为可以仍需召开听证会，那么将进入听证会阶段。

调查阶段在被举报教师和国家学校领导学院之间存在较多的互动联系，程序也比较复杂，因为这是详细调查、审慎考虑是否召开听证会的阶段。总体来说，调查阶段决定是否召开听证会的简要流程如图3-1所示。

三、听证会阶段

（一）组建听证会委员会

进入听证会阶段的第一个步骤是组建听证会委员会，该委员会主要由两部分成员组成：一是常规成员，二是法律顾问。常规成员不得少于三人，且每一位成员都是通过正规程序被任命的，不得有任何一位成员和被举报教师有利益冲突。至少一位常规成员将要成为教师，或是在过去的五年内曾经是教师。同时，至少一位成员不是来自教学岗位。国家学校领导学院将任命一位常规成员为委员会主席，全权负责听证会召开。法律顾问则只有一位，不可以来自教育部，同时不参与最后的决策步骤，仅仅是为常规成员提供关于法律问题的帮助。

（二）发布《进程通知》

听证会委员会成立之后，国家学校领导学院将任命一位讲解官员。讲解官员将利用现阶段一切证据和信息向委员会讲解整个案件，保证委员会对案件有深刻、细致的了解。讲解官员可以是教育部内部官员，也可以是外部的律师。

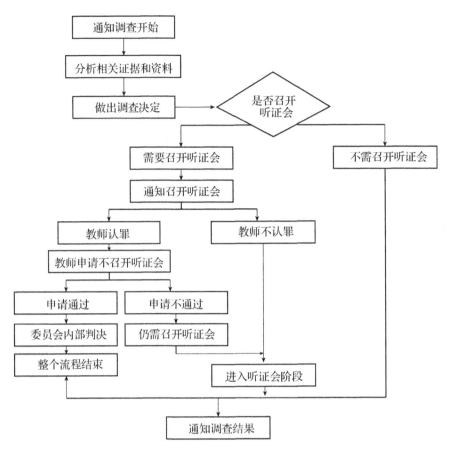

图 3-1　调查阶段简要流程

在讲解官员向委员会讲解整个案件之后，委员会将确定听证会召开的日期，并在听证会召开八周之前发送《进程通知》(*Notice of Proceedings*)通知被举报教师。《进程通知》会明确听证会召开的时间、地点以及听证会委员会成员等基本信息，同时要详细说明对被举报教师的指控、告知将到场证人（如果有证人的话，证人将由讲解官员联系并指引到场作证）、阐明听证会的要求和流程。同时，这份《进程通知》也会被寄送给被举报教师的雇主或是代理机构。在听证会正式召开前一周左右的时候，这份《进程通知》还将被发布到英国政府的官方网站上。

(三)回复《进程通知》

在《进程通知》生效之后①，被举报教师要在三周之内予以书面回复，回答下列问题：

(1)如果你认为该听证会（或是该听证会的某些部分）不应该公开举行，那么

---

①　如果《进程通知》是邮寄的纸质信件，在其寄出的第四天被自动认定为已经生效；如果是发送的电子版的信件，在其发送出的第二天被自动认定为已经生效；如果是当面送达的信件，则在当天被自动认定为已经生效。

你的理由是什么？

（2）是否需要选定代理人参加听证会（教师可以亲自参加听证会，或者由他/她选定的任何代理人代表参加听证会）？如果需要，请提供代理人的姓名和地址。

（3）在选定代理人代表自己参加听证会之后，是否仍然愿意出席听证会？

（4）是否承认被指控的职业不端行为？如果承认，你认为自己的职业不端行为该被认定为无法容忍的职业行为，还是使教师行业蒙羞的职业行为，还是严重到犯罪的程度？

（5）是否需要传召证人？如果需要，请提供他们的姓名（如果需要传召两名以上的证人，请阐明两名以上的证人对保证你的听证会公平的必要性）。

（6）是否认为自己和听证会委员会的某位成员有利益冲突？如果有，请阐明原因。

（7）是否仍作为一名教师正在被雇主聘用？如果是，请提供现任雇主或代理机构的名称和地址。

（四）召开听证会

听证会委员会主席全权主持听证会的召开，掌控各个步骤的进行。之前的调查阶段显示，被举报教师可以申请不召开公开听证会（或是某一部分听证会不公开召开），而是私下对其罪名进行判决。在这种情况下，将召开私人听证会。私人听证会的召开流程和公开听证会一样，对被举报教师的指控以及最终判决也都会公开。另外，在特定情况下可以召开同时针对两名以及两名以上被举报教师的联合听证会（Joint Hearing）。

首先，主席向被举报教师介绍委员会的成员，并核实被举报教师的身份；然后，主席向被举报教师宣读对其的指控，并且询问被举报教师是否承认。如果被举报教师承认对其的指控，那么讲解官员将宣读事实性陈述，被举报教师或其代理人可以通过传唤证人的方式对事实性陈述进行回应，承认自己的职业不端行为属性是属于无法容忍的职业行为，还是使教师行业蒙羞的职业行为，或者是严重到犯罪的程度的行为。随后委员会将进行讨论，判断被举报教师供述的职业不端行为属性是否属实。如果被举报教师不承认对其的指控，讲解官员将宣读开放性陈述，被举报教师或其代理人可以对其进行回应。之后讲解官员和被举报教师或其代理人双方可以分别向委员会呈上相关证据。最后委员会要求讲解官员和被举报教师或其代理人双方分别做结束陈词。在整个听证会进行的过程中，委员会可以随时决定延期举行听证会或是终止听证会，同时也可以随时要求全员退场以便进行保密讨论。

（五）听证会判决

双方分别陈述并传召证人（如果有证人）后，听证会委员会成员将暂时离席以私下商谈，综合考虑现有一切证据、最新发布的教师标准以及《教师行为不端：

教师停职令》中设定的标准、减罪情节等作出听证会判决。听证会委员会将针对两点进行判决：一是判定案件事实是否已被证实；二是如果案件已被证实，那么被举报教师的职业不端行为属性是属于无法容忍的职业行为，还是使教师行业蒙羞的职业行为，或者是严重到犯罪的程度的行为。之后，委员会成员返回听证会现场宣读判决，如果这两点都被证实，意味着教师应当被下达"停职令"（Prohibition Order）。① 委员会将会询问讲解官员是否有会对判决产生影响的证据，询问被举报教师或其代理人是否还有会对判决产生影响的未提及的减罪情节。最后委员会将请讲解官员以及被举报教师或其代理人针对判决结果做出陈词。

综合讲解官员以及被举报教师或其代理人最后提供的证据和陈词，委员会将决定是否需要真的给被举报教师下达"停职令"。一旦决定下达，委员会会邀请一位国家学校领导学院的高级官员代表国务大臣在一个工作日之内正式下达"停职令"。

（六）通知听证会判决

国家学校领导学院的高级官员代表国务大臣正式下达"停职令"后，这一通知会在两个工作日内以书面形式下发给教师并开始生效②。下达"停职令"的通知还将在同一天被寄送给该教师当前的雇主或是代理机构。

在判决结果被下达的两周之内，这一判决结果、相关的听证会即时摘要以及做出这一判决的原因都将被公布在英国政府网站上。

四、复审阶段

（一）教师上诉

自"停职令"生效起二十八个日历日之内，被下达"停职令"的教师可以向最高法院提出上诉，教师需提供上述通知书和其他一些最高法院可能要求的文件来完成上诉。最高法院接受上诉之后，国家学校领导学院将代表国务大臣召开听证会，讨论"停职令"是否应该被撤回。

（二）召开听证会

在接受上诉并成立听证会委员会之后，国家学校领导学院将向教师寄去听证会召开通知，通知召开的时间、地点以及听证会委员会成员等信息，同时附上一份"停职令"原件的复印件。这一听证会委员会的成员应该和之前讨论是否该下达"停职令"的听证会委员会完全不同，但是除此以外，这一复审听证会的一切流程

---

① "停职令"不同于"临时停职令"，其效力是终身的（但教师也可以申请对其重新评估）。一旦某教师被下达了"停职令"，就意味着他/她不再被允许在学校以及其他教育机构中从事教学活动。

② 如果是邮寄的纸质信件，在其寄出的第四天被自动认定为已经生效；如果是发送的电子版的信件，在其发送的第二天被自动认定为已经生效；如果是当面送达的信件，则在当天被自动认定为已经生效。

和之前的听证会完全相同。之后委员会将根据《教师行为不端：教师停职令》中第八部分的内容定夺是否撤回针对该教师的"停职令"。

(三)听证会判决

如果听证会委员会认定可以撤回针对该教师的"停职令"，将对国务大臣提出相关建议，国务大臣将委派一位国家学校领导学院的高级官员作为这一事件的决策者，决定是否接受撤回针对该教师的"停职令"。当教师的"停职令"被撤回之后，其名字也将从"停职令"名单上被剔除。

如果听证会委员会拒绝撤回针对该教师的"停职令"，那么在教师做出上述申请后的接下来十二个月之内，不能有针对这一案件的进一步行动。该教师的名字也将继续保留在"停职令"名单上。

五、总　结

综上所述，英国教师职业不端行为的惩戒程序意在创建更完善的教师监察制度，并将其更好地执行。教师职业不端行为惩戒程序主要呈现出以下几个特点：

(一)程序规范明晰

教师职业不端行为惩戒程序按照举报阶段、调查阶段、听证会阶段以及复审阶段四个阶段划分，每个阶段按照文件要求严格执行，环环相扣。各阶段资料的收集、组织人员的构成、具体的执行等都有章可循。

(二)保护当事人隐私

无论是受害者还是证人，教师职业不端行为惩戒程序都极力保护他们的个人信息安全。比如在提供相关证据的复印件时就注意可能有些证据是不适合寄给被举报教师的，以免造成对受害者的二次伤害。在听证会上，讲解官员将负责联系证人进行检举时并指引证人到场作证，由经验丰富的官员负责保护证人的隐私安全。即使是被举报教师也拥有申请不召开公开听证会(或是某一部分听证会不公开召开)，而是私下对其罪名进行判决的权利。

(三)保障教师权益

教师职业不端行为惩戒程序对教师声誉、职业造成严重后果，一旦发生错判、误判情况，后果不堪设想。因此虽然教师职业不端行为惩戒程序是用以惩戒教师的不端行为的，但是却最大可能地保障了被举报教师的权益。每一个阶段都给被举报教师申诉提供了大量的机会，确保教师能够在被举报的情况下如实反映自己的情况，促成真实、高效的听证会的召开，避免发生错判、误判情况。

第四章　法国教育政策与发展趋势

2012 年以来，法国奥朗德政府将教育改革侧重于基础教育之上，初等教育、优先教育区教学、对抗学业失败、教育数字化、初级中学改革、特殊儿童融合教育与校园环境改革都是政府教育改革的主旋律。但与此同时，教育改革也十分关注高等教育与基础教育教学的有机结合，其中，教师的职业培训、教学创新均得到了相当的重视。

>> 第一节　共和国价值观下的公民教育 <<

一、初等教育：增强学校责任

2015 年 1 月初，法国巴黎发生的三起恐怖袭击震惊世界，严重背离了法兰西共和国言论自由、信仰自由、教育世俗化原则等核心价值观，促使法国政府通过加强公民教育，宣传、普及法国核心价值观理念。1 月 22 日，法国国民教育、高等教育和科研部（以下简称"教育部"）部长娜雅·瓦洛-贝尔卡桑（Najat Vallaud-Belkacem）颁布有关学校内推广共和国核心价值观的 11 项措施[①]。该 11 项措施围绕"教育世俗性原则和传播共和国价值观""公民教育和文化认同""减少不平等和社会融合"和"高等教育及科研领域的动员"四方面展开。该动员政策将涉及各级各类法国教育机构之间的合作，包括农业教育机构和与政府签订协议的私立教育机构。

第一，在教育世俗性原则和传播共和国价值观上，共有三项具体措施：其一，自 2015 年 1 月至 7 月，对 1000 名教师进行为期半年的培训，以世俗化教育、道德教育和公民教育为培养重点。在未来的各级教师聘任会考中，共和国价值观也将纳入考核范围，教师分享共和国核心价值观的能力将列项考核。其二，学校校长将系统性地关注与共和国价值观相关联的行为，并与家长展开相关的家校交流。在必要的情况下，将会对学校违规行为进行处罚。学校通过共和国的代表性符号文化的教学与庆典活动，加强公民教育及核心价值观的推广。其三，自

---

① MENESR. Onze mesures pour une grande mobilisation de l'École pour les valeurs de la République[EB/OL]. http：//www. education. gouv. fr/cid85644/onze-mesures-pour-un-grande-mobilisation-de-l-ecole-pour-les-valeurs-de-la-republique. html，2015-01-22.

小学直至毕业班，将设计一套完整的道德与公民教育课程，借助大众传媒，促进学生参与教育机构的社交生活。

第二，在公民教育和文化认同上，各个学区内建立服务于学校和教育机构的辅助性团队，主要由与学校有合作关系的地方志愿者社团和省级教育部代表负责；增加家长在该问题上的参与度，建立"健康和公民身份省级教育委员会"（comité départemental d'éducation à la santé et à la citoyenneté），拓展潜在的家长参与空间；加强"学业成功"在地方的动员行动，提高合作伙伴及地区团体的长期参与度。

第三，在减少不平等和社会融合上，学生的法语学习将被视为绝对优先问题，每一位小学生都将在基础班2年级（即小学5年级）接受测试，甄别学生的法语学习难点，并提出个体化、针对性学习策略；抵制社会性、地域性歧视；政府增加20％的社会基金（fonds sociaux）以更好地保障贫困地区学生资助；帮助青少年更好地完成自我定位与入职培训；为曾经在司法控制下的青少年罪犯或被拘留的青少年提供继续教育的可能性。

第四，在高等教育及科研领域的动员上，高等教育及科研部门应在社会舆论、公开讨论（débat public）中起到积极作用；基于教育世俗性和非歧视性原则，通过MOOC或在职培训，打造更优质的高等教育教师团队；增强生活场所和研究地点的社会联系。

二、高等教育：提升社会影响力

据法国教育部公告，参照高等教育阶段以及科研阶段的国家战略部署，教育世俗化不仅是国民教育阶段的核心原则，而且是教育部的重要任务。高等教育及科研是获取多数人的成功和社会等级上升的重要阶段。高等教育及科研部门应在社会舆论、公开讨论中起到积极作用，从而缩短社会阶层断裂和避免激进行为发生。其中，政策要求法国国家科研署（Agence Nationale de la Recherche, A. N. R.）加强对当代社会激进性问题研究的支持。在欧洲层面，教育部应在科研经费上引导性地支持涉及上述相关问题的科研项目，建立良好的欧洲科研人员合作网络。同样，在欧洲层面上，应借助"欧洲联盟——社会科学和人类学""欧洲社会调查"等团体或项目方力量，更好地研究社会宗教问题。法国大学研究院（Institut Universitaire de France, I. U. F）应该致力于有关"激进化危险"的研究。出台政策鼓励法国研究学者与外国专家共同参与社会问题高端研究。设立边缘专业、危机专业的教师、研究员岗位，重塑法国白皮书上关于远东的认知。

此外，在加强高等教育机构的社会责任感方面，有以下具体措施：自高中至硕士阶段，借助伊拉斯谟项目（ERASMUS＋）优化职业、技术教育学生流动性；

基于教育世俗性原则和反对歧视、种族主义、反犹太主义原则的更优教师培训，通过法国大学数字化平台开设相关 MOOC 课程或高等教育教职员工的在职继续教育；增加在各教育机构可利用工具以遵循世俗性宪章和对抗种族主义、反犹太主义歧视；加强生活场所和研究地点间的社会联系，特别是位于社会敏感地区的高等教育机构，通过支持艺术或体育方面的学生活动，反对歧视，传播"共同生活"(vivre ensemble)的理念，鼓励学生增强在公民培养上认知、鼓励校园组织机构焦点辩论；针对高等教育"入学难"问题，提高困难群体的高等教育参与性，鼓励青少年入学高等教育机构。

>> 第二节　初中教育改革 <<

针对当前法国中学生学业落后和辍学数量上升，学业不平等持续拉大的情况，法国教育部于 2015 年 3 月 11 日全面开启初中教育教学课程内容和教学方法的双重改革规划，并计划于 2016 年 9 月秋季入学时在法国各所初中全面实施创新型的教学课程大纲。同时还将实行最新的《知识、能力和文化的基础核心》①，明确了每一位学生在 16 岁必须掌握的能力。

一、法国初中教学改革背景

（一）学业成绩下滑，督促改革势在必行

不论是法国学生在初中四年级的分科抽样测评（CEDRE），还是在国际学生评估项目测试中的成绩都揭示了一个法国人民不可忽视的事实：法国中学生的学业表现和国际竞争力在不断下降。

近些年的一些重要的国际学业水平测试结果均表明，在过去的 10 年时间里，法国中学生的学业成绩出现下滑，特别是在法语、数学和历史等基础科目。国际学生评估项目测试由经合组织发起，从 2000 年起每 3 年组织一次，面向 15 岁中学生就其所掌握的社会所需的知识技能进行测评，测评内容分为学生阅读素养、数学素养和科学素养三方面。2000—2012 年，经合组织成员国的学生阅读素养成绩达到中等及以上的比重平均上升 1.6%，然而法国 15 岁中学生（初中四年级和高中一年级为主要测试群体）达到中等、良好及优秀的比重不升反降，从 84.8% 下滑至 81.1%，如图 4-1 所示。与此同时，法国教育部对小学五年级和初中四年级的测试结果也验证了这一结论：未掌握基本法语能力的小学毕业生约为

① MENESR. Les programmes du collège[EB/OL]. http：//www.education.gouv.fr/cid81/les-programmes-du-college.html，2016-09-01.

12％，而到了初中四年级，这个数字则上升至惊人的 25％。

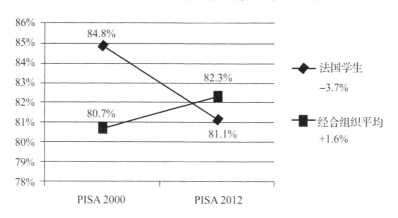

图 4-1　法国学生 PISA 法语阅读素养成绩对比

来源：MENESR. Collège：mieux apprendre pour mieux réussir[EB/OL]. http：//www. ed-ucation. gouv. fr/cid86831/college-mieux-apprendre-pour-mieux-reussir. html，2015-03-11

在数学科目上，法国学生的学业成绩也呈现了较大程度的下滑。对比法国学生 2003 年和 2012 年国际学生评估项目数学素养成绩，中等及以上的学生比重大幅下降 5.7％，低于经合组织成员国平均标准，如图 4-2 所示。根据法国本国的学业测评，小学五年级未掌握数学基本能力的学生约占 9％，而初中四年级的学生比重已上升至 15％。在法国教育部对初中四年级的"历史—地理"科目抽样测评中，掌握基本知识的学生比重从 85％下降至 78.6％，如图 4-3 所示。

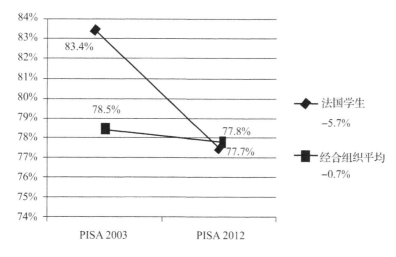

图 4-2　法国学生 PISA 数学素养成绩对比

来源：MENESR. Collège：mieux apprendre pour mieux réussir[EB/OL]. http：//www. ed-ucation. gouv. fr/cid86831/college-mieux-apprendre-pour-mieux-reussir. html，2015-03-11

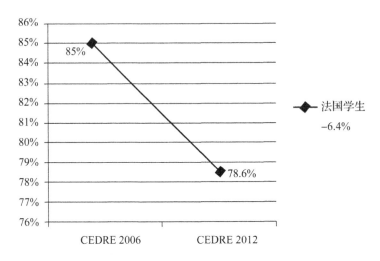

图 4-3 法国初中四年级"历史—地理"抽样测试成绩对比

来源：MENESR. Collège：mieux apprendre pour mieux réussir[EB/OL]. http：//www.ed-ucation. gouv. fr/cid86831/college-mieux-apprendre-pour-mieux-reussir. html，2015-03-11

这些直观的数字不难表明，不论是与历史同期的纵向比较还是与经合组织成员国学生的横向比较，法国学生学业成绩都出现较为明显的滑坡。尽管法国教育部方面宣称，只凭借这几组数字无法认定是由于法国当前初中教育"不成功"导致学生学业下降的，它们来自不同的评估，是不具有可比性的，但不可否认的是，当前初中教育的课程大纲以及界定各阶段学生应掌握知识和能力的深度、广度的《知识、能力和文化的基础核心》尚待调整，法国教育部应该制定更为合理的教学方案，结合实际需求帮助每位学生成长。

(二)建立统一中学，学习环境不断恶化

自 20 世纪 50 年代末起，法国教育部就试图简化教育系统，将中学教育进一步民主化，建立统一初级中学(collège unique)。无论学生在义务教育结束后通往短期职业教育、长期专业教育抑或长期高等教育，都在 11~14 岁或 12~15 岁期间接受统一的初中义务教育。法国教育部的努力在 1977 年 9 月才最终得以实施，自此，初中学校类别不再细化，初中阶段建立统一的教育系统，不同教育目的的学生进入同样的学校。

然而，这一政策的执行却带来了未预料到的负面影响：统一中学内，学校以就近入学的原则录取学生，入学学生的学业水平差距是存在的，但教师的教学应该针对"学业优异的学生"还是"学业困难的学生"呢？通过对历史的观察，似乎教师在教学中更倾向于前者，这一情况导致了法国学生学业差距的进一步拉大。学业困难的学生在学校无法获得合适的教育，继而引发了更严重的后果：初中学生的留级率曾一度高达 38%，辍学率也随之攀升，校园暴力事件也逐渐凸显，并通过媒体走入公众视野。

　　法国教育部预期提供统一的初中教育，却忽略了学生个体差异。现实中，不是所有的初中学生都努力、上进、期许学术型高等教育，法国的高福利社会体制更没有给学生足够的学习、就业激励。随后的时间里，法国教育部又进一步矫正了初中教育政策，提出"统一但不是千篇一律的中学"，学校要依据学生个体、所在地区情况制定更有针对性的教育方案。但"留级率""辍学率"和"校园暴力"仍然成为初中教育的敏感词汇和代名词。根据法国教育部 2014 年公布的统计数据年鉴，虽然学生留级率在控制下已经下降到 3.5％，学校上报的校园暴力事件数量下降，但校园暴力事件恶性程度上升，平均每 1000 名学生中遭受严重校园暴力事件的为 15 名，校园环境和学业氛围仍然不理想。

二、法国初中教育改革方向

　　法国初中教育改革规划将直接影响到约 320 万在校初中生，教育部长娜雅·瓦洛-贝尔卡桑于 2015 年年初将具体计划递交至内阁会议，开始与教育共同体进行为期一个月的讨论。为了在议会立法时取得最多的支持，瓦洛-贝尔卡桑部长需要小心"周旋"于传统科目的捍卫者与全面发展创新科目的支持者之间。

　　本次改革将主要通过结合理论学习及实践加强基础知识掌握程度、重视每位学生特长以确保所有学生的成功、为初中生培养适应当今世界需求的全新能力和将初中建设为建立并充分发展公民身份的场所。在学习内容上，基于法国中学生在学业评估中表现连年下降，政府将制定全新的教育大纲和课程，尤其是在法语、数学和历史三门基础科目上。而针对教学行为，改革鼓励创新型和跨科目的教学实践。教学的个性化上，学校教育将设置专门的个人辅导时间，并引导学生通过小组形式互助学习。教学内容的时代性方面，初中教育将着力打造学生的口语表达能力、外语掌握程度以及计算机运用能力。最后，在校园环境建设上，改革将围绕延长午休时间、系统化学校重要活动、促进家—校合作和加强校园学生民主化建设等方面展开。

(一)结合理论与实践，打造跨科目教学

　　为了达到更好的教学效果，初中教育改革致力于在教学方式上取得较大的突破，以激发学生的兴趣并调动学生的主动性。以往初中传统教学中，鉴于法国教育制度具有极度的"中央集权"特性，全法的初中教师都要依据同一份课程教学大纲进行教学活动，教学内容相对固定，教学方式也更趋模式化，教师在教学过程中的自由演绎空间有限。而此次教学改革将赋予初级中学"更大的自主权"，给予教学团队"极大的自由"，鼓励各科目教师合作教学。

　　教学改革后，教学内容将分为通识教学和补充教学两部分。顾名思义，通识教

学即为传统科目的教学，而补充教学则由个人辅导时间和跨科目教学两部分组成。初中教学课时为每周 26 小时，在初中一年级，通识教学和补充教学的课时分别为 23 小时和 3 小时；从初中二年级开始，这两部分的课时则变化为 22 小时和 4 小时。跨科目教学是从初中二年级开始进行，在这一课堂上，不同科目的教师可以通过小组教学的方式，就九个主题进行跨科目教学。这九个主题分别为：可持续发展；科学和社会；身体、健康和安全；信息、交流；公民身份；文化与艺术创造；经济和职业世界；古代语言和文化；区域及外国语言和文化。每学年，教师团体至少选择其中的两个主题开展教学，教学内容从现实中的实际问题出发，教学过程则重点关注学生的口语表达、创造性思维和参与度。

(二)跳出孤立的法国，课程教学与时俱进

本次的初中教育改革也具有相当浓厚的时代色彩，主要从两方面体现：提早外语教学与强化多媒体使用。

法国人民对本国语言的自豪感已经成为他们在全世界的标签，特别是在中国学生心目中，中学课本中都德的短篇小说《最后一课》展现了法国人民对自身语言的骄傲与坚持，我们对此记忆深刻。生活中，法国人民似乎对学习英语并不热衷，当今的青年人也是如此。据统计，2008 年，法国高中毕业生的托福成绩在全世界 109 个国家中排名第 69 位。然而，随着全球化发展，英语的重要性日益凸显，越来越多的法国民众意识到"法国不能不看世界，世界不会等待法国，世界也不会给法国的孩子预留位置"。[①] 由此，初中教育改革中提早了外语教学时间，增加了外语学习课时与内容，向学生传达了学习外语的重要性。

初中教育改革将在外语课程设置上产生极大的变革。目前法国中学的外语学习语种分为两类：一类是古代语言，亦称绝迹语言，即拉丁语和古希腊语，另一类为现行语言(langue vivante)，即英语、德语、西班牙语、阿拉伯语、汉语等外语。前者作为中世纪以来欧洲文化的载体、法语的基础，两种语言的学习可以帮助学生更好地了解法语。而后者则是学生成为一名世界公民的重要工具。

目前绝大多数的初中生在小学三年级开始学习第一门现行语言课程，在初中第三学年增设第二门现行语言课程，学生可根据学校开设课程情况选择英语、德语、阿拉伯语、西班牙语、汉语等外语课程。改革后，法国学生外语和第二外语的学习时间将提前。参考研究者的成果，儿童在语言运用上表现了更高的创造力，这对语言教育的直接启发是第二外语的学习越早越好。新课程大纲预期第一门现行语言从小学一年级开始学习，第二门现行语言课程提前至初中二年级。没有选择英语为第一门现行语言的学生，可以从初中一年级开始英语课程。由此，英语已经从选修外语上升为必修语言。

---

① 王晓辉. 法国基础教育改革"勇往直前"[N]. 中国教育报，2013-01-18(3).

而在教学中强化多媒体设备的使用则是"数字化教学计划"的延伸。2014 年 9 月开学之际，法国总统奥朗德（François Hollande）于走访路易丝·米歇尔初中（Collège Louise-Michel）时宣布，法国将推行"数字化教学计划"，将平板电脑等多媒体设备全面引入课堂[①]。改革规划文本指出，平板电脑等设备的使用可以替代课本，增强教学创新性与趣味性，学生可以接受到最前沿的信息，也可以和同学、教师或者学术共同体的其他成员保持联系。此外，数字化教学也可简便学业困难学生的远程教学，将有利于缩小学业差距。

（三）陪伴而非教导，关注每个学生自身特点

针对现阶段统一中学教学千篇一律、针对性低的特点，本次初中教育改革也将着力于个性化教学之上。学校教育将为每一个学生设置专门的个人辅导时间，在初中一年级，学生每周的个人辅导时间为三小时；初中二年级到四年级，个人辅导时间和跨科目教学的总时间将上升至四小时，并且每位学生每周至少接受 1 小时的个人辅导。在个人辅导时间中，教师会根据学生对基础学科的掌握情况进行个体化的学业辅导和学习方法的传授，也包括帮助学生进行复习、理解和起草文章、查阅资料等。

此外，在教师角色定位上，教师形象也由教导者向陪伴者倾斜。在教学活动中，教师将减少讲课的时间，更多的是引导学生通过小组形式互助学习，以实现学生学业和心理发展的最优状况。目前法国初中教育阶段的师生比为 1∶25.3，为了保障个人辅导时间的有效执行，教育部预计在初中学校内增加约 4000 个岗位，以充沛的教师资源帮助学生适应新的教学节奏。

表 4-1　改革后初中教育每周课时安排情况（小时）

课程	初中一年级	初中二年级	初中三年级	初中四年级
体育	4	3	3	3
艺术、音乐	2	2	2	2
法语	4.5	4.5	4.5	4
历史、地理、道德与公民课	3	3	3	3.5
第一外语	4	3	3	3
第二外语	—	2.5	2.5	2.5
数学	4.5	3.5	3.5	—

---

① Anonym. François Hollande au collège Louise-Michel，sur fond de rentrée numérique ［EB/OL］. https：//www. seine-saint-denis. fr/spip. php? page=imprimer&id＿article=11156，2014-09-02.

（续表）

课程	初中一年级	初中二年级	初中三年级	初中四年级
生命与地球科学		1.5	1.5	1.5
计算机	4	1.5	1.5	1.5
物理		1.5	1.5	1.5

来源：MENESR. Collège：mieux apprendre pour mieux réussir[EB/OL]. http：//cache. media. education. gouv. fr/file/03 _-_ mars/62/2/College-Mieux-apprendre-pour-mieux-reussir _ 398622. pdf，2015-03-11

三、法国初中教育改革引发的争论

本次初中教育改革的首要任务是提高基本知识的掌握程度、培养学生学习之外的各项能力、增强学校日常运作的灵活度以适应学生的多样化需求。教学方式上的主要变革为多科目教师合作。就此，教育部长瓦洛-贝尔卡桑表示，希望学校能在现有基础上解放教师的自主动能，使得教师能将自信心演绎在教学之中，并为教师们的教学组织提供支持。然而，以往严格执行课程大纲教学的教师们似乎并未对教学上的自主性感到欣喜。目前看来，本次改革的最大阻力来源于教师群体。

改革计划涉及引入更多交叉科目的课程，关乎不同科目教师的合作教学，由此，教学方式改革的执行势必向教师教学能力以及备课工作量提出更高要求。对此，中学教师工会方面则表示质疑与不满，他们认为改革计划可行性不高，一名教师向媒体吐露其不满："《查理周刊》恐怖袭击发生后，在公民课堂上，你能想象法语教师、造型艺术课教师、音乐课教师一起上课吗？讲《人权宣言》、自由女神玛丽安娜还是那些讽刺漫画，或是一起唱国歌《马赛曲》?"[①]多个法国中学教师工会在 2015 年 5 月 19 日组织教师罢工，引起教育部的重视。目前，新的教学课程大纲仍然处于商讨阶段，教师们的反对之声为课程大纲的制定带来了更高的挑战，希望法国课程高等委员会(CSP)能演绎出打破传统的单科目课堂，合理、有机地在一堂课上融合不同科目教学范本。

此次初中教育改革的另一大阻力来自中学德语教师和法、德双边友谊关系的组织及机构。其代表人物为曾任中学德语教师的法国前任总理让-马克·艾罗(Jean-Marc Ayrault)。初中教育改革的规划一出台，艾罗就向媒体表达了自己对德语教学改革的担忧。法国国会中 59 名同属法德友好协会的议员也曾于 2015 年

---

① Irène Inchauspé. Réformer le collège，oui mais pour quoi faire ? [EB/OL]. http：//www. lopinion. fr/10-mars-2015/reformer-college-oui-quoi-faire-22144，2015-3-10.

4 月 16 日致信教育部部长，捍卫中学教学中德语的地位。法、德两国作为欧盟经济、政治、文化层面的领军者，关系千丝万缕，而语言作为两国交流与合作的桥梁也受到了高度重视。反对声音认为，本次教改将大大提升英语教学的重要性与地位，进而在一定程度上减小选修德语的法国中学生比重。从长远角度上看，法国德语学习者的消减必将有碍两国的合作与交流。

教育部方面就此也给予了及时的回应，认为当前教育改革不但不会有碍德语学习，反而会极大地促进中学的德语学习。此外，教育部承诺，为了满足中学生学习德语需求的增长，在 2015 年提供 514 个德语教师岗位，这个数字远高于 2010 年的 199 个德语教师岗位和 2014 年的 443 个德语教师岗位。[①]

表 4-2　初中教育改革日程安排

2015 年春季	《2016 年的初中：更好地学习为了尽可能地成功》
	通过《知识、能力和文化的基础核心》
	介绍新初中毕业证书
	课程高等委员会提出小学和初中学段课程大纲改革提案
	征求小学、初中就课程大纲改革提案的改进意见
2015 年夏季	通过小学、初中学段新教学课程大纲
2015 年秋季入学	新幼儿园教学课程大纲正式实施
	道德和公民教育教学课程大纲正式实施
2016 年秋季入学	初中教育改革正式实施
	《知识、能力和文化的基础核心》正式实施
	小学、初中学段新教学课程大纲正式实施

来源：MENESR. Collège: mieux apprendre pour mieux réussir[EB/OL]. http://cache. media. education. gouv. fr/file/03 _-_ mars/62/2/College-Mieux-apprendre-pour-mieux-reussir _ 398622. pdf，2015-03-11

>> 第三节　职业类中学毕业会考 <<

1985 年秋季入学，法国职业类中学毕业会考制度正式建立。迄今为止，职业类中学毕业会考已经发展成为最重要的职业初始教育国家考试。

一、职业类"会考"发展良好，学生人数逐年攀升

职业类高中教育是法国中等教育中不可或缺的组成部分。近年来，法国每年有约 70 万名学生在约 1600 所职业类高中接受专业教育，为其职业活动做准备。职业类高中教育包括 18 个方向的 88 个专业，中学毕业会考通过率为 80.3%，约

[①]　MENESR. L'ambition de la réforme du collège pour l'allemand [EB/OL]. www. education. gouv. fr/cid88084/l-ambition-de-la-reforme-du-college-pour-l-allemand. html，2015-04-21.

60％的毕业生直接进入就业市场①。

根据法国中学毕业会考制度，中学生可根据自己的个人能力和职业倾向选择普通类、技术类和职业类三类会考，进入不同类型的高等教育机构，接受就职培训。自 2008 年针对职业类中学教育的"达尔科斯改革"（réforme Darcos）实施以来，职业教育课程由四年缩短至三年，此举受到了大量中学生的青睐，致使选择职业类中学毕业会考的学生人数在 2009 年三年制、四年制考生会合的暂时性增长后，仍然不断攀升。截至 2014 年，通过职业类中学毕业会考的学生占全体中学毕业会考报名者的近 30％。

二、便捷升迁通道，丰富课程选择

欧债危机爆发后，就业市场需求紧缩，包括法国在内的多个欧洲国家都面临着青年人就业危机。为应对毕业生就业失败率逐年爬升的状况，法国教育部为通过职业类中学毕业会考的学生打造一系列中学毕业会考后（post-bac）课程，丰富青年人的就业渠道，从而拓宽不同就业取向的青年人的就业前景。

近年来，职业类中学毕业会考人数不断增长，然而没有直接就业的毕业生在基础教育结束后并未获得合适的高等教育。时任教育部主管高等教育的国务秘书热纳维埃夫·菲奥拉佐（Geneviève Fioraso）女士强调，根据现有数字统计，"仅有 3.5％的（职业类中学毕业会考通过者）在本科教育的第一年取得学业成功"，"作为左派政府，我们必须承担起我们的责任，在大学中欢迎职业类中学毕业会考通过者，保障他们的成功"②。

菲奥拉佐女士将此项任务委托给法国特鲁瓦技术大学前任校长、工程师学校校长联席会议（Conférence des directeurs des écoles françaises d'ingénieurs，CDEFI）前任主席克里斯提安·雷米尼奥（Christian Lerminiaux），设计一套名为"高等职业项目"（Section professionnelle supérieure）的课程选项，在大学、高等技术学校（les Sections de Technicien Supérieur，S. T. S. ）、工程师学校等所有类型的高等教育机构内都可以实施，供越来越多的通过职业类中学毕业会考的毕业生选择。此外，这套课程选项将具有很高程度的延展性，课程结束后，学生如希望完成或完善他们的就业资格或能力，可以进入职业类本科学校学习，甚至在硕士类学校、工程师学校进行继续教育。

① MENESR. Le bac pro fête ses 30 ans［EB/OL］. http：//www. education. gouv. fr/cid92466/le-bac-pro-fete-ses-30-ans. html&xtmc＝bacpro&xtnp＝1&xtcr＝4，2016-06-09.

② MENESR. Imaginer une nouvelle filière professionnelle pour les bacheliers professionnels［EB/OL］. http：//www. enseignementsup-recherche. gouv. fr/cid85022/imaginer-une-nouvelle-filiere-professionnelle-pour-les-bacheliers-professionnels. html，2014-12-20.

政府的此项举措得到了法国最大的大学生组织——法国学生联盟（Union Nationale des Etudiants de France，UNEF）的大力支持。UNEF 方面表示，"政府关注职业类中学毕业会考通过者的成功"，这是"公共服务的重组和加强"。然而，他们也对政府能否提供足够的经费促成该决定最终实施表示担忧。

>> 第四节　教育数字化计划 <<

纵观全球，法国可以说是在基础教育中使用高科技的先驱者。1985 年法国社会党"左翼"总理洛朗·法比尤斯（Laurent Fabius）提出"人人都用计算机"计划（plan "Informatique Pour Tous"，IPT），将电脑引入课堂。29 年后，重拾执政权的社会党总统奥朗德效仿前者，提出以"人人都用平板电脑"（Tablettes pour tous）为口号的"数字化学校"（école numérique）计划，并在任期中期的电视演讲中重申了旨在推动学校发展的教学数字化战略："2016 年 9 月开学时，每一位初二年级的学生将配备一台平板电脑，接受数字化教学"，最终于 2018 学年实现平板电脑在初中四个年级的全面普及。

一、"数字化学校"计划逐步普及

2014 年 9 月 2 日，奥朗德总统正式公布"数字化学校"计划，其目的是为了实现"每位学生的成功"，提高教育质量和减轻学生的社会阶层不平等问题。奥朗德表示，政府将首先着手解决设立并实施该计划的经费和支持。2016—2018 年，法国将投入十亿欧元用以建设"数字化学校"，着重打造法语、数学、外语、历史—地理、科学五门核心基础课程。

2014 年 3 月 10 日，教育部就发起项目号召，预先挑选"数字化学校"试点中、小学，此举得到了地方学校的积极响应。2014 年 5 月 5 日，209 所初中（其中 109 所优先教育初中）和 337 所学校最终入选，学校里教师和学生将使用移动设备及数字化资源进行教学，教师也将接受学区提供的数字化教育资源使用方面的专门培训[①]。经过在试点学校为期一年的实验，学生在问卷调查中还是对数字化课堂给予了积极的体验评价。初中生对多媒体、数字化介入的课堂感受为：

---

① MENESR. Plan numérique pour l'éducation：500 écoles et collèges seront connectés dès 2015 ［EB/OL］. http：//www. education. gouv. fr/cid88712/plan-numerique-pour-l-education-500-ecoles-et-colleges-seront-connectes-des-2015. html，2015-12-29.

表 4-3　初中生对数字化课堂反馈结果

58% 思考更轻松	57% 注意更集中	67% 课程更有趣
55% 更关注拼写	55% 课堂更自在	

来源：DEPP. Le numérique au service de l'apprentissage des élèves：premières observations du dispositif 《 Collèges connectés 》［D］. http：//cache. media. education. gouv. fr/file/2015/07/6/ DEPP _ NI _ 2015 _ 02 _ numerique _ service _ apprentissage _ eleves _ premieres _ observations _ dis-positif _ colleges _ connectes _ 386076. pdf，Note d'Information，2015(2)：4

2015 年 11 月，法国教育部相继与跨国科技公司微软、全球领先的网络解决方案供应商思科(Cisco)签订合作协议，为"数字化学校"计划的执行提供充足的技术支持。

教育部与微软公司签订了为期 18 个月的合同，在此期间，双方将在经费支持、技术、操作及商业化等多个层面上全面合作，致力于发展教师培训、移动设备的简化与优化、云服务，实现课堂趣味性、科学性的最大化，建立课堂游戏的平台以及安全的内部社交网络，打造涵盖移动终端设备制造、教育应用开发、数字化资源与课程教材设计等方面的独特的法国数字化教育(E-education)[1]。

而思科公司则主要参与职业、终生教育网络课程平台——思科网络学院(Cisco Network Academy)与相关数字化网络的建设；教师、行政等教育相关人员的数字化使用培训；鼓励青年从事数字化特别是网络技术、知识开发等引导性辅助等[2]。

此外，法国教育部列出数字化教育需要普及的几大关键理由：第一，数字化教育通过增强基础知识学习促进学生学业成功。数字化教学令课程多样化；数字化技术发展迅猛，有利于推动教育系统变革，提升学习效率；为学生提供更加积极的学习方式；促进互动、合作与创造力，刺激学生的学习参与度。第二，数字化教育是减小学业、文化、社会不平等的重要手段。数字化教育帮助教师丰富课堂以适应每个学生的需求；保障学生可以在学校或家中获取到优质文化、教育资源。第三，数字化教育促进思想解放、培养数字化时代的公民。每一位学生都将亲身体验数字化设备及服务，加深他们对信息化、社交网络、数字化服务的理解

---

① MENESR. Plan numérique pour l'éducation：500 écoles et collèges seront connectés dès 2015［EB/OL］. http：//www. education. gouv. fr/cid88712/plan-numerique-pour-l-education-500-eco les-et-colleges-seront-connectes-des-2015. html，2015-12-29.

② MENESR. Numérique à l'école：partenariat entre le Ministère de l'Éducation nationale et Cisco［EB/OL］. http：//www. education. gouv. fr/cid96025/numerique-a-l-ecole-partenariat-entre-le-ministere-de-l-education-nationale-et-cisco. html，2015-12-29.

与使用，掌握新型的社会交流模式。第四，数字化教育提升学生家庭在学生教育过程中的参与度。数字化教育增进学生家庭与学校之间的关系。第五，数字化教育与法国残疾境况儿童的融入教育政策相呼应。数字化教育同样关注残疾境况儿童对教育实践的个体需求，增强学生与教师对适应性教学资源的使用。第六，数字化教育参与到降低学业失败、预防与挽救辍学的政策之中。数字化教育帮助更好地甄别学生辍学、为教师提供修缮工具。第七，数字化教育鼓励学校与企业之间的合作。数字化操作能力是青年所必需的，是其生活、就业重要能力，数字化教育帮助青年更好地为未来就业做出准备。

学校数字化教育计划是 2013 年"重建共和国学校"改革的重要组成部分。教学改革重心设定为中学课堂，改革内容包括前期——自 2015 学年起部分学校对平板电脑等移动数字化设备的使用，及改革核心——围绕培训、设备、资源与创新四个维度展开。教师培训方面，每位教师将接受为期三天的计算机科学、数字化项目管理、课程与教学实践中数字化应用与数字化素养的集中培训，此外教师可以使用 100 多节 MOOC 等网络资源，教育部还为教师设立了咨询板块，帮助教师获得所需资源。在设备与资源方面，未来的三年中，法国政府将斥资 10 亿欧元公共投资用于学校数字化教育计划的建设及发展。其中，1.25 亿欧元将用于购买平板电脑等数字化设备。2015 年，法国已经实现在 223 所初中和 375 所小学先锋实验学校的平板电脑购买与使用，2016 年 70％的初中二年级学生可以使用平板电脑，2018 年达到初中一年级与二年级学生的全面覆盖。10 亿欧元公共投资中 1.4 亿欧元将直接发放到学校，供学校自主选择及购买额外资源；3 亿欧元用于开发数字化设备可使用的教学应用（APP）；1.8 亿欧元由教育部建设数字化资源数据库。

二、法国民众持积极态度

尽管很多法国人对于现代化持有消极态度，但他们对数字化教学还是相当支持的。2015 年 2 月，法国软件服务组织 Syntec 与调查机构 Odoxa 就"法国与数字化教育"展开民意调查①，结果显示 70％的受调群众认为法国在数字化教育上已经处于"落后"位置，在 18～24 岁的青年群体中，这个数字为 68％，仅有 3％的青年认为法国在数字化教育上走在世界前列。多数人对该计划还是持支持态度，87％的受调者认为该计划会帮助学生开发就业市场在就业者身上所寻求的那些能力。在教学方面，76％的受调者认为数字化教学提升连接互联网的便捷性，进而增强学生的批判思维；65％的受调者认同教学工具的现代化将有利于提高学生的

---

① Syntec numérique. Sondage Syntec Numérique - Odoxa - février 2015[EB/OL]. http：//syntec-numerique. fr/actualite/sondage-syntec-numerique-odoxa-fevrier-2015，2015-12-29.

学习兴趣。而在教师培训方面，58％的群众认为有必要设立专门的课程帮助教师获取数字化学校施教所必备的技能。针对奥朗德总统提出"减小学生间的社会不平等"的改革目的，57％表示赞同。Syntec 初中阶段负责人就调查结果作出评价："早期向学生揭示科学与信息技术是十分重要的，它回应了两大时代挑战：交给学生理解周边世界的'钥匙'；让他们成为这个经济系统的主角，不单单是作为数字化的消费者，还可以接触未来多数职业所必需的数字化知识。"①

此外，计划中涉及的学生教材的数字化也是法国教育史上的一大重要突破。2014 年 10 月特恩斯市场研究公司（TNS Sofres）的一项调查显示三分之一的教师每天使用教材，此举无疑将减轻学生、教师书包的重量和身体负担②。

>> 第五节　优先教育区 <<

法国教育部部长娜雅·瓦洛-贝尔卡桑于 2014 年 12 月 17 日公布 2015—2016 学年优先教育区域的具体划分，旨在减小学业不平等。12 月 16 日晚间，瓦洛-贝尔卡桑在法国电视一台（TF1）的新闻节目中指出，政府将紧紧抓住（原文"拦腰抱住"）学业不平等问题，并在涉及优先教育的 1000 余所初中、8000 所小学额外投资 3.5 亿欧元，促进教育资源的平等服务。新的优先教育区域划分将于 2015 年开学起实施，覆盖 1082 个优先教育网络（Réseaux l'éducation prioritaire，REP）。新的优先教育区域划分会与之前的优先教育区存在些许差别，将有新的学校列入优先教育区，也有先前的优先教育区学校落选。就此，教育部方面解释，优先教育区学校是由学区和教育部参照新的社会指标决定的，并反复强调，学校未入选或未连续入选优先教育区不意味着被教育部"抛弃"。12 月 17 日，政府公布家庭社会补助的改革细则，瓦洛-贝尔卡桑在节目中指出，"（此次改革）创新在于，相较于以往盲目地分配经费，今后会考虑学业困难程度，给学业困难程度高的人分配更多资源。"③

对于优先教育区改革可能带来的变动，法国马赛、图卢兹、热讷维耶、滨海塞纳、北部、加来海峡等多个省市的家长、教师、工会、联合会组织了抗议示威活动。位于巴黎第 12 区的拉莫西埃小学（L'école Lamoricière）为了能进入最新规划下的优先教育网络，甚至已经进行了两日的罢工、罢课的"占领学校"（occupa-

---

① Syntec numérique. Sondage Syntec Numérique - Odoxa - février 2015[EB/OL]. http：//syntec-numerique. fr/actualite/sondage-syntec-numerique-odoxa-fevrier-2015，2015-12-29.

② TNS Sofres. Les usages des manuels numériques en 2014[D]. http：//www. tns-sofres. com/sites/default/files/2014. 10. 03-manuels-numeriques. pdf，2014-10-7.

③ MENESR. Donner à l'école les moyens de faire réussir tous les élèves[EB/OL]. http：//www. education. gouv. fr/cid84829/donner-a-l-ecole-les-moyens-de-faire-reussir-tous-les-eleves. html，2014-12-17.

tion de l'école)抗议活动。

家长、教师如此坚持让学校维持在或列入优先教育区，主要是由于教育资源、学业成绩不平等。法国政府在 1982 年最先提出"优先教育"的理念，在学业极其困难的地区设立专门的优先教育区，地区内的学校享有小班教学、小组活动、创新教学、教师津贴、3 岁以前儿童学前教育等一系列的特权。然而随着 30 多年来法国不同地区社会、经济情况的变化，目前的优先教育区设置无法更好地解决学业不平等问题，理应得到更新。此次改革旨在将优先教育区内的学生与普通学生在学业成功率上的差距减小至 10%，并将造成预计 200 所学校离开优先教育区，被其他学校所代替。揭下"优先教育区"标签的学校教师、学生家长都无法认可改革的实施，认为这是"无理的离开"(des sorties injustifiables)。

地理顾问、欧洲国际事务中心智库成员罗兰·沙拉尔(Laurent Chalard)就优先教育网络最新划分情况发表个人看法：关于 REP 和 REP＋划分，最重要的因素是法国国土上极为突出的资源分配不平等。

首先，REP 的划分与各学区人口数量并没有相关性联系，例如，兰斯学区有 130 万人口，此次划分中占 30 个 REP，然而在雷恩学区有 18 个 REP，而该学区共计 320 万人口。就地域来说，东北部地区的 REP 代表性过高，而大西洋沿海地区的 REP 代表不足。法国学生学业失败的地理分布上存在极大的不平等，这与法国国土多样性息息相关，也与地区的城市化发展联系紧密。

此外，沙拉尔指出，目前学业失败明显的区域大致为两类，第一类是法国曾经大力发展工业的东北部地区，随着法国工业产业外包，非工业化进程加速，该地区经历了严重的失业危机，直接影响到儿童的教育水平。由于法国"光荣的三十年"(Trente Glorieuses)时期工人大多从 14 岁开始就业，孩子无法继承良好的家庭教育，该地区对知识的关注也较法国其他地区少。第二类是大城市周围的城乡接合部，该地区居民主要由移民群体组成，在语言、文化、经济、社会地位上都处于劣势。

>> 第六节　校园环境建设 <<

一、重拳治理学业失败

解决学业失败问题目前是法国教育部的首要任务之一。2014 年 11 月 21 日法国总理曼努埃尔·瓦尔斯(Manuel Valls)和教育部部长娜雅·瓦洛-贝尔卡桑陈述了政府在学业失败问题上的新计划①，计划从三个角度出发：动员全体（mobilisation de tous）、预防学业失败的选择（choix de la prévention）、获取职业资格的新渠道（une nouvelle chance pour se qualifier）。

教育部统计数字显示，法国每年有 14 万名青年人脱离教育体制，无法获得职业能力证书（Certificat d'Aptitude Professionnelle，CAP）、职业学校毕业证书（Brevet d'études professionnelles，BEP）等与法国中学毕业证书等值的职业资历证明，现阶段法国有 62 万名 18～24 岁青年人置身教育体系之外，造成严重的社会影响。学生对学校抵制情绪的增长，一方面归结于青年人成长轨迹导致，另一方面则无可厚非地归咎于教育体制运转的失败。

就此，教育部决定从动员全体、预防学业失败的选择、获取职业资格的新渠道三个方面出发，解决学业失败现象。在动员全体上，教育部参照加拿大魁北克省经验，提出每年为期一周的"学业保护周（Semaine de la persévérance scolaire）"和"一起跟上学业（Ensemble on s'accroche）"的口号。教育部设立专线电话，为每一位处于学业失败情况下的在校或离校学生及其家长提供立即而有效的信息和指导，以获得周边地区可选择的教育或个人陪护。此外，教育部还鼓励家长的参与、增强学校和督学系统人员在预防学业失败上的准备。

在预防学业失败的选择上，新政策提出了 8 小项具体措施，包括改进教师基础培养和在职培训中的教学实践，帮助其增进课堂内学业失败的观测和预防；改善为教师服务的 MOOC——网络课程，丰富教师资历；鼓励中学内教师—学生辅导员；合理利用 MOOC，设置针对困难学生的课程；推动校园文化建设，通过心理、身体活动增强学生的归属感；鼓励学校内的团体合作学习；陪同每一位缺勤的学生直至其重返校园；加强学校与外部合作伙伴的交流。

法国教育体系之外有 62 万名 18～24 岁青年人，在获取职业资格的新渠道上，教育部尝试为此类人群提供一套更为模块化和层级化的教学方案。从第一次复读开始，青年可以保留上次职业文凭考试中的成绩，下一次考试只参加未通过科目的考试，直至其获得职业能力证书或职业类中学毕业会考文凭。教育部还提出加强小学—初中和初中—高中的过渡管理、研究将义务教育延长到 18 岁的可能性、在未来增设 15～18 岁期间基础教育实习、为 16～25 岁无学历青年提供补充职业资格培训等一系列措施。

2015 年第一份教育部公报于 1 月 1 日出版，涉及预防与控制学生缺勤状况，进而减少学生学业水平滑落。法国教育部部长瓦洛-贝尔卡桑指出，"学习勤勉是学业成功的一项核心条件"，教育共同体的每一位成员尤其是学生家长都应付出努力，

---

① MENESR. Tous mobilisés pour vaincre le décrochage scolaire[EB/OL]. http：//www. education. gouv. fr/cid84031/tous-mobilises-pour-vaincre-le-decrochage-scolaire. html，2014-11-21.

降低学生的缺勤率，"哪怕是最远离学校教育的人"，也应为达成此项目标出力。①

为了实现该目标，教育部向教育部工作人员、学校工作人员提出了更高的要求，呼吁教育机构给予青少年更多的陪伴与倾听，以及应当加强其与家庭之间的对话。

在学校层面，首先，教育机构内部应该配备相关的专职人员，负责学生的出勤状况。为了了解学生的缺勤，学校教师须负责记录与分析学生缺勤情况，所有教师做好课堂点名；小学校务委员会和初中、高中的行政委员会分析并发表学生缺勤情况年报。其次，学校要致力于与学生家长合作，共同解决学生缺勤、退学等问题。学校需要为学生提供适宜学习的环境，同时确保家长等相关责任人意识到勤勉是学业成功的先决条件。在家长会或家长谈话时，教师应该调动学生家长重视学生的学业努力程度。

2015年1月6日，在省级教育部门层面，为了向家庭快速地提供最适宜的支持，地区教育部门与地区青年司法保护司（Direction territoriale de la protection judiciaire de la jeunesse，DTPJJ）、省级社会凝聚司（Direction départementale de la cohésion sociale，DDCS）、法国政府生活补助机构（Caisse d'allocations familiales，Caf）以及地区团体取得合作，通过协约直接参与家庭、青年工作，呼吁家长关注学习勤勉重要性，协约将列入地区教育规划之中。在学区层面，学区长制定相关政策，解决缺勤问题并关注省级层面中社会凝聚等相应措施；加强监管，确定缺勤相关的量化、质性指标，为中学阶段缺勤情况严重的学生提供特殊陪同。

教育部为解决缺勤问题向教育机构提出了确切的要求：缺勤状况一经观测，要在适宜的时段内上报给小学校长、中学教育总辅导员（CPE）（当教育总辅导员缺席时，上报中学校长或辅导员指定的人员），相关负责人以电话、短信、电子邮件的方式最快速地了解到缺勤的动机。缺勤是一个复杂的现象，它可能由各种原因引起：学习规划困难（特别是学业过渡期中引导与适应的缺失）、学习氛围不适宜（暴力、骚扰、与学校员工或学生相处困难）等。学校应帮助、引导并陪伴学生，提供适当的社会与健康、心理引导服务，以消除缺勤现象。

二、杜绝校园暴力

校园暴力的解决也是近年法国教育部改善学校环境所关注的重点之一。2014年12月，法国教育部的一项调查结果显示："校园暴力行为极大程度集中在极少

---

① MENESR. Najat Vallaud-Belkacem vous présente ses meill eurs vœux pour l'année 2015[EB/OL]. http：//www. education. gouv. fr/cid85134/najat-vallaud-belkacem-vous-presente-ses-meilleurs-voeux-pour-l-annee-2015. html，2015-01-01.

数学校里"，40％的校园暴力都发生在10％的初中和高中①，可见校园暴力行为受地域、社区与学校文化等因素影响。法国教育部统计数据分析结果显示，当前校园暴力与学校类型、性别、地域有着极高的相关性。法国的高中分为普通高中、技术高中和职业高中三类，在普通高中和技术高中，校园暴力在2008年至2012年间略增，之后的两年逐渐下降；然而在职业高中，暴力行为数量持续上升。同时，在2013—2014学年，法国初中、普通高中的暴力事件整体下降。在性别特征上，施暴者76％为男生、21％为女生，男生涉及严重暴力事件的比重比女生高3.5倍。数据同时显示，校园暴力的组成主要为人身伤害（79％）和财产伤害（9.1％），语言暴力占41％、肢体暴力占30％；此外，其他暴力行为如毒品及酒精消费、交通违规或携带武器占11.6％。自2007年起，语言暴力明显增加，从37.5％上升至41.7％，肢体暴力则从2008年开始小幅下降8％。89％的校园暴力事件发生在学生之间，其余则涉及教职员工、家长及学校外部人士。除传统形式的校园暴力行为外，法国当局还非常关注校园内针对性别的特殊暴力形式。自2012年起，法国政府在每年11月25日推广"消除对妇女的暴力行为国际日"行动。为了减少各种形式的针对女性的暴力、性骚扰和性侵犯行为，法国教育部不遗余力地参与其中。

但学校内同样也无法避免这些行为的发生。据法国教育部统计，学校内女生申报的暴力行为中，37％是针对性别的。申报经受网络暴力的人群中，17％为未成年女生，11％为男生。此外，学校内7.5％的女生和5％的男生申报经受了针对性别的侵犯②。就此，教育部也提出了具体措施：在国民教育阶段，开设预防和对抗性侵扰的专业咨询热线，提供教育指导，在初中、高中设立预防针对性别暴力的课程；在高等教育和科研阶段，教育部确保在学科专业选拔上的公正，出版了指南书籍《性侵犯：了解和抵御》，拒绝向那些实施歧视性学生政策的大学提供经费支持。

科学技术的飞速发展和互联网的普及，给青少年带来的不仅仅是积极的影响。在法国，18％的初中生表示在2013年曾遭受手机、互联网上的谩骂、侮辱等新型暴力行为。相较于传统的校园暴力行为，互联网和社交网络创造了一种前所未有的暴力行为：图像式暴力。相较于以往文字形式的暴力行为，攻击性图像

① Paul de Coustin. Les actes de violences dans les lycées professionnels ont doublé en cinq ans [EB/OL]. http：//etudiant. lefigaro. fr/les-news/actu/detail/article/les-actes-de-violences-dans-les-lycees-professionnels-ont-double-en-cinq-ans-9992/，2014-12-02.

② MENESR. Journée internationale de lutte contre les violences faites aux femmes：déplacement dans un collège parisien[EB/OL]. http：//www. education. gouv. fr/cid84194/journee-internationale-de-lutte-contre-les-violences-faites-aux-femmes-deplacement-dans-un-college-parisien. html，2014-11-25.

的分享与传送给青少年带来更大的冲击。网络暴力行为由于侮辱性信息传播速度快，造成了更直接的伤害。此外，信息扩散速度极快，往往来不及阻止信息的传播，也来不及保护学生，就已经对受害者造成了极大程度的伤害。驱使青少年施加网络暴力行为的原因很多，但最主要的原因还是年龄。青少年由于年龄较小，不够成熟，不知道如何应对和转化暴力性冲动，才造成对自身和他人的伤害。因此，学校教育是至关重要的。在网络暴力现象的教育上，法国青少年心理学家伊迪丝·塔塔尔·高黛(Edith Tartar Goddet)认为：首先要让青少年意识到网络行为的界限，网络上的行为也是被约束的；其次要在青少年间普及法制教育，惩戒网络暴力施暴者。

2014年2月，法国教育部前部长樊尚·佩永(Vincent Peillon)提出了应对网络暴力行为的具体措施，包括电视宣传、教师培训、学生自我保护和受害者出庭作证等方面的教育。自2014年起，法国政府每年举办全国范围的反对校园暴力海报、视频征集大赛，这无疑是学生及学校从理解、宣传到参与反对校园暴力的重要契机之一。大赛根据不同学段，分别选出小学、初中一年级及二年级、初中三年级及四年级和高中各阶段的优秀作品。无论是法国政府、学校或媒体，大赛的宣传与动员过程均可视为一次反对校园暴力的重要活动。而作为与校园暴力现象关系最紧密的群体，学生在参与其中的过程中必然会增进对校园暴力的关注、认识及理解，从而对杜绝校园暴力产生积极影响。

第五章 德国教育政策与发展趋势

本章综述了德国在 2014 年 6 月至 2015 年年底之间出台的教育政策（法律、法规、决议、教育规划和重点项目等）。因为有些中长期的教育政策分为不同的执行阶段，所以一些在 2014 年前已经出台但在本报告综述时间期限内进入新一阶段的教育政策也得到了分析。作为一个联邦制国家，德国 16 个联邦州自主负责本州的文化和教育事业，这给各州教育制度和教育政策带来了多样性。不过，为了保证各州之间的可比性，德国建立了文教部长联席会议（Kultusministerkon-ferenz，KMK）这一教育政策协调机制。本报告重点关注具有全国性的教育政策，主要包括德国联邦教育与科研部（Bundesministerium für Bildung und Forschung，BMBF）以及文教部长联席会议出台或支持的教育政策。

>> 第一节 基础教育政策：《中小学尖子生培养资助方案》[①] <<

一、政策背景

经合组织最新公布的国际学生评估项目评估报告显示：15 年来，德国中小学生无论自然科学/数学领域的学习成绩，还是德语/英语水平都取得了明显的进步，但与世界其他国家相比，仍然不具备较强的竞争力。这就意味着德国必须要通过一系列促进措施，加强对成绩优异和有潜力的尖子生的培养。

各项研究结果表明，对成绩优异和有潜力的中小学尖子生的促进措施已取得了不错的成效。相反，长期的放松管理会导致各种消极的后果，如学习动力消退、成绩下降、心理障碍甚至辍学。[②]

因此，德国文教部长联席会议于 2015 年 6 月 11 日在联邦范围内出台了统一的促进政策——《中小学尖子生培养资助方案》，为表现出色和有天赋的中小学生创造更好的学习条件，使其潜能得到充分发挥，让更多的学生进入尖子生行列。

该政策的目标群体主要为学习成绩优秀和已经显露出天赋的中小学生。无论

[①] Förderstrategie für leistungsstarke Schülerinnen und Schüler.

[②] KMK. Förderstrategie für leistungsstarke Schülerinnen und Schüler[EB/OL]. https://www.kmk.org/fileadmin/Dateien/veroeffentlichungen _ beschluesse/2015/2015 _06 _11-Foerderstrategie-leistungsstarke-Schueler.pdf，2016-06-12.

是在校内还是校外活动中，该政策都将通过一系列措施满足这些学生的特定需求，尽可能为他们创造最完美的学习条件，设计出最适合他们的教学方案，使其学习能力得到进一步提高。考虑到"成绩"这一概念的多维性，该政策除了优先支持他们的智力培养①，还将为培养他们的艺术、体育和情感才能提供支持。此外，还将通过有针对性的刺激和支持，使他们的潜能得到进一步发挥。②

这项政策同时也对教师提出了更高的要求。教师必须提高发现尖子生的能力，对于具有特殊学习潜能的学生，无论在校内还是校外，都应予以持续关注和支持。③

二、政策内容

根据《中小学尖子生培养资助方案》，对成绩优异或有潜力的中小学生的培养要从以下七个环节入手：

（一）学习诊断

儿童和青少年的成功培养很大程度上取决于及早发觉他们的潜能。为了尽早发现中小学尖子生的潜力，并通过适当的途径为他们提供资助，需要有计划性地对他们进行学习诊断。通过诊断，教师可以了解学生的特点、优势、偏差和缺陷，为因材施教、培养尖子生提供依据。这就要求教师提高敏感度，仔细观察学生们的学习状态，并及时了解他们的优势和兴趣。④

在大多数情况下，教师在学生们的学习过程中进行学习诊断。对学生学习能力的诊断主要通过观察和测量他们在以下几个方面的外在表现：

（1）完成学习任务的数量和质量（主要表现为考试分数）；

（2）完成学习任务的速度；

（3）完成学习任务的计划性与组织性；

（4）完成学习任务的流畅性；

（5）完成学习任务的独立性；

（6）完成学习任务的策略水平。

教师按照以上这些指标来衡量学生完成任务的过程和结果，就能够在一定程度上认识学生的学习能力。同时，他们需根据学生在认知能力、学习情况、性

---

① 智力培养贯穿于一个人全部的学习生涯。本项政策主要针对中小学阶段，并重点关注过渡期的培养。

② KMK. Förderstrategie für leistungsstarke Schülerinnen und Schüler[EB/OL]. https：//www.kmk.org/fileadmin/Dateien/veroeffentlichungen _ beschluesse/2015/2015 _06 _11-Foerderstrategie-leistungsstarke-Schueler.pdf，2016-06-12.

③ Ibid.

④ Ibid.

格、学习积极性等方面不同的内在和外在表现，将诊断结果进行调整、汇总。这个过程将通过教师的反复观察、统计、总结得以完成，这样才能全面考察学生的潜能和学习动机，以方便学校有针对性地为尖子生制订出适合于他们的资助方案。此外，通过这种途径可以预防学习障碍、性格封闭、行为表现异常、成绩不良等问题。学习诊断一般是在校内的学习过程中进行的，必要时还可以借助校外的学习诊断进行补充。①

（二）学校资助："充实课程"模式（Enrichment）

学校将根据尖子生不同的学习情况，为他们提供常规课程之外的学习内容，从而使他们的潜能得到充分发展。"充实课程"模式的具体做法是：以尖子生所学的常规课程作为基础，在学生完全掌握常规课程之后，对一些常规课程进行适度的拓展和深化，如为尖子生提供难度更大的学习资料、设置课题项目或者布置不同形式的作业。这样，教学内容的广度和深度就被加强了，学生的学习水平和个人能力也被提升到一个新的阶段。②

"充实课程"模式也为尖子生创造了更自由的学习空间。学生可以根据自己的爱好与需求自主选择学习的内容，控制学习节奏。在学习过程中，他们可以充分利用学校为其提供的丰富的课程和学习资料。除此之外，学校更强调尖子生在学习过程中培养创造性思维的能力，尤其是在自然科学学科。学校将邀请校外的专家为尖子生传授该领域最新的科研成果，并教给他们发现问题、解决问题的方法。③

学校还将通过建立临时的跨班级或者跨年级学习小组的形式帮助尖子生发挥他们的潜力和优势。这些成绩优异的尖子生将被安排担任"小老师"，在帮助其他同学的过程中，也有助于他们性格的培养和社会交往能力的提高。④

中小学与校外的合作伙伴如高校和企业共同举办的中小学生竞赛，旨在尽早激发尖子生对某个专业方向的兴趣，寻找该领域的学术后备力量（如 MINT 专业领域⑤和工程科学专业）。

"充实课程"模式还有一个重要组成部分——学生交换项目。通过与国外中小学生的相处，能提高德国尖子生的跨文化交流能力。除了提高外语水平，他们还

---

① KMK. Förderstrategie für leistungsstarke Schülerinnen und Schüler［EB/OL］. https：// www. kmk. org/fileadmin/Dateien/veroeffentlichungen_beschluesse/2015/2015_06_11-Foerderstrategie-leistungsstarke-Schueler. pdf，2016-06-12.

② Ibid.

③ Ibid.

④ Ibid.

⑤ MINT 专业指数学（Mathematik）、信息学（Informatik）、自然科学（Naturwissenschaft）、技术（Technik）专业。

能了解和体验别国的生活方式和文化。①

校内外联合资助的"周末计划"(Wochenendveranstaltung)以及"假期学院"(Ferienakademien)是"充实课程"模式的一种特殊的形式。成绩优异的儿童和青少年通过参加这些课外项目可以学到科学的学习/工作方法。除此之外,还有一些为下一教育阶段提前做准备的项目,如"儿童大学"(Kinderuni)、大学体验课程(Schnupperkurse an der Universität)、"中小学生实验室"(Schülerlabor)等,可以满足不同年龄段和兴趣群的需求。②

(三)学校资助:"加速计划"(Akzeleration)

"加速计划"指为学生制订较为紧密的学习计划,用较短时间完成规定时间内的正常学习要求,使他们可以提前入学、毕业。这项措施被认为是最适合那些学习能力强且有积极性的尖子生的科学的资助措施。③

如果儿童的某种潜力在幼儿期被发掘,他们便可以申请提前进入小学学习。但这项措施要求父母和学校在任何情况下都保持紧密的联系,且提前在学校做好心理咨询。通常情况下,学校领导还需要同校医协商后决定是否提前录取入学。④

学校还将设立灵活的入学班和混龄班。这样,成绩优秀的小学尖子生既可以和同龄人,也可以和年龄更大的孩子一起学习。他们可以通过在入学班短期的停留快速地适应更高的学习要求。除此之外还有另一种形式,即尖子生可以上不同学科的高年级的部分课程。这有利于在小学阶段培养出尖子生的优势学科,如数学/自然科学学科。⑤

尖子生"加速计划"在小学及初中阶段的另一种形式是跳级。一般情况下,跳级生的智力水平要高于正常儿童。此外,跳级生的心理成熟度、积极的学习态度,以及他们的父母和教师对此项措施的乐观态度也是必不可少的前提条件。跳级生的学习进度将比他们原先所在班级快一年,在这种模式下,他们需要在缩短的时间内完成和原先一样的学习内容,这就需要制订出与之相适应的学习计划,比如适当减少用于练习和复习的时间。⑥

(四)学校资助:分组学习模式(Gruppierung)

以上提到的两种措施——"加速计划"和"充实课程"模式是中小学尖子生培养

---

① KMK. Förderstrategie für leistungsstarke Schülerinnen und Schüler[EB/OL]. https://www.kmk.org/fileadmin/Dateien/veroeffentlichungen_beschluesse/2015/2015_06_11-Foerderstrategie-leistungsstarke-Schueler.pdf,2016-06-12.

② Ibid.

③ Ibid.

④ Ibid.

⑤ Ibid.

⑥ Ibid.

资助方案的基础。除此之外,还有一种特殊的形式能将以上两种措施结合起来,即分组学习模式。

特殊班(Spezialklasse)或者特殊学校(Spezialschule)的设立旨在将学习成绩优异的中小学尖子生集中在一个学习小组或课堂上,为他们提供统一的资助,以促进他们认知和情感的发展、加强他们的创造性、提高他们的学习成绩,以及培养他们的社会责任感。[①]

在特殊班和特殊学校给尖子生讲课的往往是经验丰富且经过专门培训的教师。多项调查表明,特殊班学生的成绩总体呈积极的发展状态。在统考中,特殊班学生的成绩往往要高于普通班。除此之外,特殊班尖子生的社会交际能力和对新鲜事物的认知能力比普通班的学生要强。这一点可以通过访问他们的父母得以证实。[②]

(五)学校补充措施

学校还将采取各项补充措施,让中小学尖子生不同的潜能得到充分发挥。这些措施包括:举办中小学生竞赛,成立中小学生研究院(Schülerakademie)、中小学生实验室(Schülerlabor)以及中小学生科研中心,设立奖学金项目等。此外,国外交流项目也能发挥尖子生的才能和潜力。[③]

成绩优异的尖子生尤其适合参加各项竞赛,因为这能鼓励他们对所有生活领域的专业问题进行深度研究。完成竞赛任务不仅要有自主学习能力和创造力,还需要专心、坚持。通过竞赛,尖子生的个人潜力将得到发挥,小组合作的学习形式也将得到支持。由文教部长联席会议和联邦教育与科研部支持和资助的中小学生竞赛涉及范围十分广泛,它不再局限于认知领域,还有关于艺术、体育、创造等领域的比赛。除了全国性的竞赛,很多州有自己单独举办的竞赛,并根据竞赛成绩为学生和教师颁发奖金。[④]

中小学生研究院或假期研讨课通过开设课程和举办学术报告鼓励尖子生对他们感兴趣的领域进行深度学习和研究,并促进他们对相关课题的了解。以小组合作的形式完成作业也有助于促进他们的个性发展。国家级的德国中学生研究院

---

① KMK. Förderstrategie für leistungsstarke Schülerinnen und Schüler[EB/OL]. https://www.kmk.org/fileadmin/Dateien/veroeffentlichungen_beschluesse/2015/2015_06_11-Foerderstrategie-leistungsstarke-Schueler.pdf,2016-06-12.

② Ibid.

③ Ibid.

④ Ibid.

(Die Deutsche Schülerakademie)也采用了相似的措施。①

中小学生实验室的建立是以一种特殊的方式对学校措施进行补充。一方面，它为个别班级或者学习小组进行专业的课题项目研究提供了场所。通过主动参与实验，尖子生在该领域的知识储备将得到完善，兴趣也将得到进一步加强。另一方面，实验室为尖子生提供机会，在专业老师的指导下对某一课题进行更深入的研究。除此之外，中小学生实验室的课程设立还对教师有更高的要求。他们需要让学生了解特定专业领域的最新发现和研究成果，并做出最适合学生的课程方案。②

作为学校教育的补充措施之一，出国交流项目最有利于促进尖子生的个性发展。在国外交流期间，他们不仅可以提升外语水平，而且能体验另一种生活方式和文化，提高跨文化交流的能力。在合作对象国的课堂上，尖子生特殊的天赋和才能将得到充分展示。

相比之下，校外的补充措施需要耗费学生们大量额外的时间和精力。他们的校外成绩将通过相关的证书得到认可，并且可以作为校内成绩评价的参考。③

(六)提高教师教育质量

实行中小学尖子生的资助方案的一个重要前提是从各方面提高任课教师的能力。因此，教师教育必须以各个学习阶段不同学生群体的特殊需求为导向。

专门安排给尖子生的教师除了必须具备专业能力——特别是学习诊断能力和教学能力——之外，还要对不同方式的资助方案有深入的了解。《教师教育标准：教育科学》④以及《各州通用的对教师教育的学科专业和学科教学法的内容要求》⑤中对如何达到这些要求有所指示。⑥

这些标准既适用于大学阶段的教师教育专业（Lehramtsstudium）的学习，也适用于预备役期间的实践训练。文教部应该通过和大学的密切交流，确保在"教学"和"评估"两个能力领域所确定的第一个教师教育阶段的标准在大学各专业的

---

①　KMK. Förderstrategie für leistungsstarke Schülerinnen und Schüler［EB/OL］. https：//www.kmk.org/fileadmin/Dateien/veroeffentlichungen _ beschluesse/2015/2015_06_11-Foerderstrate-gie-leistungsstarke-Schueler.pdf，2016-06-12.

②　Ibid.

③　Ibid.

④　Standards für die Lehrerbildung：Bildungswissenschaften，由文教部长联席会议于2004年12月16日通过，2014年6月12日修订。

⑤　Ländergemeinsamen inhaltlichen Anforderungen für die Fachwissenschaften und Fachdidaktiken in der Lehrerbildung，由文教部长联席会议于2008年10月16日通过，2015年2月12日修订。

⑥　KMK. Förderstrategie für leistungsstarke Schülerinnen und Schüler［EB/OL］. https：//www.kmk.org/fileadmin/Dateien/veroeffentlichungen _ beschluesse/2015/2015_06_11-Foerderstrat-egie-leistungsstarke-Schueler.pdf，2016-06-12.

《学业规章》中有所体现，并通过大学课程加以落实。①

考虑到中小学生水平之间越来越大的差距，一些大学还为教师补开了专门的课程。在培训期间的实习为教师提供了大量的学习机会，他们可以观摩课堂，并分析专门针对尖子生的课程设计。师范生积极参与中小学生们的假期研讨课、竞赛或者实验室，是对大学课程内容最有价值的补充。在入职准备阶段，教师将通过讲课将理论基础付诸实践。如何了解学生的学习基础、进步情况、学习潜力或者学习障碍，如何设计教学顺序、作业布置等，需要教师通过与有经验的教师的交流，找出合适的方法。除了有牢固的专业知识基础、丰富多样的课程设计、作业布置形式，教师还需要对现有的教育和咨询服务有深入的了解。研究表明，不同类型学校的教师都可以通过培训加强学习诊断能力。通过不同形式的课程设计和作业布置，将学习诊断和课堂实践衔接起来可以取得更好的教学效果。②

(七)加强教育合作

为了让中小学尖子生的培养资助方案取得更好的成效，需要加强各方面的教育合作，尤其是父母、资历丰富的教师、心理学家、指导教师、经济和科学领域专家等之间的互相配合。

家庭教育在儿童的个性发展中起最核心的作用。儿童需要在父母的鼓励下获得展示自己的机会，这样才能让特长得到充分发挥。然而，不少家长往往忽视了这一点，从而埋没了儿童的特长。当家长不能发掘儿童潜能的时候，教师需要担起此项责任。教师和父母之间互相信任的、有针对性的广泛合作是尖子生培养资助方案的核心要素。这需要双方共同分享关于孩子、培养重点、资助方案等方面的信息，为这些孩子创造最佳的学习条件。③

仅通过一所学校不能实现资助方案的最优化，这需要加强学校间的合作。在同一区域内建立学校网络能实现资源最大化，尤其是郊区的学校。此外，当地的教育管理部门也将为学校间合作举办的中小学生活动提供资助。④

中小学各年级还将获得与校外教育和科研机构、高校以及企业合作的机会。各校外教育组织将根据不同区域为学校提供资助，因此，繁华市区和郊区获得的资助具有明显差别。除了科研机构和企业，协会、社团、志愿者、基金会也是重要的合作伙伴。合作将在与不同组织签订的协议的基础上进行策划，这些协议将明确规定资助重点、负责范围和资助目标，旨在最大程度利用合作伙伴的优势。

---

① KMK. Förderstrategie für leistungsstarke Schülerinnen und Schüler［EB/OL］. https：//www. kmk. org/fileadmin/Dateien/veroeffentlichungen _ beschluesse/2015/2015 _06 _11-Foerderstrategie-leistungsstarke-Schueler. pdf，2016-06-12.

② Ibid.

③ Ibid.

④ Ibid.

校外的资助措施与校内的措施是有效结合的，因此，儿童和青少年在校外取得的成绩也将被给予认可并记入档案。在校内外合作框架内的针对尖子生的资助方案还需将有计划性的就业和大学定位作为目标之一，对此，学校应引进个人指导和赞助项目。①

三、政策实施

各州目前已通过实施以上措施促进尖子生学习成绩的提高，具体实施情况如下：

（一）开设个性化且有挑战性的课程

各州制定的学校法越来越重视为中小学生提供个性化教育。法案中多次提到，每所学校都有义务为所有学生，特别是尖子生提供合适的教育，促进他们的发展，不管是在课堂上还是通过课外的措施。学校需要考虑学生在能力、兴趣、学习方式、社会交往方式上的差别，并在他们身上挖掘个人发展的潜力。促进方案最重要的前提之一是保证他们以最适合自己的方式学习，因此很多州要求学校制定出符合尖子生发展需求的教学和学习方案。为此，教师将设计出对学生目前能力具有一定挑战性的课程计划。②

1. 学习诊断

学习诊断是发掘学生特长和潜力最重要的基础工作。各州在过去几年一直致力于对学生进行学习诊断，包括入学前的语言水平测试、入学初期的学习基础以及学习情况调查、不同年级中小学生的能力分析以及其他诊断方式。在此基础上，学校可以系统地为学生制订合适的学习和资助计划。学生的学习发展情况将被记录在个人档案和学习日记中。③

2. 个性化的咨询、支持和陪伴

一些州将安排专业的指导老师，为尖子生以及他们的父母提供个性化的咨询、支持和陪伴。这些指导老师不仅替父母解答关于孩子的教育问题，而且向教师提供有关培训课程的信息。因此这些教师能及时了解校内外对尖子生的促进措施，支持校内措施的实行，并在家长为孩子的发展做决定的时候提供建议。④

---

① KMK. Förderstrategie für leistungsstarke Schülerinnen und Schüler［EB/OL］. https：//www. kmk. org/fileadmin/Dateien/veroeffentlichungen_beschluesse/2015/2015_06_11-Foerderstrategie-leistungsstarke-Schueler. pdf，2016-06-12.

② Ibid.

③ Ibid.

④ Ibid.

3. 加强教师培训

在过去几年，教师识别儿童和青少年潜力的敏锐性得到了很大程度的提高。通过教师培训，他们可以获得个性化的促进和指导，掌握学习诊断的方式（学习基础、学习成绩等方面）以及处理学生水平差异的方式。[①]

（二）通过"充实课程"模式、"加速计划"、特殊的学习小组设计教学方案

1. "充实课程"模式

为小学尖子生的发展提供资助是很多州的学校法中固定的组成部分。小学实行"充实课程"模式的首要目的在于尽早挖掘成绩优异的尖子生并为他们提供个人资助。在课堂上，教师将使用各种不同的教学方案，如开放式学习形式、自主学习、课题项目等。课外措施如学习社团、儿童研究院、竞赛等也同样能支持有兴趣和天赋的小学生。[②]

"充实课程"模式也是中学尖子生资助项目的重要组成部分。各州的学校按照具体情况采用最合适的"充实课程"模式，无论是在课堂上还是作为补充措施实行，通常有竞赛、奖学金项目、学习社团、中学生研究院以及州立师范学校等项目。很多中学还与大学、应用科学大学合作，为尖子生提供提前学习大学课程的机会。除此之外，作为学校教育的补充，很多学校还与商界的合作伙伴创立了相关合作项目。[③]

2. "加速计划"

各联邦州小学的"加速计划"的实施方式是相似的，最常见的是在达到法律规定的年龄前入学、跳级、上高年级的课等。是否适合使用此灵活的上学方式需要根据学生档案中记载的学习发展的情况来决定。[④]

初中阶段的"加速计划"的实施建立在小学的基础上。如果根据教师的判断，尖子生在更高年级可以获得更好的有利于他们学习成绩和能力的发展资助，他们便可以选择跳级。[⑤]

3. 特殊的学习小组

很多联邦州的学校为尖子生建立了临时的学习小组，提供特定的促进措施，促进尖子生在数学、体育、艺术和语言学科的学习。除此之外，一些州的小学还

---

① KMK. Förderstrategie für leistungsstarke Schülerinnen und Schüler［EB/OL］. https：//www. kmk. org/fileadmin/Dateien/veroeffentlichungen _ beschluesse/2015/2015_06_11-Foerderstrategie-leistungsstarke-Schueler. pdf，2016-06-12.

② Ibid.

③ Ibid.

④ Ibid.

⑤ Ibid.

专门建立了尖子生班。① 在有些联邦州，中学阶段的尖子生会在有专业特色的学校或者单独的尖子生班中得到促进。

（三）建立合作关系

德国各联邦州的中小学为尖子生以及他们的父母和教师提供咨询服务，以让他们关注和了解"充实课程"模式和"加速计划"。此外，学校咨询处和竞赛中心还提供心理咨询服务，帮助他们进行学习诊断。各州也计划实行教师培训和继续教育措施。学校间建立的固定合作关系能共同发展、商讨和评价资助措施。②

各州小学还将与校外的合作伙伴进行合作，包括托儿所、图书馆、社团、基金会以及高校。中学的"充实课程"项目经常与校外专家，如教育与人才促进协会（Bildung & Begabung）、KARG 基金会、博世基金会等进行合作。除此之外，与社团、咨询中心、艺校、图书馆和高校的合作也进一步加强。③

除了重点资助尖子生之外，各州也向成绩较差的学生提供支持，未来将借助科学标准提高各州教育的可比性。德国联邦政府未来将向中小学领域投入更多资金，尤其发挥联邦政府在中小学教育公平方面的主导作用，如促进残疾学生与非残疾学生共校学习、多设立全日制学校等。④

（四）加强质量保障，深化教育研究

在多个联邦州，针对尖子生的促进措施都得到综合性大学、师范大学或者其他教育机构中的研究者的跟踪调查、评估和总结。这些联邦州计划进一步发展和扩大现有的针对尖子生的促进措施。

>> 第二节　职业教育政策：2015 年德国培训市场发展调查报告 <<

德国联邦职业教育研究所（Bundesinstitut für Berufsbildung，BIBB）根据截至 2015 年 9 月 30 日德国企业新签署的培训合同数以及联邦劳动局（BA）提供的数据，对 2015 年德国培训市场的发展作出分析报告。报告显示，2015 年德国培训岗位的供给数与 2014 年相比有所增加，但同时，企业所提供的培训岗位与年轻人培训需求之间的不匹配问题进一步凸显。鉴于企业的很多培训岗位由于需求不

---

① KMK. Förderstrategie für leistungsstarke Schülerinnen und Schüler［EB/OL］. https：//www. kmk. org/fileadmin/Dateien/veroeffentlichungen＿beschluesse/2015/2015＿06＿11-Foerderstrategie-leistungsstarke-Schueler. pdf，2016-06-12.

② Ibid.

③ Ibid.

④ Ibid.

匹配问题而空缺，所以 2015 年签约的培训合同数并没有增长，与 2014 年基本持平。[①] 报告具体内容如下：

一、培训市场发展情况

（一）培训岗位供给数的变化

在双元制职业教育体系下，2015 年德国培训岗位的供给数为 563055 个，不仅高于年初"PROSIMA"系统预估的 542300 个，且与 2014 年相比增加了 2754 个培训岗位，增长率为 0.5%。这也是该数字自 2011 年以来的首次增长。[②]

2015 年培训岗位供给数总体的增长完全是由于企业提供的培训岗位的增多（+4300，+0.8%），尤其是德国东部的梅克伦堡—前波莫瑞州（+4.6%）和勃兰登堡州（+3%），西部的不来梅市（+3.7%）和汉堡市（+3.1%）的企业培训岗位增长趋势最为显著。只有萨尔州（-1.9%）、萨克森州（-1.8%）、下萨克森州（-1.1%）以及莱茵州（-0.3%）四个联邦州的企业提供的培训岗位数呈下降趋势。相反，"非企业"型培训岗位减少了 1500 个，降低率为 7.5%。[③]

2015 年，德国培训岗位的增长趋势几乎体现在所有的行业领域。只有工商业的培训岗位供给数比 2014 年减少了 1665 个，降低率为 0.5%，这在很大程度上导致了"非企业"型培训岗位供给的减少。其他领域的培训岗位供给都呈增长趋势。[④]

表 5-1　2010—2015 年各行业领域培训岗位供给数（单位：个）

行业领域	培训岗位供给数							
	2010	2011	2012	2013	2014	2015	2015 比 2014	
总数	579564	599070	584532	563280	560301	563055	+2754	+0.5%
工商业	342282	360321	351066	335811	331620	329955	-1665	-0.5%
手工业	160863	162579	157677	152997	153993	155955	+1962	+1.3%
公共服务业	13725	12498	12258	12450	12564	13392	+828	+6.6%
农业	14205	13764	13617	13614	13707	14088	+381	+2.8%
其他	48492	49908	49914	48408	48417	49665	+1248	+2.6%

来源：Quellen：Bundesinstitut für Berufsbildung，Erhebung zum 30. September；Bundesagentur für Arbeit，Ausbil dungsmarktstatistik zum 30. September；eigene Berechnungen des BIBB-Arbeitsbereichs 2.1

---

① BIBB. Mehr Ausbildungsangebote，stabile Nachfrage，aber wachsende Passungsprobleme [EB/OL]. https：//www. bibb. de/dokumente/pdf/a21_beitrag_naa-2015. pdf，2016-06-12.

② Ibid.

③ Ibid.

④ Ibid.

培训岗位供给数(个)

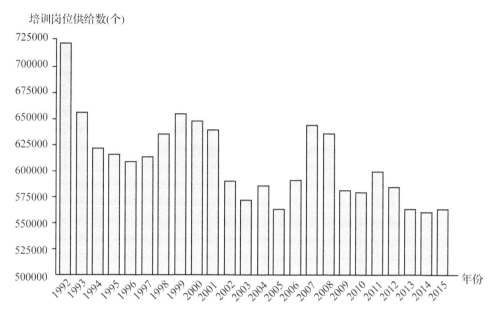

图 5-1　1992—2015 年德国培训岗位供给数

来源：Bundesinstitut für Berufsbildung，Erhebung zum 30. September；Bundesagentur für Arbeit，Ausbildungsmarktstatistik zum 30. September；eigene Berechnungen des BIBB-Arbeitsbereichs 2.1

(二)培训岗位需求数的变化

培训市场的发展好于预期，这主要得益于经济的繁荣以及企业和年轻人对职业教育和培训的兴趣的显著提升。如果不考虑全国范围内学校毕业人数减少这个因素，2015 年 602900 个培训岗位需求同 2014 年相比只减少了 1500 个，即下降了 0.2％。除了不来梅州(＋1.2％)、巴登－符腾堡州(＋1.1％)、石勒苏益格－荷尔斯泰因州(＋0.9％)、黑森州(＋0.8％)以及拜仁州(＋0.1％)，德国西部其他州的培训岗位需求数呈轻微下降趋势，而德国东部的培训岗位需求数总体呈增长趋势(＋500，＋0.6％)。从全国范围内来看，勃兰登堡州(＋3.1％)和萨克森州(＋2.2％)培训岗位需求数的增长最为明显。[①]

在德国东部，由于 2015 年的毕业人数有所增长，年轻人中的培训需求也随之增加。2000—2011 年，东部地区普通中学毕业人数减少了超过一半(2000 年：234900 人；2011 年：100900 人)。从 2012 年开始，毕业生人数就保持平稳缓慢的增长趋势。2015 年，德国东部有 78300 名中学生未获得大学入学资格(比 2014

---

　① BIBB. Mehr Ausbildungsangebote，stabile Nachfrage，aber wachsende Passungsprobleme [EB/OL]. https：//www. bibb. de/dokumente/pdf/a21_beitrag_naa-2015. pdf，2016-06-12.

年增加了 3400 人），40300 名中学生获得了大学入学资格（比 2014 年增加了 1600 人）。①

　　相反，在德国西部，未获得大学入学资格的普通中学毕业生人数为 463700 人，比 2014 年减少了 16100 人。同样，获得大学入学资格的毕业生人数也大幅下降。

　　2015 年培训岗位需求数的稳步发展比预期的结果更好。这不仅仅是因为年轻人愿意进入企业，更是因为他们对双元制职业教育的关注。②

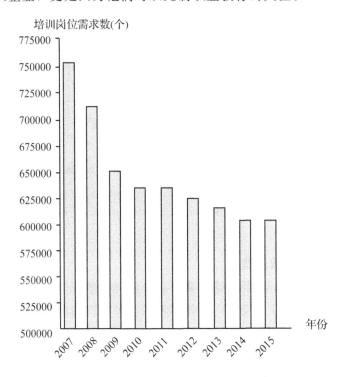

图 5-2　2007—2015 年德国培训岗位需求数

　　来源：Bundesinstitut für Berufsbildung，Erhebung zum 30. September；Bundesagentur für Arbeit，Ausbildungsmarktstatistik zum 30. September；eigene Berechnungen des BIBB-Arbeitsbereichs 2.1

（三）"有培训兴趣的年轻人"对双元制职业教育的参与度

　　按照以往的规定，"有培训兴趣的年轻人"包括已签署新的培训合同或者以培训岗位申请者的身份在联邦劳动局注册过的所有人员。也就是说，除了在 9 月 30 日之前已经被培训岗位录用和仍未找到培训岗位的人，还包括那些在最后期限放

---

　　① BIBB. Mehr Ausbildungsangebote，stabile Nachfrage，aber wachsende Passungsprobleme [EB/OL]. https：//www. bibb. de/dokumente/pdf/a21 _ beitrag _ naa-2015. pdf，2016-06-12.

　　② Ibid.

弃调剂的申请者。①

2015 年"有培训兴趣的年轻人"达 804369 人，其中有 64.9％签署了新的就业合同，比 2014 年高出 0.4％。125400 名，即 15.6％"有培训兴趣的年轻人"接受了其他形式的教育，如进入大学学习、进入职业学校的预备课程阶段（包括职业预备年和职业教育基础培训年）、实习等。31500 名，即 3.9％"有培训兴趣的年轻人"找到了工作，还有 10900 名，即 1.4％的人参与了社会公益事业。②

不过，仍有 114400 名，即 14.2％"有培训兴趣的年轻人"没有下落。其中有 20700 人在 9 月 30 日之前未申请到培训岗位且不能选择其他出路，另有 93700 人无法得知他们的现状。正如联邦劳动局和联邦职业教育研究所的调查显示，大多数下落不明的申请者现实处境十分艰难，很多人处于失业或者临时工状态。③

（四）新签约的培训合同数的变化

鉴于企业的很多培训岗位由于需求不匹配问题而空缺，2015 年全国新签约的培训合同数为 522100 份，与 2014 年基本持平（减少了 1100 份，下降率为 0.2％）。在德国东部，新签约的培训合同数减少到 74200 份（减少了 100 份，下降率为 0.2％）；在德国西部，新签约的培训合同数减少到 447900 份（减少了 1000 份，下降率为 0.2％）。如果能避免反复出现的培训市场供需匹配问题，新增加的培训岗位能被填满，2015 年新签约的培训合同数将超出现有数据。④

1. 各州新签约的培训合同数

尽管 2015 年全国范围内新签约的培训合同数比 2014 年有所下降，但在有些联邦州，新签约的培训合同数比 2014 年有所增加。其中，萨克森州（＋2.6％）、石勒苏益格－荷尔斯泰因州（＋2.0％）以及勃兰登堡州（＋1.6％）的增长趋势最为明显。也有部分联邦州新签约的培训合同数下降较为明显，如萨克森－安哈特州（－3.8％）、萨尔州（－2.6％）以及下萨克森州（－2.2％）。⑤

2. 不同行业领域新签约的培训合同数

（1）工商业。

联邦职业教育研究所的调查报告显示，自 2012 年以来，工商业领域每年新签约的培训合同数不断减少。2015 年新签约的培训合同数为 308200 份，与 2014 年相比减少了 3500 份，下降率为 1.1％。德国西部工商业领域新签约的合同数减

---

① BIBB. Mehr Ausbildungsangebote, stabile Nachfrage, aber wachsende Passungsprobleme [EB/OL]. https：//www. bibb. de/dokumente/pdf/a21 _ beitrag _ naa-2015. pdf，2016-06-12.

② Ibid.

③ Ibid.

④ Ibid.

⑤ Ibid.

少了 2500 份(−1.0%),东部地区减少了 900 份(−2.1%)。①

尽管 2015 年全国新签约的培训合同数整体减少,但工商业作为双元制职业培训体系中最大的行业,其优势地位几乎没有改变。2015 年有超过一半(59.0%)新签约的培训合同来自工商业领域。②

(2)手工业。

手工业作为职业培训的第二大行业领域,2015 年共签约了 141500 份培训合同,占总合同数的 27.1%,且比 2014 年多出约 300 份(+0.2%)。其中,德国东部地区比 2014 年多签约 500 份手工业培训合同,而西部地区新签约的合同数有所减少。③

(3)自由职业。

自由职业(如:有独立诊所/工作室的医生、牙医、兽医、药剂师、税务顾问、律师、公证人等)是职业培训的第三大领域。2015 年该领域新签约的合同数为 43100 份,与 2014 年相比增加了 1000 份,增长率 2.4%。其中,德国西部新签约的合同数增加了 900 份,东部增加了近 100 份。④

(4)农业。

在农业领域 2015 年新签约的合同数增长到 13600 份,比 2014 年增长了 3.1%,这主要是由于西部地区显著的增长趋势(+3.9%),而东部地区没有较为明显的变化。⑤

(5)公共服务业。

公共服务业的增长趋势最为显著。2015 年该领域共新签约了 13300 份培训合同,比 2014 年多签约 900 份,增长率高达 7.0%。其中,西部地区增长了 6.5%,东部地区增长了 8.9%。⑥

(6)家政业。

2014 年家政业签约的培训合同数与前几年相比已有较大幅度的下降,在此基础上,2015 年该领域新签约的合同数继续减少了 156 份(−6.5%),最终只签约了 2300 份。与 2001 年的 5000 份相比,该数据减少了一半多。造成这种现象的原因主要是公共培训岗位(即"非企业"培训岗位)的减少。与其他行业领域相

---

① BIBB. Mehr Ausbildungsangebote, stabile Nachfrage, aber wachsende Passungsprobleme [EB/OL]. https://www.bibb.de/dokumente/pdf/a21 _ beitrag _ naa-2015. pdf, 2016-06-12.

② Ibid.

③ Ibid.

④ Ibid.

⑤ Ibid.

⑥ Ibid.

比，"非企业"培训岗位在家政业领域具有较为重要的意义。①

（7）海运业。

作为最小的行业领域，海运业 2015 年新签约了 170 份培训合同，与 2014 年相比减少了 8.2%。②

3. 按性别对比新签约的培训合同数

2015 年新签约培训合同的男/女性人数呈现出相反的发展趋势：男性人数从 2014 年的 313400 人增加到 2015 年的 314500 人，增加了 0.3%；而女性人数从 209800 人减少到 207600 人，下降了 1.0%。③

造成这种现象的原因之一是男/女性在职业选择倾向性上的不同。2015 年，受年轻女性偏爱的服务业培训岗位的供给减少了 800 个，这降低了她们找到合适培训岗位的概率。尽管如此，2015 年没有找到培训岗位的女性比例从 14.1%下降到 13.9%。④

这看似互相矛盾的结果是因为与年轻男性相比，德国年轻女性近年来对双元制职业培训的兴趣大大降低了：从 2009 年至 2015 年，对职业培训有兴趣的年轻男性人数下降了 1.8%（从 484700 人减少到 476100 人），而年轻女性人数下降了 14.0%（从 381800 人减少到 328300 人），下降幅度远远大于年轻男性。这就导致了 2015 年签约培训合同的女性人数比 2009 年减少了 14.2%，而男性人数只减少了 2.4%。⑤

年轻女性对双元制职业培训兴趣降低有多种原因。首先，越来越多的女性获得了进入大学学习的资格。到 2014 年，普通中学参加高考的女生人数（全国：153500 人）比例达到了 36.8%，而男生人数（127000 人）只占 29.3%。相反，普通中学里没有获得大学入学资格的男性毕业生人数（305700 人）远远超过女性（263600 人）。因为获得大学入学资格的毕业生对培训岗位的需求少于没有获得大学入学资格的毕业生，这就不可避免地导致了女性对培训岗位的兴趣度越来越低于男性。⑥

造成年轻女性对职业培训兴趣降低的另一个原因在于医疗护理行业需求的日益增加，而从事该行业的大多数为女性。与此同时，该行业开始进行形象推广，并致力于扩大从业人数，而忽视了近年来年轻人口数的减少。事实上，该行业近

---

① BIBB. Mehr Ausbildungsangebote, stabile Nachfrage, aber wachsende Passungsprobleme [EB/OL]. https：//www. bibb. de/dokumente/pdf/a21 _ beitrag _ naa-2015. pdf，2016-06-12.

② Ibid.

③ Ibid.

④ Ibid.

⑤ Ibid.

⑥ Ibid.

几年不仅稳固而且扩大了新培训学员的人数。[①]

二、培训市场存在的问题

(一)培训岗位空缺问题

截至 2015 年 9 月 30 日仍空缺的培训岗位数与前几年相比显著增加。2015 年德国企业共有 41000 个培训岗位空缺,是 5 年前的两倍多(2010 年:19600 个),与 2014 年相比增加了 3900 个,增长率为 10.4%。此前,只有 20 世纪 90 年代出现过这么高的岗位空缺数。其中,西部地区培训岗位空缺数为 33400 个,比 2014 年增加了 3100 个,增长率为 10.0%;东部地区培训岗位空缺数为 7500 个,比 2014 年增加了 800 个,增长率为 12.4%。[②]

2015 年,全国企业所提供的 544200 个培训岗位中,空缺的岗位占 7.5%。东部地区有 9.9% 的企业培训岗位空缺,西部地区岗位空缺数占比 7.1%。[③]

其中,手工业领域的培训岗位空缺问题最为严重。截至 2015 年 9 月 30 日,该行业有 14400 个企业培训岗位空缺,占比 9.7%。尤其是在东部地区,岗位空缺数占比达到 11.3%(西部:9.4%)。相比之下,公共服务行业一直不存在岗位空缺问题。2015 年该行业的培训岗位空缺数降低了约 25%,只占所有岗位的 0.8%。[④]

(二)未找到培训岗位的人数增多

根据联邦劳动局公布的数据,截至 2015 年 9 月 30 日,全国仍没有找到培训岗位的人数达 80800 人,占所有培训岗位需求者人数的 13.4%,与 2014 年基本持平。然而,只有在德国西部未找到培训岗位的人数有所减少(减少了 800 人,下降率为 1.2%)。相反,东部地区未找到培训岗位的人数呈显著增长趋势(增加了 700 人,增长率为 7.2%)。[⑤]

在全国 16 个联邦州中,2015 年未找到培训岗位的人数占培训岗位需求者人数比重最高的是下萨克森州(17.3%)、北威州(16.6%)以及黑森州(16.4%)。拜仁州(7.6%)和图林根州(8.5%)占比最低。[⑥]

---

① BIBB. Mehr Ausbildungsangebote, stabile Nachfrage, aber wachsende Passungsprobleme [EB/OL]. https://www.bibb.de/dokumente/pdf/a21_beitrag_naa-2015.pdf, 2016-06-12.

② Ibid.

③ Ibid.

④ Ibid.

⑤ Ibid.

⑥ Ibid.

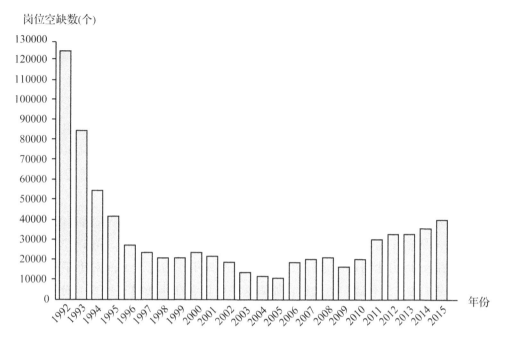

图 5-3　1992—2015 年德国企业培训岗位空缺数(截至每年 9 月 30 日)

来源：Bundesagentur für Arbeit，Ausbildungsmarktstatistik zum 30. September；eigene Darstellung des BIBB-Arbeitsbereichs 2. 1

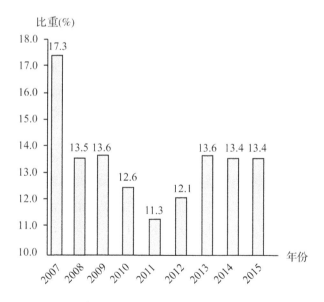

图 5-4　2007—2015 年未找到培训岗位的人数所占比重(截至每年 9 月 30 日)

来源：Bundesinstitut für Berufsbildung，Erhebung zum 30. September；Bundesagentur für Arbeit，Ausbil dungsmarktstatistik zum 30. September；eigene Berechnungen des BIBB-Arbeitsbereichs 2. 1

　　值得注意的是，2015 年持有应用科学大学入学资格或高中毕业文凭，却仍未申请到培训岗位的人数占比 26.5％。这个比重要超过 2014 年的 25.2％和 2010 年的 17.5％。这表明，不仅仅是学历低的年轻人存在进入培训市场困难的问题。该比例的提高，一定程度上是由于过去几年通过大学入学考试的毕业生总人数的增多，以及未通过/未参加大学入学考试的中学毕业生人数的减少。从另一个角度分析，这也跟毕业生的职业选择倾向有关。那些获得大学入学资格的年轻人将他们的职业愿望集中在商务、媒体和 IT 行业，导致在这些行业中求职人数大大超过岗位供给数，而且没有找到培训岗位的人只在部分情况下愿意转投到其他岗位。①

　　根据实际情况，仍未找到培训岗位的人可以分为两类："有替代选择的申请者"和"无生活来源的申请者"。几乎所有未找到培训岗位的未成年人都属于"有替代选择的申请者"，因为他们可以选择复读或者实习一年作为过渡。而对于年龄较大的申请者来说，几乎没有这样的选择，如果这些申请者在年底没有找到一份保底的工作(未经过培训的)，他们将在年度报告中被归为"无生活来源的申请者"。②

　　2015 年进行"替代选择"的 60100 名申请者中，有 34％回到学校复读或进入职业学校的预备课程阶段(包括职业预备年和职业教育基础培训年)；13％的申请者将继续接受"非企业"的职业教育；21％的申请者接受了资助措施；近 18％的申请者找到工作；7％的申请者参与社会公益服务；6％的申请者进入企业实习；不到 3％的申请者进入大学学习。③

(三)供给需求匹配问题

　　自 2009 年以来，不管在德国西部还是东部地区，培训岗位供需匹配问题都越来越严重。2015 年，德国企业所提供的培训岗位与年轻人培训需求之间的不匹配问题进一步凸显。截至 9 月 30 日，全国仍有相当多空缺的培训名额和未找到培训岗位的人。④

　　造成培训市场匹配问题的核心原因在于不同职业培训岗位的供给和需求关系不协调。部分行业由于重复的、无聊的劳动不受年轻人欢迎，面临着大量培训岗位空缺的问题，如餐饮业、食品手工业、清洁工等；相反，一部分炙手可热的行业，如商业、传媒行业等，求职人数大大超过岗位供给数，导致有很多年轻人没能申请到满意的培训岗位。⑤

---

　　① BIBB. Mehr Ausbildungsangebote，stabile Nachfrage，aber wachsende Passungsprobleme [EB/OL]. https：//www. bibb. de/dokumente/pdf/a21 _ beitrag _ naa-2015. pdf，2016-06-12.

　　② Ibid.

　　③ Ibid.

　　④ Ibid.

　　⑤ Ibid.

在已有的培训岗位供给不变的情况下，要解决培训市场匹配问题，只能加强年轻人职业选择的灵活性。为此，一方面有必要加强他们的职业定位；另一方面，在设计培训方案时要注意，各职业的培训和工作条件不能相差太大，以避免部分职业对年轻人没有吸引力。[①]

三、总结

由于经济的繁荣以及企业和年轻人对职业教育和培训的兴趣的提升，2015年德国培训市场的发展好于预期，主要体现在：（1）培训岗位供给数增加；（2）培训岗位需求数与2014年基本持平；（3）年轻人对双元制职业教育的参与度有所提升；（4）新签约培训合同数与2014年基本持平。

但同时，2015年德国培训市场也面临着一系列问题，尤其是企业所提供的培训岗位与年轻人培训需求之间的不匹配问题进一步凸显。在没有找到培训岗位的年轻人中，持有应用科学大学入学资格或者有高中毕业文凭的人数远超2014年。这表明，不仅仅是学历低的年轻人存在进入培训市场困难的问题。

出现这种现象的主要原因在于，那些获得大学入学资格的年轻人将他们的职业愿望集中在商务、媒体和IT行业，导致在这些行业中求职人数大大超过岗位供给数，且没有找到培训岗位的人只在部分情况下愿意转投到其他岗位。

>> 第三节　融合难民的教育政策 <<

"教育就是力量"，对于目前的德国难民来说，这一点尤为重要。几乎可以肯定的是：不通过教育，他们就无法融入德国社会。据统计，超过一半难民不足25岁，他们正处在通过教育融入德国社会的黄金年龄。因此，德国联邦教育与科研部发布了两个针对难民融合的措施方案包。这些措施包括：帮助他们与德国人顺利交流的德语学习课程和帮助他们通向职业生涯的职业培训以及大学学习。未来几年，联邦政府将为支持难民融入投入超过2.3亿欧元经费。[②]

一、为难民提供学习德语/参与职业培训的机会

通过教育让难民融入德国社会是联邦教研部未来几年工作的重点。除了联邦政府对各州的财政支持方案，联邦教研部预计在接下来的数年间投入约1.3亿欧

---

①　BMBF. Flüchtlinge durch Bildung integrieren［EB/OL］. https：//www. bmbf. de/de/fluechtlinge-durch-bildung-integrieren-1944. html，2016-06-12.

②　Ibid.

元，有针对性地帮助难民学习德语、了解难民在各方面的能力和潜力、帮助他们融入职业培训和各种职业。[①]

(一)通过职业培训促进难民融合

1. 采取有效的机制

早期的职业定位和指导是决定难民能否成功参加职业培训的决定性因素。联邦教研部与各州、联邦劳动就业部(Bundesarbeitsministerium)、联邦劳工局(Bundesagentur für Arbeit)、"教育链"服务中心(Servicestellen Bildungsketten)以及联邦职业教育研究所就业指导团队(Berufsorientierungs-Team des Bundesinstituts für Berufsbildung)合作，制定有效的机制进一步促进难民融合。[②]

2. 扩建"培训与移民协调处"的网络

"培训与移民协调处"(die Koordinierungsstelle Ausbildung und Migration, KAUSA)不仅为有移民背景且欲参加职业培训的青少年提供帮助，也为那些在国外且有意培训移民的企业提供支持。自 2016 年 2 月起，联邦教研部与联邦职业教育研究所(Bundesinstitut für Berufsbildung)合作，扩建 KAUSA 网络，并在 13 个联邦州设 28 个办事点。[③]

3. 加强师资的跨文化能力

各企业投入培训的师资以及职业学校的教师都必须具备跨文化交际的能力。为此，联邦教研部与职教所不仅开设了速成的跨文化培训课程，并配备了网络支持平台(https://www.qualiboxx.de)，还为那些在各培训处从事职业导引的咨询者开设了为期一年的研讨班，包括课堂研讨和在线课程。[④]

4. "职业德语"手机 APP

联邦教研部与德国成人教育高校联合会(der Deutsche Volkshochschulverband)合作，针对接受职业培训的难民推出了一款名为"职业德语"(Deutsch für den Beruf)的手机 APP，主要用于帮助难民学习不同职业领域的专业术语，以及关于职业申请、劳动法、劳动保护、同事交流等主题的职业用语。[⑤]

5. "难民参加培训之路"倡议

2016 年 2 月，联邦教研部、联邦劳工局和德国手工业中央联合会(Zentralverband des Deutschen Handwerks)共同发起了"难民参加培训之路"(Wege in Ausbildung für Flüchtlinge)倡议。在这个倡议的框架之内，已过义务教育年龄的

---

① BMBF. Flüchtlinge durch Bildung integrieren[EB/OL]. https://www.bmbf.de/de/fluechtlinge-durch-bildung-integrieren-1944.html，2016-06-12.

② Ibid.

③ Ibid.

④ Ibid.

⑤ Ibid.

年轻人将接受从入门到基础再到提高的多级手工业企业化培训。联邦教研部将通过"难民职业导向"措施（Berufsorientierung für Flüchtlinge，BOF）让难民对手工业职业培训有更深层次的认识。[①]

（二）职业能力认证

1. 修订《劳动技能认证法》

获得职业能力认证的难民能更快地融入德国劳动力市场，因此，对于那些已经在国外接受过完整的职业培训且获得从业资格的难民来说，完善的职业能力认证体系就显得尤为重要。2015 年 4 月，德国联邦政府通过了《劳动技能认证法》（Anerkennungsgesetz，以下简称《认证法》）修订草案，以进一步简化外国职业学历在德国的认证手续。对于那些因为战争或逃亡而丢失了必要证件的难民来说，《认证法》使得他们可以通过专业面试和试工证明自己的职业能力。此外，联邦教研部计划投入 220 万欧元的经费，实施一项名为"Prototyping Transfer"的新项目，以简化在德外国劳动者的职业技能认证程序。[②]

2. 职业潜力分析

联邦教研部将与各州、联邦职教所、联邦劳工局合作，在年轻难民选择职业之前，根据他们的个人兴趣、职业前景以及职业能力，对他们进行全面的能力评估，以帮助他们做出更适合自己的选择。[③]

（三）地方性措施

1. 加强地方性教育管理

为了更好地支持各城市难民融入当地社会，联邦教研部决定与地方当局以及基金会合作，通过"针对新移民教育的区域协调"（Kommunale Koordinierung der Bildungsangebote für Neuzugewanderte）方针，为当地的组织人员提供资金支持。[④]

2. 继续实施"文化加强计划"

每一个儿童和青少年无论出身如何，都应该获得最好的受教育的机会。"文化加强计划"（Kultur macht stark）旨在通过丰富儿童和青少年的课余生活，提高其自我认知能力，拓宽其文化视野，并培养其自主决定人生道路的能力。需要接受教育的 3～18 岁儿童和青少年都会受惠于这项计划。自 2013 年初开始，该计划在联邦范围内共提供了 11500 个相关项目，惠及 36 万名儿童和青少年。[⑤]

该计划的受惠范围将扩大到难民儿童和青少年。各地教育联合机构将为难民

[①] BMBF. Flüchtlinge durch Bildung integrieren［EB/OL］. https：//www.bmbf.de/de/fluechtlinge-durch-bildung-integrieren-1944.html，2016-06-12.

[②] Ibid.

[③] Ibid.

[④] Ibid.

[⑤] Ibid.

儿童和青少年传授语言和跨文化技能，以帮助他们尽快融入德国社会。除此之外，联邦教研部也将通过这项计划，为 26 岁以下的成年难民每年投入 500 万欧元。①

(四)德语学习

1. "德语入门"手机 APP

联邦教研部与德国成人教育高校联合会一起开办了在线德语教育课程"我要学德语"(Ich will Deutsch lernen，https：//www.iwdl.de/cms/lernen/start.html)。考虑到智能手机已成家居标配，该课程也推出了一款手机 APP "德语入门"(Einstieg Deutsch)。该 APP 包含九种语言界面，包括阿拉伯语、达利语和波斯语，试图帮助难民应对日常生活的各种场景，涵盖贴近日常生活的基本词汇和习惯表达。难民可以在谷歌商城(Google Play Store)下载安卓版本或在苹果商城(App Store)下载 iOS 版本。②

2. 选拔教师志愿者

由于缺乏专职教师，联邦教研部与德国成人教育高校联合会合作，从较早来到德国的难民中选拔一些已经具备一定德语基础的来充任成人语言班的教师，这些教师将帮助难民快速打好语言基础。③

3. "难民儿童阅读起航"项目

对于不到 5 岁的儿童，联邦教研部与阅读基金会(Stiftung Lesen)合作，启动了为期三年的"难民儿童阅读起航"(Lesestart für Flüchtlingskinder)项目，以在全德国范围内为难民第一收容所中的难民儿童及其父母在朗读和阅读方面提供支持。项目既提供适合儿童的书籍和面向父母的资讯材料，也提供媒体套装，内容如图片词典、音频光盘和教学材料等，并配有网络支持(http：//www. lesestart-fuer-fluechtlingskinder. de/)，希望以此来激发难民儿童的朗读和阅读兴趣。此外，还有朗读辅导员在项目中提供志愿者服务。④

二、为难民进入大学学习提供咨询、语言准备和专业支持

德国高校作为通过教育让难民融入德国社会的重要场所，多年来一直致力于营造真正的(面向外国学生的)"欢迎文化"，这使得高校能够发挥模范作用，为难民融入德国社会做出贡献，创造机会帮助那些具备相应文凭和意愿的人进入大学

---

① BMBF. Flüchtlinge durch Bildung integrieren［EB/OL］. https：//www.bmbf.de/de/fluechtlinge-durch-bildung-integrieren-1944.html，2016-06-12.

② Ibid.

③ Ibid.

④ Ibid.

学习。近年来，德国高校吸引了越来越多的外国留学生。目前，在德国就读的外国留学生已超过 32 万人。联邦政府、各州以及各高校都在积极推动国际化发展，因此，在促进难民学生教育融入方面，德国高校已有了相当丰富的经验。为实施第二措施方案包，联邦教研部将投入约 1 亿欧元，重点用于为难民大学生提供咨询服务、语言准备和专业支持。①

（一）帮助难民申请入学

不同的难民有不同的语言基础和专业技能。准确识别自身具备哪些能力，是否有资格进入大学学习，以及需要哪些资助，更易于他们融入正式的大学学习与生活。难民可以通过初步咨询和考试程序来做出正确的评估。

1. 学习能力评估

联邦教研部将通过提前的学习能力测试，选拔出有资格进入大学或大学预科学习的难民。难民须参加专为外国人设置的 Text AS 考试，考试语言为英语、德语和阿拉伯语。对于已登记注册的难民，联邦教研部承担全部考试费用。②

2. 加快高校录取进程

通过考试的难民可以开始申请大学学习的程序。为了给这些申请者提供帮助，联邦扩建了国际留学申请工作与服务处（Uni-Assist e. V.，http：//www. uni-assist. de），并专门为难民开设了申请平台。费用由联邦承担。③

3. 语言能力分级

对于走完程序并获得录取通知的难民来说，在正式进入大学前，还必须通过语言班的学习，进一步提高语言水平。对于大学学习来说，除了德语水平之外，英语水平也至关重要。他们须参加"onSET"考试，来确定自己的德语和英语水平。通过考试之后，难民才能进入大学学习。考试费用由联邦承担。④

（二）为难民提供更多的大学预科名额

对于没有获得大学录取通知书的难民来说，他们可以进入预科学习。他们将制订个人学习策略，学习专业术语、基础知识，并培养社交能力，为进入大学学习做准备。在未来四年内，联邦每年在各州提供 2400 多个额外的预科编制，四年总计约 10000 个。除此之外，德意志学术交流中心（der Deutsche Akademische Austauschdienst，DAAD）还将为难民提供奖学金参加语言班。⑤

---

① BMBF. Flüchtlinge durch Bildung integrieren［EB/OL］. https：//www. bmbf. de/de/fluechtlinge-durch-bildung-integrieren-1944. html，2016-06-12.

② Ibid.

③ Ibid.

④ Ibid.

⑤ Ibid.

(三)帮助难民融入德国高校

1. 支持大学生"欢迎"活动

入学之后尽快融入大学生活也是非常重要的环节,有许多大学生非常热心地帮助有难民背景的学生融入德国高校,并成立了相应的机构。例如,在许多大学成立了"难民法律诊所"(Refugee Law Clinics),许多德语系的学生为难民举办各种活动,借此传授语言知识。在超过 150 所高校,联邦教研部出资支持此类活动。[①]

2. 建立新的信息网站

在德国大学生的推动下,由联邦教研部和德意志学术交流中心资助,建立了一个名为"给难民的信息——学习生活在德国"(Informationen für Flüchtlinge - Studieren und Leben in Deutschland)的网站,以帮助难民解答各种大学学习方面的困惑。网站配有阿拉伯语、达利语、普什图语和乌尔都语,包括从入学到申请助学金再到上语言班等各个方面的信息。[②]

3. 难民助学金

各种方便难民申请助学金的措施相继出台。自 2016 年 1 月起,获得"被容忍者"身份(Geduldete)或某些人道救助性居留头衔(humanitärer Aufenthaltstitel)的难民可以在 15 个月后申请联邦教育促进助学金(BAföG),而不必等待 4 年。获得庇护权和正在上大学的大学生则可以直接申请该项助学金。[③]

>> 第四节　德国发布《中国战略》 <<

2015 年 10 月 28 日,德国联邦教研部在柏林举行"中国日"活动,并正式发布了《中国战略——与中国研究、科学、教育合作战略框架》(以下简称《中国战略》)文件。《中国战略》是德国联邦政府针对联邦教研部国际合作发布的首个国别战略文件,其目标是实现两国在科研与教育方面的合作共赢。该战略确定了 2015 年至 2020 年德国在相关领域开展对华合作的政策框架,包含 9 大行动领域及 35 项具体措施。

---

① BMBF. Flüchtlinge durch Bildung integrieren[EB/OL]. https：//www. bmbf. de/de/fluechtlinge-durch-bildung-integrieren-1944. html，2016-06-12.

② Ibid.

③ Ibid.

一、政策背景

（一）中国的经济发展、科研与教育现状

1. 经济发展现状

近几十年来，中国的经济发展彰显出持久活力和巨大潜力。早在 2007 年，中国就已取代德国成为世界第三大经济体，2010 年超过日本成为世界第二大经济体。未来数年中，中国可能会取代美国成为世界上最大的经济体。如果别除购买力因素，2014 年中国的 GDP 总量已居世界首位。[①]

20 世纪 90 年代以来，由于巨大的生产能力和低生产成本，中国逐渐发展成"世界工厂"。同时，中国也在近几十年从一个发展中国家成功转型为一个新兴国家，一些地区甚至已经达到发达国家水平。在世纪之交，中国政府提出依靠"自主创新"实现建设创新型国家的目标（从"中国制造"迈向"中国智造"）。创新体系的现代化要通过结构改革、建立国际伙伴关系以及对教育、研究、技术和创新的大规模财政投入来实现。[②]

在国际发展合作中，中国被经合组织发展委员会界定为"上中等收入国家"，这表明，从其他国家流入中国的资金可在一定前提下被界定为 ODA 经费——官方发展援助基金（Official Development Assistance）。同时，中国本身也已经成为一个出资国，当前投向外国的发展援助经费超过世界银行，（援助）涵盖以非洲为主的世界所有地区。[③]

2. 科研现状

中国是当今世界上最重要的科研大国之一。在过去的 15 年里，中国研发总投入占 GDP 的比重从 0.9%（2000 年）上升至 2.2%（2015 年），到 2020 年有望实现 2.5% 的目标。2013 年中国研发投入约为 3365 亿美元，紧随美国位列全球第二。德国在同期研发投入为 1010 亿美元。中国在工程科学、化学和材料科学领域的科技水平已经位居世界前列，而这些领域也正是德国的优势所在。[④]

另一个直观反映中国在科研领域迅猛发展的指标是专利申请的数量。2011 年，中国申请的 PCT（《专利合作条约》）国际专利数量首次超过德国，2014 年以 25539 项专利数位居世界第三，仅落后于美国和日本。[⑤]

[①]　BMBF. China-Strategie des BMBF 2015-2020-Kurzfassung [EB/OL]. https：//www. bmbf. de/pub/china＿strategie＿bmbf＿kurzfassung. pdf，2016-06-12.

[②]　Ibid.

[③]　Ibid.

[④]　Ibid.

[⑤]　Ibid.

近十年来，中国发表学术著作/论文的数量也迅猛增长，2014 年全球排名第二，仅次于美国。中国论文在各专业领域的平均引用率（以 1996—2013 年的 H 指数来测算）的全球排名列第 16 位，而在个别专业领域如材料科学、化学和能源等的 H 指数相对较高，居世界第 6 位。①

3. 教育现状

近年来，中国对高等教育的投资不断增加。2006—2013 年，中国对高等教育的公共财政投入几乎翻了四倍。为了保证高校能跻身国际科研前列，中国设立了多个资助计划（如"211 工程"和"985 工程"），通过这些措施让国内优秀的大学能得到更多的经费支持，并将其发展成世界一流的研究型大学。②

此外，中国还拥有非常庞大的科研后备力量：中国有数量众多的大学毕业生，特别是在与发展经济息息相关的自然科学和工程科学领域。据官方统计，2013 年全国大学生人数高达 3200 万，毕业生人数约 700 万。越来越多的中国科学家已经通过在国外学习、取得博士学位或工作的过程中掌握了国际经验和良好的英语及德语能力。中国科研课题的优势领域是工程和材料科学、纳米技术、信息通信技术和化学。③

（二）德国联邦教研部对华合作现状

中德两国于 1972 年正式建立外交关系。自 1978 年签订《政府间科技合作协定》以来，两国在科研领域的合作不断深化。自 1980 年起，联邦教研部与中国科学技术部定期召开两国科技合作联合委员会会议，会上共同商讨联合支持的项目、措施以及合作框架条件。科技合作联委会的工作得到了各领域指导委员会的支持（如环境技术与生态、地学、海洋与极地研究等领域），它们分别为各自所属的领域规划一系列合作活动。④

在教育方面，自 2004 年起，联邦教研部与中国教育部定期召开"教育政策战略对话"（2009 年前称"高校政策战略对话"）。此外，自 2011 年起，两国定期举办"中德职业教育联盟"领导小组的会议。据不完全统计，中德两国高校截至 2014 年已共同开展了 1100 个合作项目，建立了超过 550 对校际合作关系。德国科研机构如马普学会（Max-Planck-Institut）或亥姆霍兹联合会（Helmholz Gemeinschaft）也与中国伙伴合作紧密，并在中国创建了研究所或自己的代表机构。每年有 3 万余名中国学生和学者在德国学习和研修，8100 多名德国学生在华留学。⑤

在政治层面，近年来建立的中德政府间磋商机制将合作进一步深化。继 2011

---

① BMBF. China-Strategie des BMBF 2015—2020-Kurzfassung［EB/OL］. https：//www. bmbf. de/pub/china＿strategie＿bmbf＿kurzfassung. pdf，2016-06-12.

② Ibid.

③ Ibid.

④ Ibid.

⑤ Ibid.

年和 2012 年后，2014 年 10 月两国举行了第三轮政府磋商。2011 年以来，联邦教研部与中国相关合作部委先后签署了 13 项涉及不同研究领域以及高校、职业教育合作的共同意向声明，其中 10 项是在政府磋商框架下签署的。①

中国立志成为创新国家也为双方合作提供了机遇。目前，中国确定并实施了创新驱动发展战略，加快科技体制改革，深入落实创新战略，全力将中国建设为创新型国家；德国也正在通过《新一轮高技术战略——创新德国》计划并实施"工业 4.0"规划，加强"创新所在地"的工业大国地位。两国在创新发展方面不谋而合，交流合作的空间更加广阔。2014 年 3 月底，德国总理安格拉·默克尔和中国国家主席习近平于柏林宣布两国将要建立"互利共赢的创新伙伴关系"，在城镇化与工业化、交通、电力驱动交通、能源、清洁水和资源效率等主题领域拓展合作。双方于 2014 年 10 月 10 日在中德第三轮政府磋商期间发布《中德合作行动纲要：共塑创新》。②

表 5-2　2011 年起两国教育与科研领域联合意向性声明一览③

事由	主题	中方合作部委
2011 年 6 月 27 日至 28 日，柏林，中德政府磋商	中德生命科学创新平台	科技部
	中德创新平台	科技部
	中德研究与创新项目：清洁水	科技部
	建立高等教育战略合作伙伴关系	教育部
	设立中德职业教育联盟	教育部
2012 年 8 月 30 日，北京，中德政府磋商	半导体照明技术领域的合作	科技部
	海洋与极地研究的合作	国家海洋局
2014 年 3 月 28 日，柏林，中国国家主席习近平到访	中德"清洁水"创新中心	科技部
	加强战略合作、全面升级两国教育和科学交流	教育部
2014 年 10 月 10 日，柏林，中德政府磋商	2015 科学年"未来城市"合作	科技部
	促进中德高教创新科研，应对全球挑战	教育部
	延长中德职业教育联盟	教育部
2015 年 5 月 7 日，北京，德国联邦教研部到访	在中国重大水专项和处理与控制水污染领域的科技合作	科技部

---

① BMBF. China-Strategie des BMBF 2015—2020-Kurzfassung［EB/OL］. https：//www. bmbf. de/pub/china ＿ strategie ＿ bmbf ＿ kurzfassung. pdf，2016-06-12.

② Ibid.

③ 德国联邦教研部《中国战略》选编：http：//www. de-moe. edu. cn/article ＿ read. php？id＝12057-20160111-2896，2016-06-12.

二、政策目标

基于不同领域中德两国科学家不断增长和日益广泛的合作，联邦教研部于2015 年 10 月 28 日发布《中国战略》。实施《中国战略》的主要目的在于以下几点：

(1)支持德国科研和经济界与中国的合作，建立创新伙伴关系并开拓目标市场和商业领域；

(2)增加德国学者进入中国一流高校和科研机构的机会，以有针对性地提高其专业水平和跨文化方面的能力，与之对应，这也适于中国合作伙伴来德国研究和学习；

(3)通过促进中德高校间战略导向性、机构化合作，提升德国高校教学和研究的国际化程度；

(4)打造一个更广泛的、能为公众所用的关于中国教育、研究和创新体系以及中国总体情况的知识基础，增强德国的"中国能力"(China-Kompetenz)；

(5)致力于营造德国科研和经济界与中国开展合作的框架条件；

(6)与中国合作伙伴共同应对全球挑战，并制定一条可持续、节省资源、环境友好以及社会可承受的发展路线。

在政策层面，联邦教研部未来与中国开展合作时，这些目标将在教育、研究和创新(其中包括德国科研机构、中间资助机构、高校和职业教育机构以及经济界)构成的知识三角框架内发挥行动指南的作用。[①]

此外，联邦教研部在与中国开展未来合作时应遵循以下指导方针，以使国际合作持续取得成功，从而确保达到双方预期：①在考虑双方实现增值的情况下代表自身利益；②延续性和可靠性；③透明和公开；④包含双方重要的合作参与主体；⑤与国家和欧盟层面合作的衔接和关联；⑥良好学术道德和科研。[②]

三、政策内容

(一)两大核心命题

1. 科研和创新合作

合作意义：可以预见，未来 10～15 年，中国在许多关键技术领域将达到世界先进水平(某些领域现在已经达到)。因此，通过开展科研合作，德国能够紧密跟踪中国在这些领域的发展。此外，通过合作德国可以利用中国一流的科研基础

---

① BMBF. China-Strategie des BMBF 2015—2020-Kurzfassung[EB/OL]. https：//www. bmbf. de/pub/china _ strategie _ bmbf _ kurzfassung. pdf，2016-06-12.

② Ibid.

设施和独有的研究环境。这对于增强德国科研实力和创新潜力，为德国经济界开拓市场是具有重大意义的。

此外，在应用研究领域的合作能够使德国经济界尽可能自由地进入中国市场，使德国技术尽可能在中国得到无障碍应用。①

合作内容：中德双方可能的科研合作包括：共同的基础科学研究（如海洋和极地研究或者地学研究）、以中试装置和示范项目等形式开展且符合中方需求的应用型和产业导向性合作（如环保技术和污水处理技术）。②

合作方式：为了确保合作成功并具有可持续性，合作双方（尤其是德国）应做到以下几点：

（1）项目合作双方自身可以决定的框架条件应尽可能在合作实施前就协调一致。

（2）在合作开始阶段和特定科研领域，宜先开展竞争前合作，以建立信任关系和合作机制。

（3）德国需充分了解在中国适用的、对合作有意义的行政和政策环境（适用法律和法规，如知识产权保护）、相关科研和经济政治目标以及中国最重要合作参与主体。

（4）德国应关注中国的重大发展趋势，共同应对诸如环境、气候、城市化、能源、人口迁移、健康、移民或人口变化等全球挑战，因为中国政府将致力于长期解决这些问题。此外，在中国特别适于开展环境和城镇化领域新技术开发和试验。

（5）联邦部委和协会应在对产业意义重大的、接近应用的主题上更加紧密协调行动。可利用现有或将新建的国家平台面对中方采取协调一致的行动。必要时可在这些平台上拓展建立"中国元件"（如国家电动汽车平台或工业 4.0 平台）。

（6）在科研合作设计和执行过程中，德国应吸纳中国所有重要参与主体（国家、省和所在地等层级的政策制定和实施者、科研机构和高校）参与，以确保合作的成功和可持续性。

（7）在欧洲和国际层面涉及与中国合作的议题，通过共同行动来取得更大影响（如信息技术安全、标准化和规范化、知识产权）。

（8）制定和实施研究项目资助的联合公告能有助于更好理解中国科研和科研

---

① 　BMBF. China-Strategie des BMBF 2015—2020-Kurzfassung［EB/OL］. https：//www. bmbf. de/pub/china＿strategie＿bmbf＿kurzfassung. pdf，2016-06-12.

② 　Ibid.

资助体系，尤其是共同定义框架条件，如项目申请、评审/遴选标准和项目管理。①

2. 高等教育和职业教育合作

合作方式有如下几种。

(1)中方向德国大学生、毕业生和(青年)科研人员传授"中国能力"。

(2)在高等教育领域建立可持续、机构化、不受个人因素影响的结构性合作，以提高在华德国大学生和科研人员数量，并增强其"中国能力"。

(3)在高等教育合作中聚焦联合办学、双学位和博士生培养计划(包括对在中国高校获得的学分的认可)等。必要时，可重点在已经形成的可信赖合作关系基础上共建合作(办学)机构。

(4)德国高校应首先考虑以中国顶尖大学作为合作伙伴，此外也应注重科研团队的质量，因为许多中国"二流"高校在某些专业领域也很优秀。

(5)过去几年里建立起的与中国在职业教育领域合作的目的是促进高素质专业人才的培养，这主要是满足在华德资企业的需求。今后需应用德国专业知识建立"双元制"模式的职业教育体系，并制定和实施相关国家标准。②

(二)9 个行动领域

1. 在德国形成更为广泛的"中国能力"

德国的"中国能力"，是未来中德在教育、科研以及创新领域合作的基础。要在质和量上提高"中国能力"，需要做到以下三点：

(1)跨专业学科和研究领域掌握关于中国的普遍性知识，并在自己的工作中加以运用；

(2)支持学生、年轻学者和资深科学家通过与中国伙伴开展合作课程和科研项目来获取和拓展"中国能力"；

(3)建立一个扎实的、实时的有关中国教育、科研和创新总体情况的知识基础。③

2. 建立可持续合作架构和科学家网络

目前已存在各种促进与中国大学合作的形式，如国际学习与培训伙伴关系、双学位课程、由德国高校输出的海外课程等。虽然中德双方都从中受益，但项目常常由联邦教研部单方资助。这就要求中德双方改进和建立新合作结构，以进一步加强中德大学之间的结构性战略合作。为此应：

---

① BMBF. China-Strategie des BMBF 2015—2020-Kurzfassung[EB/OL]. https：//www. bmbf. de/pub/china_strategie_bmbf_kurzfassung. pdf，2016-06-12.

② Ibid.

③ Ibid.

（1）通过扩大中德高校战略伙伴关系，以双学位、博士生培养计划及建立联合（办学）机构、实验室和研究设施来加强机构间的合作；

（2）通过支持以上合作来相应促进中德科学家网络建设；

（3）通过校友工作对已建立的联系加以可持续保障。

3. 构建德国参与者网络，开展政策对话

与中国成功合作的先决条件是在德国参与方之间建立紧密联络，不断交流各自与中国伙伴合作的信息。在国家层面上取得的协商结果可以被有针对性地应用于国际层面的下一步工作。

4. 优化德国科研界对华合作的框架条件

现有的政治、经济、法律和体制框架及其在科研和创新领域的执行情况会对合作形式和结果造成很大影响。为此，它们的设计必须使德国利益得到保障，保证国际条例和协定得到遵守。同时，德国必须在那些涉及对华合作框架条件制定的国际组织（如国际标准化组织，ISO）和对话进程中代表自身利益，发挥主导作用。①

5. 加强关键技术研发合作（包括电动汽车、光电子和光学技术、数字经济等）

中德在关键技术研发上的合作主要体现在电动汽车、光电子和光学技术、数字经济等领域。2011 年双方在第一次中德政府磋商后成立了中德电动汽车战略平台，目的是通过政治合作从内容和战略框架设定上保证电动汽车发展和市场引入方面的成功和可持续发展。②

中德在光电子和光学技术领域的合作重点在于 LED 照明。两国都有兴趣将这种技术投入产业化，因为这是一个有未来前景的国际性市场，同时 LED 照明也是两国政府未来实现节能目标的一项重要技术。③

中国和德国均为技术出口导向强的工业化国家。两国之间的经济和技术越来越多地交织在一起。特别是经济流程的逐步数字化对两个国家都意味着一个变革的局面。基于现有合作和经济一体化的情况，在数字经济领域与中国建立一个（新的）创新合作伙伴关系符合德国的利益。④

6. 加强生命科学研究合作

2011 年 6 月，在首轮中德政府磋商框架下，中德双方在柏林签署了关于建立中德生命科学创新平台的协议。有了这个平台，中德双方在生命科学方面的活动

---

① 　BMBF. China-Strategie des BMBF 2015—2020-Kurzfassung［EB/OL］. https：//www. bmbf. de/pub/china _ strategie _ bmbf _ kurzfassung. pdf，2016-06-12.

②　Ibid.

③　Ibid.

④　Ibid.

得以相互结合和进一步发展。

7. 共同应对全球生态挑战（涵盖了可持续水管理、城市化、可再生能源、气候、海洋极地研究、地质等专业领域）

经济的迅猛发展给中国带来了一系列的生态变化，急剧增长的工业生产和城市化水平提高导致越来越严重的空气和水污染。这种情况使得中国成为联邦教研部在可持续发展领域的重要合作伙伴：一方面，中国的生态状况对全球产生深远的影响。德国作为科技领先的国家能够而且必须应对全球环境挑战。另一方面，中国为德国可持续研究者和企业提供了一个可以战略性使用的市场。联邦教研部通过建立适当的框架条件为德国伙伴在中国提供合适的合作平台。①

8. 推动人文和社会科学研究合作

近年来，中国的人文和社会科学研究在国际学术竞争中的地位有所提高，与中国开展人文和社科合作有很大机遇。在全球化进程和人口流动的背景下，获取有关地区和区域、跨文化和跨地区现实情况和关系的知识变得越来越重要。人文和社会科学能提供有关文化/社会的结构/进程的多种知识。②

9. 加强职业教育合作

自 2011 年成立中德职教联盟后，双方在职业教育领域的合作不断加强。联邦教研部和中国教育部支持企业和职业教育机构开展合作，旨在按照德国模式在中国开展高质量的职业教育和培训，这符合双方的共同利益。联盟的一个重要目标就是将双元制元素融入中国职业教育改革，并推动能力标准制定和专业资格认可。③

联邦教研部对职业教育合作的指导纲领是德国职业教育体系中按照联邦政府的国际职业教育合作战略确定的五个核心原则，分别是：①社会伙伴、企业和政府之间的合作；②在工作过程中学习；③接受国家标准；④合格的培训人员；⑤机构化的职业教育研究和咨询。④

四、政策实施

对《中国战略》的落实与实施包括在下述的行动领域所采取的具体措施（见表5-3）。

---

① BMBF. China-Strategie des BMBF 2015—2020-Kurzfassung ［EB/OL］. https：//www. bmbf. de/pub/china ＿ strategie ＿ bmbf ＿ kurzfassung. pdf，2016-06-12.

② Ibid.

③ Ibid.

④ Ibid.

表 5-3 《中国战略》的行动领域和具体措施

行动领域	政策实施	
在德国形成更为广泛的"中国能力"	措施 1	支持创新方案，加强德国高校的"中国能力"
	措施 2	支持在中国进行长期学习和研究
	措施 3	建设一个着眼中国、面向学术和科研主体需求的监测系统
建立可持续合作架构和科学家网络	措施 4	促进高校间的结构性战略合作
	措施 5	拓展中德工程学院（CDHAW）的相关活动
	措施 6	支持中德高校和科研机构间开展可持续性合作
	措施 7	建设校友网络
构建德国参与者网络，开展政策对话	措施 8	加强与德国科研机构、科研资助机构和中间机构、高校及其他相关部门的交流
	措施 9	在教育、科学、研究与创新领域设立双边政策对话机制
	措施 10	联邦教研部参与欧洲和国际机构与中国教育和科研合作相关的各类委员会和倡议
优化德国科研界对华合作的框架条件	措施 11	与中方就科研和教育合作的政策框架开展对话
	措施 12	加强与德国相关部门和委员会有关标准和规范问题的交流
加强关键技术研发合作	措施 13	进一步完善中德电动汽车战略平台
	措施 14	开展采用 LED（半导体）照明技术的研发项目
	措施 15	探索建立中德数字经济创新伙伴关系
加强生命科学研究合作	措施 16	以"2+2"模式在生物材料领域开展科研合作示范项目
	措施 17	延续"国际生物经济"资助计划
共同应对全球生态挑战	措施 18	支持德国企业推广适合中国国情的创新型环境和水技术
	措施 19	继续与中国科技部开展双边"清洁水"创新研究项目
	措施 20	中方参与联邦教研部"未来城市"科学年活动
	措施 21	制定一个对中德项目合作群体开放的"可持续的城市区域"项目公告
	措施 22	促进可再生能源领域的中德青年科学家和大学生交流
	措施 23	针对大型能源基础设施项目的环境与自然影响，开展合作研究
	措施 24	深入了解中国在可再生能源领域的科研现状
	措施 25	对中国气象研究的优势和劣势进行分析，找出未来可能合作的切入点
	措施 26	延续与国家海洋局在海洋、极地研究领域的长期紧密合作
	措施 27	加强在自然灾害和地质风险领域的合作，开发监测和预警系统

（续表）

行动领域		政策实施
推动人文和社会科学研究合作	措施 28	利用更广泛的项目资助加强与中国在社会科学领域的合作
	措施 29	在中国建立一个"国际人文与社会科学研究所"
加强职业教育合作	措施 30	加强职业教育质量保障方面的合作
	措施 31	建立并发展职业教育合作的区域伙伴关系
	措施 32	通过 VETnet 项目合作，实施双元制模式
	措施 33	通过集成的项目和校友数据库，打造德国参与机构的网络
	措施 34	推动联邦职业教育研究所与中方在职教研究领域建立可持续的合作伙伴关系
	措施 35	推动德国教育和培训课程的输出

第六章　俄罗斯教育政策与发展趋势

本章报告的时间节点为 2014 年 7 月至 2015 年 12 月，总体结构由"国家中长期教育发展战略""教育领域工作总结及工作计划"和"各级各类教育的专项政策"三个部分构成。这份报告共涉及 6 份俄罗斯联邦政府或联邦教育科学部在对应期间颁布的教育政策文本，从背景、内容和特点等方面对文本进行了有不同侧重的整理和分析。

>> 第一节　国家中长期教育发展战略 <<

本节对俄罗斯联邦在 2014 年 7 月至 2015 年 12 月间颁布的两份国家中长期教育发展战略进行梳理和解读，它们分别是：《2016—2020 年教育发展联邦专项计划》和《2013—2020 年俄罗斯科学技术发展纲要》修订版。

一、关于《2016—2020 年教育发展联邦专项计划》

为在未来 5 年内进一步发展教育、规定教育领域的主要发展方向及其措施，俄罗斯联邦政府首先在 2014 年 12 月 29 日发布了《2016—2020 年教育发展联邦专项计划方案》(Концепция Федеральной целевой программы развития образования на 2016— 2020 годы)①。在此基础上，俄罗斯联邦政府于 2015 年 5 月 23 日发布了《2016—2020 年教育发展联邦专项计划》(О Федеральной целевой программе развития образования на 2016—2020 годы，以下简称《2016—2020 年计划》)②。这两份文件详尽地说明了《2016—2020 年计划》的出台背景、实施目标和预期成果等。

(一)《2016—2020 年计划》的出台背景

现阶段，俄罗斯联邦就教育发展问题制定并实施着一系列综合性战略任务。

---

① Правительство Российской Федерации. КОНЦЕПЦИЯ Федеральной целевой программы развития образования на 2016—2020 годы〔EB/OL〕. http：//government. ru/media/files/mlorxfXb-bCk. pdf，2014-12-29.

② Правительство Российской Федерации. О Федеральной целевой программе развития образования на 2016—2020 годы〔EB/OL〕. http：//government. ru/media/files/uSB6wfRbuDS4STDe6 SpGjaAEpM89lzUF. pdf，2015-05-23.

诸多法律和政令规定着教育发展领域国家政策的优先方向，如 2012 年发布的新版《俄罗斯联邦教育法》（Об образовании в Российской Федерации）①，2012 年 5 月 7 日俄罗斯联邦总统法令《关于落实教育科学领域国家政策的措施》（О мерах по реализации государственной политики в области образования и науки）②，俄罗斯联邦政府于 2008 年 11 月 17 日出台的政令《俄罗斯联邦 2020 年前长期社会经济发展纲要》（Концепция долгосрочного социально-экономического развития Российской Федерации на период до 2020 года）③，俄罗斯联邦政府总理梅德韦杰夫（Д. А. Медведев）于 2014 年 5 月 14 日签署的政令《俄罗斯联邦政府 2018 年前基本工作方向》（Основные направления деятельности Правительства Российской Федерации на период до 2018 года）④等。

《俄罗斯联邦教育法》指出，作为教育领域的基本任务之一，必须为俄罗斯联邦教育体系的自由运作和发展创造条件。《俄罗斯联邦 2020 年前长期社会经济发展纲要》中指出，人力资本的增长是经济发展最基本的影响因素之一。俄罗斯联邦经济发展部在对 2030 年前长期社会经济发展做预测时指出，必须建立灵活而多样化的职业教育体系，以响应劳动力市场的需求、对教育项目和教学过程的物质技术设备进行经济投资的需求。

在这样的背景下，为了促进教育的更进一步发展，《2016—2020 年计划》应运而生。《2016—2020 年计划》确立了教育领域最为优先和主要的元素，为达成目标、完成俄罗斯联邦社会经济发展的任务，这些元素能够最有效和成功地运用财政资源。《2016—2020 年计划》不仅着眼于优先的"生长点"，而且着眼于俄罗斯联邦各主体参与到实施教育发展优先方向的具体机制。

当然，在《2016—2020 年计划》出台之前，已经有一系列作为总括和前续文件的政令被发布。根据教育领域立法，出于对教育体系国家管理的考虑，俄罗斯联邦政府在 2014 年 4 月 15 日发布了《俄罗斯联邦 2013—2020 年教育发展国家计划》（Об утверждении государственной программы Российской Федерации

---

① Об образовании в Российской Федерации［EB/OL］. http：//base. consultant. ru/ cons/cgi/ online. cgi? req ＝doc；base＝LAW；n＝140174，2012-12-29.

② Президент Российской Федерации. О мерах по реализации государственной политики в области образования и науки［EB/OL］. http：//www. kremlin. ru/acts/bank/35263，2012-05-07.

③ Правительство Российской Федерации. Концепции долгосрочного социально-экономического развития Российской Федерации на период до 2020 года［EB/OL］. http：//government. ru/media/ files/aaooFKSheDLiM99HEcyrygytfmGzrnAX. pdf，2008-11-17.

④ Председатель Правительства Российской Федерации. Основных направлений деятельности Правительства Российской Федерации на период до 2018 года［EB/OL］. http：//government. ru/ media/files/QTqv2SI5qYEuu2zOHkOAwguydbKD9Ckf. pdf，2015-05-14.

"Развитие образования" на 2013 — 2020 годы)①，后来于 2011 年 2 月 7 日发布了《2011—2015 年教育发展联邦专项计划》(О Федеральной целевой программе развития образования на 2011—2015 годы，以下简称《2011—2015 年计划》)②。目前，《2011—2015 年计划》已经实施完成，取得了良好成效。但是，在实施《2011—2015 年计划》的过程中，一些教育体系内的问题在教育现代化的过程中明显地阻碍了发展，其中就包括对所有等级的教育工作者的需求大大增加的问题——由于开始采用新的职业标准、社会文化教育环境日益复杂、科学技术的高速发展，国家、社会和民众对教师的要求有所提升，希望他们能够完成教育现代化的任务。同时，教育领域对教师的需求和现实中教师职业对民众吸引力之间的不平衡有所增大，这将加深俄罗斯想要提升教育竞争力却后劲不足的问题。最后，国有及私有投资的伙伴关系在教育领域、商业集团和教育机构中合作的机制还不完善，这势必会影响到高质量教育的普及工作。

为了更好地突破困境，俄罗斯联邦政府将《2016—2020 年计划》着眼于以上问题领域。首先，俄罗斯联邦政府希望《2016—2020 年计划》能够指导有关部门在所有的教育领域——职业教育(包括高等教育)、普通教育和补充教育——设立内容和技术方法的高质量标准；为青少年发展建立良好环境，让儿童和青少年有机会顺利参与社会实践；同时践行《俄罗斯联邦教育法》和长期社会经济发展纲要中规定的 2016—2020 年教育领域国家政策的基本发展方向。其次，俄罗斯联邦政府希望能将《2016—2020 年计划》作为有效实施国家政策的工具，使其具备宪法法律和体系方法的作用。

(二)《2016—2020 年计划》的内容解析

1. 负责方、协调方和设计者

根据发布的文件，俄罗斯联邦教育科学部、俄罗斯联邦教育科学监督局在《2016—2020 年计划》的执行中负主要责任。两者共同担任《2016—2020 年计划》的国家负责方和基本设计者，俄罗斯联邦教育科学部还兼任这份计划的协调方。

2. 计划的目标和任务

《2016—2020 年计划》的目标是：为俄罗斯教育的有效发展创造条件，保证高质量教育的普及，回应俄罗斯联邦现代的、创新的、社会定向的发展需求。

为了达成这一目标，《2016—2020 年计划》详细设定了五个任务，分别是：

---

① Правительство Российской Федерации. Об утверждении государственной программы Российской Федерации "Развитие образования" на 2013—2020 годы[EB/OL]. http：//base. garant. ru/70643472/#help，2014-04-15.

② Правительство Российской Федерации. О Федеральной целевой программе развития образования на 2011—2015 годы[EB/OL]. http：//минобрнауки. рф/documents/2010，2011-02-07.

(1)在中等职业教育和高等教育领域建立和推广结构与技术上的创新；

(2)在普通教育领域推进现代化机制与技术；

(3)在教育机构施行有关措施，以发展科学—教育环境和创造环境，有效发展儿童补充教育体系；

(4)建立完善基础设施以保障为现代经济培养人才的条件；

(5)建立顺应需求的教育质量和教育成果评价体系。

3. 计划实施的期限与阶段

根据俄罗斯联邦政府的规划，《2016—2020 年计划》在 2016—2020 年实施，分为两个阶段。其中，第一阶段为 2016—2017 年，第二阶段为 2018—2020 年。

为实施第一阶段《2016—2020 年计划》，将核准并推进在《2011—2015 年计划》框架下业已开始实施的模式及综合措施。本阶段内，在结合道德法律基础的变化和执法实践的基础上，确保对正在推行的模式与措施进行灵活有效的更新和校正，并继续完善在《2011—2015 年计划》已经开始建设的各项工程。

为实施第二阶段《2016—2020 年计划》，将在高等教育体系和中等职业教育体系中对教育机构的结构进行根本性改变，并根据俄罗斯联邦中长期社会经济发展未来结果的预测，在实践中推行新的运行机制。广泛普及新的硕士和研究生教育项目及其实施技术。保证普及并在实践中推进普通（包括学前）和补充教育的新内容、新技术，实施让中小学生和大学生参与社会实践的有效机制。在职业—社会参与的原则上，将建立独立的全俄教育质量和教育结果评价体系。在实施计划措施的过程中，为随之出现的新的质量参数提供教育管理体系内的保障支持。将实施一系列投资项目，用于展开社会服务、教学实验、体育运动、经济与公共服务等方面的基础设施建设。俄罗斯联邦政府希望通过第二阶段的实施，达到《2016—2020 年计划》目标并完成《2016—2020 年计划》提出的任务。

4. 计划的资金规模及来源

《2016—2020 年计划》清楚列出了用于落实计划实施的资金规模及其来源：联邦财政拨款 883.6571 亿卢布；俄罗斯联邦主体补贴 133.4354 亿卢布；法人补贴 4.2 亿卢布；俄罗斯联邦主体拨款 137.6354 亿卢布；预算外来源 108.5785 亿卢布。

5. 落实计划所采取的措施

为顺利完成《2016—2020 年计划》提出的任务，俄罗斯联邦政府针对每个任务都制定了一些措施，经过对照整理，这些措施与所对应的每项任务分列如下。

(1)在中等职业教育和高等教育领域建立和推广结构与技术上的创新。

针对这项任务，联邦政府提出了 5 项措施，分别是：

①根据俄罗斯联邦及各主体的社会经济发展任务，通过制定、审核和推广高

校的教育项目和教育模型，推进高等教育现代化；

②在中等职业教育和高等教育体系中制定并推广新的教育技术、新形式的教学组织过程；

③通过落实地区和高校的实验项目、开放教育资源、推广实验项目及开放资源的成果，促进连续教育体系（补充职业教育）的现代化发展；

④通过制定基本方法准则和支持投资项目，为残障人士接受中等职业教育和高等教育创造条件；

⑤提高中等职业教育和高等教育体系的管理质量。

（2）在普通教育领域推进现代化机制与技术。

针对这项任务，联邦政府提出了 7 项措施，分别是：

①重新制定学前教育的方法论基础并在推行时进行专家分析，落实学前教育新的组织经济模型和教学标准；

②通过实施地区项目并推广它们的成果，针对那些教学成绩不佳、处于不利社会经济条件之中的中小学加大提高教育质量力度；

③在竞争基础上通过支持中小学创新和网络项目，建立学校网络以便于落实教育教学新方法和新内容创新项目的开发；

④根据新版联邦国家教育标准，促进教学方法和内容的现代化，通过制定具体领域的现代化方案，支持地区性教育发展项目和网络教学方法联合会；

⑤提高普通教育教师及领导的职业水平；

⑥完善普通教育的新技术环境建设；

⑦发展吸引家长参与教育过程、吸引社会参与教育管理的机制。

（3）在教育机构施行有关措施，以发展科学—教育环境和创造环境，有效发展儿童补充教育体系。

针对这项任务，联邦政府提出了 4 项措施，分别是：

①新补充教育和儿童教育的内容与技术；

②在儿童补充教育体系中建立现代管理与组织经济机制；

③建立让大、中、小学生积极参与社会实践的机制，鼓励教育机构学生参与到与自己利益相关的决策之中；

④创造必要条件让具有天赋的中小学生、大学生的才能得到发展，并使他们的创造和智力才能得到发挥。

（4）建立完善基础设施以保障为现代经济培养人才的条件。

针对这项任务，联邦政府只提出了 1 项措施，其内容为：提高俄罗斯教育的物质技术基础，让那些发展教育领域基础设施的投资项目得到保障。

(5)建立顺应需求的教育质量和教育成果评价体系。

针对这项任务，联邦政府提出了5项措施，分别是：

①通过实施实验性地区项目和建立国民质量评价机制的方式，推进普通教育质量评价独立的国家—地区体系的发展；

②通过支持教育项目的独立资格和教育项目质量评价，发展中等职业教育和高等教育质量评价体系；

③向俄罗斯教育质量评价体系推广国际评价工具及教育质量研究成果；

④支持教育体系发展和监测领域的创新；

⑤在教育发展领域提供专家分析、信息、法律和方法上的支持。

6. 计划采纳的专项指标和指数

《2016—2020年计划》中列出了17项用于参考的专项指标，它们被认为是衡量教育发展的重要参数。这17项指标分别用于考察《2016—2020年计划》提出的五大任务。

针对计划提出的任务一"在中等职业教育和高等教育领域建立和推广结构与技术上的创新"，俄罗斯联邦政府列出了5项指标，见表6-1。

表 6-1 任务一：在中等职业教育和高等教育领域建立和推广结构与技术上的创新

序号	指　　标	单位	初始数值（2015年）	2016年	2017年	2018年	2019年	最终数值（2020年）
1	使用包括远程教育在内的各种手段为残障人士提供教育的中等职业教育机构和高等教育机构占同类机构的比重	%	10	15	25	40	55	70
2	在选择基础上推行独立教学计划的高等教育机构占全部高等教育机构的比重	%	4	8	11	19	28	50
3	开设50种最具前景、在劳动力市场最有需求的职业和专业方向的中等职业教育机构占全部中等职业教育机构的比重	%	0.3	2	4	5	7	10
4	开展毕业生就业和职业追踪的高等教育机构占全部高等教育机构的比重	%	2	7	20	50	75	100

（续表）

序号	指　　标	单位	初始数值（2015 年）	2016 年	2017 年	2018 年	2019 年	最终数值（2020 年）
5	就读于有企业主参与实施的教育项目（包括组织教学和生产实践，提供设备和材料，参与教学计划和学生取得成果评价的制定过程，进行教学活动）的中等职业教育机构学生数量占全部中等职业教育机构学生数量的比重	%	80.4	82	87	92	96	100

来源：О Федеральной целевой программе развития образования на 2016—2020 годы［EB/OL］. http：//government. ru/media/files/uSB6wfRbuDS4STDe6SpGjaAEpM89lzUF. pdf，2015-05-23

针对计划提出的任务二"在普通教育领域推进现代化机制与技术"，联邦政府列出了 5 项指标，见表 6-2。

表 6-2　任务二：在普通教育领域推进现代化机制与技术

序号	指　　标	单位	初始数值（2015 年）	2016 年	2017 年	2018 年	2019 年	最终数值（2020 年）
6	在非国有机构中接受学前教育的儿童数量占所有接受学前教育儿童数量的比重	%	1	1.5	3.5	5.5	7	10
7	具备跨学科教学技术并能够将其运用于教学过程的教师数量占全部教师数量的比重	%	30	34	37	39	41	43
8	针对在学年总结中表现出低教育成果或处于不利社会条件中的普通教育机构，指定并实施教育质量提升措施的地区普通教育体系的数量占所有地区普通教育体系数量的比重	%	4	12	22	35	47	60
9	接受过职业技能提升或再培训的、负责残障学生教育的教师数量占所有负责残障学生教育的教师数量的比重	%	20	40	60	80	100	100
10	实施全纳教育项目、并在其中建立了符合联邦国家残障人士教育标准的物质—技术条件的教育机构数量占所有实施全纳教育项目的教育机构数量的比重	%	5	20	40	60	80	100

来源：О Федеральной целевой программе развития образования на 2016—2020 годы［EB/OL］. http：//government. ru/media/files/uSB6wfRbuDS4STDe6SpGjaAEpM89lzUF. pdf，2015-05-23

针对计划提出的任务三"在教育机构施行有关措施，以发展科学—教育环境和创造环境，有效发展儿童补充教育体系"，联邦政府列出了 2 项指标，见表 6-3。

表 6-3 任务三：在教育机构施行有关措施，以发展科学—教育环境和创造环境，有效发展儿童补充教育体系

序号	指标	单位	初始数值（2015 年）	2016 年	2017 年	2018 年	2019 年	最终数值（2020 年）
11	开办函授学校和年度、季度性学校的中等职业教育机构和高等教育机构数量分别占所有同类教育机构数量的比重	%	—	—	—	—	—	—
	中等职业教育机构	%	1.2	5	10	15	20	25
	高等教育机构	%	20	25	30	35	40	45
12	存在采用人格化拨款模型的学前教育的俄罗斯联邦主体数量占所有俄罗斯联邦主体数量的比重	%	1	3	5	7	10	15

来源：О Федеральной целевой программе развития образования на 2016—2020 годы［EB/OL］. http：//government. ru/media/files/uSB6wfRbuDS4STDe6SpGjaAEpM89lzUF. pdf，2015-05-23

针对计划提出的任务四"建立完善基础设施以保障为现代经济培养人才的条件"，联邦政府列出了 1 项指标，见表 6-4。

表 6-4 任务四：建立完善基础设施以保障为现代经济培养人才的条件

序号	指标	单位	初始数值（2015 年）	2016 年	2017 年	2018 年	2019 年	最终数值（2020 年）
13	《2016—2020 年计划》开始实施之时大学生宿舍床位的数量	个	—	5000	9800	14400	18000	23000

来源：О Федеральной целевой программе развития образования на 2016—2020 годы［EB/OL］. http：//government. ru/media/files/uSB6wfRbuDS4STDe6SpGjaAEpM89lzUF. pdf，2015-05-23

针对计划提出的任务五"建立顺应需求的教育质量和教育成果评价体系"，联邦政府列出了 4 项指标，见表 6-5。

表 6-5 任务五：建立顺应需求的教育质量和教育成果评价体系

序号	指 标	单位	初始数值（2015 年）	2016 年	2017 年	2018 年	2019 年	最终数值（2020 年）
14	建立并落实对学前教育、初等普通教育、基础普通教育和中等普通教育的教育质量地区评价体系的俄罗斯联邦主体数量占所有俄罗斯联邦主体数量的比重	％	10	25	65	85	95	100
15	为了进行地区内部的教育质量分析和评价，制定并推广使用评价工具（在国际的基础上）的地区教育体系数量占所有地区教育体系数量的比重	％	1	3	7	11	15	20
16	总结毕业生评定时采用统一评价材料的高等教育机构数量占所有高等教育机构数量的比重	％	2	4	8	15	25	50
17	基础教育项目毕业生为获得职业技能文凭而就读的中等职业教育专业数量占所有中等职业教育专业数量的比重	％	5	10	15	23	30	38

来源：О Федеральной целевой программе развития образования на 2016—2020 годы［EB/OL］. http：//government. ru/media/files/uSB6wfRbuDS4STDe6SpGjaAEpM89lzUF. pdf，2015-05-23

7. 预期成果及其社会—经济成效

俄罗斯联邦政府对《2016—2020 年计划》实施的预期成果进行了详尽规划，具体分为 55 项：

（1）建立囊括多种类型大学的高校网络，这些大学定位于地区经济发展的关键领域、开展硕士和研究生项目、积极推行研究和创新工作；

（2）推行中等职业教育和高等教育新的联邦教育标准；

（3）在不少于 50％的职业教育机构中，在 50 个备受需求、有发展前景的职业教育专业里，让 20 万工作者接受再培训和职业技能提高；

（4）在俄罗斯联邦所有主体推行新的企业主参与机制，用以保证为企业提供具备高职业技能水平的人才；

（5）针对在中等职业教育项目和高等教育项目中学习的大学生，举行国际和全俄罗斯职业大师奥林匹克竞赛；

（6）制定并推行企业主教育项目，支持创业；

（7）建设基础设施，保障市民都能够接受教育；

(8)让 10 万人接受自学教育项目，发展小型商业，普及信息、金融和法律知识；

(9)启动 200 个符合俄罗斯联邦技术发展优先方向的补充职业教育项目；

(10)实施针对残障人士的现代中等职业教育项目和高等教育项目；

(11)在领先职业教育机构的基础上，在俄罗斯联邦的各主体内建立针对残障人士教育的教学方法资源中心(不少于全体联邦区的 30%)；

(12)针对残障大学生举办职业大师竞赛(在俄罗斯联邦主体内举办，不少于 2 年 1 次)；

(13)在职业教育机构举行领导层进修(不少于 100 个机构)；

(14)在俄罗斯联邦各主体建立为 0～3 岁孩子的家长提供心理—教育、诊断和协商帮助的基础设施(在竞争基础上选出不少于 15 个俄罗斯联邦主体)；

(15)采取措施吸引私人投资建立幼儿园；

(16)在竞争基础上选出不少于 20 个俄罗斯联邦主体，针对其中教育成果不良、处于不良经济状况中的中小学提供支持，并在不少于 70 个俄罗斯联邦主体中宣传推广措施取得的成效；

(17)保证对项目实施成果的监测，包括对吸引投资规模、出售数量(针对商业产品)或使用率(针对非商业产品)的监测；

(18)支持针对教育发展现实问题的教育创新竞赛(不少于每年 5 个)；

(19)针对实践新标准的具体创新工作，为不少于 500 所中小学提供器材和资源支持；

(20)为实施教育机构的创新模式制定法律和财政机制；

(21)建立推广具体教育技术方法的网站(不少于 30 个)；

(22)为实施中小学文学教育方案、中小学地理教育方案、中小学技术教育方案、中小学外语教育方案和采用历史—文化标准提供财政的、咨询的、鉴定的和法律的支持；

(23)实施提升普通教育机构教职工职业水平的综合项目；

(24)举办全俄罗斯竞赛"年度教师""年度教育者""中小学校长""领先幼儿园"；

(25)培养残障儿童教育领域的人才(不少于 4 万人)；

(26)在不同的社会文化条件下，推行采用电子教育技术和远程教育技术的教育项目，包括培养有特殊需求的儿童(超常儿童、残障儿童)；

(27)实施 4 个建立补充教育新模型和新技术的项目；

(28)在竞争基础上通过支持的方式推行补充教育内容和技术革新的实验项目(不少于 20 个俄罗斯联邦主体)；

(29)建立最佳补充普通教育项目库，包括那些针对有特殊需求的儿童的补充教育项目(超常儿童、孤儿、残障儿童、患有重症的儿童)；

（30）建立地区资源中心网络，用于保障针对补充教育教职员工的补充职业教育，实施各种方向的补充教育项目的教育机构的活动（包括科技创造和机器人技术领域）；

（31）保证实行补充教育教师、补充教育机构领导职业标准；

（32）在补充教育体系中建立培养和提升教师和领导职业技能的创新项目库；

（33）在竞争基础上于各地区推广人格化财政模型（不少于 20 个俄罗斯联邦主体）；

（34）在俄罗斯联邦所有主体中，将实施补充普通教育项目时的财政拨款机制转向标准人均方向，以使国立、市立和私立儿童补充教育机构享受平等获得财政拨款的条件；

（35）为社会项目的积极参与者举办常规的季节性培训（会议、进修班）；

（36）为跨地区社会项目参与者网络提供支持；

（37）为中小学生和大学生参加志愿者项目提供支持；

（38）制定并实施发展中小学生和大学生自主权的项目，让他们有权决定涉及自己权益的问题、参与教育机构的自治组织和集体组织，使儿童的夏季和假期旅行、健康活动得以常规化；

（39）推进发现天才儿童和对其进行心理—教育陪伴的现代模型；建立统一的智力和创造性比赛体系，用于发现和陪同天才儿童和天才大学生；

（40）寻找天才儿童教育的新方法；

（41）发现有才能的儿童及大学生；

（42）支持建设不少于 4 个新的专项教育科学中心，用于保障在重点大学中为有才能学生提供高水平的教育；

（43）建设社会服务、教学实验、体育运动、经济与公共服务方面的基础设施；

（44）解决外国留学生宿舍数量不足的问题；

（45）保证培养不少于 2000 名普通教育质量评价方面的专家；

（46）保障在联邦层面、地区层面和市级层面的教育结果评价的监察系统正常运作；

（47）以发展所有层面的教育体系监督机制为基础，在俄罗斯联邦所有主体内推行中等职业教育和高等教育质量的监控系统；

（48）在毕业生评价方面自愿采用统一的评价材料的大学和中等职业教育机构应不少于 50%；

（49）确保俄罗斯联邦参与的重要的国际教育质量比较研究不少于 7 项；

（50）制定独立的俄罗斯教育质量评价工具，并使其在国际市场上具有竞争力（不少于 5 个）；

(51)在教育体系中建立项目集合数据信息系统，保证自动生成教育系统的监测指标；

(52)支持以下优秀项目：针对教育问题（新的管理技术、有效性和结果评价）、发展地区和市级教育体系的项目，监测教育系统并将其成果运用于实践的项目；

(53)使教育领域统计监察的所有工具现代化；

(54)在实施计划措施的过程中，实现专家分析、专家组织和监测陪同；

(55)推进计划中综合管理的信息通信机制和技术机制。

(三)《2016—2020 年计划》的总结

2014 年 12 月 29 日发布的《2016—2020 年教育发展联邦专项计划方案》在总结《2011—2015 年计划》的基础上，描述了需要发布新的专项计划的教育大背景，并提出计划的宏观方向；而 2015 年 5 月 23 日发布的《2016—2020 年计划》则基于上一份文件，详尽地设置了目标、参考指数和预期成果等内容。从这一细化过程可以看出，俄罗斯联邦在制定大政方针时按部就班、循序渐进；从《2016—2020 年计划》的详细程度又可以把握俄罗斯未来几年教育工作的重点方向。但如此详尽的目标能够实现多少，还需要未来事实的进一步检验。

二、关于《2013—2020 年俄罗斯科学技术发展纲要》修订版

科学研究和技术开发一直是教育领域最为重视的模块之一。2012 年 12 月 20 日，俄罗斯联邦政府签发了 2013—2020 年的纲领性文件——《2013—2020 年俄罗斯科学技术发展纲要》（Государственная программа Российской Федерации "Развитие науки и технологий" на 2013—2020 годы），并于 2014 年 4 月 15 日重新确认①。2015 年 12 月，俄罗斯联邦教育科学部在其官方网站上发布了该纲要的修订版本，对纲要实施的基本任务予以更为具体的描述。以下将在梳理该政策主要目标和任务的基础上，着重对 2015 年版纲要与 2014 年确认版本的不同之处进行分析。

(一)科技发展纲要出台的背景

现代世界经济发展的特征之一就是从强国转变到建设创新型社会的新阶段，即建设以利用和传播知识为基础发展经济的社会。俄罗斯作为曾经的科技强国，在 20 世纪 90 年代经历了科学研究和科技人才的危机。近年来，俄罗斯一直致力于解决自这一时期起积累起来的在科研和人力资源培养当中出现的问题。

---

① Правительство Российской Федерации. Государственной программы Российской Федерации "Развитие науки и технологий" на 2013—2020 годы[EB/OL]. http：//www.raasn.ru/fni/4_3_n.pdf, 2014-08-15.

2005 年，俄罗斯通过了《2010 年前创新体系发展政策的主要方向》(Основные направления политики Российской Федерации в области развития инновационной системы на период до 2010 года)①，2006 年则确定了《2015 年前俄罗斯科技与创新发展战略》(Стратегия развития науки и инноваций в Российской Федерации до 2015 года)②。2008 年，俄罗斯通过了《2020 年前俄罗斯社会经济长期发展纲要》，这一基本政策确定了包括科技综合体以及科技领域创新在内的各领域发展战略。2011 年 12 月 8 日，俄罗斯联邦政府确认了《2020 年前俄罗斯创新发展战略》(Стратегия инновационного развития Российской Федерации на период до 2020 года)③，提出"让俄罗斯基础科学领域恢复在世界舞台上的领先地位"这一目标。2012 年 1 月，俄罗斯通过《2020 年前科技领域发展基本政策》(Основы политики Российской Федерации в области развития науки и технологий на период до 2020 года и дальнейшую перспективу)④，将国家政策的战略性目标设定为在 2020 年前使俄罗斯在优先发展领域的科学研究和技术开发达到世界水平，提高国际竞争力。

为了实现上述政策当中的目标，俄罗斯逐步形成了国家创新体系，采取综合性的措施促进研发、创新、教育和以技术创新为基础的经济现代化发展。

人才是推动科技创新发展的重要动力。为了保障科学技术研究与开发领域的不断进步，俄罗斯近年来采取了一系列措施，吸引青年学者加入科研队伍。在这一过程中扮演了重要角色的是《2009—2013 年创新俄罗斯科学与科教人才联邦专项计划》(Научные и научно-педагогические кадры инновационной России на 2009—2013 годы)⑤。该计划实施后，2002 年至 2010 年，俄罗斯 29 岁及以下的青年研究者人数从 56100 人增加到了 71200 人，占所有研究人员的百分比自

① Правительство Российской Федерации. Основные направления политики Российской Федерации в области развития инновационной системы на период до 2010 года[EB/OL]. http://www.alppp.ru/law/obrazovanie--nauka--kultura/nauka/2/osnovnye-napravlenija-politiki-rossijskoj-federacii-v-oblasti-razvitija-innovacionnoj-sist.html，2005-08-05.

② Межведомственная комиссия по научно-инновационной политике. Стратегия развития науки и инноваций в Российской Федерации до 2015 года[EB/OL]. http://kf.osu.ru/dept/nauch/osnov_doc/strategiya_razvit.pdf，2006-08-15.

③ Правительство Российской Федерации. Стратегия инновационного развития Российской Федерации на период до 2020 года[EB/OL]. http://minsvyaz.ru/common/upload/2227-pril.pdf，2011-12-08.

④ Президент Российской Федерации. Основы политики Российской Федерации в области развития науки и технологий на период до 2020 года и дальнейшую перспективу[EB/OL]. http://www.snto.ru/chto/upload/pdf/osnovi_politiki_2020_proekt.pdf，2012-01-11.

⑤ Правительство Российской Федерации. Научные и научно-педагогические кадры инновационной России на 2009—2013 годы[EB/OL]. http://минобрнауки.рф/documents/386，2008-07-28.

13.5％增加到了 19.3％。

为了进一步推动和保障俄罗斯科学研究和技术开发的发展，2012 年 12 月 20 日，俄罗斯联邦政府签发《2013—2020 年俄罗斯科学技术发展纲要》。2014 年 4 月 15 日重新确认后，2015 年 12 月，俄罗斯联邦教育科学部在其官方网站上发布了该纲要的修订版本。

(二)科技发展纲要的主要内容

纲要主要包括以下内容：(1)联邦纲要说明；(2)国家纲要实施环境的总体特征(确认科技优先发展领域、人才保障、财政保障、体制结构和部门组织、物质技术基础、形成科技环境的基本趋势)；(3)实施国家纲要领域的国家政策重点，目标、任务和任务解决中的目标达成指标，实施国家纲要领域发展预测，国家纲要基本预期成果描述，实施国家纲要的期限和阶段；(4)子纲要划分和将实施中的联邦目标规划归入国家纲要的论证；(5)国家纲要和国家纲要子纲要部门目标纲要的基本措施特征概括；(6)国家调节措施特征概括；(7)在实施国家纲要中参与国家合作的国家、社会、科学和其他组织股份公司，及国家预算外基金会信息；(8)实施国家纲要必需的财政资金总额论证；(9)实施国家纲要的风险分析和实施国家纲要风险管理措施描述；(10)国家纲要有效性评价方法(公式)；(11)六个子纲要、三个联邦目标纲要说明及附件。

1. 纲要实施者

纲要的责任实施者为俄罗斯联邦教育科学部，参与者还包括俄罗斯联邦财政部；俄罗斯科学院；俄罗斯科学院远东分院；俄罗斯科学院西伯利亚分院；俄罗斯科学院乌拉尔分院；俄罗斯设计建筑学科学院；俄罗斯农业科学院；俄罗斯艺术科学院；联邦国家预算机构"俄罗斯基础研究基金会"；联邦国家预算机构"俄罗斯人文科学基金会"；联邦国家预算机构"国家库尔恰托夫学院研究中心"。国家纲要的联邦目标项目国家订购者包括：俄罗斯联邦自然资源与生态部；俄罗斯联邦通信署；俄罗斯联邦海运河运署；俄罗斯联邦气象和环境监测局；俄罗斯联邦国防部；高等职业教育联邦国家预算教育机构"莫斯科国立罗蒙诺索夫大学"。

2. 目标与任务

2015 年版纲要提出的主要目标是形成有竞争力的、能够有效运行的研发产业，并保障这一产业在俄罗斯经济技术现代化的进程中发挥引领性作用。

纲要的主要任务包括：(1)发展具有竞争力的基础性和探索性科学研究，形成国家社会经济长期稳定发展所必需的知识；(2)建设能够保障国家经济发展和结构性转变的应用型研究，并有效转化其研究成果；(3)对研究进行制度性的发展，完善其结构及优先发展方向，建立公开的管理体系，建立透明的、以竞争为基础的拨款体制，融合科学与教育，包括保障科学对社会产生积极影响，形成技术氛围和创新需求；(4)为科学研究和开发试验提供现代化的物质和技术基础，扩大对科学设施和科技信息的可获得性；（5）发展国际合作，保障俄罗斯研究开发领域与国际科学技术空间的融合。

3. 预期成果及评价指标

2020 年时，该纲要的实施预期达成以下结果：（1）在基础研究和开发领域最大限度地接近经济发达国家；（2）为促进国家经济发展形成现代化的技术基础，将人力、物力资源集中在经济发展所需的科学技术储备优先方向上；（3）在专利活动方面使俄罗斯跻身世界领先行列；（4）支持和发展全国研究中心，使其成为国家创新体系的基本元素；（5）有效整合科学、教育及创新活动；（6）吸引一流学者在俄罗斯的一流大学和科学研究中心实施世界水平的基础科学研究项目；（7）有效推进俄罗斯科学技术融入世界创新体系，以保持俄罗斯世界科技强国的地位。

衡量是否达成纲要目标的指标包括：科学网站（WEB of Science）数据库中索引的俄罗斯世界科学杂志出版物总数中的比重；科学工作者的平均工资与当地平均工资的关系；用于研究和开发的内部成本中预算外资金的比重。

4. 子纲要与联邦专项计划

纲要共包含 6 个子纲要和 5 个联邦专项计划。见表 6-6。

表 6-6　俄罗斯科技发展子纲要与联邦专项计划

编号	子纲要与联邦专项计划名称
子纲要 1	基础科学研究
子纲要 2	应用科学研究开发发展
子纲要 3	科研产业的制度发展
子纲要 4	跨领域研究与开发的发展
子纲要 5	科学领域的国际合作
子纲要 6	本项目的实施保障
联邦专项计划 1	2007—2013 年俄罗斯科技发展优先方向中的研究与开发
联邦专项计划 2	2014—2020 年俄罗斯科技发展优先方向中的研究与开发
联邦专项计划 3	2009—2013 年创新俄罗斯科学与科教人才计划
联邦专项计划 4	2014—2020 年创新俄罗斯科学与科教人才计划
联邦专项计划 5	海洋

《基础科学研究子纲要》的主要目标是促进基础科学研究的发展，是否达成这一目标可以从以下几个方面进行衡量：科学网站数据库中单篇文献的引用量；科学研究人员的平均年龄；39 岁以下的科研人员所占比重；39 岁以下获得高级学位（副博士和博士）的科研人员所占比重；国家科学院基础科学研究项目内在世界

科学杂志发表并被科学网站数据库引用的成果数量；为联邦人文科学基金会（РГНФ）组织的区域竞赛进行联合拨款的联邦主体数量；与联邦人文科学基金会签订协议共同举办竞赛的国家数量；俄罗斯基础研究基金会（Российский фонд фундаментальных исследований）与国外组织签订合作协议的数量；俄罗斯基础研究基金会与联邦主体关于合作或共同组织区域性竞赛而签订的协议数量。

《应用科学研究开发发展子纲要》的目标是创建能够保障国民经济发展和结构化转型的应用科学研究活动，并对其成果进行有效的转化。为了实现这一目标，需要完成以下任务：通过包括技术预测系统在内的手段，考虑经济部门的发展重点，确认应用科学领域的重点发展方向；由全国研究中心库尔恰托夫学院研究中心和国家科学中心在最大程度上实施现有科技水平能够达到的研究和开发，在关键技术领域取得突破性进展；发现世界科学界具有发展前景的研发领域和方向，并为这些领域的发展提供支持；支持和发展能够进行世界水平研发的一流科研人员队伍；高等教育机构在组织和实施科学研究的过程中完成国家任务；保障科研成果有利于商业、国家权力机关、技术平台以及创新集群等的发展；刺激应用研究领域财政拨款之外的其他投资。

《科学领域的国际合作子纲要》的主要目标是使俄罗斯融入世界科技研发空间。为此，俄罗斯计划发展相关研究设备，扩大国际合作的规模。合作不仅局限于科学组织的水平上，也体现在相关实验室以及个别研究人员的水平上。需要保障俄罗斯学者获得国外一流研究中心的科研数据库，扩大俄罗斯科技部门接触国际科研社群的机会。同时还要在国外树立积极的俄罗斯科研形象，提高俄罗斯科研在国际上的声望。

可以看出，上述6个子纲要和5个联邦专项计划从不同角度将俄罗斯科技发展的目标进行了细化。从国内科研本身出发，基础科学研究、应用科学研究和跨领域研发基本涵盖了科技领域优先发展方向。从科研产业来讲，一方面设立子纲要，保障本政策的实施效果；另一方面探索科研产业的监管、拨款制度等机制的发展，为创新产业的持续发展积累经验。从国际合作来看，子纲要致力于推动科学领域的国际合作，以实现俄罗斯融入世界科技发展空间的目标。另外还有相应的联邦专项计划确认科技发展优先方向，为科技发展提供科学与科教人才保障。

（三）2015年版科技发展纲要的主要变化

将俄罗斯现有科技储备与世界科技发展趋势进行对比之后可以发现，保障俄罗斯在世界科技市场上占有一席之地的发展领域应当是新一代的量子技术、光电子技术、信息和通信技术；生物医学技术，包括积极增加人口寿命的技术及纳米技术；新的生产技术。

与2014年版纲要相比，2015年修订版中对纲要实施的基本任务有了更为具体的描述。见表6-7。

表 6-7 2014 年版与 2015 年版纲要基本任务对比

2014 年版	2015 年版
发展基础性科学研究	发展具有竞争力的基础性和探索性的科学研究，以创造出国家社会经济长期稳定发展所必需的知识
在科技发展的优先方向上建成一定的科技储备	创造保障国家经济发展及结构性调整的应用研究，并将其成果进行转化
科研产业的制度性优化，包括优化科研与技术开发产业的结构、管理体系、财政体系，优化科学与教育的整合	科研产业的制度性优化，完善其结构和优先发展方向，完善公开的管理和财政体系，保障科学对社会的影响力，形成技术创新文化
形成现代化的研发产业物质基础	形成现代化的科学研究和开发试验所需要的物质基础，保障相关科学与技术信息的可获得性
保障俄罗斯科研开发产业与世界科研空间的融合	发展国际合作，保障俄罗斯科研开发产业与世界科研空间的融合

从表 6-7 中可以看出，科技发展纲要任务依然集中在基础科学研究、应用技术开发、科研产业制度优化、硬件更新以及国际合作等方面。但与 2014 年版纲要相比，2015 年版纲要对于每一方面的要求有了更为具体和清晰的表述，同时也更加强调科学技术对社会经济发展的推动作用。

在实施阶段和预算方面，2015 年版纲要没有十分显著的变化。纲要实施的第一阶段为 2013 年，第二阶段为 2014—2017 年，第三阶段为 2018—2020 年。在每年的财政拨款方面，2013—2016 年稍有下降，2017—2020 年的预算则没有变化。具体见表 6-8。

表 6-8 纲要拨款对照表

实施年份	2014 年版纲要（卢布）	2015 年版纲要（卢布）
总计	1 484 270 829 200	1 440 565 758 600
2013	145 402 687 700	145 362 577 900
2014	150 952 739 600	152 089 957 700
2015	166 578 619 300	150 656 718 600
2016	186 554 617 900	157 674 339 700
2017	186 770 445 500	186 770 445 500
2018	203 491 091 700	203 491 091 700
2019	215 944 223 300	215 944 223 300
2020	228 576 404 200	228 576 404 200

俄罗斯联邦政府对于基础科学的投资比例将持平或上升，同时吸引私人资本对应用科学领域进行投资。2015 年俄罗斯联邦政府确定的一项重要任务就是花费在基础性科学研究上的经费占国民生产总值的比重不能降低。《2015 年联邦财

政计划及 2016—2017 年计划》中预计的基础科学研究的拨款不仅会保留，还会有所提高，以便在基础科学领域提高国家竞争力，恢复世界强国地位。而联邦财政对应用性研发的投入在整体民用科学投入中所占的比重将有所降低。为了降低这一做法可能带来的风险，俄罗斯计划支持私人资本从事应用科学研究和试验开发。

为了实现科技领域国家政策的目标和任务，主要的力量将被集中在科学技术储备力量的建设上，形成俄罗斯科学研究的潜在力量。将投入主要精力的方向包括：支持和发展俄罗斯经济高科技领域的竞争优势，如航空和航天领域等；在科学技术融合的基础上，形成全新的能够促进俄罗斯经济发展的科技基础；保障医疗、农业、交通、能源等一系列经济领域自身发展过程中对创新和研发的需求；解决国家安全问题，包括紧急情况的预防及其后果的消除等方面。

>> 第二节　教育领域工作总结及工作计划 <<

本节对俄罗斯联邦教育科学部在 2014 年 7 月至 2015 年 12 月颁布的工作总结和工作计划进行梳理和解读，它们分别是《俄罗斯联邦教育科学部 2014 年工作总结及 2015 年工作目标》和《关于俄罗斯联邦教育科学部 2016—2018 年主要工作方向及预期成果的报告》。由于两份文件都对 2014 年的工作进行了总结，在此详细列出第一份文件中的相关内容，将第二份文件中相同的内容删去，仅保留增加的内容。

一、关于《俄罗斯联邦教育科学部 2014 年工作总结及 2015 年工作目标》

俄罗斯联邦教育科学部于 2015 年 4 月 13 日发布了《俄罗斯联邦教育科学部 2014 年工作总结及 2015 年工作目标》(Проект итогового доклада 《Об итогах деятельности Министерства образования и науки Российской Федерации за 2014 год и задачах на 2015 год》)①，对 2014 年的工作进行了总结，并对 2015 年的工作进行展望。

（一）教育科学部 2014 年工作总结

俄罗斯联邦教育科学部 2014 年部门工作的开展主要依据《联邦教育法》(2012 年)、《国家科学、科技政策》(1996 年)(О науке и государственной научно-

---

① Минобрнауки России. Проект итогового доклада 《Об итогах деятельности Министерства образования и науки Российской Федерации за 2014 год и задачах на 2015 год》[EB/OL]. http：//минобрнауки.рф/документы/5417，2015-04-13.

технической политике)、2020 年前联邦中长期社会经济发展方案、2020 年前联邦创新发展战略以及 2012 年 5 月 7 日颁布的总统令和 2018 年前政府主要工作方向。

俄罗斯联邦教育科学部的职权主要分为四大部分：（1）教育；（2）科学、科技和创新活动；（3）未成年公民教育与监护，学生社会支持与社会保护，青年政策；（4）自 2014 年起承接的管理联邦教育科学监督局和联邦青年事务署的相关工作。

1. 部门整体决议情况

2014 年俄罗斯联邦教育科学部就 2012 年《关于国家社会政策实施的举措》总统令、《关于国家教育和科学领域国家政策的实施举措》《关于 2012—2017 年儿童权益维护国家战略》以及 2013 年 12 月联邦会议上国情咨文中提出的教育科学领域的问题和任务开展工作。2014 年召开了 18 次部门工作会议，审议了 50 道政令，其中包括《2013—2020 年教育发展联邦计划》和《2013—2020 年科学技术发展联邦计划》。以政府令的形式确立了 2014 年国家纲要实施计划和 2015 及 2016 年的工作计划。与各联邦主体就保障 2014—2018 年优化公立教育机构网络的专项目标达成并签署协议。

2014 年俄罗斯联邦教育科学部首次开展教育领域情况综合分析工作，推出联邦政府向联邦会议汇报国家教育政策实施情况的环节，积极按照国家五年计划中的目标和行动指标展开工作。为保障部门工作公开透明，2014 年教育科学部实施了国家权力执行机关公开性方案实施计划，具体工作开展分为法案的草拟和实施、联邦专项方案实施、教育科学部活动公开性保障和部门人事问题四个方面。

2. 财政政策

2014 年教育科学部的财政政策实施主要依据是 2013 年 12 月 2 日颁布的《2014 年联邦财政及 2015、2016 年财政预算》、2011 年 11 月俄罗斯财政部令中规定的联邦财政综合清单和联邦财政资金主要支配单位清单。

2014 年教育科学部财政支出的主要方向是教育发展、科学和技术发展的各个联邦政策纲要实施的配套资金。2014 年联邦财政用于支持《2013—2020 年教育发展联邦计划》实施的拨款总额为 4589 亿卢布，用于支持《2013—2020 年科学技术发展联邦计划》实施的拨款总额为 1521 亿卢布。

《2013—2020 年教育发展联邦计划》实施的主要拨款分配是资助联邦国立机构，政策实施资金 2873 亿卢布，其中用于提升教育工作者收入水平的拨款额为 383 亿卢布；用于对国立机构中学生进行奖助学金资助的拨款为 828 亿卢布；用于 2011—2015 年教育发展联邦专项纲要 2014 年实施工作的资金为 132 亿卢布；用于 2011—2015 年《俄语》联邦专项纲要 2014 年实施工作的资金为 4 亿卢布。

《2013—2020 年科学技术发展联邦计划》实施的主要方向包括国立机构执行

纲要任务的财政拨款 724 亿卢布；提高学术工作者收入水平的支出 46 亿卢布；用于国立机构的其他资金支出（包括科研设备的维修和购买、研究生补助等开销）340 亿卢布。

除了以上两个政策之外，教育科学部财政的第三大支出方向是保障 2012 年 5 月颁布的总统令《关于国家社会政策实施的举措》。其主要任务是到 2018 年使基础和中等职业教育机构中生产领域师资的工资水平达到地区的平均收入水平；到 2018 年使高等职业教育机构工作人员和学术人员的平均收入达到当地平均工资 200％的水平。为此，2014 年联邦财政在提升公立教育机构中教育工作者收入水平这一任务中投入的资金为 383 亿卢布，向提升学术机构中工作人员工资水平这一任务中投入的资金为 46 亿卢布。

3. 教育工作情况

（1）普通教育和职业教育。

2011—2014 年在普通教育领域发生了重大变革。学校更新教学及其他设备，2/3 的教师根据最新职业标准提升了职业技能，保障教师收入稳定地居于地区平均收入水平。中小学年轻教师的数量有所提升，同时教师的受教育水平和师范高校升入率也有所提升。

具体到学前教育领域，以下措施得以实施：增加了学前教育机构的学额；进一步鼓励和发展学前教育中的非公立机构；完善学前教育电子排队学额申请系统等。而普通初等、普通基础和普通中等教育作为国民素质养成的基础部分也是教育科学部工作的重点，2014 年教育科学部越发加强对普通教育机构的管理，推行普通教育国家标准阶段性实验，进行教材规范建设，列出联邦教材清单。在学科发展方面，开始采用新版国家统一历史教科书。继续重视数学学科的发展，目前俄罗斯在国际基础教育测评中取得了较好成绩，数学学科排名从第 38 名提升至第 34 名。俄语学科建设方面，继续将俄语作为全国普及性语言推广。继续贯彻天才儿童支持和服务工作。在师资建设方面继续开展师资职业标准研讨，对职业标准的开发进行方法支持，拟推行教师职业素养多级评价体系。2014 年是"年度教师"竞赛活动开办 25 周年，这一教师专业技能竞赛成为了全俄参与者数量最多、影响力最大的职业竞赛。教育科学部进一步加强对普通教育机构毕业生的统一国家考试和国家结业考核体系的建设，依照普通基础教育大纲顺利举行了国家结业考核，依照普通中等教育大纲顺利举行了统一国家考试。俄罗斯基础教育领域具有特色的师生家长互动形式就是全俄家长大会。2014 年 8 月 28 日全俄家长大会以视频会议的形式邀请到莫斯科、新西伯利亚及其他地区的家长和教师参加会议，会上讨论了教育发展中最迫切的问题。这一会议是家校合作共同支持儿童发展的有效尝试，也是值得我们借鉴的交流形式。

在职业教育领域，根据 2012 年联邦总统令精神继续发展中等职业教育，加强对中等职业教育专家的培养，建设多功能实用技能中心，为职业教育的发展提供先进的设备和场地。此外，依照 2011—2015 年联邦专项教育发展方案精神实施地区职业教育发展方案、巩固基础和中等职业教育机构地位，同时在工作中注重对国防工业相关企业服务人才的培养。在注重内部发展的同时积极参与国际职业工人大赛，开展职业人才培养的国际合作。

提升俄罗斯高校的国际竞争力一直是俄罗斯联邦教育现代化发展的重要目标，2014 年联邦继续积极尝试高校网有效构架的搭建：进行高等教育组织网络的优化和改组；实施俄罗斯顶级高校发展计划；在重点建设部署高校的同时鼓励地方性高校发展；对新晋成员——克里米亚共和国和塞瓦斯托波尔市地区高校的发展关怀有加，加强克里米亚和塞瓦斯托波尔高校的一体化建设，为乌克兰移民提供受教育机会。从内部来看，完善高等教育发展的财政手段，推行新的录取监督数据核算原则，针对大学生继续实施教育贷款；进行高等教育内容的先进性改革，推动师范教育发展；加强对国防工业人才的培养；对于已经生育的女性大学生实施特殊的年轻母亲大学预科培养，帮助其提升文化水平和综合素质。

在高校创新建设方面，通过在一流理工技术类高校构建工程技术服务中心实施经验推广项目、在高等教育机构发展创新分支机构、举办"乌斯珀罗麦克斯珀 2013 国民科学产业化基础"国家例行展览等活动来提升高校自主科研和产学研结合的工作积极性。教育科学部也十分关注大学生的身心健康发展，积极推动大学生体育的发展，成功举办了联邦大学生运动会，举办"高校健康生活方式"全俄高校主题公开赛。对高等教育发展进行规范化管理，开展教育质量独立评价工作，构建全国统一学生数量登记系统，提升高校教师的工资待遇水平，设立俄罗斯联邦教育领域政府奖金。

（2）补充教育。

在儿童补充教育领域，2014 年俄罗斯联邦提高了参加补充教育的 5～18 岁儿童数量；就儿童健康提出"准备着劳动和保卫"是俄罗斯联邦政府拟定的国民体育锻炼法律文件，2014 年 6 月 30 日俄罗斯联邦政府确定分阶段推行该体育项目，9 月 1 日在 12 个联邦主体的教育机构中试推行；在教育机构中发展体育运动文化，举办全俄体育竞赛"总统运动游戏"，以及"总统运动游戏"冬季赛；教育科学部还成立了多个全俄儿童中心，通过联邦财政资助这些中心开展儿童夏季疗养活动，2014 年的儿童保健活动包括疗养保健营、劳动休闲营、帐篷夏令营等，参与儿童达到 400 万人次；倡导儿童健康生活方式，并通过联邦财政支持地方建设农村地区公立教育机构改善体育课和运动条件。

在补充职业教育发展方面，实施 2012—2014 年工科教师职业技能提升总统计划；培养 2014 年索契冬奥会筹备工作人员；完善驾驶员职业教育。

4. 科学与创新方面

为促进国家科学和创新事业的发展，2014 年教育科学部加大了对科研领域的总投入，进行科研队伍年轻化探索，进一步挖掘学术人才，同时广泛吸引全球优秀学术人才。除此之外，有关部门还加强对学术机构的改革和管理，挖掘地区学术潜能，发展新的科技创新领域。设立颁发俄罗斯联邦总统奖学金、总统助学金。

具体来讲，根据俄罗斯联邦经济发展部开展的社会经济发展预测结果，2014 年科研工作国内花费总额为 7930 亿卢布，较之 2013 年增长了 6%，而 2015 年的预计花费为 8308 亿卢布。① 提高俄罗斯科学产出是当今俄罗斯联邦教育科学部工作的主要目标之一，为此教育科学部 2014 年做出一系列努力：提高国际索引量，预计 2014 年的索引量达到 29600 篇文章，而据 2015 年 2 月统计数据，俄罗斯学术文章的实际刊载量为 28605 篇；智力成果注册量得以提升，统计 2014 年智力成果注册量为 25378 个，较预期多了 1.5%。2014 年还进行了财政保障模式改革，发展科技创新领域的基金支持体系建设。

保障科学发展的人才资源和机构合理是第二重要的工作目标，为实现这一目标进行了科研人员结构年轻化的尝试，计划使科研队伍中年龄在 39 岁以下的青年学者占比达到 40%，实际上 2014 年这一比重已经达到了 41%；降低长期使用设备的平均使用年限，2014 年将长期使用设备的固定使用年限从 6.1 年降至 4.5 年。

科学和创新的发展上，做足资金和人才的外部补充是一个重要方面，而在内部进行结构调整是另一个重要方面。2014 年教育科学部对国家科学院进行改革，根据 2020 年前俄罗斯联邦创新发展战略精神，科学是俄罗斯国际竞争力的基础，所以自 2013 年起，俄罗斯联邦开始实抓国家科学技术政策的体系结构改革，通过立法加强俄罗斯教育科学部在国家科学政策决议中的参与度，为国家权力执行机关提供技术出口支持和对国家学术机构高校的管理思路提供意见，也使国家科学院的发展获得了极大的自由自主权。此外构建起科研学术机构活动效果评价和监督系统，对科学和学术活动实施基础设施和信息方面的保障。

为提高国际影响力，就要增加俄罗斯学者在国际学术期刊和数据库中的发文量。据教育科学部统计，2014 年俄罗斯学者被国际学术数据库（主要指 Web of Science 国际学术引文搜索）收录的学术文章发表量占比为 2.15%，而中国近两年在国际学术期刊上的文章发表量增速非常快，且占比已经达到 15.75%；订阅国际学术引文索引数据库（база данных международных индекс научного

① 更多详细数据参见《俄罗斯联邦教育科学部 2014 年工作总结及 2015 年工作目标》文件第 76 页。

цитирования）：2014 年春季进行了俄罗斯学者和学术教育机构成果纳入 Web of Science 和 Scopus 国际检索资格的选拔审查，其中有 99 个机构获得发表权，包括 47 个科研所、46 所高校、6 个图书馆。

同时，以下措施均被采纳：强调完善科学、科技成果管理系统，加强对科技成果商业化的管理；对智力成果独创权进行维护和规范；国家积极组织和保障科技出版和团体创新项目活动；发展科学技术个人项目，加大俄罗斯在国际学术项目中的参与度；发展生物科技和基因工程；发展混合材料；完善国家学术审核系统法权保障；完善学术和教育工作者国家鉴定体系，改组学位委员会；优化科学博士、科学副博士学位答辩委员会工作系统；试授予顶级教育和学术机构自主评价学术水平并颁发相应证书的权力；保障国家学术鉴定系统的作用发挥；为科技领域青年学者授予俄罗斯联邦科技领域政府奖金。

5. 青年政策方面

2014 年 7 月 3 日俄罗斯联邦教育科学部连同其他相关权力执行机关拟定《2025 年前俄罗斯联邦基本青年政策》，并于 11 月 29 日颁布正式政府规定。该文件中囊括 400 余项针对儿童、大学生和青年的相关活动，较为典型的有全俄最佳大学生宿舍公开赛、全俄大学生论坛、"21 世纪领袖"全俄大学生自我管理营、全俄青年科技展、莱蒙诺索夫国际青年学术论坛等。

在青年工作方面，2014 年教育科学部的主要工作成果体现在 4 个方面：（1）发展青年志愿者活动；（2）加强对青年的公民教育和爱国主义教育；（3）提升俄罗斯联邦青年政策在北高加索联邦管区的实施效果；（4）发展青年自我管理机构体系。具体做法包括鼓励进行青年职业定位：开展时代任务研讨活动，对大学生实践活动进行支持；对英才青年进行专项支持：根据国家英才青年支持政策，每年对英才青年进行联邦财政 2 亿卢布拨款的支持，2014 年对 5350 名年龄在 14～28 岁的国际、全俄和地方竞赛的青年获奖者进行了奖励，其中国际竞赛获奖者奖金为 6 万卢布/人，全俄竞赛和地方竞赛获奖者奖金为 3 万卢布/人。

对青年的公民教育和爱国主义教育则依法展开，2014 年根据《2011—2015 年俄罗斯联邦公民爱国主义教育联邦计划》实施精神，教育科学部开展了 28 项相关爱国主义活动。青年自我管理机构体系对提高青年的自我管理能力，提升大学生在高等教育现代化建设及在地方、区域和国家社会经济问题决策中的作用具有重要意义。为此，2014 年教育科学部举办了高校大学生活动联盟，建立青少年社会联盟联邦扶持清单。

6. 儿童权益维护工作

2014 年是 2012—2017 年儿童权益维护国家战略的第一实施阶段完成年，根据这一阶段国家战略的实施结果分析和效果评价，教育科学部连同其他相关国家权力执行机关拟定了 2015—2017 年该战略最主要的规则。这一年教育科学部为残疾儿童获得教育创造各种便利条件；继续对儿童心理的科研，进行学生反社会行为预防；同时继续关注弱势群体儿童，对需要国家援助的无父母照管儿童和孤儿的权益进行维护。

7. 国际合作方面

教育科学部根据国家教育和科技发展政策广泛参与全球合作、积极参与科技领域的国际劳动力分配以实现俄罗斯的现代化发展。在周边国家以及建立友好合作关系的国家推行俄罗斯联邦国民教育和俄语，并加深与周边国家在教育科学领域现代化进程中的统一战线合作。

在教育领域的国际合作主要体现在以创造条件开展俄语和外语教育的方式推动学术发展，在科学领域的国际合作则主要通过国际学术活动和项目的参与来体现。发展双边合作，比如，2014 年与中国在人文领域的合作取得了重大进展，积极举办两国友谊城市的青年交换活动；发展多边关系，在建立政治多边合作的基础之上开展教育和科学的多边合作，主要包括在亚太区域组织和金砖国家之间的合作框架下开展；根据俄罗斯 2014—2020 年科技发展优先方向进行研究和制定工作，支持俄罗斯与德国开展生物科技和科学研究方面的联合竞赛；将俄语作为俄罗斯联邦官方用语在国外推广。

8. 教育监管监察工作

在教育监管监察方面教育科学部的工作态度始终没有放松。2014 年联邦教育科学监督监察局共处理教育认证程序 2908 项，其中包括颁发 13 个教育活动开展许可、2879 个改组许可以及其他认证许可，国外教育资质认证 13002 项；对 624 个教育实施机构进行了权力实施情况审查。为进一步加强教育机构的规范化建设，2014 年教育科学部还进行了教育委托尝试，同时对俄罗斯联邦各主体的权力执行机构进行权力监督检查。

（二）2015 年教育科学部工作目标

结合 2014 年的工作成果，教育科学部将 2015 年的整体目标定位为：继续贯彻到 2018 年前联邦政府主要工作方向；贯彻落实到 2020 年前俄罗斯联邦创新发展战略措施；落实 2014 年 12 月 12 日俄罗斯联邦国情咨文向联邦委员会提出的工作目标；保障 2012 年 5 月 7 日由联邦总统颁布的"关于国家社会政策的实施举措"和"关于教育科学部国家政策的实施举措"中教育科学相关内容的落实，等等。

在财政工作方面，要提升联邦财政资金的利用效能；发展内部和外部资金监督系统，提升教育科学部权力实施的效果；提升教育科学部资金管理工作质量的监督标准；建成教育科学部经费支出的专项信息平台。

在普通教育工作方面，要保证学前教育 100% 的入学率；从联邦财政拨款资助 350 个左右的学前教育机构入学名额；将中学生的竞赛参与度提升至 50%。与俄罗斯联邦各主体的国家权力执行机关一同构建普通教育机构一班制教学模式；

继续完善普通中等教育的实验大纲修改工作；保障数学教育发展方案的落实；提升按照新历史教科书教学的教师业务水平；阶段性推行学前、初级、基础和中等教育教师的职业标准等。

在中等职业教育工作方面，要发展区域职业教育体系，巩固核心职业教育机构的发展；完善综合性区域职业教育大纲；实施到 2020 年前俄罗斯联邦实用技能师资培养系统发展战略；研究制订并实施 2015—2020 年针对中等职业教育系统完善的综合举措；实施中等职业教育体系发展中的理论培养与企业实践教学相结合的各种措施；更新职业教育标准；研究制订驾驶员职业教育大纲实施的教学法。

在高等教育工作方面，要优化高等教育体系和高校网络结构，保障大学生都能获得高质量的教育；完善高校工作效果监察手段；发展工科教育，支持高校国防工业相关人才培养项目；提高师范教育的现代化程度；对自主考入国外著名高校接受世界最先进知识教育的学生给予支持，并鼓励和保障其回国就业；对克里米亚共和国和塞瓦斯托波尔市的高校进行支持；天才中学毕业生在高校就读期间，为其提供每月 2 万卢布的全程助学金，同时规定受助学生毕业后初就业应就职于俄罗斯的企业；在俄罗斯顶尖高校的硕士培养中实施网络教学模式；实施俄罗斯高校国际竞争力提升计划，进行现代化函授教育，构建国家开放教育平台。

在补充教育工作方面，要提升 5～18 周岁儿童中补充教育的惠及范围；继续研究制订和实施儿童补充教育发展方案措施；推行有效的儿童补充教育资金运用模式；对补充教育机构网络进行维护和支持；完善对年轻英才挖掘和培养的社会实施体系方案；发展中小学及高校中的体育事业；在补充职业教育中，要监督落实各联邦主体的实用技能培训多功能中心网络的构建。

在科学创新工作方面，要继续完善俄罗斯联邦 2013—2020 年重大科研项目计划、2013—2020 年国家科学院的重大科研项目；构建和落实全新的学术、科技和创新活动组织机制；保障经济相遇新科技生产技术的发明，提升相关技术的进出口能力；对科研机构科研成果进行监督评价等。

在其他工作方面，俄罗斯联邦希望能够继续贯彻上年工作精神，在认真落实工作开展的同时积极进行新的现代化发展尝试，完善学术和教育工作者的考核制度，重视儿童权益维护和青年政策发展，积极探索和加大教育和学术领域国际合作，认真公正地开展教育科学领域的监督监管工作。

二、《关于俄罗斯联邦教育科学部 2016—2018 年主要工作方向及预期成果的报告》

俄罗斯联邦教育科学部于 2015 年 4 月颁布了《关于俄罗斯联邦教育科学部

2016—2018 年主要工作方向及预期成果的报告》(Доклад о результатах и основных направлениях деятельности Министерства образования и науки Российской Федерации на 2016—2018 годы)①。报告的内容分为两部分,第一部分是 2014 年俄罗斯联邦教育科学部的工作成果,第二部分是俄罗斯联邦教育科学部 2015 年及 2016—2018 年的工作计划。由于前文已经对 2014 年的工作总结进行了叙述,在此仅保留补充的相关内容。

(一)2014 年俄罗斯联邦教育科学部的工作成果

1. 学前教育方面

在全俄所有的州建设了新的、现代化的幼儿园,两年内建成近 1000 所,2013—2014 年俄罗斯联邦政府对学前教育的财政拨款为 1000 亿卢布。2014 年,3～7 岁孩子入学人数为 5489660 人,其中包括克里米亚的 75420 人,平均入学率达到 93.65%。2014 年俄罗斯有 83 个地区实现了网络排队入学,确保入学资格审核的透明度。

2. 基础教育方面

加大对国家历史和语言的教育,并为其投入 439000 卢布的财政支持。俄罗斯国家队成功参加了综合科目国际比赛,俄罗斯中小学生已经赢得了 19 枚金牌、16 枚银牌和 3 枚铜牌,俄罗斯历史上第一次在国际化学奥林匹克竞赛中获得金牌。2014 年度"年度教师"竞赛顺利开展,共有来自全国各地的 81 名教师获得这一荣誉和相应奖励。国家统一考试的参与者数量稳步提高,考试的平均成绩与 2011—2012 年相当。

3. 补充教育方面

在儿童的补充教育方面,按照 2012 年 5 月 7 日颁布的第 599 号令《关于落实教育和科学领域国家政策的措施》,到 2020 年,5 岁到 18 岁的儿童接受补充教育的比重应达到儿童总数的 70%～75%。2013 年这一比重为 58.5%,2014 年这一比重为 62%。在补充职业教育方面,按照 2012 年颁布的《2012—2014 工程技术人员培训计划》,2012—2014 年共培训 16582 人,其中 5752 人在俄罗斯的工厂或工程中心接受培训,2087 人在国外接受培训。

4. 职业教育方面

在高等职业教育方面,2014 年俄罗斯联邦继续对俄高校进行优化和重组,继续推进 40 所领先大学发展计划。为发展该计划,在 2009—2013 年,政府的财政投入共 952888.2 亿卢布,2014 年对该计划的财政拨款为 130.64 亿卢布。

---

① Минобрнауки России. Доклад о результатах и основных направлениях деятельности Министерства образования и науки Российской Федерации на 2016—2018 годы[EB/OL]. http:// минобрнауки. рф/документы/5401, 2015-04-08.

在 2014 年 QS 世界大学排行榜上，俄罗斯高等院校从 2011 年的 13 所上升至 21 所，莫斯科国立大学排名最高，为第 114 位。在 2014 年泰晤士高等教育世界大学排行榜上，两所俄罗斯大学进入前 400 名，莫斯科国立大学排名第 196 位。在 2014 年泰晤士高等教育世界大学自然科学排行榜上，莫斯科国立大学排名第 56 位，新西伯利亚国立大学排名第 85 位，莫斯科物理技术学院排名第 95 位。在 QS 金砖国家大学排行榜上，入围前 100 名的俄罗斯大学从 2013 年的 19 所发展到 2014 年的 20 所，有 53 所高校入围前 200 名。超过 2000 名教师和工作人员在世界一流大学和海外科研中心进行培训；实现高校与 690 家工商企业合作；帮助克里米亚的 7 所高等教育机构提高了教育质量和科研能力。

在中等职业教育方面，重新调整中等职业教育的专业和方向，购置 2593 台现代化设备和 345 台模拟器，创建 150 个多功能应用中心、119 个高科技领域培训中心、115 个对口中小企业需求的培训机构、158 个网络技术资源中心，与德国商会和职业教育机构合作创建了人员培训基地。

5. 科学与创新方面

2014 年，俄罗斯联邦政府投入 7930 亿卢布用于科学研究与创新，取得一系列成果。首先是国际索引文章和出版物数量得以增加，在 SCI 检索中，俄罗斯研究人员的科学成果数量 2013 年为 28677 项，2014 年上升到 30900 项；其次是注册专利数量有所增长，2014 年计划达到 25000 项，实际达到了 25378 项；第三是年轻科学工作者队伍扩大，2013 年 39 岁以下的科学工作者占科研人员总数的 40.3%，2014 年扩大到 41%。

2014 年，有近 80 所大学和研究机构在克里米亚共和国和塞瓦斯托波尔市开设分支机构，促进该地区与俄罗斯科学和技术的融合，扶持当地教育的发展。2014 年，俄罗斯联邦政府支持有才能的青年发展自己的潜力，创立了专门的"俄罗斯联邦总统奖学金"，用以支持俄罗斯经济现代化优先领域中的青年科学家从事科学研究。

6. 青年政策方面

在前面的《俄罗斯联邦教育科学部 2014 年工作总结及 2015 年工作目标》中提到过，青年志愿活动在本年度也得到了重视。2014 年，在索契举行了第 22 届冬季奥运会，俄罗斯青年志愿者在这一过程中表现出色，成立了"奥运会青年志愿者协会索契 2014"。青年志愿者活动已经成为俄青年重要的政治活动。俄罗斯联邦政府积极建立青年志愿者服务机制，促进在青少年中普及志愿服务的价值和实践，积极推进在联邦、自治州和高校层面的志愿者活动。

此外，2014 年，俄罗斯参与爱国主义教育活动的公民占全体公民总数的 29.9%，2012 年这一比重为 21.57%，2013 年这一比重为 21.83%。

7. 儿童权利维护工作方面

2014 年俄罗斯联邦制定一系列政策和措施，发展全纳教育，争取实现孤儿、残疾儿童的受教育权利；预防学生的反社会行为；为孤儿和无父母照顾的儿童提供安置家庭，发展他们的社会适应能力；完善和贯彻教育法，对残疾儿童、孤儿的法律权利做出明确规范。

2014 年，俄罗斯联邦政府制定了"通向未来"计划，该计划旨在为残疾儿童建立一个无障碍的学习环境。2014 年增加了 2616 所教育机构专门针对残障儿童，对 8804 位心理、医疗和教育方面专家进行专门的培训，针对残疾儿童康复问题。采取一系列措施，帮助残疾儿童和青少年适应和融入社会。

同时，教育科学部采取一系列措施，旨在预防青少年吸烟、酗酒、吸毒和反社会思想及行为的产生，防止艾滋病毒感染的蔓延。为了提高青少年对麻醉药品和精神药物的识别能力，2014 年 6 月 16 日教育科学部与俄罗斯联邦药物管制局联合编写了全俄罗斯禁毒方案"我了解，我承诺"。该方案旨在在城市和农村（包括少数民族地区）为青少年创造安全生活环境、提供在线课程。

此外，教育科学部制定了"安全车轮"计划，对儿童道路交通安全法进行完善，教育青少年了解道路交通安全法律法规、交通规则等，培养青少年道路安全驾驶习惯和行为。

孤儿和无父母照顾儿童的数量在 2014 年有所减少。2014 年 7 月，俄罗斯与西班牙签订外国公民在俄罗斯领养儿童的国际协议。俄罗斯联邦政府积极为孤儿提供家庭安置，并支付一定资金援助，以改善寄养家庭的条件。2014 年，俄罗斯对 3000 多名心理工作者进行培训，支持毕业生进入孤儿教育机构工作。

8. 国际合作方面

教育科学部在国际领域的活动，旨在促进俄罗斯融入世界教育空间，加强与伙伴国、邻国的教育和科学一体化进程。2014 年俄罗斯教育领域的国际活动在西方国家对俄"遏制"与俄罗斯积极寻求与世界其他国家教育合作的背景下进行。通过创建学位互认制度，保障俄罗斯与其他国家的学术交流，比如与英国、法国、西班牙、波兰、塞浦路斯、韩国、印度等国家的教育交流与合作。

2014 年，俄罗斯派代表参加的国内外教育、科学和技术等领域最重要的会议和展览活动包括：

（1）信息技术、计算机技术国际展览会"ЦЕБиТ—2014"（汉诺威，德国）；

（2）国际工业博览会（汉诺威，德国）；

（3）"世界舞台"国际教育服务学术交流展（柏林，德国）；

（4）国际科学论坛（华沙，波兰）；

（5）航空航天工业国际论坛（柏林，德国）；

（6）"БИО—2014"国际论坛（圣选戈，美国）；

（7）国际教育展（北京，中国）；

（8）第七届"浦江"教育创新论坛（上海，中国）。

2014 年，俄罗斯和欧盟教育合作项目超过 200 个。2014 年 11 月 25 日，在比利时首都布鲁塞尔举行了俄罗斯与欧盟国家之间科学、技术和创新领域会议。2014 年 9 月 25—26 日，在符拉迪沃斯托克的远东联邦大学举办了 APEC 学术流动第三次国际会议。

2014 年 2 月 5 日，俄罗斯联邦政府颁布第 144 号令《俄罗斯联邦政府与欧盟之间关于扩展科学技术领域合作协定》，该协议为俄罗斯和欧盟之间在科学技术领域的合作提供了前提条件，为俄罗斯科学家和工程师了解和掌握世界先进科学技术提供了窗口，尤其是在新材料和纳米技术、信息技术、生物技术、能源、空间技术等方面。俄罗斯以观察员身份参加了欧洲核能研究中心理事机构的会议，进一步深化了俄罗斯核能研究与欧洲核能研究中心之间的合作。俄罗斯计划在 2016 年取得欧洲核能研究中心正式成员地位。

此外，俄罗斯与中国的教育合作进入新的阶段，在人道主义教育和青年发展方面进行了进一步合作，成立了中俄人道主义和青年友好交流俄罗斯秘书处。3 月在圣彼得堡，俄罗斯联邦副总理戈洛杰茨与中华人民共和国国务院副总理刘延东共同出席了两国 2014 青年友好交流年开幕仪式。2014 年，中俄之间共举行了超过 300 项青年交流活动。同时，俄罗斯重视并开拓与亚太地区和金砖国家的教育合作。俄罗斯与其他金砖国家（巴西、印度、中国和南非）在科学技术创新方面积极合作，金砖国家经济体创新发展和现代化的战略研究合作，共同创造现代化产品和服务的合作，促进与其他金砖国家、发展中国家战略合作伙伴关系的深化。

俄罗斯也积极推进与独联体国家的教育合作，制订了一系列旨在与独联体国家形成共同教育空间的措施和计划，促进科学技术信息的国际交流合作。2014 年 5 月 30 日，在白俄罗斯首都明斯克，俄罗斯联邦政府与独联体国家签署了一系列教育合作协议。

2014 年俄罗斯政府的目标是让俄罗斯成为世界科学与教育空间的重要组成部分。俄罗斯语言委员会在俄罗斯联邦政府决议下，得以成功设立"普希金学院"俄语推广计划，这一计划旨在推动国际范围内的俄语教育。该计划利用信息教育技术，扩大俄语的传播范围，确保俄语学习者获得优质的俄语学习资源。2014 年 9 月 1 日，开放俄语学习远程教育资源库，为学生提供俄语学习咨询、实时语音翻译技术，为俄语教师及学科教师提供俄罗斯远程培训，方便其访问俄罗斯图书馆电子资源等。此外，实现了对移民政策中外国公民俄语能力测试的规范，以期至 2025 年完全形成用于移民的俄语、俄罗斯法律、俄罗斯历史的规范性考试制度。

(二)俄罗斯联邦教育科学部 2015 年及 2016—2018 年的工作计划

1. 政府财政拨款方面

(1)更有效地利用俄罗斯联邦教育科学部提供的联邦预算资金;

(2)加大行政部门的权力以便有效控制内外部财务工作;

(3)监测俄罗斯联邦教育科学部的财务管理指标;

(4)监测俄罗斯联邦教育科学部官方网站公开预算开支情况。

2. 公共教育方面

(1)提高学前教育入学率;

(2)保持来自联邦给予学前教育预算资金的稳定;

(3)进一步发展和支持私立学前教育机构;

(4)创建校园国际环境,为每个学生的通识教育提供条件;

(5)将学生参加国际国内比赛的比重提高到 50%;

(6)提供中学教育基础课程的示范性改进;

(7)对学校数学教育给予专门的发展经费支持;

(8)对历史教师进行深入职业培训,强化历史教育中的爱国主义教育;

(9)分阶段实施教师的行业标准(幼儿园、普通小学、普通基础教育、普通中等教育);

(10)提高教育和科学领域工作者的实际薪资。

3. 中等职业教育方面

(1)创建职业教育发展的综合性区域计划;

(2)尽快统计 2020 年中等职业教育人员的申请,形成系统的培训发展战略;

(3)落实《中等职业教育发展计划 2015—2020》的实施措施;

(4)制定符合专业标准的教育方案,促进理论培训与企业实践培训相结合。

4. 高等职业教育方面

(1)优化高等教育体系,促进大学联盟发展,为学生提供优质教育;

(2)改进对高等教育机构监测的有效方法;

(3)发展工程教育,为军工企业发展培养相关人才;

(4)促进教师教育内容的现代化;

(5)提高国际化水平,使学生获得国际范围内的就业能力;

(6)为克里米亚共和国和塞瓦斯托波尔市的高等教育机构提供支持;

(7)为有才能的学生提供就读期间的学习费用和俄罗斯国内的就业保证;

(8)促进硕士课程与国际一流大学实现网络接轨;

(9)提升俄罗斯重点大学的国际竞争力;

(10)创建和发展远程教育、开放教育。

5．补充教育方面

(1)提高 5～18 岁儿童接受补充教育的比例；

(2)提高儿童人均补充教育财政补贴；

(3)支持儿童补充教育的网络化发展；

(4)支持教育机构的体育文化发展，促进学校体育的发展。

6．科学和创新方面

(1)落实《2013—2020 俄罗斯联邦基础科学研究发展计划》；

(2)形成发展科学、技术、创新活动的新机制；

(3)发展高新技术产业，增加出口潜力；

(4)完善国家对科学研究机构财政补贴的竞争性分配制度；

(5)改善财政机制，鼓励私人资金对科学创造的支持；

(6)完善对科学工作者职业能力的鉴定和认证机制；

(7)鼓励知识产品注册和产品化发展；

(8)完善国家对基因工程领域的调控。

7．科学研究和教育工作者资质的鉴定和认证方面

(1)完善科学工作者资格鉴定和认证的立法工作；

(2)严格监控高校和科研机构的学位授予机制；

(3)完善副博士学位制度，用法律规范科学博士学位的授予；

(4)完善高等教育认证委员会和学位委员会的选拔和管理。

8．青年政策方面

(1)完善青少年自我实现的有效社会制度；

(2)制订俄罗斯国家青年政策至 2025 年前的行动计划；

(3)完善支持天才少年潜力开发的社会制度；

(4)支持青年人提早确立职业定位，支持青年企业家的创业活动；

(5)加大力度发展青年公务员的爱国主义教育；

(6)加大力度发展青年志愿服务活动；

(7)加大力度完善学生自治制度；

(8)继续落实"俄罗斯青年发展计划"。

9．对儿童权利的保护方面

(1)完善医疗和社会援助体制，加强对残疾儿童的保护和教育；

(2)减少无父母照顾的孤儿和儿童的数量；

(3)确保以家庭安置形式保护孤儿，为孤儿提供家庭教育的条件；

(4)改变忽视预防青少年犯罪系统所有机构的合作的状况，提高工作效率，针对年轻人的生活困难情况及时提供援助，并保护他们的权利。

10．国际合作方面

(1)促进金砖国家 2015—2016 年高等教育合作计划的实施；

(2)加强国际组织框架内俄罗斯与亚太地区国家之间的双边和多边教育合作；

(3)促进与英国、法国、西班牙、波兰、塞浦路斯、韩国和印度等国互认学位和证书工作的继续开展；

(4)确保至 2020 年之前与独联体成员国跨境教育合作方案的深入执行；

(5)促进与独联体成员国和其他国家在人道主义教育领域的合作；

(6)与独联体成员国形成一体的教育空间；

(7)在"伙伴关系现代化"框架内，扩展与欧盟国家在科技方面的合作；

(8)加大国际教育合作的内容和范围，优先发展俄罗斯与国际教育组织的合作；

(9)制订俄罗斯在 2015 年参加国际教育会议和展览活动的统一计划；

(10)建设国际一流大学，与国外顶尖高校签订教育合作协议，包括 2016 年与欧洲核能研究中心的协议。

11．监控和监督活动方面

(1)促进监控和监督活动组织和效率的提高；

(2)完善信息系统，确保政策修正案的完整性和准确性；

(3)改进和完善国家统一考试的程序和监督机制。

《俄罗斯联邦教育科学部 2014 年工作总结及 2015 年工作目标》和《关于俄罗斯联邦教育科学部 2016—2018 年主要工作方向及预期成果的报告》都基于俄罗斯联邦 2014 年教育领域的工作结果进行总结、分析，并对未来短期的工作进行了规划。一方面，我们可以观察到俄罗斯教育政策的连续性；另一方面，俄罗斯对一些教育热点(如孤儿教养问题)的关注也在这些文件中得到了充分的体现。

>> 第三节　各级各类教育的专项政策 <<

除了中长期发展战略、工作总结和工作计划之外，俄罗斯联邦政府和联邦教育科学部还就各级各类教育的一些具体问题发布了专项政策。在此对以下两份文件进行了整理分析，分别是《儿童补充教育发展方案》和《2013—2020 年预防儿童交通意外综合项目》。

一、关于《儿童补充教育发展方案》

根据俄罗斯联邦政府 2014 年 9 月 4 日政府令，《儿童补充教育发展方案》

（Концепция развития дополнительного образования детей）①得以落实。俄罗斯联邦教育科学部与文化部、体育部三部联合，以 3 个月为期研制出本方案措施及推行规范。方案由相关联邦权力执行机构根据联邦年度财政拨款经费保障实施。

（一）总则

在俄罗斯联邦工业化社会向后工业信息化社会过渡的形势下，人类社会和教育系统面临的挑战不断增加。对补充教育必要性的社会理解越来越成为重要议题——补充教育的教育公开方案及其使命最全面地保障了青少年和儿童在不同活动领域发展和自由选择过程中的自我和职业认同的人权。建立能培养人在社会和经济活动过程中相应能力的教育机构便具有了迫切的现实意义。补充教育与其他教育形式相比所拥有的具体优势体现在以下四个方面：（1）建立在人的个性发展基础上的活动领域自由选择性；（2）教育过程中的内容和形式的可选择性；（3）对个人全球化知识和信息的补充；（4）对变化的适应性。

对这些特征的分析使补充教育的功能价值被知晓：它是唯一一个具有竞争力的、以个性潜能和社会创新潜能开发为动机的社会实践。

补充教育的主要社会功用在于，在全社会形成调动青少年自我发展内部动机积极性的责任感，不让幼儿园、中小学、技术学校和高校等教育和管理机构孤军奋战。儿童补充教育发展方案指向将补充教育作为青少年一代在认知、创造、劳动、运动方面的动机发展的社会实践任务的具体化，将补充教育从非凡现象变为长期教育公开系统一体化中枢，由此来保障个人、社会和国家的竞争力。

在后工业社会，问题的解决是以人的需求为基础的，在之前的计划中加入提倡自我表达、个性发展和人民领导力的重要意义的内容，就教育而言，这就意味着从保障社会公共职责和素养、面向大众的教育向推崇个性自我完善的个性化教育方案推广的转变。教育将不仅是一种掌握公共规则、文化规范和综合共同性的手段，同时也为人的自我探索、自我发展和自我超越过程的基本量化的实现提供可能。这样的教育在提供更大选择自由的同时发展了人的能力，使每个人都能够明确自己的个性发展目标和策略。在积极社会化的背景下应保障学生的个人生活规划，同时也保障其社会职业自我定位的未来发展，实现其个人生活设想和追求。

在补充教育中，孩子的自我认知积极性来自教育环境里各种各样的社会实践。青少年在建设性互动和高效活动中可以获得广泛的社会经验。这种情况下，补充教育不是对生活和职业基础掌握的准备，而是作为文化和活动主题的个人实现不间断自我发展和自我完善的基础。补充教育打穿学前、基础和职业教育，成

① Минобрнауки России. Концепция развития дополнительного образования детей[EB/OL]. http：//минобрнауки.рф/документы/4429，2014-09-10.

为成熟个性的社会文化思想轴心，创作、游戏、劳动和研究积极性意识则是它的核心特征。

补充教育的人格性构成了它与其他学院教育形式相比的优势所在。具体表现在：（1）在符合学生（家庭）利益、价值观的基础上，根据学生（家庭）的自由意志自主选择参与哪种教育发展大纲；（2）建设个性化的教育轨道，有选择教育大纲机制和速率的机会；（3）具有尝试和犯错的权利，允许更换教育大纲、教师和教育机构；（4）非形式化的教学内容、补充教育机构方式组织教学过程；（5）学习结果评价具有方案性；（6）个性定位与相应实践紧密联系；（7）具有将所获得的知识和技能进行实践应用的机会；（8）不同年龄阶段的融合；（9）自主选择教师、教练的机会。

补充教育所具有的突出特征还有开放性，体现在以下方面：（1）活动指向与在同一领域或相近领域的成年人和同龄人在社会职业和业余文化活动方面的协作互动；（2）为师生提供贴近实际的学习可能，在教育过程中提供具有现实意义的社会文化最新动态，使师生能够对此进行现象分析和经验反思；（3）为青少年、儿童和成人的社会创新项目的诞生与实施创造良好条件，包括志愿活动和社会经营的发展；（4）儿童补充教育为每个儿童的发展创造条件，使其免受居住地和家庭经济水平、社会地位的限制，这有利于提高社会稳定性和维护社会公平。补充教育对于相当一部分儿童来说发挥着"社会直升梯"的作用，使那些无法在家庭和公立教育机构获得充足高质量教育资源的儿童通过这种形式获得教育的、社会成果的补偿，尤其是有健康缺陷的、处于生活困境中的儿童。

在当今信息社会化的背景下，补充教育能够成为促进青少年一代的价值观、世界观和公民意识形成的工具，让他们能够适应社会和科技变革的速度。

（二）发展状态与问题

目前国立（市立）各国家附属机构以及非政府机构和个人企业均在保障补充教育的普及之列。现阶段补充教育大纲的内容主要包括：为学生个性发展、积极社会化和自我职业定位构建必要条件；满足学生在智力、艺术审美、道德发展以及体育活动、科技发明方面的个性发展需求；形成和发展儿童的创造力，发展天才儿童的鉴别、培养和支持；保障对学生的道德情操、公民意识、爱国精神和劳动能力的培养；形成健康安全的生活方式文化，促进学生的身体健康；根据联邦体育培养标准提高包括健康缺陷儿童和孤儿在内的学生运动品质。

近几年自费参加补充教育的家庭在增长，参加向小学教育过渡的补充教育的学龄前儿童数量在增长，同时各类竞赛活动的参与人数也在增长，对网络信息技术领域教育资源如在线课程和视频教学应用的积极性也在增长。与此同时，补充教育大纲的实施品质在提高，博物馆、图书馆、全新社会文化展览等丰富的形式参与到教育创新中，科技公园、儿童电子动画工作室、机器人技术学校等多种创新组织形式得到推广，从事儿童休闲和教育旅游项目开发实施的商业和非商业组织的数量在增多。就规模而言，补充教育领域的非公立成分在成长——这符合公民利益，同时也促进该领域的创新。以上这些积极的发展事态使得补充教育的5～18岁儿童覆盖率达到了60％。

补充教育积极应用最新的教育形式（包括网络、电子教学等）和教育技术（应用人类学，工程学，视觉、网络和电子动画等技术）。信息教育服务业和服务市场在发展，包括在线教育资源、虚拟阅览室、手机附件的发展。因此补充教育为教育的整体发展创造了特殊可能，使得学生的全球视野和信息获取能力得到拓宽，在此基础上国家未来发展的任务得以更好地完成。补充教育成为了教育模式和未来技术研发的创新实验平台，个性化的补充教育将引领21世纪教育发展的趋势。

补充教育在积极发展的同时也存在诸多问题。《俄罗斯联邦教育法》中缺乏对补充教育免费性和社会普及性的法律保障，补充教育由地方权力机关全权负责。在这种管理机制下，国家可以对补充教育提供支持，但同时也导致了地区差异，构成了各社会团体收入不均以及教育不公平发展的危机。目前儿童补充教育仍在沿用几十年前陈旧的基本架构，缺乏现代化的设备器材、教学方法、电子技术和网络服务，非常不利于高科技教学大纲的推行。提高教育领域师资的收入水平刚显露出缓慢提升的趋势，但仍不足以吸引最高水平的师资、引起青年专家们的兴趣。目前的职业发展、劳动力市场、信息技术环境的发展要求补充教育大纲专业性的加深，而目前补充教育内容更新缓慢，且当前所开展的各类竞赛活动并未达到充分调动家庭的动机潜能，使天才儿童的鉴别和补充教育机构工作有效开展的水平。目前的法律注册系统也限制了非公立形式、公立—私立合作形式的补充教育的开展及规模扩大和结构现代化的改革。

（三）补充教育发展的目标、任务及原则

方案确定儿童补充教育发展的目标在于：保障儿童个性的自我定位、自我实现和发展的权利；为儿童及其家庭在教育领域各项利益的满足拓宽可能；发扬社会创新潜能。以及达成宪法中的相关规定目标：发展补充个性教育作为激发个体对认知、创造、劳动、艺术和运动动机的手段；规划教育环境作为青少年一代"社会情境教育"的必要条件；补充教育与公共教育一体化拓宽整体教育系统的选择性和个性化发展。

方案确定补充教育的发展任务表现在：要开发青少年成就评价工具，用以促进青少年在补充和公共教育中自我评价和认知兴趣的增长，以及对其个性成果动机进行诊断；提高补充教育针对每一个青少年儿童的选择性、教育质量和可获得性；更新符合儿童利益、家庭和社会需求的补充教育的内容；为每一个公民提供获得全球化知识和技术的条件；在国家支持和创新驱动力保障的基础上发展补充教育基础设施；构建儿童权利保障财政支持机制，使其不受地理位置、健康状况、家庭社会地位和经济地位限制地参与到补充教育中；形成有效的补充教育跨部门管理体系；为家庭和社会参与到补充教育管理系统创造条件。

方案原则在于保障上述目标的实施，同时通过补充教育拓宽青少年儿童的社会融入和学习性流动；推进国家和私人企业合作发展游戏产业，开发安全的游戏（包括全面发展和教学性质的电脑游戏），生产促进补充教育大纲实施、心理教学环境规划以及促进儿童认知、创造和建设活动的辅助模型；促进公立和社会各类机构在教育领域的合作，包括学术、文化、体育、健康卫生机构和商业组织的合作，在上述领域机构中实施青少年补充教育大纲，即在图书馆、博物馆、剧院、展览馆、文化宫、俱乐部、儿童医院、科研院所、高校、工商业机构，各机构可自由选择补充教育大纲并掌握尺度；根据儿童年龄特征和个性才能特征实施教育大纲和补充教育形式；教育大纲具有阶段性（层级性），补充教育实施具有公开性和网络性。

（四）补充教育实施的主要机制

方案主要实施机制是：在儿童补充教育实施的过程中，要在媒体报道中形成当代信息社会当中符合补充教育倡导的价值功能的新典型；进行跨部门、跨水平合作，进行资源整合，建立各类机构的网上协作组织，构建社会领域的一体化组织；进行国家、企业、院校、公民社团和家庭的合作；补充教育采用国家—社会协同公开管理模式，通过社会组织、职业团体参与机制的实施来支持不同补充教育大纲的实施，保障其实施品质和财政资源划拨；构建具有竞争力的推动内容创新和服务质量提升的环境；在补充教育服务质量管理中将国家监督、自主评价和自我调节相结合；通过定额拨款和企业的投资支持实施人性化拨款、动机支持、自由选择、建设补充教育参与者的教育轨道；儿童在不同补充教育大纲中的成果具有统一系统支持，在统一的公共电子平台上发布和保存，根据联邦法律保护个人成果安全；充分发挥补充教育作为天才儿童寻找和支持系统工具的作用，以及作为青少年职业定向、高科技和工业生产领域创新参与的定位和动机；支持儿童和家庭运用社会资源发挥潜能。

（五）补充教育方案主要内容

1. 普及补充教育

（1）形成儿童补充教育服务普及的国家规则体系；

（2）形成儿童补充教育地方教育大纲实施的国家资源支持机制；

（3）更新参与补充教育儿童统计系统以及该系统与电子数据系统的一体化建设；

（4）构建儿童补充教育大纲学习者的公开信息服务业务，维护学生在个性教育领域大纲的自由选择权；

（5）引入国家和地方的补充提前职业教育和补充通识知识教育的教育、科学服务基础标准；

（6）为网络在线补充教育提供规范、方法和经费支持，保障教育结构和方案的多样性；

（7）引入补充教育机构支持机制，保证农村地区补充教育的落实；

（8）向家庭、家长社团以及家庭和成年儿童联合实践开展的补充教育提供支持；

（9）为有意愿让孩子接受补充教育课程的家长举办教育信息普及会，提高家长的教育技能。

2. 发展补充教育实施质量管理体系

（1）形成跨部门补充教育管理模式，扫除资金运用方面的部门管理障碍；

（2）推行和完善联邦级现代化的补充职前教育规章，研制并推行补充教育实施质量及其教育机构、企业的工作效果的独立评价机制、标准和全套指标；

（3）组织面向社会的对补充教育实施内容和形式研究方案的定期征集、采购；

（4）支持补充教育体系中的竞赛奥赛体系发展，鼓励开发新的竞赛方向；

（5）推行儿童成果的发掘、统计系统，成果包括儿童在社会活动中表现出的社会积极性。

3. 发挥师资潜能

（1）推行补充教育师资职业标准，对师资培养规章进行现代化更新，依靠职业标准和职业发展模式进行教师评价，同时推行有效的师资监督机制；

（2）创造条件吸引年轻教师加入补充教育队伍，为优秀的非师范类人才提供进入补充教育系统的机会，将补充教育教师成果评价作为职业成就评价和教师个人评价的工具手段，吸收志愿者、学术机构、高校、大学生和家长团体代表参与到补充教育中，鼓励个人企业主参与到补充教育中，可以不要求其具有教育行为资格；

（3）推行双学位培养大纲，开设补充教育教师培养硕士专业；

（4）保障补充教育中的天才青少年培养模块和教育实践平台模块的发展，形成现代化的补充教育教师职业继续教育体系，推行贫困天才儿童和健康受限儿童特别师资援助机制，对补充教育领域教师团体的建设进行支持。

4. 完善补充教育拨款机制

（1）同时拓宽非公立成分的补充教育参与度，公立和私立教育机构合作的机制；

（2）进行补充教育结构的现代化改革，构建联邦和联邦主体层面的补充教育资源中心服务网，为学生和科学及文体艺术类补充教育机构提供教学技术保障；

（3）充分利用非正式教育即开发文体类机构的补充教育功能，发展网络公开课程，对自发形成的有利于儿童潜能开发的非正式社团和联盟的发展给予支持。

(六)方案实施步骤

方案分两个阶段实施：第一阶段为 2014—2017 年，第二阶段为 2018—2020 年。第一阶段是方案实施举措的研究制订阶段，构建其人事、财务、信息、教学法的管理机制，同时，各联邦主体根据本方案研究制订地区儿童补充教育发展方案并开始实施。第二阶段将是中央和地方方案的完成阶段，把各地项目开展的有效成果和实践经验进行推广，同时进行补充教育结构的现代化调整。方案实施的资金有财政资金也有个人资金投入。此外，教育科学部将联合文化部、体育部、各联邦主体的权力执行机构及相关机构共同完成方案的长期监督和效果评价。

(七)方案的预期效果

方案到 2020 年预期达到以下效果：接受补充教育的儿童不少于 5～18 岁儿童总数的 75%；形成儿童结合自身兴趣、能力和教育机构、相关企业的建议而自愿选择补充教育大纲进行学习的状态；使青少年通过利用各种正式与非正式的资源最终形成自我发展、职业定向的能力；形成资金支持儿童参加补充教育的机制；使儿童和家庭都能公平地获得机构和教学大纲相关信息，并保障他们参与到教学大纲选择和个性活动领域设置的过程中来；形成有效的补充教育跨部门国家—社会管理机制；对健康受限儿童和贫困儿童采用个性教学模式；保障补充教育大纲在具体实施中在师资、教学监督手段和独立质量评价体系的综合作用下达到更高质量；实施教师和管理人才的不间断职业教育促进和支持的有效机制；构建良好的条件使国立和非国立成分在创新、活动、产学研结合方面进行更广泛合作；构建儿童身心教育和康复教育需要相结合的现代综合儿童培养结构；最终提高青年一代和家庭的生活品质，缩小未成年人成长的环境差异，改善未成年人不良生活习惯和降低违法犯罪行为发生率；增加儿童体育锻炼机会，降低儿童患病率，构建健康生活方式；通过跨年龄段、跨文化交流的补充教育价值体系巩固社会稳定；形成青年一代的公民意识和爱国意识；提高高校毕业生的竞争力，提升教育的社会经济效能。

二、关于《2013—2020 年预防儿童交通意外综合项目》

(一)《2013—2020 年预防儿童交通意外综合项目》的颁布背景

2015 年 4 月 7 日，俄罗斯联邦教育科学部颁布《2013—2020 年预防儿童交通意外综合项目》（Комплексный проект профилактики детского дорожно-транспортного травматизма на период 2013—2020 г. г.）[①]。预防儿童交通意外是居

[①] Минобрнауки России. Комплексный проект профилактики детского дорожно-транспортного травматизма на период 2013—2020 г. г.[EB/OL]. http：//минобрнауки.рф/документы/5372，2015-04-06.

民安全保障领域最重要的国家任务之一。这一问题的解决需要权力机构、教育机构、家长和社会各界对儿童交通意外的预防工作的持续关注。预防儿童交通意外综合项目是一个所有各类预防主体的协作体系，该项目的实施能提高预防儿童交通意外工作效率，保障减低发生交通意外的比例。该项目研究俄罗斯联邦主体境内预防儿童交通意外活动，制定科学的预防儿童交通意外的综合项目。项目的成果将为联邦主体教育权力机构和教育机构应用，以防止儿童交通意外的发生。

制定预防儿童交通意外综合项目的教育价值在于将各领域的专家(教育、健康、国家教育安全监察部、社会组织)、家长以及对预防儿童交通意外感兴趣的人团结起来，深入研究这一过程的实施机制，将所有人包括儿童本身都纳入这一工作中。在实施预防儿童交通意外综合项目的方法咨询中，综合考虑预防儿童交通意外过程的信息保障和方法保障，确定学前、普通和补充教育系统实施综合项目的特征、活动内容。

(二)《2013—2020 年预防儿童交通意外综合项目》的内容分析

制定预防儿童交通意外综合项目的目的是保障儿童交通安全，通过科学方法和教育机构系统化的活动，并团结所有对儿童交通安全负责的人，促进预防儿童交通意外教育工作效率的提高。

为达成目标需完成以下任务：

以法律为依据科学论证预防儿童交通意外综合项目，包括交通安全预防体系的概述，交通安全预防体系的构建以联邦主体政权机构与联邦地方政权机构协作为基础；论证联邦主体政权机构和联邦地方政权机构与教育机构、国家交通安全部、补充教育机构、社会机构、大众媒体之间，以及父母及其他与儿童交通安全相关的责任人之间的互动机制；描述教育机构、社会机构、家长、社会组织代表等在预防儿童交通意外方面的活动协调过程；在总结现有预防儿童交通意外措施实施经验的基础上，制定和论证实施预防儿童交通意外综合项目的措施；在教育过程所有主体(包括教师、学生、父母、学前、普通和补充教育系统的教育机构行政人员)相互作用下，评定预防儿童交通意外的教育内容、组织和计划；在预防儿童交通意外综合项目框架下，论证预防活动成果的评价形式；制定方法建议以便创造条件有效预防儿童交通意外。

综合、系统地制定预防儿童交通意外综合项目的迫切性受一些情况所控制。尽管联邦目标纲要《2006—2012 年提高交通安全》和《2013—2020 年提高交通安全》的实施结果有其积极的一面，但俄罗斯联邦交通意外中儿童的死亡率依然高出欧洲国家的类似指标好几倍。据统计，儿童在道路上遭受交通伤害主要来自成年人犯错，这一情况概率比儿童自身犯错要高出 3 倍。实际上，75% 遭遇交通事故的孩子都是成年人破坏交通规则的牺牲品。在俄罗斯联邦，一万起交通意外中就有一起是 14 岁以下儿童遭遇的交通意外，这几乎高出英国 10 倍，比意大利高

30 倍，比法国和德国高 20 倍。另外，根据俄罗斯内务部、交通安全部的评估，儿童发生交通意外说明儿童不懂交通规则，不能在路况中正确找准位置。造成这种情况的原因主要是缺乏对预防儿童交通意外的关注，首先是教育机构方面关注不够。

有相关资料描述了儿童发生交通意外比较危险的时期、频率和原因：从交通意外风险的角度分析，夏季是一年中比较危险的时期。而一周当中儿童最经常发生交通意外是在星期一，而星期二最少。一昼夜中最经常发生事故的时间为早上，即 8:00～9:00 孩子上学的时间；15:00～20:00 发生事故的数量也较多，这个时候正是成年人下班高峰，交通运输压力增加 1.5 倍。

在交通意外中遭受不幸的各种儿童主要是小学生，其中男孩的死亡率更高。这其中主要原因是儿童不小心，包括违规横穿车道（61%），闯信号灯（11.8%），由于突然出现的汽车和树木而造成交通意外（15.3%），在车行道上玩耍（4.2%），骑不好自行车（3.0%），等等。儿童作为乘客受伤和死亡的原因是成年人忽视承载儿童时使用专用座椅的规则，或者使用夹具的规则，抑或是公然违反交通规则驾驶车辆——在这种情况下，任何保护乘客安全的措施都失去了意义。

上述问题证明了预防儿童发生交通意外问题的紧迫性，有关部门进一步确信，有必要寻找更有效的、更适当的解决办法。

降低儿童发生交通意外的综合措施是解决问题的途径之一。该措施基于现有的法律框架，以交互式利益群体系统为基础。实施该措施能提高儿童交通意外预防工作的有效性，保障伤害程度的降低。预防儿童交通意外综合项目的法律依据是一系列俄罗斯联邦法律文件。1995 年 12 月 10 日颁布的联邦《交通安全法》被确定为保障俄罗斯境内道路交通安全的法律基础。该法的第 29 章规定，教导公民在道路上遵守安全规则，该项工作按照一定程序在获得教育许可证的学前教育机构、各种组织—法律形式的职业教育机构开展。按照交通、教育、健康和居民社会保障领域联邦权力机构制订的标准程序和方法指南，教会公民机动车交通安全规则。上述章节规定，有关义务教会公民交通安全规则的条款应该并入相应的联邦国家教育标准。

俄罗斯联邦内务机构和国家大众信息媒体有责任帮助相应的权力机构对公民进行交通安全规则教育。1993 年 10 月 23 日，政府部长委员会决议确定的交通规则被确认为俄罗斯全境统一的交通秩序，同时还明确了司机、行人和乘客的责任。俄罗斯联邦民法第 12 章有关行政犯罪问题中规定了交通肇事人的责任，其中第 29 条和第 30 条确定违反交通规则的行人的责任以及其他交通参与人的责任。俄罗斯联邦刑法第 264 章确定违反交通规则以及运营车辆造成人身伤害及死亡的肇事者的责任。正如俄罗斯联邦内务部 2013 年颁布的《关于俄罗斯联邦内务部组织国家道路安全监察和交通安全宣传的决定》中指出的那样，预防儿童交通意外活动应该在与未成年人事务部门的相互配合中进行，与警察局授权的人、联邦主体权力机构、地方自治机构、教育机构、社会团体以及大众媒体配合进行。

最重要的预防措施之一是检查教育机构是否教授未成年人交通规则、道路安全技能和改善道路环境保障孩子安全。除此之外，交通安全部工作人员应该在教师技能提高班中授课，同时全面协助在教室及学校角落里设置交通安全设施，组织教孩子们交通安全技能。

2012 年 12 月 29 日颁布的《俄罗斯联邦教育法》包含教育机构责任的总体表述，即"创造学习的安全条件，对学生进行思想道德教育，照顾和看护学生，学生饮食要符合规定标准，保障学生和教师的生命、身体健康"。但该法缺少专门的条款来调节交通安全领域的社会关系去适用于教育过程参与人。

在儿童交通安全范畴内，预防措施的基本原则由下列法案确定：1993 年 10 月 23 日颁布的俄罗斯联邦政府第 1090 号决议（2014 年 9 月 30 日修订）《交通规则》，同时还有《交通工具使用许可和交通安全责任人基本条例》；俄罗斯联邦 2007 年 1 月 17 日颁布的第 20 号决议《关于俄罗斯联邦内务部国家交通安全检验机构对运输车辆和军车的检测追踪》；俄罗斯内务部 2007 年 1 月 17 日颁布的 767 号令《国家检验机构组织追踪巡逻车问题》等。

在不具备标准内容但规范教育机构组织管理活动的文件当中，涉及预防儿童交通意外的内容值得一提，分别是：2009 年 3 月 16 日俄罗斯联邦内务部、教育科学部颁布的决议《关于预防儿童交通意外问题的协作》，2014 年 7 月 29 日俄罗斯联邦教育科学部颁布的《关于组织在教育机构中运送学生的方法咨询》。显然，在详细、规范地研究审视的情况下，仍然没有涉及孩子交通安全保障问题。依据 2012—2017 年儿童行动国民战略，类似的情况应当得到纠正。在俄罗斯联邦应该形成儿童免遭侵权和歧视的保障体系，其中包括诊断、规划和通过必要的综合措施保障维护儿童的权利、恢复儿童权利和进行法律教育等。

俄罗斯联邦目标纲要《2013—2020 年提高交通安全》由俄罗斯联邦政府于 2013 年 10 月 3 日确定，在保障儿童交通安全背景下，规定向未成年人讲授道路交通规则，培养儿童掌握交通安全技能，加强对儿童交通安全规则的监督，创造条件保障儿童交通安全。依据联邦《交通安全法》和《俄罗斯联邦教育法》，以及联邦学生健康保护相关要求，现有的法律基础应能解决相关问题。

除此之外，应在所有教育过程主体即教师，学生，父母，学前、普通和补充教育机构行政人员共同参与情况下，分析预防儿童交通意外的内容、组织和教学过程计划。总结预防儿童交通意外的经验表明，预防儿童交通意外的措施在俄罗斯联邦有很大潜力。

为培养儿童交通安全技能，在俄罗斯联邦主体中实施各部门综合措施，旨在加强学生、教师和家长们的预防工作。2014 年交通安全月活动中，举办了保障交通安全地区委员会会议，以"预防儿童交通意外制订 2014—2015 学年综合措施的工作现状"为主题展开讨论。会议讨论的问题涉及以下内容：提高交通安全性，预防儿童交通意外；运输中保障交通安全，其中包括校车安全；实施交通安全合格证制度；合资创建汽车城等。会议制订并确认预防儿童交通意外的各部分之间综合计划、交通安全保障周活动工作计划。保障交通安全地区委员会会议的参会者不仅有联邦主体国家教育行政机构的代表，还有地区交通安全部的工作人员、地区公民保护和社会安全委员会的工作人员。参会者数量从 14 人增至 100 人。除此之外，在各地区还举行预防违章和交通安全的委员会会议。在科米共和国市属教育领域，还举办教育管理机构领导、教育机构领导、交通安全部领导和家长协会代表参与的共同会议，会议主要讨论控制儿童交通意外增长和学前及普通教育机构预防工作计划。

俄罗斯联邦有 55 个地区开展了交通安全月的活动，开始制订和贯彻教育机构交通安全合格证制度。其中下列地区 100％的学校都参与实施交通安全合格证制度：巴什科尔托斯坦共和国、布里亚特共和国、卡拉恰伊—切尔克斯共和国、马里共和国、北奥塞梯—阿兰共和国、鞑靼斯坦共和国、乌德穆尔特共和国、哈卡斯共和国、楚瓦什共和国、外贝加尔边疆区、滨海边疆区、别尔哥罗德州、加里宁格勒州、克麦罗沃州、基洛夫州、库尔干州、马加丹州、摩尔曼斯克州、奔萨州、罗斯托夫州、普斯科夫州、萨马拉州、萨拉托夫州、坦波夫州、托木斯克州、图拉州、秋明州、汉特—曼西自治区。另外，亚马尔—涅涅茨自治区、库尔斯克州也表示 100％的学校实施交通安全合格证制度，无论其是何种类型的学校。

>> 第四节　结语 <<

纵观 2014 年 7 月至 2015 年 12 月俄罗斯联邦发布的一系列教育政策文件可以发现，这一阶段的政策基本延续并推进着往年已经发布的政策，颇具稳妥色彩：普通教育方面，俄罗斯联邦政府进一步普及学前教育、推进新版联邦普通教育标准的落实、提高教师待遇；高等教育方面，教育科学部不断地关闭教学质量不达标的院校，进一步推进"5—100"计划的实施；补充教育方面，有关部门对发展补充教育体系、注重天才儿童选拔与培养等的兴趣也在不断加强。此外，"全纳教育"等概念也在本年度的俄罗斯被提升到备受瞩目的位置，俄罗斯对残障人士的关照在政策中得到了充分的体现。

与此同时，本年度的教育政策还具有一个显著的特点——与国家政治联系紧密，"爱国主义教育""克里米亚共和国"和"塞瓦斯托波尔市"等都成为教育领域的热词。在本年度的教育工作中，爱国主义被提升到至关重要的位置，修订统一的历史教科书等工作被不断推进；2015 年又正值世界反法西斯战争胜利 70 周年之际，一系列爱国主义教育活动接连成功举办。此外，自 2014 年年初以来，克里米亚公投入俄、乌克兰东部局势激化、马航波音 777 坠机等一系列事件使得俄罗斯联邦与西方国家的关系日益恶化，双方开始了制裁与反制裁的斗争。因此，一方面，教育政策需要专门为克里米亚和塞瓦斯托波尔保留空间，以便这两个地区的教育体系能够顺利地融入整个联邦的教育体系；另一方面，俄罗斯联邦也更为积极地寻求与交好国家和邻国之间的合作，期望从这里拓宽教育国际化的道路。

教育不会孤立于政治和经济独立存在，国际政治与经济局势带给俄罗斯联邦的挑战和机遇同样将影响其教育。在经济已经进入低迷期之时，俄罗斯联邦究竟能否克服西方制裁和卢布贬值给自身带来的不利影响、从中抓住新的机遇，还有待事实进一步证明。

第七章　日本教育政策与发展趋势

>> 第一节　日本基础教育法律政策进展 <<

一、中小学一贯制改革：《关于日本中小学一贯制教育的制度化及综合推进方案》①

世界各主要发达国家正以令人惊讶的速度步入老龄化社会，日本也不例外，在老年人口逐步增多的同时年轻劳动力在不断减少，同时伴随着的还有全球化进展的加速，国际竞争的激化以及人口、资源、信息在世界范围内流动的不断推进。生活在这样一个时代的孩子，除了要用自己的双手开拓人生之外，还要接纳多样的价值观以寻求共生的法门。为此，训练孩子的基础知识和基本技能，培养其思考力和判断力，锻炼表现力，使其拥有主体性从而能够与人协作就显得尤为重要。

日本的基础教育分为两个阶段，即小学阶段和中学阶段，且大部分地区仍沿用二战后以来实行的 6-3 制。基础教育阶段是培养学生基础知识和基本技能，训练学习的过程与方法，形成情感态度价值观的重要阶段。该阶段教育的发展状况对孩子的成长乃至国家的发展有着巨大的影响。基础教育的分段进行带来了两个阶段的教育衔接问题，在 2013 年 10 月召开的教育再生实行会议中，日本教育专家探讨了创建中小学一体化的义务教育学校的议案。本次中央教育审议会试图将中小学一贯制教育制度化，从法律层面承认并且积极推进其在全国范围内的进一步发展。

（一）实施中小学一贯制教育的背景

目前，日本全国正根据各地的实际情况推进中小学一贯制教育。影响这一方案推行的因素是多种多样的，主要包括义务教育的目标，教育内容和学习活动在数量和质量上的充实的要求，儿童发育的早期化现象，应对所谓的"初一断层"以

---

① 文部科学省、「子供の発達や学習者の意欲・能力等に応じた柔軟かつ効果的な教育システムの構築について」(答申)［EB/OL］. http：//www. mext. go. jp/b _ menu/shingi/chukyo/chukyo0/toushin/_ icsFiles/afieldfile/2014/12/22/1354193 _ 1 _ 1 _ 1. pdf，2014-12-22.

及强化作为社区核心的学校的社会教育功能的需要等。

1. 义务教育的目标

2005 年，日本中央教育审议会作了"创造新时代的义务教育"的报告，提出了当今社会发展对于义务教育的新要求。基于此报告，对教育基本法进行了修订，其中第 5 条第 2 项义务教育的目的改为"在不断发展每个人所具有的能力的同时，培养其能够独立地生存于社会的基础；培养他们作为国家和社会的建设者所必需的基本素质。"接着在学校教育法（1947 年法律第 26 号）的修订中将中小学共通的目标设定为义务教育的目标（第 21 条）。

另外，在 2008 年公布的学习指导要领中，作为小学学习指导要领的参考将中学学习指导要领附载其上，作为中学学习指导要领的参考将小学学习指导要领也附载其上，以此来促进中小学的衔接。在中小学相互协助的情况下，使得两个层级之间的教师对于九年义务教育有一个宏观的把握。为了让义务教育更加系统连贯地开展下去，日本全国正在根据各地的实际情况逐步增加中小学一贯制教育的实践。

2. 教育内容和学习活动在数量和质量上充实的要求

在现代社会竞争激化、技术革新不断的背景下，2008 年修订的学习指导要领要求学生在形成宽广的知识面和灵活的思考力的基础之上，获得创造新的知识和价值的能力。同时，要求学生重视知识、技能的习得与思考力、判断力、表现力之间的平衡。基于此，各科目分别增加了一成左右的课时，以使课程在数量和质量上得以充实。

针对上述增加课时、提高课程数量和质量的要求，日本中小学教师联合了起来，相互合作。例如，在给小学高年级的学生进行专门的指导方面，要求教师们在长期的教学实践过程中总结学生易错的学习内容，并对其进行总结归纳，从而给予学生细致入微的指导。这在一定程度上推进了中小学教师的交流，从而推动中小学一贯制教育的发展。

3. 儿童发育的早期化现象

一些地区引入中小学一贯制教育后，出现了与现行的 6-3 制不同的学段的划分方式，而其原因之一就是现代学生在生理上的早熟。首先，与引入 6-3 制的昭和二十年相比，2013 年的数据表明儿童的发育期比 1948 年提早了两年左右。另外，女子的平均初潮年龄相对于昭和初期也提早了两年，那么可以推断儿童的青春期提早到来了。其次，在对小学四年级和五年级学生进行的"学校是愉快的""对课程、活动时间的喜恶"的调查中，持肯定回答的学生数随年级的增高而降低，也就是说小学四、五年级之间学生的差距在逐渐形成。对于"自己是否被身边的人认同"这样的关于自尊的问题，小学高年级学生持否定回答的比例颇高。因此，由学生发育提早带来的重新划分教育阶段的问题也被提上了议案。

4. 应对所谓的"初一断层"现象

日本国内各项调查表明，孩子升入初一后，欺凌事件、不登校（由于心理抵触而拒绝上学）、暴力行为等现象大幅增加。人们认为这是由于孩子从小学进入到中学后对于新的学习和生活环境不适应所造成的"初一断层"现象。

虽然现在有许多学校实行小学、初中一贯制，但大多数仅是共用一套基础设施。实际上，两个阶段的教育活动并没有衔接上，小学、初中之间的教育活动差距要明显大于初中、高中之间。毋庸置疑的是，对于小学生的指导与对于初中生的指导应根据学生的发展阶段不同各有偏重，适当的差别指导能够更大地发挥教育的效果。但是，若没有控制好这个差距问题，就会造成"初一断层"现象。因此，为了让孩子顺利地从小学进入初中，对于教育断层问题应该予以重视，并采取一定的措施，例如编制灵活的教育课程、在学习指导上下功夫等。

5. 强化作为社区核心的学校的社会教育功能

在社区功能衰退，三世同堂家庭减少，双职工家庭、单亲家庭增多，每个家庭中孩子减少等背景下，家庭、社区给予孩子社会性教育的职能在不断地减弱。伴随着少子化，单独的小学和中学已经不能确保对孩子进行足够规模的指导。因此，要加强中小学之间的交流，让更多的老师对学生进行指导，发挥地域的积极性，以促进学校的发展、教育水平的提高以及学生社会性的养成。

（二）中小学一贯制教育的现状与课题

目前，日本全国范围内正在实施中小学一贯制教育的有 211 个市町村，预备实施的有 166 个市町村，450 个市町村正关注着全国中小学一贯制教育改革的发展状况。总计有 2284 所小学 1140 所中学共采取了 1130 项措施正在实施这一改革。实施这一改革的自治体基于该地区和学生的具体情况确定的目标主要有：提高学习指导和学生指导的成效，确保一定规模的学生数量，促进不同年级学生之间的交流以及在特殊学校方面加强学校间连带关系的体制。下面将从五个方面详细描述日本中小学一贯制教育的现状与课题。

1. 教育课程

（1）确保九年一贯的教育课程。

实施中小学一贯制教育的学校，采取了多种措施以确保教育课程、教育指导的连贯性。首先，将核心任务定为"设定九年一贯的教育目标"，"按照不同的科目编制系统的九年一贯的课程计划"的学校大致有五成，但其中将此任务付诸实施的只有 1/4 左右。其次，有近四成的学校将中小学的基本授课方式逐渐统一起来。再次，有近三成的学校将九年的家庭学习课业量依据阶段进行划分调整，并将学习方法、学习时间的安排制作成教育指南并付诸实践。最后，对于课程、指导方式的评价机制的一体化，在实施中小学一贯制的学校中大约只有一成进行了具体的评价准则与评价方法的规定。

(2)学年阶段的划分。

学年阶段的划分也是日本在实施中小学一贯制教育过程中最大的特色之一。在实施中小学一贯制学校(以下称实施校)中，大约有七成的学校使用 6-3 制，另外有近三成的学校使用 4-3-2 制，还有极少数学校使用 5-4 制、4-5 制。

(3)特例教育课程的活用。

在实施中小学一贯制教育过程中，灵活运用特例课程的实施校约有两成，而这两成中约有七成设置了"独特学科"作为其课程的核心，另有大约两成的学校也以某种形式将指导内容前移。"独特学科"的内容是多样的，但大多与英语教育、职业教育、家乡教育等相关联。有人认为，中小学教职员在"独特学科"的设定过程中加强了彼此之间的联系，从而对中小学一贯制的实现做出了巨大的贡献。

(4)指导方法、指导体制的改善。

许多人认为中小学教师交互上课对于促进中小学两阶段之间的交流起着重要的作用。但事实上，在实施校中只有不到四成的学校实行了中学教师对小学的指导，而实行中小学交互教学的只有两成左右。

目前，日本在小学阶段导入了学科责任制，而在实施校中大约有五成的学校已经采取了该教学制度。实施这一教学制度，一方面要考虑学校曾经的教学机制，另一方面也应注意充分发挥教师的专业性。从实施校来看，小学五年级开始导入该制度的学校在不断增加。这是为了使小学与中学无缝衔接，因而在教学内容、教学方式上作出了改进。

基于学生的成长状况和中学阶段的指导方式上的特点，在小学的高年级部分引入中学的教学方式，使得孩子在进入新的学习阶段前就已经见过中学的老师，熟悉新的学习环境，这对其初中的学习是有利的。相反地，将小学阶段的教学指导特征引入初中阶段，那么当学生遇到难度高的学习内容并产生障碍时，教师就能够采取相应的措施帮助学生，并对学生进行细致的指导。由此可见，在中小学一贯制教育中，可以通过这一教学方式的改革，使得中小学教师在相互交流与学习中提高其教学指导水平。

2. 学校基础设施形态和经营体制

日本的学校基础设施形态和经营体制是多种多样的，主要分为三种类型，即一体型、邻接型和分离型。其中所谓的学校设施一体化，即中小学校长由一人担任、进行一体化管理，这部分学校占实施校的一成左右。大多数的学校是以原先的中学校区为单位，将基础设施分离出来但又相邻近，分别设置小学的管理体制校长、中学校长，同时二者又相互联系。另外还有一种体制是在小学、中学分别设置校长并指定一名校长进行综合协调。

在 6-3 制以外的其他学年阶段划分情况下，对每个阶段设置副校长、主任教师的实施校大约有一成，设置主任的大约有两成。在实施校中，有七成不到的学校的教职员都有某种形式的兼职。另外，有大约七成的实施校设置了连接中小学的职位。

3. 中小学一贯制教育的成果概况

日本当局对中小学一贯制教育成果进行了一定程度的调查。在全体被调查者中，认为中小学一贯制的实施取得了重大成果的占一成，同意取得成果的大约占八成。对这些成果进行总结，大多可以分为以下几点。第一，学习指导的成果，包括各种学习调查成绩的提高、学习欲的提高和学习习惯的养成、对课业理解力的提升减少了学习的烦恼等。第二，学生指导的成果，包括"初一断层"的缓和，即不登校、欺凌弱小、暴力行为的减少和对于进入初中学习感到不适的学生人数的减少；形成学习规律和生活规律，生活节奏的改善；自我认同感的提高、同情心和助人为乐精神的养成；交流能力的提高等。第三，对教职员的效果，包括提高教职员改进其教学指导方式的意愿，同时使其教学指导能力和学生指导能力得到发展；缩小中小学之间教学观和评价观的差距；深化小学中对于保障基础学力的必要性的认识；提高中小学相互合作进行指导的意识；提升对工作的满意度等。第四，其他成果包括强化与学生家长的联系和社区之间的联系，以及提高学校运营、校务分权的效率等。

4. 与中小学一贯制教育相关的课题的状况

首先，本课题被大多数人所认同。其次，关于中小学一贯制教育有许多具体的课题，大致有：第一，对于实施九年一贯制教育的相关准备的课题，主要包括制定系统的九年一贯制教育的指导规划；中小学联合活动的内容设定；时间表以及课程表的设定；学校基础设施的使用时间及其调整等。第二，伴随着实施九年一贯制教育而产生的时间规划的相关课题，主要包括中小学之间会议时间的协调；中小学之间共同研修时间的协调；策划中小学之间进行交流的时间及方式的协调等。第三，对学生所产生的影响的课题，主要包括对学生指导的提高；不让学生人际关系网络固定化；中学指导方式对于小学生发展的影响；对小学高年级学生领导力、主体性的培养等。第四，对教职员意识改革的相关课题，具体包括沟通学校管理人员和教职人员的联系；提高非中小学衔接年级的教师的中小学衔接意识；成果、课题的可视化以及在相关人员之间的成果交流等。第五，人事、预算的相关课题，包括中小学间搭配交流机能的充实；中小学教职员人事管理一体化；确保必要的预算；小学学校基金与中学学校基金的一体化等。

5. 成果、课题与主要措施的关系

根据日本的实地调查，主要措施可以总结为以下几点：第一，中小学一贯制教育实施的年数；第二，小学是否导入学科责任制；第三，中小学的教师是否交互教学；第四，校长的设置，主要有三种：一是设置一位校长兼管中小学，二是设置多位校长，其中一人为主要负责人，三是设置多位校长，进行联合管理；第

五，在现行的 6-3 制下，导入其他的学段划分方式；第六，制定九年的教育目标，并且编制九年的教学计划；第七，学校设施形态，主要有三种：一体型、邻接型、分离型。

将以上七项措施与教育成果进行交叉分析，可以得出以下结论：第一，学校实施一贯制的时间越长，所取得的成果越多；第二，小学导入学科责任制的学校，取得的成果更多；第三，实施中小学教师交互教学的学校所取得的成果比其他学校多；第四，校长由一人担任的学校比其他学校取得的成果多；第五，使用其他学段划分的学校比使用 6-3 制的学校取得的成果多；第六，对学校进行九年一贯制目标的设定，并且编制九年一贯的教学计划的学校比其他学校取得的成果多；第七，设施集中的学校比设施分离的学校取得的成果多。

同样，日本有关方面对以上七项措施与中小学一贯制教育的相关课题也作了交叉分析，发现有意义的差别大约占六成，不如与教育成果交叉分析所得的差异显著。

（三）中小学一贯制教育制度化的意义

报告明确指出中小学一贯制教育的制度化的意义有以下几点。

1. 确保中小学一贯制教育实施效率

即通过确保教育主体的一贯性、教育活动的一贯性和学校管理的一贯性来保障教育的成效。

2. 根据实施者的判断灵活选择相应措施

例如，为了保证措施的有效性，实施者可以根据地区的实际情况以及自己的判断，对学段进行弹性化的灵活划分。另外，有类似先例，即为了保障课程编制的弹性化，设置了研究开发学校制度和教育课程特例制度，以此将这一措施制度化，从而保证其实施。这些制度虽说不是按照国家的基准，但也是基于各学校的教育目标以及配合学生在教育上的要求而制定的。就目前情况而言，各实施校灵活运用了这些措施。例如，在 6-3 制下根据实施者的判断采用多种多样的学段的划分方式，并且在教育成果上取得了一定的成效。但同时，也存在一些问题，如各学校为了推进一贯制教育的实施，设置"独特学科"、更换指导内容等，通过这些革新措施以达到教育目标，这就可能会给学生造成过重的负担。因此，这些特例中小学实施的一贯制教育，原则上只能说是在文部科学大臣的指定下进行的。若是这样的话，不如根据各个地区的需求，在所有学校的基础上，将中小学一贯制教育制度化。这样一来，实施者可在法律制度的指导下，根据各地的实际情况在可选项中进行操作，从而切实保障实施的有效性。

3. 充实的国家及都道府县的支援的必要性

日本目前进行的中小学一贯制教育主要依赖于实施者和学校自主的努力，国家和都道府县的支援是不够的。国家方面对于中小学一贯制教育没有进行相应的教职员人数设定及设施配备方面的规定，都道府县对于中小学一贯制教育也没有进行积极的指导、援助和建议。虽说各自治体根据地区的实际情况采取中小学一贯制教育，已经取得了一定的成果，但为了进一步推进中小学一贯制教育，自治体需要寻求精确的预算、人员安排等措施，优秀实例的示范以及合理建议。而国家和都道府县对于打好中小学一贯制教育的基石至关重要。

4. 中小学一贯制教育中被指出的问题

该报告还探讨了日本在实施中小学一贯制教育的进程中遇到的一些令人担忧的教育指导上的问题，主要包括四个部分：

(1)应对人际关系固定化。

在实施九年一贯制教育中，有人担心会产生学生人际关系固定化的危险。为此，在众多的促进中小学一贯制教育的措施中，多种形式的跨年级交流大幅增加，同时加强了教师与学生之间沟通交流，并且形成了多方面的评价机制。

(2)应对转出、转入生。

目前，实施校和普通中小学处于一种并存的状态。活用特例教育课程的一贯制学校和普通学校的课程内容有所差别，因此，二者之间的转校生就会出现学习内容差异的状况。为此，各学校需要采取一定的措施对转校生及其监护人进行一定的辅导，从而使其顺利进入转入学校继续学习。

(3)培养小学高年级学生的领导力。

一部分实施校认为，培养小学高年级学生的领导力是一个重要的课题。学校可以从不同的年级划分，不同的学校活动，不同的校舍、楼层分布来表现出一个孩子的成长过程。在学校的各个活动中应给予学生更多的机会，以充分发挥高年级学生的领导力，从而促进其成长。

(4)中学指导方式本身固有的问题对小学生成长的影响。

对于在小学阶段导入中学指导方式，各个学校持有不同的看法。有一部分学校认为中学指导方式本身固有的问题会对小学生的发展造成影响，但也有很多学校认为这一措施可以促进中小学生跨年级交流，从而减少学生指导上的问题，同时也能改善高年级学生与低年级学生之间的关系。

综合上述中小学一贯制教育指导上的问题，可以看出日本此次中小学一贯制教育的制度化既有成功的案例，也有阻力。为此，应该与国家、都道府县积极配合，将这一措施制度化，从政府层面普及优秀的实例，并提供积极的建议。

(四)中小学一贯制教育的制度设计的基本方向

该报告对于中小学一贯制教育的制度设计提供了九个方面的建议。包括确定制度化的目的；创设实践中小学一贯制教育的新型学校；明确入学指定与设置义务之间的关系；确定教育课程；明确与小、中学校学习指导要领之间的关系；设计特例教育课程作为新型学校的核心；对教师资格证书的规定；明确与教育机会均等的关系以及与现有中小学之间的关系。

1. 确定制度化的目的

将中小学一贯制教育制度化是为了提高教育成效，即学生的学力、学习欲望的提升；提高学生社会性的养成机能；减少以所谓的"初一断层"（不登校、欺凌弱小等）为首的诸多学生指导上的问题。

2. 创设实践中小学一贯制教育的新型学校

在现行制度下，中小学一贯制教育的实施形态要根据教育课程的应有模式、学段的划分方式、管理体制、设施形态等进行确定。在调查中，目前主要有两种形式：一种是一体化的校舍，设置一名校长，小学与初中一体运营；另一种是在既有的中学校区的基础上，小学与初中分设，分别设置校长及教职员工团队。中小学一贯制教育制度化的基本方向之一就是将两种形式的学校合法化。分别称为"小中一贯教育学校"（临时名称）和"小中一贯型小学校、中学校"（临时名称）。

3. 明确入学指定与设置义务之间的关系

所谓入学指定，指的是日本市町村行政范围内有两所以上小学（或者中学）者，市町村教育委员会需要给即将入学的学生分配学校。中小学一贯制教育作为中小学教育的一个部分，也要依据义务教育的目标开展教学活动，从而实现小学及中学的教育目的。市町村设置小中一贯教育学校，一方面要设置其招生对象，另一方面也要规定其作为实施义务教育的主体的职责。

4. 确定教育课程

伴随着小中一贯教育学校的制度化，义务教育阶段并存着不同类型的学校。在念完小中一贯教育学校的小学阶段后，如果学生进一步的打算是升入初中高中一贯制学校或者私立中学，那么考虑如何让学生顺利地转校是很有必要的。因此，应给予小中一贯教育学校的小学阶段毕业生以升入其他中学的入学资格。也可以将小中一贯教育学校的九年修业年限划分为两个阶段的课程，将九年全部课程修完的可获得小中一贯教育学校的毕业资格；修完第六学年，于次年升入中学或中等教育学校前期课程的也可获得相应的升学资格。

5. 明确与小、中学校学习指导要领之间的关系

报告中阐述了小中一贯教育学校和小中一贯型小学校、中学校的一贯教育与学习指导要领之间的关系。本次制度化是以小学、中学这两种学校的存在为前提的，注重的是中小学之间的衔接问题，是以小、中学校学习指导要领为基础的。因此，小中一贯教育学校应在义务教育目标的基础上实施一贯制教育，作为一个整体实现法律规定的小学、中学的教育目的和教育目标。报告中还指出，本次中小学一贯制教育的制度化可在 6-3 制基础上以活用多样的特例教育课程为前提，将学段进行灵活划分。

6. 设计特例教育课程作为新型学校的核心

日本全国在开展中小学一贯制教育的实践中，以研究开发学校制度和教育课程特例校制度为基础，出现了多种特例教育课程的活用。报告从改善中小学衔接、提高教育质量、根据地区实际情况推进多种措施的观点出发，综合考虑小、中学校学习指导要领及各个教学科目的特殊性，对中小学一贯制教育的特例教育课程的教学科目及时间、教学内容的设定等提出了建议（包括小中一贯教育学校和小中一贯型小学校、中学校）。

7. 对教师资格证书的规定

小中一贯教育学校实行的是小学、初中九年一贯制课程，原则上该种学校配备的教师也应该有相应的教学能力。因此，在目前情况下，即使不要求全部教师获得中、小学教师资格证书，也应该确保一定数量的教师持有这两种证书。但当前情况下只能让获得小学教师资格证书的教师教小学的课程，让获得中学教师资格证书的教师教中学的课程，并且应敦促相关教师取得两种资格证书。

8. 明确与教育机会均等的关系

该报告指出，在义务教育的框架下，将小中一贯教育学校与既有的小学、中学并存制度化，是为了通过中小学协同努力达到义务教育的目标。新型学校也是在小、中学校学习指导要领的指导下进行教育，并不是一个与既有的小学、中学教育内容、水平不一样的学校类别。因此，孩子不论进入哪种学校，其享受义务教育均等的权利并未受到损害。

9. 与现有中小学之间的关系

二者属于共存的关系，小中一贯教育学校可以将其在中小学阶段衔接的实践经验传授给普通独立的小学和中学，普通中小学也可以将其实践经验传授给小中一贯教育学校。二者可在交流中共同推进教育的发展。

（五）中小学一贯制教育的综合推进方案

报告最后还提出了一系列关于中小学一贯制教育的综合推进方案，包括配套的教职员体制的构建；设施设备的配备；各地区对学生的九年间的学习计划设置的支持；试点事业的实施；优秀实例的普及；充实对中小学一贯制教育的评价；明确都道府县在教师资格证书、人事管理、教师研修、试点事业、中小学一贯制的推进等项目上的职责；减轻教职员的负担；强化九年一贯制教育的系统性和联系性。

二、教师教育改革：《关于今后提高教师资质能力　构建互学互助体系的方案》①

2014 年 7 月 29 日，中央教育审议会接受了文部科学大臣对"关于学校提高承担着教育任务的师资队伍培养办法"的咨询。今后，为全面提升教师的指导能力，明确教师自身定位的准确性、专业性，本次咨询会将着重针对教师培养、招聘、研修等方面进行关注和改进，并对方法的再构建进行研讨。

本次咨询会委托初等教育分科会与中等教育分科会，通过教员养成部会进行审议。2015 年 7 月审议以中期总结作为答申内容，主要基于 2014 年 7 月由同部会成立的关于"教师培养、聘用、研修的工作小组"为论点整理，以教师培养、聘用、研修的一体化改革作为个别论点，对贯穿教师职业生涯的职业成长制度设计进行重点探讨。

另外，在法令政策的规定上，国立学校、私立学校、公立学校等不同类别学校对教师的要求和待遇有所不同，如在教育委员会的相关记述中通常有专门针对公立学校教师的设定，本次答申会议主要面向的是公立学校的全体教师。

（一）研究背景

1. 教师政策的重要性

美国总统奥巴马在 2011 年发表的演说上表示："想要国家变得更加强大，首先要从孩子对未来产生的影响的角度出发，并鼓励他们成为教师。"同时他还特别引出韩国将教师看做是国家的建筑师的例子向大家作示范。

日本一直以来以"教育即育人"为宗旨，根据教育职员许可法、以保持和提高学校教育水平为目的关于义务教育诸校的教育职员人才确保特别措施法、公务员特例法、公立义务教育诸校的学级编制及教职员人数标准相关法律，对教师的培养、聘用、研修的充实做了多方面努力。加速变革的社会向教育提出了更高的期待和要求，每一位教师都应该是高度专业化的个体，都应以增添国家和社会的活力作为己任，树立远大志向并具有坚持不懈的钻研精神。

在提高教师素养和能力方面，教育基本法第九条规定"法律认定的学校教师需要持有崇高的使命感、不断钻研和提升自己，为实现职责不懈努力"，"除此以外，教师不仅需要有崇高的使命感，要求社会给予教师身份充分尊重、合理待遇的同时，而且要求教师努力提升自身素养"。以上对教师资质能力提高的要求和期待，不仅是教师个人的责任，国家、教育委员会、学校等相关机构共同努力也

---

①　文部科学省、これからの学校を担う教員の資質能力の向上についてのー学び合い、高め合う教員育成コミュニティの構築に向けてー[EB/OL]. http：//www.mext.go.jp/component/b_menu/shingi/toushin/_icsFiles/afieldfile/2016/01/13/1365896_01.pdf，2015-12-21.

十分重要。

2. 发展现状

由于近年教师大量辞职和大量聘用的影响，日本学校环境已经发生了变化。过去为提高年轻教师的资质和能力，教师在正式聘用后由经验丰富的教师在教育现场的实践中传授知识、技能等。但受近年来教师大量辞职、大量聘用的影响，这种由经验丰富的教师向新手教师传授知识、技能的传承已经难以继续，教师经验年数不足的问题逐渐凸显。根据 2015 年学校教师统计调查显示，中学经验年数未满 5 年的教师在所有中学教师中所占比重最高（约 20%），大概是具有 11 年到 15 年的经验的中层阶段教师的 2.5 倍。义务教育阶段中教学经验不足 5 年的教师所占比重也依然最高。此外，可对年轻教师进行经验指导的中层以上的教师人数也降至近 30 年来最低值。为了应对传统被打破，保证年轻教师掌握必备的知识和技能，需尽快形成应对策略以提供教师继续研修的环境。

为应对当下学校面临的诸多问题、提高教师在实践中的指导能力，在 2012 年 8 月召开的中央教育审议会（以下简称中教审）答申会议上，中教审确立了培养具有自我探究能力的"学习型教师"的目标，并表示需尽快出台具体的"学习型教师"的培养政策。之前日本教师的授课方法受到各国的高度评价，尤其是"Lesson Study"课程研究方法备受关注。根据"教与学国际调查"数据显示，日本教师去其他学校的课堂中见习的行为比例较高，因此可以通过学习其他教师授课的经验来改进自己的教学。但是，同样是"教与学国际调查"显示，在"如果可以再选一次工作，还会选择教师工作"问题上，与全部参与调查的国家平均 77.6% 的认同率相比，日本仅呈现出 58.1% 的认同率，为参加国中的最低值。此外，认为教师职业享有较高社会地位的教师也仅有 28.1%。当下学校教育面临着诸多问题，教师随之承担起多种责任，社会对教师的专业化问题产生了质疑。随着地方教育力的低下和家庭环境的复杂化，社会对学校教育和教师提出了更高的要求。因此，为形成教师以指导学生为荣、家长尊敬教师、学生有志成为教师的社会系统，现亟待强化教师队伍建设以实现突破性的改革。

政府对教师政策表示了极大的关注，在 2014 年 7 月内阁总理大臣主持召开的教育再生实行会议第五次发言会议上，确立了培养具有自学精神、高意志力、高质量的教师的方针。在 2015 年第七次发言会议上，提出了为培养实践教育革新的教师积极推进教师培养、聘用、研修制度的改革的议案。因此，教师资质能力的提高不仅是教育政策中的重大课题，也是内阁全体面临的重大课题。

3. 面向社会开放的教育课程和合作学校

为了在急剧变革的社会中继承传统、开拓创新，人们在不断完善自身的同时更注重与他人的协作以创造更多的社会价值。为了使孩子在当下的社会掌握必要的能力，学校教育被赋予了新的意义。学校教育处于孩子步入社会的预备阶段，也是连接社会和地方的重要环节。根据各学科的教学指导中对教师专业知识的要求，需要教师具有超越教学内容的教学能力、学习和指导能力、改善学习评价和教学计划的专业能力。为提高学校的教育力和组织力，教师个人教学技能的提高在整个队伍建设中发挥着重要作用，社会需要为教师提供良好的职业发展环境。

(二)时代对教师资质能力的要求

飞速发展的时代向教师提出了多方面要求，如崇高的使命感和责任感、教育热情、和教职相关的专业知识、实践指导能力、交流能力等。为了在社会全面树立教师高度专业化的形象，需尽快确立终身学习的教师形象，要求教师自觉提高职业素养，在职业生涯中保持高度自律。另外，为培养适应激烈社会变化的人才，教师自身应适应社会和环境的变化，学习应对各种情况所需知识，保持旺盛的探究和学习能力，学会收集、筛选有效信息并联系实际灵活运用这些知识的能力。

当下学校所面临的教育问题不断多样化，如校园欺凌、旷课、虐待贫困儿童、职业教育指导、家长与地区形成教育合力等。为改善学校的授课质量，外国语教育早期化与教科化、信息通信技术的运用、全纳教育视角下的特别支援教育、幼小衔接视角下的校际合作等目标的实现，都需要学校教育达到更高的目标，教师职业高度专业化进而成为亟待解决的课题。教师承担着培育高质量人才的重要职责，需要抓住校内研修和校外培训等多种研修机会提高自身素质，自主学习和积累专业知识，作为教育合力中的一员为解决现在面临的问题做出努力。

(三)具体的改革方向

1. 关于教员研修的改革方向

教育委员会基于与大学形成教师培养连携关系的政策要旨，秉持着教师开启高度专业化的意识，将着手构建高质量的教师研修体系。另外，基于"在学校中培养教师"的观点，教育委员会以提高教师资质能力为目标，根据教师资历和职业能力通过实施校外研修提高资质的同时，应着力扩充和提高校内同伴教师组成的以 OJT(On the Job Training 的缩写，上司、老员工对普通员工、新员工的一种培训方法)为支撑的校内互助研修制度，让每个教师都拥有自己的研究课题并自觉进行研修。

(1)继续研修制度的推进。

除了法定研修制度和各教育委员会规定的计划和制度外，教师自发形成的校内继续教育研修组织必不可少。为形成有组织性的、以互助提高为共同目标的合作体制，学校发挥组织力鼓励和促进教师结成校内研究合作组。校内研究合作组是由老资历教师、中坚力量教师和新手教师共同组成的合作研究组织，每个组织包含经验丰富的老资历教师、有一定教学经验并备受期待的中坚骨干教师及资历尚浅的初入职教师。老资历教师对新手进行授课上的指导，不同层次教师共同进行课程研究，合作组着力培养新手教师并提携中坚力量。

发挥学校领导力，督促建立校内研修机制，专门负责研修制度的拟定和计划的实施、形成组织化的继续研修机构，与大学连携合作，促成研修和听讲制度学分化。受近年来教师大量流失、大量聘用的高流动性的影响，学校教师年龄和经验年数失衡，备受社会期待的中坚力量不足，各校研修制度在实际操作上遇到了诸多困难。因此各地区教育委员会应加强区内校际合作，促进公私立学校合作，为不同年龄段和经验水平的教师提供学习机会，加强教师之间的联系，构建互相学习的网络。为了提供更多可能的机会，校长领导力的发挥也对整个研修体制发挥着重要作用，如在人事交流方面，可以通过与师范院校或其他相关教职机构合作，争取让教师获得更多的进修学习机会。

（2）初入职教师研修制度改革。

如上所述，现在教师经验尚浅、教学年限不足等问题严重，尤其在义务教育阶段更为突出。初入职教师因面对各种校内外培训而普遍存在负担过重、消化不良的问题。近年各都道府县为应对此问题，对初入职教师实施了 2 年或 3 年的研修项目，成果显著。初入职教师、教学经验不足教师的研修活动对整个教职生涯都发挥着重要作用。国家在继续扩充研修措施的同时，还应确保研修手段的实施和资源的完备。各都道府县应针对各地方具体情况，充实和改善新教师研修制度和方针。学校应返聘经验丰富、指导能力较好的老教师作为新教师的负责人，帮助新教师更快掌握必备的专业知识、应对不同的教学情况。新教师在指导教师或前辈的辅助下实践，课后进行总结和反思，逐渐成长为一名合格的教师。新教师结合校内和校外的研修进行演习、模拟作业等多种体验活动，不断提升自己。

（3）面向拥有 10 年教龄的教师的改革措施。

由于教师队伍中年龄构成与经验年数不均衡、中坚力量不足等问题的凸显，国会针对拥有 10 年教龄教师的研修问题形成了"对现职教师研修与资格认证制度的改善"决议。在 2014 年 3 月 18 日发表的教师资格认证制度更新会议报告[①]中指出："在今后拥有 10 年教龄的教师的研修制度方针上，相关责任人应为现职教师创造更灵活实用的学习环境，构建更系统的研修体系。因此有必要依照公务员特例法对研修方针做出改善进行研讨。"各责任人依据会议讨论结果，今后将采取灵活化的改善措施，鼓励教师发挥自主性，发扬创新精神。转换只有新人才应接受研修和培训的意识，依据各地区实际情况实施专门面向该教龄阶段教师的听讲研修制度。为使教师掌握跻身全球化社会所必备的资质能力，最大限度地发挥校外研修网络的利用价值，不仅需要与师范院校连携合作，而且需要获得地方和企业的协助，真正落实研修网络化的实施。根据《构建提高中坚教师能力的研修体制》

---

① 中央教育审议会、关于教师资格认证更新制度的改善报告．教师资格认证更新制度研讨会议．2014-03-18.

政策报告与各大学提供的资格认证的学习机会，期待在学校和地方的协助下有效推进中坚力量教师之间的交流互换和资格认证制度的更新。

(4)研修实施体制的充实与提高。

在建立合作学校的理念下，为提供多样化的教师研修机会，国家与教育委员会通过开辟在线研修途径，培养研修领导者和指导教师，落实指导教师的配置来充实和完善研修体制。国家应提供利用信息通信技术的在线研修和灵活使用青少年教育设施的研修环境，以确保教师在当下学力竞争中具备必要的素质。另外，国家为提高教职员工作质量，提高教育行政人员和教育管理人员的素质，有效提高教务效率，将进行时间管理方面的培训。为完成向竞争型研修体制的转变，培养研修领导者和指导教师的任务愈加明确化，应积极促进研修项目的开发与评价，改善研修方法，加大对学校的支持力度，落实指导教师的配置和完善指导体制。

(5)独立行政法人教师研修中心的机能的强化。

作为独立行政法人的教师研修中心在创建各地区教师研修设施和教职大学院等大学的研修网络的同时，通过对教师教职生涯各阶段资质能力的调查、分析、研究开发、情报的整理和收集等来强化教师研修中心的机能。根据 2013 年 12 月内阁会议决定①，教师研修中心为使教职工作提高效率，在教育委员会和大学等机构的协助下于 2014 年开始扩大研修对象。该法人机构按照时代对教师资质能力的要求以及在当下竞争型教职体制的视角下，设置了"不同教龄层次的教育推进中心"以开发并在全国普及教师研修项目。推进中心以中央研修为重点，为鼓励教师更好地参与竞争以改善教学质量，通过官学相结合灵活运用信息通信技术，进一步完善和革新教育内容、方法等，在教育委员会的支援下进行必要的充实。今后不论在研修的充实上，还是教师的培养、任用、研修等多个环节的一体化改革上，各地区的教师研修机构与教职大学院都应形成连携网络，通过对各阶段教师的资质能力进行调查、分析，对信息进行处理，进行进一步整改和提高。

2. 关于教师聘用的改革方向

国家及各都道府县的教育委员会基于教育育成协会规定的协议，促进和普及教师聘用前的实践能力的获得和提高。国家在教师聘用考试的共通问题方面，各都道府县对教师聘用考试的内容和实际需要的把握应重新进行研讨。着力改善教师资格证的授予办法，对有能力但没有教师资格证的人员的政策应进行进一步研讨。

(1)入职前的准备工作的推进。

为防止在教师聘用时出现误判现象，在新规定中更加重视教师聘用时的实践

---

① 文部科学省、关于独立行政法人改革基本方针规定. 独立行政法人改革内阁会. 2013-12-24.

能力。一部分教育委员会为使教师在入职时掌握最基本的实践能力，鼓励志愿成为教师者在"教师培训学校"中进行实习，鼓励预备入职的教师入职前在将要分配到的学校中进行校务体验。这样的措施将有效减少教师聘用考核时对考生实践能力的误判情况，今后还应对这样的举措进行进一步探讨。

（2）关于教师聘用考试内容的讨论。

为减轻各都道府县在聘用考试试题制定上的负担，在新教育课题的视角下确保选拔高度专业性的教师，教育委员会需对各都道府县的教师聘用考试内容进行统一把握。独立行政法人教师研修中心基于教师资质提高的相关调查，为制定教师聘考试的统一试题进行进一步研讨。

（3）特别资格认证制度的运用。

为应对多样化、复杂化的教育课题，提高教育质量，选拔高度专业性的人才，将运用特别资格认证制度和特别讲师制度。特别资格认证制度自创设以来，在实施上授予标准和程序还不尽完善。因此，2014 年 4 月各都道府县以特别资格授予基准为议题进行了讨论。特别资格证的授予制度是为了选拔社会中具有高度专业知识的人才而采取特别的选拔方式和研修方式的制度。该制度意在选拔各领域中有突出才能并有志于成为教师的人才，因此国家应为此类人才提供良好的制度环境和发展环境。特别资格认证制度意在为多种领域专业人才提供发展的平台，在本次教师培养、聘用、研修一体化改革中成为吸纳人才、培养人才的重要一环。

3. 关于教师培养的改革方向

为使教师在取得教师资格证书时具备基本的资质能力，需要学员通过修习一定课程并达到总学分要求后才可获得教师资格，今后将进行修习学分更加实质化、严格化的改革。在新课题视阈下为使学生在本科和研究生阶段所学到的知识与入职后所需的知识顺利衔接，今后将严格选拔教职课程内容，提高对修习课程数量和修习效果的要求，还将定期引导志愿成为教师的学生进行自己是否适合从教的反思。高质量教职课程应是凝聚多种创意的课程，教职课程的设计与设置应突破往日固化的模式，完成教职科目设置的灵活化和整合化。

（1）教育实习制度的导入。

教师教育专业的教职课程要求学生具有体验学校教育教学活动、教务、社团活动及接触学校各部门工作和业务等实习经验或志愿者经验。学生通过长时间在教育现场的工作体验，加深对知识的理解，将学到的理论与实际相结合，在真正的教育活动中培养基本的指导能力。通过实习活动可以使学生切身体会教学与教职工作，对教师所应具备的资质能力有更具象的体会，也可让学生依据自己的性格特质反思自己是否真正适合教师职业。对接受实习学生的学校来说，也可以通过这些活动吸纳地方优秀人才，确保人才引进。为保证实习活动的顺利开展，教育委员会和教职大学院合作的连携机构应努力确保接收校和具体的实习内容妥善安排，保证实习生在实习中和实习后均能接受充分的指导和帮助，了解学生方面和学校方面的诉求，提供必要的信息，最终建立起完备的实习环境。现在，学校教育实习不仅已经全部义务化，而且成为各大学教职课程评价学生的重要侧面。今后将进一步探讨在法令上关于教育实习的相关条例的正式名称和将教育实习作为大学独立科目制度的具体化改革方案。

(2)教职课程质量的保证与提高。

根据中央教育审议会答申的内容，专门设立面向大学的教职课程的教职员培养课程委员会，负责教职课程的充实与调整，保证教育实习的顺利实施，与教育委员会形成连携关系，共同致力于教职课程的改善。[①] 教职员培养课程委员会主要负责教职课程内容、修习量、成绩评价基准的统一，有效提高教职课程的实施和教育课程质量。设立大学教职课程专门审查机关，实地审查教职课程，督促各大学提高教职课程水平。该评价系统尊重各大学教师培养课程的多样性，在学校和教育委员会的协助下，促进学校之间、教师之间的相互学习和交流。评价机构与评价团体的建立有助于各大学检验自己的教育内容与方法，在相互交流中保证教师培养质量。此外，还应提高教职课程指导教师的资质能力尤其是指导能力，具有应对学校教育实际课题的能力，以及在理论和实践两方面指导学生的能力。加强教职相关科目与教科指导法的课程联系，凸显教职课程的特色。鼓励教职大学院与其他大学合作开设新兴专业，将教科内容与教学指导方法联系起来，加强两方面内容的统合。

4. 关于教师资格认证制度改革的具体方向

教育委员会针对为不同类型、不同层次学校设立不同种类的教师资格认证制度进行审议，依据不同学校和教育现场的需要，对教师资质能力的考察也应更加灵活。鼓励具有高度专业性的教师向小学流动，担任年级主任等职务，加强对小学教科的专业性指导。依据教师资格认证制度第8个附录知识，当申请教师拥有其他种类学校的教师资格证时，将重点考察教师的教职经验年限和取得研修学分的数量。考虑到各自治体的实际情况，为应对当下教育问题和继续推进中小学一贯制，本措施试图为教师提供更多的就职机会以增加教师之间的流动性和活跃性。此外，欢迎没有教师资格证书但拥有出色的知识经验并志愿从教的人员，学校对此应采取多样化、灵活化的应对措施。

---

① 中央教育审议会、关于保证教师培养、聘用、研修与连携的顺利实施(答申).2000-12-10.

中央审议会、教师培养审议会. 关于今后教师培养、资格认证制度的实施办法(答申).2007-07-11.

中央审议会、关于今后综合提高全体教师资质能力的方案(答申).2012-08-28.

上述总结了制度设计中教师培养、招聘、研修一体化改革的具体方向和实施方案，今后将依据教育养成部会在审议会上的研讨决议，为培养高度专业化教师而建立连携互动型的教师培养体系，最终实现教师培养、聘用一体化。该答申同时还总结了当下教师培养、招聘、研修，教师资格认证等环节所面临的问题。本次答申意在通过该政策建起国家、教育委员会、公私立学校与各大学之间的合作互助网络，为应对当下冗杂的教师教育问题确保提供多样化的研修机会和完备的研修环境。

三、关于道德教育课程的改善方案①

为了更好地促进日本教育及社会的可持续发展一直以来，各种各样围绕道德教育，特别是道德教育时间安排的课题被反复提及。道德教育的改革势在必行。文部科学省在教育再生实行会议的第一次发言的基础上发布的《关于充实道德教育的座谈会》报告[「道徳に係る教育課程の改善等について」(答申)][平成二十五年(2013 年 12 月)]中提出，给予道德教育时间，以设定"特别的科目：道德"课程为改善、充实道德教育的方针，以期道德教育的良性发展。

在审议会中，以文部科学大臣于平成二十六年(2014 年)2 月接受的"关于道德教育课程的改善"的咨询，以及"关于道德教育充实的座谈会"(「道徳教育の充実に関する懇談会」)的建议为基础，进行了探讨。同时，创设了道德教育专门部作为初等、中等教育分科会教育课程部的下属机构，收集有识之士的建议和日本国民对于审议案的意见，并进行了 10 次专门探讨。

此次审议会的报告中指出，通过道德教育养成学生的德行是"丰富的内心""扎实的学习能力"以及"健康的体魄"的基础，同时也是支撑着每个学生的"生存能力"的根本。另外，道德教育不仅有助于实现个人更加美好的人生，对于形成民主的国家、促进社会的可持续发展也具有极为重要的意义。

日本有着人人都注重道德品质的历史传统，在现代社会中，日本人也因具有高尚的道德品质而受到世界的褒奖。但是，日本在持有这些传统和自信的同时，也应该直面国内道德教育的现状，为了今后的孩子及早进行道德教育的改进。日本方面希望通过此次报告，以文部科学省的重视、学校教育法施行规则的改正、学习指导要领的修订为良好的开端，加快施行制度的改正以及必要条件的准备、谋求学校方面道德教育的根本改善与充实，同时强化学校、家庭、地域的联系和协作，通过社会全体的努力来提高中小学生的道德教育。

① 文部科学省、道德に係る教育課程の改善について(答申). http：//www.mext.go.jp/b_menu/shingi/chukyo/chukyo0/toushin/_icsFiles/afieldfile/2014/10/21/1352890_1.pdf，2014-10-21.

（一）道德教育改善的方向

1. 道德教育的使命

在日本的教育基本法中，明确规定教育的目的是完善人格，人格的基础是道德性，而道德性的养成则要依靠道德教育。关于道德教育，是以尊重人的精神和对生命的敬畏为前提的，在人与人相互尊重、协调的社会中共同地学习行为规则，养成规范意识，从而谋求自我的人生发展方向。在今后全球化进程中，来自各种文化背景，持有不同价值观的人在相互交往中只有彼此尊重、相互理解，才能促进科学技术的发展、社会的进步，实现人类的幸福。然而，培养尊重多元文化的价值观念，需要并且只有依靠道德教育才能完成。因此，道德教育既是形成一个人的人格的主要途径，同时也是建设民主的国家、促进社会可持续发展的根基之所在。

2. 以实现道德教育为目标的课程改革

依据教育基本法和日本教育的根本理念，道德教育是所有教育的中心。学校的道德教育应该通过学校所有的教育活动得以实现。为此，昭和三十三年（1958年），日本中小学校将道德教育与各个学科紧密地联系起来，希望通过改革深化道德教育实践。

然而，在寻求高速度发展的时代，智力的发展得到了更多的关注，道德教育的时间与其他科目相比往往备受轻视。因此，道德教育未发挥其应有的功效，受到了来自各方的指摘，道德教育改革再次被提上议事日程。

本次日本道德教育课程改革中提出了道德教育不仅是为了解决校园欺凌问题，更是为了培养学生在面临各种困难状况时应该如何判断、如何处理的能力。因此，为了充实道德教育的内容，达到道德教育的目标，应开设"特别的科目：道德"（临时名称）课程，从而给道德教育以全新的位置，重新看待道德教育的目标、内容、教材以及评价和指导体系。

（二）关于道德教育课程的改进方针

1. 设置"特别的科目：道德"这门课程来对道德教育时间进行定位

如前所述，日本为了充实道德教育，专门设置"特别的科目：道德"这门道德教育课程，强化道德教育的存在感。关于道德教育的时间，一方面，与其他各学科的教学一样，依据学习指导要领的指示，进行有系统、有计划的指导。另一方面，由于道德教育是以养成德行为目标的教育，因此不能完全用考试成绩来作为评价学生道德水平的标准。报告中还指出，对于道德教育，在不同的阶段可以设置不同的具体科目，通过具体的、适合学生身心发展阶段的教育内容、教育方法给学生以指导，中学的道德教育课程应在小学道德教育课程的基础上加以展开。换句话说，就是在不同的教育阶段中突出重点地进行道德教育。例如，在中学阶段以"人类学"作为道德教育的课程名称，围绕这一课题，对学生进行主题明确的教育，使学生能在这门课程中不但学习到理论知识，更重要的是形成自己对于这个命题的正确理解。

2. 明确道德教育的目标，使其易于理解

关于道德教育的目标，在日本小学以及中学的学习指导要领的第一章总则以及第三章道德里面就有相关定义。报告中讨论了关于日本道德教育的目标、"特别的科目：道德"这门课程的目标，并且将道德教育的目标与"特别的科目：道德"这门课程的目标加以对比分析，使其更加具有指导实际操作的意义。

关于道德教育的目标，学习指导要领第一章总则中指出，道德教育是在教育基本法和学校教育法规定的教育的根本精神的基础上，将尊重人类的精神和对生命敬畏的观念应用于家庭、学校、社会具体生活中，以培养具有丰富的内心、尊重传统和文化、爱祖国爱家乡、能够创造富有个性的文化、尊重公共精神、为了民主的社会和国家而努力、尊重他国、维护国际和平以及保护环境的能够开拓未来的主体性的日本人。在第三章道德中，进一步具体指出了学校道德教育是通过学校全部的教育活动，培养学生具有道德的情绪、判断力、实践欲望以及态度。

"特别的科目：道德"这门课程的目标相对于道德教育养成德行的宏观概念来讲，更加具体化，更加重视具体的道德价值观念与道德实践的训练。具体来说，包括解决各种各样的问题的能力，为了追求更加满意的生活而努力提高自身素质的能力，培养能够理解多元文化、多元价值观的能力等。

基于上述定义，日本学校方面的道德教育中，以"特别的科目：道德"代替道德教育的时间，从正面拿出道德的诸价值。另外，尽管道德教育与其他各门科目的价值观念可能存有差异，但是不管怎么说，在以培养学生主体道德实践能力为目标，养成道德内部的素质、能力的道德性的方面依然是有共通性的。也就是说，宏观的道德教育目标与微观的学校的道德教育课程的目标是不冲突的，二者在两个不同的层次上对培养学生的道德性进行指导。

3. 道德教育的内容要立足更加发达的道德阶段，建立道德教育体系

关于道德教育内容，报告中指出要立足更加发达的道德阶段，建立道德教育体系，提出了关于内容的定位，道德教育的四个视角包括主要关于自己的、主要关于与他人关系的、主要关于与自然以及崇高的东西的关系的以及主要关于与集团以及社会的关系的。

日本在道德教育的定位方面，鉴于其是通过学校的教育活动实行的，将道德教育的内容、时间作为关键。报告中指出，即使今后设置"特别的科目：道德"课程，之前的道德教育基本形式也应该维持下去。也就是说，道德教育内容的定位在设置专门的道德教育课程之外，还要明确与其他各科目之间的差异。

从全体构造出发，在众多的视角中选择了四个作为学生道德教育的内容，并且以学生为中心，将对象不断扩大，从学生自身开始，到与他人的关系，再到自

然和崇高的事物以及集团和社会，使学生逐渐开阔视野，进行道德的教育。也有人提出，应该将自然和崇高的事物与集团和社会的顺序进行调整，认为这样的专题安排易于学生的理解。当然，还有人认为应该一开始就让学生懂得尊重生命，将与生命相关的道德专题即自然和崇高的事物放到道德教育的最开始。

关于道德教育的项目，围绕学生的发展阶段、学生的生长环境，以学生为主体，考虑他们感兴趣、关心的话题，在自己的生活方式方面得到发挥，基于以上目标对道德教育进行必要的改善。例如，对于社会所关心的校园欺凌问题，首先，立足于人类的软弱与愚蠢，培养学生敢于直面困难的坚强与高尚的品德；其次，培养学生对生命尊重的精神。再次，养成学生作为社会的一分子的社会主体的规范意识以及对于法律等规则的思考力、判断力。更为重要的是，在全球化的进程中，要求学生在加深对本国的传统、文化的理解的基础上，对多元文化理解与尊重，在不同的价值观背景下与他人共存，并且对宗教持宽容的态度。另外为了让道德教育的内容项目更加明确，设定关键词，让更多的人理解，让道德教育成为家庭、社区中所有人共同的期待。

4. 形成多样的并且更加有效的道德指导方法

报告中指出，道德教育中应首先积极导入多样并富有成效的道德指导方法，其次改善道德指导计划，再次充实学校的道德指导体系，最后强化学校与家庭、社区的连带关系，共同提升学生的道德性。围绕道德教育的指导方法，到目前为止，日本也有许多不足之处。例如，在道德教育时间里，仅仅对书本中的登场人物进行心理描写，并没有基于更高的发达阶段进行道德教育等。

报告中要求，在道德教育方法方面应该找到适合各个学生的课题，让学生在与教师和同学的交流对话中进行内省思考，并且不断地深入下去。另外，要想形成学生的社会性的一面，必须让学生在参与社会活动中进行体验学习。基于此，"特别的科目：道德"这门课程为了实现养成学生社会性的目标，要求必须通过言语活动、多样的表现活动以及实际经验体验，让儿童对于社会道德进行思考，从而养成其道德性。例如，在一单位教学时间中，并不一定只传授一项道德教育内容，可以同时涉及多方面的内容项目。一个内容项目也可以在多个教学时间中出现，这样有助于加深学生的理解。同时，将"特别的科目：道德"这门课程与其他科目相关联，通过不同课程的呈现对学生进行道德教育。对于不同年级的学生，有着不同的道德养成的要求，小学和中学的道德指导要有一定的差异性，小学生注意具体化指导，而中学生可以从多方面多角度使其对道德教育进行思考。

关于道德指导计划的改善中，主要谈及道德教育在不同方面、不同层次的具体化问题。各个学校中的道德教育应根据其实际情况进行重点教育；道德教育课程在不同的程度与方面上与其他教学科目寻找关联，从而强化道德教育的效果；

小学、中学等不同层次的学校类型应该根据学生的成长发展要求实施道德教育；各学校、家庭与社区也可视其特殊性，为学生提供具体协调的指导。

充实学校的道德指导体系。在学校方面，首先校长要明确道德教育的方针，在他的领导下，全校教职员进行责任分摊，建立健全的有组织的道德教育体系，推进道德教育的发展。此时，每个教职员对于道德教育都应该有正确的理解和坚定的伦理观念。在"特别的科目：道德"这门课程上，让了解学生的年级负责教师来担任指导虽说原则上是可以的，但是让全体教师同校长来共同管理，发挥他们各自专业长处，更有利于提升道德教育的指导力度。最后，报告中提出小学与中学携手，教师之间相互交流与学习，使小学与中学的道德教育相衔接的要求。

强化学校与家庭和社区的联系。推进道德教育，学校、家庭和社区的联系是不可缺少的。特别是家庭对于孩子习惯的训练、独立性的养成以及身心协调方面负有第一责任。为了推进学校、家庭和社区的联系，学校在制作《道德教育的全体计划》的时候，应广泛邀请家庭和社区参加，并将全体计划和道德教育的相关问题发表在学校网站的主页，从而使消息共有。同时，为了顺利推进学校、家庭和社区的多方合作，学校应采取一定的措施，支持家庭教育和社区教育。

5. 在"特别的科目：道德"课程里导入审定的教材

现在，日本全国中小学使用的道德教育的教材是文部科学省编写的《我们的道德》。要谋求道德教育的充实，完善的教材是不可或缺的。今后在实施"特别的科目：道德"这门课程的时候，应该配备经过审核的教材，并将核心教材免费发给所有的学生。为此，将"特别的科目：道德"这门课程加入学校教育法和学习指导要领之后，应以这门课程的特殊性为基础，发挥民间发行者的创造性，站在承认均衡多样的教科书的基本观点之上，进行必要的教科书审定的具体化。其次，在改订学习指导要领方面要注意教科书的著作、编辑，迄今为止的道德教育目标、内容以及内容的处理等具体的问题。在供给经过审核的教科书以后，仅仅围绕教科书来进行道德教育当然也是不够的。为了教材的开发和活用，需要寻求国家和地方公共团体持续不断的支援，根据各地区特色，进行乡土资料及多样资料的拼接活用，使得这门课程的教材丰富生动起来。

6. 充实评价制度，发挥每个学生个人的特长，促进其成长

道德教育的评价是指学生对道德指导目标、道德教育内容的把握，以及通过指导学生发生的道德性的转变。通过道德评价，让学生感受自身的成长，学习欲望的提高同道德性的提高联系在一起。同时，通过对学生的评价，使得教师更加明确道德教育的目标、计划，从而改善充实道德教育的指导方法。日本现行的学习指导要领在道德教育的评价方面指出，关于儿童的道德性常常需要在把握实际的基础上进行指导。但是，对于道德教育时间不进行数值的评价（这是小学指导要领中关于道德评价的定义，中学指导要领也是同样的主旨）。

另外，指导要录中要记录学生的学籍以及指导的过程和结果，以此作为后期进行指导和对外证明的有用的原簿，并且各个学校的设置者可以在文部科学省给的模板的基础上进行再设计。现在的"关于道德指导的记录"（「指導に関する記録」）的参考样式中，没有记录道德时间这一栏。然而，有关于各教学科目、道德、外语活动（小学）、综合的学习时间、特别活动以及全体的儿童活动的"行动记录"（「行動の記録」）一栏。总之，设置者可以根据各自学校的教育目标，设置适当的栏目。

总之，为了充实道德教育，立足目标，与道德教育的指导目的和内容相对照，发挥每个学生的长处，促进其道德的成长而进行的道德评价是不可缺少的。这也是学校和教师在道德教育中不得不改善的地方。对学生的道德进行评价，应该从多方面持续地进行。然而正如学习指导要领中指出的，用数值进行评价是不合适的。在指导要录中，为"特别的科目：道德"这门课程设置记录学生学习状况和成长情况的栏目是必要的。同时，对通过学校的全体教育活动取得的成果进行评价的"行动记录"的改善也是不可缺少的。

（三）其他的改革事项

为了充实道德教育，除了上述关于改善道德教育课程体系的事项之外，报告中还指出了提高教师指导力的问题。现如今日本大学里关于教师培训课程以及教师资格证的状况已经引起了各方的意见。对于此状况，平成二十六年（2014年）7月29日，文部科学省向中央教育审议会提出了"关于担负往后学校教育的教职员以及学校状态"的咨询，进行另一种探讨。本次审议以中小学的道德教育课程为中心进行探讨。本来道德教育就是关于人的一生中人格形成的课题，学前教育、高等学校、特别支援学校的道德教育都有着一贯的理念。因此，此次将对各个层面学校道德教育进行全面的修订。

1. 关于提高教师的指导力

首先必须提高以校长为代表的管理人员的道德教育的进修水平。例如，参观完道德教育课程以后，必须通过类似对本堂课的内容进行讨论的方式，对各教师进行道德实践内容的进修指导。对于不知如何上好道德教育课的教师，不仅要进行道德进修指导，而且要帮助他们进行资料收集，展现课堂资料，提供多样的教学指导，以使教师能顺利地进行道德教育课程的讲授工作。

2. 关于教师资格证书及大学的教师教育课程的改善

关于教授"特别的科目：道德"这门课程的教师，特别是中学教师应该设定专门的资格考试，因为这里涉及高度专门化的内容和指导方法。也有人提出意见，认为就像图书管理员一样，想要负责道德教育的教师也应该经过专门的培训之后才能上岗。大学的教员培训课程加深了人们对道德的理解，同时为了掌握作为教师的指导能力，从理论、实践、实地经验三个层面进行改进和充实。现在，中小学里道德指导法占两个学分，高等学校不强制要求的状况也在进行改变，需要专门学习道德教育课程，并且所占学分在增加。

3. 关于幼儿园、高等学校、特别支援学校的道德教育的充实

日本幼儿园教育要领里指出要培养幼儿的道德性和规范意识的萌芽。今后还要充实对幼儿的道德指导，如在游戏活动中寻找问题的解决方法。小学低年级同样采取这样的教学方式，因此这种道德教育模式更加有利于幼小衔接，使幼儿更顺利地进入小学的教育。高等学校阶段应该是确立每个人在通往人生的路上的线索以及养成内心基础的时期，在此阶段形成关于哲学、宗教的基础素质的同时，能够对当今的课题进行多角度的、批判的、创造性的讨论。对于特别支援学校，必须针对每个学生的特殊需要制订个别的指导计划。例如，对于特别支援学校的小学部和中学部的智力障碍学生，根据障碍的状况，可以将各科目合并起来对学生进行指导。今后开设"特别的科目：道德"课程，引入审定的教科书之后，也可以采取弹性化的措施，根据学生的情况将各科目合并进行指导。

在这个多元文化共存、多民族交流与融合的全球化趋势不断推进的时代背景下，道德教育的成功与否对于学生的成长和国家社会的发展有着巨大的影响。为了提高全民族的素质，二战后日本根据本国国情和时代变化，不断调整道德教育的方针策略，其中尤其重视中小学基础教育中的道德教育。在多次改革道德教育的基础上，于 2014 年再次提出了道德教育改革的具体要求。在《关于道德课程的改进》[「道徳に係る教育課程の改善等について」（答申）]这份报告中，指明了道德教育的使命，提出了关于道德教育课程的改进方针，并且在其他相关方面给出了一些实际可行的建议要求。

这次道德教育的调整重点围绕道德教育课程而进行，包括设置"特别的科目：道德"这门课程，从而给道德教育的时间进行定位；对道德教育的内容进行改进，以满足学生成长需要和时代发展的要求；对道德教育的方式方法提出建议，以促进道德教育的成效；给道德教育课程导入经审核的教科书，以方便师生进行道德教育，但同时也指出不应仅限于教科书的内容；最后还建议改进道德评价的方式，强调不应用分数对学生的道德性进行评价等。为保证道德教育的有效性，这些改革措施从课程设置的各个具体方面展开，并逐渐深入。

日本道德教育尤其是中小学道德教育的改革对中国现阶段道德教育发展改革提供了经验与启发。当前中国的道德教育中存在教育目标理想化、教育内容理论化、教育方法简单化、评价方式单一化等弊病。在今后的道德教育改进过程中，我们需要注意以学生为主体，形成层次化的道德教育目标、丰富化的道德教育内容、与实践相结合的道德教育方法、多方面评价学生道德发展水平的道德教育模式。

>> 第二节　日本高等教育法律政策进展 <<

一、高中大学衔接改革：《关于实现新时代高中大学衔接的高中教育、大学教育及大学入学选拔一体化改革——为了所有年轻人的梦想发芽、开花》①

伴随着生产人口的减少、劳动力生产的低迷、全球化和多极化浪潮的冲击，今后日本社会的职业形态定会发生沧海桑田的变化。在此变化趋势下，日本政府认为教育若仍保持原有的状态，将不能满足社会发展的需要。为了跨越这一艰难的时代，让子孙后代迎接充满希望的未来，教育改革势在必行。

经过多次讨论，2014 年 12 月 22 日日本中央教育审议会提出了高中大学衔接改革。此次改革的目标包括三个层面：第一，使拥有梦想并为了实现梦想而努力奋进的少男少女们能够自信满满、收获多多，过上幸福的生活；第二，使今后跨入社会、从事国家的内外事务、建构自己的人生的孩子能够掌握充分的知识和技能，锻炼思维能力、判断能力和表现能力，能够通过与不同的人合作获得喜悦和能量；第三，孩子们能够作为国家和社会的建造者掌握必要的素养和行为规范。为了达到这三个层面的目标，报告中表示日本将尽最大的努力实行改革。

（一）明确日本未来的高中大学衔接改革

1. 日本教育改革的现状及未来的方向性

（1）从小学、初中直至高中教育的一贯化，培养孩子适应时代要求的能力。

报告中指出，看清时代的要求从而进行教育改革，最重要的是厘清日本当前小学、初中直至高中的教育现状。这三个阶段的教育目标是帮助每个孩子养成实现梦想与目标、开拓人生、与他人相互帮助并营造幸福生活的能力。这些能力又被概括为"丰富的人性""强健的体力"和"扎实的学力"的综合能力，即"生存的能力"。

二战后日本依次展开了"自己思考自己实践"型的教育、注入体系的知识型的教育和学力型教育。围绕着学习指导要领的修改，"宽松教育"和"填鸭式教育"二者在争论中不断对立起来。为了消除二者对立的状态，2007 年修订的《学校教育法》中明确指出，培养由"基础的知识和技能""活用这些知识和技能从而解决问题的思维能力、判断能力和表现能力""主体学习的态度"这三要素构成的"扎实的学力"。

---

① 文部科学省、新しい時代にふさわしい高大接続の実現に向けた高等学校教育、大学教育、大学入学者。選抜の一体的改革について～すべての若者が夢や目標を芽吹かせ、未来に花開かせるために～（答申）[EB/OL]. http：//www.mext.go.jp/b_menu/shingi/chukyo/chukyo0/toushin/__icsFiles/afieldfile/2015/01/14/1354191.pdf，2015-01-14.

以"扎实的学力"为目标，日本中小学校以构成学力的三要素为基础，展开了各项教育指导工作。例如全国学力、学习状况调查，这是自 2007 年由文部科学省的下属职能机构国立教育政策研究所负责展开的工作。该调查包括学科测试和问卷调查两个部分，学科测试主要包括对学生掌握的知识以及对知识的活用两块内容进行测试。问卷调查则包括对学生主体学习意愿的调查以及对学校领导者管理的相关调查。这一措施对相关者意识的改革和各个学校的教学改善起到了重大的影响。另外，在现行的学习指导要领的基础上，重视班级、小组的对话活动和对调查活动、思考结果的汇报发表等"言语活动"以及围绕各个学科与综合学习时间的探究性学习等学习方法和学习评价模式的改革也受到了相当的重视。为了与初等教育和中等教育相衔接，在义务教育改革的基础上，日本高中教育和大学教育也进行了调整，意在从小学至高中形成一贯制的教育体制，从而使每位学生都能够得到更高更好的发展。

（2）高中教育、大学教育、大学入学选拔的相关问题。

依据现行的学习指导要领，日本的高中教育在知识技能的习得，思维能力、判断能力、表现能力的获得，主体学习态度的养成三大目标的指导之下进行人才培养。关于大学教育，中央教育审议会报告曾指出，大学教育的目标是在初等、中等教育阶段养成的"生存能力"的基础上，培养学生以"学士力"为根本能力。但是，就目前来说，处于成熟社会的日本，知识与信息不断地膨胀，曾经偏向于知识记诵与灌输的填鸭式学习已不适合学生的发展与社会的要求。同时，针对思维能力、判断能力、表现能力、与不同的人合作的态度等真"学力"的教育并未得到充分的实行与评价。对于有创造才能关心特定领域的高中生，立志走向世界、研究全球化课题的高中生以及对身边的问题进行深入钻研的高中生，日本的教育体系缺乏相应的评价机制。这无疑打击了学生的积极性，将学生的创造才能遏制在了摇篮中。

从这些观点出发，观察日本高中教育与大学教育的现状，在现行的大学入学选拔的影响下，进入选拔性高的大学的高中生只具备了基本的知识和技能，而对基本知识和技能的活用能力，自己发现问题、解决问题的思维能力、判断能力和表现能力以及与他人合作的能力则较为缺乏。

具体而言，日本高中教育出现的问题主要有：学生拥有一定的知识和能力，但进入选拔性高的大学后，在说服他人、与他人合作发现新事物、社会创新等方面有一定的困难。不仅如此，在少子化时代，曾经激烈的入学选拔逐渐变得平缓，甚至有许多高中生在基础知识与基本技能都未掌握牢固的情况下就进入了大学。另外报告中还提到，在高中入学率达到 98％的情况下，高中生毕业后的选择是多样化的。因此，教育内容和教育方法也有很多。那么，如何保证学生通过高中教育掌握共通的学力就成了一大难题。

在大学教育方面，报告中指出日本的大学教育时间要短于美国，尤其是在社会科学系的修学年限方面更为显著。另外，日本大学的教学方式，主要采取讲授式和传输式。在这样的教育形态下，大学到底给予了学生多少附加值，向社会输送了什么样的人才，受到了来自社会的严厉批评。

在大学入学选拔方面，如前所述，重视基础知识的考察和可测能力的考察。相比较对学生进行评价，日本大学更愿意保证入学者人数。报告中还指出，日本重视教育公平，大学选拔主要以考试的成绩作为划一的条件，而对学生的年龄、性别、国籍、文化、有无残疾、地域状况、家庭状况等背景方面则不予考虑。这也成为了人们对大学入学选拔的责难之一。

2. 明确通过高中教育、大学教育养成的"生存能力"和"扎实的学力"

报告中指出，"生存能力"和"扎实的学力"的定义在日本各项报告和关系法令中多次出现，但是在大学中该如何定义，在学校教育的各个阶段该如何定义以及从初等、中等教育到高等教育衔接的视角出发又该如何定义，有必要对其进行深入探讨。如上文指出，通过高中教育和大学教育获得的"生存能力"是由"丰富的人性""健康的体力""扎实的学力"三要素构成的。在不同的教育阶段，三要素的具体内涵有些许差别。"丰富的人性"在高中教育阶段是指通过高中教育养成国家和社会需要的有教养、遵守行为规范的人才；在大学教育阶段则是在高中阶段内涵上的拔高，同时学生能够在地区社会、国家、国际社会的各项活动中锻炼自身。"健康的体力"在高中教育阶段是指通过高中教育养成作为国家、社会责任承担者的必要的健康和体力，掌握自我管理的方法；在大学教育阶段是在高中教育阶段发展的基础上，提出了为了承担社会责任，需要锻炼必要的身体素质和精神素养。"扎实的学力"是指社会生活必备的各项能力，具体而言是指通过高中教育养成的时代社会必备的与他人合作的学习态度；作为该能力基础的知识技能的活用，自己发现问题、探究问题并发表成果等必要的思考力、判断力、表现力等以及知识和技能的习得这三个要素。而在大学教育中，"扎实的学力"则是指对综合学力进行锻炼。

3. 高中大学衔接改革的意义

日本受教育公平思想的影响，曾在过去相当长的时期内采用考试的方式进行大学入学选拔，以分数作为进入大学的凭证。在此次的报告中，日本中央教育审议会指出：以考试作为大学入学选拔并不能保证教育公平；大学入学考试只能作为对学生一段时间内的学习状况的检查，而不能对学生今后的人生作出判决。今后的高中教育和大学教育应该以培养学生终身学习的能力与习惯和为创造更加美好的社会而做出贡献的觉悟为使命，从而实现高中与大学的顺利衔接。

作为评价手段，应该改变固有的"大学考试""公平性"等意识，考虑每个学生不同的年龄、性别、国籍、文化、是否残疾、地域差异、家庭环境等情况，考量多种能力，通过多种方式，从而公平地选拔出优秀的大学入学者。根据官方推算，至 2021 年日本 18 岁的人口将呈现不断减少的趋势，为了社会的不断发展，高中与大学衔接的改善是不可缺少的一环，并且刻不容缓。

4. 在推进高中大学衔接中应注意的方面

围绕高中大学衔接的改革，利益相关者之间存在诸多的误解，这也是阻碍日本"高中大学衔接"改革的原因之一。在这些误解之中值得注意的有以下几点。第一，"高中大学衔接"所指向的人群并不是所有高中的学生。对于毕业后工作的学生、进入专修学校学习的学生以及其他出路的学生来说，他们与进入大学的学生一样，未来都能开出其理想之花。因此，高中大学衔接是建立在高中生毕业后出路多样的基础上的。高中教育的重要意义在于为国家和社会培养优秀的建设者。第二，日本的"高中大学衔接"改革不仅仅指"大学考试"的改革。二者的关系是"高中大学衔接"改革中包含"大学考试"的改革。更为重要的是通过"大学考试"的改革，实现高中教育和大学教育的目标，即培养基础的知识和技能、发现问题和解决问题的思维能力、判断能力、表现能力以及与他人合作的能力。第三，此次"高中大学衔接"改革，并不是否定基础知识和基本技能重要性的改革。"知识和技能""思维能力、判断能力、表现能力""主体性、多样性、协作性"各项均很重要，这三者的共同提高才是改革的目的。除此之外，带着自身的目标与他人合作并完成新任务的能力也是改革的目标。

（二）新时代下高中大学衔接改革的方向

为了实现高中大学衔接的改革，日本的高中教育和大学教育必须对教育内容、学习与指导方法、评价方法、教育环境等方面进行大刀阔斧的改变。但现在面临的最大问题是作为连接高中教育和大学教育的大学入学选拔不能很好地评价出前文指出的学生的各项能力和素质。另一方面，若改变衔接阶段的评价方式，直接带来的便是高中教育和大学教育方式的转换。因此，为了提高高中教育改革和大学教育改革的实效性，整个日本社会都需要对大学入学选拔的改革付出努力。

为了确保高中教育质量的提升，改善学生的学习状况，报告中提出导入新测试"高中基础学力测试"（临时名称）。在大学阶段，为了使得高中养成的能力得到更好的发展，将突破个别的教授科目，从大学教育整体出发，对课程进行管理（例如导入编号等），从而激发学生的学习热情，使大学教育发生质的转变。在大学入学选拔方面，则废止现行的大学入学考试中心的考试，围绕大学学习中必备的"思维能力、判断能力、表现能力"实行新的测试，导入"大学入学希望者学力评价测试"（临时名称），以推进各大学的灵活运用。

各个大学在实行个别招生的时候，在考虑学力的三要素的基础上应使用多方面的选拔方法，如对特定领域有所特长的学生进行选拔、不论学生年龄、性别、国籍、文化、有无残疾、地域差异、家庭环境如何，促进招收多样背景的学生，至于具体的选拔方法则可根据各大学自身的特色，在招生政策中明确表示出来。为此，要将招生政策等赋予法令的地位，同时也要修改大学入学者选拔实施要领。不仅如此，作为推进新政策的奖励措施，对于按照新的大学入学者选拔实施要领进行改革的大学将给予奖金等财政补助。

1. 在保证入学者的多样性的基础上，确立公正的大学入学选拔

推进大学入学者选拔的改革，日本大学入学考试中心的考试需要进行根本上的变革，这仅仅是全体改革的一部分。最为重要的是以个别选拔代替整齐划一的考试。报告中提出以"用人来选拔人"的方式进行选拔，确立"用人来选拔人"的个别选拔方式是以提升学生的"生存能力""扎实的学力"，为社会输送人才为出发点，从大学入学阶段开始对学生实施多方面的综合的评价。

改变原有的以考试成绩作为入学选拔方式，这意味着对既存的"公平"这一概念的变革。需要说明的是，新的选拔方式中同样重视公平，但二者的"公平"的内涵有所区别。前者的"公平"是指在整齐划一的考试的分数面前人人平等的理念；后者的"公平"则是从支援学生的观点出发，考虑学生多样化的背景，使用多种评价方法进行评价的理念。

2. 保障及提升高中教育的质量

日本的高中教育是以养成"作为国家及社会的建设者、独立的生存能力"为目的的教育。为了教养和行为规范的获得，高中教育需从根本上充实教育内容、学习和指导方法、评价方法、教育环境。

(1)高中阶段导入新的基础学力评价测试。

为了使全体高中生掌握扎实的必备的资质与能力，唤起学生的学习欲望，从而改善学习，日本试图导入对高中阶段基础学力进行评价的新测试"高中基础学力测试"。该测试一方面给学生客观的提示，帮助学生把握自己的高中基础知识学习的情况，从而唤起他们的学习欲望；另一方面还能帮助学校发现问题，从而改善指导。同时考试成绩在学生升学、就业时可作为基础学历的一项证明，也可用于大学。当然，在升学时，该成绩只作为高中教育阶段学习成果的一部分参考资料。

具体来说，新的测试是以高中生个人为单位还是以学校为单位进行还有待继续商讨。测试的科目暂定为"国语综合""数学Ⅰ""世界史""现代社会""物理基础"等高中必修的几门。对学生英语水平的把握将沿用民间的资格类考试，灵活运用其考试成绩。在出题内容方面，以高中教育应养成的扎实的学力为基础，包含评价"思维能力、判断能力、表现能力"的问题。从确保基础学力的基础知识和技能的质与量的观点出发，特别强调扎实地掌握知识与技能。鉴于日本的高中入学率已达到了 98%，因此在测试中应既包括高难度的问题也包括低难度的问题。在答题方式上，以多项选择为原则，同时引入论述式的答题方式。为了调动高中生的主体学习欲望，在学习阶段将提供多次考试机会(如一年两次)。高中二年级或三年级的学生皆可以申请参加测试。考试时间将听取各学校的意见，进行进一步的商讨。对于学生的考试成绩，为了避免学校、学生的排名，将以阶段类别的方

式给予提供，同时会将各自的答题正确率告知学生。另外，考虑到学生家庭的经济负担，将给学生提供轻松的考试环境。对于该测试与日本"高中毕业程度认定考试"的关系，还有待进一步商讨。

（2）重新审视高中的教育内容，学习、指导方法，评价方法。

为了支持各类学生实现其梦想和目标，日本的高中学习指导要领将对教育内容、指导方法、学习环境等内容进行彻底的改变。具体来说，通过高中学习指导要领，明确作为全体要求的资质与能力。例如，为了培养学生的"思维能力、判断能力、表现能力"，充实学生发现问题、解决问题的主体性和合作的学习与指导方法。又如，使学生形成系统的英语"四技能"，那么英语的使用能力到底达到何种程度，应依据小学到高中的目标，对"四技能"的具体指标进行明确的设定。当然，在明确必备的资质与能力的同时，应该结合教育基本法、学校教育法的教育目的与培养目标，还要考虑经合组织的主要能力、国际毕业会考等理论的思维能力、表现能力、探究心等方面。对于教育指导方法，2014 年 11 月的"初等中等教育的教育课程基准的应有之态"的咨问中有更为深入的探讨。教职员应重视学生发现问题、解决问题的能力，对学生多方面的学习成果与活动给予适切的评价。在帮助学生充分发展其能力的同时，应给予细致入微的关心与指导。在此基础上，日本教育相关部门应研究开发新的评价方法，不是对单纯的知识技能进行指导，而是基于多方面、综合的评价，帮助每位学生实现其未来的目标。

（3）大学教育质量的转变。

大学教育是在高中教育培养的"生存能力""扎实的学力"的基础上的发展与拔高，因此，在教育内容、学习与指导方法、评价方法、教育环境方面与高中教育相比应有根本的转变。

从培养学生"主体性、多样性、合作性"的观点出发，大学教育应改变以知识传达与注入为中心的教育方式，注重培养学生与他人合作，从而发现问题、解决问题的能力。特别是给学生提供少数人小组讨论、集体讨论、翻转教学以及职场实习体验等教育方式。通过这些教育方式，提高学生各方面的素质与能力。

（4）新测试的一体化实施。

报告中指出，新导入的"高中基础学力测试"和曾经的"大学入学希望者学力评价测试"在目标与性质上有所差别，但二者在计算机辅助测试方面、难易度和范围方面有诸多可讨论的共性，因此有必要对二者进行探讨与比较。

在出题范围上，"高中基础学力测试"主要对 6 门必修课程进行以学力为主的基础知识和能力的测试与评价。而"大学入学希望者学力评价测试"则主要以"思维能力、判断能力、表现能力"为评价内容。二者的测试目的与出题范围都有较大的差别。为了使高中教育和大学教育能平稳地衔接与过渡，二者在测试难度上应尽量保持连续性。

（三）关于高中大学衔接的高中教育、大学教育及大学入学选拔一体化改革的总结与展望

日本高中教育和大学教育衔接改革是与初等、中等教育一贯制改革和初中高中一贯制改革既一脉相承，又相互补充的改革。通过一贯制教育使得曾经断裂的教育阶段能够平稳顺利地衔接起来。在教育基本法和学校教育法的指导下，整个日本教育系统形成一个整体的力量，为实现每个学生的梦想与目标、为国家和社会培养建设者提供支持。

此次日本中央教育审议会发布的关于实现新时代高中大学衔接的高中教育、大学教育以及大学入学选拔的一体化改革的报告中涉及的内容较多，包括高中教育改革、大学教育改革以及大学入学选拔的改革三个方面。这三者在教育阶段上是承接关系，但彼此间又相互制衡。任何一方的改革都将牵动其他两方面，尤其是大学入学选拔。报告从描述日本的教育现状到提出改革的必要性与目标，明确地指出了新时代日本人应具有的"生存能力"与"扎实的学力"。在改革高中大学教育衔接的方向性方面，从为了保障高中教育质量，导入"高中基础学力测试"，到基于各大学自身的招生政策方面，报告中给予了详细的解释和说明。可以说，高中和大学的衔接改革是继初等与中等教育一贯制改革、初中与高中一贯制改革后日本教育界的又一重要变革。

>> 第三节　地方教育行政改革 <<

一、教育委员会制度改革：《新时代下教育与地区联动发展：学校与地方连携合作发展策略》[①]

（一）随着时代变迁学校与地方的存在方式

1. 从教育改革、地方创生等动向看学校与地区协同合作的必要性

（1）社会动向与儿童教育环境状况。

少子化、老龄化以及全球化进程：日本预计在 2030 年，65 岁以上的老龄人口达到全国人口总数的三分之一，青壮年劳动力人口减少到总人口的 58％。因此，为了克服人口减少的影响，实现地区发展，每位国民应该发挥主体性，更主动地为社会发展做出贡献。

地方教育能力低下：教育不仅仅是学校的事，家庭、地区社会以及相关教育团体也应该承担教育的责任。在当今，如果要充实地区社会的教育，就要求各种

---

① 中央教育審議会、新しい時代の教育や地方創生の実現に向けた学校と地域の連携・協働の在り方と今後の推進方策について（答申）[EB/OL]. http：//www.mext.go.jp/b_menu/shingi/chukyo/chukyo0/toushin/__icsFiles/afieldfile/2016/01/05/1365791_1.pdf，2015-12-21.

机构、团体协同合作，形成网络组织。

地区交流活动的扩展：通过提高居民与家长促进子女学习和儿童自主学习的意识，集学校、居民以及保护者三方之力构筑儿童教育的地区基础，随着影响范围的不断扩大，在全社会形成关怀他人的风气，建设学习型社会。

家庭教育的重要性：家庭教育是全部教育的起点，承担着培养儿童基本的生活习惯、生活能力、对人的信赖感、情感、同情心、对善恶是非的判断、独立性和自制力、社会规范等重任。地区内应增加对家庭与孩子的关怀程度，减少儿童受到伤害的可能性，这就要求推动学校与地区的合作。

学生人数减少：随着少子化的不断严重，小规模的学校教育的缺点也逐渐显现，一旦学校不存在，地区发展也将停滞。因此必须根据各市町村的实际情况，提升学校发展的活力。

儿童的规则意识：随着社会和家庭问题的严重化，儿童减少了与持有不同价值观念的人的交流体验，儿童的生活习惯混乱以及学习热情、体力降低的问题都逐步突显。孩子们作为创造未来的主角，应该提高他们为社会做贡献的欲望、形成丰富细腻的情感，以促进其发展。

学校任务的复杂化和困难化：校园欺凌、暴力行为、需要日语指导的外籍学生数的增加，需要应对多样化的学生需求，在这种非常复杂且困难的情况下，仅仅靠教师的力量无法从根本上解决问题。

除此之外，从强化学校管理的角度来看，还要求学校审议员、学校运营协议会通过相关人员的评价的制度化，推动建设能够反映地区居民、家长对学校运营意见的机构，促进学生成长与学校管理，让地区合作进一步发展。

在学校的团队合作方面，《学校作为团体的存在方式以及今后的改革措施》中强调，教师应该与心理、福利方面的专家、相关机构合作来解决问题，此外应该在法律上明确规定让在学校内部推动地区合作的骨干教师担任地区合作的教职员；在教师能力方面，平成二十七年（2015 年）12 月在本审议会报告中指出，学校应该让教师和校外专业人才合作，多种力量促进学校发展。为了应对新的教育问题，从学校教育与社会教育合作的观点出发，实现学校与地区的良好合作；在中小学一贯制方面，在 2015 年 6 月公布的《学校教育法的修正案》中，组织形式上独立的小学和初级中学要以义务教育学校的形式为标准，实行一贯的教育来支撑该地区儿童九年义务教育，同时设置一体化的学校运营协议会。高等教育、大学教育、大学入学考试的一体化改革方面，2015 年公布了《高中大学改革实行计划》，以该计划为基础，倡导高中生积极参与地区活动，努力学习解决地区问题，在具有思考力、判断力、表现力的同时，唤起对学习的兴趣和努力学习的意志；教育委员会制度方面，2015 年 4 月，实行了《地方教育行政的组织及运营修正案》，全部地方公共团体应设置由领导和教育委员会构成的综合教育会议，在该会议中，针对振兴地方教育的措施进行协商，通过综合教育会议，促进学校与地区的合作；城市、人、职业发展综合战略方面，平成二十六年（2014年）11月提出以学校为核心促进地区发展的同时，适度扩大中小学规模，支援小规模学校发展，帮助已经停课的学校再次运行。

（2）学校与地区协同合作的必要性。

教育承担着地区社会发展引擎的作用，通过教育发掘出每个孩子最大的潜能，让孩子们幸福地生活。学校不仅是传授知识的场所，而且是培养儿童生存能力的地方。地区作为孩子们体验、探究生活与社会的场所，也应该让孩子们获得丰富的学习体验。学校与地区的协同合作的必要性主要体现在以下几点。

第一，培养生存能力。儿童生存能力不能只靠在学校培养，还应在家庭教育、与他人的交往的体验中孕育出来。通过与地区社会和值得信赖的成年人建立联系，儿童的心灵也获得滋养。

第二，建设值得地区信赖的学校。为了解决学校、地区中的问题，推进发展值得地区信赖的学校是十分必要的。通过加深地区居民、家长等对学校管理的理解，推动他们积极参与规划，将自己当做促进发展学校的主人公，进而承担对儿童教育的责任。

第三，地区居民主体意识的转变。家庭、学校以及地区居民应共同肩负起儿童的教育责任。为了形成这种意识的转变，地区居民应该通过学习来创造新的关系，通过多角度考虑问题获得成长。今后，应该把儿童纳入社会主体，儿童、成人应该参与到地区居民的规划中，对地区、学校问题进行探讨。

第四，构筑区域社会性教育基础。地方社会的每个个体都应该具有承担相应职责与责任的自觉性，关心、支持儿童的发展。在整个过程中，以当地居民的学习为起点提高整个地区的教育水平，同时，扎根家乡的儿童教育，在振兴地区发展的同时构筑社会教育的基础，调整、强化社会教育体制。

第五，全社会形成保护儿童环境。为了确保儿童安全、无忧无虑地成长，预防不良行为发生，不能仅仅依靠个人或者机构来解决这个问题，学校与地区的共同合作为家长和儿童提供必要的帮助，进而促进家庭和儿童的变化。此外，通过学校与地区的协同合作以及全社会对儿童教育的支持，对于女性来说形成育儿和事业两不误的社会环境。

第六，学校与地区的"合作伙伴关系"。学校与地区应形成互补的合作关系，明确彼此的角色，朝着共同的目标，在对等的前提下构筑共同合作的互动关系，进而在全社会实现教育的作用。

2.学校与地区协同合作的理想状态

学校与地区共同促进地区的发展与儿童教育的发展，通过让地区居民和家长参与到学校经营的规划中，学校、家庭、地区形成共同的目标，学校的教育方针和教育活动要充分反映地区的需求。地区学校管理应具备"审议""协动""管理"三个方面的功能。

学校、家庭以及地区在自觉承担教育责任的同时也应该互相合作。在每个地区中都存在各种各样的机构团体，如：学校、教育机构、政府机关等行政机构，家长教师联合会（Parent-Teacher Association，PTA）、民间团体、企业、经济与劳动关系团体等。此外还有以个人为名义支援地区学校的志愿者。为了解决儿童、学校存在的各种问题，守护儿童的生命与安全，各相关机构、团体能够形成网络化，为儿童构筑一体化、综合化的教育体制就显得非常重要。地区社会各种机构团体彼此紧密联系，唤起居民促进地区教育发展的主人翁精神。从促进家庭教育的角度来看，促进地区和学校的合作，也是为孤立着的家长提供参与学校合作活动规划的机会。

从地区持续发展的角度看，通过以学校为协同合作的中心，培养儿童对地区的留恋与自豪感，培养建设地区未来的接班人，使地区居民间的关系加深，构建独立的地区社会基础，灵活推动"以学校带动地区发展"是十分重要的。成熟的地区发展能促进儿童充分地成长以及人与地区的良性循环。地区居民以学校为中心参与到合作发展的规划中，为儿童创造无忧无虑的成长环境，提升了地区的魅力，吸引年轻人来到该地区，实现地区的可持续发展。目前，推动学校与地区合作的主要是社区学校（学校经营协议会制度）、"学校支援地区本部"组织的活动以及"课后儿童教室"等体验活动。

从培养儿童生存能力的角度出发，学校与地区的合作中，除了公立学校，国立学校和私立学校也发挥着重要作用。学校运营协议会制度是以公立学校为核心改善其经营的，但是也期待国立学校、私立学校积极参与其中。

（二）社区学校的理想状态与总体推进方案

1. 社区学校的理想状态与总体推进方案

平成十六年（2004 年）修订了关于地方教育行政组织和运营的法律（简称《地教法》），添加了学校运营协议会制度的内容。学校运营协议会使地区居民和家长积极参与到学校的运营中，提高他们通过自己的力量促进学校发展的意识，在多方合作下促进学校发展。该制度引入后，设置学校运营协议会的学校被称为社区学校。

平成二十七年（2015 年）4 月，全国有 2389 所学校成为社区学校，其中 95 所幼儿园、1564 所小学、707 所中学、13 所大学、10 所特殊学校。2015 年对社区学校进行的调查显示，社区学校都明确了"学校与地区实现信息共享""地区与学校合作""推动特色学校发展"的发展目标。此外随着以学校为核心的合作活动的进行，地区的教育水平得到提高、地区的活力也得到增强。平成二十三年（2011年）就社区学校的现状对校长进行调查研究，发现存在"学校运营协议会对普通教师的关心程度低""行政管理人员和教职员工的工作负担大""礼品、活动费用方面资金不足"等问题。也有少数人表示存在"加重行政人员、教职员工负担""学校运营协议会的委员中缺乏人才""某些委员的发言导致学校运营混乱"的情况。

2. 社区学校的理想构成

学校运营协议会的职能是强化学校的管理以及构筑学校、家庭与地区间的信赖关系、合作关系。2011年度调查显示，在设置了学校运营协议会的学校中，在改善学校运营、改变学生学习热情、改变教师意识、减少地区和家长对学校的抱怨以及提高校外教育水平方面都有着显著成效。为了解决学校的问题、充实儿童的教育活动，必须充分发挥居民和家长对学校教育活动的协助。通过社会各界的共同努力，以当事人的心态促进学校的进一步发展。从这个意义来看，需要确保学校运营协议会在法律上的重要地位来促进居民和家长对学校的理解。

目前，具有学校评价职能的学校运营协议会约占总数的78%，学校相关人员兼任学校运营协议会的委员，实行学校运营协议会的职能。学校运营协议会和学校相关人员评价同时推进，能够促进成果共享、完善对学校运营的评价。通过学校运营协议会对学校进行评价，能够通过协商讨论提出具体的改善措施，并形成第二年学校运营的基本方针，还能提高学校运营协议会委员的参与规划意识。

通过将学校相关者评价委员会纳入学校运营协议会制度，在法律上肯定学校相关者评价，将它与学校运营协议会有机结合，二者共同发挥积极作用。为了避免学校运营协议会沦为形式，应该引入第三方机构对教育委员会定期进行检查和评价。

在现行的学校运营协议会制度中，存在着校长和学校运营协议会的委员是否对立、特定委员的发言是否会导致学校运营的混乱等疑问，尽管设置了学校运营协议会制度，但是作为学校运营负责人的校长具有实施教育活动的责任和权力，这是学校运营协议会无法替代的。

学校运营协议会应该从婴幼儿时期考虑儿童成长。幼儿园毕业儿童的家长、区域的小学、教育和保育机构相关人员应该齐心协力，确保幼小顺利衔接；高等学校分为全日制、非全日制、函授制等多种类型，涵盖各类课程以及学科，不同类型也有自身独特的运营方式，高等教育的学生录取范围更加广泛，需要有广阔的社会视野和合作意识，因此应该通过学校运营协议会，获得学校所在地区的居民、邻近大学的教师、商店街、企业等团体的协助；为了尽可能地发展特殊儿童的能力，使之自立于社会，要强化医疗、保健、福利等方面的合作，使之受到足够的教育；为了促进公众对特殊儿童的理解，学校和地区应该合作，在普通人和特殊儿童的共同学习生活中，形成公平合理的社会环境。

基于法律，学校运营协议会有制定学校运营基本方针的权力，教育委员会有对学校的组织编制、课程、学习指导、职业指导的管理与执行权限。二者在法律上的职能与权限不同，不能一概而论。教育委员除了一般的知识以外，还应该具有对教育的深切关心与热情。

3. 社区学校综合推动对策

（1）国家扩大、充实社区学校的对策。

学校作为一个团队，提升自身教育能力、组织能力，根据每个儿童的状况完成教育，这是很重要的。校长作为学校运营的负责人，为了发挥自身的领导能力，首先要根据该地区儿童的实际情况制定学校发展方针。在此基础上，学校以教育儿童为核心，发挥居民和家长对学校管理的作用，促进地区的合作。

学校的管理不是依靠个人的能力，而是要发挥其作为一个组织的力量，在减轻教职员工负担的同时，让全体教职员工认识到社区学校和每个人相关，培养促进学校与地区的合作顺利进行的能力，丰富教职员工的培训内容。另一方面，学校和地区居民目标一致，各自承担任务。根据学校与地区的合作灵活地调整授课与体验活动，发挥与地区合作相关的信息报道的积极作用。此外，教职员工作为一个团队与学校运营相关，事务职员也应该积极参与学校运营。

作为学校运营协议会的委员，应该积极参与学校的管理，并对促进学校发展有高涨的热情。在小规模的自治体中，有人认为很难保证学校运营协议会委员的质量。为了解决这一问题，要确保继任者的质量。在地区和学校的协力下，出现了许多关心儿童的人才，他们都是未来的学校运营协议会委员的候选人。国家应该明确对学校运营协议会委员的资质能力的要求，完善学校运营协议会委员体制。各都道府县教育委员会应该为学校运营协议会委员的培训活动提供讨论的场所。

在以社区学校为核心促进学校发展的过程中，不能仅靠学校运营协议会的委员，地区居民和家长也要积极参与其中，具有通过自己的力量促进学校发展的意识，集合学校、居民和家长的力量促进学校管理是非常重要的。

从提高儿童是地区一员的自觉性和意识方面来看，应该积极地将当地的大学生、高中生吸引进来，为他们提供发挥主动性、实践性的活动机会和场所。通过社区学校促进地区教育发展，成长起来的年轻人要承担起教育下一代的责任，同时也能够促进自身成熟，形成"促进人与地区良性循环"的局面。

为了促进社区学校平稳而持续发展，必须要从人才管理和财政支援等方面整顿，包括减轻教职员工的工作负担的教职员工体制。国家应该在体制上规定教职员工与儿童面对面交流的时间、推进社区学校理事的配置、设置地区协调人员、保证财政的充裕、支持关于社区学校的实证研究、扩大学校裁量权的范围。

在面对各种反对社区学校的声音时，应该进一步发挥校长的领导力，从建设特色学校的附加价值以及成果方面详细地进行解说。除了在中小学推进社区学校发展外，还要积极地在幼儿园、大学以及特殊学校推进社区学校发展。此外，为了社区学校更好地发展，要客观地从学生、教师、家长、地区的变迁等方面评价各个学校，并共享其结果。

（2）推动都道府县、市町村的职能发展对策。

市町村为了确立地区合作体制而寻求能够推动社区学校发展的支援，因此应该促进地区居民和家长对于社区学校的理解。随着今后少子化的发展，面临学校的合并和小规模学校的发展，建设有活力的学校是市町村讨论的主要问题，社区学校的引入能够增加地区与学校的魅力。在学校与地区合作中，还应该增强人才对地区的自豪感。在推进社区学校发展的过程中，应该将中学作为运营单位，关注部分中小学的合作，推动运营体制发展。

（三）提升地区教育水平以及地区学校的合作体制

1. 地区与学校合作的现状

（1）学校间合作的现状。

从平成十四年（2002年）开始，学校实行每周5日上学，学习指导的重点在于培养学生生活的基础即"生存能力"。

从2002年开始实行《新儿童计划》，在相关机关的合作下，推动促进儿童体验活动的各种对策的发展。

平成十八年（2006年），《教育基本法》自在二战后问世以来首次修订，明文规定学校、家庭以及地区居民合作的重要性。

从平成十九年（2007年）开始，文部科学省和厚生劳动省合作推进"放学后儿童计划"，通过设置"放学后儿童教室"，为儿童提供在放学后和周末能够安心、安全活动的场所，提供学习、体验交流活动的机会。

平成二十年（2008年），修订了《社会教育法》，设置了关于放学后儿童教师和学校支援地区本部的活动。

从2008年开始，推行通过地区居民参与规划对学校的教育活动进行支援、地区和学校合作的学校支援地区本部。

平成二十五年（2013年），根据第二期教育振兴基本计划，设置了在全国的中小学充实学校支援地区本部和"放学后儿童教室"的体制的目标，从政策上确定了地区和学校合作的事项。

从平成二十六年（2014年）开始，从为儿童提供具有多样技能与经验的社会人基础的角度出发，推动地区人才和企业、团体、大学等合作的教育活动。

从平成二十七年（2015年）开始，针对因经济或家庭原因很难在家庭中学习的学生或者没能形成良好学习习惯的学生，推动根据居民经济情况等设置的进行学习支援的"地区未来学校"。

2015年，约有9600所中小学实行学校支援地区本部。公立小学约有14100个"放学后儿童教室"。实行周六教育志愿活动的约有10000所公立中小学。此外，许多志愿者承担了核心的地区活动的设计、联络以及人员配置的调解员的角色。通过调解员对计划的调整，不仅仅是每个学校各自进行学校支援活动，幼儿园和小学、小学和中学的合作也在发展。

(2)地区与学校合作中的新关系。

在第二期教育振兴基本计划中，为了实现"在所有学校中实施学校支援地区本部和放学后儿童教室、实现学校和地区合作"的目标，学校支援地区本部等活动作为参与地区活动规划的"第一步"，首先就是固定这些活动。然而，不同地区对于该地区内培养什么样的儿童以及实现什么样的地区目标并没有进行充分的讨论。

在各地区活动开始之初，为了让居民参与规划，一般从比较容易让地区居民参与的内容开始，通过解决这些问题构筑学校与地区的关系，取得了一定的成果。今后也有必要继续进行学校支援活动、"放学后学生教室"以及"周六教室"等活动。现在依然有些地区保持着学校单方面活动的情况，这些地区的儿童和居民没有充分意识到齐心协力提高当地教育水平、振兴地方的重要性。

学校和地区在应对复杂多样的现代性课题时，应该脱离所谓的"教育是学校的职责"这一固化的观念，由社会分担儿童成长的责任，地区居民应该充分发挥其主体性以支持促进儿童成长的活动，地区和学校之间形成新的合作关系。

2. 今后地区和学校合作体制的发展方向

(1)地区和学校合作体制的目标。

在社会教育领域，形成了地区居民和团体具有高度随意性的体制，与过去相比，更多的居民能够更方便地参与进来，虽然进程缓慢，但是可以通过世代交替的方式传承下来。

通过考察各地区的活动与组织现状，为了让地区和学校合作体制能够持续地、有组织地稳定运行，地区和学校应在培养儿童方面有共同的目标，从"支援"向"合作"、从"个别活动"向"综合化网络化"发展。需要具备三个要素：协调机能、多样的活动、持续而稳定的活动。

地区的学校支援地区本部是展开学校支援活动的场所。在开展持续的活动的同时，要逐步强化协调机能，扩大活动的范围以吸引更多的居民参与，通过持续的地区学校协动活动向地区学校协动本部发展。

在形成地区学校协动本部的情况下，同一个本部和社区学校二者应该互补发以发挥更大的效果，形成整体有效的发展。此外，地区学校协动本部所在地区的学校并非社区学校时，通过地区学校协动本部的地区学校协动活动的实施，由学校和儿童评价其活动，在促进教职员工和地区居民形成信赖关系的过程中，逐步转化成社区学校。

在加深地区和学校之间的合作的过程中，对于儿童来说，地区是区别于学校与家庭的第三个使之感到安心的场所。此外，地区学校协动本部中通过家庭教育志愿活动来讨论各种烦恼，将孤立的家长联系起来，通过地区学校协动活动为儿童放学后提供活动场所。在实现这种协动体制目标的过程中，最初的阶段由于过于关心学校对地区的建设，可能导致学校的负担增大。因此，这种合作的基础首先在于地区和学校通过对儿童教育的关注，逐步形成相互信赖的关系，此外，地区居民和学校在形成互相信赖关系的过程中，需要充分认识到在形成社会教育的协动体制的过程中，相当的时间与经验的积累以及立足于地区的特色与实际情况的必要性。

（2）地区与学校的协动体制的方向性。

今后发展地区与学校的合作关系的同时，为了实现儿童的健康成长、居民充分参与到地区学校协动活动中，要根据不同地区、学校的特色形成有效的协动体制。除了中小学，大学、幼儿园、特殊学校、高等专修学校也会根据地区的实际情况加入其中。尤其是要推动大学的地区学校协动活动，更大可能地促进更广泛的地区居民、企业、团体参与其中。

根据地区和学校的实际情况、特色，地区学校协动活动实施的体制存在差异。地区学校协动本部以学校支援地区本部和"放学后儿童教室"等活动为基础，从"支援"向"合作"进行理念的转换，强化协调者的功能，让更多的居民参与，实现持续性的地区学校协动活动。为此，推动地区学校协动活动的发展，都道府县和市町村的教育委员会应该针对不同地区、学校的特色以及区域内体制的整体情况，为推进地区学校协动活动相关体制的整备采取措施。都道府县和市町村的教育委员会立足于当地的实际情况，制定推动地区学校协动活动的方针。为此，各级教育委员会要把握各学区的活动，包括既有的学校支援地区本部和放学后儿童与教师的活动，以及以公民馆为核心的社会教育活动，讨论今后为了推动地区学校协动活动应该增加什么样的活动、应该通过什么样的体制促进合作的发展，为地方公共团体今后的推进指出发展方向。都道府县、市町村的教育委员会讨论地区学校协动活动推进的方针时，应该征求社会教育委员会的意见，根据调查研究的结果来有效地推动对地区学校协动活动的讨论。

3. 推动地区和学校的合作

目前地区和学校的合作体制中，多数的学校支援活动、"放学后儿童教室"以及"周六的学习支援活动"都有积极意义和不足。地区协调者的角色不应仅由学校支援活动、"放学后儿童教室"这样的活动担任，应以更广阔的视野形成与学校的合作体制。无论何时，为了地区持续的发展都必须形成可持续发展的体制。具体来说，使地区协调者的职务进行交接，在各级教育委员会中，通过研讨会来培养候选人才，通过进行必需的技能方面的学习，可以引入具备相应资质、能力的其他地区的人才来继续协调者的工作。

作为地区学校协动本部核心的协调者间应该彼此合作，共享不同地区的信息与培训。对地区协调者来说，把握地区教育改革的动向是很重要的，学校教育今后的发展为地区协调者提供了充分的研究机会。此外，确保地区协调者的质量是最重要的。地区协调者一般是志愿者、家长教师联合会相关人员、家长教师联合会活动体验者、地区自治会人员以及原校长、教职员工等。这些人要对地区学校协动活动具有热情与知识，关心、理解该活动，同时能够和地区居民、学校以及行政人员进行沟通，能够提出地区问题，并和伙伴一起形成解决的对策。

在都道府县和市町村的教育委员会中设置的社会教育主任负责向进行社会教育的人提供专业的建议与指导，也负责教育委员会主办的社会教育事业的企划。为了使地区学校协动活动顺利进行、培养能够成为地区协调者和统一协调者的人才，积极地进行信息共享。今后，有必要探讨社会教育主任所必需的资质和培训方面的内容。

目前地区和学校合作的活动内容中，作为授课的补充形式，主要有书法、家政以及裁缝，此外，放学后和周六还有读书、实验、手工、自然体验活动以及运动等文化活动或者地区的传统文艺活动，还进行写作业等基本学习习惯的培养。今后，为了实现"面向社会的课程"，地区和学校应共同合作充实活动内容。进行这些活动的时间主要包括平时放学后和上下学的时间，周六、日以及长期休假。通过地区居民的合作，为那些因经济问题或者家庭问题导致学习困难或者没能形成良好学习习惯的孩子提供学习帮助或者参加体验活动的机会。

为了在地区形成工作与育儿两不误的环境，应该设置"放学后儿童教室"这样安心安全的场所来提供学习帮助、体验交流活动，帮助孩子们养成良好的学习习惯，并形成安心的育儿环境。相对孤立着的家长们通过地区学校协动本部能够进行轻松愉快的谈话，这也是对家庭教育的帮助。

校内不仅是儿童学习、生活的场所，也是地区交流的核心、发生自然灾害时的避难所，具有多种功能。学校应该努力改善教育环境，根据地区的实际情况设置安全的高质量的设施。在校外，应该在地区的合作情况下考虑各种场合，如公民馆等社会教育设施、儿童馆及其他公共设施、商店街等，在扩大活动场所的同时扩充活动内容。

4. 国家、都道府县、市町村的推动对策

(1)国家的推动对策。

国家在推进地区学校协动本部全国性展开的过程中，要明确其基本的目的、方向性，同时扩大其宗旨的普及。所谓地区学校协动活动，是通过学校志愿活动、放学后和星期六的学习支援、家庭教育支援以及学习的城市建设等地区活动，地区和学校合作，为肩负未来使命的儿童提供成长的帮助。与此同时，创造出持续发展的社会。在全国范围内推动地区学校协动活动的过程中，不仅仅是单纯地增加活动的数量，要开展对学校和参与的居民有意义的、能够帮助儿童成长的高品质的活动。在这种理念下，全国范围内进行高质量的地区学校协动活动，儿童在地区的通力合作下成长。为了让地区居民、家长安心地参加活动，国家在都道府县、市町村推动地区学校协动活动的发展，有必要形成体制，并明确指导方针。

此外，在第二期教育振兴基本计划中，为了完善学校支援地区本部和"放学后儿童教室"，国家有必要在全国的中小学构筑相应的体制。为了能够持续发展，第三期教育振兴基本计划中，讨论了地区学校协动活动的推进以及地区学校协动本部的调整目标。

为了推广地区协动学校，支援各地区的地区学校协动活动和居民活动，联络调整地区协调者、形成整体性的协调机能是非常重要的。为了维持、提高协调者的资质，在都道府县、市町村和社会教育相关团体合作的同时，国家有必要对开发、普及培训项目等培训协调者的措施进行调整。尤其是通过地区学校协动活动的发展，提高地区协调者的素质，促进还未实行地区学校协动活动的地区实行统合性的协调机制，这是很重要的。今后，都道府县、市町村为了能够将统括性的协调机制委托给合适的人才，就必须要明确其任务与资质。为了都道府县、市町村能够培养、保证合适的人才配置，国家应该对统括性的协调者所需要承担的责任、具备的资质等在法律上加以明确。那时，根据各地方公共团体的实际情况和指导方针，针对统括性的协调者等相关职务进行探讨也是非常重要的。在都道府县、市町村的教育委员会，为了作为地区协调者和完善协调体制的参考，收集协调者促进地区学校协动活动的事例，帮助理解活动的效果。

在制度与财政方面，国家应该帮助各地区配置统一的协调员；支援地区学校协动本部的建设；提供协调员的进修和培训；丰富协动活动的内容。此外，还应该明确推进都道府县、市町村的地区学校协动活动的法令；在法律上明确协调员的资质要求和任务；对各级行政单位的地区学校协动活动提供制度上、财政上的援助；实现都道府县、市町村以及协调员之间的网络化、资源共享。

（2）都道府县、市町村的任务以及推动措施。

都道府县教育委员会的重要任务是协助区域内市町村的地区学校协动活动，以都道府县孩子们的成长和地区发展的愿望为基础，与负责地区振兴、社会福利、医疗、防灾的领导合作，协助区域内的市町村工作，领导都道府县的地区学校协动活动的活性化发展。此外，迄今为止的地区学校支援活动和之前相比，在居民生活的市町村的初级中学和小学中进行，今后，将主要以和地区联系密切的高级中学等都道府县立学校作为地区学校协动活动的中心，实现相关的市町村教育委员会合作的同时，促进高级中学的特色发展。

市町村是区域内进行学校支援活动的重要场所。市町村教育委员会应该立足于当地和学校的特色以及实际情况，推动区域内的地区和学校的协动活动，为此有必要寻求推进体制的相应策略。市町村也要基于当地的实际情况来推动地区学校协动活动的发展，地区对儿童成长形成共同目标，与负责地区振兴、社会福利、医疗、防灾的领导合作，探讨为了儿童的成长能够做什么。

实施策略：地区学校协动活动的教育委员会要明确发展目标、制订计划，并对地区学校协动活动的改善情况进行跟进；形成地区学校协动活动的推动体制；通过培训和网络化来促进地区协调员和统一的协调员配置的质量的提高；促进居民参与地区学校协动活动，并提高活动的质量。

(四)推动社区学校与地区学校协动本部整体有效发展

1. 社区学校与地区学校协动本部的关系

为了儿童成长以及地区的发展，社区学校和地区学校协动本部二者在功能上互为补充、共同发展，通过合作发挥最大效果。此外，在推动社区学校和地区学校协动本部的过程中，形成学校和地区的特色，地区全部力量作为当事人参与筹划，在发挥以往的自律性和主体性的同时，重视学校和地区共同合作进行规划管理和活动。根据各地区的实际情况和学校情况，社区学校和地区学校协动本部的情况也有所差异，二者通过合作，使全国各地的儿童在发展过程中都能够获得地区的关注，这是十分重要的。

2. 推动社区学校与地区学校协动本部二者发挥整体性效果

为了社区学校和地区学校协动本部能够顺利合作，发挥 1＋1＞2 的效果，在进行各种活动的筹划阶段，双方就应该形成一致的管理方针和计划，互为补充、情报共享。尤其是在地区学校协动本部中，统一的协调员承担着地区协调员之间的联络调整任务，个别地区学校协动活动中学校方面也能进行联络调整，这种情况下，就应该强化统一的协调员与负责推动地区合作的教职员或学校运营协议会委员的合作。不同的地区、学校有不同的情况，作为地区学校协动本部核心的统一的协调员参与地区学校支援和学校管理的相关会议，学校运营协议会委员参与地区学校协动本部的计划调整。由此可见，为了彼此的发展，在人员灵活配置方面下功夫也是很有效的。

第八章　韩国教育政策与发展趋势

>> 第一节　2015 年韩国教育改革的总目标与重点工作 <<

　　2015 年，韩国教育改革进入深水区。韩国在全国范围内实施自由学期制，颁布以核心素养为基础的初中等教育课程，更启动高等教育结构的全面调整。韩国试图通过一揽子制度改革解决教育痼疾，适应社会需求，培养具有核心素养和无限创造力的人才。

一、改革背景

（一）全球化带来智能技术的新革命

　　在当今时代，科技领域的融合与复合、信息通信技术等科技领域的新趋势和人们对个性、创造力、幸福、品格等价值的追求形成合力，象征着以智能化为核心的技术革命和价值多元化社会的到来。与此同时，全球化带来的经济一体化格局对韩国经济也带来巨大影响，直至 2014 年年底，韩国已与美国、中国等国家和国际组织签订自由贸易协定，"经济领土"已占据全世界 73％,[①] 人力资源的流动更加自由，这些时代背景都给韩国社会的教育模式提出了新要求。

（二）韩国社会的人口与阶层结构持续产生变化

　　韩国社会持续多年的低出生率导致学龄人口下降，社会老龄化现象加剧。据韩国国家统计厅的统计，韩国的人口增长率从 2010 年的 0.46％降至 2015 年的 0.36％,[②] 导致 0～14 岁人口比重从 2010 年的 16.2％下降到 2015 年的 13.9％，5 年间减少了 94 万人。而 65 岁以上的人口比重从 2010 年的 11.3％增加到了 2015 年的 13.1％。[③] 但是，即使是在人口比例失调、年轻人的数量持续减少的今天，失业率也在持续上升。稳定且待遇丰厚的工作岗位越来越少，而企业等雇用单位

---

　　① 유혜진.한국 경제영토 확장…한중 FTA등으로 경제영토 세계3위[N].브릿지경제，2014.12.28[EB/OL]. http：//www. bridgenews. tistory. com，2016-08-15.

　　② 국가통계청.국가지표체계-인구성장율 2001—2016 [EB/OL]. http：//www. index. go. kr/portal/enaraIdx/idxField/userPageCh. do？idx_cd=2912，2016-10-15.

　　③ 통계개발원.한국의 사회동향—2015 인구영역의 주요동향 [EB/OL]. http：//freshyk. tistory. com，2016-08-31.

却苦于找不到所需人才，人力资源与社会需求不匹配的现象依然比较严峻。2014年高等教育机构毕业生的就业率只达到 67% 的情况下，① 新就业的人群中受教育背景与所从事职业不匹配的比例也居高不下。据韩国统计厅的调查，在该年度大专和职高毕业生中，从事跟自己所学专业"完全无关"或"不太相关"的工作的毕业生比重分别为 55.2%、37.9%。②

(三)社会问题变得更为多样和复杂

随着国际婚姻、移民的增加，以及全球化、信息化社会对人的价值形成的影响，韩国的国民凝聚力受到冲击，各阶层之间贫富差距拉大、社会矛盾增加。据2014年韩国国民意识调查，65.7% 的国民认为韩国社会矛盾较深。这些问题或多或少反馈到教育中，给韩国教育提出了诸多挑战。韩国教育部认为，这些社会问题需要通过教育、雇用、福利、文化等多个领域的合作，出台包揽性的政策，才能得到根本解决。③

(四)教育痼疾未能得到解决

2013—2014 年，韩国教育政策的基本方向是"开设幸福教育、培养创新人才"。在此理念下，韩国试行"自由学期制"、重点建设地方大学、改组专科大学，并以"先就业后升学"等方式加强职业教育，同时在基础教育阶段实施预防并根治校园暴力相关政策。这些政策虽然取得了不少成就，但是教育痼疾依然没有得到完全解决。例如，以"竞争"与"学历主义"为主的社会文化依然没有改变，教育仍然无法满足地方经济发展、产业结构变化等社会需求。同时，由于经济低迷，地方教育财源紧张等问题使各项教育政策在实施过程中常常受挫。韩国政府认为，目前教育中存在的主要问题包括：(1)在基础教育方面，学校仍然以灌输和知识习得为主，学生家庭仍然承担着高额的课外补习费用，加之由于频繁进行大学入学考试改革，难易度难以把握，使学校、家长和学生很难真正从教育改革中获益，改革对学习环境的改善亦并不明显。据统计，参与课外补习的学生平均每人承担的课外辅导费由 2013 年的 34 万韩元(约合人民币 2210 元)增加至 2014 年的34.7 万韩元，参加课外补习的学生占学生总人数的比重较大。④ (2)大学结构改革未能充分考虑各所大学自身的条件、学科领域特性。(3)高校在人才培养上仍然无法满足地区经济发展与产业结构调整的需要，企业也仍然将学校作为人才培养的主体，缺少对就业人才培养的责任意识。(4)多元文化家庭(指移民、国际婚

① 한국교육개발원. "시계열취업율".한국교육개발원취업통계시스템［EB/OL］. http：//swiss. kedi. re. kr，2016-11-23.

② 교육통계센터, "사교육걱정없는세상"［EB/OL］. http：//data. noworry. kr/115，2016-11-23.

③ 한국교육부. 2015 년교육부업무보고 . 서울.한국교육부［EB/OL］.http：//www. moe. go. kr/2015happymoe/2015happymoe08 _ pop04. html，2015-11-21.

④ Ibid.

姻家庭)学生、"脱北者"①学生以及农渔村地区学生等有着特殊教育需求的学生逐渐增加，韩国目前学校教育中为他们提供的专门教育却越显匮乏。据调查，多元文化家庭出生儿童占全体儿童比重由 2.9%(2008)提高至 4.9%(2013)。②

(五)2015 年教育改革的政策方向和主要任务

为了解决教育问题，保障教育政策的有效实施，韩国于 2014 年年底修改了《政府组织法》。该法第 19 条第 5 项规定，教育部部长兼任副总理一职，分管教育、社会、文化等领域的宏观政策调整，旨在保障教育、社会、文化等部门通力合作和综合制定政策、方案、中长期规划。为此，教育部新设"社会政策合作官"一职，主管"教育·社会·文化部长会议"的设立和运作。"教育·社会·文化部长会议"主要由教育部与保健福利部等 9 大机关部门的部长以及国务调整室长、总统秘书室首席秘书长组成，其主要职能是整体把握教育、社会与文化方面的变化，设计并调整发展战略，并协调各相关部门之间的合作关系与职能划分。

二、2015 年重点工作计划

韩国教育部制定并颁布的《2015 年教育部工作报告》，将 2015 年度的工作计划归纳如图 8-1，同时为了更有针对性地实现计划，颁布了以下重点工作内容。

1. 建设让学生和家长安心的学校

韩国教育部将从"建设让学生安心学习的安全校园""建设零暴力、零犯罪的安全校园""营造健康的校园生活"这三个方面制定"安心校园"政策。

(1)"建设让学生安心学习的安全校园"相关政策。

第一，韩国将修订《校园安全事故预防及补偿法》，明确指出包括教育部部长、各地方教育厅厅长、各所学校校长都有义务制订并实施校园安全事故预防方案，为此在各教育管理层级设立校园安全事故预防委员会和安全管理专任机构，并开展相关咨询，构建一个系统、高效的校园安全管理系统。

第二，还将在各级各类学校启用根据学生发展阶段(幼儿园至高中)特点开发的安全教育标准方案。该方案内容包括自然灾害、生活、交通、暴力、药物、职业、急救 7 大领域的危险应对。例如，加强对寄宿生的消防演习训练，白天夜间均进行相关演练，在科学课及体育课上也加强安全事故预防教育。同时，加强以教师为对象的安全教育培训，在教师培养课程中将安全教育作为必修课，并将"校园安全管理指导师"设为新的"一类教师"资格，从而将教师培养成生命安全及

---

① "脱北者"：自 20 世纪 90 年代中期至今，有部分朝鲜国民通过各种途径脱离朝鲜来到韩国定居并取得韩国国籍，韩国政府称之为"脱北者"。

② 한국교육부. 2015 년교육부업무보고［R］. 서울:한국교육부［EB/OL］. http：//www.moe.go.kr/2015happy，2016-11-30.

2015年政策方向

培养创新型人才的幸福教育

培养挑战精神的创新教育
培养品德的品格教育
激发潜能的希望教育

让学校播种孩子 的梦想	让大学成为创新 经济的支柱	让职业教育与终 身教育更贴近产业	让教育更加平等, 让校园更加安全
1.扩大实施自由学 期制	1.进一步推进大学 结构改革	1.扩大职业教育,尤 其是职高阶段	1.构建安全的校园 环境
2.加强品格教育	2.激发对高等教育 的新需要	2.提高大学和高职 院校学生就业率	2.减轻家庭承担的 教育费用负担
3.培养创新能力的 课程改革	3.促进创新型人才 培养	3.构建"百岁"终 身学习体系	3.加强建设个性化 教育
4.提高教职人员专 业水平	4.提升大学研究水 平与实用性	4.构筑"能力中心 社会"的坚实基础	4.实施平等的学前 教育
5.考试制度改革	5.提升高等教育的 国际竞争力		5.地方教育行政与 财政改革

- 继续强有力地推进朴槿惠政府主要教育政策,例如创新教育、品格教育与职业教育等人力资源水平提升工程,以及教育领域的行政改革等。
- 积极探索跨教育、雇用、福利、文化等领域的社会政策改革方案,促进国民幸福。

图 8-1 韩国教育部 2015 年主要工作计划

来源:한국교육부. 2015 년교육부업무보고 . 서울.한국교육부[EB/OL]. http://www.
moe. go. kr/2015happymoe/2015happymoe08 _ pop04. html,2015-01-21

危险应对的准专家。

第三,在完善这些制度建设的同时,在学生所有的学习活动环节中加强特殊的安全防范教育。包括:缩小修学旅行规模,转换成与教育课程密切相关的主题型校外活动;成立"青少年活动安全中心",加强对青少年素质拓展活动内容和设施的安全管理和检查;规定包括课外补习机构在内的所有教育机构均有义务申请

"走读儿童接送班车";对于接送班车发生重大安全事故的以及不履行安全义务的课外补习机构,取消其注册认证,并制定其他制裁方案;要求所有补习机构的负责人接受安全教育培训;在大学活动比较集中的2月、5月及10月集中加强对学生活动的安全检查。为了让学校安全无死角,将校外半径200米以内的地带都划为校园周边安全区,坚决取缔可能对学生身心造成不良影响的非法有害设施。

第四,加强高等教育机构的安全校园建设。为41所国立大学实验室及实习室提供安全预算财政支持,并要求公布实验室及实习室的安全管理评估结果,评估内容包括安全管理措施、计划、检查、教育过程等。此外,要求各实验室对化学药剂、放射物、生物、气体、电器、消防安全等设施分别进行安全、事故防范及应对评估。而对于建成40年以上的C级校园建筑物和设施,则进行安全诊断,存在危险的设施(D级和E级)做到早发现早拆除。为了达到这些目标,成立包括专家在内的检查团,对主要的校园设施进行分阶段的系统检查,检查内容包括工程计划、设计、签约、施工、监理、竣工、维护管理等。检查团在对高等教育机构采取这些措施的同时,还要求各大学每年在其网站公布大学设施安全评估结果及安全教育实施情况。

(2)构建零暴力、零犯罪的安全校园。

为了实现校园犯罪零容忍,并加强学校对校园暴力的应对能力,加强警察和责任教师之间的信息共享和协助调查制度,做到对校园暴力的早期预防、及时终止、隔离及集中观察等,在各地区教育厅设立"校园暴力现场检查支援团",对于学校处理暴力事件不公的现象进行迅速审查和处理。而且,为杜绝网络暴力,在正规的学校教育课程及创新体验活动中加强信息通信伦理教育,开展"善意回帖""U-clean夏令营"等民间与政府合作的"良言教育",同时开发不同类型的网络暴力模拟体验活动,选定几所学校作为消除网络暴力及语言暴力的研究学校。另外,还从物理防范上下足功夫,加配学校保安人力,通过非政府、志愿者团体的合作扩大学校周边的巡查次数。在校园暴力中,性暴力占据一定比例且危害极大,不少性暴力的实施对象是教师,因此对教师的性犯罪采取零容忍的果断措施。例如,因性犯罪获刑或受监视的教师剥夺受聘资格并立即解聘,与学生进行隔离。加强对教育公务员包括性侵犯、性骚扰在内的性犯罪的惩戒力度,使其受到比其他类型公务员更严厉的惩处。

在小学、初中及高中分阶段地实施良言教育,使用礼貌友好的语言,营造良好氛围,建构和谐相处的校园环境。

(3)营造健康的校园生活。

①有效建构自杀预防体系。

据"韩国生命尊重方法研究会"对全国中小学生自杀率及自杀原因进行的统计表明,自杀学生从2008年的137名下降至2013年的123名,虽呈现出减少趋势,

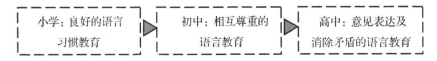

图 8-2　韩国各阶段良言教育的目标

但仍不容乐观。另据韩国延世大学进行的调查表明，韩国 14.3％的小学生、19.5％的初中生和 24％的高中生有过自杀冲动，他们被认为是潜在的精神健康高危群体。为此，韩国设置从上到下的监控和预防体系。在教育部层面，决定自 2015 年开始对小学一年级和四年级、初中一年级及高中一年级的学生进行情绪和行为检查，在检查中被诊断为高危情绪障碍的学生将接受当地专业机构的治疗。另外，通过利用网上筛选系统密切关注学生在"kakaotalk"①以及 facebook 等自媒体上发表的言论、签名、聊天记录来判断学生的心理健康问题、自杀征兆。筛选系统一旦选出与自杀相关的语句，即将学生列入重点监测对象，以防不测。除此以外，为自杀未遂或成功摆脱自杀念头的学生建立心理剖析数据库，研究收集不同原因的自杀倾向个案用来建构预防方法和治疗对策。在地方教育厅和学校层面，设置自杀危机管理委员会，以校长为中心，保健、咨询和生活指导教师以及外部心理专家为其成员，用来加强学生心理问题的监控和预防。

除了心理健康以外，学生生理上的健康发展也成为工作重点。主要措施包括：加强学生疾病预防及健康管理，确保疫苗接种无死角；加强传染病的疾控工作；完善学校用餐的卫生及安全检查系统，每年检查 2 次，对于卫生等级不高的学校食堂采取不定期抽查；更新老旧的学校用餐设施，制订并普及科学的用餐菜单。

②减轻学生家庭的教育费用负担。

学生的教育费用压力大是困扰韩国多年的问题，主要集中在课外补习费用的居高不下。教育部自 2014 年开始试图从减轻中小学补习费负担和降低大学学费两个方面解决该问题。

在初中等教育阶段，完善自 2012 年一直实施至今的"放学后学校"②制度，提高"放学后学校"的教育质量，力求获得家长和学生的信任。在那些没有良好教育资源的地区则扩大"自由听课券"的使用范围，允许学生到其他有优质资源的学校或教育机构听课。在公立学校教育中严禁超纲教学，禁止将超纲出题的考试成绩编入《学校生活记录簿》(平时成绩和品行记录册，被作为升学评价依据)，严格把控高中入学及大学招生考试试题超纲现象，从根源上减少学生及家长对超前学习

---

①　"kakaotalk"：韩国的网络交流工具，类似于中国的微信。

②　"放学后学校"：指在公立学校设置补课课程，供学生放学后进行学习，或在幼儿园设置托管课程，托管那些因父母为双职工而无人看管的儿童直到父母下班。

和课外辅导的需求。

在高等教育入学阶段，完善与学生家庭收入相匹配的半价注册费制度，对那些经济困难的家庭，由政府与大学共同承担对学生的学费支持，主要通过降低注册费或者提供校内外奖学金等方式。此外，提高资助最高限额，同时放宽对受资助学生的成绩要求，对低收入家庭加大国家奖学金资助力度。对于那些需要贷款的学生则提供注册费分期付款的便利，减轻学生贷款负担。而且，大学生助学贷款的利率始终保持在 2.9％以下，并扩大国家助学贷款资助的范围。同时，对学生宿舍建设提供资金支持，学生宿舍的容量从 2012 年的 18.4％提升至 2017 年的 25％，幸福宿舍①费用降低至私立大学民资宿舍费用的 70％以下。②

表 8-1　低收费学生宿舍种类

分类	校园内	校园外
幸福宿舍福利	私立大学幸福公共宿舍（私学振兴基金、国民住宅基金集资所建）	幸福联合宿舍、学生综合福利中心（私学振兴基金、国民住宅基金集资所建）、学生综合福利中心
幸福宿舍外的福利	国立大学宿舍、私立大学宿舍	幸福宿舍（地方建）、大学生租房、幸福住宅等

③根据学习者的多元需求完善教育支援体系。

幼小衔接一直是韩国教育备受诟病的话题，这些年来韩国社会一直在讨论 5 岁儿童教育的义务化，试图用来解决幼小衔接问题。2015 年的幼小衔接服务重点政策包括为所有小学一、二年级学生提供"放学后学校"看护服务；根据条件为双职工家庭、低收入阶层家庭三年级以上的学生提供看护服务。看护不等于旁观，在"看护教室"每天免费提供一个以上的创新能力培养项目。为此，鼓励大学生参与"看护教室"支教活动来解决教师不足问题，并扩大保安人力配备等。在幼儿园阶段则为多元文化家庭（指移民、国际婚姻家庭）儿童新设专门的语言教育课程，鼓励大学生为他们提供指导与陪伴，帮助多元文化家庭学生获得与其他学生同等的教育机会。同时，从制度上为多元文化家庭学生提供良好舒适的教育环境，如扩大多元文化预备学校规模、加强双语教育和职业规划教育等。另外，为那些虽然数量不多但还是持续进入韩国的朝鲜移民提供不同阶段的适应教育，开发并普及 24 种朝鲜移民学生专用标准教材，向这些学生提供"导师项目"，使他们尽快适应在韩国的学习。同时，增加特性化高中（以培养技术工人为目的的高

---

①　幸福宿舍：福利性、低收费的大学生集体宿舍。

②　한국교육부. 2015 년교육부업무보고. 서울.한국교육부［EB/OL］. http：//www. moe. go. kr/2015 happymoe/2015happymoe08＿pop04. html，2015-01-21.

中)及"达人高中"(职业类重点高中)对"脱北者"学生的招生规模,并为他们提供未来规划教育及职业教育夏令营等活动。

韩国还将为那些因学业等原因处在危机边缘的学生设置特殊的预测、预防机制,避免他们因学业压力而辍学。而对那些学业适应困难显著的学生,则在公共教育体系内设置特殊课程来帮助他们获得学业进步。如果出现学生辍学、离家出走的现象,就会通过"校外特殊看护中心"等机构对辍学、离家出走的危机学生进行保护,帮助他们复学。此外,为那些偏远地区的学校及学生完善信息通信技术基础设施,提供艺术、体育、人文及职业规划等多种多样的体验式学习机会。不仅如此,为学业落后的学生设立学业问题综合解决中心,提供补课以及心理咨询等服务。为了尽早发现潜在的学业落后问题,开发"初等学习综合诊断检查"网络工具,对学生进行基础学力诊断,查找学生学业落后的原因以便提供个性化的指导。

④实施平等且惠及大众的幼儿教育。

幼儿教育是一切教育体系的开始,也是人的学习和成长中不可或缺的部分。在韩国,幼儿教育机构有隶属于卫生部的"幼儿之家"和隶属于教育部的幼儿园两大类,前者注重保育和看护功能,由卫生部授予资格的保育师负责,后者则注重教育功能,由教育部授予资格的幼儿教师负责;前者的保育时间有6~8小时,后者则只有3~5小时。在本次改革中,教育部决定增加幼儿园的教育力度,全方位改善幼儿教育。例如,在幼儿园的招生方面,调整幼儿园招生季节和招生方法,减少这些过程给家长带来的不便;在幼儿园布局方面,进一步增加公私立幼儿园数量,扩大儿童的入园比例和机会;在提高师资水平方面,修订《教师研修相关规定》,对幼儿教师素质进行诊断的同时大量培训在职或新入职幼儿教师,提高他们对幼儿园教育课程的理解。在幼儿园教育制度设计方面,为了明确定位幼儿园的教育功能,减少幼小衔接问题以增加家长对幼儿教育的信任,本次改革将日常幼儿园教育课程实施时间从现在的每天3~5小时增加至4~5小时;在幼儿教育内容方面,制作并普及幼儿园安全手册,加强对幼儿的安全教育,培养幼儿在生活中的安全意识;在幼儿园安全管理方面,则进一步加强对幼儿园班车及其他设施的安全检查,增加面向幼儿园教师的急救能力培训,并提高幼儿园教师及管理者的安全意识。当然,幼儿园内部人员对儿童的伤害也是安全隐患的重要方面,因此进一步扩大幼儿园安装监控设施的比例,对发生暴力和虐待事件的幼儿教育机构采取坚决取缔的措施。

为了让这些改革措施更加有效,教育部和卫生部联合要求幼儿园和"幼儿之家"定期进行评估并公开评估信息,包括:基本现状、儿童及教职员人数、教育及保育费用、教育及保育课程、预算结算情况、健康及安全管理情况等。

⑤改革地方教育行政和财政制度。

韩国的地方大学由于受经济低迷、人口汇集于中心城市等社会背景影响，其发展受到很大限制。怎样在高等教育投入不足的情况下加强地方大学的活力是韩国教育多年来的课题。2015 年，韩国通过以下措施加强地方大学建设：a. 实施地方教育财政信息公示及成果评估制度。为此建立"地方教育财政公示门户系统"，要求公开地方教育财政信息，对财政投入产出成果进行分离评估，根据评估结果倾斜性地进行财政投入。b. 强化对地方学校的资金支持体系。加强农渔村地区及山区的财政投入，保障学校教育课程的有效实施，进一步提升财政预算分配的公平性。为此，加强各地教育厅厅长的职责意识，要求其根据学校、班级规模详细制定本地交付金的交付标准，允许各地区教育厅适当并校，通过接送校车等解决远距离教育服务问题。c. 建设有效保障教学品质的财政分配体系。制定"义务支出经费方案"，无差别地制定国民教育课程等法定支援预算，将预算制定结果反映到财政实施成果评估中。

》》第二节　基础教育改革政策 《《

一、基础教育改革的实施背景

在韩国的教育体系中，基础教育（学前及初中等教育）永远是重中之重，这不仅是因为每年的教育经费预算中基础教育所占比重都超过 75%、公私立学校教师的工资由国库全额拨款，而且因为基础教育代表着韩国教育的光与影。韩国在包括国际学生评价项目在内的经合组织国家和地区学生学业评价中一直成绩不错，但是全社会都在批评这样的斐然成绩是学生投入巨大的财力、物力进行课外补习的结果。韩国的课外补习费规模高达 20.04 兆亿韩元，全国学生的年平均补习费为 346 万韩元（约合 17500 元人民币）[①]，而低迷的就业率给这些补习火上浇油——据韩国教育开发院公布的统计数据，2014 年高等教育机构毕业生的就业率只达到 67%。在具有学历膜拜传统的韩国，补习是学生突破重重竞争考入理想大学，毕业后获得好工作的顺理成章的逻辑，惨淡的就业前景导致恶性循环，让学生陷入欲罢不能的两难境地，也给教育造成了巨大的资源浪费。为了改变这样的局面，韩国政府近年来频频做出基础教育改革，如推行自由学期制、简化大学入学考试制度、禁止增加超纲难度的学习内容等。2014 年，韩国基础教育改革的力度也是令人瞩目的。首先，自由学期制实验校在 2014 年下半年达到 42

---

① 교육과학기술부. 2009 년교육부업무보고[R]. 서울.한국교육부，2008.7.

所，"职业及人生规划咨询教师"（韩文原文为"进路指导教师"）配备率达到92.2％。其次，颁布《品格教育振兴法》，扩大体育、艺术教育等品格教育内容，校园体育俱乐部由 2013 年的 3000 个增加至 2014 年的 4054 个，"学校艺术讲师项目"实验校达到 7809 所。第三，落实《简化大学入学方式的新入学制度改革方案》，全面记录中学生在校生活状况的"学生生活记录簿"在大学招生中所占比重提高到 55％。[①]

但是，存在的问题也是不容忽视的。实验校的自由学期制由于缺乏高质量配套活动变得有名无实；品格教育的实施因缺乏系统、个性化、可操作的教育课程而效果甚微；大学修学能力考试连年出现出题问题，难易度波动较大，引起学生和家长的不满。由此，韩国提出基础教育改革的实施时间表和具体措施来尽快解决基础教育的上述问题。

表 8-2　基础教育改革实施时间表

成果指标	2014 年	2015 年	2016 年	2017 年
自由学期制实施学校数	811(25％)	2230(70％)	3186(100％)	3186(100％)
品格教育系统化	制定《品格教育振兴法》	颁布品格教育综合计划	品格教育综合计划实施	品格教育评估与扩大实施
2015 教育课程改革与教科书开发	发布教育课程总纲	公布总纲与细则	开发教科书	制定学生生活记录簿
大学修学能力考试英语绝对评价制度	发布实施方案	制定实施方案细则	制定难易度稳定方案	正式实施
支持教师学科研究会活动	721 个	1000 个	1300 个	1500 个

来源：한국교육부. 2015 년교육부업무보고. 서울:한국교육부［EB/OL］. http：//www.moe.go.kr/2015happymoe/2015happymoe08 _ pop04. html，2015-11-21

二、进一步扩大实施自由学期制

"自由学期制"自 2013 年起试行，2015 年将自由学期制的试点学校扩大至全国 70％左右的初中，并计划至 2016 年实现全面实施。自由学期制有三大特点，一是在初一或初二的一个学期内实行上午上课、下午参加各类体验活动的学习模式，增加学生的职业体验，给予学生发现和发展自身潜能的机会；二是取消各种形式的考试，让学生在没有学业负担的情况下尝试认识自己和世界；三是彻底改变学习的时间空间概念，增加学校、社会、家庭间的联系，将校内外、企业或服务行业等都作为学生职业体验之所。在自由学期，各学校将通过四大类活动达到

---

① 한국교육부 . 2015 년교육부업무보고 . 서울:한국교육부 ［ EB/OL ］ . http：// www.moe.go.kr/2015happymoe/2015happymoe08 _ pop04. html，2015-11-21.

学习目的。一是职业探索活动，通过系统的职业性向测试、听讲座、参观企业、职场体验等教育活动让学生认识自己的潜能和特点，从而设计自己的未来；二是主题选择活动，通过宪法、金融、经济领域经典问题讨论，实验性数学课程等符合学生兴趣的深度教育活动，激发学生的挑战动机来学习高难内容；三是艺术、体育活动，通过演出、戏剧、艺术设计、足球等多样化且充实的艺术、体育活动帮助学生发现自己的素养和潜力；四是学生社团活动，以文艺讨论、科学实验、天体观测等学生感兴趣的活动为基础来设计教育活动，以此培养学生各类潜能和自主解决问题的能力。为了使自由学期制的推行更加顺利，韩国修订《初中等教育法实施令》，为自由学期制提供法律根据。并且，在教育部下设"初中自由学期制实施团"，在各地方教育厅设立专任委员来主管地方自由学期制的实施。教育部甚至设计并普及 30 余种国家级的活动内容供学生在自由学期内选课，包括智能手机软件、创业发明、网络漫画、写作等，同时加大对教师教研活动及学生社团活动的支持力度。

为使自由学期制达到预期效果，教育部将建构政府部门之间、政府与民间相互合作的自由学期体验活动平台，并设立"泛政府部门自由学期职业体验活动协议会"，来扩大中央及下属相关部门单位之间的合作。作为自由学期制的实施案例，文化部和女性家族部与教育部联手开发的文化教育体验活动颇受瞩目。文化部所属的全国 2258 个文化基础设施从 2015 年开始向全国的中学生开放，包括博物馆、美术馆、文艺会馆、图书馆、地方文化院等，并开发原创的文化体验活动。女性家族部则联合教育部利用全国 186 所青少年修炼馆和 230 所青少年文化之家来开发各种教育活动，将其作为自由学期职业体验支援中心。此外，教育部将制定每月活动主题，与那些跟主题相关的中央政府部门及下属的公共机构、大学合作开展"自由学期学生体验周"活动。

地方政府也参与自由学期制的推行。例如，在各地区教育支援厅下设"自由学期职业体验支援团"，开发具有地方特色的体验支援中心为学校提供职业体验活动和场所。

三、颁布《品格教育振兴法》

2015 年《品格教育振兴法》的颁布，是韩国面对全球化做出的另一选择，用来解决学生因价值多元化带来的困惑和问题。其实施形式是赋予国家、地方政府及公民对学生实施品格教育的职责，专门设立"品格教育振兴委员会"，制订品格教育综合计划，开发普及品格教育项目。为了使品格教育更加有效，在大学招生考试中加入对学生品格的评估，在教育大学和师范大学首先实施品格教育。品格教育的领域包括核心价值、道德、品格(如礼、孝、正直、责任、关怀与合作等），在《品格教育振兴法》的推行过程中，韩国将逐步建立国家及地方政府的品格教育实施计划，分年级开发品格教育指导资料及推荐书目。韩国的品格教育在2015年普及至初中，2016年普及至小学。其中，小学主要以提高学生的尊重生命意识和安全意识，使其形成良好的基本生活习惯为目标；初中以令学生确立良好的自我认知，使其形成集体意识及尊重他人意识为目标；高中则以令学生确立正确的职业观，使其形成奉献精神及社会责任感为目标。

作为品格教育的基层推行模式，韩国要求学校指定品格教育教师，并对这些教师进行专业培训。此外，韩国计划在2015年开发并普及学生品格测评体系，鼓励学校及教师在小学、初中及高中阶段灵活运用学生品格测评工具。韩国还将开发品格教育示范课程，通过课程研究会及教师社团等方式分享成功经验，提高教育效果。目前已开发的课程小学阶段有12种，初中阶段有15种，计划在2015年在高中阶段开发5种课程，并将骨干教师培训人数增加至400人。韩国也将进一步完善实践性的品格教育课程，增设多种多样的青少年团体活动，来提高学生与教师的参与度，帮助学生形成集体意识，"热爱国土项目""创意体验节"等活动都是2015年投入启用的活动项目。

艺术、体育等人文素养是品格教育的重要组成部分，为此韩国将增设多种多样的人文教育课程。例如，为提高学生的人文素养，2015教育课程改革（文理融合课程）方案中提出经典阅读、古典与伦理、科学史等课程方案；为提高学生的体育素养，要求各地高中在3个学年均设置丰富的体育课程供学生选择，并扩大对学校体育俱乐部项目的支援；为提升学生的艺术素养，大力发展学生戏剧、音乐剧、艺术社团等艺术教育活动，将项目支援学校由此前的2217所增加至2300所，并将艺术讲师培训项目的参与学校由7809所增加至8216所。此外，教育部还计划创建由地区文化艺术相关机构共同参与的"艺术教育协议会"，为学生提供丰富多彩的艺术教育活动。

四、颁布核心素养为基干的新教育课程

（一）颁布"核心素养"体系及其理念下的新课程

韩国于2015年9月提出"核心素养"[①]框架并据此设计初中等教育课程，在韩国社会产生巨大影响。负责韩国初中等教育课程改革方案设计的李光禹认为，"核心素养"（Core competency/Key competency）是指："为有效、合理地解决复杂多样的现象或问题要求学习者形成的知识、技能、态度之总和。该素养不是特指学习者（或社会人）所具有的特殊能力，而是指所有人通过初中等教育应形成的基

---

① 核心素养：原文为"핵심역량"，译文"核心力量"，英文表述则用 key competency.

本、普遍、共同的能力。""核心素养"体系由六部分组成：①具有明确的自我认同和自信心，具备个人生活和发展所需要的基础能力和素养，能够自主生活的"自我管理素养"；②懂得处理和运用多领域知识和信息，从而合理解决问题的"知识信息处理素养"；③以广博的知识为基础，融合多领域知识、技术、经验来创造新知的"创造性思考素养"；④以同情、理解能力及文化感受能力为基础，发现并享有生命之意义和价值的"审美感性素养"；⑤在各种情形下有效表达自己想法和情绪，并尊重和倾听他人想法的"沟通素养"；⑥具有作为地区、国家、世界共同体成员所应具备的价值和态度，积极参与共同体发展的"共同体素养"（如图 8-3 所示）。

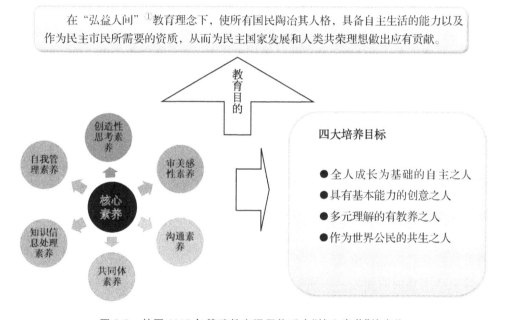

图 8-3　韩国 2015 年基础教育课程体系中"核心素养"的定位

核心素养体系的价值终端就是韩国教育课程中奉行多年的教育目标——培养具有四大特征之人：①以"全人成长"为基干确立自我认同感，主动开拓前途和生活的"自主之人"；②具有基本能力，用多角度思考的能力和挑战精神创建新知的"创意之人"；③在对文化素养和多元价值的理解基础上共享并发展人类文化的"有教养之人"；④具有共同体意识，作为与世界沟通的民主市民践行关爱、学会共享的"共生之人"。

在核心素养体系下颁布的新课程具有以下几个特点：第一，全方位改革课程设置模式，尽可能打破学科界限，增加"融合课程"比重；第二，在初中一、二年

----

① "弘益人间"：来自韩国古代的建国理念，目前为韩国的教育理念。

级选出一个学期设为"初中自由学期";第三,大量增加高中阶段的职业选修类课程,使高中生自主建立未来职业计划,并依此选修课程;第四,建立"先就业、后学习"制度,完善终身学习体系,建设所有人在一生中可以反复工作和学习的环境。

(二)课程管理体制和教科书开发制度改革

为了使新课程更加有效实施,韩国将结合各学科特点开发出与课改方案相匹配的优质教科书,为此聘请优秀的学科专家,倾其力量编写优质、有趣且贴近学生生活的教科书,并重新制定具体的编审标准和注意事项。韩国特别修订了《教学用图书相关规定》,延长了教科书编写、审核周期,合并审定机构,扩大教科书审定专家组规模,使其更加有效运转。扩大数字教科书的应用范围,是本次教科书制度改革的另一亮点。韩国的数字教科书自 2014 年开始在小学三至四年级与初中一年级的社会与科学课上得以使用,2015 年把范围扩展至小学三至五年级和初中一年级的社会与科学课。另外,为了培养学生统一的国家认同感和正确的历史观,由国家层面推进历史教育课程与教科书的开发。避免历史教科书与课程中出现错误的历史知识与价值倾向来误导学生。

(三)教育形式更加灵活,满足学生和家长需要

为配合自由学期制、核心素养体系与融合课程,韩国采用新的假期制度。包括:每月短期体验假,定期给学生放一两天假,安排体验学习活动;春秋短假,包括期中考试结束之后放短期的"春假"和"秋假";未来规划重点月假,将 2 月作为探究课程实施月,学生可不受课程束缚自由开展探究活动;混合放假制度,上述两种放假模式的混合模式。

除灵活多样的假期外,不同学校按照自身环境以及教师、学生、家长的意见制定多样化的学习计划。在所有小学及初高中实施生涯规划教育,并集中开设选修体验活动课。在提高学制国际接轨水平的同时,积极应对学龄人口下降的问题。韩国还将探讨把每年 9 月设为新学年开始时间的可行性。

(四)提高普通高中教育质量

根据各地区和学校条件在普通高中开设职业教育类选修课,同时鼓励高中生开展丰富的社团活动,开设与学生未来规划相符的课程,同时提升学生学力水平。韩国在 2015 年为 1430 所学校提供每所学校 3000 万韩元(约合 17 万元人民币)的补贴作为学校课程改革的专项资金。①

(五)促进英才教育制度改革,着力培养具有创造力的优秀人才

探讨英才教育项目实施方案,让英才在成长过程中能够持续参与专门的英才

---

① 한국교육부. 2015 년교육부업무보고. 서울:한국교육부[EB/OL]. http://www.moe.go.kr/2015happymoe/2015happymoe08_pop04.html,2015-11-21.

教育项目。除数学和科学领域以外，在人文、艺术、融合学科等多种领域挖掘英才，提供相匹配的英才教育。将英才教育中人文、艺术及融合学科领域所占的比例由 17% 提升至 20%。为加强对英才教育项目的质量管理，韩国将制定并普及系统的、标准化的《国家英才教育项目标准》，在 2014—2016 年陆续开发各学科的具体标准。

(六)强化校内民主公民教育

将目前的民主公民教育相关内容进行整合，形成体系、提高效率。教育部认为，应积极利用教育、社会和文化相关部门的合作关系，增强学生对自由民主主义、宪法体系、自由平等等主要价值的理解，让学生作为国家与社会共同体成员具备民主社会公民的基本素养和资质。为此，改变过去各部门分别实施公民教育的情况(统一部主管统一教育、法务部主管宪法教育、文体部主管文化艺术教育等)，促进相关部门的合作，为学生提供综合性的、以体验为主的公民教育。

(七)促进以现实生活为主的英语教育

2015 年课改方案制定之时，重点提出以实用性为主的英语教育课程改革。为此，英语教师的深度研修时间延长至 6 个月左右，参与教师将从 2014 年的 750 人持续增长至 2016—2019 年的 1500 人。阶段性地增加英语教学中使用全英语的比重，从 2014 年的 49% 增加至 2019 年的 75%。

五、全面提升教师水平

在韩国，教师是备受尊重的职业，公立学校教师的身份为国家公务员，且遵循《教育公务员法》以示与其他行政公务员的不同。不仅如此，《提高教师地位特别法》《为提高教师地位的交涉、协商相关规定》《教师惩戒、处分再审规定》等法令，其宗旨都是为了保障教师职业的专业性和教师的社会地位。而进入 21 世纪以来，韩国的教师职业一直处在矛盾中。一方面，经过高度专门的培养制度成为教师以后，由于永久雇用的稳定职业安全感，使教师疏于自身专业发展，无法敏感回应社会变化，导致社会对教师质量下降的担忧。另一方面，价值多元化时代教师面临学校环境变得越来越复杂、压力逐年增大的问题。因此，在教师提高教育水平的同时保障教师的工作环境，让教师以愉悦积极的心态从事教育工作，成为韩国基础教育改革的重要内容。

2015 年，韩国在教师制度方面的主要政策措施分为三大方面。一是调整教师培养和资格授予方面的制度设计。如：①调整教师资格的授予条件，通过设置教职课程认证制度等方法缩小教师培养规模；②增设目前学校迫切需要的教师资格种类，如专门应对初中生特点(青春期初期、学生自我认同形成期)的教师资格；③所有教职课程中加入品格、使命感教育，提高教师的师德水平；④在教职课程中增加教育能力培养方面的要求，计划在目前 50 学分的教师培养必修学分基础上再加上 22 学分的教职课程学分。二是加强对在职教师的要求。韩国计划加大对教学研究会的支持力度，扩大实施"学习研究年"制度来提高教师的研究水平。在此过程中，尤其注重开发适用于"讨论与合作学习"教学的优秀案例，通过举办教师论坛、工作坊，组织教师研修等多种形式发掘并普及优秀授课实例，并且根据不同教职阶段开发总纲性的教师培训模型。例如，为教龄 5 年的教师提供提升授课及学生生活指导能力的研修，为教龄 10 年的教师提供强化核心职务能力的研修，为教龄 20 年的教师提供中坚管理者研修等。三是关于改善教师工作环境方面的。具体措施包括：加强对教育行政人员的培训，提高行政人员的服务意识和工作效率，切实减轻教师的行政事务压力；积极应用"家校通"等能够有效实现家长与学校相互沟通的智能软件以减轻教员工作负担；对校内多种多样的教育人力（例如合同制教师、放学后讲师、体育讲师等）进行统一管理。此外，不断与一线教师沟通，恢复教师的自尊感和职业认同。例如，教育部已在 2015 年选出具有特殊贡献的教师 12 名，每月向全国中小学宣传"本月感动教师"。又如，在教师节开展"寻找国民教师活动"等来提高教师的职业荣誉感。教育部还通过各种措施缓解教师压力，比如，在 7 个地方教育厅实施教师权利保护及教师心理健康保护制度示范工程，这一示范工程不仅针对教育权利受到侵害的教师，也针对一般教师，为他们缓解压力，帮助他们预防心理健康问题。

最后，制定"教员士气振奋方案"，修订《教员地位提升特别法》，进一步改善教师的工作环境，提升教师的工作满意度。

六、改革升学制度，以减少学生对课外补习的依赖

在韩国，大学入学考试由全国统一的学力考试与各大学单独测试组成，全国统一考试被称为"大学修学能力考试"，与中国高考一样是全国高中生家庭魂牵梦绕的一场考试。近年来，该考试频频出现出题错误，给学生带来了极大影响。因此，由大学修学能力考试改善委员会与咨询委员会联合，制定与大学入学方式相匹配的中长期大学修学能力考试改革方案。另外，为了缓解学生对大学修学能力考试的过分关注，要求有关部门将大学修学能力考试与"促进高中教育良性发展贡献大学支援工程"相结合，确立以高中三年的学校生活综合性评价手册——"学生生活记录簿"为主进行评价的大学招生体系，不断简化各种大学招生考试。而且，进一步减少重点高中（特殊目的高中、自律型私立高中）的招生中参考各类资格证、比赛获奖证书的加分比例。2015 年，韩国完成全国统一的大学申请系统，并在 2016 年的大学招生季正式投入使用。

>> 第三节　高等教育改革政策：让大学成为
创新经济的支柱 <<

一、实施背景

韩国近年来的高等教育改革包括"导入竞争性科研经费制度""追求尖端研究和尖端人才培养""扶植地方大学""职业高等教育结构改革""加强产学研联合机制"。韩国在 2014 年陆续制定颁布了《地方大学建设法》和"地方大学特色化工程"来提升地方大学竞争力，同时颁布《大学结构改革促进计划》和制定《2015 年结构改革评估方案》促使大学提高办学效率，甚至将大学结构改革工作与政府对大学的财政支持相结合，试图引导大学在自主缩小招生规模的同时提高效率。

但是，这些改革面临诸多困难，需要教育部提出应对政策。例如，在大学结构改革方面，根据评估结果要求大学自主缩小招生规模缺乏法律依据，2014 年提交国会审议的《大学评估及结构改革相关法案》由于争议太大，还停留在国会讨论阶段。以供给者为中心的大学管理不符合目前国际社会上强调大学国际竞争力的发展趋势，同时也不符合韩国社会对终身职业教育的新需求。此外，韩国大学存在的原有问题依然得不到解决，由于大学过于重视 SCI 论文发表，以及以理论为主的研究，而导致研究成果的商业化程度较低，原创技术的孵化条件和手段不足。

二、高等教育改革的总目标及核心政策内容

在 2015 年改革中，韩国把高等教育定位为创新经济的核心要素，从各方面推进高等教育的改革。主要内容包括：①继续深化对大学结构改革的评估，并从工业发展、地区发展对人才的需求角度出发对大学体制进行改革，以提升高等教育竞争力。②扩大政府对地方大学的行政与财政支持，加强大学与所在地区发展之间的联系，将地方大学打造成各地区特定领域人才培养中心。③继续吸纳外国留学生，继续接纳海外劳动者以及海外侨，胞并根据他们对教育的需求大力发展职业高等教育。④加强职业教育与终身教育的制度链接，激发民众对高等教育的新需求。⑤通过提高产学研合作力度，增设融合、复合型专业，培养具有创新能力的跨领域人才，通过投入 K-MOOC(Korean Massive Open Online Course)等方式改变传统的大学教育模式。⑥提升大学基础研究水平，充分运用大学累积的创新资产切实提高大学的附加价值。

表 8-3   2014—2017 高等教育改革的成果

成果指标	2014	2015	2016	2017
外国留学生数	8.5 万人	8.9 万人	9.8 万人	10.8 万人
鼓励创业学务管理制度实施大学数	119 所	150 所	180 所	210 所
K-MOOC 讲座数	—	20 场讲座	100 场讲座	200 场讲座
技术转移数量及转移收益	2900 件/500 亿韩元	3100 件/530 亿韩元	3400 件/570 亿韩元	3800 件/650 亿韩元

三、继续推进大学结构改革，提升高等教育竞争力

大学结构改革是韩国近年来持续推进的教育政策之一。2015 年该方面政策主要包括以下几方面。

第一，以全国大学为对象实施分级评估并制定相关法律，确保大学评估结果与大学招生规模调整、政府财政支持项目相挂钩。评估等级分为 A、B、C、D、E 五级，被评为 A 级的大学可自主减少招生；B、C 级大学需按照政府规定的比例减少招生，并与大学特色化工程结合调整专业结构；D、E 级大学不仅要按照政府规定比例减少招生，在获得政府的财政支持、国家奖学金比例以及学生贷款方面的支援都会有所限制。

第二，敦促大学以"产业需求为中心"进行结构调整。通过劳动雇用部对中长期劳动力结构变化的调查与预测，对各地区、各产业的劳动力不足或过剩趋势进行把握，以此为基础对职高、高职及高专等学校的专业设置进行宏观调整。教育部计划推进"以产业需求为中心进行招生规模调整的先导大学工程"来促进大学专业改革、招生规模调整及其他劳动力供给相关调整。

第三，根据地区发展需求，推进地方大学特色化工程。教育部将有计划地扩大地方大学在本地区的人才招生规模，增加政府对地方大学学生的奖学金资助力度，增加地方大学对优秀人才的吸引力。此外，还通过"地方大学特色化工程"集中建设地区发展所需的学科领域，并敦促各地方政府对本地区大学提供更多财政支持。例如，中央大学对原有的"电器电子""计算机工程与实施"等通识教育综合学院进行院系合并，创建鼓励学生自主规划、实现综合发展的"创新型工科学院"；汉阳大学将原有的"机械""IT""电子""电器化学"等专业进行合并，成立"未来汽车专业"，力图将其打造成为引领未来汽车核心技术发展的国际工程师培养基地。

第四，进一步完善支持制度，扩大对大学的财政支持规模，为切实提升大学

竞争力提供制度保障。具体包括：扩充大学的经费来源，鼓励社会组织对大学进行捐赠，改善捐赠环境和制度；减轻大学生学费负担，在 2 年内将高等教育财政投资分阶段增加至 GDP 总值的 1%；鼓励大学教育协会等组织积极调查和了解大学现状以及目前在规章制度等方面的各种需求，并根据调查结果敦促法务部门调整完善制度；制定《国立大学财政会计法》，实施国立大学会计制度；要求所有私立大学接受外部审计，并在韩国大学信息公开网上公布审计结果。

四、对高等教育创新提出新要求

从地方大学的留学生政策和高等职业教育两方面提出制度创新要求。

地方大学留学生政策方面的具体计划包括：（1）以地方大学为主扩大外国留学生招生规模。作为地方大学特色化工程之一，政府在 2015 年持续提高地方大学的国际化水平，在 4 年内将地方大学外国留学生招生规模增加至 3 万名，并将其纳入地方大学特色化工程评估指标中。作为配套建设的一部分，教育部也将从 2015 年开始在国家奖学金项目中单独划出地方大学的选拔名额，与首都地区大学分开划拨。不仅如此，作为政府间交流合作计划，邀请东盟十国理工科优秀大学生到地方大学进行研究生学位学习，并由企业、研究所等机构向他们提供各类培训项目，使他们了解韩国的地方大学，了解韩国科技发展状况。（2）在各地方设立留学生服务中心，帮助留学生迅速适应当地的学习和生活，同时为不同国籍留学生更好地居住在一起设立国际交流中心。为了免除留学生的后顾之忧，为他们的就业及家属陪读提供便利，创造制度条件使外国留学生及技术人员家属有机会在韩国大学升学。在此之前，韩国政府设有"留学生教育认证制度"，用来评估地方大学接纳留学生的条件和资质，2015 年将该制度升级为"国际化教育水平认证制度"，为留学生提供全方位、良好的教育条件。

在高职、高专方面的改革措施具体包括：修订《终身教育法》，进行高职、高专院校功能转换，将其建设成为实施终身教育、开发职业技能的终身职业教育高等院校，根据院校自身特点、所在地区特点、受教育者需求，在终身职业教育高等院校设置反映地区发展需求的人才培养教育课程。不仅如此，韩国政府还将高职、高专的功能定位扩大至以在职人士为对象的教育和培训上，使企业职工能够在高职或高专机构接受教育和培训，其学分及学位可得到认证。政府还鼓励中小企业设立附属高职或高专，或者委托大学进行职业技能教育及培训。

五、促进大学的教育改革，培养创新型人才

人才培养是高等教育的重要功能，2015 年韩国在人才培养方面的主要举措有：（1）大力推动高尖端、开放式教育资源平台 K-MOOC，以在线资源的形式向

大众开放包括人文社科在内的大学一流讲座及课程。韩国在 2015 年投入 K-MOOC 的试运行，至 2018 年开放 500 门国内大学精品课程。同时，将 K-MOOC 工程与终身学习银行制度结合起来，例如对企业在职人员进行培训、促进军队人力资源开发等。

（2）推进"大学特色化工程"，促进大学学科间的融合，新设符合融合型学科结构的教育课程。"大学特色化工程"的核心理念是基于地区发展需求集中扶持相对有优势的学科领域。基于该工程，韩国在 2015 年投入 2617 亿韩元向那些具有特色化建设想法的大学提供资金支持，其中在首都地区对 28 所学校投资 542 亿韩元，对 79 所地方大学投资 2075 亿韩元。例如，位于大田市的建阳大学受到资助，将原有的 IT 系、国际管理系、融合软件工程系、生物医药系合并为"创新融合学院"，同时新创建了"博雅教育学院"（Liberal Arts College）；位于首尔市的西江大学受到资助后，打破人文社会学科与理工学科之间的壁垒，在自然学科与工科中融入人文学科的想象力与感性，新创建了"知识融合学部"，大量开设 story-telling、艺术媒体、设计、IT 融合技术等融合型教育课程。

此外，为提升大学生的人文素养，进一步实施"本科教育先导大学建设工程"（ACE）改革，以完善大学的基础课程。

（3）切实执行《高等教育法修订案》，提高大学合同制讲师的待遇，包括赋予合同制讲师正式教员身份且保障任用期限至少一年。韩国还在 2015 年为合同制讲师提供 180 亿韩元的研究经费支持，资助 1380 个研究课题，为国立大学合同制讲师提供 1110 亿韩元的课时费支持，将国立大学合同制讲师的课时费提高至 8 万韩元（约合 470 元人民币）以上。

（4）通过产学合作，进一步改善大学教育体制使其符合企业需求。正式推进工科学院改革方案，并将产学合作精神扩散至人文社会等非理工科领域。改革教师人事制度，使之更利于产学合作的推进，开设产学结合型教育课程以及现场实习毕业设计课程等。推进第二阶段"产学合作先导大学建设工程"（LINC）。通过产学合作中介中心扩大第二阶段 LINC 的成果，促进技术商业化，加强对青年创业的支持等。

（5）提升研究生院课程质量，培养主导创新经济发展的硕博士。推进头脑韩国后期工程（BK21-PLUS），提高硕士生培养课程质量，加强博士生基础研究能力并提高独创技术开发及商业化水平。通过 BK21-PLUS 对大学教育管理、学位授予制度等进行评估，以更好地对硕博士学位授予质量进行管理。

六、加强大学的研究水平

与基础教育相比，韩国高等教育的发展不尽如人意，世界排名不理想、原创研究少等都是韩国对高等教育的反思内容。为了切实提高韩国大学的科研水平，2015年韩国出台以下政策：

（1）加强包括人文学科在内的基础研究。在理工类基础研究方面，与未来科技部进行合作，为促进优秀课题的深化研究构建一个长期稳定的研究支援体制。与此同时，特别加强对人文学科基础研究的支持，扩大人文学科基础研究范围。在人文社科类研究方面，提高申请研究课题时对研究成果的要求，做到成果详细信息的公开，同时实施"人文韩国（HK）工程"，进一步发展此前的人文学科成果，弥补现有不足，制定"人文学科振兴方案"。韩国将在各国立大学和部分私立大学开设小规模人文学科实验室，强化草根基础研究，培育人文学科人才。推动人文学研究新范式的转型，搭建人文学研究共享交流平台。以人文学科研究人员与研究所为中心开发产学合作模型，与文化产业相结合，增加商业合作。

（2）加强科研评估制度，促进各领域研究的特色化。这一点在"头脑韩国21"（简称BK21，21世纪的Brain Korea之意，类似于中国的985，各学科重点研究基地）后期项目的中期评估中有所体现。在中期评估中淘汰50%的课题组，并实施滚动淘汰制，使被淘汰的课题组也有机会与新申请加入项目的课题组重新竞争。中期评估中，不同学科领域适用不同的评估指标体系。例如，在工科领域强调产学合作，加入技术转移、企业研究创业等产学合作相关指标评估；在人文学科领域则增加论文以外的学术著作的认证权重，强调人文学科研究对社会的贡献。为了让评估体系更加科学化，韩国政府自2015年开始持续改革评估体系，将过去"人文社会类"和"科学技术类"两大领域改为九大领域，包括工科、自然科学、医药学、农·生命·水产·海洋学、科学技术融合学科、人文学、社会科学、人文社会融合学科、设计影像学科，各领域分别适用不同的评估体系。

（3）进一步推动大学优秀研究成果的产业化。教育部将大力支持大学的基础研发，促进原创技术、专利的商业化（R&BD），增加大学的技术转移规模。通过资助符合市场需求的研究成果、产品制作，促进原创技术的商业化。此外，不仅仅对那些技术商业化潜力大的领域提供资助，也对国家战略性发展的领域进行倾斜支持。为此，韩国在2015年的BK21-PLUS中期评估项目中加入技术转移、承揽企业研究费用规模、研究生创业支援计划等与大学研究成果投入实际应用相关的指标，而且在"大学重点研究所"项目中新设以技术转移与商业化为重点的成果应用资助项目。与此同时，韩、日还将推进"研究助力工程"，在学生的毕业设计中选出杰出构想、作品等转化成企业产品。例如，韩国庆尚大学的生物医药专业，近几年在脑功能调节物质研究和突触细胞内信息传递等基础研究方面获得了新进展，于是用2年时间继续探索将该研究成果应用于痴呆症治疗的可能性，最后成功实现利用天然蛋白质干预细胞内信息传递途径，并由此开发出痴呆症治疗药剂，获得国内外66项专利，与医药企业合作，产生巨大收益。

(4)鼓励大学生及硕博士研究生创业，培养学生的创业精神。这部分主要政策有：在大学设立创业教育咨询处，邀请创业成功人士等创业教育专家对学生进行指导；促进大学建设利于学生创业的管理制度，如"创业休学制度""创业替代学分认证制度"以及"创业学分交流制度"等；将过去只向就职于中小企业的毕业生提供的"希望之桥奖学金"资助范围扩大到计划创业的大学生；为学生提供在韩国创业企业实习的机会，同时通过海外实习项目等提供大学生海外创业企业实习机会；全国设立 65 个大学创业指导中心，为学生提供创业课堂、现场参观以及创业社团等创业教育。

七、在世界范围内掀起"教育韩流"

20 世纪 90 年代以来，韩国在产学研结合下的研究成果商业化、人才培养及 IT 等教育领域的发展经验受到世界各国的瞩目。借助全球化的平台，韩国政府力图将教育的优秀成果及发展经验传播至全世界。因此，要系统地整理这些经验并形成专门的传播资源，积极通过校内外、国内外的国际交流途径将研究结果推广至全球。

具体包括：(1)通过政府间合作途径进行传播。利用"亚欧首脑会议（ASEM）教育长官会议""韩欧政策协议会"等国际化的教育合作平台，以及与东盟国家的合作研究来提升国际社会对韩国高等教育的关注度。(2)通过国际教育援助进行传播。为非洲等地发展中国家教育改革提供国际援助，同时宣传韩国的优秀经验，储备潜在的韩国留学需求群体。例如，与埃塞俄比亚政府合作制订该国人力资源开发战略，还为非洲教育改革尤其是职业教育与网络教育方面的改革提供各种形式的援助。(3)通过国际学生交流项目进行传播。作为亚洲校园计划的提案国，进一步推动"亚洲校园"(CAMPUS Asia)项目、亚洲校园网络（ASEAN University Network）项目，在亚洲各大学之间进行学分互换、联合培养等多种形式的教育合作。特别制定东盟国家间交换生项目 AIMS[①] 具体实施方案，开辟东北亚对话通道，促进亚洲学生之间的交流。同时，加强与欧盟各成员国大学间的学生交流活动，制定学分转换相关法令，扩大大学生交换项目规模。增加包括大学生在内的韩欧间人力交流项目，以及对韩欧大学交换生奖学金项目（ASEM-DUO)的财政支持。(4)通过组建"2015 世界教育论坛"进行传播。2015 年，韩国政府积极组建"2015 世界教育论坛"，在相关机构的合作下扩大参与论坛的国家范围，以论坛为平台向全世界宣传包括教育领域在内的韩国发展经验，提升韩国

---

① AIMS：ASEAN International Mobility for Student program，指包括东盟国家和日本在内的共 7 个国家 59 所高校参与的交换生项目，每个国家为参与项目的交换生提供机票、安置费，并减免学费。

教育在国际社会的地位。在该论坛中也将展示"未来学校"模型，联合相关部门、有关机构及民间力量共同制订面向未来教育的国际化战略。

>> 第四节　让职业教育与终身教育走进企业 <<

一、改革背景

低迷的就业率使韩国社会不断产出受过高等教育的失业人群，却仍未能彻底消除社会对学历的膜拜。为了给应试教育釜底抽薪，让韩国社会根据能力和素养聘用职员而不再一味参考学历，韩国于 2013 年制定颁布《国家从业能力资格标准》(*National Competency Standards*，NCS)，将社会上的职业分为 77 种一级分类、227 种二级分类和 857 种三级分类，然后陆续制定从事这些职业所需要的基本技能及评价标准，并根据该评估标准统一颁发资格证书。标准的颁布，一方面是为了由国家来认可社会职业的专业性，另一方面是为了各职业教育机构的课程设置更加贴近该指标要求，实施上也是更加贴近社会需要。即使在普通高中和大学，也都可以根据这些标准设置相关课程，并增加学生的职业体验，以便毕业后从事职业的时候更有职业素养。此外，韩国近年改革职业教育模式，实施符合产业、地区及企业发展需要的"产学一体型职业教育"，这包括在职高阶段扩大企业与学校合作进行教育的"师徒制"，为高中毕业生提供更多不受时间空间限制的职业高等教育机会，使他们能够"先就业、后学习"，而且让学生无就业担忧。

但是事与愿违，这些政策的实施过程却并不那么顺利。由于韩国社会仍无法为职业高中毕业生提供合适的就业机会，"先就业、后学习"政策很难实施下去。另外对于那些无学可上的学生来说，职业教育机会也并不是那么多，或者不那么具有吸引力。而另一方面，各类高等教育机构的教育却与社会脱离，无法为企业发展提供合适的人力。因此对韩国来说，未来政策的主要任务是：第一，完善《国家从业能力资格指标》，改变社会对职业的认识；第二，改革职业教育，使其更加符合各行各业的需要；第三，让高中毕业生能够没有顾虑地工作，然后在任何自己愿意的时间内进入职业教育系统进行学习；第四，职业高等教育办学模式多元化，使其既有普及型也有精英类的，逐渐改变全社会对职业教育的偏见。

二、职业教育改革措施

(一)职业高中、高职高专的办学模式改革

引进"瑞士学徒制"职业教育模式，实现学生在校学习与企业实践之间的无缝接合，扩大与所有国家产业园区(全国共 41 个)的合作。为此，制定《瑞士学徒制

职业教育法案》，通过加强"就业支援中心（教育部）""国家产业园区（产业部）"以及"雇用中心（劳动雇用部）"之间的紧密合作，发掘可实施学徒制教育的企业，促进"先就业、后学习"制度的有效实施。

表 8-4　扩大各市、道教育厅就业支援中心职责

2015 年（就业支援）	2015 年以后 （发展学徒制教育实施企业，发挥"'先就业'中介"功能）	
通过学校、就业支援中心、企业之间合作进行就业支援	通过加强学校与就业支援中心、国家产业园区、雇用中心、企业之间的合作，发挥"'先就业'中介"的作用	
提供就业信息和职业规划指导	为学徒制教育提供支援，发掘优秀现场实习企业，承担中介职能	引导学生进行专业匹配度高的就业

继续扩大"达人高中"的办学规模，培养国家战略产业领域的优秀技术人才，同时加强对特性化高中的支援力度。此外，以全员雇用为前提，增设"企业定向班"，按照企业要求量身定制特定课程。职业教育改革更涉及高等教育部门，因此要加强特性化高中、高职高专及企业三者合作，开设符合企业需要的综合课程，为此推动"就业保障型高等、高级专科学校"项目开发。该项目是指从职业高中入学阶段开始，以保障就业为前提，为学生提供从事特定职业所需的特殊技能教育，从而培养具有熟练技能的技术人才。该项目给初中毕业生提供 3 年的高中学习和 2 年的职业高专学习，学生毕业后即被项目合作企业聘用。不仅如此，还要扩大实施"中小企业技术师培养工程"项目，使高职高专类学校根据雇用合约培养中小企业所需的专业技术人才。总之，以《国家从业能力资格标准》为基础，将职业高中与职业高等学校的教育课程连接起来，并与企业签订就业协议，对学生进行高针对性的教育，包括增加学生现场实习的机会等。

韩国希望通过这样的措施，为所有想就业的学生提供合适的学习、工作机会，既符合了企业需要，又解决了青年人就业问题。由于这些职业教育机构和企业具有专业性强、教育课程先进等特点，也有望逐渐改变社会对职业教育的看法，从而能够保障更好的生源，使教育改革进入良性循环的轨道。2015 年韩国制定"就业需求类特别招生计划"，逐步扩招上述项目的学生，2017 年将该招生渠道所占招生名额比重提升至 20％。不仅如此，在普通高中就读却有意愿"先就业"的学生可转学至特性化高中、产业信息学校等职业高中，或者由职业教育培训机构向其提供教育课程。为了体现"向所有想就业的人们提供职业教育和培训"的精神，韩国教育部与劳动雇用部合作，向社会青年提供职业高中、职业高专、高职的非学位职业教育课程或非学历、短期的职业培训。教育部计划促进学校、

地方政府及青少年咨询福利中心的合作与联系，为校外社会青少年提供未来职业规划、职业教育以及工作岗位等方面的支援。

（二）切实提高高职与高专毕业生的就业率

通过校企签订聘用合同，为企业量身定制职业教育课程，更引导学校与签订聘用合同的企业共同开发并实施以实践为主的教育课程，是教育部蓝图之一。为此，尽量减少对企业的限制，使企业可以较为自由地与高职高专院校以及四年制本科大学签订合作协议。

对于学生，则以"产学合作先导专科大学"在校生为对象，示范实施"聘用签约企业实习学期制"。该制度有多种多样的实施模型，例如，白天定时制（上午在校学习，下午在企业实习）、每周定时制（每周有 2～3 天在校学习或在企业实习）、学期定时制（每学期有 1～2 个月在校学习或在企业实习）等。在高专高职学校投入实施"熟练技术学徒项目"，从 2015 年开始首先在 4 所示范学校实施。同时，以"产学合作先导四年制本科大学（LINC）"为中心，扩大实施长期的现场实习制度，保障学生在一年内至少有 6 周以上的企事业单位实习经历。为了促进大学生就业，在每所大学官网设置就业信息门户网站链接，提供就业信息一站式服务。同时，在 K-MOVE 海外综合信息网站设置海外实习门户网站链接（www.ggi.go.kr），专门提供海外就业实习相关综合服务。

（三）构建"百岁时代"终身学习体系

为保证在职人员能够边工作边学习，教育部减少每学期规定的在职学生必修学分，并优先提供国家Ⅱ类奖学金，以减轻在职人员的学业及学费负担。此外，扩大实施晚间、周末以及在线教育课程，并在大学实施多学期制和集中研修制度，保障在职人员不受时间空间限制自由学习。韩国甚至计划以社会人士及在职人员为对象，新设专门实施终身教育和职业教育的"成人（终身）学院"，且在国家终身学习门户网站上增加成人学习的教育内容，加强与"终身教育综合信息网"的联系。

最能体现终身学习益处的，就是针对辍学人群的教育机会。韩国从 2015 年开始扩大广播通信初中的规模，为未达到初中学历的社会人士及辍学的青少年提供获得学历的机会。同时，将这一人群在校外的学习经历换算成在校学习学分或科目，促进品格教育、职业教育及相关体验活动等的实施。对那些早已过了上学年龄但具有读写需要的群体，韩国将充分利用闲置的学校设施及退休教师等资源对他们进行教育，或者在社区设立读写教育中心。无工作的社会人群（如家庭主妇等），则由地方政府或大学提供专门的教育项目，提高他们的生活质量。

终身学习涉及多种学习领域。韩国将加强大学与地方政府之间的联系与合作，充分利用地区人文资源，开发并普及人文素养教育项目，继续扩大打造"人文城市"。

例如，在"市民人文讲座"项目中增设面向小学、初高中学生的教育项目，与初中自由学期制相结合，同时鼓励大学生等青年群体参与，扩大市民讲座项目的受众面。

（四）为构建以能力为中心的社会打下坚实基础

（1）引导学生对多种多样的职业进行探索，并合理设计个人职业规划。例如实施"实习企业项目"（Practice Enterprise），以特性化高中以及普通高中的职业班学生为对象培养学生的创业精神。另外，持续完善"学校职业教育项目"，使之更符合学生及企业需要，对项目实施优秀实例进行积极宣传，以起到传播作用。转变学生、家长及教师一味重视成绩和升学率的观念，鼓励学生主动利用线上线下的机会通过职业指导资源进行未来职业的规划。不仅如此，还面向农渔村地区及山区等缺乏职业规划教育条件的地区的学生开展远程职业指导服务。

（2）以国家职务能力标准为基础进行职业教育改革。在不同产业领域人力资源开发协议会的主导下开发国家职务能力标准学习模块，据此对特性化高中及高职高专院校教育课程进行改革，并筹备相应的教师培训；对特性化高中及高职高专院校学生成绩评估方式进行改革。教育部在 2015 年开发了 544 个国家职务能力标准学习模块，在 2016 年增加至 797 个。

（3）构建连接工作、学习与职务资格的国家职业能力体系（National Qualifications Framework，NQF）。该计划在 2015 年实施试点，2016 年设计开发本土化的国家职业能力体系，2017 年正式构建并投入实施，加强产业界与各相关政府部门之间的合作，构建美容、汽车、观光、机械、建设、信息技术等 10 个领域的国家职业能力体系。

（4）促进以能力为中心的人才培养。调整中等职业教育规模，综合考虑学生对职业教育的需要、产业对劳动力的需要等因素来制订《综合职业教育扩大计划》。调整并推进"以能力为中心的人事薪酬体系""以职务能力为基础的人才培养及评价"等"以能力为中心社会"相关政策的实施。将特性化高中正在示范实施的职业基础能力评估与企业聘用考核相联系，增加学生的竞争力。

（5）扩大高中毕业生就业机会。推进政府主导下的高中毕业生就业扩大政策，改善中小企业工作条件及福利制度，鼓励高中毕业生在中小企业长期就职。

第九章 印度教育政策与发展趋势

在 2013—2014 年度，印度在教育领域颁布了一系列法规政策和相关报告，主要包括《儿童享受自由和强迫教育法案：专项训练干预策略》《穆斯林学校优质教育纲要：评估报告》《2014 年全国教师教育委员会条例》和《小学阶段特殊需求儿童的全纳教育》等。2014 年下半年到 2015 年底，印度政府颁布了多个教育政策文本和教育发展报告，彰显了印度在教育发展领域的基本规划和改革诉求。这些文件和报告主要包括《儿童安全保护大纲》《2014 年的妇女平等：一项全国性评估》《国家使命：教师和教学的潘迪特计划》和《2014—2015 年度教育报告》等。

>> 第一节 《儿童安全保护大纲》 <<

儿童在成长过程中需要一个安全的、支持性的发展环境，这一点得到了印度教育界的一致认同。但在印度的教育现实中，并不是每一个儿童都能享受这样的环境。2014 年 9 月，印度人力资源发展部颁布了《儿童安全保护大纲》(*Guidelines on Safety and Security of Children*)这一文件，旨在保护每一位儿童，使其健康、安全地生长和发展。

一、提出背景

印度是一个人口大国，儿童和青少年在国家人口总量中占据了较大的比重，因此，儿童的发展关系到该国的未来。该文件认为，儿童的成长环境包括家庭和学校，人们往往强调家庭的重要性，但不要忘记学校是儿童成长的重要场所，学校的安全问题同样至关重要。因此，国家应该努力将所有儿童送到学校，并且保证他们在学校中长身体、发展认知、获得安全感，从而顺利成长为社会的成员。

该文件还指出，在儿童进入学校之后，他们的成长和发展应该得到保障。学校应该保护儿童，使其免于自然灾害和疾病的威胁，以及免于虐待、暴力和遭受其他事故。此外，法律和法规应该提供保障儿童安全成长的机制，并对相关机构进行监督。各邦和学区应该基于一种综合性的视角去为学校的儿童提供安全的环境，这也需要法律和法规予以明确规定。

基于以上理念和观点，为了保护儿童安全成长与发展，印度人力资源发展部颁布了《儿童安全保护大纲》这一文件，旨在为儿童的安全成长提供法律和法规的保障，避免儿童在成长过程中遭受伤害，并对学校的教育教学行为进行一定的规范和引领。

二、具体内容

该文件首先梳理了与学校中的儿童安全问题相关的法律条款，包括《宪法》《印度刑事法典》等；然后重点阐述了一系列行动框架，涉及物理环境方面、健康和卫生方面、学生心理方面、学校管理委员会的监督以及诉讼等方面。

(一)印度《宪法》的相关规定

该文件首先梳理了印度《宪法》中有关儿童安全成长的相关规定。《宪法》第 21 款规定：印度《宪法》保护儿童的安全和尊严，0～14 岁的儿童拥有享受自由的权利以及适龄儿童享受免费义务教育的权利。

《宪法》第 21 款第一条指出，各邦要以法律规定的方式为 6～14 岁儿童提供免费的、强迫的义务教育。这一规定在印度随后的一些教育政策和法律法规文本中时有体现。

《宪法》第 39 款第五条指出，各邦要认识到，童年是宝贵的，不可虐待儿童，儿童应该有机会在自由、有尊严的条件下以健康的方式获得安全的发展，儿童应该受到保护，反对遗弃儿童。这也体现了《宪法》对儿童的保护。

(二)《印度刑事法典》的相关规定

《印度刑事法典》的一些条款也对伤害儿童应该受到的惩罚进行了规定，包括如下条款：

第 305 款：煽动儿童自杀。

第 323 款：有意识地伤害儿童。

第 325 款：有意识地导致儿童受到严重伤害。

第 326 款：以危险武器或手段有意识地导致儿童受到伤害。

第 352 款：攻击儿童，或以犯罪手段挑衅儿童。

第 354 款：侮辱妇女和儿童。

第 506 款：对儿童进行恐吓导致犯罪。

第 509 款：以语言、手势或其他行为对妇女和儿童进行侮辱。

直到最近，《印度刑事法典》的第 88 款和第 89 款仍然是对教师体罚儿童进行定罪和解释的基本依据。例如，第 88 款规定，如果教师的行为导致了伤害，则意味着触犯刑法。这些规定尽管在具体案件的裁定上有着复杂的应用情境，但毕竟为保护儿童提供了一定的法律依据。

(三)其他法律和法规的相关规定

文件还列举了其他的一些法律和法规，包括 1955 年颁布的《民事权利法案》

(*Civil Rights Act*)、2012 年颁布的《儿童免于性侵害法案》(*The Protection of Children from Sexual Offences Act*)以及 2009 年颁布的《儿童自由和义务教育法案》(*The Right of Children to Free and Compulsory Education*)等。特别是在《儿童自由和义务教育法案》中，政府规定，那些属于弱势群体的儿童或伤残儿童不能受到歧视，政府要保障这部分儿童拥有应有的待遇和受教育的权利。

此外，相关的法律和法规也对学校建筑的基本标准进行了规定。例如，合法的校舍应该满足如下条件：①学校中的每一间教室至少要有一名教师；②学校要提供残障人通道；③男生和女生的厕所要分开；④拥有安全的、可饮用的水及其设备；⑤要有提供午餐的食堂；⑥学校要有操场；⑦为了提供安全的环境，学校要有围墙。

(四)国际法的相关规定

该文件也分析了国际上通行的一些法律和法规，这些法律和法规对世界各国都产生了重要的影响。文件特别谈到了《联合国儿童权利公约》(*UN-CRC*)，其中的一些规定包括：

第 19 款第 1 条：《联合国儿童权利公约》要求各缔约国采取所有恰当的法律、行政、社会和教育的手段以对儿童进行保护，使其免于各种形式的身体或精神的暴力、伤害、虐待。

第 19 款第 2 条：《联合国儿童权利公约》要求这些保护性的措施应该包括建立有效的社会程序以为儿童及其监护人提供必要的支持。

第 28 款第 2 条：《联合国儿童权利公约》要求各缔约国采取所有的恰当手段以确保学校科目的实施要尊重儿童的尊严。

第 29 款第 1 条：《联合国儿童权利公约》强调缔约国同意，儿童的教育应导向人权和基本自由。

第 37 款第 1 条：《联合国儿童权利公约》要求各缔约国要确保任何儿童都不能遭受折磨或其他犯罪行为，包括非人性的对待与惩罚。

(五)建议性的行动框架

文件从多个方面提出了保障儿童安全的行动框架，这一行动框架涉及物理环境方面、健康和卫生方面、学生心理方面、学校管理委员会的监督方面以及诉讼方面。

1. 物理环境方面

关于学校的地理位置。如果学校建立在如下地区，则不利于儿童成长：靠近高速公路、交通主干道、铁道、水库、沟渠等。如果学校建立在这些地方，则需要专人来护送儿童。如果学校建立在闹市区，也不利于儿童成长。

关于学校建筑物。学校的建筑物应该是质量可靠、设备优良的，要符合如下的条件：

(1)要有干净的饮用水和厕所;

(2)要有卫生条件良好的食堂;

(3)校舍应达到足够的抗震级别;

(4)校舍要有紧急出口;

(5)学校建筑物和设备不能有锋利的棱角,以免对儿童造成伤害;

(6)要为儿童提供必要的安全知识和训练。

关于校园办学条件。在学校里,一个重大的安全隐患就是那些暴露的、没有覆盖起来的电缆。如果儿童出于好奇或偶然遭遇而触到了电缆,那么将造成重大伤害。学校在建设校园时必须小心对待这些细节问题,否则孩子们就会暴露在危险之中。此外,教室的墙壁要粉刷成白色,要保持卫生。教室的窗子要牢固、玻璃不易破碎;黑板要安装牢固。教室的光照和通风条件要保持良好,地板保持完整和整洁。

2. 健康和卫生方面

关于饮用水。很多疾病是通过饮用水造成的,或者是经由饮用水源而传播的。学校教育工作者一定要高度重视饮用水的重要性,确保提供给儿童的水是洁净的、安全的。学校的供水设备和设施要定期清洗和检查,避免污染,以防疾病通过饮用水而传播。

关于厕所。学校中的厕所必须男厕和女厕分开。而且,保持足够的水对于冲洗马桶至关重要。尽管如此,不少学校并不能得到足够的水来冲厕所。为了保证厕所的正常运转,学校可以提出专项经费申请。

关于卫生情况。保证学校符合卫生条件是教育工作者的首要任务。教师们要对学校的卫生问题保持敏感,有些学生旷课也许与学校的卫生状况有关。学校是一个人群密集场所,卫生状况不好容易导致疾病的暴发。

关于午餐。要保证学校午餐的安全性,对相关员工进行培训是必要的。当然,提供优质午餐的前提是学校要具备相关的设施和设备,而且地方的基础设施要完善(如饮用水的供应等)。因此,午餐问题不仅仅是学校的责任,社区和地方政府也负有责任。

3. 学生心理方面

关于惩罚。语言、身体和精神的虐待对儿童的成长都会带来消极的影响。为了避免让儿童遭受这种心理上的伤害,重要的措施是对教师进行专项培训,明确教师负有的责任,为保护儿童而采取必要的方法,在学校中杜绝任何歧视、侮辱和虐待。

关于性侵害。针对儿童的性侵害是一个严重的社会问题。教师应该教育孩子们哪些是"好的触摸",哪些是"坏的触摸",对于"坏的触摸"要大声说出来。在这方面,学校一定要成为一个安全的地方。

关于学校环境。在学校里，每一个儿童都应感觉到，如果他们有需求，都会得到帮助。这意味着儿童可以信任学校，而要做到这一点，就需要学校教师和社会成员共同努力，营造一个安全的、可信赖的环境。同样，这也需要对教师进行培训，让教师了解儿童的需求，保障其身心健康发展。考虑到女童的特殊性，每一所学校至少要有一位女教师。

4. 学校管理委员会的监督方面

学校管理委员会要对学校的安全问题负责。学校管理委员会的责任和作用主要有：

(1)明确保障儿童安全的有关行动纲领和行为标准，在遇到虐待儿童、歧视等有关问题时能够进行及时处理；

(2)检查学校中是否有女教师，如果没有，则需要责成学校进行招聘和补充；

(3)经常性地检查学校午餐情况，监督学校提供富有营养的午餐，还要检查每周的食谱；

(4)监督学校关注女童的辍学问题，为所有儿童提供友好的环境，检查学校的卫生条件，包括厕所、食堂、饮用水等。

5. 诉讼方面

该文件指出，关于儿童安全问题的诉讼可以在《儿童自由和义务教育法案》的框架下来推进。这一机制需要在各邦政府、学区和学校之间建立联系，使得相关问题妥善解决。一旦出现虐待儿童、歧视儿童等事件，地方教育当局和学校教师需要在规定的时间内举行会议予以讨论。对于涉事学校和教师，要根据伤害程度依法予以惩罚。

三、简要评价

尽管多年来经济增长率保持了较高水平，但印度仍然是一个发展中国家，儿童的安全与教育问题一直很突出。例如，很多印度儿童食不果腹，他们遭受营养不良的折磨，其健康状况非常脆弱；尽管印度小学阶段实行免费的义务教育，但仍有相当多的印度儿童在街头流浪，这些流浪儿童有的沉迷于网络游戏，有的甚至出入色情场所，成为性侵害的牺牲品；印度的儿童失踪案件也频频发生，大多数遭到贩卖的儿童来自贫困家庭，他们被迫乞讨或在农场、工厂及家中工作，生活状况令人担忧。再者，印度缺乏基本的卫生设施和抗感染药物，社会条件的不足也在很大程度上影响了印度儿童的健康和安全。这些社会现实问题说明，作为一个发展中国家，印度在保障儿童教育权利、呵护儿童健康成长的道路上面临很多挑战和障碍，《儿童安全保护大纲》的颁布显示了印度政府勇于正视现实并迎接挑战的决心。这一文件的颁布有助于在印度经济不断发展的背景下保护儿童的生命健康权和受教育权，而这些恰恰是一个国家繁荣进步的最基本表现。

>> 第二节 《2014年的妇女平等：一项全国性评估》<<

印度长期以来一直没有从根本上改变性暴力泛滥、妇女人权状况低下这一状况，这引发了诸多严重的社会问题，甚至影响到印度在国际上的形象。2012年12月16日，在新德里的一辆黑公交上发生了一起强奸案：一位医学院女生晚上看完电影，在搭乘公交回家的路上遭到车上6名男子的轮奸和殴打，之后她被抛出车外，第二天才被路人发现并送往医院，但最终不治身亡。这起骇人听闻的强奸案随即引发了印度近年来规模最大、持续时间最久的抗议示威活动，各地妇女纷纷走上街头，要求印度政府还女性安全和自由。这只是印度众多针对妇女的暴力犯罪中的一起案件。印度的妇女问题根深蒂固，印度政府对这一问题自然心知肚明，从政府层面解决这一问题也是印度多年来政府工作的一项重要内容。

一、提出背景

在日常生活中，印度女性可以不受约束地走在街上，她们活跃在印度城镇的工厂，驾车和骑着摩托车在道路上行驶，但这不能掩盖一个基本的事实：印度妇女的生存环境相对恶劣，儿童婚姻普遍、新娘因嫁妆不足而被夫家杀死，这成为印度政府在社会立法、政策措施和司法导向等各方面都做出巨大努力的一个动因。为维护妇女的平等权利和地位，印度在1989年就发起"妇女平等教育计划"，当年有3个邦加入，1992年进一步扩展，1999年该计划已经覆盖了8个邦的51个县，到2003年基本全部覆盖。2014年11月，印度人力资源发展部发布报告《2014年的妇女平等：一项全国性评估》(*Mahila Samakhya 2014：A National Review*)，对这一计划的实施情况进行了研究和评估。

二、基本内容

该评估报告描述了"妇女平等教育计划"的总体落实情况，对该项目的推进和涵盖范围进行了统计和说明，探讨了各地在落实该项目时的基本做法和遇到的问题，特别是阐述了落实项目需要的知识和能力，以及教育和学习活动在倡导妇女平等中的重要意义。最后，报告对"妇女平等教育计划"的任务、目标和策略进行了述评。

（一）导论部分

导论部分首先谈到了过去对"妇女平等教育计划"项目实施情况的评估。第一次评估是在1992—1993年，当时只有3个邦加入了这个项目；第二次评估是在

2004 年，当时有 9 个邦加入了这个项目。每一次评估关注的都是这个项目的最终目标，即妇女的赋权和平等，而要达成这一最终目标，必须经过教育这一途径。所以，该项目体现的哲学思想就是通过妇女教育而消除性别差异、改变妇女的弱势地位、提升妇女的社会地位。这一思想促成了第三次评估，即 2014 年的全国性的评估。这次评估的目标如下：

（1）宣传、拓展和巩固"妇女平等教育计划"；

（2）探索在地方水平上的信息传播和知识建构的策略；

（3）探索培训和能力建构策略；

（4）探讨僧伽的地位；

（5）探讨僧伽的能力建构；

（6）探讨其他可以选择的实施方案；

（7）探讨"妇女平等教育计划"与主流学校教育的对接问题；

（8）探讨地方事务对性别问题的影响；

（9）探讨与各邦和地方落实该项目的能力问题。

导论部分分析了这次评估的方法论。考虑到时间问题，这次评估采用了抽样调查的方法，选择了 4 个古老的邦作为样本：古吉拉特邦（Gujarat）、卡纳塔克邦（Karnataka）、北方邦（Uttar Pradesh）和安得拉邦（Andhra Pradesh），其中前三者为最初的三个项目实验邦。每个邦再选择两个地区进行调查；在每个地区，僧伽团体被分为三种类别：拥有很大自主权的年长僧伽、中年僧伽和正处于成长阶段的年轻僧伽；每类再选择 3 名僧伽作为调查对象。这样，每个地区就可以调查9 名僧伽，所有的调查对象共计 72 名。每名僧伽代表了一个村庄或僧伽团体。在调查过程中，除了掌握基本的数据之外，要跟僧伽进行讨论，还要跟村里的其他人进行讨论，通过这种方式获得资料。

（二）关于"妇女平等教育计划"的实施状况

评估报告对这次调查的结果进行了统计分析，统计结果包括：该项目覆盖了全国的 130 个地区和 679 个街区；该项目总计覆盖了全国的 44446 个村庄；在该项目覆盖的所有村庄中，总共有 55402 个僧伽团体，其中 32%（17507 个）的僧伽团体拥有自治权；僧伽人数为 1441928 人；在该项目覆盖的邦中，总共有 16864个学习中心；该项目中共有 102 个"妇女训练中心"，平均入学人数为 2989 人，累计 28507 位毕业生，其中 17606 人进入了正式的学校接受教育，占 62%；在学校管理委员会中，女性僧伽也有代表，等等。

通过分析，该评估报告也得出了一些结论，主要有：

（1）该项目帮助处于社会边缘的妇女群体成功实现了流动。评估报告认为，很多妇女在社会生活中处于弱势地位，属于社会边缘群体，但"妇女平等教育计划"则帮助她们实现了社会流动，重要的标志是很多妇女通过这个项目成为某些社会团体的成员，如僧伽团体等。

（2）妇女团体获得了不少社会资源的支持，包括资金支持。报告认为，在所有的僧伽团体中，有 32％ 的僧伽团体是自治性的，得不到政府资金的支持，但通过这个项目，这些团体可以获得一定的经费支持。

（3）"妇女平等教育计划"是一个自愿的项目，受到个人意愿的驱动，它的成功运作建立在僧伽团体成员的自愿贡献基础之上。报告认为，对于一个团体而言，成员的自愿付出是关键的。在"妇女平等教育计划"中，僧伽团体的成员自觉地为妇女事业做出贡献，妇女及其团体之间互帮互助，这也是项目本身的一个理念。

（4）项目本身越来越关注教育问题。报告统计发现，项目中绝大多数的妇女属于某一个团体，56％ 的妇女能够在家庭之外得到一份工作，显然，这依赖于教育。但统计发现，调查样本中妇女的受教育水平很低，很多人没有接受过正式教育，仅有 2.7％ 的人获得了学位。

（三）项目的推广和拓展

报告首先肯定了妇女的作用。妇女在僧伽团体中扮演着关键角色，对于凝聚一个团队至关重要。在"妇女平等教育计划"项目中，很多妇女都给人留下了深刻的印象，即使离开了这个项目，她们的名字仍然为人们所熟知。

鉴于此，报告认为，项目推广的基本模式在于将各种社会团体中的女性全部纳入进来。项目首先要关注那些偏远农村的女性，她们地位低下、不受人关注，属于劣势种姓，是社会的边缘群体。经过统计分析，报告提出了如下观点：

（1）在样本村庄，52％ 的妇女并不属于僧伽团体。这意味着社会组织应该更加开放以接纳更多的女性。

（2）与此同时，68 个僧伽团体中有 28 个并没有扩展其成员规模，这使得项目的推广面临一些制约。

（3）僧伽团体的扩展包含了其他一些社会团体的成员，其中平均有 19 名女性。

在一些僧伽团体中，11～17 岁的女孩也成为其成员，这些僧伽团体平均每个拥有 10 个女孩。有些僧伽团体则不承认未成年女孩的成员身份，但可以允许她们参加集会。超过一半的僧伽团体不认可青少年的成员资格。

报告认为，"妇女平等教育计划"项目从最初的 83 个地区拓展到 130 个地区，这显示了项目在推广方面取得的成效。该项目对于僧伽团体的形成发挥了重要作用，它帮助当地女性在团体中承担重要功能。加入该项目的妇女认为有三个方面的因素吸引她们：一是参加项目后通过接受培训而有可能会增加收入；二是获得知识，包括培养相关意识，甚至走出家门、参与社会活动；三是有更多的机会加入社会团体，包括僧伽团体。报告认为，要进一步推广该项目，还是需要关注偏远地区的女性，在自愿的基础上吸纳她们进入该项目，以减少社会歧视，并使她们拥有妇女权利意识。

(四)关于项目的制度优势及其对妇女发展的影响

报告指出，"妇女平等教育计划"的宗旨在于提升妇女的权利意识、消除性别不平等的社会障碍，减少对妇女的社会歧视。调查结果和数据的统计说明，这一项目对妇女的发展正在发挥着积极的作用。尽管很难把妇女发展的各种因素相互剥离，但僧伽团体中的女性正在得到赋权并发出了自己的声音。

妇女的发展表现在很多方面。在个人生活方面，妇女在日常家务中地位有所提高，她们可以做出一些决策，生活圈子也扩大了，可以走出家门到市场上去。在社会生活方面，她们参加了一些正式或非正式的民主生活活动。妇女开始意识到她们拥有一定的权利，这些权利可以改变她们的地位；她们开始追求性别平等。有些僧伽团体中的妇女甚至参加了一些高层次的民主生活活动，在讨论中发出自己的声音。参加该项目的妇女在权利意识上正在被唤醒，而这可以帮助她们运用这些意识去改变长期以来形成的性别不平等的传统。

(五)关于项目的自主运作

报告认为，"妇女平等教育计划"项目具有一定的自主运作能力，但仍需要提升，以使更多的印度妇女受益。要提升这种能力，最核心的需求就是需要新的信息和知识。在项目实施的过程中，各邦应该积极建设"信息中心"，这些"信息中心"提供各种相关信息，包括政府的行动框架、弱势群体可以获得的设施设备以及其他相关的资源。尤其是"信息中心"可以提供一些相关的知识，这些知识帮助妇女们更好地生产和生活。而且，这些信息也跟妇女的权利有关，可以提高妇女的权利意识和独立性，在遭受暴力威胁时可以寻求帮助。

报告还认为，该项目需要进一步提高妇女的流动性，也就是帮助妇女走出家门，更好地立足于社会。这方面很重要的一点是要改变"性别刻板印象"，也就是男人外出工作、女人只能在家做家务的传统认识。妇女不是男人的附属品，她们也要参加社会活动、表达自己的声音和诉求。

报告指出，项目的运作需要关注女孩的教育问题。向僧伽团体提供培训就包括组织女孩接受教育。在僧伽集会上，对女孩进行教育是重要的活动，通过教育活动关心女孩、帮助她们成长。还要说服她们的家长让女孩到学校接受教育。当然，近年来女孩受教育的意识在提高，原因不仅仅在于"妇女平等教育计划"的实施。为了更好地推进教育，还需要提供相关的教与学的资料。这些资料包括一些歌曲、舞蹈、故事、游戏、手工和角色扮演等知识。僧伽团体也在创作自己的歌曲和其他教学材料，僧侣们也会创作一些歌曲和戏剧节目。各僧伽团体之间也在分享各自的经验和教学材料，一些生活化的教学材料得以开发并传播开来，这对于女孩的教育发挥了重要作用。

报告也分析了经费的使用问题。如果需要经费和资源支持，各邦可以提出申请。主要的资助方式是：当有新成员加入时，提供每人 1000 卢比的成员费；每年为所有成员提供 10 卢比的年费；如果成立了项目的分支机构，则可以获得 12 万卢比的基金；为相关成员提供餐费；可以募集捐款；可以开办小规模的企业，等等。

（六）关于项目的能力建设问题

报告认为，项目的成功根本上在于提升相关知识建构和能力建设问题，其中首要的是增长妇女的知识、提升妇女的自我意识和权利意识。对于僧伽团体的成员来说，关键知识领域包括四个方面：（1）政府行动框架和有关人民福祉的项目（如修路、供电、供水和开办学校等）；（2）有关健康和卫生的知识与信息；（3）为偏远地区的儿童提供教育的机会；（4）儿童在社会上的权利。

报告也指出，除了知识之外，还需要为妇女提供特殊的信息。调查发现，加入项目的妇女跟没有加入项目的妇女相比较，她们的一个优势在于能够获得有用的信息。现场调查发现，妇女会提出各种问题并在项目中得到帮助。重要的信息如表 9-1 所示。

表 9-1　妇女需要的相关信息

信息的种类	询问该问题的比率（%）
政府的行动框架、与人民福祉相关的方案	10
健康与卫生	17
妇女权利和法律保护	20
学校教育和为女孩提供的教育服务	10
性别歧视、女性遭受的各种暴力（家庭暴力、性暴力等）	11
"妇女平等教育计划"的运作与管理	3

来源：Ravi J. Matthai Centre for Educational Innovation & Indian Institute of Management Ahmedabad. *Mahila Samakhya 2014：A National Review*[EB/OL]. http：//mhrd. gov. in，2014-11-01

报告也分析了一些基本的培训需求。大约 82% 的项目成员希望项目提供培训以提升妇女的生活水平。这些培训需求主要如表 9-2 所示。

表 9-2　妇女希望得到的培训

妇女们提出的需求	提出该需求的比率（%）
职业技能训练，以获得经济收益	33
关于妇女权利的培训——支持她们权益的法律法规，以抵抗性别歧视、各种针对妇女的暴力行为等	36
没提出培训需求	18

来源：Ravi J. Matthai Centre for Educational Innovation & Indian Institute of Management Ahmedabad. *Mahila Samakhya 2014：A National Review*[EB/OL]. http：//mhrd. gov. in，2014-11-01

报告分析了"妇女平等教育计划"对加入该项目的妇女个人和群体的影响，发现她们在社会、经济、心理和文化上都受益匪浅。每一个加入项目的妇女都显示出积极的变化，包括性格、人际关系、社会交往或文化适应等方面。她们改善了自己和家庭的状况，尤其是孩子们的受教育状况。在个体发展方面，加入项目的妇女们体现出了一些进步，包括自信心提高了、提升了自我意识并参与到社会活动中去，而且学会了阅读和书写，活动范围扩大，在家庭和社会场合可以发表自己的观点。而且，加入项目的成员可以从政府部门得到一些实惠，包括个人收入、住房和孩子教育等方面。一些妇女甚至能够开办小商店，或开展一些其他小生意。

（七）该项目在教育和学习方面的成效

女童的教育和生存状况的改善是"妇女平等教育计划"的重要组成部分。报告认为，该项目的运作对于这一目标的达成发挥了重要作用。该项目推广地区往往是偏远地区，这些地区的女童受教育水平低于全国平均水平。项目实施之后，样本地区都指出了女童受教育状况的改善。调查发现，不管其种姓和社会地位，所有女童入学的水平都比以前有所提高。性别偏见和社会地位的弱势不利于女童入学，传统认为女孩就是要待在家里处理家务的。随着项目的实施，越来越多的适龄女孩进入学校。但调查也发现，尽管入学率有所提高，但仍然存在女孩辍学现象，而原因多在于家庭，而不在于其种姓。这说明项目需要进一步对女孩教育进行干预，进一步消除不利因素。

报告也分析了项目实施与政府举办的正式教育的衔接问题。要让女孩正式入学，需要如下条件：为女孩提供奖学金以帮助她们完成学业；午餐补助；女式自行车；公交车或免费的校车；要给女孩准备校服、鞋子、书包、书和词典；加强学校建设，要有良好的设备设施；加强师资培训，要有高质量的教师，等等。

在教育内容上，报告提出，教育内容应该涵盖女性的生活经验，并将其编写进教学材料之中；而且在教育教学方法上也要体现女性的特征。教育内容也应包含不同地方的文化传统，要让这些地方性知识传承到下一代，如民间传说等内容应该进入学校课程。

（八）关于项目的实践能力问题

报告认为，项目的实践能力建设在于增强妇女的"积极的自由"（positive freedom），也就是为妇女提供合适的法律和政治制度使其根据自己的本性和行为方式去行动，包括获得积极的利益回报和个人福祉。

报告指出，要提升项目实践能力，既要从广泛的社会环境中获得支持，又要从制度环境中获得支持。"妇女平等教育计划"项目有着"低投入"的特征，意味着并不需要耗费很高的社会成本和资源成本，这为广泛推动项目的实践提供了可能。

(九)关于项目的目标和策略

报告分析了项目的几个目标：

(1)创造一种通过教育而提高妇女生活质量的环境；

(2)增强妇女的自信心，使其可以憧憬未来、参与社会并为经济繁荣做贡献；

(3)创造一种妇女可以寻求知识和信息的环境；

(4)为妇女和女孩进入学校学习而提供条件；

(5)为妇女的教育而提供可能的支持和信息环境；

(6)帮助村庄的教育扩大规模；

(7)建立一种去集权化的和参与性的管理模式。

报告认为，为了更好地实施该项目，需要对实施的方式和策略进行调整。例如，项目应该更多地关注能力建设和妇女的流动；更加关注妇女的权利意识以帮助其免受暴力伤害；妇女应该在社会经济发展中扮演积极角色；在培训中应采取"职业取向"的培训方式；项目实施中要注重可持续发展等。

三、简要评价

性别平等是印度社会的一个重要追求。直到今天，印度仍是一个父权社会，重男轻女思想严重。尽管印度的民主体制和实行有限的法治也在努力追求妇女的平等权益，但在现代印度，妇女的权利的法理基础与实际的执行之间仍然存在巨大的落差，妇女地位远远低于男性，在人生的每个阶段都会遭受恶劣待遇。"妇女平等教育计划"项目应该是印度政府努力提升妇女地位、改变性别偏见的重要政府工程。从执行上来看，这一政府工程绝不是"搞形式"，而是实实在在推进的；而且，随着项目实施的推广，政府部门还积极进行效果评估，本报告是第三次评估。应该说，这一评估报告真实地反映了项目运行的实际状况，提出了一些针对性的观点和建议，对于项目的下一步推广具有重要意义。

第三节 《国家使命：教师和教学的潘迪特计划》

教学是学校教育的基本活动，而高素质的教师则是这一活动顺利开展的保障。世界各国都非常重视教学质量的提升和教师队伍建设，这是一个国家教育质量的基石。在第十二个五年规划期间（2012—2017年），印度教育改革的一个重点方向就是提升教学质量和教师质量，颁布《国家使命：教师和教学的潘迪特计划》就是其中的一个重要举措。

一、基本背景

近年来，印度人力资源发展部开始关注学校实践层面的问题，把教师和教学的质量作为教育改革的突破口，致力于提升学校的教育教学水平。2015 年 3 月，印度人力资源发展部高等教育司颁布了一个计划，全称为《国家使命：教师和教学的潘迪特马丹·莫汉·马拉维亚计划》(*Scheme of Pandit Madan Mohan Malaviya National Mission on Teachers and Teaching*)，为了表述方便，我们在标题中省去了其中的人名，简称《国家使命：教师和教学的潘迪特计划》；在本节以下行文中，我们再次简称其为《计划》。

在这个文件的名称中，"潘迪特"(Pandit)是对人的一种尊称，一般放在一个人的名字前面，在印地语中意思是"博学家""梵学家"，或通俗地称为"学者"。马丹·莫汉·马拉维亚(Madan Mohan Malaviya)是印度著名梵学家，他是一位印度独立运动的积极分子，认为教育是唤醒一个国家的最基本手段。1916 年，他创办了贝拿勒斯印度教大学(BHU)，并于 1919—1938 年担任校长。目前这所大学已经成为印度有影响的一所公立中央大学。印度人力资源发展部以他的名字命名这个计划，显然有着纪念这位印度历史上有名的教育家并以此激励后人之意。

二、主要内容

这一文件阐述的是印度教师的培养和培训问题，主要包括了三部分的内容：教师培养的任务、程序和资金使用标准以及资金流与各机构的目标。

(一)教师培养的任务

文件指出，《计划》是一个综合性的规划，针对的主题是教师的教学、教师培养、教师专业发展等，特别是一些紧急的任务，如高质量教师的供应、吸纳最优秀的人才进入教师队伍以及提升学校教学的水平等。其长远目标在于构建一支专业性强、教学水平高的教师队伍，建立高质量的专业标准，由此驱动教学创新和教师专业发展。

《计划》的具体目标是：

(1)用一种相互关联的方式弥补缺陷、提升从小学到大学所有教师的教学水平；

(2)创造和强化教师教育的机制，发挥各种培养和培训机构的合力(包括教育学院、教育管理研究院、网络培训学院、教与学研究中心等)；

(3)通过培训提升教师的专业自主权和素养，包括一般素养、教学技能、学科专业素养、教育信息技术的应用能力等。

为了实现这些目标，文件提出了一些策略，包括：

(1)基于程序和行动框架的干预措施，如：推进职前和在职培训，增设新的培训方案和课程，进行网上培训，增加硕士和博士水平的教师培养方案。

(2)基于项目的活动设计，如基于教育信息技术的培训，培训数学、科学和语文教师，在技术教育中增加科学和工程核心课程，注重人文课程、社会课程和职业课程的开设。

文件指出，实施《计划》的预期结果是：迎接各级各类学校在教育实践中遇到的各种挑战，满足其对教师的需求。新的教师教育课程的设置要致力于满足教师专业发展的需求，从而驱动教学创新并带来积极的教学结果。

文件还谈到了与教师培养相关的一些导向，包括：

(1)制度取向。也就是要创造新的培养制度和机制，调动教育学院、课程与教学研究院以及设在大学内部的教师教育中心的积极性，使其参与教师培养与培训。

(2)个体取向。即倡导个体的创新，设立教学资源基金用于开展教师的工作坊活动和研讨活动。

(3)网络和联盟。包括建立学科教师网络，用于课程的改革与创新；建立国家教育/高等教育学术中心，以支持教师培养。

(4)学术领导力提升。这方面关键是发挥学术领导研究院(Institute of Academic Leadership)和教育管理研究院的作用，带动教师培养领域的学术发展。

(二)程序和资金使用标准

《计划》致力于提高教师教育机构参与师资培养的积极性，在全国范围内选择一些机构进行资助，以更好地培养当前需要的教师。进入《计划》的教师教育机构的类型及筛选程序如表 9-3 所示。

表 9-3　教师教育机构的类型及筛选程序

	机构类型	筛选程序
1	制度取向 ①教育学院(30 个) ②课程与教学研究中心(50 个) ③大学内的教师教育中心	所有进入该《计划》的教师教育机构都要经过"项目审核董事会"(Project Approval Board)的审查
2	个体取向 倡导个体的创新，设立教学资源基金用于开展教师的工作坊活动和研讨活动	包括私立教育机构中的师范生都可以申请该奖学金
3	网络和联盟 ①建立学科网络，用于课程的改革与创新 ②国家教育/高等教育学术中心	通过竞争性的程序由"项目审核董事会"来决定
4	学术领导力提升 学术领导研究院和教育管理研究院	通过竞争性的程序由"项目审核董事会"来决定

来源：Department of Higher Education，Ministry of Human Resource Development. *Scheme of Pandit Madan Mohan Malaviya National Mission on Teachers and Teaching*[EB/OL]. http://mhrd. gov. in，2015-03-01

《计划》对不同类型的教师教育机构提出了不同的资助标准。例如，教育学院有30个，每个学院资助标准为7500万卢比；科学和数学优质教育中心有5个，每个中心资助标准为4640万卢比；教与学中心有25个，每个中心资助标准为4280万卢比；大学内的教师教育中心有2个，每个中心资助标准为5270万卢比；学术领导与教育管理中心有5个，每个中心资助标准为6100万卢比。此外，总共投入5000万卢比建设学科课程改革与创新网络。

（三）资金流与各机构的目标

资金的支付标准将由"项目审核董事会"来决定。人力资源发展部负责按时发放资金。资助对象和额度一旦确定，就要尽快将资助拨付给受资助方，而受资助方则有责任完成既定的建设项目并带来符合要求的结果。

下拨的资金将专款专用。受资助方必须开一个独立账户，人力资源发展部发放的资金将进入这个账户。而且，这个账户在任何时候都要保持公开，以方便监督。资金的支出要符合项目建设的需求，确保带来积极的结果。人力资源发展部将任命一个委员会，由该委员会对资金使用情况进行评估。

当然，受资助的各个机构要努力达成一定的目标，要开设一定的培养方案，并在教育教学机构建设上做出一定的成就。不同的机构设定的目标不一样，下面以设立在中央大学内的教育学院为例说明相关的一些要求。

《计划》要求教育学院实现如下目标：

（1）实施各种类型的学术性培养方案，满足小学、中学和大学的教学需求；

（2）在课程开发、教学、特殊教育、语言教育等方面开展研究；

（3）建设成为教师教育的样板，设施完备、人文资源丰富；

（4）整合各种教师教育资源，加强与外界的交流。

教育学院可以提供如下培养方案：

（1）小学教育硕士学位；

（2）中学教育学士和硕士学位；

（3）教育管理高级文凭；

（4）教育研究硕士学位；

（5）教育管理硕士学位；

（6）教育研究博士/哲学博士学位。

教育学院可以设立的中心：

（1）职前教师培养中心；

（2）课程研究、教育政策与教育发展中心；

（3）教与学研究中心；

（4）英语教学研究中心；

（5）教育评价和评估中心；

(6)教师教育者的专业发展中心；

(7)教师资源和学术支持中心。

三、简要评价

尽管印度的高等教育在世界上有着良好的声誉，但就基础教育而言，其糟糕的义务教育普及程度一直是印度政府颇感头疼的问题，而培养合格师资被认为是普及义务教育的重要举措，因此印度政府出台这样一个文件也正反映了其在这个领域的一种努力。"十二五"期间，印度人力资源发展部的一个重要目标是提升中小学教育的质量，尽快普及义务教育。《计划》的颁布显示了政府加大对教师教育的投入、努力建设一支高水平的教师队伍的决心。《计划》侧重于整合印度国内相关的教师教育机构，发挥大学中的教育学院和其他研究机构的作用，以资金援助作为基本手段，致力于在教师培养中提升未来教师的学术素养、教学能力和专业素养。教师教育是整个学校教育的"工作母机"，印度政府的这一举措必定会在一定程度上提振教育信心，进而对基础教育产生积极的影响。

>> 第四节 《2014—2015 年度报告》<<

近年来，印度人力资源发展部每年年底都会公布上年度的教育发展报告。在报告中，印度政府会公布一些基本的教育发展数据，并通过对数据的统计分析而描述教育发展的基本状况，甚至提出未来发展的建议。可见，发布教育发展年度报告已经成为印度政府管理全国教育、进行教育决策的基本手段。

一、提出背景

2014—2015 年度是印度教育"十二五"规划的中间年度，这个年度的教育发展状况在一定程度上可以成为评判"十二五"期间教育发展的基本数据指标，对于既定的目标达成具有重要意义。2015 年 12 月，印度人力资源发展部颁布了《2014—2015 年度报告》(Annual Report 2014—2015，以下简称《报告》)，详细描述了印度教育在该年度的发展状况。

二、主要内容

《报告》首先明确了印度人力资源发展部的职责和目标：制定国家教育政策，并确保各项政策的实施；规划教育发展，包括扩大教育机会、提升各级各类教育质量；提升性别平等，确保少数民族儿童、经济上处于弱势的儿童以及残障儿童的受教育权；提供资金支持，包括设立奖学金、提供教育贷款，帮助贫困儿童接受教育；鼓励开展国际教育交流与合作，包括与联合国教科文组织、各国政府以及国外大学开展合作。《报告》非常详细具体，篇幅很长，内容上包括了 16 章，分别是：总论、教育新取向、小学教育、中等教育和职业教育、高等教育和技术教育、成人教育、技术支持下的学习、语言及相关领域的教育、版权与著作提升、国际合作、少数民族教育、特殊地区的教育发展、妇女教育与发展、残障人员的教育、行政管理与政策、取得的成就。在本节，我们将选择一些重点的内容予以介绍，包括小学教育、中等教育和职业教育、高等教育和技术教育、成人教育等。

（一）小学教育

《报告》一开始就提出，衡量小学教育发展状况的基本依据是 2009 年颁布的《儿童自由和义务教育法案》，该法案于 2010 年 4 月 1 日正式实施。根据这一法案，印度每一位儿童都有权利享受达到一定标准的自由的、免费的高质量义务教育。为实现这一目标，从 2010 年开始，印度教育进行了全国性的改革，小学阶段的教育发展和改善状况比较明显。

首先，入学机会得到了保障。主要表现在如下方面：

（1）开办了新的学校。2001—2002 年度，没有学校覆盖的村庄和居民定居点有 173757 个；在 2014—2015 年度，新增加的学校有 347 所。

（2）为那些没有进入学校的适龄儿童提供社会培训。《儿童自由和义务教育法案》要求对不能进入学校的儿童进行培训，而这些儿童主要是一些弱势群体：低阶层种姓、低阶层部落、穆斯林、移民、特殊需要儿童、工人阶级儿童、处境不利儿童等。在 2014—2015 年度，政府部门对很多儿童进行了为期 3 个月到 2 年的培训，主要是根据儿童需要并依托社会机构来进行。

（3）提供生活设施设备。该年度为偏远地区的 797 个村庄和居民定居点提供了一些设施设备，这将使大约 88400 名儿童受益。

（4）交通服务。该年度政府拨款 2.392 亿卢比来改善交通，或为入学儿童提供护送服务。

（5）校服。政府为那些收入低于贫困线的家庭的女童提供两套校服。

其次，小学阶段的性别不平等问题得到进一步改善。《儿童自由和义务教育法案》规定，要确保女童和少数民族儿童入学。为此，政府界定了一些"需要特殊关照的地区"，对这些地区的儿童入学进行密切监控。而且，还给这些地区的儿童提供基本的条件，如校服、教材、语言辅导服务等。还有，将含有性别偏见的内容从教科书和教学材料中剔除。这方面的做法是优化校园和班级环境，建设对女孩友好的环境；改编教科书，去掉那些反映性别不平等的敏感内容；在管理上关注女孩成长；在教师培训中增加有关性别平等的教育内容；实施"全纳教育"，让处境不利儿童随班就读，等等。

最后，小学教育质量有明显改善。这些改善表现在：语言教育上，改善了弱势儿童的语言学习状况；改善了儿童对数学和科学内容的学习；推动了课程改革，编写了一些新的教科书；在一定程度上提升了小学生的学习能力；改善了办学条件，为偏远地区的学校增添了电脑等教学设施；通过教师培训和校长培训，促进了教师的专业发展。

小学阶段的教育发展也体现在儿童的辍学率在降低，具体如表 9-4 所示。

表 9-4　不同年份的儿童辍学情况

	2006 年		2009 年		2014 年	
	辍学数量（万人）	百分比	辍学数量（万人）	百分比	辍学数量（万人）	百分比
总体	1345	6.94	814	4.28	605	2.97
男孩	677	6.18	410	3.92	316	2.77
女孩	668	7.92	404	4.71	289	3.23

来源：Department of School Education and Literacy & Department of Higher Education，Ministry of Human Resource Development. *Annual Report 2014—2015*. http：//mhrd. gov. in. 2015-12-31

(二)中等教育和职业教育

2009 年 3 月，印度人力资源发展部提出了一项计划，以扩大中学的入学机会并提升教育质量。这些年来，中等教育也获得了很大的发展。在 2014—2015 年度，主要的举措有如下方面：

(1)提供了一些重要的设施设备，主要包括：增加了教室；增加了实验室和图书馆；增加了艺术表演室；增加了厕所和供水设备；增加了供电和网络设备等。

(2)提高了中学的教育质量，主要措施是：增加新教师；为教师提供在职培训；强化了对信息技术的应用；推进课程改革；推进教学改革。

(3)改善了教育公平状况，主要表现在：关注微观的计划；在重点关注的偏远地区开办学校；为处境不利儿童提供更多的入学机会；增加学校中的女性教师；为女生单独建厕所。

在职业教育方面，近年来印度采用的是就业导向的职业教育理念，开设的职业教育课程需要符合《国家职业教育标准》(*National Occupation Standards*)。在 2014—2015 年度，职业教育的课程已经进入了 24 个邦的 2035 所公立学校，涵盖了 9 个领域，包括自动化、零售、保险、信息技术、医疗、农业、旅游、体育、健康等。此外，职业教育在形式上也得到了创新，例如，在 2014 年 7 月开办了"职业教育国家工作坊"，以更好地实施职业教育。

在中等教育阶段，由于推行"全纳教育"的理念，特殊教育业获得了发展。在

2009—2010 年度，印度开始实施《中等教育阶段残障学生的全纳教育计划》
（*Scheme of Inclusive Education for Disabled at Secondary Stage*），该方案的目
的是保障残障儿童在完成 8 年初等教育之后，在 4 年的中等教育期间也能够接受
良好的教育。在 2014—2015 年度，总共有 211616 名残障儿童通过这一方案而进
入了中等教育阶段接受教育，政府为此投入的资金为 5 亿卢比。

（三）高等教育和技术教育

高等教育是构建知识社会的重要途径，而技术教育也属于高等教育的范畴。
报告对近年来印度高等教育发展的情况进行了统计，具体如表 9-5 所示。

表 9-5　印度高等教育发展状况

	2010—2011 年度	2011—2012 年度	2012—2013 年度
大学（所）	621	642	665
独立学院（所）	32974	34852	35829
研究院（所）	11095	11126	11443
入学人数（人）	2750 万	2918.4 万	2962.9 万
远程教育入学人数（人）	331.4 万	341.5 万	352.5 万

来源：Department of School Education and Literacy & Department of Higher Education，Minis-
try of Human Resource Development. *Annual Report 2014—2015*［EB/OL］. http：//mhrd. gov. in，
2015-12-31

毛入学率的提高也反映了高等教育发展的状况。《报告》对近年来的高等教育
毛入学率也进行了统计，结果如表 9-6 所示。

表 9-6　印度的高等教育毛入学率

种类	2010—2011 年度	2012—2013 年度
男	20.8%	22.3%
女	17.9%	19.8%
总计	19.4%	21.1%

来源：Department of School Education and Literacy & Department of Higher Education，Minis-
try of Human Resource Development. *Annual Report 2014—2015*［EB/OL］. http：//mhrd. gov. in，
2015-12-31

《报告》指出，为了回应挑战、促进高等教育的发展，近年来印度政府颁布了
一些法律法规，如《高等教育与研究法》（*The Higher Education & Research
Bill*）、《规划与建筑学院法》（*School of Planning and Architecture Bill*）等。这些
法律法规对于规范相应的高等教育行为发挥了重要作用。

（四）成人教育

《报告》指出，除了通过各种教育项目而培养年轻人和成年人之外，成人教育

和继续教育的一个重要目标在于使成年人获得普遍的素养。事实上，成人教育的一个重要理念就是进行终身学习。尽管印度全国成年人的识字率已经得到了大幅提高，但在部分邦、少数民族地区和弱势群体中，文盲率还是居高不下。如果不改善这一状况，这将成为印度社会发展的巨大障碍。为此，成人教育的重要目标在于通过提升成人教育的质量和标准而建设一种完全脱盲的社会。

在"十二五"规划期间，印度政府致力于将脱盲率提升到80％，并将性别之间的差异缩小10％。2014—2015年度，印度政府在393个地区实施了脱盲项目，有258万名教师志愿者、19.8万名培训导师参与其中，共发放了4260万册启蒙教材，目前在各邦共有101.2万个脱盲中心在运作。截至2014年12月，大约有5421万名学习者进入了脱盲中心学习，印度政府会对学习者进行科学评估并颁发证书。而要获得证书，学习者必须在阅读、写作和计算领域证明自己已经达到了一定的水平。没有获得证书的学习者将有进一步的机会去提高学习技能。截至2014年8月，已经有3130万人成功通过了考试并获得证书，这显示了印度在成人教育领域取得了积极的成效。

（五）技术支持下的学习

印度在技术创新领域有着独特的经验和优势，也积极推动教育信息技术的发展和应用，倡导在技术的支持下开展学习的理念。在这一理念的指导下，印度教育在这方面取得了一些成效，主要措施包括：

（1）建设互联网，为教育教学提供网络支持。特别是在大学和其他高等院校中，开通互联网的学校数量不断增多并提高了网速。

（2）推动网上课程（E-content）。目前，网上课程已经覆盖高校中的大部分专业，受益群体不断扩大。

（3）倡导远程视频教学。鉴于偏远地区的资源有限，而知名专家学者数量又少，因此通过远程视频教学可以让更多的群体有机会学习到最前沿的知识。

（4）发起"与教师对话项目"（Talk to A Teacher Project）。通过网络连线，获得相关的教学资源，可以进行线上问答活动。

（5）推动"国家数字图书馆"建设。扩大数字化教育资源，支持各级各类教育并推进终身学习。

（六）语言及相关领域的教育

《报告》指出，加强北印度语（Hindi）的学习对于传承印度文化具有重要意义。在这方面政府的做法包括：

（1）编写北印度语辞典；

（2）提供相关课程；

（3）提供教育教学资源；

（4）对北印度语的书写和读音进行规范；

（5）为北印度语教育提供资金支持；

（6）出版与北印度语相关的专业杂志；

（7）免费传播用北印度语撰写的书籍；

（8）举办有关书展。

除了北印度语，政府还倡导学习乌尔都语（Urdu）和阿拉伯语。印度建立了"提升乌尔都语国家委员会"（National Council for Promotion Urdu Language），该委员会隶属于人力资源发展部。

（七）国际合作

《报告》提出，印度人力资源发展部强化与联合国教科文组织的联系，并组建了"印度与联合国教科文组织合作国家委员会"（Indian National Commission for Cooperation with UNESCO）。

印度政府也在加强与其他"金砖国家"（BRICS）的联系与合作。在教育领域，印度加强与其他"金砖国家"的沟通与联系，并积极借鉴其他"金砖国家"的改革经验。

（八）妇女教育与发展

印度政府发起了一个有关女孩教育的项目，在这个项目中，印度政府提供了5000万卢比的经费，涵盖了100个特定地区，每个地区获得50万卢比的资助。

此外，印度政府也在努力改善女孩在学校的生活条件，例如为女生建设厕所。在2012—2014年度，全印度仍然有24.4万所学校没有独立的女厕所。在2014年8月15日，印度人力资源发展部部长在发表谈话时呼吁加强女童教育，并要求所有学校在一年内建造至少一个女厕所。在2008年，印度政府发起了"国家推动女孩接受中等教育方案"（National Scheme of Incentive to Girls for Secondary Education），努力降低女孩在中等教育阶段的辍学率，改善女孩的中等教育状况。在2010—2015年度，印度政府共投入了662.1万卢比的经费，受益女生达到220684人。

在高等教育阶段，各高校鼓励女性入学，弥合性别不平等的鸿沟，这是高等教育领域的关注热点。近年来女性进入高等教育的人数也在增加，在2012—2013年度，高校女生入学人数占总人数的44.89%。

（九）残障人员的教育

印度《宪法》规定，印度人民应享有平等、自由、公正的权利，每个人都应过上有尊严的生活，残疾人的权利应该得到保障。近年来，印度采取了积极的措施，残疾人的生存状况得到了显著改善，大部分残疾人的生活得到了基本的保障。如果他们有公平的受教育机会，那么他们的生活质量将得到进一步提升。

2009—2010年度，印度政府颁布了《中等教育阶段残障学生的全纳教育计划》，其目的是保障残障学生在完成初等教育之后能够继续进入中等教育阶段的学校学习。学区和学校要为这些学生提供相关的设施和设备，以帮助学生完成学业。在高等教育阶段，残障学生的入学人数也在增加，具体可参见表 9-7。

表 9-7　近年来残障学生入学情况

2010—2011 年度			2011—2012 年度			2012—2013 年度		
男（人）	女（人）	合计（人）	男（人）	女（人）	合计（人）	男（人）	女（人）	合计（人）
26507	27468	53975	37153	28399	65552	37747	29608	67355

来源：Department of School Education and Literacy & Department of Higher Education, Ministry of Human Resource Development. *Annual Report 2014—2015*［EB/OL］. http：//mhrd. gov. in, 2015-12-31

三、简要评价

随着经济增长和社会各个领域的不断发展，印度的教育也走上了比较快速的发展轨道。尽管在很多方面印度的教育发展状况不尽如人意（如义务教育普及率、青少年文盲率、女童低入学率等），但毕竟印度政府已经意识到有关问题并努力通过一些改革举措去改进，何况印度教育在很多方面也有着很好的声誉，比如其高等教育、理工科人才培养等。发布年度教育报告是印度政府总结教育成就、监控教育发展状况的一个手段，报告中提到的数据也是未来教育决策的重要参照。《2014—2015 年度报告》继承了原有年度报告的做法，在具体内容上则有进一步拓展和加深，篇幅进一步增加，并将一个完整的报告分成了上下两册。应该说，这一年度报告会对印度教育改革和发展具有一些积极的参考价值，其做法也值得我们去借鉴。

第十章 东南亚教育政策与发展趋势

>> 第一节 东盟共同体性别平等和妇女权利愿景 <<

2015 年 10 月 23 日，第二届东盟部长会议在菲律宾的马卡蒂举行，此次会议的主题为保障妇女权利。与会部长们在会上作了题为"2025 年东盟共同体性别平等和妇女权利愿景"（Accounting for Results on Gender Equality and Woman's Empowerment in the ASEAN Community Vision 2025）的联合声明（以下简称"2025 愿景"），该声明得到文莱、柬埔寨、印度尼西亚、老挝、菲律宾、马来西亚、缅甸、新加坡、泰国等国家的一致通过。

一、"2025 愿景"的出台背景

（一）政策前提

东盟一直致力于促进两性平等。追求两性平等早在《东盟消除对妇女暴力宣言》（DEVAW Work Plan）和《2005—2010 年妇女的进步和两性平等》（WAGE 2005—2010）这两份文件中就有所提及，《2005—2010 年妇女的进步和两性平等》在内容范围上远远比《东盟消除对妇女暴力宣言》宽泛得多，而且其中的每一项工作计划都得到了东南亚地区妇女基金会的支持。在设计和执行方面，《2005—2010 年妇女的进步和两性平等》的工作计划配合之前的《东盟消除对妇女暴力宣言》而执行，计划中的行动承诺基金也配合得十分到位。此外，计划还得到了其他方面的支持。例如，2006 年在印度尼西亚的雅加达举行的"关于消除妇女歧视条例的东南亚高水平会议"；2008 年 1 月 14—15 日在老挝万象发布的"关于消除妇女歧视条例"的实践报告；2008 年 2 月 13—15 日在泰国曼谷举行的"东南亚地区两性平等法律制定研讨会"；2008 年 10 月 20—21 日在越南河内举行的"东南亚反家庭暴力立法研讨会"。两项工作计划的落实都曾在技术和资金方面得到政府以及相关机构的大力支持，尤其是联合国妇女基金组织的支持。2009 年，东盟制定千年发展目标的联合声明，东盟领导人在其中也指出，东盟国家要积极应对性别不平等问题，持续制定并执行"更有活力"的两性平等政策。2012 年，东盟又制订了《东盟妇女委员会 2011—2015 年工作计划》（Work Plan of the ASEAN Committee on Women 2011—2015），并在文件中明确指出，它秉持 2008 年 12 月

15 日生效的东盟宪章和 2009—2015 年东盟共同体的"路标"设定所倡导的性别平等理念，还严格遵循 2010 年 4 月 7 日实行的致力于保护和提高妇女和儿童权利的东盟委员会的相关理念，以及 2009 年成立的"东盟政府间人权委员会"的指导。① 2015 年 10 月 23 日，东盟更是在此前基础上召开关于妇女的第二届东盟部长会议，制订"2025 愿景"。

(二)性别平等及妇女权利的落实现状

1. 目前的成绩

(1)在人类发展指数方面，主要从以下三个领域对成员国进行了测试：①平均寿命；②教育程度和入学率；③生活水平。近几年的数据都表明，新加坡和文莱在东盟国家中获得极高的人类发展指数，马来西亚获得较高人类发展指数，其余的国家获得中等人类发展指数。

(2)在性别不平等指数方面，主要从健康指标(产妇死亡率和青少年生育率)和权利指标(妇女在国会中所占席位和受中等教育的人数)两方面进行测试。《2014 年性别不平等指数》表明新加坡排名第 9 位，文莱排名第 30 位，马来西亚排名第 62 位，泰国排名第 89 位，越南排名第 121 位，柬埔寨排名第 136 位，老挝排名第 139 位，东盟成员国的全球排名在总体上有所进步。

(3)在教育指数方面，虽然距东盟千年发展目标制定的 0.95 的两性平等目标还很远，但总体有所进步。2001 年，联合国颁布了"千年发展目标"(Millennium Development Goals MDGs)，这是一个致力于全球发展的行动方案。其中的八项总目标是：(1)消除极端贫困和饥饿；(2)普及初等教育；(3)促进两性平等并赋予妇女权利；(4)降低儿童死亡率；(5)改善产妇健康；(6)防治艾滋病、疟疾和其他疾病；(7)保护环境和可持续发展；(8)建立全球发展伙伴关系。这里的 0.95 是教育中两性平等的衡量指数，越趋近于 1，男女越趋近于平等。至 2015 年，柬埔寨和老挝已基本实现初等教育的两性平等入学率，但在中等教育方面，男童的入学率仍远远大于女童。在高等教育的两性平等指数上，印度尼西亚、柬埔寨、老挝和越南都不到 0.95。但是除柬埔寨以外的所有国家都表示，希望在 2015 年实现东盟千年发展目标，达到高等教育两性平等入学率 0.95 的指标。

2. 面临的挑战

虽然东盟在各方面的指标上取得了总体的进步，但是地区发展不平衡。亚太地区人类发展报告表达了对这种文化态度和教育系统不平等的担心，指出教育系统要改革，以改变这种男女不平等的现状，也改变这种性别刻板模式(genderste-

---

① Association of Southeast Asian Nations，ASEAN Committee on Women (ACW) Work Plan (2011—2015)，(Winter 2012)[EB/OL]．http：//www. asean. org/resources/publications/asean-publications/item/asean-committee-on-women-acw-work-plan- 2011—2015.

reotypes），追求男女权利的平等。这份报告还声明"为了实现改革，必须转变态度。无论是教育机构还是社会，都要大规模地改变"。此次声明表现出东盟地区为追求文明和文化卓越所做的努力。

二、联合声明的主要内容及目标

（一）主要内容

东盟的部长们以及代表团的代表，为了实现性别平等和妇女权利，以"2025愿景"为主题，于 2015 年 10 月 23 日相聚在菲律宾的马卡蒂城。第一，要确保"2025 愿景"和《2025 年东盟社会文化共同体蓝图》(ASEAN Socio-Cultural Community Blueprint 2025)保持一致。此次会议所颁布的声明和《东盟人权宣言》(ASEAN Human Rights Declaration)、1988 年的《东盟地区妇女进步宣言》(Declaration of the Advancement of Women in the ASEAN Region)、《消除一切形式妇女歧视公约》(Convention on the Elimination of All Forms of Discrimination Against Women)、《消除妇女儿童暴力宣言》(Declaration on Elimination of Violence Against Women and Elimination of Violence Against Children)、《可持续发展目标》(Sustainable Development Goals)以及地区和国际间的条例要紧密结合，以维护与保障妇女权利。第二，要确保东盟地区《消除对妇女暴力的行动计划》的最终完成。第三，进一步落实 2012 年在老挝万象举行的首届关于妇女权益问题的东盟部长会议上提出的承诺，其中包括以加快实现性别角色认同为宗旨的《老挝宣言》以及促进东盟妇女伙伴关系可持续发展的声明。第四，明确《东盟妇女委员会 2011—2015 年工作计划》所取得的成就、面临的挑战以及未来的发展目标与愿景。第五，努力实现"性别平等和妇女权利"是东盟一体化建设中的一部分。而且，这些目标的实现需要东盟所有成员国的共同参与，以及各个部门的共同支持。①

（二）既定目标

（1）鼓励东盟成员国贯彻落实《东盟妇女委员会 2016—2020 年工作计划》，加强各成员国之间、各个相关部门和群体之间以及国际组织之间的沟通与合作，积极推动性别平等和妇女权利的实现。

（2）积极倡导东盟的三大主体（政治安全共同体、经济共同体和社会文化共同体），致力于实现性别平等，并保障女性的合法权益，促使性别主流化，并制定一系列旨在促进性别平等的政策、计划和项目。

---

① Association of Southeast Asian Nations，Joint Statement of the Second ASEAN Ministerial MeetingonWomen（AMMW），（Winter 2015）［EB/OL］. http：//www. asean. org/communities/asean-socio-cultural-community/category/press-releases-statements-9.

（3）为东盟妇女委员会指定任务，要求其在东盟的政治、经济和社会文化三大主体中制定切实可行的"性别主流化"方针和政策。

（4）加快和鼓励部门间的合作，依据女性权益的落实情况，充分利用性别分类的数据来促进性别平等和妇女合法权益的实现。

（5）采取切实可行的措施来解决东盟的政治、经济和社会文化之中所存在的性别不平等问题，这是"2025 愿景"的补充，也是东盟可持续发展目标必不可少的一部分。

三、对东盟共同体实现性别平等和妇女权利的展望

主题为保障妇女权利的第二届东盟部长会议虽未明确而具体地对教育系统的改革进行规划，但是不难预见，未来东盟地区将加强旨在促进性别平等和保障妇女权利的教育。

（一）在未来教育系统中培养理性化的性别意识并营造性别平等氛围

《东盟妇女委员会 2011—2015 年工作计划》就曾指出，"性别平等并不意味着女性和男性在所有方面完全一致。真正的性别平等指的是双方拥有相同的获取资源的机会，以使他们有能力改善自身处境和生活。这意味着女性是能够平等地获得资源和权利的人，反之亦然。这个理念涵盖的所有人都是内在价值的概念，以及基于性别的歧视和机会不均等、社会地位和歧视需要加以考虑的政策、计划和方案。"[1]

"而从妇女权利来说，妇女权利是人权的重要组成部分，妇女具有独立的人格，这是妇女实现解放的关键所在。要培养妇女独立人格的观念，就要把培养理性化的性别意识和营造性别平等氛围作为工作的重点和方向，把培养妇女的独立人格和理性化的人权观念作为工作内容，培养社会主体普遍形成尊重妇女、爱护妇女、维护妇女权利的社会观念和文化观念，强化全社会的关于妇女具有独立人格的文化意识和社会意识，尊重妇女在社会交往和社会行动中的独立选择权和理性行为，维护妇女的独立形象和独立地位。"[2]

而东盟既然明确提出"2025 愿景"并致力于制定《东盟妇女委员会 2016—2020 年工作计划》，那么在整个东盟地区，主题为性别平等的改革将在未来的学校教育和社会教育中有所体现。

---

[1] Association of Southeast Asian Nations，ASEAN Committee on Women（ACW）Work Plan（2011—2015），（Winter 2012）［EB/OL］．http：//www. asean. org/resources/publications/asean-publications/item/ asean-committee-on-women-acw-work-plan- 2011—2015.

[2] 尹奎杰．论妇女权利观念之培养[J]．东北师大学报(哲学社会科学版)，2013(4).

(二)让"性别公平教育理念"深入未来东盟教育系统之中

谢慧盈教授在《性别公平教育及其相关概念辨析》中表达过，"性别公平"(gender equity)是公平在不同性别之间的体现，是指公平地对待男女性别的社会、文化和心理特征，以不偏向任何一方面的见解、态度和设想对待男女个体，使男女个体都能在适合自己的位置上充分发挥自己的才能和作用，而非单独地注重某一方面同时避开其他方面的特征。参照罗尔斯对公平的相关表述，我们也可以把性别公平表述为：所有男女个体都至少有同样的合法权利获得有利的社会地位，社会的各种地位、职位和利益应该对所有能够和愿意去努力争取它们的男女个体开放；每个具有相似动机和天赋的男女个体，都应当有大致平等的机会和成就前景。而"性别教育"(gender education)是在教育领域引入社会性别视角，用社会性别的基本立场和观点来审视和批判教育中的性别分化现象，提高教育工作者的性别意识，改变沿袭已久的性别刻板印象和性别偏见，引起人们对性别议题的关怀心和敏感度。[①]

此次东盟地区提出"2025 愿景"显然是要将性别平等和公平教育有机结合。未来的"性别公平教育理念"，即在性别教育过程中，坚持性别公平的观点，透过性别教育，让学生了解性别公平的重要性，进而培养其尊重自己的性别，尊重异性，懂得爱护自己也能尊重他人的情操，以建构两性和谐、尊重、平等的互动模式。在平等与尊重的氛围下，促进自我实现，进而服务与奉献社会。这种理念的基本点是认为：公平与人权是普世价值，平等与尊重是社会和谐的根本，两性共同发展、充分发展人力资源是社会进步的根基。可以预见，这种理念也将会体现在东盟的教育系统中。

(三)建立起学校教育和社会教育之间的有机联系

《东盟妇女委员会 2011—2015 年工作计划》的实施成绩主要有：(1)建立了东盟妇女教育网络；(2)召开了关于社会保护措施的地区会议；(3)为了东盟地区的妇女发展，提供技能培训。

参照《东盟妇女委员会 2011—2015 年工作计划》，该计划的主要内容包括：(1)在消除妇女暴力的同时加强妇女权利；(2)加强性别角色认同和分析；(3)促进女性地位的主流回归，扩展到政治、经济和社会认同等各个领域。在监督和评价方面，主要有以下要求：(1)需要所有东盟国家共同参与；(2)高质量的设计方案；(3)高效的执行力；(4)成员国之间资源的互通有无；(5)极大的影响力；(6)可持续发展。[②]

---

① 谢慧盈．性别公平教育及其相关概念辨析[J]．现代教育论丛，2007(11)．

② Association of Southeast Asian Nations，ASEAN Committee on Women (ACW) Work Plan (2011—2015)，(Winter 2012)[EB/OL]．http：//www.asean.org/resources/publications/asean-publications/item/asean-committee-on-women-acw-work-plan-2011—2015.

未来东盟共同体为了更加顺利地实现性别平等和妇女权利，应该会更加重视学校教育和社会教育的有机结合。

>> 第二节 东盟共同体框架下的 2015 年 泰国高等教育合作政策 <<

一、泰国高等教育合作政策的出台背景

2015 年 11 月 22 日东盟十国领导人在马来西亚首都吉隆坡签署联合宣言，宣布将在年底正式成立以经济、政治安全和社会文化为三大支柱的东盟共同体。在此之前，东盟成员国已经意识到教育是建立东盟共同体的重要基础。2008 年，东盟十国通过了东盟宪章（ASEAN Charter）和东盟蓝图（ASEAN Blueprint），其中东盟宪章明确指出了教育合作的重要性。而 2009 年通过的东盟社会文化共同体蓝图（ASEAN Socio-Cultural Community Blueprint，ASCCB）也明确指出要将教育作为第一要务，要在合作的基础上有效地组织各国的教育活动。随后，东盟成员宣布了旨在加强教育合作的《七岩华欣宣言》（Cha-Am Hua Hin Declaration），其中重点强调了 2015 年教育对东盟共同体建设的作用。紧接着《东盟 5 年（2011—2015 年）教育工作计划》（ASEAN Committee on Work Plan 2011—2015）制定成文，目的是通过一系列教育合作战略的实施来提高各成员国在教育各领域的质量。例如，加强成员国之间在教育领域的跨国界流动、推进教育国际化进程、对包括东盟成员国在内的教育组织或机构提供经济或技术支持等。

泰国作为东盟的成员国之一，积极地响应东盟颁布的各种政策与提议。在 2011 年的时候，泰国政府明确提出了《通过加强政治、经济、教育等领域使泰国在 2015 年完全融入东盟共同体》的政策。[①] 对于泰国来说，积极参与推动东盟共同体的建设是十分必要的。

在东盟的高等教育体系中，泰国是典型的教育出口大国，主要向周边国家的学生提供高质量的高等教育。教育合作的动力是高等教育大众化发展的一个重要条件，因此，泰国政府希望通过加强与东盟各国的关系，扩大与周边国家和地区的合作，使其尽快融入东盟共同体。所以它决定颁布一个在一年内能卓有成效地

---

① Ministry of Foreign Affairs of the Kingdom of Thailand，ASEAN Highlights，2011，Department of ASEAN Affairs，2011.

完成的具体政策。①

在此之前，泰国也参与了东盟各国高等教育合作的相关项目计划，如东盟大学网络（ASEAN University Network，AUN）计划，特别是东盟学分转换项目（The ASEAN Credit Transfer System）。在东南亚教育部长组织（Organization of Ministers of Education of Southeast Asia）合作框架下，泰国在建立国际网络合作中也扮演着十分重要的角色。东南亚教育部长组织高等教育发展研究地区中心（SEAMEO Regional Centre for Higher Education and Development）位于泰国，这也促进了泰国高等教育之间的合作、培训和研究。② 于是，泰国与东盟各成员国的"高等教育合作计划"便在此背景下应运而生。

二、政策的主要内容

泰国与东盟国家之间的高等教育合作政策建立在 2015 年东盟共同体框架下，泰国有义务根据东盟宪章和东盟协定将此政策付诸实践。

作为主要负责机构，泰国高等教育委员会意识到了高等教育合作政策的重要意义。因此，泰国高等教育部将加快实施高等教育合作计划以尽快融入东盟共同体，实现高等教育服务贸易的自由化。而其中一个主要的任务就是提高高等教育管理的能力。政策的主要内容如下：

（一）促进学生交流

促进和资助东盟各成员国的学生交换，完善泰国与东盟各国之间的学分转换制度。积极组织能够扩大泰国学生和东盟各成员国学生视野的活动。增加有助于加强泰国高等教育领域学生与东盟成员国青年学生之间社会关系的活动。

（二）创建国际教育中心

在符合泰国和东盟各国发展道路的前提下，创建一个泰国高等教育人才中心、泰国高等教育机构与东盟的高等教育中心之间相联系的国际教育研究网络中心。

（三）加强学术合作

促进泰国和东盟各成员国高等教育领域的学术合作，提高高等教育组织机构的质量和教育水平。通过现有的合作机制如东南亚教育部长组织、东盟大学网络计划等，在教育质量和教育水平方面，使东盟各成员国的高等教育协调发展。

---

① Ministry of Education. Office of the Minister. An Education Minister's Policies in Fiscal year 2015. (in Thai)，(Spring 2015)［EB/OL］. http：//www. moe. go. th/moe/upload/news20/FileUpload/38495-9778. pdf.

② Ministry of Education，OHEC Annual Report，2014，Office of the Higher Education Commission，2014.

(四)加大投入支持

加大对泰国高等教育优势领域的投入与支持，这也是满足东盟各成员国高等教育的经济发展的需求。积极发挥泰国高等教育组织机构在东盟高等教育研究领域的作用水平，加大对东盟高等教育领域的学术研究与服务。

除此之外，在高等教育委员会下成立一个直接执行东盟教育工作的机构，作为一个鼓励创新并与东盟现有教育组织合作的协调机构。

三、政策的实施策略

自从东盟宪章和东盟蓝图实施以来，泰国以这些为框架制定了相关协议，并采取与其他东盟国家合作的政策将其付诸实践。总而言之，一系列的机制已经建立到位。

(一)国家一级的运行机制

(1)东盟国家委员会，其主席是外交事务部部长。为了使泰国在 2015 年能更好地融入东盟经济共同体，委员会整合了泰国的运行机构，并建立了东盟国家之间的联系小组委员会，协调和监督计划的实施，同时建立公共关系小组委员会，传播知识以及提高东盟各部门的意识。

(2)在负责东盟共同体各支柱计划实施的小组委员会中，社会文化支柱(包括教育问题)是社会发展和人类安全部，也是主要的协调机构。

(3)根据东盟宪章设立的东盟秘书处、东盟事务部和外交事务部，是国家的中央协调机构。

(4)东盟社会文化共同体蓝图的运行机制是泰国和东盟国家合作的具体框架，包括教育合作。其中，社会文化共同体理事会(Socio-Cultural Community Council)会议每两年举行一次，并向首脑会议的领导人报告该蓝图的实施过程(其外交部长是泰国的代表)；高级官员社会文化委员会(Socio-Cultural Committee of the Senior Officials)会议每四年举行一次，其任务是为理事会完成东盟社会文化共同体蓝图的实施报告；负责实施蓝图的部门机构包含了各种部长级和高级官员会议，一共有 14 个相关部门(包括教育部)，负责促进与东盟国家之间的教育政策合作。

(二)泰国与东盟国家高等教育政策合作的相关准则

(1)教育部是东盟社会文化共同体的一个部门机构，是 14 个相关部门之一，也是教育政策的主要制定者，因此它必须按照国家框架和东盟社会文化共同体框架来运行，包括政府的政策。教育部已建立"国家委员会"来推动东盟国家之间的教育合作，实现 2015 东盟一体化，由教育部长担任主席。它致力于提高学生的能力和教育标准，促进东盟国家之间教师和学生的流动，可分为三个层次：基础教育水平、职业教育水平和高等教育水平。

（2）负责高等教育运行的主要机构是高等教育委员会（Commission on Higher Education）。为了使泰国的高等教育更好地融入东盟共同体，使高等教育的服务贸易更加自由化，泰国制订了一个战略计划。高等教育委员会把这个计划当做提高毕业生质量和满足国际化标准的战略框架，通过与东盟成员国建立伙伴关系，使学生和教职工在东盟成员国之间进行更广泛的流动。

合作伙伴机构的作用就是推动高等教育的政策合作，即东盟大学网络（AUN），它是泰国高等教育委员会监督下的一个单位，秘书处位于朱拉隆功大学。东南亚教育部长组织高等教育发展研究地区中心共同参与经营的东盟学生国际流动（ASEAN International Mobility for Students）项目，鼓励在东盟国家之间进行学生交换活动，推动 2015 年东盟一体化建设。同时也是为了加强东盟共同体的建设，巩固东盟国家之间的学分交换机制，以及推动泰国成为该地区的教育中心。

另一个重要的机构就是泰国大学校长理事会（Council of University Presidents of Thailand），它在加强高等教育合作以及促进国内和国外大学的学术合作中（不重复高等教育委员会的工作）起着中心作用，同时也承担着为政府指导政策的角色。①

（3）各种机构也对政策做出回应。在高等教育委员会的监督下，175 个机构组织试图对高等教育合作政策做出回应，以支持尽快加入东盟共同体。每所大学都在策划自己的战略，通过参与由高等教育委员会和其他大学、相关机构共同组织的各种活动，许多大学都已经和东盟国家的大学建立了伙伴关系。

更重要的是，目前政府已经建立了一个能明显观察到结果的机制。通过建立委员会来推动 2014 年 9 月 24 日颁布的政府政策的实施，其中的委员包括来自教育部的代表。委员会的责任就是督促政府机构和相关机构尽快将政府政策付诸实践，合作、监督、评价和每月向内阁报告政策的实施进展以及告知公众他们的行动。如有需要，小组委员会和工作组能被随时任命。教育部已定期向公众报告其涉及公众利益的成果，并每月在官方网站上公布月度报告。此外，教育部也已将政府政策作为其主要政策，并具体阐明了 2015 年东盟一体化的准备，以及加入东盟共同体后继续实行的一个在一年内可见成效的政策。②

---

①　Council of University Presidents of Thailand. Declaration of Mission and work status on Council of University Presidents of Thailand (CUPT) in the new century. (in Thai), (Autumn 2015)[EB/OL]. http：//www. cupt-thailand. net/activity. php.

②　Ministry of Education. Office of the Minister. An Education Minister's Policies in Fiscal year 2015. (in Thai), (Spring 2015)[EB/OL]. http：//www. moe. go. th/moe/upload/news20/FileUpload/38495-9778. pdf.

四、政策的影响

在东盟经济共同体框架下，泰国追求与东盟国家高等教育合作的结果，就是泰国政府敦促各种事件的发展来推动这方面的政策。这也是为了促进和东盟国家之间的理解，同时加强与成员国之间的合作和关系。

（一）泰国和东盟国家高等教育合作的相关政策

1. 建立泰国和东盟国家之间的学生交换项目

提高泰国和东盟国家之间高等教育资源的利用率，通过提供短期基金以及允许学分在国内外转换，提高泰国毕业生的能力。

2. 建立一个与东盟国家合作的网络，提高泰国高等教育的质量

有四个主要的学术活动正在进行：（1）给缅甸管理研究大学举行的一个研讨会提供资助，该研讨会旨在提出一项国家文件。（2）一个学生交换的试点项目，马来西亚、印度尼西亚和泰国的六所大学包括朱拉隆功大学、农业大学、国立玛希隆大学、皇太后大学、国立法政大学和宋卡王子大学都参与其中。该项目共有178名学生参与，来自泰国的有81名，马来西亚和印度尼西亚的学生共有97名。（3）参与项目加快了学生的国际流动。（4）共同主持了东南亚高等教育第六次总干事/秘书长/委员会会议。

3. 东盟大学网络在东盟内外工作，也与东盟的26所大学合作

它经营了40多个项目，可分为9个领域：学术交流、文化交流、非学术交流、培训和能力发展、研究合作、高等教育机制和体系、课程发展和政策对话、信息和知识中心、东盟专业大学网络。[①]

（二）泰国和东盟国家高等教育合作的相关报告结果

当前泰国政府继续遵循2014年颁布的政策。2015年是政府政策实施完成的第一年（2014年9月12日—2015年9月12日），2015年的报告也是第一个年度报告。教育部是负责政策实施的主要部门，总体而言，它主要关注提高学生、管理者、教师和学术人员的能力，培养他们的英语和邻国语言教学技能。除此之外，它也强调高等教育合作的拓展和相关的重要会议，以准备更好地进入东盟共同体。

1. 在高等教育领域进行战略性合作

这是泰国高等教育委员会和柬埔寨、老挝、缅甸、越南高等教育机构合作的指导方针。

---

① Ministry of Education. The outcomes report of Yingluk's Government (2011—2013). (in Thai)，(Winter 2013)[EB/OL]. http：//www. moe. go. th/moe/th/home/.

2. 支持参加东盟学生国际流动项目

该项目是东盟的一个双向交流活动，其覆盖面较大，包括与日本的学生交换，日本是东盟的三个对话伙伴（中韩日）之一。项目要求学生在参与的成员国中至少转换 9 个学分，成员国包括马来西亚、印度尼西亚、泰国、越南、菲律宾、文莱以及日本。该项目中包括 7 所大学。2015 年，69 名泰国留学生参加了在马来西亚、印度尼西亚、越南、菲律宾、文莱的项目。

3. 建立日本—东亚学生和青年交流网络（Japan-East Asia Network of Exchange for Students and Youths）项目

该项目旨在促进学生和青年之间的交流。此项目派遣 29 名日本志愿者到 29 所学校做助教，并教泰国教师学习日本文化。此外，泰国还与中国合作，由中国派遣 270 名志愿教师去泰国工作。每年对"东盟＋3"国家的学生提供 7 个奖学金名额。

4. 组织一次东盟各国语言交流技能测试

测试旨在给学生提供一个东盟各国语言交流技能的评价平台，为 3～4 种语言提供测试，鼓励学生系统地使用东盟各国语言，并将其作为教学媒介。其负责机构是东盟研究中心教育办公区，在其责任领域中对外国语言教育教学进行调查。它还组织了一个教育机构的会议，共同选择需要测试的语言（除了英语和泰语两种基础语言之外）。值得说明的是，选择要适应当地的背景环境。2014 年，总共有 3200 人参加了测试。①

除了政府的政策成就报告，2014 年和 2015 年泰国继续实施了高等教育政策。具体的例子如下：

(1)调整泰国大学的学年，使其与其他 9 个东盟国家大学的学年一致。

为了 2015 年能尽快融入东盟共同体，泰国 2014 年进行了第一次调整。目前，泰国的第一个学期从 6 月到 11 月，第二个学期从 11 月到 3 月。调整将把第一个学期变为 8 月 1 日至 12 月，第二个学期为 1 月 2 日至 5 月。②

(2)项目在东盟框架下实施，泰国发挥核心作用。

作为一个主持者，泰国负责办公室的运营成本。泰国大学在很多方面都发挥着十分重要的作用，比如，AUN 人权教育网（AUN Human Rights Education Network）的秘书处由国立玛希隆大学经营，AUN 知识产权局（AUN Intellectual Property Office）的秘书处由朱拉隆功大学经营。此外，AUN 和 3 个对话伙伴的

---

① Ministry of Education. Office of the Minister，Achievement First Annual Report of Policies Implementation (12 September 2014-12 September 2015). (in Thai) ，(Winter 2014)[EB/OL]. http：//www. moe. go. th/moe/th/news/detail. php? NewsID＝43356&Key＝news _ policyPRAYUT.

② Council of University Presidents of Thailand. Impact on Adjustment Thai universities' academic year. (in Thai)，(Spring 2014)[EB/OL]. http：//www. cupt-thailand. net/activity. php.

教育机构发起了很多合作活动，特别关注奖学金、培训、会议、研讨会，以及与学生、教授和学术教职工之间的文化和学术交流。比如，中国—AUN奖学金每年给20名东盟公民学生提供奖学金，资助他们在中国大学进行硕士和博士学位的学习和研究。这个项目始于2008年，2015年和2016年共有29名学生获得了奖学金，其中有15名泰国留学生。①

（3）泰国与东盟国家高等教育的双边合作。

在高等教育领域，泰国一直与其他国家有合作。一般来说，泰国向学生提供奖学金、培训、实习、教育和文化交流，并与其他国家合作向第三国家提供援助，以加强教育活动合作的理解。泰国已经发起的活动有：给柬埔寨、老挝、缅甸和越南提供技术帮助以及高水平学术教职工的交换，授予柬埔寨人奖学金以资助他们获取皇家大学的硕士和博士学位，为老挝的大学提供教育材料，支持泰国语言在缅甸高等教育机构的教学，与新加坡合作来保证高等教育的质量。此外，泰国与东盟国家也有多边合作，大多数在东盟框架下进行，比如东南亚教育部长组织和联合国教科文组织。②

据了解，民众对泰国和东盟国家高等教育合作政策的回应既有积极的反馈，也有广泛的批评，这对高等教育以及相关政策有很大的影响。例如，泰国机构对支持东盟共同体的战略规划及其适应性有极大热情，但这需要更高度的合作，特别是在国际课程发展和东盟课程方面，要注重来自东盟国家的学生，促进亚洲语言的教学，提高教育机构教职工的英语技能，以及建立东盟信息中心。据了解，泰国的学生更开放，更热衷于新闻。尽管在一些地方（泰国北部清迈的高等教育机构）的调查显示，学生并不是特别积极，但是他们对东盟整体抱有积极态度，特别是成为东盟共同体的一部分。③ 另一个在泰国中心地区上学（曼谷的兰甘亨大学）的学生调查表明，学生对东盟有一个很好的理解，并且他们准备进入东盟的态度很积极，但行动却不容乐观。④

---

① ASEAN University Network（AUN）. Discover AUN：Activities and Scholarships，（Winter 2015）[EB/OL]. http：//www. aunsec. org/.

② Ministry of Education. Bureau of International Cooperation. International Cooperation：South East Asia Countries. (in Thai)，（Winter 2015）[EB/OL]. http：//www. bic. moe. go. th/newth/index. php? option ＝ com _ k2&view ＝ itemlist&layout ＝ category&task ＝ category&id ＝ 140&Itemid＝332.

③ Ratanawadi Klomkliang. Communication for Enhancing Knowledge and Understanding about ASEAN：A case study of University in Chiangmai Province，Master thesis，Chiangmai Rajabhat University in Thai，2014.

④ Thanakorn Chomaitong. Related Factors to Preparedness toward the AEC 2015 of Undergraduate Students at Ramkhamhaeng University，Master thesis，Ramkhamhaeng University in Thai，2014.

　　另一个对高等教育机构的政策做出回应的例子来自位于泰国南部的宋卡王子大学北大年校园。这所大学承认东盟框架下推动教育合作的重要性，因此根据东盟蓝图来逐步提升自己的实力。至于与东盟国家的合作，通过相互学习和教学交流，与东盟高等教育机构进行合作研究以及学生交换项目，鼓励大学的每位教职工与东盟大学建立网络，也鼓励学生在其他东盟国家学习，并对东盟国家的学生提供更大的开放性。此外，泰国与马来西亚和印度尼西亚的大学建立了长期合作。评价显示：整体而言，教职工依然没有他们应该表现的那么好，因为目前为止，没有实质性的成果出现。大量的方面需要修订。①然而，泰国的很多机构都反映：在教学人员和课程方面，与东盟共同体缺乏一致性。东盟机构之间的学分转换和财政预算也受限。此外，学生也不能有效地用英语进行交流。

　　泰国高等教育机构根据东盟的学年进行调整，希望以此促进与东盟国家的教育活动，这也饱受争议，尤其是此举对泰国的工作、生活方式和文化传统产生的消极影响。这项政策已经在 2014 年实施，其结果仍需进行后续评价。

　　泰国在 AUN 实施中发挥很重要的作用，合作还将继续进行。2015 年 11 月 5 日，为了修订 AUN 宪章，作为 AUN 秘书处负责机构的教育委员会组织了第二次工作组会议。正如东盟宪章规定的那样，会议旨在修正和加强 AUN 机构的作用，它也是东盟部长级社会和文化机构。旨在拓展 AUN 在以下几个方面的作用：作为东盟教育部长和相关机构的政策支持机构，作为加强区域高等教育机构的核心机制以及作为东盟可持续发展的知识来源。总而言之，这些努力都是为了实现 2015 年东盟一体化的目标。会议的结果在 2015 年 12 月举行的第 10 次东盟高级官员会议上呈现。

五、结论

　　近几年，泰国在与其他东盟国家高等教育合作政策的发起和实施中发挥了积极的作用，其中泰国领导 AUN 以及参加东南亚区域高等教育和发展中心就是具体的例子。此外，政府在与国际机构交流以及学生交换项目中做出了巨大的贡献，如东盟学生国际流动项目和阿森多奖学金计划。这也是区域一体化发展，尤其是在 2015 年年底前实现东盟一体化的必然结果。然而，一项东盟高等教育合作的分析指出，每个国家都认为有适合自己的双边和多边合作。合作是独立的，没有任何方向和框架，就像旅行地图。在高等教育方面，并没有整合后的相关政策。这种高等教育的合作可能不可持续，也不能长期获益。

---

① Samart Thongfhua. Preparation to ASEAN community 2015：A survey of the faculties in-Prince of songkla university pattani campus，Ph. D. dissertation，Prince of songkla University pattani campus in Thai，2014.

>> 第三节　菲律宾 2015 年高等教育性别平等与发展政策 <<

一、"高等教育性别平等与发展政策"的出台背景

菲律宾作为联合国颁布并通过的《消除对妇女一切形式歧视公约》(*Convention on the Elimination of all Forms of Discrimination Against Women*，CEDAW)的成员国之一，有责任和义务通过各种项目和活动的开展来保障女性权益，实现性别平等。《消除对妇女一切形式歧视公约》是联合国为消除对妇女的歧视、争取性别平等而制定的一份重要的国际人权文书。联合国在 1979 年 12 月 18 日的大会上通过该有关议案，并于 1981 年 9 月起生效。公约的成员国须承诺履行一系列的措施，中止一切形式对妇女的歧视。其中包括：在法律条文上明确规定男女平等；设立机构有效保障妇女免受歧视；消除个人、组织、企业对妇女一切形式的歧视。其中，公约对"对妇女的歧视"一词作了界定，即指"基于性别而作的任何区别、排除和限制，其作用或目的是要妨碍或破坏妇女在政治、经济、社会、文化、公民或任何其他方面的人权和基本自由的承认以及妇女不论婚否在男女平等的基础上享有或行使这些人权和基本自由"。

1995 年 9 月 4 日，联合国第四次世界妇女大会在北京国际会议中心隆重开幕。这次世妇会共召开了 16 次全体会议，197 个国家和地区的代表以及国际组织、非政府组织的代表，在平等、求实的气氛中就消灭贫困、制止战争、制止对妇女施行暴力、消除男女不平等等问题展开了热烈辩论，会议达成了较为一致的意见。1995 年 9 月 15 日，为期 12 天的第四次世界妇女大会在通过《北京宣言》(*Beijing Declaration*)和《行动纲领》(*Beijing Plat Form for Action*，BPFA)后落下帷幕。《北京宣言》和《行动纲领》集中体现了各国代表和妇女的意志和智慧，对今后 5 年世界妇女运动的任务、目标做了明确的规定，是团结世界妇女为实现自身的解放而奋斗的宣言书和行动纲领。

菲律宾积极贯彻《消除对妇女一切形式歧视公约》和《行动纲领》的精神，坚决采取有效措施促使性别政策和标准走向制度化，从而实现真正意义上的两性平等。1987 年的菲律宾宪法中便明确规定，国家要保障女性的基本权利，重视女性在国家建设中所发挥的重要作用。1992 年，菲律宾又出台法令重申了宪法所体现的男女平等精神，规定所有的政府部门和机构要采取积极措施，中止管理中潜藏的任何形式的性别歧视。

2009 年 9 月，菲律宾政府颁布《妇女宪章》(*the Magna Carta of Women*，MCW)和 9710 号共和国法案，积极发扬《消除对妇女一切形式歧视公约》和《行动

纲领》的精神。其中，对性别歧视和两性间实质平等的内涵作了界定，明确国家义务和应采取的对策。为实现性别平等，法案还提出一系列活动的指导方针，要求所有相关的责任机构要在菲律宾妇女委员会的指导下严格贯彻执行。2010 年 3 月，《妇女宪章》的实施和监管细则出台，明确规定菲律宾高等教育委员会的职权：（1）开发并推行性别敏感课程；（2）开发彰显性别平等精神的教学材料；（3）确保各级教育机构按要求开展培训项目，以提高保障人权和实现性别平等的能力；（4）在教育部门之间建立起互助合作的关系；（5）号召公共宣传机构与教育机构协同合作，共同致力于消除性别歧视，宣扬两性平等的理念；（6）敦促教育机构向处于弱势群体之中的女性提供帮助项目以帮助她们接受正规的高等教育。由此可知，菲律宾高等教育委员会是《妇女宪章》的主要执行机构。据此，高等教育委员会开始致力于性别问题政策和指导方针的制度化，提高政策执行力和对高等教育机构的监管能力，积极推行性别与发展（Gender and Development，GAD）项目，全方位促进性别平等的实现。

　　2010 年 7 月 2 日，菲律宾高等教育委员会下属的性别与发展委员会（CHED GAD Focal Committee）及其秘书处成立，与菲律宾妇女委员会、行政事务委员会以及公私立高等教育机构的代表团合作，共同推进性别与发展项目的实施。随后，高等教育委员会中的"性别与发展中心系统（GAD Focal Point System，GF-PS）"成立，任务在于贯彻执行上述政策和指令。为了保证各级高等教育机构顺利贯彻执行性别与发展项目的政策，2015 年 1 月 26 日，性别与发展委员会、管理委员会以及委员会的全体成员等共同商讨，制订出高等教育领域性别与发展项目的政策及其指导方针。

二、"高等教育性别平等与发展政策"的指导方针与发展愿景

（一）指导方针

　　社会性别主流化是两性平等的一项全球性战略。提高女性受教育人数的比例将有利于整个社会的发展与进步。高等教育领域的性别主流化更发挥着关键的作用，可以促进整个国家的发展。在当前知识经济全球化时代，经济与社会的发展主要依靠知识与科技的进步和劳动者素质的提高，而高等教育机构正是科学与技术革新的中心，肩负着培养高素质专业人才的重任，其作用不可替代。除此之外，女性作为社会发展的主体之一，积极促进她们受高等教育权利的平等实现，不仅对女性自身、家庭，而且对菲律宾传统文化和民族精神的传承有重大意义。鉴于此，本次所出台的指导方针旨在向菲律宾的各级高等教育机构传达性别平等的精神，并将其制度化和细则化，从而促使菲律宾高等教育机构积极致力于消除性别歧视，促进两性平等。按照指导方针的要求，高等教育委员会和高等教育机

构需建立性别与发展中心系统，并围绕着性别与发展的主题开展一系列改革项目，主要包括课程开发、促进两性平等的科研项目以及促进两性平等的扩展项目等。

（二）发展愿景

第二次世界大战后，东南亚国家高等教育规模的扩大和高等教育大众化趋势为女性接受高等教育创造了机会。受过高等教育的女性越来越多地参与到高等教育教学和管理这一本是男性占绝对优势的职业领域，并对各国高等教育的发展做出自己的贡献。在参与过程中，东南亚妇女也面临种种不平等，她们大都集中在低职称和低职位级别，其实这也是世界范围内参与高等教育教学和管理的女性普遍面临的问题。但是，菲律宾妇女却在参与高等教育上有与众不同之处。女大学生、女硕士、女博士、女教师、高级职称的女教师比重都超过男性，与发达国家的妇女相比也毫不逊色。在高等教育管理中，也有越来越多的女性跻身于校长、系主任之列。1985 年，女校长和女副校长比重为 39%，女系主任和女所长比重也高达 51%。虽然这种现象是多种因素促成的，但不可否认的是，菲律宾的政府部门和教育部门在促进性别平等、保障女性权益的问题上发挥了重要的作用。而菲律宾"高等教育性别平等与发展政策"的推广与实施，将会进一步促进菲律宾在高等教育领域的性别平等。在未来，菲律宾女性的教育权益也将会得到更大程度的保障。

三、"高等教育性别平等与发展政策"的实施策略

（一）成立性别与发展中心组织

性别与发展中心组织指的是在政府部门或高等教育机构内部组建的良性的互动团体，目的在于通过认真执行性别与发展规划以及与此项规划相关的项目和活动，加速社会性别主流化。依据《妇女宪章》及其实施和监管细则的规定，包括高等教育委员会在内的所有政府部门，都应建立或进一步巩固自身内部的性别与发展中心组织，以此来加速社会性别主流化。

1. 组织架构

高等教育委员会内部的性别与发展中心组织需要包括以下成员：（1）委员会主席，在该系统中发挥领导作用；（2）由专员和管理委员会委员组成的执行委员会；（3）性别与发展中心委员会，在该系统中发挥技术工作小组和秘书处的作用，由高等教育委员会从各个职能部门抽调组合而成；（4）高等教育委员会专设的性别与发展区域办事处，作为性别与发展中心系统的下属机关办事处，负责沟通联系高等教育委员会中心办公室和各级高等教育机构，从而促进高等教育内部的社会性别主流化。该区域办事处要确保有关性别与发展主题的政策、指导方针和各

种活动及项目落到实处。

2. 任职期限

高等教育委员会性别与发展中心委员会的主席、副主席和秘书，以及区域办事处的工作人员，任职期限皆为 3 年以上。若有特殊情况，性别与发展中心委员会的成员也只能由高等教育委员会的职员来担任，而且必须接受过系统的培训，具备开展性别与发展项目并保证其持续发展的能力。

3. 职责与功能

高等教育委员会内部所有性别与发展项目的职员都必须认真履行《妇女宪章》及其实施与监管细则中所规定的责任与义务，以及菲律宾妇女委员会向性别与发展中心系统所提出的各项要求，项目成员在其中的表现情况应当纳入最终的绩效考核之中。

依据高等教育委员会 2010 年颁布的第 40 号特别令，性别与发展中心系统需要统领项目的规划、管理和评估以及技术咨询工作。在项目的开展过程中，还需要与菲律宾妇女委员会之间建立起协作关系。高等教育委员会专设的性别与发展区域办事处，向性别与发展中心委员会及其秘书处负责，协助项目和活动的贯彻执行。此外，还要与性别与发展中心委员会保持密切的沟通与协作关系。该办事处在每个财政年度的 12 月 15 日之前应向性别与发展中心委员会提交一份年度报告，记录所有与性别与发展项目有关的活动开展和经费支出。报告的提交需要登录菲律宾妇女委员会的在线"性别主流化"管理系统。[①]

4. 政策、执行标准以及指导方针的转发与执行

自本项指导方针生效之日起，高等教育委员会性别与发展中心委员会必须在 90 日内召集专家学者来共同研讨政策的具体执行策略，并向高等教育委员会提出相关建议以更新和完善其政策，从而契合性别与发展项目的精神。

5. 性别与发展项目的能力建设

高等教育委员会性别与发展中心委员会应该按需开展培训学习项目，以加强其内部职员包括技术人员的性别平等意识，并提高他们的项目执行能力。

6. 性别与发展中心系统的资金来源

高等教育委员会性别与发展中心委员会的运作经费来源于性别与发展项目的经费。依据《妇女宪章》以及预算管理部门、国家经济发展委员会和菲律宾妇女委员会联合颁布的性别与发展规划和预算的相关规定，该机构运作经费所占比重不得低于 5%。

---

① Commission on Higher Education. Establishing the policies and guidelines on gender and development in the commission on higher education and higher education institutions，(Spring 2015)[EB/OL]. http：//www. ched. gov. ph/wpcontent/uploads/2015/12/CMO-no. -1-s. -2015. pdf，2015.

(二)开发旨在促进性别平等的课程体系

1. 课程体系的基本内容及其适用范围

依据相关指令,高等教育委员会要力求清除所有教学材料和课程当中所潜藏的性别偏见。性别与发展的能力建设、对和平与人权的呼吁、教师教育以及其他所有的教育事项都应该朝着实现性别平等的方向努力。而且,要鼓励各个教育部门之间建立起合作互助的关系。高等教育委员会要确保所有的高等教育机构认真履行以下职责:(1)尊重并维护妇女的基本权利;(2)制止歧视女性以及侵害妇女权益的行为;(3)保护女性免于遭受各种形式的歧视和侵害;(4)促进女性在各领域内应有权利的获得。

高等教育委员会还要督促各高等教育机构开发并推广促进两性平等的课程体系(Gender-Responsive Curricular Programs,GRCPs)。这种课程体系致力于在教学指导、科学研究、扩展项目以及运营策略和宣传材料等方面消除各种形式的性别歧视,积极促进性别平等的实现,保障妇女的合法权益以促使她们积极投身于国家的政治、经济、社会、文化建设和发展之中。

这种课程体系建设的指导方针适用于所有的高等教育机构,有利于它们更好地完成高等教育委员会和法律法规赋予它们的性别与发展的责任与义务。

2. 课程实施原则与标准

为了保障上述课程体系的开发和顺利推行,所有高校需将性别主流化战略纳入院校发展规划之中。高校的全体职员必须定期参加以促进两性平等为主题的研讨班,以提高开发并推行上述课程的能力,这些培训包括以下内容:(1)在课程的设计、学习材料的选择、教学方法的运用以及惩处措施的制定等各个方面,鉴别并消除任何形式的性别歧视的能力;(2)将性别平等理念贯彻实施到各门学科课程之中的能力;(3)对于学生有关性别平等问题的行为的管理方面,研发相关准则和工具的能力。

除此之外,高等教育机构要向学生提供不含性别偏见的教材和学习资料,无论是历史学、社会学、心理学、工程学、农学、环境工程学还是其他各种学科。教职人员也要编制出无性别偏见内容的学习材料。高等教育机构要积极参加与性别与发展主题相关的会议和论坛,尤其是由高等教育委员会和菲律宾妇女委员会举办的交流会。这些活动的开展要致力于向高等教育机构提供最新信息和技术,以协助各大高校开发两性平等的课程体系。

3. 课程实施策略和促进机制

各大高校均应将性别平等理念纳入各自的学术项目和课程设置之中。性别主流化策略应该明确各大高校的职责，从而有力地消除性别偏见，并将性别平等理念落实到课程开发之中。为了更好地实现课程开发，高等教育委员会应该组建一个关于性别与妇女研究的技术专家组，审核各大高校所提交上来的新开发的课程以及相关项目，并为它们提供专业指导。在课程开发过程中，要制定一本手册以向高校提供指导，并规范它们的行为。各公立院校在课程开发、能力建设、管理与评估等方面所需的资金应纳入性别与发展项目的年度规划和预算之中。私立高等院校也要从各自的发展资金中抽取适量的资金来支持促进两性平等的课程体系的开发。

（三）增加促进两性平等的各类项目

1. 科研项目

依据《妇女宪章》的相关规定和高等教育的责任需求，高等教育委员会要通过各种形式，如相关政策、科研和培训项目以及财政支持等，鼓励女性积极参与国家的建设与发展。各大高校内部需要制定旨在促进两性平等的科研项目（Gender-Responsive Research Program，GRRP），指的是由高校各部门相互协作而开展的科研项目，由坚决秉持性别平等理念的学者来推动，旨在最终实现两性平等，促进个人和团体的共同发展。

旨在促进两性平等的科研项目的指导方针适用于菲律宾所有的高校，以协助它们完成高等教育委员会和法律法规所赋予的职责。高校所开展的促进两性平等的科研项目应重点关注以下内容：（1）依照上级指示确立高校的重点研究领域，提高各大高校的科研能力；（2）按照性别来进行数据的分类整理，建立性别与发展数据库；（3）科研项目开展要关注性别与发展策略以及项目的评估；（4）建立一项道德评判标准来规制高校的科研活动；（5）科研活动中所提出的有关道德标准的性别与发展指导方针要严格遵循《消除对妇女一切形式歧视公约》和《妇女宪章》的规定；（6）建立促进两性平等科研活动的支持体系。①

---

① Commission on Higher Education. Establishing the policies and guidelines on gender and development in the commission on higher education and higher education institutions，（Spring 2015）[EB/OL]. http：//www. ched. gov. ph/wpcontent/uploads/2015/12/CMO-no. -1-s. -2015. pdf，2015.

为了将两性平等观念落实到各大高校的科研活动之中，各大高校要优先开展部分重点领域的科学研究，主要包括以下内容：有关性别与发展项目规划和预算的科研项目；在各学科中积极开展有关性别与妇女的调查研究；性别研究中的特定议题，如《妇女宪章》中所提出的一些社会议题等；关注在教育领域中处于边缘地带的女性等。

各大高校都应在科研项目中采取适当的对策来促进两性平等并保障女性的权益，将两性平等理念落实到科研项目之中。因此，高校要召集行政部门和科研部门来共同商讨具体的行动策略。之后，高等教育委员会要就各高校科研项目中两性平等理念的落实情况进行检查和评估，具体包括对有关性别平等和女性权益的科研活动和成果的验收。公立学校开展上述科研项目所需的经费要纳入性别与发展项目规划和年度预算之中。私立高等院校也要从各自的发展资金中抽取适量的资金来支持促进两性平等的科研项目。

2. 扩展项目

旨在促进两性平等的扩展项目（Gender-Responsive Extension Program, GREP)是由各大高校内部开展的一系列主题活动，目的在于号召各机关部门和特定的团体共同致力于性别平等精神的落实。该项目要实现跨学科行动，运用有关两性平等的科研活动开发出的新技术和新策略，努力创建一个秉持两性平等理念的组织和环境。

该项目担负的任务是实现《妇女宪章》所提的有关性别与发展的两大目标：(1)建立社会保障体系。减轻贫困；保障人民的社会地位和权利，尤其是弱势群体的正当权益；降低失业率，保障人民的基本生计；改善人民应对挫折的能力。这一目标所涵盖的要素主要包括：劳工市场计划、社会福利事业和社会保障体系。(2)开发适宜的技术策略以有效地解决性别平等问题。

各大高校在开展上述扩展项目时，要严格遵循以下原则：(1)重视科技与教育的力量，尊重人与人之间的平等；(2)鼓励跨学科合作的项目；(3)积极推行终身学习理念，支持围绕着性别与发展理念而开展的活动；(4)大力协助菲律宾的社会团体通过各种形式的活动来消除性别歧视。另外，促进两性平等的扩展项目主要包括以下几个重要的因素：技术推广、生计教育、技术援助、理念宣传、联系沟通。①

各大高校都应在各种扩展项目中采取适当的对策来促进两性平等并保障女性的权益，将两性平等理念落实到扩展项目之中。因此，高校要召集行政部门和科研部门来共同商讨具体的行动策略。在项目监管和评估方面，一份有关扩展项目的评估报告必须涵盖以下内容，以确保活动开展的有效性：为解决性别平等问题而拟订的项目计划书；有关项目运行结果的数据分析；为之后建立性别与发展项目的数据库而作铺垫的数据调查结果；附带照片的活动报告；预算保障等。

公立学校开展上述扩展项目所需的经费要纳入性别与发展项目规划和年度预算之中。私立高等院校也要从各自的发展资金中抽取适量的资金来支持促进两性平等的扩展项目。

3. 其他促进两性平等的合作项目和保障体系

(1)建立国际间的互助与合作。

在谋求国家发展、促进两性平等和保障女性合法权益的过程中，菲律宾高等教育委员会以及各大高校要积极与其他国家和国际组织建立起密切的联系，从而实现协同合作，获取技术和资金援助。

(2)性别与发展区域资源中心。

高等教育委员会需要在多所高校中选择一所作为性别与发展区域资源中心，它要承担起向其他高校提供技术援助、以协同促进性别主流化的责任。在进行这项抉择之前，要慎重比较各所高校的设计、开发及向其他高校推广性别与发展科研项目的能力。此外，被选中的高校还要拥有强大的科研和训练团队，以及已建成的性别与发展数据库。

(3)性别与发展的学生财政资助项目。

依照相关法律法规，高等教育委员会要通过学生发展和服务办公室，向学生财政资助项目(Student Financial Assistance Programs，StuFAPS)划拨 5％以上的年度预算经费，以实现加快消除性别歧视的目标，并保障女性的合法权益。在实施过程中，高等教育委员会要重点关注处于边缘化群体或弱势群体中的女性，以

---

① Commission on Higher Education. Establishing the policies and guidelines on gender and development in the commission on higher education and higher education institutions，(Spring 2015)[EB/OL]. http：//www. ched. gov. ph/wpcontent/uploads/2015/12/CMO-no. -1-s. -2015. pdf，2015.

及遭受疾病和不幸困扰的受难女性。

(4)性别与发展项目的规划和预算。

菲律宾各大高校必须依据菲律宾妇女委员会发布的指导方针和既定格式，与高等教育委员会性别与发展中心委员会合作，制订一份性别与发展项目的年度规划和预算报告，其中要包含：在给定的财政年度内需履行的职责和实现的目标；围绕着既定目标所要开展的相关项目、工程和活动；所需的预算支出。报告最终要通过登录菲律宾妇女委员会的在线"性别主流化"管理系统，提交给菲律宾妇女委员会。

本项指导方针生效后，菲律宾各大高校要严格履行条款中所规定的各项职责，各高校的负责人要对所在高校的执行情况负责。如有高校未按规定实施，经过核准之后，其负责人将要接受相应的行政处罚，高校的社会信誉也会随之受损。本项指导方针自颁布之日起 15 天后开始生效。

>> 第四节　柬埔寨 2015 年教师政策行动计划 <<

为了吸引和鼓励更多的优秀人才进入教师行业，2013 年柬埔寨颁布了相关教师政策以提升教师的知识储备、专业技能、道德素质以及与之相关的社会公认的教师素养。该政策旨在确保职前教师培训、在职教师培训以及教师专业发展的质量，为教师提供充分而有利的条件，使教师能够高效地完成其职业活动。该政策在历经两年的实施之后，效果并不容乐观，柬埔寨的教师教育仍面临着众多严峻的问题与挑战。为此，柬埔寨教育、青年与体育部的师资培训部于 2015 年 1 月颁布了"教师政策行动计划"(Teacher Policy Action Plan，简称为"计划")，旨在提高所有学校的教育质量，并对教师教育机构进行改革；在提高教师社会经济地位的同时，确保所有的利益相关者都能参与教师教育改革，改变教师的教学实践以提高学生的学业成就水平，设计并描绘出教师专业的发展新愿景，并最终为2020 年柬埔寨教师教育改革奠定坚实且稳固的基础。

一、柬埔寨"教师政策行动计划"的出台背景

(一)教师供给以及教师学历问题

据统计，2013—2014 年，柬埔寨在教育行业领域的教师大约有 88818 人，其

中，有 52％的教师是初等教育阶段的教师，31％来自于中等教育的初级中学，12％来自于中等教育的高级中学，只有 5％的教师来自于学前教育阶段。目前每年离开柬埔寨教育行业的教师的数量已超过 2000 人，且每年呈现出增长趋势（2012 年的数量为 2017 人，2013 年增长到 2137 人）。与此同时，每年新入职与接受培训的教师却仅有 5000 人左右，中等教育水平阶段的教师流失率也在不断增加。教师的严重供给不足以及未达标的师生比例极大地影响了学校的教育质量。另外，由于受到不同的历史背景、地理环境和社会经济因素的影响，柬埔寨教育、青年与体育部所采取的教师培训模式也不尽相同，主要体现在不同的年限和阶段上。到 2020 年，教育、青年与体育部的目标是确保尽可能多的基础教育阶段的教师达到新标准——"学士学位＋1"的水平，中学教师达到"硕士学位＋1"的标准。据统计，目前人数已超过 75000 名教师学历水平处于学士学位程度以下，而教师行业中获得学士学位的人数每年却仅仅以大约 2％的速度增加，这意味着如果没有一项大胆的政策干预，到 2020 年持有学士学位的教师人数只能达到 28％。因此，对于职前和在职教师培训来说，柬埔寨教育、青年与体育部目前面临的最为紧迫的任务之一就是为教师提供更多获得学士学位的机会。

（二）教师社会经济地位问题

教师在柬埔寨的社会地位是比较低的。目前教师的薪酬仅仅是私人部门具有同等教育水平和技能资格的其他专业人员的 60％。许多教师被迫寻找另外一份工作，凭借微薄的薪酬来填补家用，这大大地降低了他们工作的有效性以及在周边社区的整体社会地位。由此可见，对于即将从业的大学毕业生来说，教师行业并不是一个可预见的、报酬丰厚的职业选择。为了能够在短时间内大幅度地提高教师行业的整体质量水平，最有效且快捷的方法就是一方面通过采取相应的措施来增加教师行业的吸引力，另一方面促进教师准入机制的多样化，吸引更多优秀的大学毕业生加入教师队伍。

（三）教师专业成长与发展问题

教师入职后，接受专业教育的机会很少，这使教师的职业生涯成长与发展的路径受限。在柬埔寨，尽管有关建立体系化的教师在职培训机构的呼声不绝于耳，但目前全国上下却只有一个教师培训机构，而这种所谓的培训并没有起到实际效果。究其原因，一方面由于教师培训并没有与教师的职业晋升、薪酬相关联，教师没有强烈的意愿参与其中；另一方面柬埔寨目前也没有建立起一个长期且完整的教师培训机制。因此，当前柬埔寨迫切需要制订相应的目标计划，建立一种合理的、机构化的在职教师培训体系。诸如在培训体系内部采取"学分计划"，将教师的职业培训、专业成长发展与教师的晋升、加薪相挂钩。最重要的是，通过参与相应的教师培训，教师可以真切地体会到自己能够在教师生涯中发展自我与实现自我。

面对在教师教育领域所出现的以上种种问题与挑战，柬埔寨教育、青年与体育部决定有针对性地对教师职业生涯规划与发展进行大胆的干预。于是 2015 年 1 月"教师政策行动计划"便应运而生，它为完善现有的教师培训体系以及解决新形势下柬埔寨人力资源短缺的问题勾勒了一幅崭新的发展愿景图。

二、柬埔寨"教师政策行动计划"的主要内容及目标

为了能够较好地实现柬埔寨在 2013 年针对教师教育领域所勾勒出的目标，诸如加快教师专业成长步伐、吸引更多优秀人才进入教师行业、提高教师社会经济地位、提高柬埔寨教师队伍整体质量等，柬埔寨教育、青年与体育部的师资培训部于 2015 年 1 月颁布了"教师政策行动计划"，其主要内容及目标如下。

（一）制定相关法律政策文本，完善相关保障政策实施的机制

正是由于柬埔寨教师教育法律政策的不完善，导致了目前教师教育领域的一系列问题与困境，如较突出的教师流失问题、教师社会经济地位低的问题以及教师的职业生涯发展受限问题等。解决这些问题的有效途径之一就是加强教师教育法律政策条文的研究与制定，扩展相关教师教育法律政策的广度与深度。例如，在对原有教师教育法律政策文本的回顾与修订的基础上，制定新的法律政策文本；建立并完善必要的保障机制来宣传、支持、监督与评价教师教育政策的实施，诸如成立教师培训指导委员会、教师教育评鉴机构等；制订具体的行动计划和详细程序来保障教师教育政策的顺利实施。

（二）吸引优秀人才进入教师行业

1. 提升教师的社会经济地位，转变教师的职业观念

首先，国家应该加大教育经费的投入，适量增加教师薪酬；其次，各教育利益相关者如个体、社区、社会团体等，应该积极参与教师队伍建设。具体的措施

包括：国家应该加强教师的培训力度，尤其是针对新教师以及偏远、贫困地区的教师的培训，在保障其基本生活需求的同时使他们尽快适应教师岗位；在各个教育阶段分别建立起教师权益投诉机制，为教师维护自身权益提供保障，并鼓励教师对教育政策表达自己的意见和看法；有针对性地对教师进行职业发展规划与指导，使教师明确自己的发展目标和发展使命，促进教师自我价值的实现；对新加入教师队伍的人才持以包容的态度，弱化公众对教师行业的偏见，提高教师的社会经济地位。

2. 明确教师的从业标准以及选拔条件，提升教师队伍的整体素质

为了吸引不同层次、不同专业的人才加入教师队伍，"计划"提出了多种教师选拔途径与方法。主要有：已经拥有学士学位和教师资格证的大学毕业生即可成为教师；没有学士学位的教师需通过高等教育机构的在职培训获取学士学位之后，方可继续任教。鉴于教师培训在教师专业发展中的重要地位，"计划"规定，要完善教师培训进修学校（柬埔寨正规的职前教师培训学校）的准入机制。在合法、公平与透明的前提下，采取笔试与面试相结合的方式，若考生在 12 年级考试（柬埔寨的 12 年级考试相当于国内的高中毕业考试，是一次国家级考试）中取得 C 等级以上（包括 C 等级）的分数。可以进入教师培训进修学校继续接受教育。

3. 提升教师培训项目标准的现代化水平，进一步满足国家、地区和全球竞争的需要

柬埔寨教育、青年与体育部在修订原有标准的基础上，根据教师专业当前的发展水平制定了教师专业标准（Teacher Professional Standard）和教师教育提供者标准（Teacher Education Provider Standard），并对其实施监督，其中的重点内容就是使包括高等教育机构在内职前教师教育体系多样化。在遵循柬埔寨皇家政府设定准则的基础上，将"学士学位＋1"职前教师培训模式引入省立教师培训进修学校，由高等教育机构认证的教师教育提供者提供技术支持；将"学士学位＋1"职前教师培训模式介绍给私立学校的教师，由高等教育机构认证的教师教育提供者提供技术支持。

(三)进一步完善教师培训体系

1. 重新定义教师培训体系的标准

首先要更新教师培训体系，对现有的职前教师培训体系进行综合性整改研

究，例如基础设施和资源的完善等方面。此外，还要修订并完善各阶段职前教师培训的课程。具体见表 10-1。

表 10-1　柬埔寨职前教师培训情况

培训对象	培训模式	任教学校类型	教育水平	任教学科
12 年级毕业生	教育学士(12＋4)职前教师培训	省立教师培训进修学校	基础教育水平	教育心理学、信息技术教育、方法论、外国语、数学和科学等
学士学位获得者	"学士学位＋1"	省立教师培训进修学校	基础教育水平	教育心理学、信息技术教育、方法论、外国语、数学和科学等
硕士生	"硕士学位＋1"	国家教育体系内部	高级中学	教育心理学、信息技术教育、方法论、外国语、数学和科学等

除此之外，"计划"还规定应根据教师教育提供者标准引入职前教师培训升级项目，在两所皇家教师培训进修学校进行"教育学士＋1"和"学士学位＋1"两种模式的培训试点，并由高等教育机构提供技术支持。

其次要提高教师入职培训的有效性，为接受职前教师培训的受训者制定入职培训计划(包括教师专业标准、教师自主指导方针、教师职业路径、教师培训评估表和其他相关文件等)；在学校建立导师制；为高资历和表现优异的教师减少教学负担，以此促进入职和指导活动。

最后要提高教师的教学自主性水平，尤其要提高教师在教学水平方面的自主性。同时需要在自主教学和分配教学任务方面制定相关准则，从而保证教师在教学材料选择、教学方法使用以及教学评估上具备广泛的灵活性。

2. 建立并升级教师培训进修中心

首先，要完善教师培训进修中心的基础设施建设。具体措施包括：根据相关研究和教师教育提供者标准，升级更新教师培训进修学校的基础设施，诸如教学和学习材料、信息技术交流设备、实验室、宿舍、卫生间等。

其次，将教师培训进修中心转化为教师发展中心。"教师教育提供者标准"实施以后，教师培训学校可申请成为公认且合法的教师教育学院。提高教师发展中心教师培训人员的资格和经验。从拥有硕士及以上学历或者丰富教学经验的人中招选教师培训者，提高现有教育培训师的能力，使其至少达到文科硕士的水平。

最后，要充分发挥教师发展中心对教师成长的作用，为教师提供持续性的专业发展指导与培训，主要通过以下途径进行：培训教育检查员、加强皇家教师培训中心的培训能力以及培训新教育管理者(主要来自于省教育局、地区教育局和教育、青年与体育部的官员)的能力。

3. 完善教师在职培训与专业发展体系

为了完善教师在职培训与专业发展体系，"计划"制订了一系列的措施，主要包括：加强9年级和12年级教师在数学、历史和科学等主要学科的教学能力；建立新的在职教师培训体系，其中包括三种培训类型和培训模式，培训类型分别是现场培训和基于教育、青年与体育部的非常规培训、有系统有组织的常规培训，培训模式有阶段模式、长期模式以及学分积累模式；建立一个有效的教师培训机制，通过研究现有培训体系，发现其优势与劣势，便于了解教师所需的专业支持，从而提供相关的学科和教学支持，使在职教师培训体系制度化合理化。

（四）完善教师激励制度，切实保障教师利益

在教师激励制度方面，诸如如何培训、激励和留住教师，"计划"也提出了以下具体措施。

1. 改善教师的工作环境和生活条件

只有在满足教师的基本物质需求之后，教师才能更好地致力于教学。为此，"计划"在对教师目前的生活以及教学现状进行研究的基础上，提出了一系列的具体措施，包括：对目前学校已有的基础设施（包括教室、食堂、教师住房、员工宿舍、图书馆、实验室、医务室、多用途室等）进行调查，合理地增建基础设施；在原有的基础上适当增加教学与学习材料的补给，满足教学与学习需要，从而保证学校基本的教学水平；明确规定教师的工资、报酬、社会福利等，提高教师的社会福利，尤其是女性教师和偏远、贫困地区的教师待遇，最终提高教师的整体物质生活水平。

2. 对优秀教师给予认可与奖励

"计划"规定对教师群体中表现优异的教师给予一定的物质和精神奖励，激励教师不断提高自身的教育教学能力和专业素质。教师评选应本着公平公正、透明公开以及可持续性的原则，为教师群体内的杰出教师、长期服务教师以及出色的退休教师给予一定的荣誉称号。除此之外，"计划"还鼓励教育主管部门举办与教学相关的竞赛来为教师的专业能力发展助力。如"教师杯"竞赛，可以发展成为教师们分享优质课程与教育教学法的一个国家级平台，为教师专业能力的成长与发展提供动力。

3. 建立教师专业发展群体，增强教师专业发展的自主性和专业性

"计划"建议，教育主管部门应针对每门学科组织成立一个教师专业发展群体，如"学科社团""研究俱乐部"等，目的在于分享学科专业知识、教学知识与经验、相关研究以及出版成果等，为每个学科领域的发展提供支持。这些群体应定期召开学科会议，以便于教师交流教学经验等，发挥各自在学科领域内的创造性，提高教师的专业性。

(五)提高学校的有效领导力

1. 建立并完善学校领导机制

校级领导层在教师专业发展、学生发展以及学校发展等方面发挥着重要作用。"计划"指出，要在事实调查以及需求分析的基础上，建立有效的学校领导机制。具体包括：通过对各级各类学校的董事进行调查，收集各董事的相关信息，诸如背景、需求、入职经验等，来制定"学校董事标准"和"学校管理手册"，以此规范学校董事的行为。校方应根据新的学校董事标准来选择和任命学校董事，创建学校董事会或理事会，并对董事进行培训，使其明确自身的权利与义务，共同致力于学校发展。

2. 明晰教育法所规定的教师权利与义务

"计划"还要求教师要学习与其权利和义务相关的所有法律文件和政策，确保教师懂得维护自己的合法权益，保证教师在透明的学校管理下得到公平公正的待遇。

3. 完善学校关于教师招聘、教师培训以及学校董事会的管理条例

"计划"规定应根据"教师专业标准"以及新的"学校董事标准"来制定并实施关于教师招聘、教师培训以及学校董事会的管理条例，并要求教师和学校董事共同遵守其中的规则与规定。除此之外，管理条例应明确对于不当行为的惩处措施，提高其对教师和学校董事的约束力。

(六)完善教师监督与评价机制

1. 建立并实施教师监督与评价机制

"计划"规定，所有学校都应该制定教师以及学校董事、教师培训者等的监督与评价标准，若该学校已有相关标准，应根据"教师专业标准"与新的"学校董事标准"予以修订与完善，以规范教师与学校董事的行为。为了有效地激励教师发展，应制定或修订教师绩效考核制度，其中包括教师工作规范、教师工作使命以及教师职业上升路径等内容，将教师绩效考核与教师职业晋升联系起来，激励教师不断提高自身的专业素质。

2. 明确学校董事会的权力

柬埔寨教育、青年与体育部的分权政策规定，将主要的管理和决策权力下放给各个学校，其中包括课程设置、人员管理、财务管理等权力；学校董事会也应该鼓励教师及其他利益相关者参与学校管理，积极提供反馈意见，共同促进学校发展。

3. 加强教师与学校董事的监督与评价能力

教师与学校董事作为学校发展的主力军，其监督与评价能力显得尤为重要。为了加强教师与学校董事的监督与评价能力，"计划"提出了以下措施：根据"教师专业标准"和学校管理手册的相关规定，赋予学校董事监督与评价教师的权力，

并对学校董事进行相关培训，提高其现场监督能力；鼓励教师对教育政策的制定和实施提供反馈意见，并定期收集整理相关信息（包括教师目前的工作条件、工作满意度、工作需求以及对近期政策改革的想法等）作为政策制定的依据。除此之外，"计划"还规定学校应该聘用和培训新督察，对学校的各项工作进行检查监督，保证学校工作的有序进行。[①]

剑桥大学国际教育著名教授、联合国教科文组织全球监测报告教育主管波林·罗斯（Pauline Rose）认为：从目前世界各地教师政策的实施情况，我们可以总结出四个经验。首先，政策制定者应该结合具体的时代背景与教师发展情况制定政策，重点关注处于弱势群体的教师的招聘、培训和激励机制等，以确保教师的生活水平和教学质量；其次，让教师积极参与政策的制定与实施，并使其成为决策的重要参与方。再次，提供充足的资金，整合社会各界力量为政策的有效实施提供保障。最后，政策应体现一个具体的国家目标，即消除学习中的不平等，提高教师的教育质量。柬埔寨的"教师政策行动计划"对这四点都做出了具体阐述，在不断吸取教训的同时提升自己。如为了保证"计划"的有序进行，柬埔寨预计将在2015—2020年这6年内投资29.46亿美元发展教师教育，其中包括教师工资、教师培训资金、社会福利、学校基础设施建造费、印刷费等。

三、柬埔寨"教师政策行动计划"的实施策略以及影响意义

为了保证"计划"的有效实施，需要建立一个有效的监督评价机制。首先，国家现有的督导委员会和教师培训工作组对教师的监督和评价起着重要的作用，"计划"要求，应特设独立的监督及评估委员会，专门负责教师的监督与评价工作；其次，各级教育部门、教育工作者以及其他利益相关者，都应该积极参与对教师的监督与评价工作；最后，为了确保监督和评价的质量以及成本效益，所有的责任机构都应该明确自己的职责，包括：对教师的监督与评价工作进行审查，分析每项工作的预期效果和结果，以及对政策的实施情况进行具体分析，并不断调整完善。

"计划"展现了柬埔寨教育、青年与体育部提高教师教育质量的决心与承诺，该计划的有效实施不仅取决于资金和人力资源等的保障，也有赖于各教育利益相关者的积极参与，以及各种体制机制的建立与完善。

现代技术的快速发展和追求卓越的世界竞争使得每个国家都在争夺最好的产品和服务，而人力资源是实现这一目标的催化剂。在培养人力资源和对个人、家

[①]　Ministry of Education，Youth and Sport. Teacher Policy Action Plan，(Spring 2015)[EB/OL]. http：// www. moeys. gov. kh/en/policies-and-strategies/1442. html#. VmKgcm6SB6A. pdf.

庭、社会、国家以及世界的贡献方面，教师获得了广泛的认可和肯定。能力建设和人力资源开发是柬埔寨皇家政府(The Royal Government of Cambodia)设定的优先发展战略。"教师政策行动计划"则是吸引人才进入教师行业、提高人力资源开发能力、保留和合理化教师资源，从而提高柬埔寨教师教育质量的重要工具。目前，柬埔寨教育、青年与体育部正在着手进行教师教育改革，积极促进政策的落实，从而提高柬埔寨的教师教育质量。

>> 第五节　马来西亚教育发展蓝图(2015—2025 年) <<

为了迎合时代发展需求，提高马来西亚高等教育质量，2015 年 4 月 7 日，马来西亚总理纳吉布在吉隆坡推出《2015—2025 年马来西亚高等教育发展蓝图》(*The Malaysia Education Blueprint 2015—2025：Higher Education*)，规划了马来西亚高等教育未来 10 年的发展新方向，甚至拟定了马来西亚的未来。[1] 自 2006 年马来西亚推出战略性计划以来，国内外都发生了翻天覆地的变化。随着时代的进步与发展，政策也需要不断更新，该蓝图为新时期马来西亚高等教育的发展勾勒出新的发展前景。近些年，马来西亚的高等教育在学生入学率、科研成果和办学质量等方面，都取得了较大进步。但面对竞争愈加激烈的国内外劳动力市场，马来西亚高等教育领域所存在的问题依然突出。例如，毕业生缺乏批判性思维能力和沟通能力，英语水平较低；学术领域和社会脱节，尤其是在学术研究、技术开发和科研成果商业化等方面；高校的行政架构不完善，降低了行政效率等。为此，马来西亚政府颁布高等教育发展蓝图。该蓝图的制订历时两年，由来自马来西亚各个领域的代表共同商讨完成。

一、蓝图的理念及目标

为了保障蓝图中确立的发展目标能够如期实现，马来西亚政府成立高等教育委员会，委员会以副总理兼教育部长丹斯里慕尤丁(Tan Sri Muhyiddin)为首。委员会成员还包括第二教育部长拿督斯里依德里斯朱索(Datuk Sri Idris Giulia Alfonso)，以及教育界、学术界、企业界、非政府组织等领域的代表。政府在草拟蓝图的过程中也已进行超过 30 次的咨询会议，包括收集超过 5000 名大学校方、

---

①　The Ministry of Education in Malaysia，Malaysia Education Blueprint 2015—2025（Higher Education），（Summer 2015）[EB/OL]. https：//jpt. mohe. gov. my/corporate/PPPM％20（PT）/4.％20Executive％20Summary％20PPPM％202015—2025. pdf.

专业团体、职工会、企业界人士、学生、毕业生和家教协会代表的意见。① 蓝图将学习者的需求和兴趣放在核心位置，旨在加快高等教育改革的步伐。蓝图还明确指出，政府应致力于向马来西亚社会提供符合国际标准的高水平教育，同时更要兼顾公平。另外，社会各行各业要积极参与到高等教育的治理之中，与高校建立合作伙伴关系。具体而言，蓝图的主要目标集中在以下领域：

（一）培养知行合一、德行并重的大学生

为了培养更具有国际竞争力的毕业生，高校要更加重视学生的职业技能训练。先要转变人们的传统观念，将知识和技能的习得置于同等重要的位置，以满足劳动力市场的需要。高校的教学要尊重学生的个性，积极创新教学模式，充分利用在线学习和多元化教学模式。此外，还要关注学生的创业技能培训，加强学术领域和社会的合作，鼓励更多的学生走上创业之路。

（二）建立创新学术系统以满足产业持续化发展的需求

创新是一个国家发展的不竭动力。因此，蓝图要求马来西亚高等教育机构与社会建立良性互动机制。高校不仅是教学和科研中心，更要承担社会服务的职责。蓝图要求高校与产业发展要相互合作，高校应向产业发展提供高新技术以促进经济的发展，提升品牌效应，建立研究、开发、商业化一条线的发展模式。与此同时，这种合作互助模式也将极大地激发学术研究的热情，为高校开展科研提供资金援助。

（三）赋权给高等教育委员会以提高政策的实效性

在此次高等教育改革过程中，教育部将大部分权力移交给高等教育委员会，以提高政策的实效性。为此，教育部和高等教育委员会将采用企业化的合作方式——签订合同，合力促进改革目标的实现。而且，私立高等教育机构也被要求加入此次的改革计划，以全面提高马来西亚的高等教育质量。

（四）建立健全终身学习体系以实现全民教育

马来西亚一直致力于实现全民教育，使不同年龄、不同种族、不同性别、不同社会经济背景的人都能接受教育。终身学习是马来西亚向来倡导的学习方式，也是全民教育的重要组成部分。要构建终身学习体系，必须转变人们对终身学习所持的观念，帮助他们了解终身学习的益处，从而引发对终身学习的兴趣，使人们积极投身于终身学习。为此，蓝图提出，高校要设置多种形式的高质量学习课程以满足不同层次的学习者的需求，最终实现马来西亚全民的终身学习。

---

① News Straits Times Online. New blueprint will transform Higher Education：DPM，（Autumn 2015）［EB/OL］. http：//www. nst. com. my/news/2015/09/new-blueprint-will-transform-higher-education-dpm.

二、蓝图的主要内容

(一)"三 B"主题

这里的"三 B"主题是"Bakat(talent)""Benchmarking to Global Standards""Balance"的简称,具体含义如下。

(1)人才:高等教育的目的是培养知识与能力并重、理论与实践并行,并能够为国家建设贡献力量的优秀人才。国家不仅注重对本国人才的培养,也要增加对国际人才的吸引力,将马来西亚建设成为人才大国与人才强国。

(2)全球基准:马来西亚的目标是按照国际标准不断增加其在世界教育中的影响力,主要体现在世界大学排名的竞争上。马来西亚希望其教育地位在世界排名中占前 1/3,并增加其在 QS 世界排名中的大学数量。

(3)平衡:马来西亚的大学毕业生不仅仅拥有知识和技能,更应该具有良好的道德和精神品质,并将其付诸实践。为了确保马来西亚高等教育体系的全面性,除了注重学生知识及能力的掌握之外,还必须培养正面的价值观,造就全面发展的高素质人才。[①]

(二)五大要求

(1)准入:到 2015 年,高等教育的入学率从 36% 增长到 53%,招生人数达到东盟国家的平均水平。

(2)质量:大学生的质量(大学生就业率从 75% 提高到 80%)、机构的质量(1 所大学在亚洲排前 25 名、2 所在全球排前 100 名、4 所在全球排前 200 名)和整个教育系统的质量(在有关研究成果的 U21 排名中从第 36 名提高到前 25 名、国际学生的数量从 10.8 万人增加到 25 万人)。

(3)公平:保证所有的马来西亚人都有机会接受教育。

(4)团结:在尊重其多样性基础上,使学生拥有共同的价值观、共同的经历。

(5)效率:使得高等教育投入的回报最大化,对每位学生的支出,政府应维持当前水平。

(三)十个转型

为了实现马来西亚的高等教育入学人数在东盟国家中最高,蓝图提出了十个转型。

1. 转变大学生的择业观念,增强大学生的职业技能训练,培养知识与技能兼具的大学生

---

① ICEF Monitor. Malaysia Releases Landmark Education Blueprint,(Summer 2015)[EB/OL]. http:// monitor. icef. com /2015/04/malaysia-releases-landmark-education-blueprint/.

技术革新和产业重构使得毕业生与企业的供求关系不匹配。很多毕业生由于缺乏必要的知识、技能和态度，无法找到工作。因此学校要做的不仅仅是知识和道德的训练，也应该注重对大学生创业意识的培养，即将那些找工作的人变成工作的创造者。为此，政府应该构建更加具有整合性和综合性的课程。主要的措施包括：增加学生的学习经历、制定一个综合累计平均分的系统、为学生提供更多的创业技能培训机会。

2. 转变人才选拔模式和晋升路径，使其更加多样化

马来西亚高等教育领域目前存在的主要问题是：僵硬的职业上升路径限制了高等教育吸引、招聘和保留人才。高等教育系统应该从标准化模式向职业道路多样化和机构优势多样化转变。主要的措施包括：对公认的高等教育机构优势进行定位、建立"多轨职业路径"、向高等教育领域的人才提供最好的实践指导。

3. 转变教育观念，树立终身学习的意识，建立学习型社会

树立终身学习的意识，所有年龄阶段的人都有机会学习并充实自己。主要措施包括：提高公众对终身学习的意识、提高现有课程的质量并引入更多创造性的课程、建立利益相关者参与的项目、继续为其提供财政支持等。

4. 转变对职业技术教育的看法和观念

经济转型组织认为，到2015年马来西亚接受职业技术教育的人数需增加2.5倍，但从目前的形势来看，与目标仍有较大差距。相较于高等教育来说，职业技术教育的吸引力小，因此入学人数相对较少。基于此，政府应该积极致力于转变人们对职业技术教育的看法，使其将职业技术教育和高等教育视为同等价值的两条成功的路径。主要措施包括：加强职业技术教育与企业的参与合作、让企业界来领导参与课程设计和讲演、提高品牌效应等。

5. 转变教育的财政投入来源，使其多样化

随着教育成本持续上升，马来西亚政府在高等教育上的支出以每年14%的比例上升，其中大部分是由补助金驱动的，90%的支出是政府基金。此外，现如今学生从高等教育基金会(The National Higher Education Fund Corporation)贷款的偿还率也需大幅度提高。因此，所有的利益相关者都应该对教育做出一定的贡献，而不仅仅是依靠政府。主要措施包括：改革现存的学生财政机制、鼓励多种资金来源、改变公共资金的规划、提高高等教育基金会的成效和可持续发展性。

6. 转变教育的决策权力，将其适度下放

当前，教育决策权主要集中在教育部，这造成了一系列问题，主要包括产生监督负担和效率低下，高等教育机构对国家和全球的变化趋势反应也相对过慢。教育部应该转变决策权力，并适当授权给高等教育机构。主要措施包括：教育部和高等教育机构确定五年(3+2)的合同、加强私人部门的质量保证、将教育部的决策权转移给公立大学的领导者。

7. 转变学术发展系统模式

政府希望使创新变成国民经济增长的主要推动力，让学术界在阳光下发展。增强学术界与工业、政府和当地社区的合作，使其成为好想法的孵化者、发展者和商业化者。并在特定的战略性地区加快建设创新学术发展系统，支持大学驱动和需求驱动的研究。主要措施包括：注重扩大学术的发展规模、促进安全性投资、鼓励高等教育机构支持商业化。

8. 转变发展战略目标，定位于全球眼光

来自高等教育的收益已经成为了马来西亚的主要收入。随着全球竞争的日趋激烈，其高等教育在价值定位、技能等方面还有待提高。未来马来西亚期待以学术研究闻名于世，而不仅仅是物美价廉和健康的生活方式。主要措施包括：提高高等教育的品牌知名度、扩大国际学生的新市场、简化移民程序和过程、增加来自世界各国研究生的数量。

9. 转变学习方式，推广网络学习模式

目前马来西亚的互联网普及率是 67%，在亚洲排名第 7 位，这为马来西亚使用在线学习的方式创造了良好的条件。马来西亚希望给每个学生都提供个性化的学习经历，使教育更加民主化。主要措施包括：在独特学科领域内启动慕课，整合在线学习资源，使网络学习模式成为高等教育和终身学习的一部分；完善相应的网络基础设施建设，建立一个国家电子网络学习平台来满足马来西亚学生的学习需求。

10. 转变高等教育各系统部门以及与其他相关部门或系统之间的沟通模式

教育部认为蓝图的实施应与高等教育机构、学术界和利益相关者进行沟通和合作才能取得成功。教育部应该更多地关注问责制，使其相关政策举措公开透明，打破部门间的操作隔离，使高等教育系统部门与企业、社区建立强有力的伙伴关系，提高作为政策制定者和协调者的有效性。主要措施包括：建立大学转型项目、重构教育部组织、保持公立和私立高等教育机构绩效标准和规范的一致性。

三、蓝图的实施策略

蓝图的实施主要分为以下三个阶段：

(一)第一阶段(2015 年)：全面推动发展

建立综合的评估方法，在课程中引入体验式学习、服务性学习、创业性知识和创业框架，启动新的 CEO 教师计划(由高级产业或公共部门领导者讲授)，提高高等教育基金会的偿还率，推出大学转型课程，提高职业技术教育水平。协调研究重点与其他部门和机构，重设财政标准，明确自我认可和共同监管的准则，

改进马来西亚学生入学过程，重塑马来西亚国际奖学金的协调机构，设计具有马来西亚特色的旗舰慕课，重设教育部的组织和操作模式。

（二）第二阶段（2016—2020 年）：加速改善制度

加强产业和社区的参与，实施 3＋1 或 2＋2 的本科课程，基于校外或产业内部的学习。定义标准和激励机制以识别不同形式的优秀机构，制定一个新的高等教育人才路线图，统一国家职业技术教育资格的框架。公立学校引入新的筹资方式和绩效合同。将高等教育基金会转变为马来西亚教育基金会，对学生实行定额贷款收入，引入捐赠基金或共产的激励机制。增强公立高等学习机构的授权管理。评估制定一个针对所有的高等教育机构的综合性高等教育法。加速技术转变，对国际学生管理进行改革，提升马来西亚的教育品牌，加强建设终身学习和网络学习基础设施。

（三）第三阶段（2021—2025 年）：提升运作灵活性，迈向卓越教育

检查政策和准则，完成和公立大学签订多年绩效合同的转变，完成所有公立大学走向自主性的转变，实现马来西亚教育基金会的财政可持续性。对高职院校的评估实施给予更大的自主权，不断提高质量保证和机构评估系统，完成职业技术教育的重造。由高等教育机构提供大学转型课程，不断检查进度来提高整个创新生态系统的效率和有效性。马来西亚国际学生人数持续多元化，对马来西亚全球教育品牌不断检验和提高，完成国际研究实验室的建立。[①]

关于政策的后续实施问题，教育部长在 2015 年 7 月 31 日提出马来西亚目前的教育政策会保持不变。但如果需要的话，会做出一些微调，主要是针对最近不断增加的教师工作负担。[②] 2015 年 10 月 23 日，纳吉布向国会提出 2016 年财政预算案，其中共有 18 个政府部门的开销被缩减，高等教育部获拨款约 134 亿令吉（马来西亚货币）。在行政开销拨款大幅减少的情况下，高等教育部管辖下的各大单位受到强烈冲击。除了 4 个拨款增加单位（理工教育局、国立大学、马来西亚大学医药中心、理科大学医院）之外，其他单位包括高等教育部、高等教育局、社区学院教育局、马来西亚学术资格鉴定机构、19 所公立大学、国立大学医药中心、拉曼大学学院等都将因此缩减支出。尽管马来西亚政府在教育方面的投入很大，目前将近占总预算的 20％——这在大多数高收入国家比较常见，但是种种迹象表明这样的投入可能达不到政府和社会预期的效果，主要体现在马来西亚

---

①　The Ministry of Education in Malaysia. Malaysia Education Blueprint 2015-2025（Higher Education），（Summer 2015）［EB/OL］. https：//jpt. mohe. gov. my/corporate/PPPM％20（PT）/4.％20Executive％20Summary％20PPPM％20-2015-2025. pdf.

②　The Malaysian Insider. Current Education Policies Unchanged，Says Minister，（Summer 2015）［EB/OL］. http：//www. themalaysianinsider. com/malaysia/article/current-education-policies-unchanged-says-minister.

的中学生在国际测试中的表现不理想，远远落后于其他亚洲国家。① 这对马来西亚的高等教育既是冲击也是挑战，一方面要求教育相关部门采取积极有效的应对措施，另一方面也促进教育资金的合理利用，加快了高等教育的改革步伐。

马来西亚的高等教育不仅在国内得到广泛的支持，欧盟也向其提供很多支持和帮助。2015 年 8 月 24 日，东盟国家和欧盟对东盟地区高等教育的支持项目（The ASEAN and European Union Support to Higher Education in ASEAN Region Project）在一系列政策对话中展开。高级教育官员、学者和东盟成员国的研究者以及项目其他利益相关者都参加了为期两天的在雅加达的东盟秘书处举行的会议。这次政策对话的目的就是规划东盟高等教育的合作，识别和发现潜在的协同效应，最终使得学生、高等教育机构和专家都能受益。而欧盟对东盟地区高等教育的支持项目应该起到质量保证、资格框架和信用转换系统的作用，并且便于东南亚和欧洲实现信息共享。相信在国内和国际的帮助与支持下，马来西亚高等教育改革一定会顺利进行，并取得相应的效果。

>> 第六节 印度尼西亚"12 年义务教育计划"政策 <<

印度尼西亚作为世界第四教育大国，在教育结构方面主要分为 4 个阶段：学前教育、初等教育、中等教育和高等教育。印度尼西亚教育工作主要由三大部门协同参与：印度尼西亚教育与文化部负责管理公立小学、初级中学以及高级中学的教育；宗教事务部负责管理宗教学校和伊斯兰教学校；科研技术开发与理工院校则由总统来负责与管理。在义务教育方面，印度尼西亚自 1994 年以来，实行了针对 7～15 岁适龄青少年儿童的 9 年义务教育制度。2010 年，印度尼西亚首次提出将 9 年义务教育延长至 12 年，即在 9 年义务教育的基础上，为年满 16～18 周岁的适龄青少年提供免费的高中教育。但这一条例在实施过程中，并没有得到相应法律条文章程的保障。值得注意的是，由于各方面原因，印度尼西亚的义务教育实施现状并不容乐观。在 2015 年，新总统佐科和教育与文化部长阿尼斯·巴斯威丹针对当前印度尼西亚在义务教育阶段出现的问题颁布了一系列的教育政策，以期改善这种状况，其中正式以法律条文的形式颁布了"12 年义务教育计划"。

---

① The University of Nottingham. Malaysia's Higher Education Blueprint 2015—2025- the implementation challenge，（Summer 2015）[EB/OL]. http：//blogs. nottingham. ac. uk/kwbn/2015/08/03/malaysias-higher-education-blueprint- 2015—2025-the-implementation-challenge/.

一、"12 年义务教育计划"的历史背景

最早提倡印度尼西亚基础教育公平性的条文出现在 1945 年的印度尼西亚宪法中："感恩于上帝的恩典与宏愿,所有的国民教育应该是免费的,这是组成印度尼西亚政府、保护整个国家的福利,也是促进印度尼西亚发展、教化民众的基础……"同年法律修正案第 31 条再次强调每个公民都有受教育的权利,公民必须接受教育;政府有义务资助教育;国家要优先安排教育预算以满足国民教育的需求。1984 年,印度尼西亚共和国开始实施 6 年制义务教育工程,并取得了巨大进步,这在一定程度上大大提高了印度尼西亚国民的基本素质。在 1994 年,印度尼西亚政府首次将义务教育年限延长至 9 年,目的在于扩大教育对象,为 7~15 岁的适龄青少年儿童提供教育机会,由此打开了印度尼西亚 9 年义务教育的推广之路。1995 年,在教育要能够应对未来的挑战的大方针指导下,印度尼西亚政府提出了教育的 4 个优先发展方向,其中一条便是完成 9 年义务教育的实施目标。然而,在接下来的几年中,印度尼西亚经历了全国性的权力过渡,政府机构从集中变为分散,这也使得在 1998 年的政治变动之后,印度尼西亚的义务教育实施情况在各地大相径庭。2000 年,来自 164 个国家的一千多名代表来到塞内加尔首都达喀尔,参加了主题为"普及教育"的世界教育论坛,并达成了达喀尔行动纲领。2003 年,印度尼西亚国民教育系统大纲提出,要发展全国义务教育,促进个性教育,培养健康向上、有创意、有独立思想的人。并指出公平的教育是强制性施加给 7~15 岁印度尼西亚公民的义务教育,是一个强制性的程序,包含小学和初中。在 2006 年,时任总统为提高印度尼西亚教育的质量和数量,签发了第 5 号总统令,通过了新的教育方案和课程标准,用以加速完成 9 年义务教育普及工作。

2015 年 1 月,印度尼西亚总统佐科正式宣布了"12 年义务教育计划"。作为 2015 年至 2019 年国家发展规划政策之一,"12 年义务教育计划"将为 7~18 岁的适龄青少年儿童接受从小学至高中 12 年免费义务教育的服务提供法律上的保障。同时,印度尼西亚人类发展与文化统筹部长表示,"12 年义务教育计划"将在 2015 年 6 月开始正式推行,规定所有适龄儿童都必须上学,印度尼西亚政府有义务提供资金以及相应的设施。

可以看出印度尼西亚教育政策的提出与时代是接轨的,但其贯彻落实的步伐一直拖沓。9 年义务教育提出至今已经 20 多年,但实际情况是还有部分省区儿童辍学现象依旧严重。这与区域经济、宗教、文化情况密不可分。

二、"12 年义务教育计划"的具体内容

在 2015—2019 年国家发展规划政策中,印度尼西亚政府明确指出要实现 12

年义务教育的目标。规划书中提到，印度尼西亚的教育应努力使学生达到联合国教科文组织在 1996 年提出的学会生活、学会学习、学会合作、学会生存四大教育目标。印度尼西亚教育与文化部为响应这一号召，开始试点强制实行 12 年义务教育，并预期在 2019 年达到目标。其主要内容如下：

（一）"12 年义务教育计划"的具体目标

（1）使全国范围内所有的适龄青少年儿童都能公平、免费地接受 12 年义务教育，尤其是 3 年的高中教育；

（2）通过"12 年义务教育计划"，解决部分因基础教育不公而引起的社会不平等现象和问题；

（3）提高基础教育和中等教育的质量，提高适龄青少年儿童的学业水平质量，提高印度尼西亚公民的整体素质水平。

（二）该计划制定时可能遇到的问题

（1）部分地区未决定参与"12 年义务教育计划"；

（2）由于国家下拨资金和物资到地方，易引发教育腐败现象；

（3）部分地区对于宗教信仰持保守态度；

（4）民众对于教育重要性的认识程度问题。

（三）能够促使"12 年义务教育计划"成功的因素

（1）各地区积极参与推广 12 年义务教育；

（2）社会各界对于该政策的关注和支持；

（3）民众对于教育重要性的深刻认识。

按照印度尼西亚政府的设想，印度尼西亚各民族是应该接受 12 年义务教育的民族。随着这项政策的普及，政府希望可以为民众提供满意的教育，使穷人也能感受到教育的公平。[1]

三、"12 年义务教育计划"的实施策略

迄今为止，印度尼西亚政府已经计划实施以下四大战略以鼓励地方政府配合教育与文化部，共同推行"12 年义务教育计划"。

（一）邀请没有高中或职业学校地区的政府参与到当地的高中或职业学校建设中

中等教育负责人坦林在印度尼西亚 ACDP 组织上表示，目前大约有 900 多处区域还没有高中或职业学校，这是各个区域适龄儿童接受 12 年义务教育的一大

---

[1] Bayu Galih. Puan Maharani：Wajib Belajar 12 Tahun Dimulai Juni 2015，（Winter 2015）[EB/OL]. http: // edukasi. kompas. com/read/2015/01/13/01183401/Puan. Maharani. Wajib. Belajar. 12. Tahun. Dimulai. Juni. 2015.

障碍。坦林还表示，内政部将与地方政府合作，在这些地区提供建设用地，并且要建设面积约为 12 万平方米的教学楼。

(二)使男女学生从初级中学毕业后就到高级中学或职业学校就读

过去，学生们在毕业后可以选择就读于高级中学或职业学校。但在今后，接受高级中学的教育则是对学生的强制性要求，这种措施可以在一定程度上帮助印度尼西亚学生立足于国际社会，并与别国学生展开竞争。

(三)要求学校举行特别活动来庆祝学生毕业

该项措施在青少年中很受欢迎，即学校将被要求举行特别活动来庆祝毕业，学生可以举办自己的毕业庆典。此措施是为激励学生完成高中学业，鼓励学生在学业中途不退缩，选择继续攻读直到毕业。

(四)政府将提供支持学生学业的经费

政府应该为学生提供经费支持，如学校业务援助。这种援助是为了确保在征费学校读书的印度尼西亚儿童也能上得起学。

除这些以外，印度尼西亚政府还实施了 Pintar 计划(PIP)，此计划包括了学校援助业务(BOS)、接收新学生方案(PPDB)、振兴学校委员会和发展职业高中等。在 Pintar 计划中，优先受益对象是 6～21 岁的辍学青少年儿童。计划通过教育课程或进行同等教育安排，帮助这些青少年儿童重返校园。并且，政府会为来自贫困家庭的儿童提供印度尼西亚智能卡(KIP)，即一种学龄儿童学习跟踪卡，通过建立学习经历数据记录的方式，追踪儿童的教育历程，以支持中等教育并存根 12 年义务教育期间所接受的教育等信息，直到毕业，以有效防止儿童辍学。此项目还与提供教育服务的学校、工作室及其他非正规教育机构或者职业培训中心(BLK)相衔接，确保儿童的受教育权利得以有效实施。

除了已颁布的政策措施之外，许多观点正在商榷中。例如，如果从法律、实践、基本概念三个方面来看待印度尼西亚着手实现的"12 年义务教育计划"的推广目标，在立法方面就应该由国会和政府成员共同修订全国教育系统的法律规章制度；在实践方面，因为存在基础设施等方面的制约，如印度尼西亚中学的数量与学生人数并不匹配，在 12 年义务教育的实践过程中，决策者应抱以开放的心态来开展，诸如讲习班学习、社区教育等形式都可以与正规中等教育一同担负学生的教育任务，职业培训课程也可以列入高中授课范围；基本概念上，要明确各司其职，明晰责任与义务，使该计划得以更好地实施。

四、"12 年义务教育计划"的实施现状

尽管印度尼西亚对义务教育的推广十分积极，印度尼西亚公民的读写率整体水平尚可，但其义务教育的参与度仍有待进一步提高。政府希望通过"12 年义务

教育计划"的实施，到 2020 年，使 12 岁学龄学生入学率达到 92％。然而，教育参与的区域差异仍需要被考虑在内。印度尼西亚中央统计局(BPS)2013 年全国社会经济调查显示，印度尼西亚中下层家庭的学生入学率只有 42.9％左右。同时，富人孩子获得教育的比重达到 75.3％。这说明教育不公平现象的问题严重。

我们还应该看到省际和省内地区入学水平也均有差异。2013 年印度尼西亚教育和文化部的数据显示，仍有 9 个省的初中教育净入学率(32.5％)远远低于全国平均水平(76.6％)。例如，西爪哇的苏卡布米和庞岸达兰的初中(SMP)入学率分别为 54.28％和 56.85％；在东爪哇的三庞和邦卡兰，入学率为 54.56％和 63.46％；东努沙登加拉省的松巴登加和松巴帖木儿的 SMP 入学率达到 52.68％和 54.52％；在西加里曼丹，卡普阿斯和巴里托乌达拉 SMP 入学率只达到了 44.48％和 41.52％；巴布亚省的威络本和卡克等地的情况更为糟糕，分别只有 24.87％和 24.92％。这些差距需要解决，部分省区的地方政府应在 12 年义务教育推行之前，先完成 9 年义务教育。克服教育程度的差异确实是很大的挑战，然而，教育的质量和相关性更不可忽视，其关乎 12 年义务教育政策实施的成败。

教育质量相关性包括教师、教育基础设施和教育经费等。事实上，教师资格问题已经成为印度尼西亚教育界的一个隐患，因教师教学方法不当、上课迟到等导致学生学习热情不高及学风懒散的现象时有发生。并且，与其他国家相比，印度尼西亚的学生与教师的比例严重不达标。按规定每 10 名学生平均一位教师，在东爪哇，全省人数最多的小学有 120 名学生，而教师数量却远远不够。学校基础设施不到位，如实验室和图书馆达不到相应要求，不能让学生通过实践从中得到知识，并感受到学习乐趣。

同时，印度尼西亚在义务教育的实施阶段存在应试教育的弊端，学生学习大多死记硬背。印度尼西亚与其他国家一样拥有涵盖小升初、中考、高考的国家考试制度。很多专家指出过，尽管国家考试制度的题目要求很高，但学生在这种制度下学会的不是对问题的思辨能力和理解能力，而只是记住公式、套用公式，这种现象令人担忧。

五、"12 年义务教育计划"的实施趋势预测

印度尼西亚实行"12 年义务教育计划"的重要性在于培养一代能够迎接全球化经济和知识型社会挑战的新型人才。12 年义务教育需要达到以下 3 个目标：促进教育公平，使教育成为所有人的基本权利；减小差距，使高中教育切实普及到所有人；提升青少年学生的专业知识和技能，以达到接受高等教育的基本要求。

这些目标旨在增强社会凝聚力和增加社会生产力，对于准备上大学或找工作的年轻人尤为关键。2013 年的世界银行调查显示，有三分之一的印度尼西亚高

中毕业生赞成进入大学，而其余的赞成找工作。对于求职者来说，"12 年义务教育计划"将让他们掌握更多的知识和更扎实的技能。[①]

12 年义务教育的推行背后隐含了一种收获"人口红利"的愿望，在未来 15 年之内（2015 年至 2030 年），印度尼西亚预计将通过此政策获得"人口红利"。作为一个人口相对年轻化的国家，印度尼西亚人口的三分之一都在 14 岁以下，如果"12 年义务教育计划"成功实施，那么大批受过良好教育和扎实职业培训的年轻一代将成为社会主力。借此人口红利的优势，印度尼西亚或将产生所谓的"黄金一代"，创造一个知识与经济齐飞的时代。

印度尼西亚教育与文化部前部长多尼指出，很多人都开始重视高中教育，义务教育延长至 12 年，是政府在全球化时代的考虑。其重要性在于不仅要提高印度尼西亚面对东盟经济共同体时的自信，而且也要切实提高印度尼西亚学生的教育水平。这应该是国家的，具体至大学的责任。但遗憾的是，在民众心中高中教育仍被视为奢侈品。

希望与挑战并存，足够的教师、足够的基础设施、足够的经费，缺少任何一项条件都不能完成 12 年义务教育这一"黄金夙愿"。其中经费更是重中之重。根据世界银行的估计，印度尼西亚大约需要 640 万所额外小学以培养年龄在 7～18 岁的所有适龄青少年儿童进入高中教育；需要 60 亿卢比的基本费用，以确保教师、教室等软硬件设施的投入。但由于大部分家庭还都是贫困群体，每年都有很多孩子辍学，特别是在进入中学阶段之后，学生辍学情况比比皆是。据世界银行预计，如果印度尼西亚政府为应对此种学生辍学问题，计划增加贫困家庭子女的奖学金数额，大约需要 8 亿卢比的额外预算。这样一来，单单延长 12 年的义务教育，就会耗费印度尼西亚 1/5 的政府教育预算。

而政府的资金会更倾向于投入易出成效的项目计划，例如进行教师资格认证计划需多付一倍教师的工资，但这一计划能够清晰辨明基础教育阶段教师胜任力问题，所以就有必要进行投资。随着教育预算的重组，如何资助所有的教育改革而不使政府陷入财政深渊，是印度尼西亚政府进行教育改革的一大突破口。

寻找资源以增加资金，并在第一时间正确投资，是提高教育系统的质量的又一挑战。这一重要挑战的成功实现需要领导者的长远眼光，来创建一个高效的教育系统。如果能整合印度尼西亚各地区的教育条件与资源，协调各地教育发展，将 12 年义务教育的政策贯彻落实到各个地区，那么印度尼西亚政府将有可能带领所有印度尼西亚青少年步入飞速发展的"黄金时代"。

---

① Amich Alhumami. In Indonesia，addressing gaps ensures education for all，(Summer 2015) [EB/OL]. http：//www.themalaysianinsider.com/sideviews/article/in-indonesia-addressing-gaps-ensures-education-for-all-amich-alhumami.

>> 第七节　印度尼西亚 2015 年基于"CBT"模式的国家统考政策 <<

在全国范围内开展的基于统一要求与统一标准的考试往往被公认是有效评估学生认知能力的一种量化工具。印度尼西亚政府在制定考试政策时，将其独特的多岛屿的自然地理因素考虑在内，旨在保障全国范围都能公平而有效地实行国家层面的考试评估标准，并将此作为各阶段学校对学生的毕业要求。自 1960 年印度尼西亚实施全国统一考试以来，至今已有 50 多年的历史。2015 年年初，印度尼西亚政府出台了一项新的考试政策，宣布全国统考将不再采用过去的纸质书面测试（Paper Based Test，PBT）的传统考试模式，而将基于计算机的测试（Computer Based Test，CBT）这一网络在线考试模式推广至全国范围。这一举措是印度尼西亚政府在考试模式改革上的一项新的尝试与突破，将极大地提高网络计算机等教育信息技术在印度尼西亚教育领域所产生的作用力与影响力。

一、基于"CBT"模式的国家统考政策的出台背景

2015 年年末，包括印度尼西亚在内的部分东南亚国家成立东盟经济共同体。面对新的国际化机遇与挑战，印度尼西亚必须培养大量具有较高专业知识的高素质人才，以期更好地应对自由市场时代来自东盟的激烈竞争。为此，作为筛选人才工具的印度尼西亚全国统考被提上改革日程。采用何种统考模式才会更高效、更便捷，更能迎合当前社会的发展潮流，成为印度尼西亚统一考试改革的热点。于是"CBT"成为印度尼西亚政府的一项新的选择和尝试。相对于"PBT"的考试模式，"CBT"以计算机为平台，以网络和技术传播为手段，通过实施无纸化、无笔化操作，对被试者进行考查和测验。现行的"CBT"模式有两种：一种是利用计算机和网络来完成与考试相关的前后期工作；另一种则是完全依赖计算机平台和网络来进行测试活动。

印度尼西亚政府提出基于"CBT"模式的国家统考政策，主要原因有：

（一）频发的考试诚信问题

与中国相同，印度尼西亚统考的"一考定终身"制度有可能使学生实现"鲤鱼跳龙门"的梦想，但也可能使学生在校多年的努力变为徒劳。统一考试作为过去几十年中印度尼西亚学生的第一道人生关卡，其公正性和严谨性颇显重要。然而在统考的组织与实施过程中却经常出现种种问题。

最为严重的是 2013 年，在印度尼西亚全国统考当日，部分省份因未能及时回收考卷，不得不延迟统考时间。先考省份的考试题目和答案已泄露，补考省份的学生能够快速获知这些统考信息。更惊人的是，学校教师在这次事件中充当了

支持者和帮助者的角色，他们以各种方式传播并纠正答案，力图帮助学生取得优秀的统考成绩。相较于学生的真才实学，教师更看重关乎其奖金的升学率，这导致了极其混乱的局面。印度尼西亚政府一再否认学生作弊猖獗这一情况，但是其随后公布的成绩及格率高达99.48%，近乎百分之百的及格率显示该国考试作弊行为不仅泛滥，而且成功率非常高。虽然印度尼西亚每年都交出"骄人"的统考成绩，但在国际教育调查中，印度尼西亚学生的表现却大相径庭。2009年经合组织对65个国家与地区的15岁学生进行的国际学生评估测验结果显示，印度尼西亚的青少年在阅读、科学和数学方面的成绩排名都近乎末尾，分别排第57、60和61位。

（二）作弊形成背景因素较多

印度尼西亚的地域特点使政策难以统一强制实施。政府在制定教育政策时承受地方压力，无法保障所出台文件真正地实施到位。据了解，尽管印度尼西亚的教育开支占国家预算的20%，但从许多校舍陈旧不堪以及部分教师被拖欠薪金达几个月的情况来看，有些教育经费并没有真正拨发到位。印度尼西亚教育与文化部承认有问题存在，但却坚称问题不在教育与文化部，并将其归咎于政府的管理机制。教育部前发言人伊布努辩解称60%的预算直接拨给地方政府，他们有责任把这些钱分发给学校。另外，印度尼西亚社会对于作弊行为态度较宽容，青少年在求学时期就普遍接触作弊行为。根据国际反腐组织"透明国际"每年公布的全球透明指数排名，在176个国家与地区当中，印度尼西亚的排名已滑落至第118位。

诚信问题已然成为印度尼西亚统考中争议最大的问题。加之考试题型、内容差异较大等问题，2006年的印度尼西亚统考遭到部分教师和家长的起诉，并要求废除。2015年印度尼西亚教育与文化部通过的教育政策文书提出，将"诚信指数"纳入学生档案中并作为考核项之一。

实施"CBT"模式的第二个因素是政府基于对资源浪费的考虑。印度尼西亚教育与文化部部长表示：因地域因素，很多地方运送试卷需要动用飞机与轮渡，加上不可控的天气因素，耗费了大量人力、物力、财力等。每年考试运送费平均达到每个学生8万卢比，而实施"CBT"模式能够使一切工作在网络上完成，十分简单便捷。据估算，"CBT"模式可以帮助印度尼西亚国家考试节省30%的财政预算。此外，传统的"PBT"模式导致纸张浪费现象严重，并且危害环境。印度尼西亚TAHUN 2013年的数据显示，SMA（国立高中）、MA（私立高中）、SMK（中专）毕业考试有2687426名参与者。假设统考有10个科目，高中水平统考就需要用纸1.61亿张，"PBT"模式产生的大量废纸垃圾造成了资源浪费，对环境造成极大破坏。

二、基于"CBT"模式的国家统考政策的内容及实施策略

(一)政策内容

2014 年 10 月,印度尼西亚时任总统佐科与新任教育与文化部部长阿尼斯颁布了《2014 年全国统一考试调控指令》(Permendikbud 144—2014 Ujian Nasional),其中第二十条提出在 SMA、MA、SMK 的统一考试中使用"CBT"模式。这一政策为 2015 年"CBT"国家统考政策的进一步实施推广奠定了基础。

2015 年 3 月,印度尼西亚政府宣布在全国范围内实施"CBT"考试模式,并将实施范围扩大到 SMP(初级中学)、MTS(高级技术中学)、SMAK(基督教高级中学)以及 SMTK(家政技校)等。

相较于 2014 年的国家统考政策,2015 年政府进行了大幅度的调整,主要在考试目的与内容、形式与难易程度、大学机构在试卷材料勤务方面的职能等方面,具体如下。

(1)在 2015 年之前,政策规定的统考地位十分明确,指出统考不仅是学生能力的强化与检测,更是学生毕业、升学的决定性水平考试。但 2015 年的统考政策认为统考意在反映成绩,不再是毕业、升学的决定性因素。

(2)2014 年的全国统一考试规定只能用"PBT"模式作答。2015 年将"PBT"模式与"CBT"模式相结合,并且明确指出,2015 年将挑选部分学校作为试点进行"CBT"模式试验,再将该模式逐步推广应用至各地各校,最终使其完全替代"PBT"模式。

(3)新型统考将增加文化学、社会学、人类学、环境学等领域的高级探究题目。

(4)2015 年以后大学机构在统考中将不再具有监察督导权,只具有阅卷权。

(5)考试材料竞标印刷不再由 8 个地区相应的系统部门准备,改由 26 个省政府来管理。

综上,2015 年是印度尼西亚国家统考改革中的重要一年,这也彰显了佐科总统在教育领域的改革决心与魄力。2015 年每项统考政策的变化都基于对旧政策的删补和修订,应对不同的问题与隐患,每项政策之间相互联系、相互影响。

(二)实施策略

在经费方面,基于"CBT"统考政策的计算机等设备的供给费用由 BOS(Biaya Operasional Sekolah)与学校共同承担。有意在统考中实施"CBT"模式的学校必须满足以下条件并通过省级教育部门的验证:

1. 已获得认可的优等学校或优等宗教学校

2. 拥有相应的硬件设备和基础设施

（1）有三分之一学生人数的台式或笔记本电脑设备和至少十分之一的客户端计算机存储量。

（2）有计算机服务器装备的处所（UPS）。

（3）有本地网络（LAN）与电缆。

（4）有良好的互联网连接速度。

（5）有供电容量足够的电源设备。

（6）有足够的场地空间。

在网络执行方面，"CBT"模式虽在一些地方被称为网络在线考试，但是并不连接互联网，它只连接用以传输试卷等相关信息的小范围的且受严密管理的局域网。该局域网由指定的服务器管理，并由专人监督。相关部门对于"CBT"数据的安全性也在不断地完善与加强。

在考试内容与形式方面，新实施的"CBT"模式与"PBT"模式的试题类型将同往年一样只有选择题。这些题目已经通过测验，将不会因为考试方式的变化而导致学生发挥偏差，有关小作文等其他形式的题目将可能会在未来考虑实行。答题方式也是在计算机上完成，不再需要答题卡和笔。但在考试过程中，学校可以提供纸张以帮助学生进行演算的过程。[①]

最后，实行地区需对考生进行基于"CBT"模式的模拟考试，帮助学生熟悉新的考试形式，使学校熟练操作考试过程。

三、基于"CBT"模式的国家统考政策实施情况

相对于2014年的试点工作，2015年是"CBT"模式真正意义上实施的第一年。对于此项新技术的使用，全国7.9万多所初中和高中内共有585所学校通过了验收，其中真正落实到位的学校有550多所。经过4月的全国统考，各地反馈"CBT"模式的优点有：更容易使用、机化考试不需要涂卡、节省大约30分钟的时间、节省纸张与资源等；其缺点在于：对计算机工具的依赖性、场地空间的限制、对计算机知识与技能要求较高、无法避免偶然性的错误，并且这些错误相对于"PBT"模式更难解决等。

印度尼西亚各省实行"CBT"模式的情况总体较令人满意，在发达地区如雅加达、万隆较为顺利，其他省市总体顺利，但在资质评审、勤务实施、突发事件等处理方面出现了一些细微的问题。

很多学校在校学生数量与可用计算机数量比例不达标，因而最终无法采用

---

① Djuandi. Badan Nasional Pendidikan. Kemendikbud Tegaskan Soal UN Tahun Ini Berbentuk Pilihan Ganda，(Winter 2015)[EB/OL]. http：//bsnp-indonesia.org/? p=1604.

"CBT"模式。标准的基于"CBT"模式的计算机设备与学生比例是 1∶3，即一台计算机供三名学生使用。因此，如果一所学校有 300 名学生要参加考试，但计算机数量只有 50 台，那么这所学校便不可以采用"CBT"模式。虽然在诸如雅加达等发达地区，大多数学生的经济能力不错，已拥有了自己的笔记本电脑，但统考要求必须使用学校的电脑。目前来说，"CBT"模式使用最广泛的区域是日惹地区。

也有部分学校虽达到了要求，但在勤务过程中因种种原因出现了一系列问题。例如，在东爪哇泗水，原定于 3 月 7 日至 4 月 13 日举行的"CBT"考试未能如期开展。究其原因，该市的"CBT"考试的标准操作程序(Standar Prosedur Operasi)于考试之前突然更新，使许多技术性工作难以调整，技术人员并没有进行相应的培训，各项步骤操作不熟。直至考试前，该市的教育评估中心也没有公开确定进行"CBT"考试的学校，政府对于"CBT"考试并未明确态度。同样，在梭罗市基于"CBT"模式的数学考试过程中，一些学生的计算机突然自动退出系统，后来在监考教师的指导帮助下，考试才得以继续。在千岛群岛，相关负责人也表示，"CBT"项目困难重重，往往因为电力、网络等问题而无法顺利开展。[①]

四、基于"CBT"模式的国家统考政策实施的影响因素

"CBT"全国统考政策的实施不仅受地理因素影响，也受各种人力、物力以及社会各界的影响。从印度尼西亚的现行情况来看，目前实施此项政策有一定的基础条件，但也存在较大阻力。具体主要体现在以下几个方面：

(一)偏远贫困地区的推广问题

由于印度尼西亚多岛屿的自然地理环境，各地方的经济、文化、教育发展不均衡。偏远贫困地区经济欠发达，资金支持无法到位，设备支持、人员调配等存在较大阻碍；其地理情况的复杂导致网络接入条件有限，困难重重；网络维护与技术人员的技术培养需要较长时间；学生的计算机技能水平较低，在一定程度上会因为排斥心理而影响考试的正常发挥，故障率增高。

(二)试题库的建设与搜集整理需要大量时间缓冲

印度尼西亚国家统一考试中，题目与知识的图文输入与形式转换必须在保密的情况下完成，这样一来，基于计算机的试题库信息建设势必需要大量时间。同时，印度尼西亚的地域问题导致了地区与地区间的试题难易度、考查范围差异。如何实现印度尼西亚发达地区和不发达地区、重点学校和非重点学校的试题难易度统一，如何实现试题资源共享也是迫切需要解决的问题。

---

① Febriyan sutrisno. Ujian Nasional Online，Siswa Menjadi Kelinci Percobaan，(Winter 2015)〔EB/OL〕. http：//www.kompasiana.com/febriyansutrisno/ujian-nasional-online-siswa-menjadi-kelinci-percobaan＿5535b3416ea8347924da42e3.

(三)硬件设施建设落后问题

硬件设备的使用与维护是印度尼西亚"机考改革"中严峻的问题。很多学校在引入大量电脑设备之后往往因资金和技术的缺乏，对硬件的维护和更新力度不足，导致经年累月情况下硬件设施的老化落后。一旦这种情况在国家统一考试过程中影响扩散，势必会导致学生的现场考试作答出现状况，引起教育事故，引发社会问题。

(四)其他问题

计算机模式的国家统一考试中，计算机使用经验较少以及对机器考试不适应的学生相对来说会处于劣势。计算机作答需在规定时间内使用键盘打出答案，经验及熟练度成为影响考试发挥的一项重要因素，给考生增加了压力。

此外，地域因素下，电力、信号等方面的突发状况及处理也会极大地影响学生正常水平的发挥。

五、基于"CBT"模式的国家统考政策的展望

2015 年 10 月，印度尼西亚教育与文化部表示，2016 年全国将有 3000 所学校实行"CBT"考试模式，其中雅加达约占 800 所。教育工作者们已经逐渐认识到了"CBT"相对于"PBT"的优势。虽然"CBT"考试模式不会强制推广，但预计会有越来越多的学校加入并使用这一新型模式。

印度尼西亚"CBT"模式的实施在于解决考试的公平问题，通过计算机一体化考试模式，构建了学生良好的诚信价值体系，与此同时也实现了高效环保的考试运作流程。在评价"CBT"模式的应用时，不仅要看到其技术性建造的公平与效率，而且要看到其一定的预算成本。从技术层面来说，并非每个地方都适用"CBT"模式，所以仍要在结合"PBT"模式的基础上，使机化改革逐步推进，进而在全国各地实现这一变革。

技术性的革新往往需要大量人力、财力与物力的投入，落实这样一个过程也需要各方人员的帮助和坚持。印度尼西亚政府推行"CBT"考试模式的态势值得持续关注。

第十一章　拉丁美洲教育政策与发展趋势

>> 第一节　《T 计划》——墨西哥国立高中社会情感培养计划 <<

《T 计划》(*Construye T*)是由墨西哥教育部(Secretaría de Educación Pública)主持和资助,中高等教育司(Subsecretaría de Educación Media Superior)协办的国家级教育项目,同时得到了联合国开发计划署(Programa de las Naciones Unidas para el Desarrollo)的支持。该项目的目的是提高学校培养青少年的社会情感交流能力,改善校园环境。墨西哥政府希望青少年可以通过社会情感培训,正确积极地面对年龄、家庭、社会经济和生活所带来的挑战和问题。该计划旨在直接提高高中生课业成绩,通过社会情感培养的方式,间接减少校园暴力、毒瘾和意外怀孕等导致的辍学事件的发生。

一、政策背景

2007 年墨西哥教育部出台《高中阶段风险预防方案》(*Programa de Prevención de Riesgos en la Educación Media Superior*),以降低高中生辍学率,避免校园不良行为的发生。墨西哥政府希望通过改善校园环境的方式解决学生辍学问题,召集了青少年问题专家直接进入校园对校园工作人员进行培训和指导。2008 年,墨西哥教育部得到了联合国开发计划署、联合国儿童发展基金会和联合国教科文组织的帮助,在《高中阶段风险预防方案》的基础上出台《T 计划》,除了降低辍学情况的发生外,指导高中教育阶段的学生进行人生规划和风险规避,尤其是有暴力、吸毒和早孕等问题的学生。在 2008—2013 年,《T 计划》主要从自我认识、健康生活、学校和家庭、和平反暴力文化、青年参与以及人生规划六个方面开展活动,预防学生辍学事件的发生。在这期间共有 1410 所学校参与了这个项目,占墨西哥公立高中总数的 16%。从整体来看,该项目并未取得预期的成果,据教育部的数据,2013 年辍学率将近 15%,也就是每天有将近 1800 名学生放弃学业。①

---

① Subsecretaría de Educación Media Superior. Programa Construye T 2014—2018[EB/OL]. http：//www. construye-t. org. mx/resources/DocumentoConstruyeT. pdf，2016.

《2013—2018 墨西哥教育部计划》(*Programa Sectorial de Educación 2013—2018*)中提到，通过全面推进教育改革，提高学生身体和心理健康程度，预防青少年犯罪而导致的中途辍学情况发生，建立一个没有暴力、性骚扰的校园环境，从而提高高中教育质量和高中教育的融入性。[①] 为了更好地落实墨西哥政府提出的新的教育政策，2014 年年初墨西哥教育部与联合国开发计划署合作，共同召集情感交流方面的国际学者和专家，对减少青春期危险行为和培养社会情感能力进行了讨论，对《T 计划》内容进行了细化和重新整理，制订了 2014—2018 年计划目标。与会专家在会上达成共识，应该加强校际合作共同预防学校暴力行为，加强对学校管理者、教师、学生及学生家长的培训，对学校暴力事件给予正确的处理方式，同时加强学校的组织管理能力，提高学校的人权、民主意识，培养学生对多元文化的理解和尊重。[②]

二、政策内容

(一)政策实施目标

根据《2013—2018 墨西哥教育部计划》要求，2014 年对《T 计划》的目标进行了修改，修改后的目标于 2015 年正式开始实施。新目标要求如下：

(1)提高教育管理者和教师的情感管理能力，教育管理者和教师能力的提高有助于提高学生社会情感培养的效果，有助于构建校园和教室的和谐环境。教育管理者和教师对学生社会情感的培养起着重要作用，教育管理者保证了良好校园环境的建设，教师则负责良好班级环境的管理。

(2)培养学生社会情感能力，帮助处在青春期的学生进行自我情绪管理和控制。建立和发展积极的同学间及师生间关系。培养学生做决定前认真思考、对自己做的决定负责任的习惯。培养完整的人格，指导学生正确面对在今后学业和人生道路上遇到的困难。

(3)增加学生参与学校管理、改善校园氛围的积极性，增加学校管理者、教师及学生的学校归属感。

除了优化学校环境，墨西哥政府还希望通过该项目降低学校学生犯罪率，减少少女怀孕现象，降低辍学率，从而改善学生学习成绩以及提高校园和谐程度。

---

① Secretaria de Educación Pública. Programa Sectorial de Educación 2013—2018 [EB/OL]. http：//webcache. googleusercontent. com/search? q＝cache：duMzm1ZYld0J：www. sep. gob. mx/work/models/sep1/Resource/4479/4/images/PROGRAMA _ SECTORIAL _ DE _ EDUCACION _ 2013—2018 _ WEB. pdf＋&. cd＝1&. hl＝zh-CN&. ct＝clnk&. gl＝us，2016.

② Secretaria de Educación Pública. Construye T-Marco Institucional [EB/OL]. http：//www. construye-t. org. mx/inicio/construyeT # ComoFunciona，2016.

(二)政策实施对象

《T 计划》主要培训对象是墨西哥 32 个州公立高中学校管理者、教师及在校学生,学生年龄在 15～18 岁。在 2014—2015 学年共有 2500 所学校参与了该项目,联邦所属学校占了学校总数的 35％,国家所属学校占了 65％,其中 1251 所学校参加过之前的项目培训。大约对 200 万学生进行培训,占公立高中学生注册人数的 58％;对 2500 名教育管理者和 10000 名教师进行培训,教师培训选拔要求为至少每所学校选拔 2 名教师,平均每 1 名教师负责 200 名学生。参与 2014—2015 学年培训的平均辍学率为 15.6％,这些学校普遍存在因暴力、怀孕和吸毒而导致的辍学现象。

表 11-1　2014—2015 学年《T 计划》信息

学校	2500 所
班级	3428 个
学生	2063419 名
教师	99332 名
平均每校学生人数	825 名
平均每名教师负责学生的人数	22 名
预计接受培训的领导人数	2500 名
预计接受培训的教师人数	10905 名

来源:Subsecretaría de Educación Media Superior. Programa Construye T 2014—2018[EB/OL]. http://www.construye-t.org.mx/resources/DocumentoConstruyeT.pdf,2016-09-28

(三)政策实施内容

1. 社会情感能力培养的意义

社会情感学习是指儿童、青少年及成年人通过有效的方式习得情感知识、树立态度和培养能力的过程,通过学习可以正确地理解自己和他人的情感,树立积极的个人目标,对他人富有同情心,建立和发展正确的人际关系,对自己的决定负责任。了解社会情感的重要性及特点是教育工作的基本内容,因为学生的社会情感能力直接影响了课业成绩。[①]

因此,社会情感能力是一个工具,良好的社会情感能力可以帮助学生更好地认识自我,正确控制自己的情感,与他人进行有效沟通,正确解决冲突,还能帮助学生克服困难、缓解压力,做出正确的决定,规划并实现人生目标。这也是情

[①] 　Neva Milicic,Lidia Alcalay,Christian Berger,Pilar Alamos. Aprendizaje socioemocional en estudiantes de quinto y sexto grado:presentación y evaluación de impacto del programa BASE[EB/OL]. http://www.scielo.br/pdf/ensaio/v21n81/02.pdf,2016.

商的培养，与学生认知发展的培养同样重要。提高学生社会情感能力，对学生的学业、个人以及职业发展起到了至关重要的作用。[①] 社会情感能力具体作用为：

（1）提高学生的自我身份认同以及自尊心。青春期的青少年身体和情感都处在人生重要的变化时期，是自我身份认定的彷徨期、人际交往关系的转型期。因此，社会情感学习帮助学生建立自我认识、提高学生自尊心、建立对社会的信心。另外，对自我情绪控制能力、解决问题冲突能力、控制焦虑情绪能力、决断力都会有不同程度的提高。[②]

（2）有助于加强教学过程的管理。在教学过程中，社会情感的作用尤为明显，教师需要注重在教学过程中对学生的感情培养。

（3）提高学生课业成绩。相关调查表明，社会情感能力的提高有助于学生提高课业成绩，一方面促进提高学生的出勤率以及提高学生的学习积极性，另一方面减少学生对学习及学校课堂的负面情绪，帮助缓解压力。哈佛大学著名学者约翰·佩顿（John Payton）的研究表明，社会情感能力高的学生比社会情感能力低的学生的学习成绩高出 11～17 分。[③]

（4）降低青少年犯罪率。国际经验表明，减少青少年犯罪事件发生的最好办法是建立一个帮助青少年情感发展的综合平台，提供给青少年共同参与的机会，从而培养他们的决策能力，尤其是对处在弱势环境下的青少年给予特别关注。在低龄青少年中，着重加强生理方面情感认知学习。

（5）减少社会和教育的不公平现象。墨西哥教育领域的不公平现象最为严重，造成公民社会能力不一致的主要原因之一就是教育不公平。社会情感能力的提升不仅有助于提高生产力，提高个人收入，而且也可以促进处在社会边缘的青少年的社会发展。[④]

（6）提高劳动力市场竞争力。在经济全球化发展的浪潮下，最近几十年拉美劳动力市场的用人需求也发生了重大的变化，从简单初级手工劳动力需求转到高知识高认知能力的用人需求。因此，情感能力作为非正式素养成为了当今用人市

①　Heckman，James y Tim Kautz. Fostering and Measuring Skills：Interventions that Improve Character and Cognition [EB/OL]. http：//www. nber. org/papers/w19656. pdf，2016.

②　Hair，E.，Jager，J.，and S. Garrett. Helping Teens Develop Healthy Social Skills and Relationships：What the Research Shows about Navigating Adolescence [EB/OL]. http：// www. hhs. gov/ash/oah/oah-initiatives/ta/paf _ training2 _ healthysocialskills. pdf，2016.

③　Payton，J.，Weissberg，R. P.，Durlak，J. A.，Dymnicki，A. B.，Taylor，R. D.，Schellinger，K. B.，& Pachan，M. . The positive impact of social and emotional learning for kindergarten to eighth-grade students：Findings from three scientific reviews [EB/OL]. http：//www. indiana. edu/~pbisin/pdf/PosImpact-SELK-8. pdf，2016.

④　James Heckman，Flavio Cunha. Investing in Our Young People [EB/OL]. http：//www. nber. org/papers/w16201. pdf，2016.

场的重要指标之一。情感能力强的人可以更快适应变幻莫测的工作环境，更加适应团队合作，也可以更快地解决矛盾冲突等。

2. 社会情感能力培养维度

青春期是生理和情感变化最大的人生阶段之一，对于处在这个阶段的学生来说，如何正确调整压力、处理好与同学之间的关系、正确看待对物质的需求和生理的需求，是顺利度过青春期的关键，也是本计划重点解决的问题。该项计划把学生情感训练分为 3 个维度、6 项综合能力和 18 项具体能力进行培训。3 个维度的训练主要是认知、理解和正确使用社会情感，这与学生的认知过程相吻合。

表 11-2 《T 计划》社会情感能力培训分类

认识维度	自我意识	自我认知
		自我效力
		情感认知
	自我控制	情感运用
		延迟满足
		面对挫折
	决心	进取动力
		毅力
		控制紧张情绪
联系维度	社会意识	同情心
		聆听能力
		判断力
	他人交往	果断力
		解决冲突能力
		社会行为能力
选择维度	责任心	做决定
		批判性思维
		后果分析

认识维度是帮助学生清楚了解青春期阶段的感情特点，对自身生理和情感的发展有更深的了解。通过训练正确地控制自己的压力，缓解自我情绪，为达到既定目标而努力。认知维度中的 3 项综合能力自我意识、自我控制和决心中又涉及 9 项具体能力。自我意识具体定义为定义和认识自我情感、思想和意图的能力，根据具体情况做出深思熟虑的决定。自我意识的 3 项具体能力中，自我认知是指认识自我，理解并接受自我感情和优缺点的能力；自我效力是指增加自信，相信自己可以达成目标；情感认知是指了解自己和他人情感，做出行为判断的能力。自我控制是指控制自我情感和行为的能力。自我控制的 3 项具体能力中，情感运用是指以健康正确的方式运用自我情感，减少与他人的冲突；延迟满足是指控制自己享受眼前的满足，为更高远的目标而努力；面对挫折是指用平和的心态面对

失败或挫折，在挫折面前可以重新规划目标的能力。决心是认知维度的最后一个能力，是持之以恒不断努力达成目标的能力。决心的 3 项具体能力中，进取动力是指确定目标并建立达成目标的信心；毅力是指为了达成目标持之以恒的行动力；控制紧张情绪是指面对逆境时控制自己身体和心理负面反应的能力。

联系维度主要是提高学生本人与他人交往的能力，培养学生的同情心、倾听能力、与他人冲突问题解决能力等。青春期阶段的学生正处在情感萌芽时期，做好这个阶段学生的情感指导工作尤为重要。在这个维度中涉及 2 项综合能力：社会意识和他人交往。社会意识是指了解并且明白他人的感情，清楚自己的行为对周围社会的影响。社会意识里包括 3 项具体能力，同情心是指了解他人的情感状态，明白处境不同情感表达也会存在差异；聆听能力是指听懂对方的谈话内容，倾听时做到专注，且不随意下评论；判断力是指具有长远的眼光，对现实情况做出具有前瞻性的判断。他人交往是指与他人建立起健康、稳固并持久的人际关系的能力。该综合能力下同样包括 3 项具体能力，果断力是指以正确、清晰、热情的方式表达自己的情感和思想，避免对他人造成伤害；解决冲突能力是指解决问题的时候可以考虑到他人和自己的需求、意愿和情感的能力；社会行为能力是指个人的行为对社会的建设起到积极作用。

选择维度指导学生如何做出深思熟虑的决定，并对自己的决定负责任。指导学生正确判断危险情况，并采取正确的规避措施避免危险情况的发生，帮助学生做好人生规划。在该维度中涉及 1 项综合能力责任心，对所处的情况进行正确的分析和评估，选择正确的处理方式，降低对生理和心理的伤害。其中有 3 项具体能力：做决定是指当面对复杂的情况时，可以冷静思考和分析，根据最终目标做出正确选择；批判性思维是指正确运用知识和情商对事情的发展进行合理的解释和预测；后果分析是指对自己的决定所带来的结果进行评估和批判。

上述所提到的具体社会情感能力，是学生解决问题的工具，帮助学生克服困难，完成人生自我实现，达成人生目标。

3. 校园环境建设

校园环境是指学校规章制度、目标、价值、人际关系、教学活动、结构组织等的综合概念。[①] 在《T 计划》中，校园环境具体是指在校人员的人际关系，也就是学生之间、师生之间、教师与领导之间、学生与领导之间的关系。校园环境对于学生的成长至关重要，学生在成长过程中大部分行为活动都发生在校园中，也就是说校园是学生认识社会最重要的窗口，是学生社会化的重要平台。因此，学校有责任向学生展示社会融合的标准，为学生建立一个无暴力交流、有效沟通、

---

① National School Climate Center. School Climate [EB/OL]. http：//www.schoolclimate.org/climate/，2016.

有效解决冲突矛盾的平台。[①]

学生的社会关系和社会情绪对学习质量和学习方法产生直接的影响，因此学校需要采取措施保证学生在学校的融入性，保证为学生提供一个健康和谐的校园环境。但是目前，墨西哥很多学校的校园环境令人担忧，根据 2013 年墨西哥排斥、忍受及暴力调查，被调查的公立学校高中生中，56％具有悲伤情绪，44％感到孤独，26％觉得自己是个失败者；37％的学生在学校受到过欺辱，12％的学生与同学发生过冲突，24％的学生不会制止非朋友间的暴力行为。[②] 墨西哥政府希望通过这个项目，改善校园环境，在这个过程中学校管理者起到重要作用。什么才是良好的学校环境？墨西哥政府在该项目中做出了具体的定义：(1)愉快和安全的校园环境；(2)干净且整齐的空间；(3)对学校基础设施的爱护；(4)学校教职员工之间的尊重；(5)学生之间的尊重；(6)师生之间的尊重；(7)建立学校生活的规章制度；(8)对文化多样性的包容。这样的环境是学生拥有良好学习经历的基础，是培养学生情感正常发展的保障。[③]

校园环境的建设离不开学校领导和教师的努力，所以在校园环境建设过程中，学校教职员工需要清楚了解整体发展和学生教育路径发展面临的问题，根据青少年需要和现实需要制订推动教育整体发展计划，促进校园环境的发展。学校管理者和教师首先需要做到对学生的尊重和宽容，积极聆听学生的心声，富有同情心，和平解决冲突以及与他人友善沟通，成为学生的榜样，并为学生营造一个良好的校园环境，从而减少因暴力、吸毒或怀孕而造成的辍学行为及其他危险行为。

三、政策实施

2014—2018 年《T 计划》是墨西哥教育部中高等教育司出台的《教育路径和学生陪伴教育政策》的一部分，以学生为中心，为学生提供优质的教育资源，推进学生的全面发展，提高学生课业完成率。《T 计划》主要是对该项目的参与者，尤其是学校管理者和教师给予技术支持和能力的培训，首先提高教师能力，辅导制定改善校园环境的计划和措施，为学生创建一个良好的校园环境。该项目重新修改的总目

① Neva Milicic，Lidia Alcalay，Christian Berger，Pilar Alamos. Aprendizaje socioemocional en estudiantes de quinto y sexto grado: presentación y evaluación de impacto del programa BASE[EB/OL]. http：//www. scielo. br/pdf/ensaio/v21n81/02. pdf，2016.

② Secretaría de Educación Pública. Construye T-Habilidades Socioemocionales [EB/OL]. http：//www. construye-t. org. mx/inicio/aprendizaje _ socioemocional，2016.

③ Amrit Thapa，Jonathan Cohen，Shawn Guffey，Ann Higgins-D'Alessandro. A Review of School Climate Research[EB/OL]. http：//k12engagement. unl. edu/REVIEW％20OF％20EDUCATIONAL％20RESEARCH-2013-Thapa-357-85. pdf，2016.

标为：

(1)促进青少年全面发展，顺利完成学业，培养学生面对人生中的挑战；

(2)提高学校领导和教师领导能力；

(3)获得正面情感能力发展的影响，改善校园环境；

(4)提高学校能力，预防危险情况的发生；

(5)2018年该项目覆盖所有公立学校。

为了完成上述目标，方案实施的主要有3方面的内容。

(1)对教育管理者和教师的培训：培训教育管理者及教师，使他们正确了解并掌握18项社会情感技能，并且对学生进行这18项技能的培训。培训教育管理者和教师如何创建良好的校园及课堂环境。管理者和教师的情感培养是这项实施方案的重要环节，只有教师正确理解和掌握使用社会情感技能，才能为学生建立起正确的示范标准，增进师生之间良好的社会情感关系。

(2)出版社会情感培养教材，改善校园环境：聘请社会情感专家编撰适合青少年使用的书籍和视频，教材内容简单、脉络简明，具备创新性、实用性和实践性强等特点，帮助学校领导者和教师的学习和使用。

(3)增强学校对社会情感和校园环境建设的制度发展：完善学校制度，保障学生社会情感能力培训计划的顺利进行，保障校园环境建设的持续发展，确保培训活动、教材到位，培养学生参与各项活动的积极性。

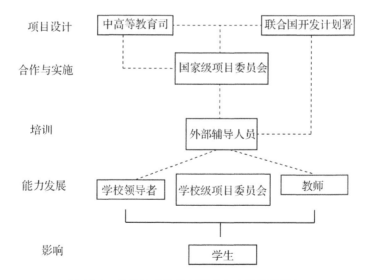

图 11-1 信息技术建设项目参与人员组织框架

为了彻底落实上述3方面内容，整个项目的实施共分为5个步骤：学校参与者培训、学校制度分析、制订工作计划、项目实施以及建立国家青年会议组织。

首先是建立国家级别和学校级别委员会制度，进行对学校参与者的培训工作。国家级项目委员会是国家教育机构和地方教育机构的桥梁和协调员，把国家的教育理念传达给地方教育机构，协助地方教育机构顺利完成该项计划任务。学校级项目委员会则是学校领导者、教师和学生之间的桥梁和协调员，协助并指导学校项目的顺利推进，促进学生参与该项目的积极性。需要特别指出的是学校项目委员会由学校领导者、该计划协调员、教师、学生和家长共同组成，以提高学生对学校管理工作的参与程度。

其次是学校制度分析，为了更全面地了解参与该项目的公立学校情况，在每学年开学之初，国家派评估人员到学校进行现场调查和评估，通过课堂观察、访谈、问卷调查等方式获得一手资料，进一步了解每个学校的师生意见、主要问题和面临的困难等。

根据专家的评估结果制订工作计划。工作主要内容是预防、培训和保护工作。预防工作是利用现有学校资源预防校园危险事件的发生；培训工作是对学校师生、管理人员以及学生家长进行指导，有组织性地面对学校存在的问题；保护工作是对有辍学危险的学生建立特殊的保护组织，对他们提供特别指导，防止辍学事件发生。

一旦确定学校问题所在，对学校或个人进行及时干预，在干预项目中明确规定干预内容、方法、人员、材料以及时间。修改后的计划形式多样，与之前的不同之处在于，除了保留原有国家统一的校园层面的计划，还允许学校根据本校特点发展适合本校的团体项目等。

表 11-3 《T 计划》框架下项目实施类型

项目类型	参与人员	主要特点
学校级别	学生、教师、教育管理者以及家长	明确学校存在的问题 确定实施方案内容与计划，召集人员参与 学校委员会负责项目的设计、管理和评估
团体级别	特定学生团体	针对学校部分学生需求 由学生和教师共同制订或只由学生制订方案内容 方案实施时间和目标视具体情况而定
学生级别	学生	该方案分为 5 个步骤：计划、管理、实施、评估和保持 在考虑意见的可行性和相关性时必须符合学校委员会的要求 一般为中长期项目，所以必须制定可持续发展的政策 建议提出者接受该方面的专家培训，推动项目的可持续发展及青少年的参与程度
跨校级别	公共机构、领导人员和学校管理者	最大程度让更多人参与培训，建立合作联系 帮助公立学校的学生提高生活质量，保护他们的权利

国家青年会议组织是一个帮助学生们进行沟通和交流的平台。在该平台上，学生们可以互相交流在校园中遇到的问题和经验，分享项目实施过程中的体会和遇到的困难。该平台还为学生提供有助于校园融入的活动、沙龙和会议。

墨西哥政府还会不定时地对项目进行评估，根据评估结果及时调整政策内容。改进后的计划更加强调了项目实施的系统性和完整性，提高了学生自我管理的积极性。

>> 第二节　智利《教育改善计划》
——为全社会提供高质量的教育服务 <<

如何提高教育质量成为智利政府最为关注的教育问题，建立一个良好的校园环境，为所有的学生提供上学的机会，全面发展学生的才华，培养学生个人的社会发展能力，使之成为一名合格的公民，是每一位学校领导、教师以及所有学校工作参与者的责任。因此，为了提高智利的教育质量，智利教育部出台了新的《教育改善计划》(*Plan de Mejoramiento Educativo*，PME)，通过建立明确且全面的质量保障体系，确保教育质量改革也顺利完成。《教育改善计划》为期四年，从 2015 年正式开始实施。该计划分为两个部分，第一部分主要完成政策分析、学校评估以及制定未来 4 年内的目标和计划；第二部分根据年度目标设计完成年度教育方案。

一、政策背景

智利的不平等问题根深蒂固。在经合组织的成员国中，智利是收入分配最不均等的国家之一。2013 年米歇尔·巴切莱特(Michelle Bachelet)当选智利总统后承诺减少社会不公平现象，全面提高教育质量，进而减少社会的持续不平等现象。因此改善各个阶段公立教育的教育质量、教育融入以及增加教育免费名额成为了巴切莱特时期教育改革的核心内容。[①] 改革范围涉及智利全国范围内所有幼儿园、中小学及高等教育机构，立法保证入学率，提供免费的受教育机会及更多教育资源，保障全社会公民接受教育的权利。解决教育质量问题，首先需要解决教育公平问题，让全民享受到统一高质量的教育服务。因此，本次教育改革分为两个方面：一是建立新的公共教育标准，把公立学校打造成全智利的质量示范校；二是建立国家教师政策，对教师职业能力进行重新评估，提高课堂活动效

---

① Mchelle Bachelet. Reforma Educacional[EB/OL]. http：//michellebachelet. cl/wp-content/uploads/2013/10/Reforma-Educacional-14-21. pdf，2016.

率，把教师素质作为学校质量保障的核心。智利政府出台了若干教育政策保证教育改革的顺利进行，其中之一就是《教育改善计划》，该计划被评为教育质量的基石、质量提高的重要保证，为所有学生提供最好的入学机会，保证了教育公平。[①]

根据优惠学校资助法(Ley de Subvención Escolar Preferencial)(第 20.248 号法案)和教育质量国家保障体系(Sistema Nacional de Aseguramiento de la Calidad de la Educación)(第 20.529 号法案)的规定，《教育改善计划》是学校加强教学和管理过程，为所有儿童提高教育质量的计划和执行工具。新的《教育改善计划》改变了过去的一年短期计划方案，改为现在的四年中期计划方案，教育计划更全面、持续性更强，并且与国家教育部的中长期目标更相吻合。[②]

二、政策内容

《教育改善计划》有两个指导方针：一是关注教育需求，通过对学校教学和管理能力的综合性培训，全面提高学生的学习能力；二是年度计划改为四年中期计划，保证计划的全面性和可持续性。该计划的主要目标，首先是促进学校的反思、分析、规划、实施、跟踪、自我测评；其次是根据提高学生培训需求，有意在全国范围内推动课程学习；最后是全面推进教育机构和教师管理的发展，提高教育机构的教学质量。

(一)教育质量改善模型

新的框架对教育需要改善的内容进行了重新定义，改善周期也延长至了四年，每一年为一个改善阶段，共计四个改善阶段。在每个阶段中，教育机构对各自现状、存在问题以及面临的挑战进行分析和反思，根据《教育改善计划》的总方针和目标，制定符合自己学校情况的阶段性实施方案。因此，该计划的第一部分工作是收集教育机构的培训和教学信息，并对其进行分析。根据分析结果，制定四年发展战略性总目标。第二部分是根据总目标制定阶段性发展目标和计划。在此框架下，主要的四项工作如下。

(1)战略分析：教育机构对学校开展的培训和教育活动的反思；

(2)教育机构的自我评估：教育机构管理者及教育工作者对学校行政和教学管理对学生产生的影响分析；

(3)制定四年战略目标：根据教学管理、领导能力、校园共处及资源管理四个方面制定四年中期目标；

---

① Ministerio de Educación de Chile. Plan de Mejoramiento Educativo[EB/OL]. http：//portales. mineduc. cl/usuarios/mineduc/File/2014/PME％20DOC％20N1％20VF_2014. pdf，2016.

② Ibid.

(4)制订年度计划：通过自我测评、计划、实施和评估四个过程，根据上一阶段完成情况，制订下一阶段工作计划。

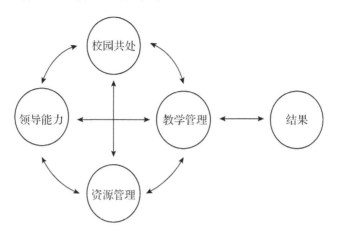

图 11-2 《教育改善计划》实施过程和评估结果模型

在图 11-2 实施过程和评估结果模型中共涉及了四个方面的内容，这四个方面对行政和教学管理都起到了关键性的作用，在整个计划实施过程中教育机构领导者和教职工成为核心执行者，通过他们日常工作的努力，为所有学生提供一个良好的、公平的学习环境。

表 11-4 《教育改善计划》实施过程四方面主要内容定义

实施过程	
教学管理 定义：教学管理的核心目标是培养学生的学习能力，促进学生的全面发展。通过全体教职员工及校领导的通力配合，保证教学管理工作顺利进行。教学管理内容还包含通晓政策、教学过程、组织实践、准备工作、建立方案及教学评估等工作内容 主要方面包括：课程管理、课堂学习及教学活动、学生自我发展的辅导活动	领导能力 定义：负责学校该项改革工作的相关管理者或管理部门的领导能力。其中包括领导者对该政策的制定、相关性、引导性及计划性等 主要涉及人员为：教育机构所有者及学校领导 涉及内容：项目规划及实施
校园共处 定义：校园共处培养学生的社会能力、人际交往能力、解决问题冲突的能力等，通过日常行为及专门课程进行培养。需要理解有关学生个人能力及社会能力发展需求的政策、过程及实践项目，促进学生身体、心理以及情绪的全面发展 主要范围包括：培训、共处、参与及民主生活	资源管理 定义：资源管理主要是指通过对材料的管理，保证改善项目的顺利实施。需要了解日常教学材料内容、教职工在该项培训中的需求。了解资源管理的政策、过程及工作内容，正确恰当进行教育 主要范围包括：职工管理、财政管理及教材管理

表 11-5　《教育改善计划》结果定义

结果
定义：主要通过质性或量化的实证研究方法对教学工作的完成情况进行评估。 主要研究过程：首先对学生在不同课程中取得的学习成果进行观察，其次根据国家测试标准和教育质量指标对教育机构取得的成绩进行测评。对教育结果的观察是长期性工作，根据月、年、双年进行统计，将不同时期的结果进行比较，了解学校的改革发展过程中的变化 主要内容包括：不同年级不同学科学生的学习情况；各教育机构在国家标准测评中取得的成绩；教育机构在其他教育质量指标中的成绩

（二）教育质量改善框架内容

《教育改善计划》共分为两大部分内容，第一部分工作内容是在四年持续改善周期内进行策略分析、机构自我评估以及制定四年总目标；第二部分工作内容是年度性工作内容，学校进行年度测评、制订年度计划、跟进年度计划以及进行年度自我评估。

1. 计划整体工作内容

（1）策略分析。

《教育机构项目》(*Proyecto Educativo Institucional*)是教育机构和教学管理的工具，包括具体方法、标准和目标等内容，指导教育工作的开展。《教育机构项目》不仅对教育机构提供了教育指导和培训服务，还提出了有关未来的教育任务、职能、学生应具备的素养，为学校制定符合未来教育要求的改革方案。国家教育部协助不同项目之间的合作，保证学校能够顺利进行《教育改善计划》框架下的改革内容。因此，《教育改善计划》的参与者应该清楚了解《教育改善计划》与其他教育项目之间的关系，有效推动学校和教学管理工作的改革。

（2）教育机构自我评估。

教育机构自我评估是指教育机构的不同人员对其所在机构现阶段的管理和教学进行评估，对能够促进教育改革、提高教育质量的关键因素进行说明，分析出能够影响学生成绩的关键因素。

自我评估需要收集以下三方面信息：一是教育机构的教育成果（质性和量化研究），二是教育部提出的有关教育机构的能力标准，[①] 三是 2014 年《教育改善计划》颁布的阶段性评估结果。主要数据为：学生注册率，退学率，毕业率（尤其是中等职业技术培训），家长对学校满意度，教育质量测评系统对教育机构的测评平均结果，学生性别、社会经济地位公平程度等。对学校进行延续性测评，逐月、年、双年等测评工作，整理测评结果，进行学校本身不同时期的比较以及学

---

① 能力标准指标是一个评价教育机构管理评估过程的框架性指标，由质量监督局进行评估和引导工作。

校间的比较(如学校规定的教师工作时间、专家及领导进行课堂观察的时间和频率、促进校园共处的相关材料及应用情况等)。通过学校自我测评工作,清楚了解学校发展现状,为《教育改善计划》提供有效参考,帮助制定四年期的总目标。

(3)制定四年期总目标。

《教育改善计划》的总目标对该计划的实施起到完全指导作用,总目标的内容是未来四年教育与培训工作的重点。首先,确定战略宗旨内容,根据每所教育机构在机构管理和教学、学生学习过程中呈现的问题、挑战及需求,确定战略宗旨的优先解决内容。其次,确定战略目标的内容,根据每年项目实际完成情况,预测下一年度项目实施将会遇到的问题和挑战。战略宗旨及战略目标的具体内容如表 11-6。

根据教育机构的战略分析及自我评估结果,在《教育改善计划》的框架下,制定战略宗旨,并在该宗旨的基础上,制定四年的战略发展目标,每条宗旨对应一条战略目标。宗旨制定过程中,需要注意事宜为:与学校自我评估过程中确定的挑战内容相一致,与国家规定的教育机构形象相一致;与本计划的发展领域和结果相对应;与学习结果相关联;对本计划的目标、指标及行动起到引导作用。战略目标制定过程中,需要注意事宜为:与每条战略宗旨相对应;加强四年期的战略宗旨测评的透明度;四年期项目结果转化成具体数字指标(百分比、数字等)。

表 11-6　《教育改善计划》战略宗旨和战略目标

战略宗旨	根据国家对教育机构的要求、学校在管理及教学方面遇到的现实问题和挑战,制定四年内教育的目标
	符合《教育改善计划》的四年工作内容要求
	制定符合教育机构的管理及/或教学方法
战略目标	根据战略宗旨的每项具体内容,制定未来四年内相对应的预期结果
	根据战略宗旨的每项具体内容,制定未来四年内相对应的战略目标
	符合《教育改善计划》的四年期改善要求
	制定需要达到的具体目标,并用量化的研究方法进行表述

表 11-7　《教育改善计划》战略宗旨和战略目标部分内容

四年期战略宗旨	四年期战略目标
过程部分:教学管理	
加强四年横向计划的制订,培养学生运用和使用知识的能力,增加竞争力,更好地参与社会活动	80%的教育在课堂管理过程中,加强有助于学生文化认同、社会参与能力培养的活动
系统性地支持和制定合作性学习课,增加学校的文化认同	95%的课堂活动参与人员得到课堂活动支持,加强课堂活动行为和合作学习行为的开展

（续表）

四年期战略宗旨	四年期战略目标
过程部分：领导能力	
加强学校领导和教学管理者在课程建设跟进过程中的作用，最大程度保证课堂教学的质量	学校领导带领专家团队每学期对学校视察至少两次，观察教师教学活动，所有课程内容信息化
过程部分：校园共处	
保证每个教育机构参与《教育机构项目》中的项目制定、实施、完善和评估活动	100％的教育机构主动参加《教育机构项目》中的项目制定、实施、完善和评估活动
实施过程：资源管理	
确保培训的要求和专业团队教育教学的要求相一致，开发更好的教育过程	70％的教育工作者和教育培训者得到了技能和专业的培训
成果	
提高一年级到六年级学生的语言及沟通能力	75％的一年级到六年级学生语言及沟通课程的成绩达到中上等
四年级学生的数学成绩达到国家教育质量测评体系标准①，提高核心课程的应用能力	95％的四年级学生数学成绩达到国家教育质量测评体系标准中的初级水平

2. 年度性工作内容

(1)年度测评。

年度测评主要是学校对自身反思和教育改革的参与过程。通过年度测评学校清楚认识和了解自身现况，根据教育总目标分析每个阶段教育结果，在每年制订新的年度计划前明确教育管理和教学质量水平。在这个阶段每个教育机构对自己的教学活动进行测评，看看教学活动的内容是否与阶段的目标相一致，如果不相一致，立刻调整教学内容。在该阶段通过调查问卷的形式进行量化分析，根据总目标中的四个方面教学管理、领导能力、校园共处以及资源管理进行测评。

表 11-8 《教育改善计划》第二部分年度测评内容

领域	内容	测评题目数量（道）
教学管理	课程管理	7
	课堂教学管理	6
	学生发展支持	7

---

① 国家教育质量测评体系标准（Sistema de Medición de la Calidad de la Educación）：智利举办的国家级学科测评考试，对基础教育二、四、六、八年级学生及中等教育二、三年级学生开设的学科测评考试。

（续表）

领域	内容	测评题目数量（道）
领导能力	学校所有者领导力	6
	学校领导领导力	7
	结果管理和规划	6
校园共处	培养	7
	校园共处	7
	参与与民主生活	6
资源管理	人员管理	9
	财产管理	6
	教材管理	5

（2）年度计划。

根据年度测评的结果，制订每年度提高教育质量的年度计划，有步骤有规划实现四年教育总目标。年度计划目标明确、清晰，方法系统具有可操作性，方式循序渐进，具有数据理论基础，并且与其他培训活动相关性强。

确定年度目标时主要使用质性研究方法，通过访谈了解学校的现实情况和需求。年度目标的特点是具有挑战性，调动在校师生的积极性，共同接受挑战、完成任务、实现目标；具有灵活性，学校可以通过努力，在年度计划结束时达到预期的结果；具有相关性，与该项目的其他目标相吻合，协调一致，共同实现四年期总目标。

表 11-9 《教育改善计划》第二部分年度计划目标

目标类型	结果	标准
学习成绩	课程、核心竞争力、核心学习内容	学生成绩从低到高
教育成果	国家教育部出台的有关教育标准	提高学生的分数和毕业率
内部效因	复读、辍学及通过率	降低学生的复读和辍学比例，提高学生各科及格率

（3）年度跟进。

为了保证年度项目在实施过程中的顺利进行，随着年度项目的正式开始，首先就需要对项目的运行状态和阶段性成果进行定期评估。项目跟进的主要工作内容是对学校进行督导检查，对项目实施过程中管理、资源使用方面出现的问题进行及时指导。其次是找出已经制订的计划和正在制订的计划内容不相统一的地方。再次是分析项目的相关性以及灵活性，对项目进行操作、修改、撤销以及建立新的行动方案等。最后是分析每所学校项目的完成情况。

在工作组跟进过程中，将完成情况分为了 6 个等级。在对学校的督导检查中发现，在 2015 年项目实施过程中普遍存在以下问题：学校制订的计划与年度目标不相符；学校的时间、人员配置、教材、硬件设备不能保证项目的顺利实施；教材配备不到位；学校管理者与校外辅导人员终止合作关系；学校本身不具备自我评估制订年度计划的能力等。

(4)年度自我评估。

年度项目结束前夕，每个学校组建评估团队对本年度项目完成情况以及实施过程中的利弊得失进行分析和总结。通过年度自我评估，为制订下一年的年度计划做准备。

三、政策实施

《教育改善计划》建立了一个连续的教育改善周期，注重学生教育发展，重视教学过程及实践能力。正如上文已经提到的，改善周期共计四年，共分为两大部分、四项基本工作。下文将对四年的工作计划和四项基本工作时间进行梳理。

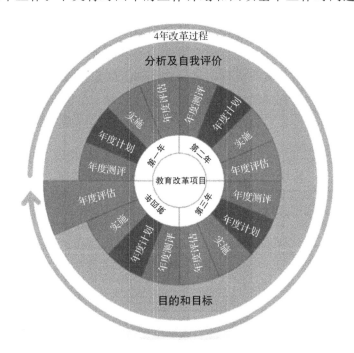

图 11-3 《教育改善计划》教育持续改善周期

(一)全局性工作内容：战略分析、学校自我评估和战略性目标

第一部分的工作重点是战略分析及学校自我评估，协助完成四年的目标及战略目标的制定。

战略分析及学校自我评估，主要是根据智利教育部颁发的相关教育机构标准中提到的教育愿景、任务及学生的形象进行分析，并且通过学校自我评估了解学校自身现状，认清不足及优势所在。① 学校自我评估过程中获得的测评结果和相关数据，提供给教育部、质量监督局（Agencia de Calidad）、教育总局（Superintendencia de Educación）、教育机构所有者及教育机构本身使用。这些数据不仅为《教育改善计划》的实施提供了事实依据，而且对研究教师能力、领导团队的执行能力、学生形象、学生家长特点、校园文化环境、教学参与度、学校资源使用等提供支持。第一阶段分析学校现实状况与预期目标的差距，通过数据确定下一阶段优先发展领域。在前期的战略分析及学校自我评估的基础上，制定四年战略目标。这一部分工作在 2015 年完成，每年随着项目的进展，各教育机构都要进行自我评估，根据年度计划设定的目标进行任务完成情况分析，分析学校的长处和不足。

（二）年度性工作内容：年度测评、年度计划、年度跟进及年度评估

第二阶段过程中，制定每年度改善的阶段性目标。该阶段共持续四年时间，分为四个步骤：教育机构测评，制定年度计划，建立、指导及跟进年度计划实施进度，年度评估。

教育机构测评工作从第一年开始一直持续到第四年，其目的是了解教育机构和教学的实践水平。每年初始阶段，对学习成果进行筛选，选择每年重点发展领域，开展教育机构和教学实践质量分析工作，对实践发展现状进行测评，了解现实与预期目标的差距。

制定年度计划工作同样从计划实施第一年持续到第四年，其目的是促使教育机构对年度发展目标进行反思、分析及重新定位，保证四年的《教育改善计划》的顺利实施，着重发展教育机构的重点领域。年度计划的制订主要包括以下工作：确定每年优先发展项目，也就是上面提到的教学管理、领导能力、校园共处和资源管理；确定每年发展目标；确定每年发展计划；对每年发展计划进行指标性跟踪工作；确定每年制订的计划与该计划阶段性总目标相一致，确保计划顺利完成。

建立、指导及跟进年度计划同样为期四年，根据计划总发展目标制订每年发展计划，对学校工作进行指导和督导，保证学校计划的顺利实施。

年度评估工作同样是从 2015 年开始，到 2018 年结束，主要工作内容是对每年任务内容及任务完成情况进行评估。

2015 年，上述四项工作具体实施时间为：

---

① 智利教育部颁布的《教育机构项目》明确规定了学校教育和培训标准，保证为学生提供一个具有认知性、社会性、情感性、文化性的校园环境。

表 11-10　《教育改善计划》第二部分工作实施时间表

阶段		时间
Diagnostico Anual Ouanlhcacton Anual Implementacion Evalulacian Anual	教育机构测评	五月
	制定年度计划	五月
	建立、指导及跟进年度计划	五月—十一月
	年度评估	十二月

　　为了保证《教育改善计划》的顺利实施，智利教育部特别指出，《教育改善计划》思想为本次改革的主导思想，教育管理者必须把该项目作为政策管理、教学管理的指导方针，提高学生的学习质量。同时，智利教育部要求各学校管理者之间保持密切交流，并在整个教育改革过程中不得更换学校领导，以保证改革项目的顺利进行。同时，智利教育部将整个计划所涉及的数据及相关资料全部信息化，还将 2015 年之前《教育改善计划》搜集的全部数据刊登在了教育部网站上，方便项目相关者查阅。

>> 第三节　巴西《国家教育规划》政策 <<

一、政策背景

　　《国家教育规划》(*Plano Nacional da Educação*)是巴西政府在 2014 年 6 月通过的新教育法案，确定了未来十年即 2014 至 2024 年教育领域的行动目标，主要包括 20 条未来十年内将要实现的教育目标。规划中较为醒目的目标包括：消除 15 岁及以上年龄人群中的文盲，每年毕业 6 万名硕士研究生和 2.5 万名博士研究生，以及截至 2016 年年底，在 4～5 岁的儿童中普及学前教育等。

　　2014 年 6 月 26 日，在国会无任何反对票的情况下，巴西总统迪尔玛·罗塞夫签署批准了《国家教育规划》。当天，罗塞夫总统在推特更新状态庆祝"规划"的通过，"在教育领域面临诸多挑战的这一时期，今天巴西终于通过了《国家教育规划》。《国家教育规划》将会增加更多的教育机会，不论是幼儿教育、全日制教育，还是职业技术教育或高等教育。为此，我们需要更加尊师重教，并且加大教育投入。"[1]

---

　　① Folha de São Paulo. Dilma Sanciona sem Vetos o Plano Nacional da Educação[EB/OL]. http://www1. folha. uol. com. br/educacao/2014/06/1476643-dilma-sanciona-sem-vetos-o-plano-nacional-da-educacao. shtml, 2016-09-26.

巴西联邦制度的复杂性、各部门合作中出现的监管空白、各公共管理部门因循旧制的保守思想，都使得教育规划的制订困难重重。在这样的情况下，"规划"就意味着通过不断努力而实现教育领域的政府承诺，消除巴西历来饱受争议的教育不平等状况。因此，有必要转变观念，在各个教育系统之间建立有机的协调机制。"在巴西这样一个不平等状况颇为严重的国家，追求平等和高质量的教育，就要求面对联邦政府的公共政策时，各个联邦机构能协调合作。在如今这样更为包容的社会中，面对这项重要的《国家教育规划》，我们有信心利用更加完善的法律基础，各公共部门间的战略性的协作，以及动员全社会积极参与其中，唯有此，我们才有希望实现对人民的承诺，奠定我们国家未来十年内足以改变民族命运的教育基石。"①

巴西1988年的联邦宪法，在第三章教育部分的第一节确定了联邦各部门在确保教育权方面的职责："联邦政府需要建立联邦教育系统、向联邦教育机构提供资金支持。未来保证受教育机会的均等性，还要在教育资料方面承担再分配和补充功能。通过向各州、联邦特区和各市提供技术及资金援助，而达到教育质量的最低标准。各市需要在基础教育和幼儿教育优先投入。"②虽然各项职责都明确划定，但并没有足够规范化的合作行动模式。由此导致在实际行动中，联邦各机构间存在合作衔接上的断点。而巴西教育领域由来已久的一系列问题也就延续至今，如政策的不连贯、项目的漏洞和资源的短缺等等。而在基础教育的义务普及率方面，执行的漏洞问题就更为严重。

59/2009号宪法修正案改变了《国家教育规划》的地位，使之从国家教育基础及方针法(9.394/1996号)的过渡性条款成为宪法规定的长达十年的周期性规划，同时也意味着其他的多年性规划也需以《国家教育规划》为参考。根据国内生产总值对《国家教育规划》的资金投入百分比的预测，《国家教育规划》已被视为国家教育系统的一大重点，各州级、地区级和市级的教育规划都需要依据《国家教育规划》来制定并审查。③

根据巴西国家教育资金研究协会(Fineduca，Associação Nacional de Pesquisa em Financiamento da Educação)的估计，巴西联邦政府将为《国家教育规划》每年投入464亿雷亚尔(巴西货币单位)。在此规划实施的两年内，将确定具体的资金投入估算模型。

① Ministério da Educação. Conhecendo 20 Metas[EB/OL]. http：//pne. mec. gov. br/images/pdf/pne _ conhecendo _ 20 _ metas. pdf，2016-10-07.

② Ministério da Educação. PNE em Movimento. Publicaçoes[EB/OL] . http：//pne. mec. gov. br/publicacoes，2016-10-12.

③ Ministério da Educação. Planejando a Próxima Década [EB/OL]. http：//pne. mec. gov. br/planos-de-educacao，2016-10-12.

二、政策内容

《国家教育规划》确定了未来十年的教育政策的方针、目标和战略。第一部分是全局性的目标，旨在保障高质量的基础教育权利，同时扩大义务教育（强制性教育）阶段的普及率，以及受教育机会的扩大化。第二部分的目标主要为改善教育的不公平状况、尊重教育多样性、扩大教育公平的基本途径。第三部分的目标强调重视教育领域的专家学者，这是前几项目标达成的重要条件。第四部分是高等教育要达到的目标。在《国家教育规划》正式发布之前，巴西教育部动员联邦其他机构教育领域的代表性机构，共同协助进行制定。同时参考了其他政策计划——教育机构战略性规划、执行战略计划等。教育多年期计划（2016—2019）的制定也参照了《国家教育规划》。因此，《国家教育规划》是巴西一项国家性、全民性的项目。

巴西外交部在其中承担着联邦层面的协调角色，各个教育系统间的合作越来越顺畅，尽管合作框架与模式仍未规范化。同时，《国家教育规划》第十三条规定，自发布之日起的两年内，要建立起国家教育体系（Sistema Nacional de Educação）。

《国家教育规划》会带来更多教育发展的机遇：如果各级政府确定了共同的教育发展目标，就会整合协同行动，因此将会更加高效并且优化教育资源。除了这些显而易见的益处，实施《国家教育规划》还能使管理层为国家公共教育政策的规范化指出一条更为具体明晰的道路，也就为国家教育体系的构建画出了轮廓。

《国家教育规划》的 20 条目标都旨在扫除教育领域亟须考虑的一些问题：入学率、辍学率、各地的教育不公现象、决定当地劳动力市场活力的职业培训、公民权利的实现。一项教育规划的制定也必须要将以下方面纳入其中：人权的基本原则、社会与环境的可持续发展、尊重多元化、提高包容度、重视为亿万人的教育事业工作的专家学者。《国家教育规划》的制定也正是把这些原则作为了行动承诺，进行了广泛的意见征集与讨论。《国家教育规划》的目标中，有几项属于第一部分，分别为目标 1、2、3、4、5、6、9、10、11，包括提高基础教育的水平、保障学龄儿童的入学权利、增加识字率、扩大教育覆盖范围以及增加教育机会。

目标 1：截至 2016 年年底，普及 4～5 岁儿童的学前教育，在幼儿园增加学前教育名额，在《国家教育规划》结束之前，保证接收 50% 的儿童接受 3 年的学前教育。

目标 2：在《国家教育规划》结束之前，在全民范围内普及九年基础教育（6 至 14 岁少年儿童），确保全国 95% 的学龄青少年儿童接受基础教育。

目标 3：在《国家教育规划》期限内，把 15 至 17 岁青少年接受中等教育的比例提高至 85%。

目标 4：在基础教育的第三年，确保所有儿童都能识字。

目标 5：在至少 50% 的公立学校中，接收至少 25% 的中等教育阶段的学生完成全日制教育。

目标 6：在基础教育的各个阶段，不论何种类型，都必须提高教育水平，在基础教育发展指数（IDEB）方面，达到以下全国平均目标：基础教育起始阶段 6.0，基础教育结业时 5.5，中等教育阶段 5.2。

目标 9：用 15 年的时间继续提高民众识字率，在 2015 年达到 93.5% 的识字率。在《国家教育规划》结束之时，消灭绝对意义上的文盲现象，把文盲率降低 50%。

目标 10：在基础和中等教育阶段，以全日制或职业教育的形式，接受至少 25% 的青年或成人。

目标 11：把中等阶段的职业技术教育的入学率提高 3 倍，保证教学质量，并且把相关机构的规模扩大一半。

对于巴西的各市而言，在幼儿教育方面大力投入，加大对 0～5 岁幼儿的教育关注度，是一项艰巨的任务，将面临诸多挑战。一个是需要增加托儿所和幼儿园的数量，建立有效机制来统计本区域内的幼儿数量，获取来自州政府和联邦政府的援助，包括扩大教育机构规模，增加相应设备，以及培养幼儿教师并进行持续培训。同时州政府和联邦政府都需要与教师培训单位进行协调。另一个就是保证 6～17 岁少年儿童的入学率，包括职业教育。各州应该加强其在区域协调方面的作为。

第二部分的目标（目标 7、8）侧重于消除教育不公平现象，同时尊重多元化。

目标 7：针对 4～17 岁的残疾儿童、发育障碍儿童、具有特殊天赋的儿童，能够帮助这类少年儿童进入正规的教育机构接受基础教育或特殊教育。这就要求教育体制具有更大的包容性，学校的各项教学资源多功能化，社会公共设施更适应特殊人群。

目标 8：提高 18～29 岁年轻人的平均入学率，在《国家教育规划》结束之时，达到以下目标：在巴西入学率最低的农村地区，青年至少接受 12 年的学校教育。确保巴西地理统计研究所（Fundação Instituto Brasileiro de Geografia e Estatística，FIBGE）统计的黑人和非黑人群体中最贫困人口的平均入学率达到 25%。

各项政策应该进一步加强各个阶段的全纳教育系统的完善和发展，从而使义务教育更加普及。要提高入学率，就应该更多关注农村地区、最贫困地区以及黑人中的青年人（包括青少年和成人）。各州和市都应该针对这些目标进行有效的组织协调，同时把现阶段面临的挑战和困难转化为对民众的承诺。借助联邦政府的支持，推动患有身体残疾、发育障碍或有某些特殊天赋的人群能平等地接受教育，并在学校等教育机构改善教学设施，公共服务方面也更多地考量特殊人群的需求。

第三部分的目标(目标 15、16、17、18)涉及职业教育，在前文所述目标达成的基础之上，进一步推广职业教育是一项重要的战略措施。

目标 15：联邦、各州以及各市协同合作，在《国家教育规划》实施的一年内，确保教育培训作为一项国家级政策得以落实。依据 1996 年 12 月 20 日颁布的法令的第 61 条，需要保证基础教育阶段的所有教师都接受高级教师培训，并取得所教授课程领域的学士学位。

目标 16：在《国家教育规划》实施期限内，保证 50％的基础教育阶段的教师拥有硕士学位，同时依据整个教育系统的需求和具体情况，所有基础教育阶段的教师需接受所教授学科领域的持续教师培训。

目标 17：在《国家教育规划》实施的第六年，保证所有基础教育阶段的公立学校的教职人员，其平均工资收入与其他具有同等学历水平人员的收入持平。

目标 18：在《国家教育规划》实施的两年内，推广整个教育系统内所有公立的基础和高等教育教师的职业发展规划。对于基础教育阶段公立学校教师的工资收入水平，依据联邦宪法第 206 条，参照国家职业工资梯度表。

为了达到巴西宪法所规定的教学质量的标准，需要一个积极并坚定的教师团队。具体而言，教师职业规划、可观的工资收入、优越的工作环境、初始和持续性的教师培训、严格的教师选拔标准都是推动基础教育发展并提高教学水平的重要条件。

因此，尊师重教的措施能否顺利推行，是全国性教育政策成败与否的关键。而当教师的职业规划更加有持续发展前景、教师培训的措施更具全纳性，整个国家的教育体系的前景才会更加广阔。

第四部分的目标(目标 12、13、14、19、20)主要包括高等教育阶段联邦政府和州政府需要承担的责任。大部分高等教育阶段的教育机构隶属于联邦或州，但这不意味着各市就不需要承担任务。不论是各市的基础教育阶段的教师还是其他教师，都需要在高等学府接受教育或教师培训，教学技能提高不仅有利于教师自身收入的增加，也会间接推动当地社会经济发展。因此，《国家教育规划》框架下的各州和各市的规划，需要联邦、各州以及各市共同参与制定。

目标 12：在高等教育阶段，把 18～24 岁青年的毛入学率提高至 50％，净入学率提高至 33％。同时保障教学水平，把公立高等院校的招生名额扩大 40％。

目标 13：提高高等教育的教学水平，把高等学府教师队伍中的硕士和博士学位获得者提高至 75％。拥有博士学位的高校教师不少于 35％。

目标 14：逐步提高严格意义上的硕士阶段的学生入学率，从而使每年硕士研究生毕业人数达到 6 万人，博士研究生毕业人数达到 2.5 万人。

为了达成这些目标，首先就需要大量的资金投入。目前，教育投入在国民生产总值中所占比重已经有所提高，但与国家标准还有一定差距。同时还面临着其他困难，如通过具体法律的完善，使得教育系统的管理更加规范化、民主化。要达成目标 19、20，这些工作必须要尽快落实。

目标 19：联邦政府加大对公立学校的技术投入，推行更为民主的教育管理。包括确立教育政绩的标准，以及扩大社会参与度。

目标 20：加大对公立学校的总投资。在本法令实施的第五年，教育投入至少占国内生产总值的 7%；在法令实施的第十年即终期，这一比重至少达到 10%。

三、政策实施

《国家教育规划》通过后，国家教育系统的建立就成为了最为紧迫的任务之一。第 13.005/2014 号法律的第 13 条规定，"政府必须依据具体法律，在本法律公布 2 年之后，建立国家教育系统。从而对各个教育阶段所属的系统进行协调，促进合作，并且实现《国家教育规划》中所列的目标、战略以及方针。"国家教育系统协调办公室由巴西教育部设立，主要工作为促进各方之间的协调合作，推动国家教育系统的尽快建立，同时也充当着与各种教育机构与团体沟通对话的角色。

在《国家教育规划》及其附属的州级和市级规划制定之后，监管和评估就成为了下一个任务。每项教育规划都确定了相关的监察和评估负责人，如联邦一级的、州级的或市级的协调委员会或专家团队。这种监管和评估模式也为市级的教育规划提供了借鉴和数据收集的渠道，同时对相关的教育补贴进行评估。

巴西是一个联邦制的国家，各州、联邦区和各市拥有自治权，但是教育是一项具有广泛意义的全国性的事业，必须联合联邦各个单位协同合作。在此背景下，《国家教育规划》承担起了在政策框架下协同各方力量的角色，共同达成诸如以下目标：在 4 至 17 岁少年儿童中普及义务教育，提高全民学历水平，提高识字率，加强基础和高等教育水平，扩大技术和高等教育的招生范围，重视教师发展，减少社会不公平，教育管理更加民主化以及增加教育资金投入。

《国家教育规划》是由国会通过并由总统府签署发布的，但这并不意味着这个项目的实施仅仅是联邦层面的重任。这是巴西全民族的一项事业，联邦、各州、联邦区和各市都需要承担相应职责。规划为期十年，中途可能会经历不同政府的领导，规划通过统一确定的目标，可以避免因执政党更迭导致的政策中断。这样一项中期计划将会指导政府在教育领域的各项行动，同时也要求各州、联邦区和各市制定《国家教育规划》框架下的地方规划。

联邦、各州、联邦区和各市都有不同的级别，联邦宪法明确规定了各联邦成员的不同职责，它们应该指导并管理自身所属层面的教育系统的工作以更好地开展合作。因此《国家教育规划》中的某些目标是直接属于各市职责范围的，比如，扩大幼儿教育的规模。但这也并非仅仅是市级层面的工作，规划会指出在联邦政府和州政府的协助下，市政府应该做出哪些具体行动来保障学前儿童进入托儿所和幼儿园的权利。在基础教育领域，各州和各市也都对入学率承担着不可推卸的责任。由此，规划会明确此阶段这两方应该采取的行动，比如应和联邦层面达成哪些协调从而保障学龄儿童的受教育权。

各州、联邦区和各市的地方性规划对于当地的教育发展都是至关重要的，可以说一个地区的教育状况优劣很大程度上取决于地方政府对未来如何进行规划，因此，州政府和市政府中各部门的协调合作和共同合作是非常必要的。地方规划也应该尊重社会各部门的意见，并且在制定过程中考量各方的需求。地方规划还应以推动整个国家规划的完成为其目标，但不能仅仅是国家规划的简单复刻版，因为需要结合当地未来十年教育发展的具体情况。

这也是《国家教育规划》面临的一大难题，规划中有些目标与提高教师地位、增加教师平均收入、重视师资培训直接相关，例如，目标 17 是提高教师收入，与同等学历其他人员收入相当。通过联邦、各州、联邦区和各市的共同努力，相信这一目标在 2020 年的时候会最终实现。为此，各方的合作方式应该予以明确规定，包括联邦政府对国家职业工资梯度的投入。

联邦各方都需要达成《国家教育规划》所设定的同样的目标吗？各方都需要实现自身承诺，为整个巴西达成国家级的教育目标而做出贡献，但并不意味着要设定同样的国家级定量目标，各州、联邦区和各市都可以设定自身的地方性规划。依据重要程度和地方执行能力，地方性规划的目标可以高于或低于国家目标。地方性规划可以不涵盖国家规划中的某项目标，如某地的义务教育普及率已达到了百分之百。除了《国家教育规划》中的目标，允许地方依据实际情况和重要程度增设其他教育领域的目标。总之，制定目标时，基本原则就是要最大限度地提高教育普及率和教育质量，保证受教育权的实现，同时辅助实现国家规划的目标。

各州和各市如果已有生效的教育法律，那么必须进行修订使之与《国家教育规划》统一。有些地方性教育法律中涵盖了大量的工作目标和教育战略，而且没有分清主次，这在未来的具体实施中将会遇到很多困难。因此，如果事实需要，要对现行的教育法律中的工作目标进行重新分析评估和修订，使之更加适应《国家教育规划》中确定的未来十年教育工作的主次。

中等技术教育已经实现了地方化，这并不代表每个城市都开设有技术教育院校，但仍应保障青年人都有条件接受技术教育。如果城市中已经有技术教育院校，那么市级教育规划中就应该考虑扩大技术教育的规模，但这并非市政府的职责所在。这种情况下，就应该在国家级和州一级的规划中对技术教育的工作目标有具体的规定。如果城市中现在还没有技术教育院校，但是有意愿发展技术教育并且有可能进行长期发展的话，可以纳入其地方教育规划中。如果本市并未设立技术教育院校，未来十年内也没有发展需求，那么市级规划中对本市青年人在他市接受技术教育这种情况应该予以支持，并列出相应的政策。

可以确定的是，为了确保青年人免费接受职业教育和高等教育，《国家教育规划》会进行相应的资金投入。私立教育院校的职业教育课程越来越多，在这种情况下，《国家教育规划》中规定会继续扩大一系列奖学金项目的规模，对青年人在私立院校的学习提供帮助，如技术和职业教育学生资助基金、全民大学项目。

第十二章　大洋洲教育政策与发展趋势

>> 第一节　2014—2015 年度新西兰教育政策与发展趋势 <<

新西兰教育部于 2015 年 10 月发布了《2015 教育部年度报告》(*The Ministry of Education Annual Report 2015*)，这份报告包含了 2014—2015 年度(2014 年 7 月 1 日—2015 年 6 月 30 日)新西兰教育改革与发展所采取的一系列举措及取得的成果。报告指出，新西兰教育系统在 2014—2015 年度取得了长足的进步：在小学入学前能够接受高质量早期儿童教育(Early Children Education，ECE)的儿童数量增加了，小学生在阅读、写作和数学方面的水平有显著提升，均达到了国家标准，获得新西兰二级国家教育成就证书的 18 岁青年人数增加；越来越多的青年获得了四级证书，而且未参与就业、教育或培训的青年人数量减少。但是，教育的不均衡性，尤其是毛利族和太平洋岛屿族裔教育问题仍然困扰着新西兰教育部门。

不同于往年的是，在 2014—2015 年，教育部为了更好地实施《2015—2019 四年计划》(*Four Year Plan 2015—2019*)，制定了一个全新的战略框架，该框架指出教育部门将通过推进短期及中期的改变以促进长期成果的实现，并且深刻认识到教育在实现社会、文化及经济长期目标中的重要作用。为了能够更加清晰地展示教育成果，教育部决定根据三个长期目标的实现程度，从三个方面进行阐述：(1)教育系统与所有儿童密切相关；(2)让每个学生都成功；(3)使新西兰人民拥有工作和生活所需的技能与知识。围绕这一框架，该报告详细介绍和梳理了新西兰教育部于 2014—2015 年度采取的措施、取得的成就及未来发展方向，其具体内容如下。

一、教育系统与所有儿童密切相关

新西兰需要一个能够适应其人口日益多样化及满足其独特文化需求的教育系统，使所有人都拥有接受教育的机会，使教育能够灵活地适应并调节学习者的不同需求。因此需要在整个系统内创建学生中心课程，使学习者能够在每个学习阶段的过渡中做出明确的选择，帮助并促进所有新西兰人获得生活和事业的成功。

(一)提高儿童早期教育入学率的针对性措施

参与高质量的早期学习为儿童未来教育与发展奠定了坚实的基础，同时也是成功过渡到小学、中学学习的重要一步。

从 2012 年起，儿童早期教育的入学率一直在稳步增长。虽然从 2014 年 1 月以来，增长率有所下降，但在 2015 年 6 月，儿童早期教育的入学率仍达到了 96.2%，这以此前未参与早期教育的毛利族、太平洋岛屿族裔以及低收入社区儿童为主。到 2015 年 6 月 30 日，毛利族儿童早期教育的入学率增长到 94.0%，比 2014 年 6 月末增长了 1.1%；太平洋岛屿族裔儿童早期教育的入学率增长到 91.2%，比 2014 年增长了 0.9%。总体来说，新西兰儿童早期教育的入学率不断提升，但是实现 98% 的目标仍然困难重重，极具挑战性。实现这一目标不仅需要新西兰教育部门的努力，更需要社会各界的广泛参与。

为此，新西兰教育部门已经与早期教育机构、毛利族长、毛利族组织、太平洋岛屿族裔教堂以及其他政府机构和非政府机构共同合作开展了一些地方性项目，以增加儿童早期教育的入学率。此外，教育部门也成功推进了一些项目，像优先参与家庭(Engaging Priority Families)、组建儿童游乐场所(Supported Playgroups)以及针对性入学帮助(Targeted Assistance for Participation)等，以帮助家庭减少接受早期教育所面临的压力。为了加速实现 98% 的儿童早期教育的入学率目标，教育部门也与极其脆弱、难以接触的毛利家庭合作，督促四岁儿童参与任何形式的早期教育，与卫生部门合作以确保儿童的身体健康，并使用早期学习信息系统(The Early Learning Information System)深入了解儿童从早期教育向中小学教育过渡的情况，以强有力地推进早期教育目标的实现。

(二)创建顺畅的过渡平台

良好的过渡是确保学生从教育中终身获益的关键，教育部门正努力在教育系统内帮助学习者在每个受教育阶段都能够顺畅平稳地过渡到下一个阶段。要达到这一目标，必然要确保教育系统的连贯性和一致性，鼓励合作并确保学习的连续性。

1. 促进学前到小学的过渡

新西兰教育部门已经为世界级的优质早期教育打下了基础，同时与早期学习咨询小组共同致力于学前儿童课程的实施，促进从早期教育到小学学习的平稳过渡，减少学习中断现象。

2. 推进毛利族向英语中等教育的过渡

对于 1~13 年级的学校教育，教育部门致力于为儿童和青年人改进过渡课程的选择与合作，采取有效措施以确保毛利中等教育与英语中等教育间的平稳过渡，增加毛利族儿童和青年人的入学率。

3. 确保学校与就业的过渡

教育部门在学校与就业间创建了更为平缓的过渡平台，提供更为广泛的学习机会，为学生、家庭及部落提供做出转换决定的相关信息，使其更为充分地利用教育网络，提供更为明晰的过渡指导等。

(三)推进 21 世纪教学与学习实践

人们对教育的期待正发生改变——教育必须传授儿童、青年人以及成人面对 21 世纪新西兰和全球经济所需要的技能和知识。

1. 为数字化世界做准备

学习随时随地都在发生，因而教育必须督促学生为数字化世界做好准备，为学生提供将课程学习与新科技相互结合、相互转换的机会。教师也需要具备数字化素养，以培养学生查找信息、筛选信息以及合理地使用信息解决问题的能力。具体通过以下不同方案推动学校充分利用技术。

(1)签订专业学习与发展(Professional Learning and Development)合同。

教育部与教师签订专业学习与发展合同，将数字技术的使用融入到教师的教学与学习实践中，并在所有学校推行了电子学习计划框架(An E-learning Planning Framework)以促进地方课程的电子传送和分享。

(2)提供虚拟学习网络平台(Virtual Learning Network Platform)。

为教师提供在线虚拟学习网络平台，使其通过该平台进行合作与交流，提高使用信息技术的能力。目前全国数千名教师都在积极使用该网络平台。

(3)审议新西兰课程与毛利国家课程(The New Zealand Curriculum and Te Marautanga O Aotearoa)。

教育部与行业伙伴共同合作，对新西兰课程与毛利国家课程框架下数字化技术的处境与内容进行评审，以确保所有学习者所能够掌握的技能和知识与其数字化公民的身份相匹配。

(4)提供相关学习咨询服务(Connected Learning Advisory Service)。

2015 年 3 月，教育部推行了一项全新的相关学习咨询服务，为国家、国家综合学校以及毛利部落提供将技术与学习相融合的一致的、无偏见的建议，以便于其能够使学生和社区得到最好的教育教学成果。学校也能够在一些问题上获得独立的建议服务，诸如：怎样使家长和社区主动参与到获取像社会媒体这样的技术中？怎样使用数字化设备促进教学与学习？怎样做出购买硬件及软件设备的决定？以及怎样制订有效推广数字化技术的计划方案？等等。

2. 提高 STEM 技能

STEM 教育有助于培养创造力、好奇心以及创新能力，这对于经济的快速发展有着至关重要的作用和意义。

2014 年 7 月，两位部长启动了《一个好奇的国度》(A Nation of Curious Minds—He Whenua Hihiri i te Mahara)计划，在全新西兰境内鼓励人们参与到科学与技术中。从此，教育部便为学生们提供了更为丰富的科学与技术学习，包括毛利族和太平洋岛屿族裔学生的奖学金，并为乡村学生提供与科学家们共同工作学习的机会等。此外，教育部门同样致力于促进全民参与科学工作，包括吸引更多的女性参与 STEM 职业。教育部门也通过专业发展、提高科学与技术内容在教师教育中的比重以及提供参与科学家和工厂、企业工作的机会等方式，促进教师 STEM 技能的提升。

3. 支持课程研发与教学实践

教育部门继续推进课程与专业发展，确保所提供的课程和服务与人口及文化的需求相一致。2014 年，教育部门开启了致力于提高毕业教师实践质量的初级教师教育(The Initial Teacher Education)项目。同年，新西兰参与了经合组织的教学与学习国际调查(Teaching and Learning International Survey)，其中最近的《关于教师的见解》(*Insights for Teachers*)中，有 97% 从教 7～10 年的教师称他们在过去一年中参与过专业发展培训，而且认为新西兰的校长是 34 个国家中最有经验的。2015 年 4 月，在南非举办的全球教育领导者伙伴关系会议(The Global Education Leaders' Partnership Event)中，新西兰获得了在奥克兰举办下一届关系网络及虚拟连接会议(Where the Web of Relationships and Virtual Connections Meet)的机会，该会议反映出新西兰教育系统在国际教育体系转变、创新及合作方面的领先地位。

(四)完善现代化法规及政府管理

一个高效的教育系统需要合适的法律框架及政府管理，《1989 年教育法案》(*The Education Act 1989*)为教育系统提供了合法的框架，规定了权力实体的角色、责任与权力，并在教育部门设立了独立的法定机构。而在新的《教育修订案 2015》(*Education Amendment Act 2015*)中，教育部采取了一系列举措进一步完善学校系统。

1. 成立新西兰奥特雷教育委员会(The Education Council of Aotearoa New Zealand)

教育部于 2015 年 7 月 1 日成立了全新的教师专业团体——新西兰奥特雷教育委员会，该委员会较之于它的前身新西兰教师委员会(The New Zealand Teachers Council)，在早期教育和中小学教育的教育领导力和教学质量方面，承担着更为广泛的责任。

2. 与高等教育委员会(The Tertiary Education Commission)开展合作

通过缩减委员会，增加成员流动性，确保所有成员具有相关的知识、技能或经验等方法，与高等教育委员会开展合作，推动大学及学院管理的现代化。

3. 稳固新西兰学历管理委员会(The New Zealand Qualifications Authority)法律框架

稳固新西兰学历管理委员会法律框架，并使其合法化，以提高其承担高等教育组织质量保证的能力。

4. 践行国际学生教牧关怀实践准则（The Code of Practice for the Pastoral Care of International Students）

国际学生教牧关怀实践准则有助于提高教育系统对国际学生需求的高效回应，于 2016 年年初推行实施。

（五）构建灵活的现代化基础设施

为了确保学校拥有 21 世纪学习环境所需的基础设施，教育部对学校财产、交通以及技术等做出了有关规定。

1. 维护并充分利用房地产资产

教育部掌管着政府价值 4235 亿美元的第二大房地产资产，在 2014—2015 年度，投资 60 万美元以维修或升级学校房地产资产，其中包括解决建造新学校及额外教室，应对入学率不断增加等问题的措施。到 2015 年 6 月 30 日，全国仍有 16 个新学校项目正在进行，另外有 4 所学校还在扩建中。此外，教育部门也与相关方面签署了合同，聘用专门人员负责管理学校基础设施，使教师和职工投入更多的时间来提高学生学业成就，并提供资金用以建设现代化多功能教室，对学校房地产资产状况进行全国普查等，以提供灵活的学习空间，进而促进教学与学习实践的提升。

2. 加强数字化基础设施建设

为了确保每所学校、每个学生都能够使用高质量的信息通信技术和高速宽带等数字化基础设施，教育部门与商务、创新、就业部（The Ministry of Business, Innovation and Employment）以及王冠光纤控股公司（Crown Fibre Holdings）共同合作，以改进数字化基础设施。

至 2015 年 6 月，已有 2337 所学校接通了超高速或提速宽带，2182 所学校通过学校网络升级项目（The School Network Upgrade Project）获得了内部网络升级补贴，获得 54 万美元的补助资金以改进 400 多所学校的无线连接情况。同时，已有来自 1830 所学校的近 6 万名师生利用网络进行学习，其中有一些学校也成了"数字中心"，为社区提供高速网络。

3. 为学校提供交通帮助

教育部签订合同并拨款，开通和优化 2752 条学校公交路线，为约 5560 名毛利中等学校学生和 6000 名特殊教育学生提供交通帮助，并为约 6030 名学生提供每日交通津贴，主要服务于那些距离较远、缺少合适的公共交通、不得不就读于离他们最近的州或是州综合学校的学生们。

截至 2015 年 6 月末，新西兰教育部正在实施一个为期五年的学校交通转换项目，旨在改进交通服务的条款、资源、进程以及技术的使用情况。此外，教育部门也正在取消学校交通支付数据库，开发、创造一个较为完善的现代支付平台，以优化公交路线、节约时间和资金，并为改进监管、发布政策决定提供有效依据。

二、让每个学生都成功

新西兰需要一个从早期教育、基础教育到高等教育,都能够提供高质量学习与教育的教育系统。每个孩子,无论其背景如何,都应该接受教育,充分挖掘其潜力。而教育系统及其内部所有构成因素应该共同协作,提升教学与学习质量,对所有学生的成就潜力给予较高的期望,让每一个学生都获得成功。

(一)提高学业成就

未来社会的进步与经济的发展很大一部分有赖于缩小教育差距,实现更好的教育成就,而促进毛利族、太平洋岛屿族裔以及来自低收入家庭学生学业成绩的提高是实现这一目的的主要任务,同时,也要确保教育系统的完善以促进这些目的的实现。

1. 提高国家标准(National Standards)

国家标准主要用于检测 1~8 年级小学及初级中学在校生的学业成绩,而对于教育部门来说,一个关键指标就是入学学生达到或超出国家标准的人数。

相比 2013 年,2015 年达到国家标准的学生比重有所提升,然而,这也加剧了不平等问题。每个群体都面临特殊的挑战,但毛利族与太平洋岛屿族裔的成就明显低于亚裔和欧裔。为此,教育部门为学生和教师提供了相关帮助以促进国家标准的实施与实现。

(1)966 所学校实施学生项目。

2015 年,教育部门在 966 所学校实施了一些学生项目,诸如加快读写学习(Accelerating Learning in Literacy)、加速学习数学(Accelerated Learning in Mathematics)以及教师的数学支持(Maths Support Teachers)等,为学校提高少数学生群体学业成就提供资源与帮助。

(2)进步与一致性工具(The Progress and Consistency Tool)。

2014 年,19 所学校在第四学期采用了这一工具,到 2015 年第一学期,该工具已广泛应用于所有小学和初级中学,有效提高了教师教育教学的自信。到 2015 年 6 月 30 日,已有 151 所学校注册使用了此工具,另有 189 所学校对其表现出较为浓厚的兴趣。

2. 提高二级国家教育成就证书或同等资质的获得率

国家教育成就证书(The National Certificate of Education Achievement, NCEA)政策在中学取得了一定成就,借此政府设定了一项更好的公共服务(Better Public Services)目标——到 2017 年,85% 的 18 岁青年要获得二级国家教育成就证书或是同等资质证明。

2014 年,18 岁青年二级国家教育成就证书获得率为 81.2%,比 2011 年增长了 6.9％，目前正向 2017 年达到 85％而努力，而这对毛利族及太平洋岛屿族裔提出了更多要求，一方面要使其青年人将就业、教育、培训与学习项目相结合，另一方面要提高其学生的就学率、参与率及学业成就。

（二）实施教育成功投资（Investing in Educational Success）以提高教学质量

研究表明，教学质量对学生学业成就的影响最大，但是此前在分享最佳教育实践与经验以及协同工作方面存在一些困难。为此，实施、推进教育成功投资，投入 3590 万美元，通过以下三种举措分享并提升教学与领导管理实践。

1. 鼓励学校与早教中心共同构建学校社区（Communities of Schools）

教育部门鼓励学校与早期儿童教育中心合作，通过分享教育教学过程中的专业知识，互帮互助，通过教育形成学生过渡课程等，提高儿童与青少年的学业成就，同时社区基于学生的教育需求设定共同的教育目标，有关部门共同协作为实现共同目标提供领导管理等资源。

到 2015 年 6 月 30 日，29 个学校社区遍布全国，涵盖了 220 所学校、8 万名学生。教育部门与学校社区合作以促进学校社区的发展，学校社区也将重新委派领导管理与教学人员，并吸纳对此计划感兴趣的学校，另一部分学校社区于 2015 年 10 月继续跟进。

2. 建立教师主导的创新基金（Teacher-led Innovation Fund）

教育部门拨款 100 万美元，建立教师主导的创新基金，支持并帮助教师进行教育教学实践的创新与改进，尤其是针对毛利族学生、太平洋岛屿族裔学生、有特殊教育需求的学生以及来自低社会经济收入家庭学生的教育教学实践。2015 年 7 月，教育部部长宣布了第一批获得资金的 39 个项目，项目资金共计 25 万美元。

3. 提供校长招聘津贴（Principal Recruitment Allowance）

目前，学校委员会可以申请校长招聘津贴，帮助那些最需要这部分资金而且校长职位空缺的学校，通过提供更高的薪资报酬，吸引有经验的校长帮助提高学生成就。

教育部与后小学教师协会（Post Primary Teachers' Association）、新西兰学校受托人协会（The New Zealand Schools Trustees Association）、新西兰中学校长协会（The Secondary Principals' Association of New Zealand）等行业组织共同推行这些措施，都扮演着重要角色。此外，新西兰教育学院就小学及区域学校模式进行集体协商并达成了一致，要将学校社区扩展成从早期教育过渡到高等教育的学习社区。

（三）提高毛利族的教育参与度与成就

1. 针对性措施

目前新西兰境内有近四分之一的学生是毛利族，《加速成功战略 2013—2017》

(*Ka Hikitia—Accelerating Success 2013—2017*)是毛利族享有教育成功、实现教育成就抱负的主要战略。教育系统的每一个部分都要支持并帮助所有毛利族成员参与教育、接受教育并获得一定的教育成就。

自 2008 年以来，参与儿童早期教育的毛利族学习者的数量增加，毛利族在阅读、写作和数学方面的水平有了提高，获得二级国家教育成就证书或同等资历的 18 岁青年数量显著增加，但其所占比重较之所有学生而言，仍处于较低水平。为此，教育部门与社区、企业及部落协同合作，采取了以下措施。

（1）提供针对性帮助。

为毛利族学生面临巨大学业挑战的学校提供针对性支持与帮助，鼓励学校进行自我审查，反思决策及干预措施，提高毛利族的学业成就。

（2）创建专业学习与发展计划（Success on Professional Learning and Development Project）。

在 105 所中学实施专业学习与发展计划，大约涵盖了 6500 名教师和 26000 名学生，早期数据显示，该项计划有助于提高学生的学业成绩。

（3）推进土著教育行动计划（Whanau Education Action Plans）。

鼓励土著人了解国家教育成就证书是怎样运作的，帮助他们开展土著教育行动计划。同时，培训部落首领领导其族人完成这些计划。

（4）开展五方在线视频案例研究。

通过进行在线视频案例研究，支持和鼓励家长、土著、教师、委托人委员会以及校长五方进行沟通对话，商讨学校和部落怎样能加快提高毛利族学生的学业成绩。

2. 家长、土著居民、部落的参与

（1）鼓励并帮助 11 个部落关注国家教育成就证书，开展实施土著教育行动计划。

（2）向 1436 名参与者提供 45 个国家教育成就证书及土著研讨会，反馈中有 99％的参与者感到更加自信，而且能够为其子女获得国家教育成就证书提供相应的帮助。

（3）向需要帮助的 376 个土著居民提供教育信息，同时也向 157 个社区、6352 名参与者提供信息。

3. 毛利族语言及文化的教育融入

教育部门通过与土著、部落等合作保护毛利族的语言和文化，同时确保教育系统为毛利族学习者习得毛利语提供明确的学习规划，以便于其能够在新西兰乃至世界上获得成功。此外，为保护并发展毛利语，教育部门也将继续推进毛利族中等教育以及作为英语中等教育中的一门学科的毛利语教学。

大多数毛利族学生就读于英语中等教育环境中，大约 12％参与到毛利族中等教育中，而在英语中等教育中，约有 15％ 的毛利族学习者或多或少地接受毛利语的学习与教学。此外，相关数据表明，毛利族中等教育背景的学习者获得国家教育成就资质的比重高于英语中等教育背景的毛利族学生。《毛利语教育战略 2013—2017》（*Tau Mai Te Reo—The Maori Language in Education Strategy 2013—2017*）指明了教育部以及教育部门对毛利语学习者所将要采取的相关措施，在此指导下，67 项改进毛利语学习者境况的措施的问责情况得以落实。为更好地推进毛利族中等教育，采取如下措施。

（1）促进专家合作。

促进专业的学习发展人员与毛利族中等教师及领导的合作，在评价、课程设置、专门学科等广泛领域进行沟通，提供帮助与支持。

（2）继续推进成就标准计划（Achievement Standards）。

实施与毛利族学生资源相关、用于获得国家教育成就证书及国家资质认证的成就标准计划，借此计划，毛利族学生能够凭借相关评价获得中学入学资格，这对于毛利族中等教育来说是至关重要的。

（3）促进毛利语的代际传递。

通过与相关部门的合作及有关项目计划，促进毛利语的代际传递，使毛利族人在儿童教育期间就能够参与到毛利语的学习中。

（四）提高太平洋岛屿族裔的教育参与度与成就

1. 针对性措施

《太平洋岛屿族裔教育计划 2013—2017》（*The Pasifika Education Plan 2013—2017*）为加速提高太平洋岛屿族裔学习者的教育成就提供了理念和方法，它将太平洋岛屿族裔学习者与其父母、家庭和社区置于该教育系统的中心，为太平洋岛屿族裔的成功提供连贯的、高质量、高效率的教育。

过去一年中，在提高太平洋岛屿族裔学生教育成就方面获得以下进步：越来越多的太平洋岛屿族裔儿童参与早期教育；达到国家标准、获得二级国家教育成就证书的太平洋岛屿族裔人数得以增加；高等教育中太平洋岛屿族裔学生的比重持续增长。

2. 父母、家庭及社区的参与

《太平洋岛屿族裔教育计划 2013—2017》实施的关键是太平洋岛屿族裔力量提升（Pasifika Power Up）计划，支持家人参与儿童的学习，并为中小学生提供学术支持。而太平洋岛屿族裔力量提升的关键就是要强化并汇集父母、家庭及社区多方力量促进教育成功。2014 年这一计划已经在全国取得了显著成功，有 1200 多个家庭参与其中，学生父母、家庭更加了解教育系统，也增加了与教师及学校进行沟通与合作的机会。

另外，有 17 个中心、349 名学生参与了太平洋岛屿族裔语言获得成功计划

(The Achieving Through Pasifika Languages Programme)，这一计划支持学校和社区团体成立和运行，以帮助太平洋岛屿族裔双语学习者取得母语学习方面的成功，目前该计划及其中心主要关注1~8年级英语课堂中的学习者。

3. 太平洋岛屿族裔语言及文化的教育融入

顺利过渡到英语学校教育是教育部实施新入学者太平洋岛屿族裔双语试点(Pasifika Dual Language Pilot for New Entrants)的目标，该试点计划包括：152个来自芒厄雷(Mangere)学校的萨摩亚儿童，使用双语课本辅导来自太平洋岛屿族裔早教中心或是未参与过早教的儿童，帮助提高他们的学业成就和英语读写能力。

经过共同努力，儿童、家庭、社区以及老师都取得了很大的进步，此外，有关部门也正在积极编写新的太平洋岛屿族裔语言双语教材。

(五)促进全纳教育(Inclusive Education)的实施

教育的成功有助于青年人更加独立、更加积极地参与到社会中并为之做出贡献，政府实施的全纳教育理念——每所学校、每个孩子都成功(Success for All，Every School，Every Child)，引导学校为所有学生，包括那些残障儿童提供更具包容性的教育实践。

1. 加强对特殊教育需求学生的系统支持

为了推进全纳教育，教育部门要提供更具有针对性的资源、支持与服务，以帮助有特殊需要的儿童和青年人获得学业成就。

(1)设置资源教师(Resource Teachers)提供针对性辅导。

学校、教师与学习和行为有障碍的学生共同工作，尤其关注毛利族和太平洋岛屿族裔学生以及那些受保护的儿童和青年人，在2014年一年内，共帮助和辅导了13214名学生。

(2)实施积极学习行为计划(Positive Behaviour for Learning)。

积极学习行为计划为600多所学校的24万名学生创建了积极的学习与教学环境，一方面，确立了独立评价体系，降低了行为问题发生的频率，为融合性学校文化的改变提供了支持；另一方面，教师最佳效果时间(Incredible Years Teacher)、家长最佳效果时间(Incredible Years Parent)等其他项目也都产生了良好的效果。而为了提供特殊教育服务与支持，主要采取了以下措施：

第一，为根基资源计划(Ongoing Resource Scheme)提供资金，为有特殊教育需求的8500名左右儿童提供专门的帮助与服务；

第二，增加教师辅导时间，为有特殊教育需求的约1500名儿童提供额外的课堂帮助；

第三，丰富课程材料和资源，帮助教师适应课堂计划，确保所有学生都成为成功的学习者；

第四，与相关部门合作，制定可行的"怎样学习"在线指南，满足教师和学校领导以及所有学习者的不同需求；

第五，制定新西兰国家手语成就标准，为聋哑学生提供明确的学习与职业规划，以提高新西兰手语(New Zealand Sign Language)学生的学业成就。

2. 提高特殊教育需求学生的成就

教育审查办公室(The Education Review Office)的 2015 年报告《针对特殊需求学生的融合性实践》(*Inclusive Practices for Students with Special Needs in Schools*)表明，学校越来越受到特殊教育需求儿童的欢迎：相较于 2009 年 50% 的比重，2014 年有 78% 的学校更具有包容性；缺少全纳教育实践的学校数量急剧减少，从 2009 年的 20% 降至 2014 年的 1%。

此外，2014—2015 年度满意度调查显示，75% 的家长和教育专家对特殊教育服务的整体质量表示认可，而且对于儿童接受服务后的进步和表现十分满意。同时，教育相关部门将继续监督服务及其效果，并致力于确保毛利族及太平洋岛屿族裔儿童获得服务和帮助。

3. 促进特殊教育升级(The Special Education Update)

特殊教育升级计划关注整个教育系统以及0～21岁的所有儿童和青年人，这不仅仅是服务升级，更涉及资金的配置、服务的设计、工作人员的管理工作以及管理信息等。

至今，教育部门已经在全国举办了 150 多场论坛，获得了大量有关服务改进的反馈。大约有 3000 人参与论坛，其中有家长、早期教育的专家、中小学、特殊学校、教育残障部门等多方代表。此外，从事特殊教育的人员也会参与论坛，进行反馈。

(六)确保处境不利的儿童的参与

1. 加强监管并改进入学服务

如果儿童及青年人未能入学，那他们显然不能获得教育上的成功，其潜力也难以充分挖掘。为此，2014 年 6 月，相关部门针对学校入学情况开展了相关调查，结果表明：自 2009 年以来，虽然逃学率有所增加，但整体辍学率正逐年降低。

为了提高入学率，教育部门强化入学服务(Attendance Service)，大约 60% 的学校签约使用此项服务。通过此项服务，提高学校对缺席率的重视，并鼓励更多的学校参与到此项服务中。

2. 创建伙伴学校(Partnership Schools)

政府正在投资伙伴学校，在提高教育成就的同时，为那些一直受到服务和帮助的学生群体提供另一种教育选择。

2014 年年初，五所伙伴学校在奥克兰和诺斯兰(Northland)开始实施计划，而在 2014 年另一轮申请计划中，又增加了四所，拟定于 2015 年第一学期开办伙伴学校。伙伴学校间互相分享绩效评估等信息，但因周期较短，目前还不能对伙伴学校所产生的积极教育影响进行有效评估。

3. 帮助英语为第二语言的学生

2014—2015 年度，来自 1362 所学校的约 34930 名学生从 281140 万的年度预算中获得了学习英语（第二语言）（English as a Second Language）的资金费用，这些学生代表来自 166 个国家、使用 126 种语言的 157 个族群。除了继续为学校中第二语言为英语的移民或难民学生提供资金外，加速英语语言学习（Accelerated English Language Learning）作为一种新的在线英语学习资源也应用于中小学，这种短期强化干预学习主要是为了加速英语语言学习，帮助学生赶上同龄人并获得相应的资格。

4. 提供额外支持的针对性措施

算我一个（Count Me In）是一项正在实施的多机构干预计划，多个不同的部门如社会发展部、司法机构、毛利族有关部门、太平洋岛屿事务部等都参与其中，旨在提高弱势学生尤其是毛利族和太平洋岛屿族裔学生的学业成就。

此外，在与学校及教育部门合作时，采取以下针对性的帮助措施：2014 年组建了 23 个青少年家长单位（Teen Parent Units），并指导青少年家长们参与到主流试点计划（The Mainstream Pilot Programme）中，帮助 100 个没有加入青少年家长单位中的青少年家长；运营 28 个服务性学院（Service Academies），这类学院中 93% 的学生称其在离开后将继续学习、工作或是培训；为边远地区或是处于危险中的儿童提供住宿津贴；更新学校性教育教学指南；推进同性恋、双性恋、变性人行动计划草案以增加新西兰青年人的幸福感和积极的公民意识；发布 2015 年版的《欺凌的预防与应对：学校指南》（*Bullying Prevention and Response：A Guide for Schools*），强调社区在预防欺凌行为方面的重要作用，支持学校创设积极、健康的校园环境。

为了给弱势儿童提供早期支持与帮助，教育部门还提交了一份九年级专门措施提议，对 2016 年就读于九年级的 80～100 名青少年进行跟踪调查，以了解早期干预是否能够提高其教育和生活成就。

三、使新西兰人民拥有工作和生活所需的技能与知识

政府出台《高等教育战略 2014—2019》（*Tertiary Education Strategy 2014—2019*）主要是为了提高高等教育在促进新西兰发展、帮助新西兰人获得成功等方面所发挥的重要作用，具体有以下六个策略。

（一）传承产业技能

教育系统需要提供应对未来发展的能力教育以及现代社会所需要的技能教

育，这就要求学校、企业、工厂及高等教育组织进行合作，就最需要的技能类型以及怎样通过教育培养这类技能等问题达成一致。此外，也需要在合适的领域进行投资，通过新西兰企业传达新西兰的价值观等。同时，高等教育系统也应该有意识地帮助学生、家庭以及那些需要提升技能或再培训的人。

1. 促进创新与经济增长的针对性投资

自 2012 年以来，教育部通过分析新西兰基准测试工具（The New Zealand Benchmarking Tool）的数据，建议政府向资金相对不足的地区投资。据 2015 年预算显示，从小学到大学，科学、农业、园艺以及健康科学等学历水平方面的学费补助经费均有所增加。

目前有关部门开始关注这一针对性投资措施的影响，而且近期高等教育和政府的创业投资将转向发展创新及经济发展所需要的科学、技术、工程以及数学的培训。

2. 提高员工技能

有着更高资格、素质水平的人参与到劳动力市场中，被解雇的风险更低，可以获得更多的培训机会，并获得高于平均水平的工资。

随着拥有二级国家教育成就证书的青年人逐步增加，人们更加重视青年人是否拥有三级、四级乃至更高水平的教育证书。更好的公共服务设定了 25～34 岁获得四级或更高级别资质的人群的目标比例，2012 年预计将在 2017 年达到 55%。2014 年政府更新了目标，预计到 2018 年，该人群比例达到 60%。实际上，2013 年 3 月该人群比例已经达到了 52.6%，2014 年 3 月增长到了 54.1%，截至 2015 年 3 月仍为 54.1%。

此外，教育部门一直在强调要确保学校和高等教育提供者与企业需求建立联系，并为更多青年人参与四级或更高级别的学习与就业提供帮助和支持。

3. 加强与雇主的联系

雇主和社区了解学生在未来工作、生活中获得成功所需要的技能与知识，因而有关部门需要帮助他们更多地参与到教育和培训的过程中，赋予学生未来所真正需要的知识与技能。

（1）建立信息技术研究所（ICT Graduate Schools）。

教育部已经帮助高等教育委员会建立了三个信息技术研究所，这将在高新技术产业与高等教育，尤其是技校和大学之间建立十分重要的联系。全部建成后，信息技术研究所将为更多的信息技术毕业生提供工作技能与就业帮助。

（2）扩展实习再启动计划（Apprenticeships Re-boot Scheme）。

为了鼓励雇主支持员工参与实习并使其成为高技术人才，政府于 2014 年 12 月 31 日补充扩展了实习再启动计划，提供了 6000 个额外实习岗位。

（3）实施好奇的国家计划（A Nation of Curious Minds）。

这是一项政府鼓励新西兰全社会参与信息科学技术的一项计划。一直以来，有关部门为教师和学生提供接触科学家和企业的机会，进而加强教育在信息科学技术中的作用。

4. 帮助学生获取有效信息

学生需要了解雇主所认可的技能与资格，这将帮助他们实现职业抱负与生活目标，为此，有关部门通过与其他高等教育与技能机构的合作，共同为学习者提供有关高等教育系统的更为丰富、可获得的实习机会，帮助他们做出恰当的决策。

此外，结合新西兰职业比较研究选择(Careers New Zealand's Compare Study Option)和职业前景(Occupation Outlook)报告，使家长和学生能够比较 50 种不同职业的工作前景和收入情况，帮助他们在高等教育和中学中做出明智的选择。

同时，政府部门也正在研发一种在线工具——"我的合格率"(Rate My Qualification)，用以评估高等教育学历和资质是否符合劳动力市场的要求。2015 年年初便已经进行了初步的调查，其结果将用于指导高等教育委员会对 2016 年版"我的合格率"的设计与上线。

(二)推行青年保障项目(*Youth Guarantee Project*)

新西兰有大量未参与教育就去就业的青年人，他们是弱势群体，尤其是当经济不景气时，他们通常是第一批下岗人群。为了使他们获得成功，需要增加就学率，并与那些已经辍学的人取得联系。

青年保障项目是由教育部和高等教育委员会推行的一项重要举措，确保16～19 岁青少年都有机会获得至少二级国家教育成就证书或同等教育资质，使其有能力继续进行更高水平的学习、培训或就业。

具体来说，青年保障项目的主要目的是提高学生的学业成就和就学率，为青年人进一步学习、培训或工作提供更广泛的机会，充分利用教育资源网络，在工作和学习间架起桥梁，包括职业过渡途径(Vocational Pathways)、青年保障合作伙伴、中高等项目计划如行业院校(Trades Academies)以及免费学习场所等。2014 年，5086 名学生参与了中高等项目计划，13283 名学生参与了青年保障项目。

青年保障项目在二级国家教育成就证书获取等方面具有重要作用，并获得了学生和教育者的认可。同时，教育部与高等教育委员会也一直致力于废除中高等教育间立法、资金障碍，为更多青年人接受教育、获得所需资质提供更为广泛的选择。此外，加强中高等教育与雇主间的联系，使学生能够顺畅地从学校转向高等教育及就业，并鼓励高等教育机构、学校及企业共同合作以确保青年人获得相关资质和核心技能。

（三）提高毛利族及太平洋岛屿族裔的成就

毛利族教育策略《加速成功战略 2013—2017》和《太平洋岛屿族裔教育计划 2013—2017》都为政府的《高等教育战略 2014—2019》奠定了基础，尤其是为优先提高毛利族和太平洋岛屿族裔的成就提供了政策依据。

近些年，毛利族和太平洋岛屿族裔在参与高等教育方面取得了显著成就，参与正式高等教育的毛利族比重高于其他少数民族，但是其成就水平较低，从一级到四级不等。太平洋岛屿族裔学习者获得三级国家教育成就证书的可能性较低，而且其获得成就的过程也比较漫长且不均衡。

这意味着需要采取更多的措施以帮助其获得更高水平的资格：

（1）通过《高等教育战略 2014—2019》的六项举措来确保有效提高毛利族和太平洋岛屿族裔学习者的成就；

（2）通过与高等教育委员会、新西兰资格管理局（The New Zealand Qualifications Authority）和青年保障项目的合作，为毛利族和太平洋岛屿族裔学习者制定更完善的相关规定，例如文化回应的规定便有效促进了毛利族和太平洋岛屿族裔的教育参与及教育成功，而且毛利族和太平洋岛屿族裔父母、家庭、部落以及社区参与高等教育能够丰富文化维度，强化学习者的学习责任感并使其与社区建立更好的联结。

（3）政府针对毛利族和太平洋岛屿族裔的职业培训措施（Trades Training Initiative）也大大提高了毛利族和太平洋岛屿族裔的成就水平。

（四）提高成年人的读写算能力

读写、语言、计算是全面参与现代世界与生活的基本技能，成年学习者需要参加一些反映其不同需求和能力并帮助其获得学习成就的读写算项目。

一方面，为了确保人们掌握这些基本技能，与雇主、高等教育组织及高等教育委员会合作，就目前的读写算情况撰写了一份政策评审，该评审于 2015 年末完成，为读写算能力较差的尤其是在职的成年人提供更多的机会与帮助。

另一方面，通过与成人、社区与教育（Adult，Community and Education）合作，确保人们有机会接受高质量的非正式学习，尤其是那些想借此机会重回正式教育学习的学习者。此外，教育部增加成人读写算评估工具（The Literacy and Numeracy for Adults Assessment Tool）中的问题数量，确保其评估结果能够对读写算学习者、教育系统以及企业做出可靠的回应。

（五）强化研究型院校

研究型高等院校对新西兰而言十分重要，因为这类院校不仅能够培养出雇主需要的、具有较强科研能力的人才，而且能够进行跨学科的研究工作。

新西兰需要国际化的研究型院校，进行高质量的研究工作，促进创新与经济的发展，维持并促进国际联系，特别是新西兰大学良好的国际声誉有助于吸引优质的人员和学生。

根据 2012—2014 年对绩效研究基金会（The Performance-Based Research Fund）和卓越科研中心（Centres of Research Excellence）的审查，高等教育委员会做出相应的调整与改变。一方面，调整绩效研究基金会意味着其运行更为简便，研究用户的视角更有价值，使高等教育研究人员更具可持续性；另一方面，改变卓越科研中心的设置，确保其更明确的发展目标，能够更有效地凸显其作用，包括其活动、措施的影响。

此外，毛利族的知识与科研对新西兰来说是独一无二的，其学者为毛利族提供了更多的参与科研的机会，在提高毛利族的科研能力方面发挥着重要作用。为此，国家也将帮助毛利族学者更好地了解他们的科研愿景。

（六）增加国际联系

全球市场对技术人员的需求、教育输出中激烈的国际竞争以及到 2025 年国际教育价值增长到 50 亿美元的政府目标，这一切使得建立国际联系成为新西兰教育系统的重点。

1. 建立有利于新西兰人的国际联系

2014—2015 年，一方面，通过学习国际经验和最佳实践经验，不断从双边及多边教育关系中获取更大的价值与意义，强化新西兰教育系统；另一方面，通过与其他机构合作，增加国际联系，提高新西兰人民有效处理跨文化问题的能力。

（1）与国际教育高级官员小组（International Education Senior Officials Group）合作。

教育部与国际教育高级官员小组合作，一方面支持教育提供者为新西兰人民提供经济全球化所需要的能力的培训，例如学生的语言学习、国际能力培养以及为高等教育学生提供海外学习机会等；另一方面密切关注教育合作的焦点，关注国际教育市场，与高级官员开展更有针对性的合作。

（2）参与多边国际教育论坛。

国家教育部门已经参与了有关新西兰教育热点的多边论坛，作为联合成员和秘书处参与了经合组织、英联邦教育部长会议、亚太经济合作论坛、东亚峰会以及联合国教科文组织的新西兰国家委员会。

（3）实施新西兰 *Inc* 战略。

通过政府实施的新西兰 *Inc* 战略促进国际教育目标的实现。譬如，中国教育部副部长郝平陪同中国国家主席习近平于 2014 年 11 月访问新西兰，与新西兰教育部副部长共同主持了第八次中国—新西兰教育与培训联合工作组磋商会议，这是中国与新西兰达成高等教育学历互认、共同开展职业教育与培训计划的重要标志。

2. 促进教育出口

新西兰作为出口额达 2.85 亿美元的全球第五大出口国，教育输出对经济与教育的进步与发展具有重要意义。为此，2014—2015 年度相关政策建议主要关注：

(1) 为国际学生确立新的人文关怀准则(Pastoral Care Code)与纠纷解决方案(Disputes Resolution Scheme)法律与监管基础；

(2) 为国际学生的人文关怀建立机构间框架；

(3) 通过鼓励新西兰人民参与海外学习以及其他国家人员留学于新西兰学校，使其更好地了解新西兰的文化及语言；

(4) 与新西兰教育促进会(Education New Zealand)合作，通过行业路线图(The Sector Roadmaps)解决发展过程中的一些障碍；

(5) 完成高等教育组织国际化研究的两个阶段，预计到 2015—2016 年度上半年度完成第三及最后阶段；

(6) 征收教育出口税(Export Education Levy)，管理教育出口税信托账户，并形成收入与支出报告。

四、结语

虽然《2015 教育部年度报告》的内容结构做出了轻微的调整，但其具体战略及举措的制定和实施仍围绕《加速成功战略 2013—2017》《毛利语教育战略 2013—2017》《太平洋岛屿族裔教育计划 2013—2017》《高等教育战略 2014—2019》等中心战略，从教育系统与所有儿童密切相关，让每个学生都成功，使新西兰人民拥有工作和生活所需的技能与知识这三个方面，对儿童早期教育、中小学教育、高等教育与职业教育以及特殊教育的目标、措施及实现程度做了详细的介绍与梳理。新西兰教育部旨在使包括毛利族学生、太平洋岛屿族裔学生、处境不利的学生以及有特殊教育需求的学生在内的所有学生都能够接受教育。不仅如此，更要确保他们都能够获得教育上的成功，最大程度实现教育的均衡化发展，提高新西兰人民的学习热情和成就，使其获得全球化过程中所需的知识与技能。在此过程中，新西兰教育部还要不断完善自身的领导与管理，加强与其他部门、行业、社区乃至国际等各种因素的联系与合作，构建一个更加合理、完善的新西兰教育系统，为新西兰更好地发展做出应有的贡献。为了保障所有儿童、青年人都能够取得学业成功，使其成为有价值且能够在国际舞台上发挥作用、具有竞争力的人，新西兰教育部在今后的道路上还需不断努力，调整教育系统，为每一名儿童、青年人以及成年人的成功保驾护航。

>> 第二节 2014—2015 年度澳大利亚教育政策与发展趋势 <<

2015 年 10 月 28 日，澳大利亚教育与培训部（Department of Education and Training）聚焦通过教育、技能和培训创造更多的工作和机会，发布了 2014—2015 年度《学习中的机会》（*Opportunity Through Learning*）教育发展年度报告。除总括和附录外，年度报告主要包括学校和学生、高等教育、科研与国际化、技能和培训四项主要内容，此外，还包括绩效报告（Performance Report）、问责（Our Accountability）、工作运行状况（How We Operate）和财政状况（Financial Statement）四个主题，旨在通过国家政策帮助澳大利亚人获得高质量的早期教育、中小学教育、高等教育、职业教育和培训以及国际教育和研究，并为所有国民提供终身教育。教育与培训部也通过增强国民教育提高生产力和经济实力，为建设更加公平的社会做出贡献。2014—2015 年度报告始终坚持以下四个目标。

第一，支持高质量的早期教育。教育与培训部致力于为儿童提供良好的学习机会，保证儿童在开始全日制学习前接受 600 小时的早期教育。在"学生优先"（Students First）政策的影响下，早期教育发生了较大的改变，不仅提供了高质量的教育、增强了家长在儿童学习中的参与度，而且使学校有了更多的自主权，并强化了国家课程。教育与培训部继续关注初任教师培训，在教师教育方面取得了重要进展。此外，教育与培训部还强化了澳大利亚国家课程，更加关注科学、技术、工程和数学学科的教育，以确保所有的学生都能够获得在全球劳动力市场竞争中取胜的知识和能力。

第二，通过知识变得卓越。就高等教育领域而言，教育与培训部开展了提升学生竞争力、获得高质量教育、增加所有学生学习机会的措施。此外，为了提升澳大利亚高等教育的国际化水平，加快一流高校建设的进程，通过并发布《国际教育国家战略》（*National Strategy for International Education*）和《国家合作研究基础设施策略》（*National Collaborative Research Infrastructure Strategy*）两项国家战略。

第三，增强技能和能力。改革职业教育和培训以提升学生的学习效果，为澳大利亚提供高技能人才。澳大利亚 2016 年引入合作发展培训模式（Package Development Training Model），以确保培训能够与时俱进，满足现代商业对人才的需求，鼓励培训者之间的竞争，给学生更多的选择。此外，还在职业教育领域引入第三方监督机制，确保职业教育的质量。

第四，确保商业领域的成功。2014—2015 年度澳大利亚通过学习和发展、内部和外部流动两个项目为人们提供扩展知识和提高能力的机会。流动项目取得了良好的效果，通过流动项目，很多人有机会接触到别的工作领域，不仅拓展了参与者的技能，也为工作团队带来了新的活力。

一、学校和学生

澳大利亚通过采用高质量的支持措施，促进家长参与教学，创立良好的学习环境以提高早期教育、基础教育的教育质量。教育与培训部与各州和相关非政府组织建立了合作关系，共同致力于提升澳大利亚学生的学业成就。在澳大利亚政府"学生优先"系列改革措施下，教育与培训部着力于高质量的教育、学校自主权、教育中的家长参与、强有力并充满活力的课程体系这四个关键领域，以期获得良好的改革效果。2014—2015 年度，教育与培训部提高了学前儿童的录取率，并在建设高质量的学前儿童教育体系中取得了重要进展，为儿童小学阶段的学习打下了坚实的基础。

政府意识到高质量和平等的基础教育对促进社会和经济发展发挥的重要作用，教育与培训部为有实际需求的学校提供了政府和非政府两类资助，政府投资来自州和地方的直接拨款。2014 年 1 月 1 日之后，澳大利亚政府根据《澳大利亚 2013 年教育法案》，基于实际需求为学校拨款。

教育与培训部在国家政策引领方面起到重要作用，与地方的非政府部门合作实施基于实证调研形成的政策。该项工作的目的是鼓励创新，提升学生的学业成就，并为处境不利(包括家庭收入低、残疾、土著居民和托雷斯海峡岛民、在偏远地区居住)的儿童提供帮助。

根据教育与培训部的政策重点，2014—2015 年度，直接拨款项目有所减少，相应地将管理权下放给了各州和地区政府、地方社区甚至是儿童的父母。中央政府依据国家测试项目的结果，与地方政府共同制定教育政策。

(一)学校和学生的政策重点

2014—2015 年，澳大利亚关于学校和学生教育政策的重点包括以下 17 个部分：

(1)通过高质量的早期教育以及《全面学前儿童国家合作协议》提高学前儿童的教育质量；

(2)确保澳大利亚所有学校和教育系统都能得到联邦政府依据《澳大利亚 2013 年教育法案》基于需求的拨款资助；

(3)为有大量学生居住在偏远地区的非政府寄宿学校提供额外的资助；

(4)确保教育资金对非政府社区学校和教育弱势群体的投资；

(5)实施政府 2015 年 2 月发布的教师教育部长咨询委员会报告：《刻不容缓：为教学做好充分准备的教师》(Action Now：Classroom Ready Teachers)；

(6)与各州和地方合作，为学校和学校领导提供更多在地区事务中的决策自主权；

（7）支持"澳大利亚研究协会儿童和青年人"研究项目，寻求提升家长参与度以提高教育质量的策略；

（8）支持政府2014年出台的澳大利亚课程改革方案；

（9）通过优先发展国家课程激发教师教授外语的热情：学前儿童开展一年的语言在线学习，在高中（Senior Secondary Years）阶段开始外语教学；

（10）重视科学、技术、工程和数学的教育，确保学生拥有良好的技能以应对21世纪工作对人才的要求；

（11）在偏远小学实行灵活的读写教学，提升学生的学习成绩，增强教师的教学参与度；

（12）继续为处境不利的儿童提供教育帮助；

（13）与各州、地方和国家机构合作，在2017年实施在线国家测试项目——阅读和算术，缩短测试结果对教师和家长反馈的时间，以便教师和家长能够依据测试结果及时采取相对应的措施；

（14）与政府和非政府部门合作实施国家数据改革；

（15）通过为利益相关者提供工具和资源，支持《中学生为就业做准备》计划，帮助中学生理智决定接受教育和培训的方式，为毕业后提供多样化的职业选择，培养高技能型人才；

（16）通过"为澳大利亚而教"（Teach for Australia）项目提升教师的工作质量，吸引优秀人才从教；

（17）确保主流学校的相关教育政策，为提升土著居民和托雷斯海峡岛民学生的教育质量发挥作用。

（二）学校和学生政策的具体内容

2014—2015年度，澳大利亚教育与培训部关于"学校和学生"的政策主要是围绕增加拨款、给处境不利儿童更多的帮助、教育放权、增加家长和社区的参与、促进教育公平、进一步提升教育质量等相关措施开展，取得了一定成效。

1. 政府学校的国家支持（Government Schools National Support）

该项目致力于在《澳大利亚2013年教育法案》的指导下，通过为澳大利亚各州和地方政府提供资助，提升教师的工作效率和参与度。各州和地方政府是财政补贴的主要支出者，其目的在于提升教师和学校其他工作人员的工资，开发教材，弥补学校运作中的日常开支。"独立公立学校"运动在2016—2017学年提供7000万美元的资助，为政府资助的学校提供更多的自主权，增加家长和社区的参与度。澳大利亚政府学校（Government Schools）计划招收全日制小学生1502000人，实际招收1493000人；计划招收全日制中学生892000人，实际招收894000人；计划招收土著居民学生160000人，实际招收161000人。

2. 非政府学校的国家支持(Non-government Schools National Support)

该项目致力于在《澳大利亚 2013 年教育法案》的指导下，通过为澳大利亚非政府学校(Non-government Schools)提供资助以提升教师的工作效率和参与度。主要通过周期性资助、土著居民寄宿行动、财政拨款项目、专门基金——短期意外援助基金、学生优先支持资金五个项目展开。

(1)周期性资助(Recurrent Funding)。

由州和地方政府为非政府学校提供拨款，主要用于提升教师和其他工作人员的工资、开发课程、学校的日常开支、校舍维护、购买校舍用地等。非政府类的特殊学校、专门支持的学校、大多数土著和托雷斯海峡岛民的学校及单一资助学校也可以用这些资助购买学校用地或者投资学校建设。

(2)土著居民寄宿行动(Indigenous Boarding Initiative)。

该项行动从 2014 年开始实行，主要为处于澳大利亚福利系统边缘的土著寄宿儿童提供包括补贴在内的资金支持，使学校有足够的资金满足这些儿童的学习需求。2014 年为澳大利亚北部(包括昆士兰、西澳大利亚和维多利亚)的土著儿童寄宿学校提供了 6200 万美元的资助，

(3)财政拨款项目(Capital Grants Program)。

该项目主要用于改进学校的硬件设施，特别是为处境不利的学生提供资助。主要由学校委员会和非政府学校部门负责维护、改善学校的办学设施。2014 年，澳大利亚为包括 221 所非政府学校在内的 254 个项目拨款 1345 万美元用于改善办学条件。

(4)专门基金——短期意外援助基金(Special Circumstances Funding-Short Term Emergence Assistance Funding)。

澳大利亚政府依据《澳大利亚 2013 年教育法案》设立短期意外援助基金，帮助非政府学校遭遇突发或短期财政困难状况的学生、因意外情况陷入经济困难的学生渡过难关。

(5)学生优先支持基金(Student First Support Fund)。

每个州和地方政府的独立学校和天主教育委员会都已经接受了《澳大利亚 2013 年教育法案》认定的非政府代表机构，该机构通过学生为先项目为非政府学校的学生提供资助，以实现国家教育改革的总体计划。

3. 早期学习和学校支持(Early Learning and Schools Support)

(1)为所有儿童提供早期教育的国家合作协议(National Partnership Agreement on Universal Access to Early Childhood Education)。

2015 年澳大利亚实施为所有儿童提供早期教育的国家合作协议，该协议的目标是让所有儿童在正式入学前接受 600 小时的学校教育，早期教育要由符合教师国家资格框架的学前教师开展。该项协议能够持续让处境不利儿童和居住在偏

远地区的土著和托雷斯海峡岛民儿童接受高质量的早期教育。

（2）澳大利亚早期发展普查（Australian Early Development Census）。

澳大利亚早期发展普查是针对全日制小学生学前一年学习情况的调查，为各级政府开展儿童教育、监督早期教育的发展以及洞悉早期教育的发展方向，制定并实施教育、健康和社区服务提供依据。澳大利亚早期发展普查自 2009 年起，每三年开展一次，第三次普查是 2015 年 5 月 4 日到 7 月 31 日，对全国 31 万名在全日制小学学习的一年级学生开展调查，并将调查结果反馈给了澳大利亚政府、各州、地方政府和学校以及早期教育机构。

（3）澳大利亚政府对教师教育部长咨询委员会的反馈（Australian Government response to the Teacher Education Ministerial Advisory Group）。

澳大利亚教师教育部长咨询委员会成立于 2014 年，致力于提升教师的教学实践能力以胜任教学工作。咨询委员会于 2015 年 2 月 13 日发布《刻不容缓：为教学做好充分准备的教师》咨询报告，报告包括政府对建议的回应。政府采纳了主要的建议，并相信这能够为提升教师的工作效率、改进教学质量做出实质性改变。政府指出，为提升初任教师的教学水平，可以从四个方面做起：增强教师教育课程的质量保障；严格挑选师范生；提炼师范生的实践经验并将之结构化；用严格的评价体系确保师范生具备良好的教学能力。

（4）为澳大利亚而教。

鉴于很多优秀毕业生不愿意做教师，"为澳大利亚而教"项目通过聘用的机制吸引优秀学生从教。参与该项目的学生在完成两年的基础学习之后会获得硕士入学资格。2014 年该项目又开始了新一轮的招募。

（5）为下一代而教（Teach Next）。

"为下一代而教"项目通过聘用的机制吸引高技能的、具有丰富从业经验的专业人员从事教师职业，该项目于 2014 年完成既定招聘目标，并停止实施。

（6）补助和奖励（Grants and Awards）。

2014—2015 年度，澳大利亚拨款 771000 美元帮助家长参与教育。澳大利亚州立学校组织委员会、澳大利亚家长委员会、儿童家长独立委员会（Isolated Children's Parents' Association）以及家庭学校和社区合作关系支持家长参与教育，并为家长影响教育政策提供指导。

（7）澳大利亚课程审核（Review of the Australian Curriculum）。

2014 年，澳大利亚开展了全方位的课程审核，考察课程是否具有活力、独立性和平衡性。2014 年 10 月，澳大利亚政府发布了审查报告，并提出了相应的改革建议。各州、地方政府都同意澳大利亚政府依据报告开展的教育改革政策。澳大利亚课程、评价和报告委员会建议删除重复的课程内容，重新平衡课程内容，增加家长参与，为残疾儿童提供适合的课程。

(8)加强外语教学（Improving the Uptake of Foreign Languages）。

澳大利亚出台了一系列加强外语教学的措施，反映出外语在澳大利亚经济和社会稳定上发挥的重要作用。澳大利亚课程、评价和报告委员会增设了澳洲手语（Auslan）、印地语、土耳其语和古典语言，涵盖澳大利亚所有的语言体系，相关报告于 2016 年 12 月出台。澳大利亚还在早期教育中加入外语课程，让幼儿及早通过网络在线课程学习外语。到 2015 年 6 月，3/7 的应用软件使用 5 种语言，在全国 41 所早期教育机构中对 1600 多名儿童开展语言训练。亚洲教育基金会也做了相关的研究，调查提升高中生外语学习水平的方法。

(9)澳大利亚早期语言学习实验（Early Learning Languages Australia Trial）。

政府投资 980 万美元支持对儿童开展早期语言学习训练，通过开发网络早期语言学习软件，减少对语言流畅者的依赖。2015 年，41 个早期语言学习机构参与了为期一年的实验，主要是通过移动终端上的应用软件学习语言。学习的语言为澳大利亚贸易和投资伙伴常使用的语言，这些语言已经加入澳大利亚课程体系中，成为除英语外的重要学习语言，主要包括汉语（普通话）、日语、印度尼西亚语、法语和阿拉伯语。儿童通过学习软件的早期训练，能够熟悉单词、句子和某种语言的歌曲，接触到并熟悉这种语言。应用软件中的学习内容与儿童早期学习框架相统一，是国家儿童资格框架的重要组成部分。

(10)探究数学（Mathematics by Inquiry）加强科学、技术、工程和数学（STEM）的教育。

探究数学项目旨在提升教学的创新性，通过问题解决式和推理式教学增强数学教学的趣味性。科学、技术、工程和数学人才是国家创新的主要力量，也是促进国家经济增长的主要推动力。教育与培训部实施了很多促进 STEM 教学的措施，包括来自于政府工业、创新和竞争会议的 120 万美元拨款。该项资金用于课程改革、探究性数学、早期高等技术学校（PTECH）的发展以及为女生、土著居民和托雷斯海峡岛民、处境不利学生开展数学和科学教育提供资助。

(11)偏远地区小学开展灵活读写教育（Flexible Literacy in Remote Primary Schools）。

通过增强教师的教学能力而实现，主要受益人是那些急需掌握基础读写技能的儿童。参与该项目的学校要开发一整套读写教学方案以及参与方案，并带动家长和社区参与进来。澳大利亚通过"优化澳大利亚学校"（Good to Great Schools Australia）项目培训 300 多名教师、校长、助教和教学指导者，并将他们分配到 33 所参与该项目的学校中。

(12)议会和公民教育（Parliament and Civics Education Rebate）。

用于帮助学生开展以民主、历史和文化为主题的公民教育，自 2006—2007 学年起，该项目获得了 380 万美元的资助，资助了 16000 多所学校超过 80 万名 4

至 12 年级的学生。2014—2015 学年，该项目承诺拨款 503 万美元为 1960 所学校的 105835 名学生提供资助。

(13)公民教育(Civics and citizenship education)。

国家学校宪法会议(National Schools Constitutional Convention)、国家历史挑战和辛普森奖(National History Challenge and Simpson Prize)致力于加强对澳大利亚学生的公民教育，帮助澳大利亚学生成为积极的、有文化的公民。国家学校宪法会议每年在全国选拔 120 名学生共同讨论宪法问题。大约 7000 所中小学参与了国家历史挑战和辛普森奖的比赛，获奖者参加了在联邦议会大厦举办的庆典演说。该项奖励针对 9～10 年级的学生开展，2015 年共 2296 名学生入围，2014 年入围的学生数量为 2015 年的 2 倍。

(14)教育中的农业(Agriculture in Education)。

教育中的农业通过提供在线课程，帮助教师更好地理解食物的产生过程，让学生了解农业对澳大利亚经济的贡献。超过 80 个高质量的数字学习资源能够以课程的形式帮助学生学习与农业相关的知识。

(15)通过建立积极的合作关系帮助自闭症儿童(Helping Children with Autism-Positive Partnerships)。

通过建立积极的合作关系帮助自闭症儿童项目是澳大利亚对自闭症儿童支持策略的一部分，通过建立家庭与学校之间良好的合作关系帮助提高自闭症儿童的受教育水平，并对自闭症进行干预性治疗。同时，该项目还对学校领导和教师进行自闭症儿童教育的专业培训，满足自闭症儿童的受教育需求。2014 年，该项目为 2017 名家长提供了自闭症儿童教育的培训，并对土著居民和托雷斯海峡岛民自闭症儿童的教育开展了 16 项试点工作坊，并在文化和语言多元化的社区(新南威尔士、维多利亚和昆士兰)为自闭症儿童家长提供对自闭症儿童照顾和教育的工作坊。到目前为止，已经对 1161 名教师、学校领导和教职工开展了自闭症儿童教育培训。除此之外，澳大利亚还通过该项目的官方网站对全国其他 324 名参与者开展了自闭症儿童教育的网络研讨会。

(16)国家学校牧师项目(National School Chaplaincy Program)。

国家学校牧师项目通过为学生提供宗教帮助确保学生有良好的精神状态，该项目从 2015 年开始实施，已经有 3000 所学校接受了资助。该项目由英联邦资助，根据项目协议，所有的学校都可以参与该项目，由政府、天主教和独立学校代表组成的评议会有权选择优先获得资助的学校。获得资助的学校每年可以获得 20000 美元的资助，偏远地区的学校可以获得 24000 美元的资助，参与该项目的学校和学生必须是自愿的。

(17)国家评价改革(National Assessment Reform)。

国家评价改革通过提供包括国家读写评价项目的国家网络在线测试开展，该评价平台首先用于 2016 年公民教育测试。教育委员会承诺 2019 年之后所有的学校都可以使用该平台。

4. 学校的贸易训练中心(Trade Training Centre)

学校的贸易训练中心和贸易技能中心(Trades Skills Centre)能为学生获得贸易培训和相关的职业训练提供帮助，该中心帮助学生参与学校事务，并与学校、社区、当地工商业和雇主建立起联系。澳大利亚政府投资 10.4 亿美元在 1290 所学校建立 511 个贸易技能中心。2014 年 1 月 23 日，教育与培训部政务次官、议员洪·司各特·瑞恩(Hon Scott Ryan)宣布为第一阶段的贸易训练中心提供 2090 万美元的资助，建成 136 个贸易技能中心。该中心旨在为中学生提供卓越的职业培训，并在学生的支持下帮助学校与当地工商业建立起良好的合作关系，帮助学生就业。

(1)为残疾学生提供更多的支持(More Support for Students with Disabilities)。

为残疾学生提供更多的支持项目是通过给各类学校的领导者、教师、工作人员和专家提供残疾儿童教育方法的训练帮助残疾儿童成长。2014—2015 年度，该项目提供 5770 万美元的专项资金提升残疾儿童的教育质量。该项目于 2014 年 12 月 31 日停止实施。在 2012—2014 年度，为残疾学生提供更多的支持项目取得了以下成就：为 1143 所学校 14157 名教师提供了 8014 项技术辅助项目，并开展相关培训；1763 名专业人员为 1389 所学校提供专业指导；21000 名准专业人员(例如教师助手)开展了专业发展培训；为 2181 所学校设置了 179 个支持中心；3474 名残疾学生通过支持找到了工作，或者进一步深造；12559 名学校领导者接受训练，开展了全纳教育的实践；36261 位教师以面对面在线的方式接受了研究生阶段的专业培训；78150 名教师通过堪培拉大学的网络在线课程接受了《2005 年教育残疾标准》的专门培训；7346 所学校在开展对残疾儿童的教育时接受了专业的帮助。

(2)青年人支持计划(Youth Support)。

2014 年，澳大利亚 20～24 岁年轻人中有 12 年受教育经历或获得二级资格证书(Certificate Ⅱ qualification)的比重为 86.3%，年轻人在学校和工商业以及社区之间建立起了良好的关系。政府通过设置澳大利亚年轻人年度奖、国家青年人周和青年人奖、地方政府奖等多种奖励鼓励年轻人为经济发展和社会进步多做贡献。

二、高等教育、科研与国际化、技能和培训

有活力的高等教育、职业教育和科研部门对澳大利亚经济的长期繁荣和发展至关重要。教育与培训部通过高质量的高等教育、职业教育和国际教育以及世界

一流的科研促进经济增长和社会发展。接受高等教育和职业教育促进澳大利亚年轻人学习技能、实现职业愿望并提升国际竞争力。在国际人才竞争的时代，越来越多的年轻人选择去大学学习专业的知识和技能。2014 年，澳大利亚有 137 万人被大学录取，比 2013 年增长了 4.5%，低收入家庭的学生数量得到了显著增加。澳大利亚十分重视高等教育在科研中发挥的作用，2014—2015 年度投资 17.6 亿美元用于科研，其中也包括 3500 个澳大利亚研究生奖学金和 330 个国际研究生研究奖学金。为支持科研成果的转化，澳大利亚政府还积极建立大学、科研院所、政府以及产业之间的联系。职业教育能为就业市场提供高质量的劳动力，满足商业发展的需求，增强国际竞争力。教育与培训部致力于高等教育和职业教育改革。职业教育改革致力于提升培训质量，为学生就业做准备。

澳大利亚政府持续关注高等教育国际化，支持国际教育的发展。2013—2014 年度，澳大利亚国际学生的录取率上升了 12%。2014—2015 年度，包括高等教育、职业教育、英语培训在内的国际教育为澳大利亚带来了超过 180 亿美元的收入。2015 年 4 月，澳大利亚出台《国际教育国际战略草案》，并在广泛征求社会各界意见的基础上，于 2015 年 6 月 3 日正式实施该战略，进一步促进了国际教育的发展。教育与培训部支持澳大利亚高校通过完善国际学生服务和法律体系打造高质量的国际教育服务。

澳大利亚政府指出，国际教育是澳大利亚未来繁荣的核心，在澳大利亚政府建设更加多元化的世界级经济体系和国家繁荣中发挥着关键作用。澳大利亚政府致力于保证国际教育的质量，把握国际教育的发展方向。

(一)澳大利亚高等教育和国际教育发展的政策重点

(1)与高等教育共同合作，实施政府的高等教育发展规划，创建持续发展的高等教育系统，致力于高等教育的质量提升，并为学生提供更多接受高等教育的机会；

(2)通过投资促进高等教育质量保障体系的发展，并提升高等教育的教学质量；

(3)为处境不利的学生，如土著居民与托雷斯海峡岛民提供资助和有针对性的支持；

(4)依据联邦资助计划(Commonwealth Grant Scheme)为符合该计划的大学生提供资助，通过高等教育贷款项目减少预付花费给学生带来的经济困难；

(5)建立与大学、科研机构、政府和工商业的合作机制，促进知识创新和科研转化；

(6)在《国家合作研究基础设施战略》(*National Collaborative Research Infrastructure Strategy*)的支持下提升澳大利亚高校的科研水平；

(7)继续重视数学、科学的教育，增加相关学科的就业机会；

(8)将国际教育发展为国家发展战略；

(9)简化国际学生前往澳大利亚学习的受理程序，维护国际教育的良好声誉，打造成一流的国际学生留学目的国；

(10)支持澳大利亚学生海外学习，并将海外学习作为澳大利亚资格框架的一部分；

(11)增强国际教育和研究的多边参与，确保澳大利亚在国际教育合作中的领导地位，并加强澳大利亚教育和培训系统的全球合作关系的建立；

(12)通过为所有学生提供接受、参与由企业引导的高效技能培训的机会，确保高技能人才培养，满足澳大利亚对高技能工作人员的需求；

(13)实施职业教育培训，确保为职业教育体系提供高质量的培训，加强培训与工作、实习的联系；

(14)保证学生能够在职业教育或高等教育中做出明智的选择；

(15)通过职业教育机构新的国家标准来全面监测教育质量，并提升职业教育的多样性；

(16)删减职业教育课程中重复的教学内容，提升职业教育的效率，通过职业教育咨询委员会和澳大利亚工业和技能委员会实行对职业教育流水线式的管理体制；

(17)确保澳大利亚学徒和雇主得到充分的支持，提高学徒完成率；

(18)提高职业教育领域的流动性和透明度；

(19)提高职业教育在国内和国际上的地位。

(二)澳大利亚高等教育和国际教育发展的具体内容

2014—2015年度，澳大利亚继续推进高等教育改革和教育国际化的发展进程，主要通过以下政策和项目实现政策目标。

1. 联邦资助计划

联邦资助计划通过高等教育来提升学生在激烈的就业竞争中获得就业技能的能力，并为澳大利亚的经济繁荣打下坚实的基础。通过《联邦资助计划》为大学生提供多种资助。目前，联邦资助计划大多拨付给了公立大学的本科生，根据实际需求拨款。也有一些资金用于对本科以下、非研究型硕士生、私立大学的学生和非大学的高等教育机构的学生的资助。

2. 高等教育养老金计划(Higher Education Superannuation Program)

高等教育养老金计划为符合《2003 年高等教育支持法案》条件的大学提供资金支持，为在州政府退休补助计划内的退休的大学工作人员提供养老资助。该计划已经停止扩大资助对象，但对已经进入资助范围的教师仍然适用，同时也是通过花费分担的方式减轻高校的财政负担。

3. 高等教育支持计划（Higher Education Support）

高等教育支持计划是提升高等教育的入学率，并增设高质量的教学设备，确保高等教育体系良好运转。设立独立的质量管理指标提升高校的教育质量，扩大学生的选择空间；重视数学和科学教育；增加对低收入家庭以及土著居民和托雷斯海峡岛民家庭学生的资助；为残疾儿童接受高等教育扫除障碍；重视地方高校的发展，为在地方高校就读的学生提供高质量的教育和培训。2010 年起，澳大利亚结构调整资金（Structural Adjustment Fund）提供 3772000 美元用于支持高校的结构性调整。设置职业学校和研究奖学金项目促进澳大利亚知识经济的发展。2014 年的《高等教育质量和标准修订案》，增强了对澳大利亚高等教育的质量监测。

4. 高等教育贷款项目（Higher Education Loan Program）

高等教育贷款项目为澳大利亚公民和持有永久签证的居民提供高等教育贷款，联邦资助的学生、职业院校的学生、有意愿去海外学习的学生都可以申请贷款。

5. 对高等教育科研的投资（Investment in Higher Education Research）

支持高等教育机构建立起高质量、卓越、合作、多元化、可持续发展的科研体系，促进经济增长，吸引国内外的优秀学生投身科研事业。2014—2015 学年设置了研究培训计划、澳大利亚研究生奖学金、国际研究生研究奖学金、合作研究项目、研究设备资助项目、可持续卓越研究项目，为硕士生和博士生提供科研资助和津贴补助。

6. 提升研究能力（Research Capacity）

科学研究能够丰富知识，发挥创新潜力，提升经济竞争力，增加社会财富。提升研究能力的主要目的是为了提高生产力，通过建立合作文化和合作网络促进科研创新和知识增长。澳大利亚主要通过国家合作研究基础设施战略（NCRIS）改进科学研究的基础设施，并鼓励建立科学研究联盟，增强科研主体的合作，使澳大利亚具有世界一流的科研水平。2015—2016 年度，澳大利亚政府投资 30 亿美元改进科研设备，为 35000 名科研人员提供一流的科研条件，并联合 222 家科研机构，以 27 个科研项目为依托，集聚了 1700 名科技专家开展专项研究。科学研究仍然是教育与培训部的重点资助领域。2015 年 5 月，在科技协会的建议下，澳大利亚政府重新规划了新的研究支持重点，支持跨学科研究，食物、石油和水资源、交通、网络安全、能源、资源、高级生产、环保和健康为重点资助领域。

7. 国际教育支持计划（International Education Support）

澳大利亚通过资格认证支持学生国际流动，澳大利亚还是联合国教科文组织地区资格认证的成员国，公平、持续、非歧视、透明的资格认证对促进学生、科研工作者国际流动而言非常重要，同时也能促进澳大利亚经济增长。教育与培训部出台了国内、国际的资格认证政策，并通过一系列信息服务支持认证机构做出合理的资格认证。澳大利亚依据《海外学生教育服务法案 2000》为在澳大利亚学习的国际学生建立权益保障体系。学费保护服务能够帮助澳大利亚国际学生缓解经济负担。澳大利亚支持学生双向流动，政府奋志奖学金（Endeavor Scholarships and Fellowships）奖励学习成绩优异、有科研潜力的学生，奋志流动奖（Endeavor Mobility Grants）帮助澳大利亚本科生、研究生和职业教育学校的学生参与国际流动，增强澳大利亚的综合竞争力。澳大利亚还与经合组织、亚太经合组织、联合国教科文组织、欧盟等国际组织合作建立国家教育网络。

8. 增强技能和能力（Building Skills and Capability）

澳大利亚 2015 年设立工业技能基金项目（The Industry Skills Fund Program），计划在未来 5 年中设置 25 万个培训岗位，以增强澳大利亚学生在日益激烈的人才国际竞争中的竞争力，满足工作对高技能劳动力的需求，并于 2015 年 3 月设置青年员工通道（Youth Employment Pathways）项目，为 15～18 周岁的学生提供毕业前三个月的职业培训，帮助他们顺利完成从学校到工作的过渡。此外，还通过国家劳动力发展基金（National Workforce Development Fund）、澳大利亚学徒计划（Australian Apprenticeships）、贸易支持贷款项目（The Trade Support Loans Program）、为工作做准备项目（The Job Ready Program）等项目支持职业教育的发展，增强学生的工作能力。

除了给学生提供更多的资助和发展机会之外，澳大利亚还重视对处境不利学生的就业帮扶。教育和雇用技能（The Skills for Education and Employment）项目涵盖了澳大利亚的大都市、地方社区和偏远地区，建立起雇主联系网络，有针对性地为学生提供基础、高级英语课程，读写训练，还有个性化的工作经验的传授，为偏远地区的学生提供量身定制的专业培训。2014—2015 年度，成人移民英语项目（Adult Migrant English Program）免费为合法移民提供 500 小时基础英语语言培训，并开展多项基于工作的培训项目。于 2015 年 1 月 1 日起实行特殊职业培训学生认证计划全国网络平台，增加职业培训的认可度和透明度。

三、问责

年度报告中问责部分主要包括合作治理、财政绩效、购买和咨询、外部质量保障、信息公布计划和审计过程六个部分。合作治理旨在通过适用的法规和政策提高财政的使用效率，执行委员会是决策主体，委员会成员包括秘书、助理秘书和两个合作公司经理人。合作治理的目标是促进公共治理部门的问责、透明、诚信、尽责、高效、领导力和风险管理。截止到 2015 年 6 月 30 日，执行委员会包括审议会、信息技术、战略和影响、人口和文化以及非管制（Deregulation）五个部分。委员会成员每一个月、两个月或三个月会固定见面，共同处理事务。

（一）商业计划（Business Planning）

澳大利亚政府每年都会制定新的商业计划，明晰计划目标。2015 年中期的商业计划根据《教育与培训部合作计划 2015—2019》的内容做了重新修订，增添了新出现的需求，突出计划重点，且每两年审核一次。

（二）欺诈控制（Fraud Control）

根据《2014 年公共治理、绩效和问责条例》的规定，澳大利亚计划实行风险治理和欺诈控制计划，主要采取了以下措施：继续在商业计划进程中开展欺诈风险评估；为员工提供在线互动欺诈意识培训和一整套欺诈控制指导文件；修订《2015—2018 欺诈控制计划》；开展欺诈风险分析和管理；对欺诈行为开展调查。

（三）风险管理（Risk Management）

2014 年，教育与培训部根据《联邦风险管理政策》（Commonwealth Risk Management Policy）修订了风险管理框架政策，在商业政策和商品管理中发挥了重要作用，通过提供系统的、及时的、结构化的管理办法预防商业中的不确定性。

（四）财政绩效（Financial Performance）

2014—2015 年度实行财政紧缩政策，该年度财政有 330 万美元的盈余，占财年总额的 1.05%，扭转了 2013—2014 年度的财政赤字（180 万美元）。

（五）购买和咨询（Purchasing and Consultancies）

教育与培训部的采购计划符合联邦法律和联邦财政计划，向所有商业部门开放，且重点支持中小型企业。教育与培训部倾向于与那些专业、独立和专家型的咨询公司合作，并根据《2013 公共治理、绩效和问责法案》选择合作的咨询公司。

（六）外部审查（External Scrutiny）

外部审查主要有法律、管理法庭和澳大利亚信息咨询办公室、联邦监察专员、议会问询等方式。

此外，年度报告中还包括教育与培训部的日常运作过程，从工作人员、服务分享中心、环境绩效、信息技术四个方面呈现了教育与培训部的日常工作。最后，报告还对教育与培训部 2014—2015 年度财政状况做了说明。

四、结语

澳大利亚教育与培训部 2014—2015 年报告对澳大利亚教育与培训部在该年度的工作做了事无巨细的梳理和呈现。从年度报告中不难看出，2014—2015 年度，澳大利亚教育发展战略依然是促进基础教育公平；为处境不利儿童提供更多的教育机会；继续加大对职业教育的资助，增强澳大利亚学生的工作能力；重视高等教育，尤其是高等教育国际化发展，并把高等教育国际化上升为国家战略。澳大利亚将本国的教育放置在全球人才竞争的背景中制定发展战略，始终以提升各级各类教育质量为宗旨，增强国家的科技创新力和综合实力，并借此达成促进经济增长和人民富裕的发展目标。此外，澳大利亚政府始终将教育放在优先发展的地位，并将教育作为提高人民福祉的重要途径，不断加大对土著居民、托雷斯海峡岛民、经济状况不良家庭的儿童以及残疾儿童等教育弱势群体的资助，以促进教育的均衡发展。

第十三章　非洲教育政策与发展趋势

在非洲教育一体化进程和非洲教育发展中，质量保障一体化是首要任务，非洲区域教育组织推出了很多规划和方案，发挥了十分重要的作用。所以，2014年度的非洲教育政策发展报告，在区域层面上，包括两项高等教育政策个案（非洲高等教育一体化进程中的学科能力认定、非洲大学协会核心项目）研究、一项职业教育政策个案（非洲教育发展协会的促进青年就业的职业技术培训计划）研究。在非洲各国教育改革和发展中，南非走在前列。所以本报告在国别层面上选择了南非的一项基础教育政策（南非基础教育五年战略计划）研究和一项高等院校政策（南非大学开放教育资源战略）研究。

2015年度的非洲教育政策报告继续关注非洲教育区域组织以及南非政府的教育政策，既包括非洲联盟（African Union，简称"非盟"）的科技创新与教育培训政策、在非洲教育发展协会（Association for the Development of Education in Africa，ADEA）主办的非洲高等教育峰会上通过的系列最新高教政策、《非盟—非洲女子教育国际中心战略规划2015—2017》，也包括南非政府最新的教育行动计划。

>> 第一节　非洲科技创新与教育培训政策进展 <<

为促进非洲科技创新，2014年7月，非洲联盟开始实施为期10年的《非洲科技创新战略》（*Science，Technology and Innovation Strategy for Africa 2024*，*STISA—2024*）。该战略意在通过开发人力资本、促进创新等方式使非洲实现发展目标，转向创新领先的知识经济。2015年6月，第二十五届非盟首脑会议又提出了以解决非洲发展为主题的《2063年议程》。《2063年议程》倡议，非洲各国着眼未来，充分利用各种资源促进经济增长，以使非洲大陆在50年后成为繁荣、和谐、安全、和平、民主、具有活力的地区。接下来的10年，为实现《2063年议程》目标，非洲拟着重加强对青年特别是妇女的科技教育和技能培训，为他们创造有利环境，使其成为非洲大陆经济转型和发展的驱动力量。[1] 因此，可以说上

---

[1]　Africa Union. Continental Education Strategy for Africa（2016—2025）[EB/OL]. http：//www. au. int/en/sites/default/files/newsevents/workingdocuments/30810-wd-cesa _ - _ english-v9 _ 0. pdf，2016.

述"战略"和"议程"为非洲新一轮科技创新与教育培训定下了基调。

一、背景

（一）世界各国日益重视实施科技教育

近几年，世界各国正日益重视实施科技教育。美国实施的 STEM 教育计划日益系统和完善。鉴于超过 70% 的工作岗位需要关键性的 STEM 技能，美国几乎每年将数十亿美元投入 STEM 教育和劳动力开发。[①] 长期的持续投入使得美国从学前到第三级教育形成了一套完整的 STEM 教育体系。美国的这一科技教育体系正不断得以完善，且正创新性地向其他国家拓展。从 2011 年开始，美国国务院教育文化事务局（U. S. Department of State's Bureau of Educational and Cultural Affairs，ECA）实施了技术妇女（TechWomen）计划，[②] 以兑现其保护世界妇女儿童权利、支持妇女儿童在技术方面充分发挥潜能的承诺。就其使命来看，美国的这一举措意在通过向妇女提供在至关重要的 STEM 领域学习和工作的机会，在世界各国（包括非洲各国）培植适应美国需求的下一代女性领导人和熟练技术工人。该计划实施以来，已经有 21 个非洲国家的 332 名妇女参与其中。

（二）非洲科技不足受到国际社会关注

非洲经济近年来维持着平均 4.5% 左右的增长，[③] 这一增长在发展中国家中并不算低。然而，发展中国家 2014 年在全球的高科技产品出口中占据了 52% 的份额，而非洲国家却只占了其中的 0.3%。这一事实引起了非洲及其他国家和国际组织的普遍关注。二十多位非洲国家的部长、联合国经济及社会理事会主席、联合国经济和社会事务部首长，以及私营部门和民间社会组织的高级代表，高度重视科学、技术和创新对支持非洲发展的重要性。2015 年 9 月，联合国教科文组织在总部组织讨论了"非洲的技术与教育"问题。联合国教科文组织还通过非正式的形式探讨了有关撒哈拉以南非洲学校科技教育以及非洲教育的数字化服务问题。[④] 此后，联合国贸易和发展会议于 2015 年 12 月 16 日发表了《2015 年技术和

[①] Mariéme Jamme. Africa's Future Depends on STEM，*The Huffington Post*[EB/OL]. Education，http：//www. huffingtonpost. com/mariame-jamme/africas-workforces-need-r _b _6340556. html，2015.

[②] TECHWOMEN，What is TechWomen? [EB/OL]. https：//www. techwomen. org/，2015.

[③] AfricaSTI. African partners to fund 10000 science PhDs[EB/OL]. http：//www. africasti. com/headlines/african-partners-to-fund-10000-science-phds，2015.

[④] UNESCO. Workshop to launch "Digital services for education in Africa" publication[EB/OL]. http：//www. unesco. org/new/en/education/worldwide/single-view/news/workshop _ to _ launch _ digital _ services _ for _ education _ in _ africa _ publication/，2015.

创新报告》(*Technology and Innovation Report 2015*),对非洲国家如何更好地实施科学、技术和创新政策,以及如何使这些政策与其工业政策和发展规划相协调进行了深入的分析。世界银行认为,非洲经济要稳中有升,促进科学、创新、技能的发展是不二选择。①

(三)非洲需要加强科技创新与教育培训

千年发展目标(The Millennium Development Goals)未在 2015 年如期实现后,非洲国家要想实现新的可持续发展目标,在接下来的十几年里,就不仅需要新一代会计师、审计员、设计师、工程师,以及数学和科学教师,还需要大量技能娴熟的劳动力。这些工作岗位都需要最基本的 STEM 技能。因而,非洲需要聚焦科技教育,尤其需要重视 STEM 学科。但在非洲,STEM 计划既不被视为教育投资,也不被视为促进科技与创新的一种途径。目前,非洲多数 STEM 工作外包给了中国、印度、美国等国家的跨国公司。② 非洲要增强工农业的生产力、确保粮食安全和水资源安全、克服能源不足等,都需要促进科技创新。曾经有非洲学者指出,如果有清晰的 STEM 教育战略,非洲国家将有更多受过良好教育的工程师操作机器和建造铁路,开发蕴藏丰富的铝土矿等自然资源,也将有更多本土科学家在充足研发基金的资助下,攻克技术难关,阻止埃博拉(Ebola)等疾病的蔓延。③ 然而,非洲劳动大军中科技专家不足。非洲必须培训和雇用大量科学家、工程师、技术人员,以实现结构转型。需要政界和工商企业界的通力合作,才能完成科技教育发展战略。

二、非洲科技创新与教育培训的使命、目标和举措

非洲各国普遍意识到,如果没有清晰的发展路线图,科技创新与教育培训无从谈起。因而,近年来,非洲各国通过共同的行动向世界较为清晰地呈现了其科技创新与教育培训的使命、目标和举措。

(一)使命、目标

1. 使命

非盟希望建立一个"一体化的、由非洲公民领导的、在全球和知识经济社会

① AfricaSTI. African partners to fund 10000 science PhDs[EB/OL]. http://www. africasti. com/headlines/african-partners-to-fund-10000-science-phds,2015.

② 非洲学者 Mariéme Jamme 指出,2014 年中国有 87 支建筑队到肯尼亚建设标准轨距铁道,而很少有肯尼亚人能做这一工作。

③ Mariéme Jamme. Africa's Future Depends on STEM,*The Huffington Post*[EB/OL]. Education,http://www. huffingtonpost. com/mariame-jamme/africas-workforces-need-r_b_6340556. html,2015.

占据应有地位的和平繁荣的非洲"。① 这一愿景需要建立在非洲人科技创新素养的提高和人力资源发展的基础之上。有鉴于此，非盟将《2063 年议程》的使命界定为促进非洲的经济转向创新引领的知识经济。作为落实《2063 年议程》的重要一环，《非洲科技创新战略》的使命为重新定位非洲的教育和培训制度，增进知识、技能、创新和创造力，以锻造非洲核心价值，促进国家、区域和非洲大陆持续发展。② 非盟委员会认为，要完成这一使命，非洲各国不仅要改善基础设施，在专业技术能力和创业能力等方面提高非洲人的科技创新素养，还要实施具体的科技、创新政策和计划，以可持续发展的方式从整体上满足社会发展需求。这可视为非洲科技创新与教育培训的使命。

2. 目标

《2063 年议程》提出，希望非洲人到 2063 年在科技创新型社会中受到良好的教育和技能培训，不会有儿童再因为贫困或任何形式的歧视而辍学；非洲科技创新与教育培训获得充分发展，以使非洲更加现代化，更有生产力。这些目标具体落实在科技创新与教育培训领域，主要包括四项内容：提高科技、创新应对优先领域问题的有效性；提高非洲人的技术水平，增强组织机构的职能，以便于进行科技创新布局；通过加强知识产权保护等措施保护知识生产；改革科技创新政策，促进科技外交和资源整合。

为使非洲教育和培训制度更好地服务于实现非盟愿景和《2063 年议程》目标，《非洲科技创新战略》意在到 2024 年实现 5 项目标：加强科技创新应对贫困、疾病、交流、生存和创造财富等问题的有效性；提高技术水平，完善发展有利于科技创新的组织机制；通过促进创新创业、行业发展等提高经济竞争力；通过加强知识产权保护和完善监管制度鼓励发明，保护知识生产；支持科技创新改革和调整，促进科学外交和资源流动。③ 为实现这些目标，非洲采取了一系列措施。例如，雇用、培训高水平教师，改进教学质量，不断促进其专业发展；重建、更新和维护好教育基础设施，以确保所有学生始终拥有健康和利于学习的环境；建立教育利益相关者共同体，促进和支持《非洲科技创新战略》相关行动计划的落实。这涉及师资、环境和支持者。可以说，《非洲科技创新战略》5 项目标有利于有导向性地从人、财、物等方面促进非洲科技创新与教育培训政策的落实。

---

① African Union. The AU Commission Strategic Plan 2014—2017[EB/OL]. http：//www. au. int/en/sites/default/files/The _ AU _ Commission _ Strategic _ Plan _ 2014—2017. pdf，2015.

② Ibid.

③ African Union. Science，Technology and Innovation Strategy for Africa 2024[EB/OL]. http：//www. hsrc. ac. za/uploads/pageContent/5481/Science，% 20Technology% 20and% 20Innovation% 20Strategy%20for%20Africa%20-%20Document. pdf，2014.

(二)内容、举措

非盟认为，为实现促进非洲全纳增长、可持续发展，进而迈向繁荣的首要愿景，非洲需要投资科技、研发和创新。同时，鉴于人力资本是非洲发展最为珍贵的资源，非洲需要持续投资早期教育、基础教育、高等教育，并进行科技研发创新，实施科技创新与教育培训政策。

1. 日益突出科技教育创新的价值

2013 年出台的《非盟委员会 2014—2017 年战略规划》(*The African Union Commission Strategic Plan 2014—2017*)致力于解决八个关键优先事项(key priorities)。在这一战略的首个优先事项"人员能力发展"(human capacity development)中，非盟特别强调了"教育、科学、技术、研究与创新"的重要性。[1] 此后，为推进《2063 年议程》，非洲各国教育培训部长于 2015 年 2 月在卢旺达召开会议，对 2015 年后非洲教育发展展开了磋商，将"科学、技术和技能发展"单独定为非洲第五大优先发展领域。[2] 到 2015 年 5 月，非盟提出，成功实施《非洲科技创新战略》有四大前提，或称为四大支柱：(1)建设、更新研究基础设施；(2)增强专业技术能力；(3)促进创业和创新；(4)为非洲大陆的科技信息发展提供支持环境。不想方设法推动科技创新与教育培训，就无法增强人们的专业技术能力和提高人们的创新创业水平。因此可以说，非洲已经把科技创新与教育培训提到了"科技创新"的"前提"和"支柱"的更高地位。此后，非盟又进一步提出了 2015 年后非洲发展的支柱：经济结构转型和包容性发展，科学、技术和创新，以人为本的发展，环境的可持续发展，自然资源、风险和备灾管理，和平与安全，资金与合作伙伴。[3] 这里的第二、三大支柱直接和科技创新与教育培训紧密相连。由此，我们甚至可以说，科技创新与教育培训已经成为了非洲整体发展的第二大支柱。

2. 充分整合内部资源，并借助外部力量的杠杆作用

为实现促进非洲社会经济发展的目标，非盟认为，人力资源是非洲最为宝贵

---

① African Union. The AU Commission Strategic Plan 2014—2017 [EB/OL]. http：//www. au. int/en/sites/default/files/The _ AU _ Commission _ Strategic _ Plan _ 2014—2017. pdf，2015.

② 非洲各国教育培训部长在卢旺达召开会议时提出的其他九大优先发展领域依次为：公平和全纳的教育，包容、公平和性别平等，教师与教学，教育质量和学习成果，可持续发展教育和全球公民教育，青年和成人扫盲，生活和工作的技能和素养，筹资、治理和合作关系，危机中的教育。非盟委员会：非洲大陆教育战略(2016—2025 年)，http：//toutiao. com/i6297011876962238978/，June 17，2016。

③ Africa Union. Continental Education Strategy for Africa (2016—2025)[EB/OL]. http：//www. au. int/en/sites/default/files/newsevents/workingdocuments/30810-wd-cesa _ - _ english-v9 _ 0. pdf，2016.

的资源。非洲必须确保年轻人公平地获得经济资助和必要资源，以便他们能接受教育培训、技能发展。① 这就需要拓宽经费来源以投资教育、技能培训以及研发和科技创新，促使大学、研究机构等各部门、各组织迈向卓越，这些都至关重要。非洲必须充分调动政府、民众、私营部门、海外侨民积极参与和支持非洲的科技计划。为此，《非洲科技创新战略》建议在非洲大陆、次区域和国家层面均设立科技创新基金，将这些内部资源用于促进科技创新研发。

同时，为成功实施《非洲科技创新战略》，非洲还在充分发挥外部支持的杠杆作用。非盟认为，外部技术和经费支持能够帮助非洲巩固内部的科技创新资助基础，有利于可持续发展。因而，非洲非常重视借助外部力量发展教育和进行科技创新。例如，自 2008 年开始，非洲实施了"科学与教育地区性行动计划"（The Regional Initiative in Science and Education，RISE），以增加撒哈拉以南非洲科学和工程领域教师数量和提高教师能力。此后，该计划的目标逐渐转向提高科技创新能力，进而促进撒哈拉以南非洲经济发展。2014 年开始，该计划得到了卡内基基金会（Carnegie Corporation of New York）为期三年、每年高达 500 万美元的资助。在本轮资助中，该计划资助的 5 个组织②均获得 80 万美元的经费，以选拔、培养学生，为其提供参与研讨会和从事研究的机会。在本轮资助周期结束前，该计划获得超过 12 个非洲国家的资助，已培养 200 多名博士和硕士毕业生。

3. 加强同世界各国的合作伙伴关系

为促进科技教育和创新的发展，非洲加强了同世界各国的合作伙伴关系。如印度和非洲联合实施了"印非科技行动计划"（The India-Africa Science and Technology Initiatives），强化了"中非科技合作关系"（The China-Africa Science and Technology Partnership）。此外，非洲还加强了同国际组织在科技教育方面的合作，如"欧盟—非洲联合战略"（The European Union-Africa Joint）。2015 年 6 月开始，塞内加尔、埃塞俄比亚、卢旺达的政府、商界精英联合世界银行在非洲实施一个十年期的万名科学工程博士计划。为确保计划顺利实施，上述三国政府联合工商企业界设立了 500 万美元的"区域奖励创新基金"（The Regional Scholarship and Innovation Fund）。目前，该基金已经成为世界银行在非洲推进应用科

---

① African Union Commission. Agenda 2063：the Africa We Want[EB/OL]. http：//agenda2063. au. int/en/sites/default/files/03_Agenda2063_popular_version_ENG%2021SEP15-3. pdf，2015.

② 自 2008 年以来，为推动科学与工程领域研究生培养，"科学与教育地区性行动计划"在撒哈拉以南的非洲大学共形成了 5 个组织：非洲材料科学与工程组织、非洲天然产品组织、南非生物化学和天然产品信息组织、撒哈拉以南的非洲水资源组织和西印度洋区域倡议组织。这些组织通过竞争性资助，利用大学研究和教学网络选拔培养学生。5 个组织涉及了 9 个非洲国家的 13 所大学和 2 个研究机构。学生来自非洲 15 个国家。

学、工程和技术等方面技能的重要合作伙伴①。建设好这些伙伴关系，巩固好互利合作，有利于非洲借助全球资源实施科技教育创新战略，共同应对全球性挑战。

4. 响应联合国教科文组织倡议，支持妇女、儿童参与科技教育

联合国教科文组织达喀尔办公室曾在 2014 年 9 月 3 日指出，技术有利于激发文盲妇女的学习兴趣②，应该为非洲女孩改善 STEM 课程。联合国教科文组织负责教育事务的助理总干事（Assistant Director-General for Education）唐虔（Qian Tang）认为，通过 STEM 教育增强妇女、女童的自信，是向她们赋权的重要基石。③ 在此认识基础上，2015 年 11 月，联合国教科文组织围绕妇女参与 STEM 教育问题召开专家会议。会议强调了通过 STEM 教育促进性别平等的重要性，认为有必要激励女教师参与 STEM 教育，使培训女教师制度化，从性别公平角度评析有关 STEM 的政策、课程。

非盟认为，非洲应尤为注重调动妇女、儿童的积极性，激发他们的能量、勇气和创造力，以收获人口红利，促进非洲的发展。《2063 年议程》在其第六大愿景中指出，信赖非洲人的潜能，依靠非洲人发展非洲，要尤为依靠妇女、关注儿童。具体来说，要消除各种形式的性别暴力和性别歧视，并为妇女提供优质的教育。在此认识基础上，非洲响应联合国教科文组织的倡议，积极支持妇女参与科技教育[如喀麦隆阿比赛特基金主席弗洛伦斯·图布·洛布（Florence Tobo Lobé）作为专家代表参与了联合国教科文组织 2015 年 11 月组织的有关妇女参与 STEM 教育的会议]，并在这一过程中发挥了重要作用。

5. 设立专门组织，并提供经费保障

根据《2063 年议程》，非盟拟成立"非盟专业技术委员会"（The African Union Specialized Technical Committee）管理教育、科学和技术发展事务。该委员会将作为非盟成员国的顾问，围绕科技、创新等事务向非盟和各国政府提出建议，并同时负责制定政策，商定策略优先项，协调各方采取有效方法和策略，促进科技创新。

---

① AfricaSTI. African partners to fund 10000 science PhDs[EB/OL]. http：//www. africasti. com/headlines/african-partners-to-fund-10000-science-phds，2015.

② UNESCO Office in Dakar. Technology increases illiterate women's interest in learning[EB/OL]. http：//www. unesco. org/new/en/dakar/about-this-office/single-view/news/technology _ increases _ illiterate _ womens _ interest _ in _ learning/♯. V2SVsCwit-t，2014.

③ UNESCO. Young women must be fully supported to take part in science，technology，engineering and mathematics education[EB/OL]. http：//www. unesco. org/new/en/education/worldwide/single-view/news/young _ women _ must _ be _ fully _ supported _ to _ take _ part _ in _ science _ technology _ engineering _ and _ mathematics _ education/，2015.

除了组织机构保障外，非洲正为其科技教育创新提供经费保障。事实上，一些非洲国家已经设立了研发创新的国家基金。但《非洲科技创新战略》认为这还不够，非洲所有国家有必要将投资科技、研究和创新以及相关教育和培训摆在优先发展的地位。在国家层面，非洲各国应该将资助科技创新列入国家发展战略，将其 GDP 的 1‰ 用于研发和相关教育投入，并充分利用已有科技创新政策支持科技创新战略的落实。在次区域和非洲大陆层面，应该设立区域基金，支持"区域卓越中心"促进《非洲科技创新战略》优先领域的发展，以及进行跨界研发和创新合作，以解决不同国家共同遇到的难题。在两者的关系上，《非洲科技创新战略》提出，各国内部资源应主要用于激励科技研发和创新，而国外的技术和财政支持则应主要用于强化国内的资助基础，促进科技教育和研发创新持续进行。同时，该战略报告还指出，设立非洲科技创新基金也迫在眉睫。该基金将确保有足够的经费使得《非洲科技创新战略》顺利实施。为确保有充裕的经费，应拓宽筹资渠道，广泛向非洲内外的公立、私立部门筹措经费。

三、特点与趋势

总结非洲近两年来实施的科技、教育和创新政策，我们会发现非洲的科技创新与教育培训呈现以下特点和趋势。

（一）重视科技创新与教育培训的联姻

科技创新与教育培训既是非洲政治议程的优先项目，也是非洲经济发展的关键要素。科技创新与教育培训不仅能够为非洲带来短期利益，还能在非洲民众中锻造科技文化，从而为非洲带来持续不断的社会效益。因此，《2063 年议程》将科技创新与教育培训视为非盟及其成员国完成发展目标的一大主要驱动力。该议程宣称，非洲无论是要持续发展，还是要提高竞争力、促进经济转型，都需要在农业、能源、教育、健康等领域持续投入新技术和不断进行创新。因此，《2063 年议程》将科技创新与教育培训视为保持经济持续增长的良方。

（二）财力投入与制度改革同步进行

非洲和科技创新与教育培训紧密相关两个文件都体现了非洲的这一特点。为达成目标，《2063 年议程》提出，不仅要资助科技发展、研发创新以及科技教育和技能培训，还要整合教育标准，促进学术和专业资格互认，加大教育和技能革新的力度，以发展技能，促进科技创新，增进知识和集聚人力资本。① 在促进科技创新与教育培训方面，非洲加大投入和持续改革同步进行的做法，是发展中国

---

① African Union Commission. Agenda 2063: the Africa We Want[EB/OL]. http://agenda2063.au.int/en/sites/default/files/03_Agenda2063_popular_version_ENG‰2021SEP15-3.pdf，2015.

家利用后发优势促进发展的有益尝试。从《非洲科技创新战略》来看，该战略使非洲有机会拥有创新引领、知识驱动型的经济，而要成功实施这一战略，还需要在国家、区域和全洲三个层面不断增加预算经费。这是成功实施科技创新与教育培训政策的物质基础。与此同时，还要在三个层面做好制度改革。在国家层面，《非洲科技创新战略》鼓励非洲各国践行职责，充分发挥主人翁地位的作用。在区域和全洲层面，《非洲科技创新战略》鼓励各国制定刺激投入的激励机制，以促进科技创新战略的实施，并减少各国对外部资源的过分依赖。

(三)鼓励妇女积极参与科技教育

由于历史和传统的原因，长期以来，非洲妇女的地位低下，受教育水平不高，这已经成了制约非洲发展的一大"短板"。为了有效开发人力资源，第二十五届非洲联盟峰会以妇女赋权和解决非洲发展问题为主题提出了《2063 年议程》。为了维护妇女受教育权，促进她们提高技能，非盟在不断加大力度实施新项目的同时，还注意监督既有项目的执行，强调过程管理。例如，2015 年，非盟以2004 年成立的专门机构非盟—非洲女子教育国际中心(African Union—International Centre for Girls and Women Education in Africa，AU/CIEFFA)为依托，成立了专门的"调查团"(fact-finding mission)调查布基纳法索与非盟委员会和联合国教科文组织之间已有协议的执行情况。调查内容包括基础建设、财政状况、既有人力资源情况等。通过加大投资、增加项目、实施过程管理等途径鼓励女孩参与科技教育，并不断改善她们在这一领域的表现。这不仅能增进女孩的学习机会，提高她们的整体受教育水平，使她们满足劳动力市场对多样技能的需求，而且能促进机制变化，使她们为建设公平、公正和可持续发展的社会做出贡献。

(四)系统规划和嵌套实施

非洲科技创新与教育培训政策是通过系统规划完成的，这充分体现在其历史形成过程和现实制定依据中，也表现在为使非洲国家在科技发展上发出统一的声音，非盟委员会曾组织召开各非洲国家科技部长会议。经过一系列的磋商，非盟在 2005 年制定了《非洲科技统一行动计划》(*Africa's Science and Technology Consoloted Plan of Action*，CPA)，该计划有三大支柱：科技创新能力建设、知识生产和技术创新。这三大支柱紧密相连，均与教育密切相关，成为后来成功实施《非洲科技创新战略》的前提条件。非洲科技创新与教育培训政策的制定，既是基于历史的，也是以对内外科技进步和经济社会发展的综合研判为依据的。其使命是促进非洲经济转向创新引领的知识经济，这符合非盟建设繁荣、和平非洲的愿景，其目标也是通过设定优先领域和实施旗舰计划去促进非盟愿景的实现。

另一方面，非洲正在时间和空间上以"嵌套"方式实施其系统规划的科技创新与

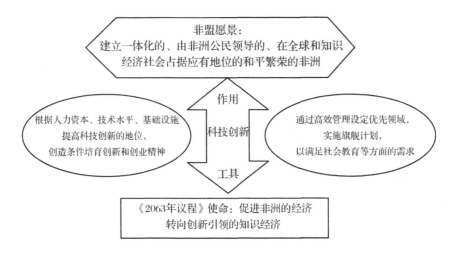

图 13-1 科技创新在实现非洲愿景中的作用

来源：African Union. Science，Technology and Innovation Strategy for Africa 2024. http：//
www. hsrc. ac. za/uploads/pageContent/5481/Science，%20Technology%20and%20Innovation%
20Strategy%20for%20Africa%20-%20Document. pdf，2014.

教育培训政策。从空间上看，如前所述，非洲科技创新与教育培训包含了国家、次
区域、非洲大陆三个层次的计划。从时间上看，虽然《非洲科技创新战略》的发布在
事实上早于《2063 年议程》近 1 年，但历时多年、反复磋商形成的"议程"已经将科技
创新与教育培训考虑在内。《非洲科技创新战略》也在其内容中明确表明，该战略是
为实现《2063 年议程》愿景所作的十年规划，是其有机组成部分。

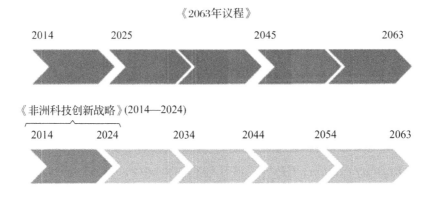

图 13-2 《非洲科技创新战略》在《2063 年议程》中的时间表

来源：African Union. Science，Technology and Innovation Strategy for Africa 2024. http：//
www. hsrc. ac. za/uploads/pageContent/5481/Science，%20Technology%20and%20Innovation%20
Strategy%20for%20Africa%20-%20Document. pdf，2014.

总之，非洲虽然没有专门的科技创新与教育培训战略，但近年来日益重视系
统规划和实施科技创新与教育培训政策。非洲各国围绕既定目标规定了优先项，

设置了时间点，划分了阶段任务，并采取了行之有效的措施。这些政策和措施必将有利于促进非洲经济社会的发展，有利于非洲实现繁荣、和平的愿景。

>> 第二节　2015 年非洲高等教育峰会与相关政策 <<

2015 年 3 月 10—12 日，主题为"为了非洲未来复兴的高等教育"的非洲高等教育峰会在塞内加尔首都达喀尔举行，参会者包括国家元首、教育部长、企业家、学者和国际发展合作伙伴。此次峰会旨在促成有共同愿景的机构携手变革非洲高等教育，具体目标包括：为非洲高等教育建立持续的变革和投资机制；关于非洲高等教育的未来形成共同愿景；治理和强调非洲高等教育领域的示范性行动；治理非洲高等教育领域不同的干预措施；促进和维持非洲高等教育领域的创新。峰会根据非洲高等教育领域当前存在的问题和未来发展方向，针对一系列议题进行了讨论，包括高等教育一体化、大学生就业、高等教育质量保障、研究与研究生教育以及科学、技术与创新发展等。以下就这几方面的具体内容进行介绍。

一、高等教育一体化

（一）政策背景

1981 年 21 个非洲国家签署了《阿鲁沙公约》（*Arusha Convention*），意在通过国家间的学历互认和国家内的学校合作，实现非洲高等教育的一体化。但是其后非洲高等教育一体化的情况并不理想，有必要在可持续发展的框架内重提非洲大陆高等教育协作议程，在《阿鲁沙公约》的基础上推进非洲高等教育和研究区（African Higher Education and Research Space，AHERS）的建立。

（二）政策建议

针对非洲高等教育的一体化问题，峰会提出以下政策建议。

1. 非洲各国家先建立自己的国家资格与学分框架

该框架的优点在于：

（1）促进理解和信息透明，有助于个人在生活机会和市场机会方面取得进步；

（2）有助于理解如何升入不同级别的高等教育和培训，制定孩子的教育进程计划；

（3）有助于能力发展；

（4）有助于资格和技术的比较与转换；

（5）加强雇主对职员聘用和培训方面的信心；

（6）促进教育和就业市场流动；

（7）通过框架内的学分描述促进课程设计与开发；

（8）认可终身学习概念下的正规、非正规和非正式学习，为各年龄和环境的人提供合适的教育与培训，发展自己的潜力，以此应对可持续发展的要求；

（9）加强本国、本地区和国际利益相关者的信心。

2. 建立国家学分积累与转换系统

在考虑每个非洲国家的文化与环境的基础上，该系统要定义学时、学分、需要掌握的难度等级。

3. 把国家学分积累与转换系统换算成国家资格框架（NQFs），然后形成国家资格与学分框架

国家资格与学分框架根据一定的标准把资格证书分为不同等级，定义每个等级的学习成果。

4. 国家资格与学分框架最终形成非洲资格与学分框架

表 13-1　提议作为国家资格框架起点的非洲学分转换系统

层次	可持续能力/学习成果：难度水平	相应的学分	学前/初等/中等教育	职业/工作/专业/农业/海事教育……	高等教育	非正规/非正式教育/先前学习认定（RPL 和 ARL）
10		没有特别定级			专业博士/哲学博士	
9		180/120/60			硕士 PG Cert/Dip	
8		360			荣誉学士	
7		300			普通学士	
6		240			文凭	
5		120			证书	
4			HSC/A level/IBAC/BAC	证书 4		
3			SC/GCE 'O'level	证书 3		
2				证书 2		
1			小学水平	证书 1		

注：HSC（High School Certificate）是指高中毕业证书，英国在 1951 年之前使用，后与 SC 一起被 GCE 取代；A level（General Certificate of Education Advanced Level）是指英国普通教育高级证书；IBAC（International Baccalaureate）是指国际文凭；BAC（Baccalauréat）是指法国业士文凭。以上几种文凭在不同国家和地区使用，类似于高中毕业或 18 岁左右参加考试获得的文凭。

SC（School Certificate）是指中学毕业证书，英国在 1951 年之前使用，后与 HSC 一起被 GCE 取代；GCE 'O'level（General Certificate of Education Ordinary Level）是指普通程度证书，英国于 1988 年之前使用。以上两种文凭一般是中学毕业或 16 岁左右参加考试获得的文凭。

英国相应的考试和证书取消或者改变之后，前英国殖民地国家和地区仍有可能继续使用原有的证书体系。

PG Cert 是指 60 学分的修课型学历证书；PG Dip 是指 120 学分的修课型学历证书。

资格框架的安排必须尊重特定的文化环境，比如国家层面的教育是否受到英语国家、欧洲国家、法语国家和美国内容的影响。

二、大学生就业

(一)就业问题

到 2030 年，非洲 20～24 岁人口中有 59％的人能够接受中等教育。这会导致 1200 万人需要接受高等教育。这是一个巨大的发展机会，也会造成巨大的失业风险。高等教育规模扩张要十分小心，失业人口中有 60％是 15～24 岁的年轻人，其中主要是大学毕业生。因此，仅仅增加高等教育招生不能满足劳动力市场的需求。

目前与大学生就业有关的政策主要存在以下问题：

1. 对农村发展关注不够

撒哈拉以南的非洲有 60％的人居住在农村，农业是就业的主要渠道，对年轻人来说也是如此。但是，高等教育中的农业专业只关注农业生产，包括粮食和畜牧业，而很少涉及农村发展和粮食安全问题。很少有毕业生在这个领域有专业知识，可以为促进农业发展做贡献。

2. 对教育质量和就业问题重视不够

3. 对私营部门就业和企业教育重视不足

(二)政策建议

针对大学生就业问题，峰会提出以下建议。

(1)在依靠国外投资创造工作机会和依靠国家战略促进就业之间寻求一种平衡，国家战略包括鼓励国有企业和中小企业为毕业生和其他技术人才提供就业机会。

(2)需要投入更多精力发展大学和技术学院。

(3)需要更关注高等教育体系分层，同时加强技术与职业培训，这对非洲发展是至关重要的。

(4)国家人力规划应该及时更新。

(5)国家战略的目标应该是增加能够满足本地市场需求的那些专业的毕业生。

(6)农村发展应该成为高等教育课程的主要内容。

这样有利于加强高等教育在价值创造链条中的特殊作用。

三、高等教育质量保障

详见本章第三节的专门报告。

四、研究与研究生教育

（一）背景与问题

后 2015 发展议程下非洲对高等教育发展的需求日益增加，不依赖于自然资源的"知识经济"有利于非洲长期的可持续发展。目前非洲高等教育面临的急迫问题有：

1. 公共投入有限，研究经费不足

经费不足导致研究设备不足，缺乏维护和拓展资金。研究人员收入低、教学任务重、研究时间少，这不利于知识生产。

2. 研究能力不足

研究生招生增长缓慢，毕业率低，在全球学术研究出版中非洲的贡献比重低于 1%。

3. 知识产出不能满足国家和地区发展需要

学术机构缺乏自主权，缺乏全国性的研究体系和博士教育的战略计划。大学与其他部门关系疏离，不利于大学发展与国家发展议程的一体化。

4. 大学受到过度官僚主义和行政管理不善的影响

（二）政策建议

针对研究与研究生教育问题，峰会提出以下建议。

（1）建立独立的非洲研究委员会（African Research Council，ARC）和区域、全国协会。

委员会的主要任务是建立地区中心和大学之间的密切合作、提供规范框架和监管、评估研究成果。地区协会与大学以及其他利益相关者合作，共同促进地方和区域知识经济发展。

（2）增加研究生学习和研究的经费。

关键在于提供多种经费来源。非洲研究委员会的成立可能为更多学生提供经费。大学也可以利用多种研究和学习机会（线上的和线下的）。另外，国家也鼓励教育、科学和技术部门与大学合作研究，由政府承担经费。需要指导研究人员如何申请研究经费，让有经验的研究者和没有经验的研究者形成团队是增加研究经费、提升能力的方法。

（3）改善对研究生的指导。

对研究生的指导包括研究方法、理论框架、数据分析。除了导师制，还要配合使用师徒制。一对一的指导未必是最好方法，可以使用群组模式，提供同辈群体之间的讨论和辩论机会，这种模式也可以用于培养导师。

(4)通过激励措施鼓励培养和留住本土人才。

非洲迫切需要激励措施留住人才，同时吸引已经离开的人才回国。只有一个强大的更负责的高等教育体系才可以完成这个任务，同时要关注研究生教育项目的不足。

五、科学、技术与创新发展

(一)政策实施的监控

指标体系是实施有效的科学、技术与创新政策和战略的关键所在，非洲科学、技术和创新指标项目(African Science，Technology & Innovation，ASTI)正是为了提供指标体系，该指标体系已经应用于多个项目。目前非洲内部有关研究和科学、技术与创新发展及应用的合作，包括联合培养研究生的项目并不多，大部分是国际发展合作。非盟创立泛非大学(Pan-African University，PAU)正是为了加强非洲内部在研究方面的合作。非盟已经把科学、技术与创新作为战略性计划的一个组成部分。

(二)政策建议

针对科学、技术与创新发展问题，峰会提出以下建议。

1. 实施各个层面的战略和政策

开发并加强国家科学、技术与创新政策；加强监管机制与评估；采用可进行国际比较的政策相关指标。

2. 加强数学、科学与技术的教学和终身学习

增加科学和数学教师的数量，提升教师教育的质量。

3. 促进政策对话

坚持把科学、技术与创新作为国家优先发展战略，国家政治决策中增加科学家的参与，这样能够促进决策者对科学的重视。

4. 提供不断增加且可持续的经费

通过独立研究确认和量化公共投资对经济和社会收益的影响，以此指导经费分配。

5. 鼓励和加强与私有部门的合作

非洲的公私部门合作大有空间，其合作应该超越医疗和农业的范围，探索在生物科技、新能源、建筑、海洋经济等方面的合作。

6. 兴建基础设施，保护知识产权

7. 鼓励国际合作

大学要充分利用国际合作项目的机会。

8. 支持泛非网络和卓越中心建设

泛非大学是非洲联盟为了促进科学与技术领域高质量教学与研究而设立的。它把现有非洲教育机构放在一起，在非洲的五个地理区域设立一系列的主题和中心。

9. 开发非洲人力资源

公有和私有部门要一起解决人才流失问题，吸引出国的人回来。高等教育机构应该与校友网络保持活跃而有成效的联系。

10. 促进平等和多元

关注 STEM 课程中的性别参与问题，实施质量保障机制，保证大学阶段科学与技术课程的合理比例。提供比其他课程更充足的经费是促进科学与技术课程兴旺的方法。

11. 与时俱进

高等教育可以将校内外跨学科研究正式化。可以学习法国的案例，联合两所甚至更多高等教育机构提供博士培养资源。教师可以在课程中加入主流的企业培训和创新方法。

随着非洲经济与教育的不断发展，高等教育成为促进非洲发展不可忽视的一个领域。高等教育发展不仅关系到非洲国家人力资源提升和经济发展，而且与非洲国家国际化进程和非洲区域一体化进程密切相关。此次高等教育峰会为非洲各个国家、高等教育相关利益群体提供了对话平台，不仅讨论国家层面的议题，而且强调地区层面的合作与一体化发展。峰会讨论的议题涉及高等教育的体制、评价与问责、学生培养等各个方面，不仅清楚描述了非洲高等教育在各个方面遇到的发展问题，而且根据非洲现有环境和资源的实际情况提出了具体可行的政策建议，有助于各利益群体就未来发展方向达成共识，形成复兴非洲的高等教育联动机制。

>> 第三节　非洲大学的质量、卓越和适切性保障政策 <<

非洲教育发展协会在非洲高等教育峰会上提出了关于非洲大学的质量、卓越和适切性保障政策。

该政策对质量、卓越和适切性三个概念分别进行了界定①。

质量（quality）是指非洲高等教育的适应性，即大学能够满足质量保障机构和相关学术专业组织制定的标准要求。在高等教育领域，质量的内容涵盖大学所有

---

① ADEA. Policy brief: Assuring Quality, Excellence and Relevance in African Universities. Summit on Higher Education on Revitalizing Higher Education for Africa's future (Dakar, Senegal, March 10-12, 2015) [EB/OL]. http://www.adeanet.org/en/system/files/policy_brief_quality_en.pdf. Darkar, Senegal. 2015.

的职能和活动，即在国家文化价值观和发展目标与愿景的大背景下所定义的学术活动、师资、学生、教与学、基础设施、研究和创新等。

卓越（excellence）是指发展世界级高等教育系统，培养高技能毕业生，尤其是在科学技术和创新等高需求领域培养具备专业知识和技能的毕业生。

适切性（relevance）是指非洲大学能够培养大学生批判思考、不断更新知识和技能、有效利用各种社会机会，在快速变革的全球知识经济中参与工作和创新创业的能力。

一、政策的提出背景

非洲大学由于所受援助少且分散，导致其发展不平衡、质量参差不齐。随着全球知识经济发展、创新与技术的快速变革，非洲劳动力市场对技能人力资源的需求不断增长，非洲领导人和众多利益相关者积极着手实施旨在加强非洲大陆高等教育和研究空间的政策、框架和机制，尤其以质量、卓越和适切性作为优先发展领域。对于发展包容性和知识多元化社会，投资非洲大学是至关重要的，这有利于加强科研创新和发展创造力以促进非洲可持续发展。

非洲经济的快速增长及其在全球知识经济中更有效的参与和推动，促使非洲领导人及利益相关者开始审视高等教育的质量，期望加强现有的质量保障基础措施和创造新的措施。目前，非洲已有多个国家建立了国家高等教育委员会，区域性和泛非的质量保障系统也已经被建立起来或得到加强。

（一）质量方面

1. 非洲大陆层面

非盟委员会（The African Union Commission，AUC）及其合作伙伴（联合国教科文组织和 ADEA）。在 1981 年经 21 个非洲国家批准通过并颁布了《阿鲁沙公约》（以下简称《公约》），旨在支持并促进建立非洲高等教育学位和资格一体化的机制和结构。但实际上，由于目标设置过于笼统，行动领域尚不明确，实践中监管效果甚微，各国教育体制差异太大难以协调，因而《公约》预期的效果并未达到[1]。2010 年《公约》经修订后，在促进区域间和国家间学历资格互认和学分累计与促进国家、区域和全非洲的质量保障方面，目标更加具体明确，强调操作性，关注了之前忽视的重点领域[2]。2014 年《公约》再次被修订，更名为《2014 年亚的斯亚贝巴公约》（*Addis Ababa Convention 2014*），在第 7 条目标中提出"顺应全球

---

① 陶俊浪，万秀兰. 非洲高等教育一体化进程研究[J]. 比较教育研究，2016(4).

② Africa Union. Arusha Convention Mofified. Nairobi，Kenya，2011：6-8.

化趋势，致力于学历资格的一体化"①。

2009 年，非洲大学协会（Association of African Universities，AAU）主持了非洲质量保障网络（African Quality Assurance Network，AfriQAN），主要是为非洲国家和泛非质量保障机构提供能力建设的支持。2011 年，非盟委员会启动了非洲质量评估机制（African Quality Rating Mechanism，AQRM），对自愿参与的大学进行类别评定，评估其发展现状并提出改进措施②，旨在建立一套能对非洲高等教育机构进行客观衡量和比较的评估标准。

2. 非洲区域层面

2006 年东非校际理事会与德国学术交流总署采用间接的方式开展合作，即与利益相关者一起制定评估标准促进东非高等教育机构质量的提高，但标准的实施最终由各个国家机构来领导。而非洲和马达加斯加高等教育理事会（CAMES）采用集中的方式对非洲高等教育机构进行直接评估。CAMES 每两年实施一次评估和资格认证，其主要评估内容包括入学要求、课程内容、教学人员的资格和所授予学历资格证书的性质等。西非经济和货币联盟（UEMOA）在非洲法语国家进行学士—硕士—博士（LMD）学位体系改革，目的是建立提升高等教育质量、效率和绩效的联合机制，确保其 8 个法语成员国的学位得到国际认可，UEMOA 委员会为 LMD 学位体系改革和质量保障机制的建立提供支持。除此之外，西非经济共同体和南部非洲发展共同体也开发了相关的质量保障协议。

（二）卓越方面

1. 非洲大陆层面

在非洲大陆层面，主要工作是建立卓越中心，通过开展研究生项目共享有限的资源并开展合作研究，从而促进区域互动。2011 年非盟创立最早的非洲卓越中心——泛非大学，这是一所面向整个非洲、由 5 个区域研究院组成的高等教育科研机构，其创立目的是提升非洲科研能力和加强研究生教育。泛非大学有助于巩固现有非洲大学和研究中心的智力资源并将其纳入区域知识中心，积极应对并解决非洲大陆在相关领域中所面临的主要发展挑战，相关领域包括基础科学、技术与创新、生命与地球科学、水、能源、气候变化、人文治理和社会科学以及空间科学。总之，泛非大学是新一代的非洲大学，其成立宗旨是通过研究生培养和科学研究以提升非洲大学的质量。

---

① UNESCO. Revised Convention on the Recognition of Studies，Certificates，Diplomas，Degrees and Other Academic Qualifications in Higher Education in Africa States[EB/OL]. https：//portal. unesco. org/en/ev. php-URL＿ID＝49282&URL＿DO＝DO＿TOPIC&URL＿SECTION＝201. html.

② 焦阳编译. 非洲发展高等教育将有"大手笔"三大行动启动[N]. 中国教育报，2011-02-15.

2. 非洲区域/国家层面

在非洲区域/国家层面，主要工作是通过提升高校质量的方式加强非洲高等教育和空间研究。2009 年，德国学术交流总署在非洲建立了 5 个卓越中心，"非洲发展新伙伴计划"分别在南非和西非建立了 2 个有关水科学的卓越中心。2013 年，世界银行发起非洲卓越中心项目，在西非和中非的大学建立了 15 个卓越中心，每个中心投资 400 万至 800 万美元，致力于提高非洲大学的专业能力、解决区域发展的共同问题和满足非洲产业发展所需的科学技术、工程、健康科学和农业科学等技能。项目已在 2014 年启动。

目前，非洲已有多个知名卓越中心和扩张计划。值得注意的有肯尼亚的国际昆虫生理学和生态学中心(International Center for Insect Physiology and Ecology，ICIPE)和布基纳法索的国际水与环境工程研究所(International Institute for Water and Environmental Engineering，2IE)。今后"卓越"工作主要是增强卓越中心与合作伙伴、与非洲区域和国际高等教育机构的合作能力。其中，南非的非洲数学科学研究所(African Institute for Mathematical Sciences，AIMS)和区域性科学与教育倡议(Regional Initiative for Science and Education，RISE)正是基于这种合作关系开展的研究项目。

此外，非洲国家倡导非洲与全球知识网络建立联系，以解决研究和创新面临的主要挑战，如人才流失问题。一些国家已经建立了知识移民的举措以吸引学术、研究和商业等多领域移民在外的国家人才，例如，美国尼日利亚医师协会(Association of Nigerian Physicians in the Americas，ANPA)、马拉维的国家发展项目(Malawian Initiative for National Development，MIND)和位于美国北部的埃塞俄比亚侨民集团(也被称为高等教育发展协会，Association for Higher Education and Development，AHEAD)。非洲科学院网络(Network of African Science Academies，NASAC)是由非洲科学院(African Academy of Sciences，AAS)和八个非洲国家的科学院联合形成的。非洲科学院网络正在进行国际拓展，联合欧洲科学基金(European Science Foundation，ESF)和国际科学理事会(International Council of Science，ICSU)开展发展合作研究。

而且，非洲高校也正在加大学术支持力度，提供科研经费、鼓励学术人员参加学术会议并提高对高质量科研成果的奖励；非洲高校间通过项目合作研究、设备支持和图书资源共享等形式建立联系，推进科研合作[①]。

(三) 适切性方面

随着非洲高等教育大众化的到来，大学课程的适切性越来越受到人们的关

---

① Goolam Mohamedbhai. Towards an African Higher Education and Research Space：A Summery Report. ADEA，2013.

注，大学毕业生找不到工作的问题也日益显露。而非洲大学糟糕的社会表现不仅归结为科研成果质量不高和不适用，还归结为财政紧张和入学人数增长。2011年，非盟与欧盟结成联盟，成立"调适非洲项目"（Tuning Africa Project），该项目从雇主与利益相关者的角度调整和丰富大学课程，提高学位课程的透明度、可比性和相容性，涉及 60 所大学和五个学科领域，即教师培训、医学、农业、公民和机械工程，通过学科层面的合作与协商促进课程学习的衔接、文凭证书项目资格互认①。2013 年项目完成试点，下一阶段（2015—2020 年）将有更多大学参与，五个学科领域将延伸到研究生阶段，并有可能拓展至更多学科领域。这些措施将极大提高非洲高等教育的质量和各国高等教育与社会之间的适切性②。但是，目前非洲大学课程整体上与劳动力市场、国家、非洲大陆甚至世界经济发展的需求并不具有重大关联性，其中，缺乏创业技能培训是主要的课程缺陷之一③。

二、政策中提出的关键行动

非洲大学正在经历快速发展，因此，非洲大陆/区域/国家必须在各自层面上配备相应的强大有力的智囊团机构，致力于推进和加强非洲大学的质量、卓越和适切性发展。这些智囊团应该与政府，与各个国家、地区和国际组织共同合作制定相应的政策、机制和结构，以巩固和加强当前已有的努力，最终确保非洲大学的质量、卓越和适切性得到提升。以下是 ADEA 在达喀尔峰会上提出的各种机构应采取的相关行动④：

（一）高等教育机构层面

建立促进认证项目和机构不断完善的机制，使广泛利益相关者参与其中并形成合作共同体；

提升研究数量，改进研究质量。策略包括增加经费、提供充足和现代化的研究设施、奖励优秀研究项目；

建立示范性公立和私立大学的合作伙伴关系，分享和交流高质量教育实践与经验。

---

① Ard Jongsma. Europe expands African harmonisation，quality support[EB/OL]. http：//www. universityworldnews. com/article. php? story＝20140327180227442，2014-03-27.

② 邓莉. 非洲 2014 年主要高等教育改革举措[J]. 世界教育信息，2014(3).

③ ADEA. Policy brief：Assuring Quality，Excellence and Relevance in African Universities. Summit on Higher Education on Revitalizing Higher Education for Africa's future (Dakar, Senegal，March 10-12, 2015)[EB/OL]. http：//www. adeanet. org/en/system/files/policy _ brief _ quality _ en. pdf. Darkar，Senegal. 2015.

④ Ibid.

（二）国家质量保障机构层面

与非洲内外其他国家质量保障机构合作，建立合作伙伴关系并制定有关加强能力建设和资源共享的谅解备忘录；

确保质量保障和认证过程中有效使用信息通信技术，促进研究成果传播和节减资源成本；

动员质量保障和认证领域的非洲侨民，将其海外经历有效注入当地实践中，促进课程开发和研究并建立相关标准；

借鉴其他区域的成功经验，建立在线课程发布和认证的最低标准。

（三）国家政府层面

建立有关考试认证的国家资格框架，由权威部门和多方利益相关者共同参与联合制定；

增加对非洲大学投资，提供充足的财政支持并改善教学、学习、研究和教职工工作的环境；

携手合作伙伴共同参与质量保障工作，推进高校能力建设和质量保障工作；

提升基础教育和中等教育的教育质量，提高大学生源质量和水平；

关注国家内部的大学排名，保障公开透明和提高大学的整体质量；

提高女性对质量保障和认证工作的参与度，为其参与工作并作为机构工作人员/领导人提供更多的可能性。

（四）区域机构层面

制定区域资格框架，促进学分积累和跨境学历资格互认；

提升卓越中心的科学研究能力，分享全球优秀科技成果；

鼓励区域合作，促进能力建设，在同行认可评审等领域加强对落后高校的支持。

（五）非洲大陆机构层面

分享卓越研究实践，通过 ADEA 和非盟联合推出的"非洲高等教育研究空间"（African Higher Education and Research Space)项目等途径进行宣传；

加强非洲质量保障网建设，倡导非洲国家政府提供充足的财政支持；

鼓励非盟成员国批准和签署《阿鲁沙公约》，推进并支持建立一个有效的全非洲质量保障、学历资格认可和认证系统；

广泛咨询利益相关者，建立大陆资格框架(Continental Qualifications Framework，CQF)，由非洲大学协会等泛非专业组织领导，努力促进高等教育一体化发展；

建立统一的资格网络，促进非洲法语国家实行学士—硕士—博士学位体系改革；

建立一个全非洲的学分积累和转换系统（African Credit Accumulation and Transfer System，ACTS)；

整合效率不佳的机构并将其纳入非洲大陆的知识中心机构，提高知识生产与创新的有效性。

（六）发展合作伙伴层面

加强技术转移援助，借鉴世界其他地区的优秀经验并选择性地向非洲大学和质量保障机构引入；

促进非洲大学和世界高水平大学建立合作伙伴关系；

加强专项资助，推进国家/区域高等教育机构质量保障工作，整体提升非洲大学质量。

三、关于政策的分析与思考

（一）政策实施面临的挑战

ADEA 提出的关于非洲大学的质量、卓越和适切性保障政策，从"国家—区域—全非洲"多层面，以及高等教育机构、质量保障机构、政府组织和发展合作伙伴等多方主体的角度，强调智囊团机构推进非洲大学的质量、卓越和适切性发展的作用，主张共同合作与参与并制定相应的政策、机制和结构。但是，非洲大学自身治理不善，是 ADEA 保障政策实施过程中最需要解决的内在问题。大学能够获得的财政支持和外部资助，是保障政策有效实施的催化剂和润滑油。资金不足导致的非洲大学投入匮乏，也必然成为推进保障政策实施进程的绊脚石。加之非洲高等教育无计划性扩张，导致保障政策的实施承受巨大的社会压力，进而影响到政策实施的有效性。因而，ADEA 保障政策实施主要面临三大挑战。

首先，机构管理和治理不善是非洲大学发展面临的主要挑战，导致大学人才保留能力不足。一方面，非洲大学的教工待遇和服务条件吸引力不足、教工可获得的职业发展机会不足，因而大学资源被消耗了，而学术人员却短缺。另一方面，预科学习时间长和毕业率偏低也打压了学生入学的积极性，促使学术人员和潜在的生源去往其他洲/地区寻求职业和教育的机会，最终导致人才流失。据统计，1990—2004 年非洲每年有约 2 万名专业人才流失，2008 年撒哈拉以南非洲国家有 22.3 万学生就读非洲以外的高等教育机构。如此大量的人才流失最终会给非洲社会经济的可持续发展带来巨大的潜在风险。[①]

其次，非洲大学发展资金匮乏，融资和投资能力不足。南部非洲发展共同体2008 年进行的一项研究发现，非洲大学的资金水平在过去 10 年基本处于无变化的静态，而且几乎没有私立部门向高等教育机构提供发展资助。此外，相比其他

---

① ADEA. Policy brief: Assuring Quality, Excellence and Relevance in African Universities. Summit on Higher Education on Revitalizing Higher Education for Africa's future (Dakar, Senegal, March 10-12, 2015)[EB/OL]. http://www.adeanet.org/en/system/files/policy _ brief _ quality _ en. pdf. Darkar, Senegal. 2015.

洲，非洲科研投入水平较低，导致其科研产出效率偏低。为了实现卓越的目标，非洲大学有必要加入国家和世界科研行列，推进科研成果传播并促进社会创新发展。因此，资金匮乏将阻碍全非洲大学的整体运行，最终结果是大学质量不达标、卓越无法谈及、社会适切性不强。

最后，非洲高等教育大众化导致大学资源供应紧张。非洲高等教育大众化无计划性、大学入学率激增以及随之而来的各种问题都会影响到非洲大学质量，例如，基础设施捉襟见肘、教学资源不足、师生交流少、聘用教员不合格等。另外，高等教育大众化背景下，非洲大学许多课程并不是与国家经济紧密相连且和当前的劳动力市场相一致，导致大学毕业生的就业能力不足，同时也表明了非洲大学教育的质量和适切性与劳动力市场需求不匹配。

（二）几点思考

当前，大学排行榜在世界范围内盛行。目前的世界大学排行榜侧重于研究成果而非教学和地区服务，然而非洲大学的教学和地区服务对非洲社会的发展至关重要。专家表示，非洲大学的质量应该以是否达成发展目标来衡量，而非通过世界大学排名来衡量。目前，非洲高等教育的目标在于为非洲国家发展培养所需的技术人才，开展能够解决非洲本土所面临的诸多发展性问题的研究，结合地区实践以实现发展目标。因此，当前如果非洲大学热衷于世界大学排名是不恰当的，也将是一种资源浪费。[①] 根据 ADEA 提出的非洲大学的质量、卓越和适切性保障政策，以下是关于非洲大学发展的几点思考：

首先，适切性即其发展的目标定位，非洲本土社会发展的实际需求是导向。如果非洲国家想要实现经济增长和社会发展，必须大力提升高等教育中的技能发展，应该着重强调高等教育中的科学、数学和技术教育，提升理工学院的技术教育质量，从而解决高级技术工人缺失的问题。此外，非洲大学还需要促进大学的科学技术研究和创新。针对非洲高教系统中的技能学习及使用存在相当显著缺陷的问题，非洲大学应坚持以社会需求为主导的技能培训方式并以此作为推进工业腾飞的战略，大力投资高等教育中的农业、环境、医疗、工程、技术和计算机辅助等专业，着重发展大学生就业能力和创新创业能力，只有这样，非洲繁荣发展的宏愿才很有可能会实现。

其次，质量即其发展的推动力量，国家政府的支持是关键。先前非洲质量保障机制被引入高等教育机构主要是受到外部机构的推动，这些外部机构根据预先制定的质量标准定期评估高等教育机构及其课程项目。许多非洲大学已经建立起了自己的内部质量保障机制，既可以应对外部机构的评估要求，也可以加强机构

---

① 邓莉. 非洲 2014 年主要高等教育改革举措[J]. 世界教育信息，2014(3).

自身的内部管理。① 在非洲政府当局的协助和支持下，大学可以获得更多的资助项目和专项发展资金，如此既能减少其他重点项目和投资对非洲大学产生的负面竞争影响，也能为非洲大学质量提升提供更多的资源，尤其是高校基础设施的改善和师生发展空间的拓展。实际上，非洲政府支持非洲大学的发展，一方面是政府发展有关国家战略的技术、工程等重点领域的必要手段，另一方面也是非洲大学获得有质量的发展应有的权威性支援力量。

最后，卓越即其发展的原动力，大学科研创新是根本基石。然而必须明确的是，当前非洲大学科研创新发展应该务实，即致力于服务非洲本土社会发展的实际需求，而不是一味追求世界性卓越。创新是国际公认的促进经济增长、公民就业和国际竞争力的根本基石，同时，创新在应对紧迫的发展困难时能够发挥重大作用。经合组织研究证据表明，相比其他公共投资，农业发展的研究对减贫更具影响。南非大学对国内生产总值的贡献率达 2.1%，超过了纺织业和林业的贡献率，而且南非大学雇用人数达 30 万，在提供就业方面的贡献也可与矿业相媲美。② 这些对比数据不只在于改变社会对大学的行业看法，更重要的是强调了大学的科研创新成就促进了国家发展和社会进步。所以，非洲国家政府应该加强非洲本土发展的科研创新投入。鉴于非洲大学融资能力不足，其资金来源不能单一依赖政府财政支持，应发展多方利益相关者共同参与的战略伙伴关系，即企业、政府、高校、科研机构和其他社会组织结成科研联盟/网络，通过相互协议的方式多方资助非洲大学科研创新活动，尤其是加强对国家经济发展和科技重点领域的投入。

>> 第四节　《非盟—非洲女子教育国际中心战略规划 2015—2017》<<

非洲女子教育国际中心项目的建立最早可以追溯到 1999 年联合国教科文组织第 30 届大会。非盟—非洲女子教育国际中心是根据 2004 年 7 月非盟国家和政府首脑委员会第三届常务会议而成立的，具体由非盟委员会的人力资源与科学技术部组建，地点设在布基纳法索的首都瓦加杜古，旨在协调非洲女子教育，保障她们在经济、社会和文化上的权利，涉及从幼儿教育到高等教育的正式和非正式教育系统的活动。

该中心一直与非盟成员国政府、民间团体和国际合作伙伴密切合作，共同推进它的规划和活动，同时与联合国教科文组织保持特定的工作关系，确保在它的

① Stephen Coan. Learning lessons abroad on funding research，innovation[EB/OL]. http：//www. universityworldnews. com/article. php? story=20160414100004288，2016.

② Ibid.

规划实施中有一个强有力的伙伴关系。2015 年 10 月，非盟在第一届教育、科学和技术专业技术委员会会议(STC-EST)上出台了一个报告，即《非盟—非洲女子教育国际中心战略规划 2015—2017》(以下简称《AU/CIEFFA 战略规划》)。

一、《AU/CIEFFA 战略规划》的出台背景

非洲女子教育包括女童教育和妇女教育两个方面。女童毛入学率低、辍学率高，男女教育差异大等问题突出，单靠一个国家的力量难以解决，这些矛盾在一定程度上加速了非洲在女子教育领域的联合。同时，非盟也在促进非洲女子教育一体化方面做了很多努力。

(一)女童教育的严峻现状

《全民教育全球检测报告(2013—2014)》中指出，到 2020 年年底，在撒哈拉以南非洲的农村地区预计仅有 23％贫困家庭的女童能完成初等教育。在许多非洲国家，女童到高级小学教育阶段时在学习上往往面临着一系列难以克服的障碍。报告中分析了女童辍学的几大原因：早婚早孕，在学校和周围地区受到性别暴力，家庭贫困，家务琐事繁重，缺乏性别适宜的学习内容和环境。

因此，仅仅让女童进入小学并不能确保她们就能顺利完成学业。相关数据显示，在非洲有超过 75％的女童能够上学，但却仅有 8％顺利毕业。应该把"确保女童能够顺利完成整个学业周期"作为衡量女童入学机会的一大重要指标。此外，男童的辍学也是一大问题，仅衡量男童和女童的小学入学比是不够的。如果男童和女童数额是相等的，但是都只有很少人完成了学业，这也同样说明在入学和结业中存在问题。

性别差异必须解决，以适应男童和女童、男性和女性教育在学习上的需要，保障他们的利益。在许多非洲国家，女童受到学校教育的排挤，但是在某些国家，男童也会受到排挤。因此，需要有针对性的措施来保障女童和男童上学，并支持他们完成教育的全部课程，达到大学水平，掌握能满足他们生活和生存的技能。为此，相关教育部门和学校应该营造出性别适宜的学习环境，制定促进两性平等的学校教学和学习规划，来满足女童和男童的学习需求。

(二)非洲女性教育一体化的努力与实践

非洲女性教育一直是非洲教育的关注重点，实现两性平等是非洲女性教育的最终目标。目前，非洲大陆女性教育面临着教育资金不足、性别差异大、毛入学率低且毕业率低等问题，单靠某一个国家或局部区域地区难以解决，唯有联合才能从整体规划并确保相应政策的实施。因此，女性教育一体化是非洲女性教育发展的必由之路。

2015 年 1 月，第二十四届非盟首脑会议在埃塞俄比亚首都亚的斯亚贝巴落下帷幕。会议通过了《2063 年议程》，其中特别强调女性教育，主张在教育上扩张

和巩固性别平等的思想，其会议主题"女性赋权"更是直接凸显其重要性。

非洲已经在教育一体化方面提出了一些规划，从教育的整体发展到各级各类教育发展，呈现出非盟—区域经济共同体—各成员国三级组织共同推动的形式，取得了一定成效。① 其中，《非洲教育"二·十"行动计划》是非洲教育在整体上谋求一体化发展的表现，《非洲职业技术教育与培训振兴战略》是非洲职业技术教育一体化发展的战略，《非洲高等教育一体化战略》是非洲教育在高等教育领域的一体化战略。② 而《AU/CIEFFA 战略规划》则是非洲女性教育一体化发展的战略，该战略所倡导的活动与《非洲教育"二·十"行动计划》的目标高度相关③，是《非洲教育"二·十"行动计划》在女性教育领域的具体化。

性别和文化领域是《非洲教育"二·十"行动计划》的重点领域之一，提出了实现"在整个教育系统内消除性别差距，确保两性平等，保障女童和妇女的权利，同时运用非洲文化价值观的积极方面来丰富教育系统"的目标，主张赋予两性平等的经济权利，鼓励女童和妇女多参与各级教育中的科学和技术学习。④

二、《AU/CIEFFA 战略规划》的宗旨及目标

《AU/CIEFFA 战略规划》的宗旨是提供必要的政策、行动指南、战略指导给所有利益相关方，以解决性别平等、公平、领导阶层和主张的问题，创造两性平等的学习环境，增加整个非洲大陆女童在教育系统中的入学和存留率⑤，最终实现全民教育（EFA）目标和千年发展目标（MDGs）⑥。

该战略规划的目标与《非洲大陆教育策略（2016—2025）》"加速实现性别（在数量和质量上的）平等"的战略目标是一致的：（1）提高女童和妇女在小学、中学和大学的教育水平；（2）促进教育政策和发展计划的性别主流化；（3）提高成员国在女子教育问题上的行动能力；（4）建立有关女子教育信息和经验交流的网络；（5）制定策略和创新方法来进行宣传，建立富有成效的伙伴关系，以促进和巩固女子教育；（6）促进女子教育问题的研究；（7）指导一些可观测的活动，观测非洲女子教育和培训的状态；（8）组织信息和数据的收集、管理和编程的培训；（9）监控并

---

① 万秀兰. 非洲教育区域化发展战略及其对中非教育合作的政策意义[J]. 比较教育研究，2013(6).

② 万秀兰，孙志远.《非盟高等教育一体化战略》评析[J]. 比较教育研究，2011(4).

③ AU/CIEFFA，Presentation[EB/OL]. http：//www.cieffa.org/spip.php? rubrique3&lang＝en，2016.

④ 万秀兰，田甜.《非洲教育"二·十"行动计划》评析[J]. 比较教育研究，2010(4).

⑤ 存留率(retention)：指能顺利完成学业周期的学生人数占最初入学人数的比率。

⑥ AU/CIEFFA，Presentation[EB/OL]. http：//www.cieffa.org/spip.php? rubrique3&lang＝en，2016.

报告国家、区域和大洲各级的决策和规划的执行状况。

三、《AU/CIEFFA 战略规划》的重点

为了使这些努力最大化，《AU/CIEFFA 战略规划》倡导积极关注以下四个战略重点，并制定了一系列的发展蓝图。

（一）建立保障大中小学女生权利的法规政策体系

健全关于大中小学女生权利的法律框架，了解大中小学所有有关性别暴力的类型，关注学校女童卫生条件，从国际社会的成功事例中寻找解决方案。

表 13-2　法规政策方面

活动	任务	指标和可预期的成果	相关合作伙伴	时间框架①			
				T1	T2	T3	T4
了解大中小学基于性别的暴力（所有类型的暴力）	1. 研究和审查所有现存关于大中小学性别暴力的研究和报告 2. 概述非洲国家性别暴力的影响因素 3. 辨别处理性别暴力的国家法律应用的范例影响 4. 发展指标来检测和评估大中小学中出现的心理、性别和身体上的暴力 5. 确保成员国严格执行法律，惩罚性别暴力的行为	减少大中小学性别暴力	联合国女童教育倡议（UNGEI） 联合国儿童基金会（UNICEF） 非洲教育发展协会 非政府组织 各成员国	√	√	√	√
承认关注学校女童卫生方面的重要性	1. 提出确保其操作条件和策略的行动框架，推动对女童友好的学校的发展 2. 根据学校需要提供更好的卫生设施支持 3. 在中小学开设卫生学习和其他相关生活技能方面的课程	更安全、更清洁的学校	联合国儿童基金会 非政府组织		√	√	√
理解社会文化因素	1. 指出成员国在实施马普托协议中的不当实践 2. 倡导马普托协议的执行实施 3. 设想执法机构需要发挥作用的地方						

---

① T1：2015 年 2—7 月；T2：2015 年 8 月—2016 年 1 月；T3：2016 年 2—7 月；T4：2016年 8—12 月。

(二)构建大中小学两性平等的课程

概述清楚学校环境(关于性别平等的程度)的类型,课程设计要适应学习者学习需求的多样性,审查教师培训的内容及战略(特别是针对女教师的),在大中小学中构建两性平等的课程。

表 13-3　两性平等的课程

活动	任务	指标和可预期的成果	相关合作伙伴	时间框架			
				T1	T2	T3	T4
概述学校学习环境的类型	1. 辨识各国家包容性教育的范例,特别是女童教育 2. 认可性别适宜环境对于女童教育的积极影响(接收和存留方面)	两性友好学校的认可标准的清单　各国家男女平等学习环境　女童高接收率和高存留率的性别适宜学校	联合国教科文组织　布鲁金斯学会(Brookings Institution)	√	√	√	√
确保课程和评估设计考虑学习者的多样性	1. 界定性别平等教学资源的核心要素 2. 为教师、课程设计者开设有关这些核心要素的能力建设研修班 3. 设计两性友好的和不同文化间的教与学的资源 4. 强化包容性教育的策略方针	跨文化视角的存在和使用情况;两性友好的教与学的资源	联合国教科文组织　非洲妇女教育学家论坛(FAWE)		√	√	√
审查教师培训的内容及战略(特别是针对女教师的)	1. 培养更多合格的教师,特别是女教师 2. 确保职前和在职培训(可持续专业发展)中包含以与女童关键对话为基础的教学策略 3. 提高男教师在女童教育方面的认识	扩大学校中受过性别问题培训的教师的比重;增加城市和农村地区女教师的人数　让城市和农村地区的男教师参加基于性别的培训	国际教师问题特设工作组(International Teachers Task Force)			√	√

（三）提高在校女童的存留率

了解初等和中等学校女童高辍学率的原因，提高大学阶段女性的升学率，向所有大中小学宣传两性平等的观念，确保所有女童都能被大中小学接收。同时，为辍学女童构建一个非正式的教育体系，满足她们的学习需求。

表 13-4 辍学与入学问题

活动	任务	指标和可预期的成果	相关合作伙伴	时间框架			
				T1	T2	T3	T4
了解初等和中等学校高辍学率的原因	1. 研究和审查所有现有的关于女童接收和存留比例的研究和报告 2. 总结出有利于女童在初等和高等教育阶段提高出勤率和完成率的关键因素 3. 制定相关策略来提高出勤率和完成率	在校女童的存留率（分类数据——性别、年龄、年级、城市、农村）	联合国开发计划署（UNDP）	√	√	√	√
提高大学阶段升学率	1. 界定能使女童、女性获得更高层次教育的核心要素 2. 制定相关战略方针吸引女童、女性进入大学学习	越来越多女童、女性进入高等教育机构学习	非洲妇女教育学家论坛 非洲教育发展协会		√	√	√
确保所有女童都能够被大中小学接收	1. 为教育部开设有关大中小学接收女童的重要性的能力建设研修班 2. 向成员国宣传与民间团体、地区经济共同体合作的主张	各成员国女童在大中小学的高入学率	联合国教科文组织 非洲妇女教育学家论坛				√
确保辍学女童能够接受非正式教育	1. 为辍学女童构建一个非正式基础教育体系 2. 设计课程来满足这些学习者的需要	降低女童的辍学率	联合国儿童基金会 非洲教育发展协会				√

（四）扩大 AU/CIEFFA 的影响力

确保 AU/CIEFFA 在非洲大陆的关注程度，保障其合法地位，在整体上规划非洲女子教育的发展，加大宣传力度，如出版女性教育的专门期刊。

表 13-5　AU/CIEFFA 的宣传

活动	任务	指标和可预期的成果	相关合作伙伴	时间框架			
				T1	T2	T3	T4
保证 AU/CIEFFA 在非洲大陆的关注程度，引领非洲女子教育的发展	1. 编写必要的文档资料，供 AU/CIEFFA 共享信息和加强其关注程度 2. 开发宣传工具，形成和促成建设性变革和资源调动 3. 生产和宣传期刊，强化伙伴关系	更多资金投入给 AU/CIEFFA	各成员国	√	√	√	√
保障 AU/CIEFFA 的合法地位	1. 明确 AU/CIEFFA 的合法地位 2. 制定保障 AU/CIEFFA 合法地位的法律章程 3. 提出适合非盟组织结构的最终状态	AU/CIEFFA 的法律地位	非盟委员会法律事务所（AUC Legal Counsel）	√	√		

同时，《AU/CIEFFA 战略规划》中还提到了要为 AU/CIEFFA 提供全新的专用办公场所。[1]

表 13-6　办公场所

活动	任务	指标和可预期的成果	相关合作伙伴	时间框架			
				T1	T2	T3	T4
翻新现有的建筑大楼	与业主和教育部商讨建筑的翻新问题，直至新大楼建好	翻新和安全建设	布基纳法索（Burkina Faso）	√	√		
AU/CIEFFA 新建筑大楼	与政府商讨建设供 AU/CIEFFA 办公的建筑，达成谅解备忘录（MOU）[2]	AU/CIEFFA 的新建筑符合国际安全标准	布基纳法索		√	√	

为确保该战略的实施，AU/CIEFFA 需要培养具备评估能力的员工，保证该中心有充足的资金以维持其运营成本，同时也要加强现有员工的能力建设，审查布基纳法索和非盟委员会（AUC）之间、布基纳法索和联合国教科文组织之间的

---

[1]　STC-EST，African Union-International Centre for Girls and Women Education in Africa（AU/CIEFFA）Strategic Plan 2015—2017，AU/STC/EST/EXP（10），October 2015.

[2]　谅解备忘录是国际协议一种通常的叫法。"谅解备忘录"相应的英文表达为"memorandum of understanding"，有时也可写成"memo of understanding"或"MOU"，直译为谅解备忘录，中国人的说法就是协议，意指"双方经过协商、谈判达成共识后，用文本的方式记录下来"。"谅解"旨在表明"协议双方要互相体谅，妥善处理彼此的分歧和争议"。

托管协议。

四、《AU/CIEFFA 战略规划》落实的三级组织保证

AU/CIEFFA 的组织结构由非盟执行委员会第十八届常务会议任命，共有六大职位，包括协调员、高级政策官（教育）、政策官员（信息技术及档案管理）、行政与财务总监、秘书以及邮件收发员（兼任司机）。协调员和行政与财务总监已经招募完成了，其他职位招募仍在进行中。协调员于 2014 年 11 月开始履行其职责。目前，有 12 名当地成员为 AU/CIEFFA 工作，他们全部是从布基纳法索中等和高等教育部借调过来的。

《AU/CIEFFA 战略规划》中还对非盟、区域经济共同体以及各成员国三级组织的作用做了明确的规定。

（一）非盟的作用

（1）通过教育部门联络人力资源，并定期召开常规会议，审查《大陆教育战略》的执行情况，加强协作来获得最佳结果。

（2）通过非盟教育观测站协调其适当指标的发展和测试，巩固女子教育在非洲大陆教育管理部门系统（EMIS）的地位，加强与成员国、区域经济共同体和主要机构在非洲妇女和女童教育方面的合作工作。

（3）领导变革的宣传和交流，同时筹集活动实施所需要的资金，促进非洲女子教育。

（4）一同出席国际或区域集会。

（5）呼吁并组织利益相关者召开必要的国际会议。

（二）区域经济共同体的作用

（1）帮助成员国为女子教育拟定全面的计划。

（2）促进主管教育和女性权能/权利部门的区域会议的召开，促进科技研讨会，以审查国家计划，以活动的形式在区域和非洲大陆的层面融合在一起。

（3）在区域层面上倡议建立性别适宜环境，强化和拥护区域做出的努力。

（4）协调成员国在保障《AU/CIEFFA 战略规划》的实施上的区域性合作。

（三）各成员国的作用

（1）为实现妇女和女童教育可持续发展，制定全面的国家计划。

（2）保证性别平等的教学和学习环境。

（3）确保安全的学习环境，远离暴力。

五、小结

《AU/CIEFFA 战略规划》从整体的角度规划了非洲女子教育在 2015—2017 年的发展蓝图，针对女童教育及妇女教育各自的问题和特点，制定了一系列战略

规划。该战略具有几大鲜明特点：

一是战略的制定具有衔接性。该战略规划涉及非洲女子教育的方案，提出健全相关法律法规体制，从课程的设计到教师培训，再到战略的宣传、出版物等一系列相关活动，一个环节紧扣另一个环节，层层递进，组成一个系统化的规划方案。

二是角色互动，分工明确。该战略的实施机构形成非盟—区域经济共同体—各成员国三级组织共同推动的形式，每级组织有各自的角色分配及任务，同时各相关组织利用自身平台开展相关工作，如非洲妇女教育学家论坛和非洲教育发展协会关注女童在中小学的辍学率等问题，非盟委员会法律事务所确保该战略的合法地位，等等。

三是注重与国际组织的相关合作。该战略规划中经常可见诸如联合国教科文组织、联合国开发计划署、联合国儿童基金会、联合国女童教育倡议等国际组织的身影，利用相关国际组织的平台及优势，借助它们的资金和力量，学习其他国家的成功事例，实施开展相关工作，同时也能够对其战略实施起到一定的监督作用。

客观地说，《AU/CIEFFA 战略规划》还存在一些问题，比如，过于依赖国际组织的援助，如果失去了国际组织提供的资金和技术支撑，将会导致该战略规划无法实施；关注的主要对象是在校女童和妇女的教育问题，而忽视了"如何保障已经辍学的女童重新回到校园"这一问题；衡量指标比较抽象，应该根据相关数据制定具体详细的数字指标，并定期评估该战略规划的实施状况及成效。

>> 第五节　南非教育行动计划(2015—2019)述评 <<

南非共和国基础教育部(Department of Basic Education，DBE)2011 年 10 月颁布《2011—2014 行动计划：2025 学校教育目标的实现》(以下简称《2014 行动计划》)之后，在总结反思 2011—2014 年所取得的教育成果的基础之上，于 2015 年 4 月出台了《2015—2019 行动计划：2030 学校教育目标的实现》(以下简称《2019 行动计划》)。从历史上看，这两项行动计划的重点均是大幅度投入教育资源以提高学习者的学习质量。但是后者在更加注重改进教育质量的同时又关注新产生的问题。

一、行动计划提出背景

(一)基础教育部的目标和理念

"南非教育行动计划"是南非基础教育部为提高教育质量而提出的一项行动计划。基础教育部是由南非之前的国家教育部划分出来的一个独立的部门，与高等教育和培训部相并列。基础教育部负责所有学校 R-12 年级的教育，包括成人扫盲计划，其目的在于开发、维护和支持 21 世纪的南非学校教育体系，从而让南非所有人民获得终身学习、教育和培训的机会，提高生活质量，建设一个和平、繁荣和民主的南非。

部门自独立以来始终坚持以下几点理念：对人民负责；以追求高标准的绩效表现和专业精神为目的，实现卓越；加强团队协作以实现共同目标；建立一个学习型组织，寻求和分享知识信息；追求创新，努力寻求达到目标的方法。① 建立了以结果为导向的战略目标，注重学习者学习结果的绩效表现，实现教育质量的提高。

(二)《2030 年国家发展规划》

2011 年，南非国家计划委员会发布了《2030 年国家发展规划：创建美好未来》(以下称《规划》)。《规划》旨在强调"通过不懈努力到 2030 年使得南非全面消除贫困、减少不平等、提高经济实力、增强国家综合能力、促进整个社会团结合作"。②

《规划》特别指出，青年一代直接影响南非社会、政治和经济的未来发展，因此，南非需加强青年的教育和技能培训。它具体说明了提升教育质量在国家发展进程中所起的关键性作用，指出要提升教育质量以便提高就业率以及薪资水平，这样才能实现经济的快速增长，从而更好地拓宽就业机会，需要大幅度地提升教育所需资源。因此，可以说《规划》对接下来部门制定的一系列指导基础教育的文件起着"风向标"的作用。

(三)《2014 行动计划》

《2014 行动计划》是基础教育部发布的第一个全面的部门计划，目的是在现有基础教育发展趋势和证据的基础上理清哪些战略计划是重要的以及为何重要。《2014 行动计划》在南非基础教育体系中具有重要作用，它不仅指明了政府为使 R-12 年级学校教育更上一层楼所采取的措施，而且解释了作为个体应如何更好地促进计划以及 2025 年学校教育目标的实现。

《2014 行动计划》有两个版本：短版和长版，对应为 A 和 B 两个部分。该计划之所以有两个不同的版本，是因为两者的适用对象以及内容翔实度的不同。前者适用对象较广泛，包括一些利益相关者、公立学校的教育者、家长以及社会公众。而后者则主要是针对教育体系管理者、教育部门监测人员、政府与非政府利益相关者、大学和其他研究机构的研究者等，最为关键的是为南非 25000 多所学

① National Department of Basic Education，About Basic Education[EB/OL]. http：//www. education. gov. za/AboutUs/AboutDBE. aspx，2016.
② 中华人民共和国商务部. 南非制定《2030 国家发展规划》[EB/OL]. http：//www. mof com. gov. cn/aarticle/i/jyjl/k/201208/20120808294312. html，2016.

校的校长所知。B 部分包含更多的细节，例如，目标将如何实现、怎样监控部门做出的一系列改进、计划中每个目标的具体国家和省级目标等。长版不仅包括在2014 年要实现的目标，而且包括 2025 年学校教育愿景的一部分即 2025 年学校教育目标的实现。①

(四)《五年战略计划(2014/15—2018/19)》

《五年战略计划(2014/15—2018/19)》是由南非基础教育部于 2014 年 3 月出台的一个旨在提升教育质量这一目标任务的计划。它的出台是《规划》和《中期战略框架 2014—2019》②中所提出的提升基础教育质量的要求，也是为了完成《2014行动计划》的目标需要。该战略计划是在《规划》这一政策指导下由南非基础教育部所颁布的"滚动型"规划之一，这一系列"滚动型"规划不断突破，但都离不开一个中心——提升教育质量。为提升教育质量，它制定了"结果导向"的八大战略目标、17 个战略重点领域，以及五大项目行动计划。该战略计划在行动计划之前颁布，在一定程度上起着指导性的作用。行动计划是战略计划的具体实施计划，是为战略计划提出的一个后续配套措施。二者之间相辅相成，关系密切，共同促进提升教育质量这一目标。

(五)基础教育与国家整体发展面临的挑战

2000 年 9 月，在联合国千年首脑会议上，世界各国领导人在纽约联合国总部进行了会晤，并表决通过了联合国千年宣言，设立了"千年发展目标"，其中首要目标便是消除极端贫穷和饥饿。

对于南非政府来说，贫困问题仍然不可忽略。在南非当前高失业率以及技能短缺的背景下，减少贫困很大程度上依赖非洲人民受教育水平的提高。除此之外，国家工业、贸易和宏观经济政策领域的发展也需要良好的教育体系作为支撑，教育对提升国家经济水平起着重要的作用。南非是艾滋病病毒感染的重灾区，研究表明，在学校中接受过教育的年轻人感染艾滋病的几率明显降低。学校作为预防艾滋病的主要场所，在改善南非人民健康状况方面做出了很大的贡献。

提高学校教育质量进而实现学习成果的提高仍然是当前基础教育面临的主要挑战。实现这一目标的关键是学校和班级中教师教学方式的转变。教师在课堂教学过程中应按时教学，充分利用教材。这与"优质教学活动"③(Quality Learning and Teaching Campaign，QLTC)的核心——"三 T"④模式相呼应。

---

① National Department of Basic Education. Action Plan to 2019：Towards the realization of Schooling 2030[EB/OL]. http：//www. education. gov. za/Curriculum/ActionPlanto2014. aspx，2016.

② 2014 年 8 月由南非共和国规划，监测和评估部门出台的政府在 2014—2019 年间的战略计划，它反映了执政党在选举宣言中所做的承诺，包括对《规划》的实施承诺。

③ 是由多方利益相关者自发形成的，旨在强调教师、教材和时间在提高教育质量中的重要性。

④ "三 T"即"教师(Teacher)、教材(Textbook)、时间(Time)"。

但是，仅仅教育体系内部的这些措施还远远不够。国际经验表明，改善学习成果不仅需要政策决定者的领导和远见，更需要来自外部力量的支持。《中期战略框架（2014—2019）》提出要在政府、教师联盟、教师培训机构、家长和学校、商业与民间社会组织之间建立社会契约。幸运的是，南非有着发达的利益相关者协商机构，如教育劳动关系委员会等，南非所要应对的主要挑战就是如何实现对这些机构的有效利用。

二、《2019 行动计划》的目的和内容

（一）目的

《2019 行动计划》在南非普及素质教育的进程中起着里程碑式的作用。它是在南非政府 2012 年发布《规划》之后制定的，该计划的视野也拓展到 2030 年，而不再是 2025 年。《2019 行动计划》向众多利益相关者布置了一项改变南非学校教育的重大任务。这类计划具有一定的连续性，《2019 行动计划》是基础教育部门迄今为止发布的第二个具有综合性意义的计划。

该计划的一个重要目的是针对基础教育部门面临的挑战以及相应解决方案的制定提供综合性的事实和证据。为此，该计划借鉴了已发表和尚未发表的相关研究数据，以这种方法确保计划建立在充分可靠的证据基础之上。学校教育部门过于庞大和复杂，一个计划并不能囊括所有。因此，该计划将其他的国家计划目标放在一个集成的框架内，来具体说明不同的举措在教育体系中是如何相互支持、相互联系的。从某种程度上来说，该计划起着解决其他计划间矛盾的作用。

此外，该计划也能够指导那些参与监测教育体系进展情况的研究者们，为他们指明当前研究的趋势和模式。同时也对政府部门之外的研究者们提供了大量有用的信息，邀请他们在微调的计划行进过程中对南非当前亟须解决的难题提供有用的意见和建议。

（二）内容

《2019 行动计划》是由南非基础教育部颁布的，旨在进一步实现《规划》中关于基础教育的设想。该计划在评估《2014 行动计划》的基础上，针对基础教育部门的发展状况，重申了早期计划中所列出的关键性举措。与《2014 行动计划》相比，虽然保留了其中大部分的内容，但是，仍然有部分是在吸取经验教训的基础上有改动。它在《2014 行动计划》27 个目标的基础上对其又有所改变，补充说明了南非基础教育未来发展战略计划的着重点，并以三星级的方式加以强调。

这 27 个目标可归结为将要实现的学习和入学目标以及如何实现这些目标两大部分，即 what 与 how。在 13 个将要实现的目标中，儿童早期发展质量的提高作为首要目标。儿童早期发展质量的提高可以有效地改善中小学生学习结果，

进而从根本上促进教育质量的提高。因此，扩大儿童早期发展的途径已经成为南非政府近些年的首要任务。围绕着如何实现上述目标，基础教育部门制订了 14 个具体的行动计划。分别从教师、课程、学校、社区、学生和政府部门这几个方面出发，实现计划的终极目标——提高教育质量。

三、计划重点

（一）提高教学质量

1. 教师职业能力和专业知识水平的提高

教学质量的提高关键在于教师的教和学生的学，因此在教师职业生涯中要注重提升教师职业能力、学科知识与教学能力以及计算机知识水平。然而，教育体系对教师的评价以及诊断性测试的教师自我评价还很罕见。

综合质量管理体系（Integrated Quality Management System，IQMS）自 2003 年成立以来，逐步发展壮大，近几年通过在全国范围内使用"IQMS 监视器"密切监测教师职业水平发展状况。2012 年全国 IQMS 首次报告显示，公立学校系统中有 12％的教师被评为"优秀"，57％为"良好"，30.5％为"符合最低标准"，0.5％为"不合格"。IQMS 评级以自我评估为主要依据，学校同行评议决定最终评价。对教师进行评估的过程反映出学校的发展动态。了解改进的余地，了解学校教师进一步职业发展的强烈需求，是实施有效的教师发展计划的先决条件。

2012 年全国 IQMS 报告中指出了其实施过程中存在的阻碍，为使计划得到落实，需要加强以下几个方面。首先，进一步加强向教师传达相关讯息的力度。对教师进行更多关于指导工作的培训，比如练习册的具体使用；介绍新型的网络工具，例如构建测试工具。其次，建立教师发起的对其专业发展活动更强有力的机构组织，尤其是专业学习社区①（Professional Learning Communities，PLC）的创建。再次，由国家发起的教师在职培训一定要更好且更加具有实用性。最后，加强教师获得电子教育资源的途径，实现该目标的关键是继续实行"教师平板计划"。教育质量的提高不仅仅在于教育信息技术本身的提高，更要注重技术在教育实践中应用的提高。

2. 增加教学材料的分发

《2019 行动计划》提出要确保每个学习者都能达到国家政策规定的对教科书要求的最低标准。国际数学和科学研究趋势（Trends in International Mathematics and Science Study，TIMSS）证实，学校对政府为促进教师对结构化教材的使用所

① 专业学习社区，是由教师自身发起的以专业发展为宗旨的一个教师群体，以 2011 年教师发展政策为指导，但还没有实现在学校中大范围的开展。

做出的努力给予了积极响应。报告指出，2002—2011 年，使用教科书作为基础，从而规划教学的数学教师从 30% 提高到 70%。

但是，只注重教学材料数量上的增加还远远不够，课本和练习册的质量必须仔细监测。国家教育部门需要承担起学校使用教科书质量保证的领导任务。加强指导教师更好地利用新资源，帮助教师更加清晰了解国家练习册、教材、新课程内容和年度国家评估是如何相互联系在一起的。

(二)定期评估，追踪进度

1. 年度国家评估

南非政府曾多次强调要为 1～9 年级阶段学生打造一个世界级评估体系，这将为国家提供关于学习者学习进展情况的可靠信息，也将为教育工作者和家长提供实用的工具帮助其专注于正确的事情。但是从其他国家的发展经验来看，建成世界级别的评估体系仍然需要数年时间。

从 2011 年开始，年度国家评估①(Annual National Assessments，ANA)开始着手对所有 1～6 年级的学习者进行测试，2012 年其测试范围扩大到 9 年级，2014 年扩大到 7、8 年级。2013 年，在基础教育部的要求下，为加强 ANA 结果的确切性，对其进行了外部评价。外部专家咨询委员会以及来自世界银行的对不同发展中国家评估系统有大量经验的专家们分别对改善 ANA 提出了建议。

目前来看，ANA 还存在以下问题：(1)测试结果不严谨。由于其测试对象不够全面，只是选取具有代表性的少数样本进行测试，难免会导致其测试结果的不准确。(2)测试设计不合理。测试水准过高导致大多数学习者难以达到要求，基础教育部提出应该包括更多"较为容易的项目"。针对 ANA 所存在的这些问题，《2019 行动计划》提出在 2015 年发布一项基于 ANA 测试逻辑基础的政策声明，便于教师、家长和学校的相关人员更加理解 ANA 测试流程。测试的设计也将更加合理，同年发布区域 ANA 报告，让 ANA 测试的结果能够在各地区和学校中得到更好的利用。基础教育部将继续努力收集来自不同学校和地区的教师、家长和其他利益相关者的反馈，定期评估 ANA。

2. 信息化教育

信息化教育能够从根本上改变学校教学方式，运用现代信息通信技术使学生学习变得多样化，可以说少了它就不能称之为完整的教育。南非信息化教育向前迈进的重要一步是在 2014 年由交通部门发布的信息通信技术绿皮书中指出，南非信息化教育成功的关键依赖于国家规定的合理价格以及良好的基础设施两个方面。

与 2011 年发布《2014 行动计划》时相比，2014 年南非学校信息化教育发展状

---

① 年度国家评估是 2008 年南非基础教育部为 12 年级以下的学生引入的一项通用评估标准。

况整体良好。但是，有关部门对现存的以及不断涌现的信息化教育平台的相关知识的了解还远远不够。2011 年，9 年级学习者中在学校使用电脑的人数达到了 49％，而在 2002 年才仅仅 28％。然而，同样的数据也显示南非在 2011 年已经相当大地落后于其他发展中国家，如博茨瓦纳已经达到了 86％，加纳 78％，印度尼西亚 82％。

开设计算机应用技术和信息技术这两门科目的中学数量能够在很大程度上反映学校进行信息化教育的能力。南非自由邦省和林波波省的公立中学中，12 年级开设以上两门科目的数量与二者信息化教育的差异强烈证实了这一点。为此，基础教育部在 2015 年公布国家信息化教育战略草案，着重在以下四个方面对国家信息化教育提出改进：一是要对信息通信技术的大范围使用与实现教育系统确立的学习改进目标二者之间的联系有清晰的了解。二是战略要明确说明可利用的技术及其如何使用。三是信息化教育的实现需要与各部门团结协作，与高等教育和培训部以及各学校建立更有利的合作伙伴关系。四是战略和规划需要收集大量有关当前学校信息化教育的类型和规模的信息，以及判断现有的举措是否实现了预期结果。

(三)改善早期儿童发展

《2019 行动计划》指出，要改善 1 年级以下儿童获得优质早期儿童发展(Early Childhood Development，ECD)机会的途径。因此，要提高 R 年级儿童入学率以及增加其获得优质早期儿童发展机会的途径。

大量数据已经表明，1 年级以下儿童获得优质早期儿童发展机会的途径正在增加。户口普查(General Household Survey，GHS)数据指出，2014 年所有初次升入 1 年级的学习者有 96％都受到了 R 年级教育，而在 2009 年这个数字低于 85％。不仅如此，2013 年的 GHS 数据也显示，R 年级的入学率在增长，从 2009 年的 59％增长到 75％，而国家发展规划的目标则是百分之百普及 R 年级教育。

从南非政府近些年来所颁布的法令及政策来看，提高早期儿童发展质量已经成为提高教育质量的先决条件。《2019 行动计划》指出，一系列内部措施已经开始实行，如基础教育部门将继续给所有学习者每年分发练习册，接下来的关键就是如何使措施得到具体落实。部门面对的挑战将是基于 2012 年结束的对大量教学材料的评估做进一步的改善。

除了对教学材料的评估和分发外，R 年级师资水平也是获得优质早期儿童发展机会的关键。学前教师的专业化水平需要继续提高。为此，多所大学已经和基础教育部门达成一致，开始为学前教师提供国家认可的学历证明。政府机构组织也积极制定战略计划，为获得优质早期儿童发展机会做出努力。2013 年，国家课程框架与联合国儿童基金会一起积极吸取国际成功实践的经验，力争为更好地监测 4 岁及以下早期儿童发展质量以及相关政策计划的制订打下良好的基础。

(四)注重结果的规划和问责制度

基础教育部从国家教育部中独立出来后，就发布了以结果为导向的战略目标，关注学习者的学习结果，从而实现教育质量的提高。《2019 行动计划》中提出要确保建立一个可信的、注重于结果的规划和问责制度，加强学校管理，促进学校最大限度地发挥其功能，同时加强各地区办事处的能力。

虽然对学校实际管理所取得的进步无法进行明确的测量，但是，根据相关数据可以确定学校管理制度所取得的进步。为进一步加强学校管理，《2019 行动计划》提出了以下两个举措：第一个举措是在整个公共教育系统中实行学校校长能力评估。一方面保证了每一个被任命的学校校长能够达到其工作要求的最低标准，另一方面建立一个当前学校校长团体的档案介绍，包括需要通过培训解决的能力差距。第二个举措是对学校管理者的国家培训计划的更新。以上这些通过自上而下的方式加强学校管理的措施受到了广大教育政策制定者以及教育研究者们的一致好评。

《2019 行动计划》强调要提高地区办事处对当地学校提供监控和支持服务的质量和频率，提倡达到条件的地区积极利用信息化教育技术。加强各地区办事处的能力的最重要一点就是相关政策信息的传播和使用。戴尔基金会报告与基础教育部共同合作，探讨信息是如何在南非的教育系统中特别是在地区层面使用的，以协助实现教学和学习目标，并为各地区信息系统和管理方式面对的挑战提供可行性解决方案。

报告充分肯定了地区办事处对促进当地学校之间互相学习交流所起的关键作用。但是，在很大程度上地区办事处并没有充分发挥其应尽的职责。据此，该报告提出了以下三点建议：第一，每个地区需要自行总结判断如何使用信息，对本地区的教育成果进行深入了解，严加管理，然后基础教育部应积极指导各地区在其发布的计划中对如何使用信息促进教育成果的改进进行明确的说明。第二，各地区要加强员工处理数据和信息的能力。第三，需要产生更多样标准的报告，利用近些年来已收集的数据协助地区和学校管理者以及家长做出正确的决定。

四、总　结

迄今为止，南非基础教育部所发布的这两个行动计划在一定程度上为教育政策制定者梳理了教育发展的脉络，对教育研究者有一定的指导作用。南非基础教育行动计划的一系列举措也体现了其努力实现 2030 学校教育目标的决心。计划中对 ANA 的重视以及提出要把它打造成世界级评估体系的想法充分表现了南非政府对基础教育的重视。而事实上，南非也的确缺少这样一个权威评估体系。从南非目前的发展状况来看，想要使 ANA 项目成为世界级别的测评体系恐怕还需要数年时间。教育部门仍然需要继续完善 ANA 测评体系，吸取他国成功经验。到目前为止，南非基础教育部才发布了两个行动计划的文件，其战略计划还不够成熟，战略目标仍然广泛而不够具体，还需要部门加强改进和监督。

另外值得一提的是，南非教育行动计划(2015—2019)中关于教学材料的定义不再单单指上文提到的教科书、练习簿等，还包括广泛的多媒体学习资源，比如电脑的使用。而且计划首次提到要大力在学校中实行信息化教育，这些都反映出南非政府已经意识到信息科学技术在当今知识大爆炸时代所起的不可替代的作用。最重要的一点是南非政府强调不仅要提高国家信息技术，而且要实现信息技术在教育实践中的充分利用。

南非教育行动计划(2015—2019)提出注重结果的规划和问责制度，有较强的针对性。过去，非洲各国热衷于计划制订，但计划实施不力，计划的结果得不到保障，很多计划收效甚微。南非基础教育部从国家教育部中独立出来之初，就发布了以结果为导向的战略目标。南非教育行动计划(2015—2019)则进一步强调要加强对学校当局和地区教育部门领导的管理，加强信息技术在教育管理中的运用，更好落实教育问责制。

第十四章　国际组织的教育政策

>> 第一节　联合国教科文组织的教育政策 <<

2014—2015 年度，联合国教科文组织主要对过去 15 年世界各国的教育发展做了回顾与反思。2015 年是实现《达喀尔行动纲领》（简称《纲领》）的最后一年。2000 年，《纲领》确认了为每个公民和社会实现全民教育的六项目标，核心内容就是在 2015 年以前实现全民免费初等义务教育。因此，2015 年国际社会陆续颁发了许多新的标志性文件，包括《仁川宣言》《教育 2030 行动框架》《2015 全民教育全球监测报告》等，下面分别介绍联合国教科文组织自 2014 年 7 月至 2015 年 12 月出台的重大教育政策。

一、《仁川宣言》和《教育 2030 行动框架》：为未来十五年全球教育制定发展蓝图

（一）政策背景

1990 年发起于泰国宗迪恩（Jomtien）并在 2000 年达喀尔会议上强调的全民教育（Education for All）理念，是世界近几十年来对教育的最重要的承诺，为推动教育进步发挥了巨大作用。虽然全民教育在近些年取得了巨大的成就，但还远未达到全民教育的宏伟目标。

2015 年 5 月 19 日，世界教育论坛在韩国仁川召开，未来 15 年的全球教育议程成为世界教育论坛探讨的主要议题，从而为 2030 年之前的全球教育制定发展蓝图。本次大会聚集了 130 名政府部长、高层政府官员、诺贝尔奖获得者、国际和非政府组织的领袖、学术界成员以及私人部门代表、研究人员和其他利益相关者。论坛中通过了《2030 年教育宣言》，动员世界各国和其他合作伙伴积极致力于新议程的实施，并在宣言中提出更多合作、资助以及评估的方式方法，旨在保证为所有人提供平等的受教育机会。

（二）《仁川宣言》的主要内容

2015 年 5 月 21 日，《仁川宣言》（*Incheon Declaration*）[①]正式通过。宣言总结

[①]　UNESCO. Incheon Declaration [R/OL]. http：//en. unesco. org/world-education-forum—2015/incheon-declaration，2016.

了自 2000 年以来"全民教育目标"和"千年发展目标"（Millennium Development Goals，MDG）中教育相关目标所取得的进展和依然存在的挑战，并在此基础上共商 2030 年教育议程和行动框架，以及未来的工作重点和达成目标所需的策略，为未来 15 年的教育发展设定了一个具有变革性的愿景。具体包括以下几个方面内容：

1. 对全民教育过去二十年发展的反思

全民教育取得的成就令人激动，但我们也需意识到：我们还远未达到全民教育的宏伟目标。2014 年全球全民教育会议上通过了《马斯喀特共识》（*Muscat Agreement*），反思了全民教育的发展，提出可持续发展，指出我们还需进一步加强对"教育第一"全球倡议行动（Global Education First Initiative）重要性的认识，以及对政府、区域、政府间和非政府组织在兑现教育领域的政治承诺过程中所发挥的作用的理解。

2. 2030 年世界教育新愿景

（1）关于新愿景的概括。

2030 年世界教育新愿景可以概括为："确保全纳、公平、有质量的教育，增进全民终身学习机会"。

这一目标具有变革性和普适性，它致力于全民教育发展议程和"千年发展目标"中与教育相关的未竟事业以及应对全球和国家教育发展所面临的挑战。它的灵感来源于以人权和尊严、社会公正、全纳、保护、文化、语言和种族多样性、共担责任和问责制为基础的人文主义教育与发展观。教育是一项公益事业，是一项基本人权，是保障其他权利实现的基础。教育对于和平、宽容、人类成就和可持续发展至关重要。通过终身学习，重点关注入学机会、公平与全纳、质量、学习成果。

（2）关于义务教育。

过去 15 年间，世界在扩大教育机会方面取得了长足的进步。今后将确保提供 12 年免费的、公共资金资助的、公平的、有质量的初等教育和中等教育，其中至少包含 9 年义务教育且能产生相关学习成果。同时，也鼓励提供至少 1 年有质量的免费义务学前教育，让所有的孩子都有机会获得有质量的儿童早期教育。

（3）关于教育公平。

教育本身以及通过教育而实现的全纳与公平是具有变革意义的教育议程的基石。因此，需要致力于消除在入学、参与和学习成果中任何形式的排斥、边缘化、不一致和不平等。任何教育目标都应该满足所有人的需求。故而，需要在教育政策中做出必要的调整并重点关注最弱势群体，尤其是残障人士，以确保教育政策惠及每个人。

（4）关于教育投入。

优质教育的促进以及学习成果的提高需要我们加强投入，关注学习过程和结果的评价与衡量机制的进展。建立资源充分、运作高效的管理系统，将确保教师和教育工作者获得授权、被充分招募、训练有素、具有专业资质、积极主动、得到充分支持。

（5）关于终身学习。

愿景指出，我们需要迫切致力于在所有情况下和各教育层次中提供有质量的全民终身学习机会。这包括公平地和更多地获得有质量的职业技术教育与培训、高等教育与研究的机会，同时保持对质量的充分重视。此外，提供灵活的学习途径，识别、评估并认证通过非正规教育和非正式教育获得的知识、技能与能力。

（6）关于教育安全。

教育安全也需要特别引起注意。今天世界上大部分的失学人口都居住在受冲突影响的地区，教育机构遭受危机、暴力、攻击，以及自然灾害、流行病，这些都不断扰乱全球的教育和发展。迫切需要致力于发展更具包容性、应对性和灵活性的教育体系，来满足这些地区的儿童、青年和成年人的需要，包括国内流离失所者和难民。

3. 如何保障该议程的实施

（1）法律保障。

成功地执行这一议程有赖于各国政府的齐心协力。需要建立法律和政策框架，推进问责制、透明管理、参与式治理，以及所有层级和跨部门的协作伙伴关系，并保障所有利益相关者的参与权。在区域实体、机制和战略框架下，呼吁强有力的全球与区域层面的协同、合作、协调，以及对基于国家层面的数据收集、分析和报告的教育议程实施情况的监测。

（2）财政支持。

2030 年教育议程的成功实施需要良好的政策和计划，以及有效的实施安排。同样明确的是，如果没有显著的且具有针对性的经费增长，可持续发展目标将无法实现，尤其是对于那些在各个层次都远未实现优质教育的国家来说。因此，要按照国情增加教育的公共投入，并敦促坚持国际和地区基准分配率，在教育领域至少投入国内生产总值的 4%～6%，或公共总支出的 15%～20%。

（3）良好的合作。

鉴于发展合作在补充政府投入方面的重要性，我们呼吁发达国家、传统的和新兴的援助国、中等收入国家、国际融资机构增加教育资金，根据国家的需要和优先事项支持议程的实施。建议通过更好的协调和合作，改善援助效果，以及优先对被忽视的子行业和低收入国家提供援助。还建议大幅增加对长期处在人道主义危机中的国家和地区的教育支持。

(4)组织保障。

进一步委托作为联合国专门教育机构的联合国教科文组织，继续领导并协调 2030 年教育议程的实施，尤其是通过以下途径：倡导履行政治承诺；促进政策对话、知识共享和标准设置；监测教育目标的进展；召集全球、区域和国家层面的利益相关者指导议程的实施；发挥在整个可持续发展目标框架中作为教育发展中坚力量的作用。

(5)监督系统。

开发全面的国家监测和评价系统，为政策制定和教育系统管理提供依据，并落实责任。进一步请求 2015 年世界教育论坛联合举办方和与会者支持在国家层面数据收集、分析和报告方面的能力培养。各国要向联合国教科文组织统计所（UNESCO Institute for Statistics）提交更准确、分布层次更为多样、更具有时效性的数据。①

(三)《教育 2030 行动框架》的主要内容

《教育 2030 行动框架》(*Education 2030：Towards Inclusive and Equitable Quality Education and Lifelong Learning for All*)②是在联合国教科文组织及其他合作伙伴的协调下，为落实《仁川宣言》，经过成员国的广泛磋商，在全民教育指导委员会指导下通过的全球教育议程。2015 年 11 月 4 日，在联合国教科文组织巴黎总部举行第 38 次联合国教科文组织大会期间，《教育 2030 行动框架》正式发布。行动框架有三个部分：第一部分概述了教育 2030 的愿景、基本原理和原则；第二部分描述了总体目标、战略方法、具体目标和测量指标；第三部分探讨了实施方式。其主要内容如下：

1. 总体目标

教育 2030 的总体目标为："确保全纳、公平的优质教育，使人人可以获得终身学习的机会。"

"全纳"体现了教育的可获得性和包容性。教育 2030 旨在使所有人的受教育权得到保障，确保所有儿童和青少年获得接受教育的权利，享有至少 12 年免费、由政府资助的中小学教育(其中 9 年是义务的)；确保所有青年和成年人获得功能性识字和计算能力的学习机会；提供至少 1 年免费和义务的学前教育。"公平"体现在消除准入、参与、保留、完成和学习结果方面所有形式的排斥、边缘化、不

---

① 周红霞.2030 年教育：迈向全纳、公平、有质量的教育和全民终身学习[J]. 世界教育信息，2015(14).

② UNESCO. Education 2030：Towards Inclusive and Equitable Quality Education and Life-long Learning for All [R/OL]. http：//unesdoc. unesco. org/images/0023/002331/233137e. pdf，2016.

公正的差异性、脆弱性和不平等问题。确保"优质教育"是教育权利中必不可少的一部分，要确保教育能在所有水平和不同环境里导向相关、平等和有效的学习成果。优质的教育使得学习者具有基本的识字和计算能力，成为学习者进一步学习和获得高层次技能的基础。

2. 十大具体目标

教育 2030 的目标体系是具体和可衡量的，它对实现总体目标有直接的贡献。这些目标详细阐明了全球未来 15 年教育发展的雄心和抱负，鼓励各国加速进步。这些目标适用于所有国家，并且考虑了不同国家的实际、能力和发展水平，尊重不同国家的政策和优先事项。

目标 1：到 2030 年，确保所有女童和男童接受完全免费、公平和优质的中小学教育，获得相应、有效的学习成果。

目标 2：到 2030 年，确保所有女童和男童获得优质的早期儿童发展、保育和学前教育，为接受初等教育做好准备。

目标 3：到 2030 年，确保所有女人和男人平等获得负担得起的优质的技术、职业等不同形式的高等教育。

目标 4：到 2030 年，大幅度增加拥有相关技能的青年和成年人数量，这些技能包括就业、获得体面工作、创业的技术和职业技能。

目标 5：到 2030 年，消除教育中的性别差异，确保残疾人、原住民和弱势儿童等弱势群体平等获取各级教育和职业培训。

目标 6：到 2030 年，确保所有青年和大部分成年人、男性和女性，获得读写和计算能力。

目标 7：到 2030 年，确保所有学习者获得促进可持续发展所需的知识和技能，包括通过教育实现可持续发展和可持续的生活方式、人权、性别平等、促进和平与非暴力文化、全球公民意识以及理解文化多样性。

需要说明的是，教育 2030 是一个整体目标体系，除了上述的教育内容的 7 个目标，还包括下文中 3 个有关实施方式的具体目标。这 10 个目标共同构成了教育 2030 的目标体系。①

目标 8：建立和改善能恰当满足儿童、残疾人和不同性别人群需要的教育设施条件，并为全民提供安全、非暴力、全纳和有效的学习环境。

目标 9：到 2020 年，在全球范围显著增加提供给发展中国家特别是最不发达国家、小岛屿发展中国家和非洲国家在发达国家和其他发展中国家接受高等教育，涵盖职业培训、信息和通信技术以及技术类、工程类和科学类项目的奖学金数量。

① 徐莉，王默，程换弟. 全球教育向终身学习迈进的新里程[J]. 开放教育研究，2015(12).

目标 10：到 2030 年，大幅度提高合格教师的供应数量，包括通过国际合作在发展中国家特别是最不发达国家和小岛屿发展中国家开展教师培训。

二、从科学主义到人文主义的转变：UNESCO 发布第三份教育思想报告《反思教育：向全球共同利益转变？》

（一）政策背景

2015 年 4 月，联合国教科文组织发布题为《反思教育：向全球共同利益转变？》(*Rethinking Education：Towards a Global Common Good？*)[①]的报告，这一报告是继 1972 年的《学会生存：教育世界的今天和明天》和 1996 年的《教育：财富蕴藏其中》之后，联合国教科文组织发布的又一具有里程碑意义的报告。

报告指出，当前全球教育呈现出日益增强的复杂性、不确定性和矛盾性。在新的背景下，教育必须建立在文化多元、互相尊重的基础上，并从可持续发展的角度积极应对社会、经济和环境的挑战。报告呼吁世界各国应加强国际间对话，推进以教育目的和学习组织形式为主题的公共政策的实施，并从教育发展的人性化视角出发，以尊重生命、人格、平等、社会公正、文化多样性，以及促进国际团结合作和可持续发展责任共担为基础，把教育和知识作为全球共同利益，以此协调教育目的和组织形式。

（二）政策内容

报告主要提出了未来教育发展的基本原则：一是把可持续发展作为教育发展的核心关注点；二是强调采用人本化的教育路径；三是在复杂的世界中采用同时兼顾地方和全球发展的政策制定模式；四是把教育与知识作为全球共同利益。具体如下：

1. 可持续发展：核心关注点

对于可持续发展的向往，迫使全世界人民解决一些共同的问题，消除普遍存在的矛盾，同时拓宽视野。经济增长和创造财富降低了全球贫穷率，但世界各地的不同社会以及社会内部之间，脆弱性、不平等、排斥和暴力却有增无减。不可持续的经济生产和消费模式导致全球气候变暖、环境恶化和自然灾害频发。

此外，国际人权框架虽然在过去几十年中得到加强，但这些人权规范的落实和保护仍然是一项挑战。例如，通过扩大受教育机会，逐步增强了妇女的权能，但女性在公共生活和就业领域依旧受到歧视。暴力侵害妇女和儿童（特别是女童）现象，依然损害着女性的权利。技术发展增进了人们之间的相互关联，为彼此交流、合作与团结开辟出了新的渠道，但同时，文化和宗教不宽容、基于身份的政

---

① UNESCO. Rethinking Education：Towards a Global Common Good? [R/OL]. （2015-04-22）http：//unesdoc. unesco. org/images/0023/002325/232555e. pdf，2016-02-13.

治鼓动和冲突日益增多。

教育必须找到应对这类挑战的办法，同时兼顾多种世界观和其他知识体系，还要考虑到科技领域的最新发展，例如，神经科学的进步和数字技术的发展。对教育的目的和学习的组织方式的反思，从未像今天这样迫切。

2. 重申人文主义教育方法

仅仅凭借教育不能解决所有发展问题，但着眼于全局的人文主义教育方法可以，并且应该有助于实现新的发展模式。在这种模式下，经济增长必须遵从环境管理的指导，必须服从人们对于和平、包容与社会正义的关注。人文主义发展观的道德伦理原则反对暴力、不宽容、歧视和排斥。

在教育和学习方面，这就意味着超越狭隘的功利主义和经济主义，将人类生存的多个方面融合起来。这种方法强调，要将通常受到歧视的那些人包容进来——妇女和女童、土著人、残疾人、移民、老年人以及受冲突影响国家的民众。这将需要采用开放和灵活的全方位终身学习方法：为所有人提供发挥自身潜能的机会，以实现可持续的未来，过上有尊严的生活。

这种人文主义发展观不仅影响到关于学习内容和教学方法的定义，而且影响到教师和其他教育工作者的作用。随着新技术特别是数字技术的飞速发展，这一点变得更加重要。

3. 复杂世界中的地方决策和全球决策

社会和经济的复杂程度不断加深，这给当今全球化世界中的教育决策提出了挑战。经济全球化的深入发展，导致就业增长率低、青年失业率不断攀升和就业形势脆弱。趋势表明，教育正在与日新月异的就业领域不断脱节，但由此也出现了一个契机，促使人们反思教育与社会发展之间的关联。

此外，学生和工人的流动性日益增强，他们往来于各国之间，同时出现了新的知识和技能转移模式，这要求社会必须采取新的方法来承认、认证和评估学习。关于公民素质问题，国家教育系统面临的挑战是如何塑造身份，以及在相互联系日益紧密和彼此依存日益加深的世界中如何形成对于他人的责任意识和责任感。

近几十年来，世界各国纷纷扩大受教育机会，给公共开支造成的压力越来越大。此外，近年来在国家和全球层面，争取公共事务中的话语权和要求非国家行动者参与教育工作的呼声日益高涨。伙伴关系的这种多样化正在模糊公共与私营部门之间的界线，从而给教育的民主治理工作带来一些问题。简而言之，对于规范社会行为的社会、国家和市场，越来越需要将这三者的贡献和要求协调起来。

4. 重新界定教育和知识的概念，将其作为全球共同利益

面对这个瞬息万变的现实世界，整个社会都需要重新思考指导教育治理的规范性原则，特别是受教育的权利和以教育为公益的概念。事实上，在国际教育讨

论中，往往将教育作为一项人权或是一项公益事业。这些原则在基础教育阶段基本上是没有异议的，但其能否适用于基础教育之后的教育和培训，在诸多讨论中并无共识。

此外，受教育的权利和公益原则是否适用于以及在多大程度上适用于制度化程度较低的非正规教育和非正式教育？因此，在关于教育目的的讨论中，对于知识（通过学习获得信息、认知、技能、价值观和态度）的关注无一例外地成为核心内容。

将知识和教育视为共同利益就意味着知识的创造及其获取、认证和使用是所有人的事，是社会集体努力的一部分。共同利益的概念能够摆脱"公益"概念所固有的个人主义社会经济理论的影响。在界定什么是共同利益时，强调参与过程，考虑到环境、福祉概念和知识生态系统的多样性。

三、发布《2013/14 全民教育全球监测报告》与《2015 全民教育全球监测报告》

（一）《2013/14 全民教育全球监测报告》

1. 政策概况

2014 年 1 月，联合国教科文组织发布题为《教学与学习：实现高质量全民教育》（*Teaching and Learning*：*Achieving quality for all*）的《2013/14 全民教育全球监测报告》。[①]

报告分为三部分：第一部分介绍了实现六项全民教育目标的最新进展；第二部分提出明确的证据，证实教育领域的进展对于实现 2015 年后的发展目标至关重要；第三部分着重强调务必执行强有力的政策来激发教师的潜力，以支持教师化解全球学习危机。

2. 四项战略提高教师质量

该年度报告将教育质量作为主要关注点，并强调教育系统的质量取决于这个系统中的教师。激发教师的潜力是提高学习质量的关键。

报告提出四项战略，以培养最优秀的教师，为全民提供高质量的教育：

第一，必须选择适当的教师人选；第二，必须对教师进行培训；第三，应将最优秀的教师分配到国内最艰苦的地区，从而消除学习中的不平等；第四，各国政府必须为教师提供适当的多种奖励措施，鼓励教师坚守教职。

---

① UNESCO. The 2013/14 Global Monitoring Report（GMR）—"Teaching and Learning：Achieving Quality for All"［R/OL］. http：//www. unesco. de/fileadmin/medien/Dokumente/Bildung/GMR _ 2013 _ 2014. pdf，2016.

3. 教育是脱贫的最有效方法

通过教育减少贫困、促进就业和增长是报告的主要关注点。报告指出，教育是帮助个人摆脱贫困和防止贫困代代相传的重要方法。通过教育，从事有偿正规职业的就业者可以挣到更高的工资，务农者和城市非正规部门就业者可以获得更好的生计。教育减少贫困的重要方式是增加收入。

从全球来看，一年学校教育将使收入平均增加10％。仅仅上学还不够，重要的是在校学到的技能。正规部门的工资偏高，反映出工人的教育程度较高，生产率也较高。在农村地区，掌握熟练的读写和计算技能的农民可以解读新的信息，并做出相应的反应，更好地利用现代资源和技术来提高传统作物的产量，开展多样化经营，种植价值更高的作物。教育还可以帮助农村居民从事非农场工作，从而实现收入多样化。

教育惠及妇女，从而有助于缩小就业机会和工资方面的性别差距。以阿根廷和约旦为例，在初等教育毕业生当中，妇女的收入约为男子平均工资的一半，而在中等教育毕业生当中，妇女的收入约是男子的2/3。教育可以增加成年劳动者获得有保障合同的机会，从而有助于保护劳动者，防止他们遭到剥削。教育不仅有助于个人摆脱贫困，而且可以提高生产力，推动经济增长。一国人口的平均受教育程度每增加1年，年人均国内生产总值就会提高2％～2.5％。

4. 公平教育的必要性

基于教育在国家发展中的重要作用，报告强调，各国必须投资发展公平的教育，确保最贫困者延长在校学习时间，才能实现增长，消除贫困。报告指出，必须将入学机会的平等和学习中的平等作为未来教育的两项核心目标，必须确保所有儿童和青年都能够学到基础知识，最重要的是确保人人享有高质量的教育，无论其处境如何，都要确保他们有机会掌握成长为全球公民所需的可迁移技能。教育因其独特的力量，在2015年后发展框架以及穷国和富国决策者的计划中，都应占有核心位置。

5. 全面提高教育质量的三点建议

报告提出如下三点建议：第一，2015年后新教育目标必须包括一个对教育公平的明确承诺，使每个儿童拥有平等接受教育的机会。新目标需要配有清晰、可衡量的对象和可以跟踪弱势群体进展的指标；第二，2015年后的新目标必须确保每个儿童在学校中学习到基础知识，儿童不仅有权上学，还要去学习和获得技能，以便将来能够找到安全和待遇良好的工作；第三，确保把最好的教师配备给最需要的学生。国家教育计划必须包括一个清晰的承诺，以保证边缘化群体也能接受教育。教师应在当地招募，且应是与弱势学生群体有相似背景的人。每位教师都需要接受以服务弱势儿童为对象的岗前和在职培训。行政部门必须采取激励措施以确保最好的教师愿意在偏远地区工作。政府必须努力留住最好的教师，提供满足教师基本需求的工资、良好的工作环境和职业发展规划。[①]

（二）《2015 全民教育全球监测报告》

1. 政策概况

2000 年是联合国千年发展目标确立之始，联合国教科文组织在《达喀尔行动纲领》中提出了 2015 年全世界要努力实现的全民教育六大发展目标。

2015 年 4 月，联合国教科文组织在全球发布最新的《2015 全民教育全球监测报告》——《全民教育 2000—2015：成就与挑战》（*Education for All 2000—2015：Achievements and Challenges*）。[②]报告表明，全世界只有三分之一的国家实现了所有全民教育发展目标量化指标，且只有一半的国家实现了全民教育计划主要目标，即普及初等义务教育的目标。报告指出，如果想要确保在 2030 年实现新的教育发展目标，除了具有雄心壮志的政府予以推动和国际社会密切合作外，还需要每年额外给予 220 亿美元的资金支持。

2. 报告对全民教育六大发展目标的论述

《2015 年全民教育全球监测报告》对六大发展目标进行了一一论述：

（1）目标 1：扩大对幼儿，尤其是弱势群体儿童的早期保护和教育。

其中 47％的国家已经实现这一目标，8％的国家已接近这一目标，但是仍有 20％的国家与这一目标的实现相去甚远。但值得注意的是，2012 年接受早期教育的儿童数量比 1999 年要多出将近三分之二。

（2）目标 2：普及初等教育，尤其要确保女童、少数民族儿童以及边缘化儿童能接受和完成免费的初等义务教育。

其中 52％的国家已经完成这一任务，10％已经接近这一目标，而有 38％的国家还远远没有达到这一目标的要求，差不多有 1 亿儿童在 2015 年无法完成初等教育。由于缺乏对边缘化人群的关注，致使最贫困人群与最富裕人群接受完全初等教育的概率相差五倍之多，而这些失学儿童中大约三分之一处在战争冲突不断的地区。

（3）目标 3：确保年轻人和成年人拥有平等的学习机会，学习到日常生活所必需的技能。

其中 46％的国家普及了初中教育，全球范围内初中教育入学人数增加了 27％。然而，在低收入国家仍有三分之一的青少年在 2015 年不能完成初中教育。

---

① 秦悦.2013—2014 全球全民教育监测报告发布研讨会召开[J]. 世界教育信息，2015(1).

② UNESCO. The 2015 Global Monitoring Report（GMR）- Education For All 2000—2015：Achievements and Challenges［R/OL］. http：//www. unesco. org/new/en/media-services/single view/news/the_2015_global_monitoring_report_gmr_education_for_all_2000—2015_achievements_and_challenges/#. VrGW4dKl9OA，2016.

（4）目标4：至2015年，将成人文盲率降低50％。

只有25％的国家达到了这一目标，32％的国家离这一目标的实现还有很大距离。尽管全球成人文盲的比例从2000年的18％下降至2015年的14％，但是这一成果几乎完全归因于那些接受了教育的年轻人达到了成人年龄。而女性仍然占据全球成人文盲人数的三分之二，撒哈拉沙漠以南的非洲一半女性还不具备基本的识字能力。

（5）目标5：实现性别平等。

至2015年，69％的国家在初等教育阶段实现了男女平等，在中等教育阶段只有48％的国家能够达到这一目标。早婚和早孕现象仍是女童受教育过程的一大阻碍。

（6）目标6：改善教育质量，确保所有人学有所得。

1990—2012年，在146个国家中，有121个国家初等教育阶段的生师比下降，但是如果想要确保世界上所有儿童步入学校，仍然需要提供400多万名教师。三分之一的国家仍然缺乏接受过培训的教师，撒哈拉沙漠以南的非洲部分国家接受过培训的教师还不足50％。

3. 报告提出的两点建议

第一，推进并完成全民教育议程。政府应该确保至少一年的学前教育为强制义务教育。教育应向所有儿童免费开放：学费以及教科书、校服、交通费用都要消除。政策制定者必须确保在学校教育每个阶段末学生们能够学有所得，基本的技能得以掌握。识字政策应结合当地社区的需要。教师培训也应被改善，并加入关注性别的策略。教学风格应该能够更好地反映学生的需求，课程内容应力求多样化。

第二，继续推进教育公平问题解决。不管是政府、捐赠者还是公民社团，都必须开发出相应计划，筹集资金来满足最弱势群体的需要，确保不让一个孩子掉队。政府要通过将资源分配至最需要的地方去缩小关键性数据之间的鸿沟。

四、《青岛宣言》：抓住数字机遇，引领教育变革

2015年5月23日至25日，国际教育信息化大会（International Conference on ICT and Post—2015 Education）在中国青岛召开，共有来自90多个国家及相关国际组织、知名企业的300余名国际代表出席了此次会议。这次会议的重要成果之一是与会各方共同签署的《青岛宣言》。①《青岛宣言》以"抓住数字化机遇、

---

① UNESCO. Qingdao Declaration- International Conference on ICT and Post—2015 Education ［EB/OL］. http：//www. unesco. org/new/en/education/resources/in-focus-articles/qingdao-decla-ration/，2016.

引领教育转型"为标题，内容包括 10 大要点和 21 条条款，涵盖入学与包容、开放教育资源、终身学习、在线学习、质量保障、成果认证、国际合作等方面，致力于在教育信息化应用方面达到 2015 年在韩国仁川召开的世界教育论坛上提出的 2030 年教育目标。主要内容有以下几个方面：

（一）序言

重申在韩国仁川召开的世界教育论坛的宣言——《2030 年教育：迈向全纳、公平和有质量的教育和全民终身学习》中提出的 2030 年世界教育新愿景，在终身学习视野下，将入学机会、平等和全纳、质量和学习成果作为重要支柱。需要坚信，让所有人终身都有机会获得平等而包容的高质量教育对于建立可持续和包容的知识型社会来说至关重要，也是实现可持续发展目标的重要手段。

基于人本主义教育观、人权和社会正义，需要再次声明，信息通信技术的显著进步和互联网的快速发展，已经使得当今世界的联系日益紧密，每个孩子和成年人都更容易获取知识。为了在 2030 年实现包容、平等、有质量的教育和终身学习的目标，一定要充分利用信息通信技术加强教育系统建设、知识传播、信息获取、优质而有效的学习，以及提供更高效的服务。

（二）信息通信技术与全纳教育

技术的发展为解决长期存在的学习鸿沟问题提供了前所未有的机遇。如果要兑现《仁川宣言》中为可持续发展而对无歧视的教育、性别平等和妇女权利做出的承诺，那么，信息通信技术的应用至关重要。要确保所有学生到 2030 年都能接触到联网的数字化设备和相应的数字化学习环境，无论他/她是否身有残障、社会经济背景如何或身处何方。建议所有教育相关人士认识到，注册一门有质量的网络课程可以作为常规学习之外的一种替代或补充方式，以争取实现普及基础教育和技能发展的目标。

（三）开放教育资源与开放解决方案

开放教育资源（Open Educational Resources，OERs）为教育相关人士提供了提升教材和其他形式学习内容质量的途径并扩展了获取途径，提供了加速内容创新的应用，以及推动知识创新的良机。要发展区域性策略和能力建设项目，以充分发挥开放教育资源的潜力，拓展终身学习的机会，实现有质量的教育。

建议所有教育相关人士促进那些面向教师、研究者和学生的教育期刊的开放阅览（Open Access，OA），并为信息通信技术解决方案的发展，特别是为残疾学生和母语学习，充分评估免费开源软件（Free and Open Source Software，FOSS）和开放标准（Open Standards）的潜力。

（四）信息通信技术与终身学习

需要制定一些可取的、长期的政策和策略，发挥信息通信技术在实现更高质量的教育和教育转型中的潜能。如果希望当前的教育系统为终身学习服务，希望无论儿童还是成人，都能够准备好在网络化的知识型社会中成长并在日益依赖于技术的经济体系中取得成功，那么就有必要重新定义学习成果，以及组织和评价学习的方式。

重申终身学习是提高个人工作与生活中的知识、技能和能力的一项指导性原则。建议在任何时间、任何地点的正规和非正规教育情境中采用信息通信技术来传递教育。因为它可以改进学习路径，使之多样化并提升质量，惠及那些弱势的、欠发达地区的人群，包括农村青年人和成年人、女人和女孩、校外青年和残障人士。

(五)信息通信技术与在线学习创新

尽管在质量保证、教学效率和资格证书方面面临新挑战，但那些设计良好的在线学习课程，对于大学在校生、其他群体学生，对于机构、体制乃至整个社会来说都非常有益。在线学习包含大规模开放在线课程，具有建立迈向高等教育和终身学习新路径的潜力。因此，各级政府、机构和其他利益相关群体都应该充分考虑和利用在线学习创新所带来的机遇。同时也鼓励那些为改进在线学习而探索大数据潜力的努力，这可以深入了解学生行为和学习活动，并且改进在线课程的设计和组织形式。

(六)在线学习的质量保障与监测

质量保障和成果认定对于增强在线学习的相关性和可信性，支持终身学习与职业发展、岗位流动来说，是十分关键和密切关联的要素。呼吁建立一套透明的在线学习质量保障指标体系，以支持可靠的、有效的和可信的评价活动。

呼吁公平、公开地认证通过在线学习获得的学习成果和资格。鼓励所有成员国和其他利益相关单位，包括各类教育培训机构，采用信息通信技术来促进人们从正规、非正规教育环境中获得的知识、技能和能力的识别、认可和认证，并在正规、非正规的学习之间架起桥梁。信息通信技术在知识传递、新技能和能力获取等方面发挥着日益重要的作用，因此，迫切需要开发一套全面的国家监测的评估系统，为教育信息化整合、应用政策规划提供可靠依据，以加强教育系统的管理。

(七)信息通信技术与国际合作

为了保证教育信息化领域的国际合作与 2015 年后教育议程相一致，特别邀请联合国教科文组织探索三项活动的可行性：

建立国际基金来帮助发展中国家，特别是最不发达国家，采用信息通信技术实现那些国家的教育目标；

建立分享教育信息化方面知识和技能的全球性网络，服务于决策者、研究者和教师三个不同的用户群；

建立关于最佳实践案例和从技术支持教育创新中获得的经验教训的信息资料库(Clearing House)。

五、21 世纪课程议程：《处于争论和教育改革中的课程问题——为 21 世纪的课程议题做准备》

联合国教科文组织网站在 2015 年 8 月公布了一份由联合国教科文组织国际教育局(International Bureau of Education)围绕课程问题发表的工作文件——《处于争论和教育改革中的课程问题——为 21 世纪的课程议题做准备》(*The Curriculum in Debates and in Educational Reforms to 2030：for a Curriculum Agenda of the Twenty-first Century*)[①]。国际教育局通过这份报告总结了近年来国际上对于课程争论问题以及课程未来发展趋势的总体认同，从而勾画了新世纪课程改革的发展轮廓，为未来国际范围内的课程改革奠定了基础。报告的主要内容包括以下几个方面：

(一)课程的属性——技术性还是非技术性?

相当长的一段时间里，课程被当做学校中的技术问题，一批研究课程论和学科的专家学者，共同研究如何设置某门课、该课程应该具有什么样的内容和体系等，因而课程更多地被定位为一个单纯的技术问题。

这份报告明确提出，如今课程的定位应该从单纯的技术问题转变为国家教育发展的核心要素，其实质是将课程定位为适合国家教育目标并适合国家教育发展的最重要的工具。此外，在传统观念里，课程在培育人格功能上发挥的作用比较小，没有意识到课程教学对人格培养的重要影响。但是随着对课程的深入挖掘和探讨，课程定位慢慢脱离了以前的禁锢，超越了技术层面。将课程作为整个国家教育政策讨论的重要议题，使课程融入政府的决策，并涉及社会各利益相关者，以发挥课程对实现教育总目标的巨大推动作用。

(二)课程推动教育改革

课程有着其独特的教育性和社会性，尤其在推动教育改革中起着重要作用。

首先，课程是集体智慧的结晶。课程不应该只是一部分学科专家和学者商讨的结果，而是社会广泛参与、集体建构的产物，其构建关系到整个社会的发展，因而它的研发、制定和实施应该涉及社会的方方面面，更需要各利益相关者和教育系统各层次全方位的参与，体现课程的广泛性。

其次，课程为发展个人与社会服务。在课程与教学的漫长发展过程中，一直存在课程的个人本位与社会本位两种价值取向的激烈争论。这份报告中明确提出，课程应当明确体现教育发展的目标，要兼顾社会与个人的学习发展需要，既

---

① UNESCO. The Curriculum in Debates and in Educational Reforms to 2030：For a Curriculum Agenda of the Twenty-first Century [R/OL]. http：//www. ibe. unesco. org/en/document/curriculum-debates-and-educational-reforms-2030-ibe-working-papers-curriculum-issues-n％ C2％ B0-15，2016.

为社会发展服务，也为个人发展服务，将育人目标融入课程的概念内涵中，自觉承担起育人的任务。

最后，课程支撑政策，推动改革。该报告提出，课程作为教育系统的一个重要组成部分，其构建应该为教育政策提供支持，并体现着整体的教育政策。同时，也应体现其改革性，通过课程的重构和改革推进整个学习变革的进程，以及教师角色的逐步转变，进而推动整体教育的变革。

(三)21世纪课程发展的新方向

报告还达成了包括培养能力、学生中心、整体综合、多样包容、数字化以及科学评估在内的21世纪课程发展新趋势共识。

1. 注重能力与价值观的培养和提升

培养能力是21世纪课程改革的重大主题。所谓能力(ability)，实际上与国际教育中所谈的技能(skill)、素质(quality)和素养(literacy)是大致相通的，它涵盖了诸如价值观、沟通合作交流、批判性思考、问题解决、创造力等方面，有着一定的深度和广度。

"美国21世纪学习框架"和新加坡"21世纪技能"框架所提出的学习和技能目标均关注了综合性、全方位技能的培养。而与此同时，许多国家也在逐渐将国家价值观纳入其教育内容及目标。英国教育大臣妮基·摩根强调，推动"英国核心价值"成为教育的重中之重。同样，法国、韩国、日本、新加坡、新西兰等国也都在不同程度上采用不同方法将本国价值观教育融入学校教育教学中。

2. 寻找教与学的契合点

国际教育局的报告中强调教和学应该齐头并进，所谓以学生为中心不是没有教，而是学习与教学要把学习者当做中心，但以往的教学活动比较注重基本知识技能的获得，更多地关注学生掌握知识的能力和程度，明显缺乏对知识以外其他维度学习的重视。

事实上，除了基本知识技能和认知技能的获得，还应当关注学生解决问题的能力、创新能力的培养，对人权的理解和尊重，对文化多样性的认识以及学会终身学习与合作等文化知识以外能力的获得。因而坚持以学生为中心，促使教与学齐头并进、互为补充，是21世纪课程改革的必然趋势。

3. 构建综合整体的课程框架

整体和综合是课程框架构建的新趋势。所谓整体不是要打破原有的分学段设计，而是将各学段打通进行整体设计，以加强学段间的紧密联系；而综合则是学科与学科之间的融合，以往的课程框架多为分科教学，而现实中用单一的任何一个学科来认识世界是不可能的，用单一的任何一个学科来进行创新也是不可能的，因而构建综合课程框架、进行跨学科课程与教学是至关重要的。

4. 推进教育的信息化

2015 年 9 月 15 日，经合组织基于国际学生评估项目 2012 学生数字化技能评估结果发布了《学生、计算机与学习——促进彼此联系》（*Students，Computers and Learning：Making the Connection*），该报告指出：尽管信息通信技术在日常生活中的应用范围越来越广泛，但是这些技术并没有真正应用到正规教育中，也未能培养每名学生拥有当今"连通世界"（connected world）所需的技能。

国际教育局的报告也指出，"技术可以放大杰出的教学，但是再伟大的技术也不可能代替平庸的教学"。为了开发和实现技术所具有的巨大潜力，各国要先促进教育公平，营造良好的数字化环境，并将需要的基本技能传授给学生，同时教师、家长和学生也要警惕互联网使用可能引发的负面影响。

六、迈向更加公平与更高质量的教师培训与教师发展

（一）第七届国际政策对话论坛为教师培训制定政策

2014 年 12 月 15—19 日，第七届国际政策对话论坛（The Seventh International Policy Dialogue Forum）在摩洛哥举行，来自国家政府、全球和地区政府间组织、国际非政府间组织、发展代理处以及私人公司和基地的大约 250 名成员及国际学者参加此次论坛。[①] 这次论坛以"2015 后国际教育议程中的教师：与教师相关的政策、实践和工具"为主题，把教师政策与实践的内容及其实践、教学及教师教育的创新以及教师专业地位作为关注的焦点。

为了填补空缺，许多国家招聘一些缺乏最基本培训的教师。2012 年国家标准的相关数据显示，在三分之一的国家中，小学教师受培训率低于 75%，这必将会影响到儿童学习的质量。经过全民教育的持续不断的努力，教师已被国际团体视为可持续教育中的关键因素。

2014 年 5 月全球教育会议（Global Education Meeting）通过的马斯喀特协议（Muscat Agreement）表示，到 2030 年所有学习者都应该由合格的、受过专业培训的、上进的以及得到支持的教师来教育，并将其指定为预期目标之一。

与该论坛相衔接的有三个会议，第一个是 12 月 15 日举办的特别小组指导委员会及成员会议；第二个是 12 月 18 日举办的国家教师政策发展指南研讨会；第三个是 12 月 19 日举办的薄弱国家教师管理专家会议。这次论坛以及这些会议由国际全民教育教师特别小组和联合国教科文组织拉巴特办公室联合组织，由摩洛

---

① UNESCO. Better Policies for Teacher Status and Training：Seventh International Policy Dialogue Forum [EB/OL]. http：//www. unesco. org/new/en/media-services/single-view/news/better _ policies _ for _ teacher _ status _ and _ training _ seventh _ international _ policy _ dialogue _ forum/back/9597/♯. VrxCe9Kl9OA，2016.

哥教育部主办。

（二）联合国教科文组织发起"教师培训混合模式"

2015 年 9 月 29—30 日，联合国教科文组织阿曼办事处与阿曼教育部、约旦王后拉尼亚教师学院（Queen Rania Teacher Academy，QRTA）、欧盟以及沙特发展基金（Saudi Fund for Development）联合发起了一个教师专业发展项目——"教师培训混合模式（Blended Approach to Teacher Training，BATT）"。[①] 该项目聚集了来自联合国教科文组织、阿曼教育部、约旦王后拉尼亚教师学院与欧盟的代表，另外还包括加拿大大使馆和沙特阿拉伯王国以及其他合作伙伴的代表。

该项目发起动因在于对改善初始项目材料、思想意识问题和数字化并建立教师专业发展在线平台的需求。该项目作为一门基础培训课程，旨在培养教师管理大量学生、促进对话、发现行为问题的早期迹象并包容所有学生的能力。该课程通过合并学科特定培训内容来满足学生对数学和科学的学习需求，有望解决教育中急需教师的问题。

教师培训混合模式项目不仅对于社会心理、数学和物理等所涉及的学科异常重要，而且促进了在线和面对面相结合的教师培训混合模式，这样既保证惠及更多的教师群体，又能让教师们按自己的节奏接受在线培训。此外，这一项目的启动对数学和科学教师来说十分及时，因为它不仅鼓励 21 世纪教师的自我发展，而且给予他们在不影响与学生交流的情况下随意选择何时何地接受培训的自由。

在欧盟与约旦双边合作中，欧盟一向积极提供教育支持。比如旨在通过加强约旦技术职业培训来提高青年就业能力的项目于 2016 年在约旦实行，欧盟对此提供了诸多的支持。这不仅为资助教师培训提供了额外的渠道，对职业教育与培训更是益处多多。另外，欧盟资助的伊拉斯谟项目也为教师培训提供了许多机会，动员了约旦一大批大学教师、管理人员和学生。教师培训混合模式项目是对"为约旦年轻的叙利亚难民提供持续的优质教育并促进其技能发展的机会"项目的继续，它包括两条主要干线：一是针对所有教师的社会心理教学方法；二是针对中学教师的数学与物理教学方法。

（三）联合国教科文组织发布《教师政策发展指南》

2015 年 11 月，联合国教科文组织发表了一份题为《教师政策发展指南》

[①] UNESCO. UNESCO in Partnership with Queen Rania Teacher Academy Holds Brainstorming Workshops for the Development of the Blended Approach to Teacher Training BATT Math and Physics Modules [EB/OL]．http：//www. unesco. org/new/en/media-services/single-view/news/unesco _ in _ partnership _ with _ queen _ rania _ teacher _ academy _ holds _ brainstorming _ workshops _ for _ the _ development _ of _ the _ blended _ approach _ to _ teacher _ training _ batt _ math _ and _ physics _ modules/#. VrxC29Kl9OA，2016.

(*Teacher Policy Development Guide*)的报告①，旨在帮助国家制定有理有据的教师政策。国际全民教育教师特别小组自 2008 年创建以来，就开始倡导国际合作，要求提供充足的优质教育团队，以最终实现全民教育的目标。尤其是在小组发展的第二阶段，即 2014—2016 年，提出了更多具体的措施，旨在通过解决优质教师的短缺问题来帮助实现和监测与教师相关的《可持续发展目标》和《教育 2030 行动框架》。

该报告共有五章内容。第一章主要是对背景知识的介绍。第二章重点介绍了制定教师政策所涉及的几大关键内容，包括方法的连贯性与综合性、与其他教育政策和国家发展战略的一致性以及制定教师政策的原则问题。第三章主要论述与教师政策相关的九大维度。该报告表示，制定教师政策需要解决九个方面的问题，分别是教师选聘与保留、教师教育（职前或在职）、教师分配与部署、职业结构和发展路径、教师雇用及其工作环境、教师奖励、教师奖励与酬劳、教师职责、学校管治。这九个方面的问题都是密切相关的，且根植于国家的历史、政治、文化或者经济发展背景之中。第四章主要将重点放在制定教师政策的实践性问题上。为了使政策得以顺利进行，从一开始就应该好好计划。教育部门是制定教师政策的关键因素，必须识别出各个利益相关者，在成本预算与时间规划方面做出明确规定。教师政策的制定是一项复杂的工程，世界上并不存在一种万全之策，因为教师政策的制定必须以特定背景为依据。第五章主要关注的是教师政策的实施。要实施教师政策是一项复杂的事情，它依赖于教育以外的政治、社会、文化以及经济等各个方面的因素。因此政策的实施必须以当地的实际背景为依据，与国家政府政策相契合，以能力建设和政治因素为导向，结合自身教育系统和教学专业发展以及政治社会力量的现实情况来予以实施。

该报告的目的在于帮助国际政策制定者制定出有理有据的国家教师政策，它是国家教育部门政策和计划中不可或缺的重要组成部分，应该与国家发展战略相统一。该报告指出，为了在国家教育部门政策中开发出一套全面的教师与教学政策体系，应该考虑到与教师相关的一系列连锁维度，包括教师选聘与保留、教师教育（职前或在职）等。

>> 第二节　世界银行的教育政策 <<

世界银行（World Bank）2014 和 2015 年度中财政的教育贷款共计 72.39 亿美

---

① UNESCO. Teacher Policy Development Guide [R/OL]. http：//202.112.81.10/files/31440000003CAA39/unesdoc. unesco. org/images/0023/002352/235272e. pdf，2016.

元，占其所有贷款总额的 8.8％。① 相较之前十年平均每年 33 亿美元的教育贷款，世界银行将 2015 年度财政的教育贷款提高到 43 亿美元②，并且有继续增长的趋势。伴随着不断增长的教育贷款，世界银行加大在教育领域的"基于成效的资助"实施力度，以此作为"后 2015 时代"的战略之一；同时，在早期儿童发展、教师质量和技能发展方面，世界银行陆续出台了重要报告，来指导发展中国家的教育政策。下面分别介绍世界银行自 2014 年 6 月至 2015 年 12 月的重大教育政策。

一、创新资助方式，加大实施"基于成效的资助"来提升发展中国家教育体系的能力

（一）政策背景

世界银行一直以来都认为教育是消除贫困、促进共同繁荣最可靠的手段之一，但如果学生在学校中没有掌握未来成功生活所需的读写算能力，那么教育的这种潜在作用就会大打折扣。为了实现世界银行 2020 教育战略提出的"全民学习"目标，不仅要求对发展中国家的教育投入所需的资金，而且要求增强这些教育体系的能力。正如世界银行行长金墉（Jim Yong Kim）在 2015 年世界教育论坛上所指出的："事实上，大多数教育体系并没有为最贫穷的孩子提供良好的服务。2015 年仍然有 2.5 亿的孩子不能读写，而其中很多人都上过多年学，这无疑是个悲剧。"③这就意味着世界银行需要开发更加明智、更注重结果的资助方式，通过调整治理方式、资助规则、激励原则和管理实践来实现更好的学习结果，尤其是帮助那些来自世界上最贫穷家庭的孩子获得高质量的教育。为此，世界银行推出了一种新的人力资本投资方式，即"基于成效的资助"（Results-Based Financing，RBF），其目的是超越以往简单的资金投入（如购买教科书或兴建学校），转而通过一系列工具来帮助各国教育体系实现关键性的调整。作为世界银行对《教育 2030 行动框架》的行动应对，"基于成效的资助"通过坚持数据收集、增强问责、兑现承诺等方式增加了经费使用的透明度，同时这种资助方式还改变了世界银行

①　World Bank. World Bank Education Financing and Knowledge Activities［EB/OL］. http：//www. worldbank. org/en/topic/education/brief/world-bank-education-lending-and-non-lending-activities，2016.

②　World Bank. Education Overview［EB/OL］. http：//www. worldbank. org/en/topic/education/overview＃3，2016.

③　World Bank. The New Horizon in Education：From Access to Quality［EB/OL］.http：//www. shihang. org/zh/news/speech/2015/05/19/speech-new-horizon-education-access-quality，2016.

和各国开展对话的性质——从以往的注重投入转为注重结果。[①] 目前，世界银行在卫生领域成功采取"基于成效的资助"之后加大了教育领域"基于成效的资助"实施力度，这已经成为"后 2015 时代"的战略趋势。

（二）政策内容

"基于成效的资助"是一个涵盖性术语，是指任何项目通过一种或多种财政或其他激励措施而产生的一种或多种结果，并且实际取得的成效得到了认可和证实。激励措施针对的可以是各国的教育部、省、地区或服务提供机构如学校（供给方）；项目受益者可以是学生或家长（需求方），或者两者兼有；资助可以指援助资金、政府融资，或者两者兼有。[②]

基于成效的资金流动方式多种多样，但其中心思想是某种资源的转移仅仅依据业绩或成果标准的达成。在一些资助案例中，可能会在传统资助之上增加资金投入，例如用于教师的奖金，或一些学校的拨款机制。第三方独立机构对协议中成果的认可是所有项目中最典型的部分。在"基于成效的资助"中，运用基于成效的激励、基于成效的资金支付、基于成效的合同或有条件的现金转移、现金交付等方式。基于成效的激励和基于成效的资金支付是指为那些成效显著并达成预先设定好的指标的项目提供额外的资金，例如激励完成额外培训的教师。基于成效的合同往往涉及非国家方，例如非政府组织来承担一系列的教育服务。[③] 有条件的现金转移往往用于表明在特定条件下（例如学校的注册率或学校的入学率）将现金转移给受益人。[④] 现金交付是指资助资金的支付是在协议中的结果已经达成之后。[⑤]

（三）政策实施

目前在教育领域，南亚是最多接受"基于成效的资助"的地区。巴基斯坦最早（2013 年）接受了世界银行在教育领域"基于成效的资助"。信德省通过教育项目成功构建透明的教师招聘体系，确保该省根据需求和表现招聘了 1.68 万名教师，

---

① Claudia Costin. Education 2030 and the road ahead [EB/OL]. http://blogs. worldbank. org/education/education-2030-and-road-ahead，2016.

② World Bank. Results-Based Financing（RBF）and Results in Education for All Children（REACH）[EB/OL]. http://www. worldbank. org/en/programs/reach，2016.

③ World Bank. The Rise of Results-Based Financing in Education[EB/OL]. http://www. worldbank. org/content/dam/Worldbank/Brief/Education/RBF _ ResultsBasedFinancing _ v9 _ web. pdf，2016.

④ Fiszbein，Ariel，Norbert Schady，etal. Conditional Cash Transfers，Reducing Present and Future Poverty. Policy Research Report[M]. Washington，D. C：World Bank，2009.

⑤ Birdsall，Nancy，William D. Savedoff. Cash on Delivery，A New Approach to Foreign Aid with an Application to Primary Schooling [M]. Washington D. C：Center for Global Development，2010.

在 2.24 万所学校中建立了管理委员会来满足学校的维修和学习需求，并在信德省所有学校的 5 年级和 8 年级开展了 2013—2014 学年的学业成绩考试。此外，该项目还资助 664 所农村私立学校通过了第三方机构的认证，从而解决了当地约 10 万名儿童无学可上的困境。[①] 孟加拉国通过"基于成效的资助"使其小学毕业率在 2015 年提高到 79%，将数百万的女童送入中学。[②] 在 2015 年，坦桑尼亚的"教育立竿见影"项目(Big Results Now in Education Program)获得了 1.22 亿美元的资助，印度比哈尔邦"提高教师效能"项目(Bihar Enhancing Teacher Effectiveness Program)获得了 2.5 亿美元，而"中央邦高等教育"项目(Madhya Pradesh Higher Education Program)的资助则高达 3 亿美元。[③]

据统计，世界银行于 2014 年在教育领域实施"基于成效的资助"的项目比例已经占所有教育项目的 24%。[④] 各国对"基于成效的资助"的需求日益增大，为了回应这一要求，世界银行在 2015 年世界教育论坛召开前夕宣布将在未来五年(2015—2020)把"基于成效的资助"额度翻倍增至 50 亿美元。[⑤] 为了实现这一目标，世界银行表示要积极调动全球和各国国内资源，例如活跃在教育领域的全球教育伙伴关系(Global Partnership for Education)、挪威和德国政府、美国国际开发署(USAID)、英国国际发展部(DFID)等。同时，世界银行在 2015 年还在挪威、德国、美国的资助下成立了"所有儿童教育成果基金"(Results in Education for All Children，REACH)，通过"国家项目"和"知识、学习与创新"项目两种拨款方式[⑥]为"基于成效的资助"提供必要的资金。

① World Bank. The Rise of Results-Based Financing in Education[EB/OL]. http：//www. worldbank. org/content/dam/Worldbank/Brief/Education/RBF _ ResultsBasedFinancing _ v9 _ web. pdf，2016.

② Claudia Costin. Education 2030 and the road ahead[EB/OL]. http：//blogs. worldbank. org/education/education-2030-and-road-ahead，2016.

③ World Bank. The Rise of Results-Based Financing in Education[EB/OL]. http：//www. worldbank. org/content/dam/Worldbank/Brief/Education/RBF _ ResultsBasedFinancing _ v9 _ web. pdf，2016.

④ World Bank. Results-Based Financing (RBF) and Results in Education for All Children (REACH) [EB/OL]. http：//www. worldbank. org/en/programs/reach，2016.

⑤ World Bank. World Bank Group Doubles Results-Based Financing for Education to US＄5 Billion over Next 5 Years[EB/OL]. http：//www. worldbank. org/en/news/press-release/2015/05/18/world-bank-group-doubles-results-based-financing-for-education-to-us5-billion-over-next-5-years，2016.

⑥ World Bank. Results-Based Financing (RBF) and Results in Education for All Children (REACH) [EB/OL]. http：//www. worldbank. org/en/programs/reach，2016.

二、发布战略报告《加快早期儿童发展：投资于幼儿以获得 高回报》，为各国早期儿童发展提供政策框架

（一）政策背景

近年来，人们普遍一致的看法是投资幼儿是各国最有效的投资。世界银行指出，发达国家和发展中国家的事实都表明，任何地区若投资 1 美元高质量的学前教育计划将带来 6～17 美元的回报。[①] 诺贝尔经济学奖得主詹姆斯·赫克曼（James Heckman）、保罗·格特勒（Paul Gertler）等人 20 年的随访研究也表明，在幼儿阶段进行健康和教育领域的干预措施将增加 25％的未来收益。[②] 这些研究结论无疑为世界银行消除贫困的目标提供了可行道路。在世界银行看来，对于许多幼儿而言，教育最重要的几年开始于他们能够阅读之前。幼儿的思维是可塑的，能够轻松发展语言、社会情感、身体及认知技能。"早期儿童发展"（Early Childhood Development，ECD)计划包括教育、健康、营养与社会保护等部分，促进儿童的成长与发展，提高"上学准备度"，从而提高他们未来生活的质量。[③]

虽然在过去十年中，发展中国家已经增加了对学前教育的投入，但现状仍然令人担忧。在全球，有近一半的 3～6 岁儿童都无法接受学前教育，南亚这一比例为 45％，而撒哈拉以南非洲这一比例高达 80％；有四分之一的 5 岁儿童发育不良，从而造成了大脑损伤和延误入学；许多低收入和中等收入的国家对 0～6 岁儿童的学前教育投入仅占国民生产总值的 0.1％～0.2％，远远低于世界银行提出的 1％的基准水平。[④] 世界银行进一步指出，目前在早期儿童发展中存在三大关键问题：一是入学准备水平低下；二是儿童发育不良；三是缺乏优质的护理服务。为此，世界银行在 2014 年 12 月发布了一份战略报告《加快早期儿童发展：投资于幼儿以获得高回报》（*Stepping up Early Childhood Development：Investing in Young Children for High Returns*）[⑤]，提出了世界银行对早期儿童发展投资所设想的框架。同时，世界银行为了配合该战略的实施，还启动了相关的在线课程。

---

① World Bank. Overview[EB/OL]. http：//www.worldbank.org/en/topic/earlychildhood-development/overview#1，2016.

② Ibid.

③ World Bank. Report：Stepping Up Early Childhood Development[EB/OL]. http：// www.worldbank.org/en/topic/earlychildhooddevelopment/publication/stepping-up-early-childhood-development.

④ World Bank. Overview[EB/OL]. http：//www.worldbank.org/en/topic/earlychildhood-development/overview#1，2016.

⑤ World Bank. Report：Stepping Up Early Childhood Development[EB/OL]. http：//www. worldbank.org/en/topic/earlychildhooddevelopment/publication/stepping-up-early-childhood-development，2016.

(二)政策内容

世界银行在《加快早期儿童发展：投资于幼儿以获得高回报》中指出了 25 项被证实对于儿童成长与发展非常关键的干预措施，如图 14-1[①] 所示。

1. 五项综合一揽子计划

25 项干预措施可以在儿童生活的不同阶段通过以下五个综合一揽子计划加以实施：

一是涵盖整个早期儿童发展阶段的家庭支持一揽子计划，旨在促进儿童身体、社会和认知发展，包括提高母亲受教育水平，规划子女数量和相隔时间，提供有关早期刺激、儿童生长与发育教育等共 12 项干预措施。

二是孕期一揽子计划，旨在降低孕妇和新生儿死亡率，减少新生儿贫血和低出生体重的危险，包括产前检查、孕妇补充含铁的叶酸、对孕期合理饮食进行指导共 3 项干预措施。

三是儿童出生一揽子计划(从出生到 6 个月)，旨在预防婴幼儿发病，降低婴幼儿和产妇的死亡率，包括熟练的接生人员、出生登记、纯母乳喂养共 3 项干预措施。

四是儿童健康与发展一揽子计划(从出生到 5～6 岁)，旨在预防儿童死亡，降低发育不良和贫血的危险，提高儿童的认识发展，包括接种疫苗，提供充足、营养、安全的饮食，预防和治疗急性营养不良(中度和重度)等共 5 项干预措施。

五是幼儿园一揽子计划(3～6 岁)，包括提供学前教育和为小学教育作准备共 2 项干预措施。

2. 四项政策原则

除了以上关键的干预措施和综合一揽子计划外，为了创造一个最优化早期儿童发展体系，报告还呼吁各国必须记住四项政策原则：

第一，需要准备一份综合性的早期儿童发展诊断与策略报告，从而找到差距和政策关注点。事实上，世界银行在 2012 年就推出了"优化教育结果的系统方法——早期儿童发展"(Systems Approach for Better Education Results—Early Childhood Development，SABER-ECD)这一工具，针对"有利的政策环境、政策实施的范围、质量监控与保障"三个方面进行政策评估。[②] 考虑到成本和资金，国家还应优先考虑三个因素：一是时间，尤其是怀孕前 3 个月到 2 岁之间；二是

---

① World Bank. Stepping Up Early Childhood Development：Investing in Young Children for High Returns[R/OL]. http：//documents. worldbank. org/curated/en/2014/10/20479606/stepping-up-early-childhood-development-investing-young-children-high-returns，2016.

② World Bank. Early Childhood Development[EB/OL]. http：//saber. worldbank. org/index. cfm? indx=8&tb=6，2016.

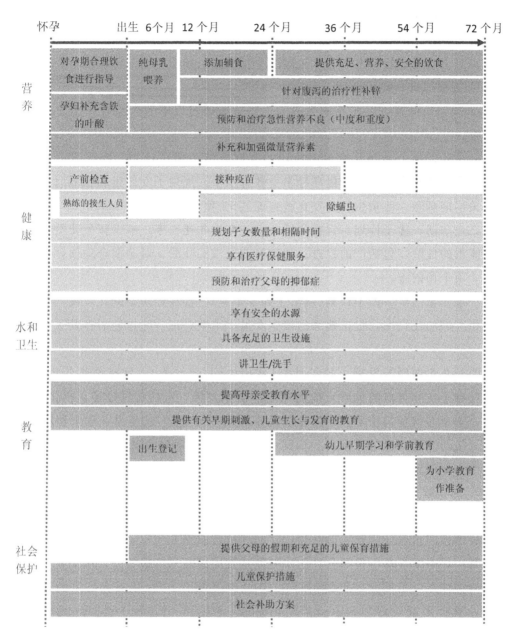

图 14-1 对儿童及其家庭的 25 项关键性干预措施

影响儿童发育不良的危险因素；三是最脆弱的目标。

第二，必须使有效的协调机制得到广泛实施。考虑到干预儿童生长发育的措施无法通过某一个部门完成，需要协调多个部门和机构。协调机制既包括横向部门之间，也包括中央与地方政府之间。一般而言，健康部门会负责幼儿早期的生活，教育部门则通过幼儿园负责儿童的基础教育。虽然不同的国家因教育体制不同可能产生不同的安排，但每个国家都必须采取务实的态度，建立清晰的角色定位和职责范围。

第三，不同干预措施要形成协同增效效益并节约成本。例如针对儿童的认知发展，需要结合早期学习等教育措施和经济援助措施。又如针对营养的干预措施将会在儿童 7 岁以后逐渐失去其积极作用，但随着时间的推移，接受了营养干预措施的儿童就会产生教育收益。

第四，监测、评价干预措施。全面监测和评价早期儿童发展的投资和成效，有助于提高政策管理的效率。一方面要收集幼儿的需求数据、他们参与早期儿童发展服务的数据、这些早期儿童发展服务的开展情况和最终成效的数据；另一方面要把这些有价值的数据提供给管理者和决策者，以便他们调整和适应政策目标。

（三）政策实施

根据世界银行在 2014 年 12 月发布的一份题为《投资早期儿童发展：世界银行最近几年的经验回顾》(*Investing in Early Childhood Development：Review of the World Bank's Recent Experience*)的报告，在过去 13 年间(2000—2013 年)，世界银行投入 33 亿多美元，设立了 116 个项目用于促进早期儿童发展，其中非洲、拉丁美洲和加勒比海地区获得投入最多。[①] 事实上，世界银行对于早期儿童发展重要性的大量政策申明的发布成为促进世界银行在早期儿童发展领域的投入迅速增长的原因之一。目前，世界银行正在积极开展以下几种新计划来促进其早期儿童发展战略的实施：

一是通过"优化教育结果的系统方法——早期儿童发展"这一工具，为各国提供全面的、跨部门的影响幼儿发展的各项计划与政策的评估。截至 2015 年 3 月，已经有 20 多个低收入和中等收入国家应用了这一工具，另有 20 个国家正在进行评估工作。[②] 例如在牙买加，世界银行的这一工具帮助政府全面审视其现有的早期儿童发展体系。世界银行还通过项目来支持牙买加 2013—2018 年的早期儿童发展战略。[③] 2015 年，世界银行在相继发布了阿尔巴尼亚、印度尼西亚、马其顿、马拉维等国利用"优化教育结果的系统方法——早期儿童发展"工具的评估报

---

① World Bank. Investing in Early Childhood Development：Review of the World Bank's Recent Experience ［R/OL］．https://openknowledge. worldbank. org/bitstream/handle/10986/20715/9781464804038. pdf? sequence＝1&isAllowed＝y，2016.

② World Bank. SABER in Action：Early Childhood Development[EB/OL]. http：//wbgfiles. worldbank. org/documents/hdn/ed/saber/supporting _ doc/in _ actions/SABER _ in _ Action _ Early _ Childhood _ Development. pdf，2016.

③ World Bank. SABER in Action：Early Childhood Development[EB/OL]. http：//wbgfiles. worldbank. org/documents/hdn/ed/saber/supporting _ doc/in _ actions/SABER _ in _ Action _ Early _ Childhood _ Development. pdf，2016.

告后，还公布了两份综合性报告，一份题为"扩大下一代的机会：中东和北非地区的早期儿童发展"（Expanding Opportunities for the Next Generation：Early Childhood Development in the Middle East and North Africa）①；另一份题为"中国的早期儿童发展：打破贫穷的代际传递与提升未来竞争力"（Early Child Development in China：Breaking the Cycle of Poverty and Improving Future Competitiveness）②。

二是"教育职员发展计划"（Education Staff Development Program）中的早期儿童发展部分，通过提供理论、实践以及经验分享相结合的在线课程，使早期儿童发展的政策制定者与从业者能够进行理性的政策对话与决策制定。

三是"早期学习合作计划"（Early Learning Partnership，ELP），这是一个创新计划，通过直接资助国家的活动以及开展全球分析和行动研究两种方式来推动高质量的早期学习。在 2012—2014 年，"早期学习合作计划"第一笔 200 万美元的拨款已经使得 14 个非洲国家将 4300 万美元的资金投入本国的早期儿童发展。③目前，该计划开始在世界各地进行扩张，如与儿童投资基金会（Children's Investment Fund Foundation，CIFF）合作获得了 2000 万美元用于支持撒哈拉以南非洲和南亚地区 2015—2020 年的早期儿童发展④，还获得了英国的国际发展部（Department for International Development，DfID）750 万美元的资助来提升其研究能力。⑤

三、关注教师质量，评估中东和北非地区的教师政策，并出台《优秀教师：如何提升拉丁美洲和加勒比海地区学生的学习》来指导各国教师政策改革

（一）政策背景

在世界银行看来，教育质量比教育数量更能准确地预测经济增长。研究表明，如果一国能把考试成绩提高一个标准差，那么国民生产总值平均年增长率可

---

① World Bank. Expanding Opportunities for the Next Generation：Early Childhood Development in the Middle East and North Africa［R/OL］. https：//openknowledge. worldbank. org/handle/10986/21287，2016.

② World Bank. Early Child Development in China：Breaking the Cycle of Poverty and Improving Future Competitiveness［R/OL］. https：//openknowledge. worldbank. org/handle/10986/9383，2016.

③ World Bank. Early Learning Partnership［EB/OL］. http：//www. worldbank. org/en/topic/education/brief/early-learning-partnership，2016.

④ World Bank. ELP Overview［EB/OL］. http：//pubdocs. worldbank. org/pubdocs/publicdoc/2015/12/421151450461774700/ELP-Overview-V15-web. pdf，2016.

⑤ Ibid.

以在长期内提高约 2 个百分点。[①] 如果说教育投资的经济效益取决于学生的学业成绩，那么究竟是哪些关键因素会影响学生的学习呢？尽管许多研究已经证实了在早期保证儿童的营养、健康和生活情感发展的重要性，但是一旦孩子们上学后，没有任何一个单一因素的影响能胜过教师的质量。可以说，高质量的教师队伍是所有高质量教育体系的基石。此外，教师工资往往是各国教育预算中最大的支出项目，因此实施正确的教师政策至关重要。对这一问题的思考也关系到全民教育目标的实现，所以世界银行利用"优化教育结果的系统方法——教师"(Systems Approach for Better Education Results—Teachers，SABER—TCH)这一工具，在 2015 年相继发布了哈萨克斯坦、肯尼亚、俄罗斯联邦、格鲁吉亚等国的教师政策评估报告和地区性报告《中东和北非地区教师政策综合调查：阶段一的主要结论》(*MENA Regional Synthesis on the Teacher Policies Survey：Key Findings from Phase One*)[②]，还出版了一份题为《优秀教师：如何提升拉丁美洲和加勒比海地区学生的学习》(*Great Teachers：How to Raise Student Learning in Latin America and the Caribbean*)[③]的综合性报告，为教师政策改革提供最新的依据和实践经验。

(二)《中东和北非地区教师政策综合调查：阶段一的主要结论》

世界银行的"优化教育结果的系统方法——教师"政策评估工具，通过收集和分析各国(包括发展中国家和发达国家)公立学校的教师数据，来帮助各国进行教师政策和制度的改革。截至 2015 年，世界银行已经利用这一工具对 25 个国家的教师政策进行了评估。[④]《中东和北非地区教师政策综合调查：阶段一的主要结论》这份报告正是基于这一工具，针对世界银行所提出的八大教师政策目标而形成的调查结论。世界银行所提出的八大教师政策目标包括：(1)为教师建立明确的工作目标；(2)吸引优秀人员从教；(3)通过培训和教学实践培养教师；(4)教师的技能和学生需求相匹配；(5)以强有力的校长引导教师发展；(6)监测教师的教学和学生的学业成绩；(7)支持教师提升其教学水平；(8)激励教师更好地

[①] World Bank. Great Teachers：How to Raise Student Learning in Latin America and the Caribbean ［R/OL］. https：//openknowledge. worldbank. org/bitstream/handle/10986/20488/978146480 1518. pdf? sequence＝1&is Allowed＝y，2016.

[②] World Bank. MENA Regional Synthesis on the Teacher Policies Survey：Key Findings from Phase One［R/OL］. https：//openknowledge. worldbank. org/bitstream/handle/10986/21490/9445 60WP00PUBL0y0Regional0Synthesis. pdf? sequence＝1&isAllowed＝y，2016.

[③] World Bank. Great Teachers：How to Raise Student Learning in Latin America and the Caribbean［R/OL］. https：//openknowledge. worldbank. org/bitstream/handle/10986/20488/97814648 01518. pdf? sequence＝1&is Allowed＝y，2016.

[④] World Bank. SABER Brief-Teachers［EB/OL］. http：//wbgfiles. worldbank. org/documents/hdn/ed/saber/supporting _ doc/brief/SABER _ TCH _ Brief. pdf，2016.

工作。

这份报告形成的主要结论有两点：一是在调查的国家和地区中，可以分为两类。一类是埃及、突尼斯和约旦，这些国家具备了实现八大教师政策目标的能力；另一类是黎巴嫩、也门、吉布提、约旦河西岸和加沙，这些国家和地区的教师政策处在"兴起"阶段，这意味着它们大多数的教师政策目标都存在着不足。二是就总体而言，这些国家和地区在第一个政策目标，即为教师建立明确的工作目标上表现较好，而在第四个政策目标，即教师的技能和学生需求相匹配上表现最差。在此基础上，该报告提出中东和北非地区的教师政策的改革方向：优先考虑教师的合理配置、努力吸引优秀人员从教、在职前和职后培训中建立标准和规范从而促进教师切实有效的职业发展、加强校长的自主性并提高其领导力、建立激励机制和教师职业发展的支持体系、加强教师"教学作为一种专业"的意识等。[①]

(三)《优秀教师：如何提升拉丁美洲和加勒比海地区学生的学习》

在这份题为《优秀教师：如何提升拉丁美洲和加勒比海地区学生的学习》的报告中，首先指出在这一地区的教师具有五个特点：第一，多数是具有较低社会经济地位的女性；第二，具备高水平的正规教育，但是认知技能薄弱；第三，工资待遇相对较低，且工资上涨趋于平直；第四，工作稳定；第五，教师供应过剩。针对教师教学时间利用低效、教师倚重黑板而较少利用信息技术、课堂学生参与度低、学校之间和学校内的课堂实践差异巨大这些问题，该报告指出了以下针对招聘、培养、激励教师三大方面的解决策略。

1. 招聘更好的教师

这就意味着要提高教师的选择性，包括提高进入教师教育的标准、提高教师教育的质量、提高新教师的招聘标准三大方面。首先，在提高进入教师教育的标准上主要采取的策略如下：(1)在教育部的直接管理下关闭低质量的学校(一般是指非大学的教师教育机构)；(2)建立由教育部直接管理的全国性教师教育大学机构；(3)为优秀的学生提供特别奖学金；(4)提高高等教育机构的认证标准，从而迫使其改变或关闭。其次，在提高教师教育的质量上可以采取的策略有：职前培训的重点是新教师如何面对课堂工作和提高学生的学习、提高教学实习的最低标准等。最后，在提高新教师的招聘标准方面，主要的策略有：(1)国家教师标准；(2)教师技能和素质的岗前测试；(3)选择性教师证书(alternative certification)。

2. 培养更好的教师

一旦教师被录用，就涉及教师入职、评估、职业发展、管理等环节。在教师

① World Bank. MENA Regional Synthesis on the Teacher Policies Survey: Key Findings from Phase One [R/OL]. https://openknowledge.worldbank.org/bitstream/handle/10986/21490/944560WP00PUBL0y0Regional0Synthesis.pdf?sequence=1&isAllowed=y, 2016.

入职环节，意味着学校要为新教师在最初 5 年的教学工作中提供发展支持，还要辨识出某些不适合教学工作的人员并将其劝退。在教师评估环节，研究表明成功的教师评估体系具有四大特征：(1)基于教师标准建立一个对优秀教师能力和行为的清晰表述；(2)对教师的表现进行全面评估；(3)评估工具具有技术效度以及评估过程具有完整性；(4)有良好的制度来保证评估结果(包括正面和负面)的影响力。在教师职业发展环节，可以采取以下策略：(1)开展"脚本培训方式"(Scripted approaches)，使教师能在每一天规划好的课程中使用特定的教学策略和附带材料；(2)关注内容掌握的培训，旨在填补教师的知识空白和加深他们在所教科目中的专业知识和教学效率；(3)关注课堂管理的培训，通过备课、有效利用课堂时间、保持学生参与的策略和有效的教学技巧来提高教师的课堂效率；(4)开展同伴协作，在学校内或跨校建立小型的教师小组，可以在课程开发、学生评估、教学研究及其他活动中开展相互学习和合作，来提高教师职业发展。在教师管理环节，学校领导要承担起充分发挥教师潜力，帮助其专业成长的直接责任，因此需要通过多种方式增加对校长的培训。

3. 激励教师更好地开展工作

对教师的激励措施包括三个领域：(1)职业领域的奖励，包括内在的满意度、知识掌握和专业成长、职业认可和声誉、良好的工作条件和愉快的工作环境；(2)责任压力领域，包括工作的稳定性、学生反馈、管理反馈；(3)经济奖励，包括差异性工资、奖金、养老金及待遇。①

(四)政策实施

2015 年，世界银行新设立的贷款项目中涉及提高教师质量的共计有 5 项，占所有教育新项目的 20%，分别是坦桑尼亚的"教育立竿见影"项目和"科学和技术高等教育额外资助"项目，印度比哈尔邦"提高教师效能"项目，刚果的"提高中等和高等教育质量和联系"项目，布基纳法索的"提升入学率和教育质量"项目。②

此外，世界银行还通过"战略影响评估基金"(The Strategic Impact Evaluation Fund)资助了一系列关注教师质量的研究项目，如巴西塞阿拉州的教师反馈项目、几内亚的教师绩效激励机制项目、印度公立学校和私立学校的教师非经济性外在和内在动机项目、卢旺达的影响小学教师业绩的因素和动机项目、坦桑尼亚

---

① World Bank. Great Teachers：How to Raise Student Learning in Latin America and the Caribbean[R/OL]. https：//openknowledge. worldbank. org/bitstream/handle/10986/20488/9781464801518. pdf？sequence＝1&.is Allowed＝y，2016.

② World Bank. New Projects with Education Components/Activities，FY 2000—2015[EB/OL]. http：//smartereducation. worldbank. org/lending. html，2016.

的设计有效的教师激励机制项目等。①

四、发布"促进就业和生产力的技能"测试结果（2012—2014年），关注发展中国家的技能提升

（一）政策背景

世界银行在研究各国教育体系在解决劳动力市场中技能不匹配问题的作用中发现，各国需要重新界定"什么是受过良好教育的 21 世纪劳动者"②。世界银行指出，目前很多国家的基础教育和高等教育及培训体系都缺乏对技能发展的足够关注，且往往对劳动力市场对技能需求的变化反应迟缓。一方面，在现有的劳动力市场调查中，一些标准化研究指标如教育完成率、就业和失业率、工资、工作时间等存在一定的局限性；另一方面，国际上已经出现了一些新的技能测试，例如经合组织开发的国际学生评估项目和国际成人技能评估项目。前者针对一般技能（阅读、数学和科学），后者侧重认知技能（包括读写技能、计算技能和在丰富的技术环境中解决问题的技能）。世界银行为了实施其在 2010 年发布的《提升技能：实现更多就业机会和更好的生产力》中提出的技能框架，于 2012 年开始进行"促进就业和生产力的技能"（Skills Toward Employability and Productivity，STEP）测试，截至 2015 年已经在 10 个国家完成了测试，在 2014 年年底启动第三批国家测试，并发布了亚美尼亚、玻利维亚、哥伦比亚、格鲁吉亚、加纳、老挝、斯里兰卡、越南以及中国（云南省）等国的测试数据和结果。根据测试结果，世界银行还相继发布了《越南发展报告 2014：为现代市场经济培养劳动力》（*Vietnam Development Report 2014：Skilling Up Vietnam：Preparing the Workforce for a Modern Market Economy*）③、《老挝发展报告 2014：为共享式增长促进具有生产力的就业》（*Lao Development Report 2014：Expanding Productive Employment for Broad-Based Growth*）④、《为坦桑尼亚的下一代作准备：教育的挑战与机遇》

---

① World Bank. The Strategic Impact Evaluation Fund（SIEF）［EB/OL］. http：//www.worldbank. org/en/programs/sief-trust-fund＃2，2016.

② World Bank. STEP Snapshot 2014［EB/OL］. http：//www. worldbank. org/content/dam/Worldbank/Feature％20Story/Education/STEP％20Snapshot％202014＿Revised＿June％2020％202014％20(final). pdf，2016-02-20.

③ World Bank. Vietnam Development Report 2014：Skilling up Vietnam：Preparing the Workforce for a Modern Market Economy［R/OL］. http：//documents. worldbank. org/curated/en/2013/11/18556434/vietnam-development-report—2014-preparing-work-force-modern-market-econo-my-vol-2-2-main-report，2016.

④ World Bank. Lao Development Report 2014：Expanding Productive Employment for Broad-Based Growth［R/OL］. https：//openknowledge. worldbank. org/bitstream/handle/10986/21555/ACS95770WP0Box0LIC00LDR0FINAL0Jan16. pdf？sequence＝1&isAllowed＝y，2016.

(*Preparing the Next Generation in Tanzania：Challenges and Opportunities in Education*)①等报告。

(二)"促进就业和生产力的技能"测试(2012—2014 年)主要结果

世界银行的"促进就业和生产力的技能"测试，主要在低收入国家和中等收入国家进行，目标人群是 15～64 岁的城市人群。测试内容分为认知技能、非认知技能和职业技能三部分。认知技能包括对读写熟练能力的直接测量和对阅读、写作、算术能力的间接测量；非认知技能包括对外倾性、情绪稳定性、开放性、随和性和尽责性即"大五人格"(Big Five)方面的测量，以及行为方面的测量和时间与风险因素的测量；职业技能是指和任务相关的建立在认知技能和非认识技能相结合基础上的技能，包括从事某一具体工作所需要的必备技能和在工作中非直接使用的技能如计算机使用能力、问题解决和学习能力、交往能力等。②

从总体上看，世界银行的"促进就业和生产力的技能"测试区别于经合组织的国际成人能力评估的重要特点在于：第一，它不仅包含成年劳动力的个人调查，也包括企业雇主调查，有利于将技能的供给与需求信息相匹配；第二，世界银行的技能测试是首个也是目前唯一包含非认知技能的国际测试项目，它使用大五人格量表等工具来测量非认知技能，可以说是国际技能测试的一大进步；第三，世界银行的技能测试结果可以与国际成人能力评估测试结果相互转换，这就为扩大跨国研究的样本量提供了便利。③

根据世界银行发布的《促进就业和生产力的技能测试 2014 年简报》④(*STEP Skills Measurement Study：Snapshot* 2014)，基于亚美尼亚、玻利维亚、加纳、哥伦比亚、老挝、斯里兰卡、越南和中国(云南省)的调查发现：

第一，参加过早期儿童教育的成人和儿童具有较高的读写熟练能力，并且更容易在适龄阶段(6～7 岁)接受小学教育。参加过早期儿童教育的成人不太容易察觉别人的敌对意图，而且他们比其他成人在非认知技能上的得分更高，例如勇气和开放性。

---

①　World Bank. Preparing the Next Generation in Tanzania：Challenges and Opportunities in Education[R/OL]. https：//openknowledge. worldbank. org/bitstream/handle/10986/22012/9781464805905. pdf? sequence＝1&·isAllowed＝y，2016.

②　World Bank. STEP Skills Measurement Study：Snapshot 2014［EB/OL］. http：//www. worldbank. org/content/dam/Worldbank/Feature％20Story/Education/STEP％20Snapshot％202014_Revised_June％2020％202014％20(final). pdf，2016.

③　曹浩文，杜育红. 人力资本视角下的技能：定义、分类与测量[J]. 现代教育管理，2015(3).

④　World Bank. STEP Skills Measurement Study：Snapshot 2014［EB/OL］. http：//www. worldbank. org/content/dam/Worldbank/Feature％20Story/Education/STEP％20Snapshot％202014_Revised_June％2020％202014％20(final). pdf，2016.

第二，父母的社会经济地位和个人的非认知技能的发展相关。但是，高质量的教育体系可以在弥补非认知技能的差距中发挥重要作用。

第三，成人的基本技能如算术能力处于不断上升的趋势，但是这些技能在两性之间仍然存在差异。

第四，较强的认知技能和非认知技能成为职业技能发展的前提条件。

第五，认为自己从学校顺利进入职场的劳动者比那些花费大量时间才找到自己第一份工作的劳动者具有更为不同的非认知技能，尤其前者往往会更加兢兢业业和情绪稳定，并具有更多的勇气。

第六，基础的认知技能、非认知技能和职业技能不仅与劳动者取得的教育成就相关，还与其工资相关。

第七，由于扎实的认知技能和非认知技能是构成劳动者职业技能的基础，因此教育体系、培训计划和实习几乎都应该更加关注并加强这些技能。

第八，企业并没有充分利用员工现有的技能。例如，员工在他们目前的工作中没有充分发挥他们的计算机技能。

在研究结果的基础上，《促进就业和生产力的技能测试 2014 年简报》再次强调了世界银行提出的技能战略框架，包括五个相互联系的步骤：

第一步：使所有儿童获得良好的教育开端。早期儿童发展阶段是形成个人人力资本的基础时期，旨在儿童早期（从诞生到小学之前）培养基础技能，为个人的学习能力和职业成功奠定基础。

第二步：确保所有的学生都能实现有效学习，旨在为所有人发展基础技能。要求建立一个有明确的学习标准、高素质的教师、充足的学习资源和适合正规学习的良好环境的强有力的教育体系。

第三步：培养工作真正需要的职业技能，从而提高劳动者的就业能力和工作效率。为此，首先要加强就业前和在职培训对职业技能的重视，其次要重视对非认知技能的发展，最后要重视通过终身学习发展职业技能。

第四步：鼓励创业和创新。成功的创业和创新活动能帮助劳动者发展适当的技能和行为，因此国家要创造鼓励创业和创新的环境，通过大学与企业的合作，促进新思想的创新利用。

第五步：增强劳动力市场的流动，实现技能的供需匹配，确保技能真正得以应用。这就要求增强劳动力市场的灵活性、有效性以及保障性，建立更加规范的收入保障体系，确保个体顺利从学校走向就业，最终实现把技能转化为生产力的目标。

>> 第三节　经济合作与发展组织的教育政策 <<

2014—2015 年度，经合组织在 2013 年开展的"教与学国际调查"的基础上，发布了系列研究报告，指导各国教师政策未来的改革方向；继续发布年度《教育概览》，为各国提供国际化的教育数据分析和调查研究的结果；重点强调年轻人的技能，发布系列研究报告；聚焦移民学生，发布研究报告专门探讨难民教育问题和移民教育政策。下面分别介绍经合组织自 2014 年 6 月至 2015 年 12 月的重大教育政策。

一、强调教师专业发展，发布 2013 年"教与学国际调查"(TALIS)的系列研究报告

（一）政策背景

经合组织于 2008 年首次开展"教与学国际调查"，这是全球第一个专门考察教师教学条件与环境的国际比较研究项目。世界各国一致认为有效的教学和教师是让学生学业成绩优秀的关键因素，那么如何才能让各国的教师面对今日学校的各种挑战呢？经合组织希望通过"教与学国际调查"帮助各国回答以上问题，它涵盖的主题包括：职前教师教育和教师专业发展、教师的考核和获得的反馈、学校环境、学校领导以及教师的教学观念与教学实践等。"教与学国际调查"一方面会提供跨国分析报告，另一方面也会提供参与国的国别报告和基于调查数据的专题报告，从而帮助各国发现所面临的共同挑战以及未来的政策改革方向。

在 2008 年，共有 24 个国家参与了第一次"教与学国际调查"，调查的学校集中在初中阶段。在 2013 年，共有 34 个国家和经济体参加第二次"教与学国际调查"，经合组织从每个国家或经济体随机抽取 200 所学校（包括小学和高中），每所学校再抽取 20 名教师和 1 名校长参与本次调查，总共约有 10.7 万名教师参与了此次调查，代表了这 34 个国家和经济体的 400 万名教师。在 2014 年 6 月和 11 月，经合组织出版了基于此次调查的三份研究报告：《2013 教与学国际调查：教与学的国际视野》《2013 教与学国际调查：教师指南》《2013 教与学国际调查新见解：小学和高中的教与学》。在此基础上，经合组织还相继发布了第 6 期至第 13 期《聚焦教学简报》(*Teaching in Focus Brief*)，每期以主题的形式分析和比较了此次的调查数据。

（二）主要内容

《2013 教与学国际调查：教与学的国际视野》《2013 教与学国际调查：教师指南》《2013 教与学国际调查新见解：小学和高中的教与学》这三份报告的主要内容

如下。

1. 教师和他们的学校

在所有参与调查的国家中，68％的初中教师是女性。各国教师平均年龄为43岁，其中新加坡教师队伍最年轻，意大利教师队伍年龄最大。一些国家由于大量教师接近退休年龄，可能面临严峻的教师短缺问题。教师们都受过良好的教育，91％的教师已经完成了大学教育或同等程度教育，90％的教师接受过师范教育或相关培训，88％的教师在此调查前的一年内参加过至少一项职业发展活动。教师平均教龄为16年，通常是全职教师（82％），并签订长期合约（83％）。

在所有参与调查的学校中，大多数都是公立学校。平均而言，一所初中拥有546名学生、45名教师，班级规模为24人。教师所在的学校都获得了充分的资源支持，教学人员（教师）之间、教师与学生之间关系良好。但是仍有超过1/3的教师在合格教师、特殊教育教师、支持性人员严重短缺的学校中工作。

2. 校长和他们的工作

与初中教师群体不同，51％的初中学校领导都是男性，平均年龄52岁左右，具有21年左右的教学经验。校长们通常也受过良好教育，96％的校长完成了大学教育或同等程度教育，90％的校长完成了师范教育或相关的培训，85％的校长完成了学校管理或校长培训课程，78％的校长完成了教学领导培训。在这些校长中，62％的全职校长没有教学任务，而35％的全职校长有教学任务。

平均而言，校长们需要花费多数时间（41％）用于管理人员和资源、进行规划和各种报告等工作，不过他们正逐渐将领导权和决策权分配出去。49％的校长表示他们会经常性地观摩教师的课堂教学，64％的校长表示他们频繁地支持教师相互合作共同开发新的教学方法。调查发现，当校长展示出较多的领导才能时，他们也更可能创造出一套专业的学校发展计划（13个国家有体现），他们会把坐在班里观察学生作为教师评价系统的一部分（20个国家有体现），并且在他们的学校中同事之间相互十分尊重（19个国家有体现）。

3. 教师的专业发展活动

调查结果显示，教师正规入职培训的参与情况是教师今后参与专业发展的一个重要的预测指标。总体而言，参与调查的国家都对教师开展了大量正式和非正式的入职培训计划，但在一些国家如巴西、墨西哥、波兰、葡萄牙和西班牙，仍有70％～80％的教师没有经过正式的入职培训。和这些国家的情况形成鲜明对比的是新加坡和英国（英格兰），只有不到1％的教师没有经过任何正式的入职培训。在参与调查的国家中，1/4的教师从未参与学徒制培训，就另外3/4的教师而言，各国开展学徒制培训的差异较大，一些国家如澳大利亚、英国、新加坡和荷兰几乎为所有教师都开展学徒制培训，但是另一些国家如智利、芬兰、墨西哥、西班牙和葡萄牙的大部分教师没有参与过此类活动。

调查显示，平均有 88％的教师表示在过去一年参与过专业发展活动，超过 3/4 的教师表示这些机会对于他们的教学有积极影响；而教师没有参与专业发展活动的主要原因通常是与工作时间冲突（51％），以及缺乏参与专业发展活动的激励措施（48％）等。总体上，在教师表示有更高专业发展活动参与率的国家，教师也获得更高水平的财政支持。在一些国家，即使没有提供金钱支持，教师们也获得了其他方面的支持，例如安排专门用于专业发展活动的时间等。

在教师培训的需求方面，位居首位的是针对特殊需求学生的教学培训（22％），其次是在教学中信息通信技术的应用技能培训（19％），第三是在工作中利用新技术的培训（18％）。这表明技术的不断发展和变化对教师和学校提出了越来越多的挑战，教师因此需要充分地学习来加以应对。

4. 教师所获得的评价和反馈

调查表明，许多教师和学校领导非常看重与同事的合作与获得的反馈。接受调查的教师都赞同评价的有益性——超过 60％的教师表示评价带来教学实践的积极改进；超过一半的教师表示评价带来学生评估及课堂管理实践工作的积极改进。不过，在丹麦、芬兰、爱尔兰、意大利、西班牙和瑞典，有 22％～45％的教师认为他们在现在的学校中很少获得反馈，而参与此次调查的国家的平均水平为 13％。

然而，评价的结果或影响在接受调查的教师看来似乎并不明显：几乎一半教师报告（表示）评价和反馈只是为了简单应付行政要求；在大约 2/3 的教师中，每年工资或奖金的变化与正式的教师评价结果无关；在 44％的教师所在的学校中，校长表示正式的教师评价不会带来教师职业晋升的变化；大约一半教师指出，他们感觉大多数评价都只是作为一项行政事务进行；有 43％的教师认为这些评价与他们如何开展课堂教学缺乏相关性。

在参与调查的国家中，平均有一半以上的教师（56％）表示他们从一种或两种渠道获得有关他们教学实践的正式或非正式反馈——近 80％的教师表示在课堂观摩之后获得反馈，近 2/3 的教师表示他们通过分析学生考试分数获得反馈，近 90％的教师表示学生成绩、学科教学能力以及课堂管理能力是他们所获得的反馈中的重点。

5. 教师的教学实践

教师进入教室时总会带着一种固有的教学思想，这种思想源于教师的专业培训和他们自身的教学经历，最终形成了教师个人的教学方法。93％的教师表示他们认为，应该在教师公布答案前让学生思考解决问题的方法。然而，在意大利和挪威，仅有 45％和 59％的教师认为学生通过尝试解决问题的方式能获得最好的学习效果。调查还发现，经常鼓励学生小组学习的老师比那些很少或偶尔让学生分组学习的老师更坚信学生为中心的教学方法。在被调查的教师中，大概有

47%表示经常让学生分组学习。结果表明，参与某种形式的专业发展活动的教师——无论是参加工作坊或会议、观察其他教师、开展独立研究或合作性研究，还是采用学徒制——更倾向于采用学生中心的教学方法。

不同国家的教育部门对教师的工作时间规定不一。结果显示，教师平均每周19小时用于教学。但正如每位教师所知，工作时间远比教学时间长。调查显示，教师的平均工作时间为每周38小时，在周计划或备课方面每周约花费7小时，平均每周批改学生作业的时间为5小时，而平均每周花费在学校管理、与学生家长见面和课外活动上的时间各为2小时。接受调查的教师表示他们在课堂中大约80%的时间都用于教与学，但是平均近1/3的教师表示因纪律问题或等学生安静下来花费了"相当多的时间"，26%的教师表示"在课堂上噪音很多"。尽管存在学生捣乱行为，但近2/3的教师表示课堂氛围良好，这些教师也更可能开展积极的教学活动，如小组学习、为学生布置利用一周时间完成的作业，以及应用信息与通信技术等。

6. 教师的自我效能感和工作满意度

调查显示，当教师对自己的教学能力更自信时（高度的自我效能感），学生容易在学校表现良好并乐于学习，而教师会开展更多有效的教学活动，对教学充满热情并更加坚定教学信念，同时也会表示自己有更高的工作满意度。反之，自我效能感低的教师往往更容易关注到学生的错误行为，他们对学生的学习持悲观态度，感受到更多的工作压力和更低的工作满意度。在参与调查的国家中，平均有80%～92%的教师表示他们具有高度的自我效能感。

调查还进一步发现，教学时间越长，经验越丰富，教师的自我效能感越高。就教师的自我效能感而言，不在于学生总数是多少，而在于那些能够增强教师自信心的学生们。当授课班级有超过1/10的学生学习成绩较差或是出错时，教师们的自我效能感处于较低水平。当教师与学生的关系更积极，与同事的关系更和谐时，他们就表现出很高的自我效能感。事实上，在很多国家，教师的自我效能感与同事关系的关联比与师生关系的关联更大。此外，当教师在学校职能方面有发言权时，他们往往也表现出较高水平的自我效能感。

在参与调查的国家中，总体而言，超过91%的教师对自己的工作很满意；将近78%的教师认为，如果让他们重新选择，他们仍然会做教师。但是，只有不足1/3的教师认为教师是一个受社会尊重的职业。这种看法可能会对教师的职业招聘和留住高质量的教师产生消极的影响。

和自我效能感一样，调查发现当所教班级里成绩差和有行为问题的学生所占比例大时，教师的工作满意度低。然而在这些情况下，当教师和同事、学生有良好的关系时，这些学生行为对教师工作满意度的消极影响可以减轻。此外，调查还发现认为评价和反馈对他们的教学实践有影响的教师具有更高的工作满意度。

二、继续用指标来衡量教育结果，发布《教育概览 2014》和《教育概览 2015》

(一)政策背景

教育发展指标体系是国际上监控教育发展状况的重要依据。经合组织早在 20 世纪 70 年代就开始了教育发展指标体系的研究，并提出了初步的教育发展指标体系，其研究成果集中体现在《教育概览：经合组织指标》(*Education at A Glance*：*OECD Indicators*)之中。它深化了人们对教育投入、教育产出等方面的认识，也为各国教育政策的制定和调整提供有效参考。从 1995 年开始，经合组织每年出版一辑《教育概览》，呈现国际化的教育数据分析和调查研究的结果，从而实现帮助各国教育政策制定者更好地进行教育政策决策的目的。

(二)《教育概览 2014》的主要内容

2014 年 9 月，经合组织发布《教育概览 2014》①，对 34 个成员国以及阿根廷、巴西、中国、哥伦比亚、印度、印度尼西亚、拉脱维亚、俄罗斯、沙特阿拉伯和南非等合作国家的教育体系进行了分析。《教育概览 2014》增加了以下新内容：有关私立教育机构的新指标(包括私立教育的可获得性、学生参与程度及私立教育机构教师专业发展活动等)、2012 年国际学生评估项目和国际成人技能评估项目的数据、2013 年"教与学国际调查"的数据以及经济危机对教育完成、就业、收入和公共财政影响的分析等，并且首次增加了哥伦比亚和拉脱维亚的数据。这份报告的重要发现包括以下几个方面：

一是教育完成方面。在大多数国家，大约 84％ 的年轻人在其一生中完成中等教育。年龄在 25～34 岁的女性的高中及高等教育完成率都高于同年龄组的男性。经合组织成员国有近 40％ 的 25～34 岁年轻人接受过大学层次的教育，比 55～64 岁人群完成相同层次教育的比重高出 15％。在许多国家，二者之间差距超过 20％。

二是教育支出方面。经合组织成员国从小学直至高等教育的平均年生均支出为 9847 美元——小学生生均支出 8296 美元，中学生 9280 美元，大学生 13958 美元。在 10 个中等教育生均支出最高的国家中，较高的教师工资和师生比是最主要的教育成本。2011 年，经合组织各成员国教育经费占 GDP 的 6.1％，公共教育经费占教育总支出的 84％。

三是从学校到就业方面。经合组织成员国中，15～29 岁年轻人不再接受教

---

① OECD. Education at a Glance 2014：OECD Indicators[R/OL]. http：//www.oecd-ilibrary. org/deliver/b8aab75d-en. pdf？ contentType ＝ ＆-itemId ＝％ 2fcontent％ 2fsummary％ 2fb8aab75d-en＆mimeType ＝ application％2fpdf＆-containerItemId ＝％ 2fcontent％ 2fsummary％ 2fb8aab75d-en＆. access-sItemIds ＝％2fcontent％2fbook％2feag—2014-en，2016.

育的比重从 2008 年的 54％下降为 2012 年的 51％；一名普通的 15 岁学生可能期望在未来 15 年再花 7 年时间接受正规教育；超过一半的成年人在适龄阶段都接受了教育。

四是中小学方面。学生在小学和初中阶段平均获得 7475 小时的义务教育。澳大利亚学生课时最多，超过 1 万小时；匈牙利最少，不到 6000 小时。15 年教龄的教师的法定工资，小学平均 39024 美元，初中 40570 美元，高中 42861 美元。但是自 2009 年以来，2/3 国家的教师工资的实际值有所下降。大多数教师都是女性，但是随着教育阶段上升，女教师的比例下降：学前阶段为 97％，小学为 82％，初中为 67％，高中为 57％，大学为 42％。

五是高等教育方面。拥有更高教育水平和技能的人在就业和收入方面所获的回报比以前更加丰厚——经合组织成员国中 25～64 岁拥有大学学历的人群平均只有 5％的人失业，而高中文凭失业者达到 14％；大学毕业生平均收入比没有接受过高等教育的人高出 70％。除了个体收益外，政府也通过税收和社会贡献获得积极回报。每名受过高等教育的男性公共投资净回报平均为 10.5 万美元，是公共投资平均回报率的三倍；每名受过高等教育的女性公共投资净回报平均为 6 万美元。

六是早期教育的重要性进一步凸显。至少接受过一年学前教育的 15 岁学生在 2012 年"国际学生评估"中数学成绩更优。经合组织成员国学前教育支出占 GDP 的比重平均为 0.6％，而一些国家如丹麦、西班牙和智利则达到 0.8％。

最后，《教育概览 2014》还强调，教育机会的扩大并没有让社会变得更加包容，虽然全球教育机会继续扩大，但受过高等教育的成人与其他人之间的社会经济差距也日益扩大。报告呼吁各国政府努力确保每个人在幼儿时期都享有相同的接受优质教育的机会。

（三）《教育概览 2015》的主要内容

2015 年 11 月，经合组织发布《教育概览 2015》[①]，对 34 个成员国以及阿根廷、巴西、中国、哥伦比亚、印度、印度尼西亚、拉脱维亚、俄罗斯、沙特阿拉伯和南非等合作国家的教育体系进行了分析，并且首次增加了哥斯达黎加和立陶宛的数据。《教育概览 2015》重点考察了拥有第一代大学学历的成人的教育和社会流动情况、应届毕业生的劳动力市场情况、参与雇主组织的正式和非正式培训的情况、在教与学中利用信息通信技术来解决问题的情况等，还提供了技能对就业

---

① OECD. Education at a Glance 2015：OECD Indicators ［R/OL］. http：//www.oecd-ili-brary.org/deliver/76d4bc29-en.pdf？contentType＝&.itemId＝％2fcontent％2fsummary％2f76d4bc29-en&.mimeType＝application％2fpdf&containerItemId＝％2fcontent％2fsummary％2f76d4bc29-en&.access-ItemIds＝％2fcontent％2fbook％2feag-2015-en，2016.

和收入影响的指标、教育和就业中的性别差异，以及教师和学校领导的评价体系指标。这份报告的重要发现包括以下几个方面。

一是强调教育在劳动力市场和生活中的价值。首先，平均而言，受过高等教育的成年人就业率在 80％以上，而高中或中等后非高等教育程度的成年人就业率仅在 70％以上，高中以下教育程度的成年人就业率则不到 60％。受过高等教育的成年人平均收入比高中学历者高出 60％以上。总体而言，伴随着成年人受教育程度和技能的提升，其就业率和收入都会上升，就业市场仍然认为劳动者的技能主要体现于文凭或学位。正因如此，经合组织国家中越来越多的年轻人开始寻求高等教育。在参与"国际成人技能评估"的经合组织国家中，2012 年有 22％的 25～34 岁非学生人群受过高等教育，尽管他们的父母并非如此。"第一代大学生"和父母也受过高等教育的大学生在就业率以及所追求的研究领域方面都相近。这表明，成为家里第一个受到高等教育的人并非劣势。

此外，数据还表明，尽管大学本科的入学率比硕士或博士的入学率高得多，但与本科毕业生相比，就业市场为硕士提供的工作更多，薪水也更高。拥有本科或同等学历的成年人在就业后收入比高中学历者高出 60％以上，而拥有硕士、博士或同等学历的成年人收入则比高中学历者高出一倍。若考虑父母的受教育水平，受过高等教育的成年人与高中或中等后非高等教育程度的成年人相比，跻身月薪前 25％的比例高出 23 个百分点。同时，在经合组织国家中，投资女性的高等教育在其一生中获得的净公共收益为 6.55 万美元，相当于她的教育投资公共成本的 1.2 倍；对于男性而言，这一净公共收益超过 12.74 万美元，相当于他的教育投资公共成本的 2.5 倍。不过，教育并非只能带来经济利益。受教育程度较高的成年人更可能表示自己健康状况良好，参与志愿活动，信任他人，认为自己能影响政府决策。换言之，受教育程度较高的人更积极参与身边的世界。

二是强调资金充足的教育具有重要意义。报告指出，2012 年，经合组织国家平均将国内生产总值的 5.3％投资于初等至高等教育机构，有 11 个国家的支出超过国内生产总值的 6％。其中，初等教育、中等教育和中等后非高等教育的教育支出占国内生产总值的 3.7％；高等教育的教育支出占国内生产总值的 1.5％，但个别国家如加拿大、智利、韩国和美国的这一比例更高，在 2.3％至 2.8％之间。不过，2008 年的经济危机对教育部门也产生了影响。经合组织国家公共教育支出的增长率放缓，从 2008—2009 年的 3％年增长率下降到 2011—2012 年的零增长。在 2008—2010 年，一些经合组织国家削减公共教育支出的比例从美国的 1％到冰岛和匈牙利的 11％不等。同时，在 2005—2012 年，约 2/3 经合组织国家的公共教育支出占公共支出的比例也相应下降，其他国家除了巴西和以色列外则保持稳定。

这对中小学教师的工资产生了直接影响，2008—2013 年经合组织国家中教师实际工资上升的国家比例已经下降到 50% 左右，进一步拉大了教育工作者和其他受教育程度相似人员之间的薪酬差距。在经合组织国家，学前和小学教师的工资平均为其他受教育程度相似的全职人员工资的 78%，初中教师和高中教师这一比例分别为 80% 和 82%。正因为教师薪酬缺乏竞争力，使得教师行业吸引最优秀人才变得更为困难。同时，削减教育经费也可能威胁到教师的职业发展。"国际学生评估"的数据表明，尽管学校在信息通信技术上的投入不断增加，但教师却未能系统地利用这些工具。2013 年的"教与学国际调查"也证明，教师认为他们最需要职业发展的领域之一就是信息通信技术在教学中的运用。

三是指出教育和就业中的性别差距仍然存在。在过去的 30 年，经合组织国家在教育和就业上的性别差距已经不断缩小甚至被逆转。2014 年，25～34 岁获得高等教育学历的女性和男性比例分别为 46% 和 35%，但在高等教育及以上程度的某些领域，如科学、技术、工程和数学，女性人数仍然较少。年轻女性找到工作的可能性比男性低，尽管在受过高等教育的年轻人中，这一差距比教育程度更低的人要小得多。同时，新的性别差距出现，例如，在 2012 年的"国际学生评估"中，女生在电子阅读上的平均分高出男生 26 分，而在纸质阅读上的平均分高出男生 38 分，相当于近一年的学习差距。

四是指出儿童早期教育对具有移民背景的学生的好处尤为明显。接受过至少一年学前教育的 15 岁学生在"国际学生评估"中的成绩要高于从未接受过学前教育的学生；在 6 岁之前抵达东道国的 15 岁移民学生中，接受过学前教育的学生和从未接受过学前教育的学生之间的学业差距相当于近两年的学习差距。在大多数经合组织国家，已经为大多数 5 岁之前的儿童提供早期教育，3 岁之前的儿童接受早期教育的普及率达到 74%；而在既是欧盟成员又属于经合组织的国家中，这一普及率已经达到 80%。

五是指出成年人参与教育和学习的情况并不令人满意。根据经合组织 2012 年"国际成人技能评估"的数据，约 50% 的成年人在一年中参加了雇主组织的正式或非正式培训；在有工作且拥有良好信息通信技术和解决问题技能的成年人中，有 57% 的人参与雇主组织的正式或非正式培训；而在不会使用电脑且缺乏解决问题技能的成年人中，只有 9% 的人参与这样的培训。

六是指出班级人数更多意味着教学和学习时间减少，维持课堂秩序的时间增多。在经合组织国家中，小学班级的平均规模为 21 个学生，初中班级的平均规模为 24 个学生。对于平均大小的班级而言，增加一个学生意味着教学和学习时间下降了 0.5%。此外，经合组织国家的教师年龄不断上升。2013 年，30% 的小学教师已经年满 50 岁，初中教师和高中教师这一比例分别为 34% 和 38%。数据表明，在 2005—2013 年，50 岁或以上的中学教师比例已经增加了 3%，某些国家甚至增加了 10%。由于各国面临大量教师的退休问题，因此政府必须要提高教师职业对优秀毕业生的吸引力，扩大教师培训计划等。

三、关注年轻人技能，发布《超越学校的技能综合报告》《技能展望 2015》和《成人、计算机和解决问题的能力：问题在哪?》

（一）政策背景

越来越多国家意识到，技能已成为 21 世纪经济的"全球货币"。培养具有良好技能的劳动力关乎各国的经济发展，因此技能越来越被提上各国和国际组织的议事日程。许多国家纷纷从本国需要出发，制定了相关的技能战略，希望加强年轻人的技能培养，确保年轻人为就业做准备，但是各国在成功落实这些战略上存在差异。为此，经合组织认为有必要认真评估其成员国的职业教育与培训（VET）体系，以确保它们可以提供工作岗位所需的技能，并能满足快速变化的技能需求。在此基础上，经合组织发布了两大系列的评估报告：一是针对初级职业教育与培训体系的评估，往往集中在高中阶段，并于 2010 年结集成书，题为《为工作而学习》（*Learning for Jobs*）；二是"超越学校的技能"（*Skill Beyond School*）系列，针对中等后职业教育与培训体系的评估，并在 2014 年 11 月发布了《超越学校的技能综合报告》（*Skills Beyond School：Synthesis Report*）。此外，经合组织为了进一步推动其"技能战略"（Skills Strategy）的实施，在 2015 年 5 月出台了《技能展望 2015》（*OECD Skills Outlook 2015*），聚焦年轻人、技能与就业能力，并在 2015 年 6 月发布数字化技能评估报告《成人、计算机和解决问题的能力：问题在哪?》（*Adults，Computers and Problem Solving：What's the Problem?*）

（二）《超越学校的技能综合报告》的主要内容

《超越学校的技能综合报告》[①]在考察韩国、丹麦、瑞士、奥地利、德国、美国、英国、以色列、荷兰、南非、埃及、哈萨克斯坦、哥斯达黎加、斯洛伐克等 20 个国家的基础上，对其中等职业教育与培训体系进行了分析和比较，着重指出经合组织国家应如何应对不断增长的技能需求，并给出成功应对挑战的政策建议。

报告指出职业教育与培训仍是一个"隐秘"的世界，这主要表现为中等后职业教育与培训体系在国家技能体系中的作用被低估。这份报告重点关注的中等后职业教育与培训体系是指半年以上的全日制教育项目，而非更高层次的教育如副学士学位。半年以上的全日制职业教育与培训项目可以为年轻的毕业生提供高水平

---

① OECD. Skills Beyond School：Synthesis Report［R/OL］. http：//www.keepeek.com/Digital-Asset-Management/oecd/education/skills-beyond-school ＿ 9789264214682-en ＃ page1％ 20，2016-02-21.

的、具体的职业培训；为职业发展中期的成年人提升工作技能；为曾经辍学的劳动者提供第二次教育机会；为再就业人员提供重返劳动力市场或职业变动的机会。然而，各国往往把普通中小学和大学以及它们之间的良好衔接——作为思考教育政策的主要方面，却忽视了在这些教育机构之外，还存在一个鲜为人知的世界——中等后职业教育与培训体系中的院校、文凭、证书和专业考试。众多专业技术工作只需要高中毕业后不超过一年或两年的职业培训，并且在一些经合组织国家中这一类型的工作占劳动力市场的 1/4 左右。据预测，欧盟就业市场的近 2/3 的增长将集中在"技术人员和专业辅助人员"方面。在美国，据估计到 2018 年 1/3 的空缺岗位需要的是低于四年制本科学位的中等后学历。这充分表明，中等后职业教育与培训体系对国家技能体系而言是至关重要的。当然，目前的中等后职业教育与培训体系也存在诸多问题，例如缺乏有效的过渡和衔接环节、资格证书可能在国内并不为人所知，更不用说具有国际性声誉等。

为此，报告提出的主要政策建议如下。

第一，提升职业教育与培训的整体形象。首先，不同的经合组织国家往往对各类中等后职业教育与培训项目有不同的称谓，从而使得这些项目无法和学术学位这一清晰体系相抗衡。报告指出，瑞士采用的"专业教育与培训"这一术语可以成为国际通行的术语，专指半年以上的全日制职业教育与培训项目。其次，需要克服职业教育与培训体系中的机构和资金障碍。短期的专业教育与培训（低于学士层次）可以由大学之外独立的教育机构提供，而应用科学大学可以提供技术和专业领域的学士学位教育。无论是独立的教育机构还是应用科学大学，都需要考虑合适的规模。同时，政府应将专业教育与培训纳入公共资金框架，从而确保教育质量。最后，2011 版国际教育标准分类（ISCED）重新界定了中等后教育，除了包括通常意义上的学术教育，还包括专业教育与培训。不过，鉴于有些国家并不把行业协会颁发的证书列入国家的教育统计数据，因此报告建议 2011 版国际教育标准分类需要进一步提升专业教育与培训的国际统计数据比较。

第二，明确影响中等职业教育与培训质量的三大要素。一是在中等后职业教育与培训项目中系统地开展基于工作的学习（work-based learning）；二是职业教育与培训体系中的教师需要同时具备教学技能和与时俱进的行业知识与经验；三是基本的读写算技能既是成功进入劳动力市场的保证，也是个体继续学习的基础。

第三，增加学习结果的透明性。强有力的资格证书需要雇主的参与，并且数量有限，需经过有效的评估。只有这样的资格证书才能成为劳动者所具备的工作技能的良好信号，从而让雇主招聘到合适的人才。

第四，为学习者建立清晰的途径。首先，强有力的职业教育体系应该为合格的学徒和其他中等职业教育毕业者提供广泛的机会，因此要保证中等职业教育的毕业生追求更高层次的专业学历或学术学历的机会。其次，为了满足成人学习者的需求，要建立灵活的学习模式，例如兼职和模块化学习、远程教育、基于能力的方法等。再次，在专业教育与学术性高等教育之间建立起良好的衔接框架，以确保专业教育与培训的学习结果的质量。最后，要提供有效的职业指导，以帮助学生在众多的途径选择中做出正确的决定。

（三）《技能展望 2015》的主要内容

《技能展望 2015》①指出，在 2013 年，经合组织国家有 3900 万 16～29 岁的青年人是"尼特族"（NEET），即失业或不接受教育或培训的青年，比 2008 年经济危机前多 500 万。2014 年的估计表明，这种情况几乎未得到任何改善。在受经济危机重创的南欧国家，这一数字非常高。例如，2013 年，希腊和西班牙超过 25％的青年人属于"尼特族"。更令人担忧的是，这一群体中，大约有一半人——约 2000 万青年人失学或不找工作。这些数字表明的不仅是个人不幸，而且也是一种教育的挥霍投资。这些人在接受教育的过程中所获得的技能无法得到应用，而且他们没有工作、意志消沉，可能会导致社会不稳定，这对国家而言是一项潜在的危害。

这种现象背后的一大原因是，太多的青年人中途辍学后未获得合适技能，因此很难找到工作。根据经合组织"国际成人技能评估"的调查结果，应届毕业生中，10％的人读写能力非常差，14％的人计算能力非常差。在完成高中学业前就不上学的学生中，超过 40％ 的人读写能力和计算能力都非常差。此外，太多青年人中途辍学，也无工作经验。即便拥有出色技能的青年人也很难找到工作，因为许多公司觉得雇用没有劳动力市场经验的员工太昂贵。实际上，青年人失业率可能是处于黄金年龄段的成人的两倍。

即便是成功进入劳动力市场的青年人也通常面临着技能发展和职业发展的制度化障碍。例如，1/4 的受雇青年人是临时合同工，这些雇员应用其技能及接受培训的机会往往比正式员工少。同时，还有 12％的受雇青年人过于胜任他们的工作，这意味着他们的一些技能未得到应用，而且他们的雇主未能充分受益于对这些青年人的投资。

报告指出，鉴于预测许多经合组织成员国（尤其是欧洲国家）缓慢的经济增长率在未来几年都不会很快得到好转，各国需要让年轻人成为国家的一项资产，而不是一项潜在的负债，具体的政策建议如下。

第一，确保所有的青年人毕业时获得一系列相关技能。青年人需要拥有广泛范围的技能——认知、社交和情感技能——从而在生活的各个方面都取得成功。

---

① OECD. OECD Skills Outlook 2015［R/OL］. http：//www. oecd-ilibrary. org/deliver/871401 1e. pdf？itemId＝/content/book/9789264234178-en&mimeType＝application/pdf，2016.

经合组织的"国际学生评估项目"发现，接受过学前教育与上学后取得更好的阅读、数学和科学成绩有着密切的联系，尤其是处于社会经济劣势地位的学生群体。各国可为所有孩子提供高质量的学前教育，以帮助缩小教育结果之间的差异，让每个孩子的受教育生涯都有一个良好的开端。此外，校领导和教师在第一时间发现"后进生"后，也可以为他们提供所需要的支持或特别计划，以帮助他们熟练掌握阅读、数学和科学技能，发展社交和情感技能，并防止他们彻底辍学。

第二，帮助应届毕业生进入劳动力市场。教育工作者和雇主可以一起合作，确保学生获取所需的各种技能，确保那些技能自青年人工作生涯开始就能得到应用。在职学习可纳入职业教育与培训课程及大专学术课程，这种学习对学生和雇主都有益处：学生能熟悉职场规则和熟练掌握工作中有价值的各种技能，而雇主则能了解潜在的新雇员。

第三，扫除青年人就业的制度障碍。由于许多青年人进入劳动力市场并成为临时合同工，所以要确保这些临时工作成为更稳定就业的"垫脚石"，而不是成为导致青年人面临失业风险的一系列不稳定因素。在尝试降低雇主雇用无工作经验的青年人所需的成本时，应仔细调整（如需要）最低工资、税收和社会供款等政策。

第四，确认那些现在已"消失"的"尼特族"，并帮助其重新登记。各国政府需要确认数百万的难以进入或已退出劳动力市场的"尼特族"青年。公共就业服务机构、社会机构及教育与培训系统应帮助这些青年找到一份工作，或重新参与某种形式的第二次机会的教育或培训。青年和就业与教育机构之间的共同责任制度有助于确认和帮助这些"尼特族"。作为获取社会福利的报答，青年需要向社会机构或公共就业服务机构登记，采取行动为进入劳动力市场做好准备，包括参与进一步的教育与培训。

第五，促进青年人的技能与工作得到更好的匹配。预测职场所需的技能并确保这些技能在教育与培训系统中得到发展，将会减少青年人的技能与工作不匹配的现象的发生。由于许多雇主发现很难评估新雇员的技能，尤其是在拥有复杂的教育体系的国家，因此教育机构和商业部门可一起合作设计准确反映应届毕业生实际技能的资历框架。

（四）《成人、计算机和解决问题的能力：问题在哪?》的主要内容

《成人、计算机和解决问题的能力：问题在哪?》[①]指出解决问题的能力已经成为工作和日常生活的重要组成部分。在劳动力市场中，处理、分析与交流信息需要高级认知技能；在日常生活中，退休计划、储蓄、医疗保健和为孩子择校等

---

① OECD. Adults, Computers and Problem Solving [R/OL]. http：//www. oecd-ilibrary. org/education/adults-computers-and-problem-solving _ 9789264236844-en，2016.

事务需要在多个相互竞争的选择项中做出评估和决策。与此同时，信息通信技术已经改变了我们的工作、学习和交流方式。因此，管理信息和使用数字化设备解决问题的能力成为 21 世纪的生活必需品。

然而，根据经合组织"国际成人技能评估"的调查结果，经合组织成员国中仅有 1/3 的成人具备熟练利用数字化设备来解决问题的能力，20％以上的成年人基本上不具备信息通信技术技能，尤其是 55～65 岁的年龄组。研究者发现，影响熟练利用数字化设备来解决问题的能力的重要因素之一是认知技能。换言之，当一个人阅读能力、计算能力越高，那么他/她在信息通信技术技能上的得分就越高。另一个重要的研究发现是，利用数字化设备解决问题的能力与高收入挂钩。相比于没有任何计算机技能的成人，具备基本计算机技能的成人的工资要高6％；那些经常在工作中写电子邮件的成人的收入要比那些极少写电子邮件的成人的收入每小时高 9％。

报告认为，在考虑其他相关因素之后，熟练解决问题的能力与年龄、基本的认知技能相关；熟练利用信息通信技术来解决问题的能力更是关系到降低失业率和提高工资收入。因此，各国要积极考虑推动信息通信技术的政策，在正规教育和终身学习体系中提高人们解决问题的技能，来应对"数字化鸿沟"，使每个人拥有当今"连通世界"所需的技能。

四、聚焦移民学生，发布《学校中的移民学生：迈向缓和的融合之路》

（一）政策背景

2015 年，欧洲寻求庇护的人剧增，多达 100 万人。据估计，35 万到 45 万人可能被给予难民身份或类似地位，远胜于第二次世界大战以来的任何时期。[①] 欧洲的"难民危机"使得移民数量急剧增加，而这些移民能否成功融入当地社区，能否在他们所服务的社区享受到应有的经济和社会福祉，都有赖于当前的学校教育体系做出相应的回应。

经合组织从 2010 年就开始关注移民学生，从"国际学生评估项目"2012 年的调查结果来看，移民学生和非移民学生的表现差异较大。许多有移民背景的孩子面临着融入他们的移居国和社会经济地位处于劣势的双重挑战，但是他们具有做出与非移民学生同样表现的潜能。在一个"前所未有"的数量的难民家庭到达欧洲的背景下，经合组织于 2015 年 11 月发布了《学校中的移民学生：迈向缓和的融

---

① OECD. Immigrant Students at School：Easing the Journey towards Integration[EB/OL]. http：//www. oecd. org/education/school/，2016.

合之路》(*Immigrant Students at School：Easing the Journey towards Integration*)[①]这一报告，对各国的移民教育政策提出了相应的建议。

(二)主要内容

《学校中的移民学生：迈向缓和的融合之路》主要调查了移民学生的教育期望和归属感，并且研究了最近欧洲国家欢迎移民进入的趋势，在此基础上专门探讨了难民教育问题和移民教育政策。该报告的主要结论如下：

第一，移民家庭来到一个新的国家，往往会与来自相同国家和具有相似社会经济地位的其他移民家庭共同居住，这就使得这些家庭的移民学生聚集在同一所学校。研究发现，移民学生的学业表现低下并非是因为一所学校中移民学生云集，而是因为同处于弱势社会经济地位的移民学生过多。因此，各国需要为移民家庭提供足够的学校信息；限制那些优势学校根据社会经济地位来选择学生；帮助学校吸引和留住那些来自优势家庭的移民学生。

第二，对于年长的移民学生而言，语言和学习障碍更为明显。许多新移民都无法读或说他们移居国的语言。根据"国际学生评估项目"2012 年的调查结果，平均 63% 的第一代移民学生和 38% 的第二代移民学生在家中使用另一种语言。在多数经合组织成员国，12 岁以上的移民学生要追赶上同年级非移民学生的阅读水平，需要多花费 4 年时间。这说明了对所有年龄阶段的新移民学生提供语言培训的重要性。因此，各国需要在低年级开展语言和学科学习的融合；帮助教师确定哪些移民学生需要接受语言培训。

第三，对于那些更年幼的移民学生而言，将他们的语言和文化融合进入新社区的最有效方式就是让他们尽早接受学前教育。因此，各国需要提供高质量的早期儿童教育和护理计划；为具有学前教育需求的移民学生量身定制教育方案；提高移民家庭对孩子接受学前教育的认识；监控早期儿童教育和护理计划的质量。

第四，留级和过早为移民学生确定发展道路对其不利。虽然在理论上，留级是为了让学习困难的学生有更多的时间来掌握课程内容，但是事实表明，留级往往与学生的社会经济地位相关。研究表明，学生对习俗和正规学校教育的了解以及教师对学生的期望对学生是否留级起到了很大的作用。如果移民学生留级，那么他们可能会比其他同学年长，从而有碍于他们融入同龄人群体。另一方面，过早地为学生确定学术或职业道路加剧了学校体系中的不平等。因为移民学生的劣势背景使其更容易在"低轨"结束学业，移民学生的父母可能因不熟悉移居国的学校制度而无法为自己的孩子选择最合适的发展道路，即便是知情的父母也可能因

---

① OECD. Immigrant Students at School：Easing the Journey towards Integration[R/OL]. http：//www.oecd.org/education/Helping-immigrant-students-to-succeed-at-school-and-beyond.pdf, 2016.

移居国对移民学生的期望或刻板印象而无法将自己的孩子送上学术发展之路。因此，各国需要减少使用或不使用能力分组和留级。针对有困难的移民学生，要为他们提供额外的支持。同时，各国要避免过早地为移民学生确定学术或职业道路，要给予他们充分的教学时间，使其充分发挥各自的潜力。

第五，教师需要更好地应对多元文化班级中的教学。通常，不同文化背景的学生不仅在他们已经获得的知识和技能上有所不同，而且他们解决问题的策略也有所不同。然而，教师有时候并不能意识到这一问题。因此，各国需要为学校的领导和教师提供跨文化教学和语言培训；为教师提供有关形成性评价的培训，从而使教师调整自己的教学来满足学生个性化学习的需要；为在薄弱学校工作的教师和学校领导提供奖励措施，包括在职培训、经济奖励和专业认可等。

>> 第四节　欧盟的教育政策 <<

2014—2015 年度，欧盟对于成人教育与培训、高等教育现代化、大学排名、通过教育及青年政策应对激进主义危机、大学合并、教师薪酬管理、创业教育等方面的问题给予持续的关注，并进行了相应的研究，其研究结果和结论对于欧盟成员国以及其他国家具有重要的启发意义。下面对欧盟 2014 年 7 月至 2015 年 12 月出台的重要教育政策以及相关研究报告进行介绍。

一、发布《欧洲成人教育与培训：拓展学习准入机会》

为了对欧盟成人教育与培训提供政策支持，欧盟于 2015 年 2 月发布《欧洲成人教育与培训：拓展学习准入机会》（*Adult Education and Training in Europe*：*Widening Access to Learning Opportunities*）[①]报告。报告研究范围涵盖了 32 个欧洲国家（除欧盟成员国外，冰岛、列支敦士登、挪威和土耳其也被列入研究范围）的 35 个不同的教育体系（部分国家按不同语言区采取不同教育政策）。数据基本来源于欧盟 2014 年教育统计报告，此外还包括部分国际研究以及研究课题提供的数据资料。

该报告回顾了欧洲成人教育与培训的现状：（1）欧洲 1/4 的成人（25～64 岁）只接受了初中教育，这点在不同国家和年龄群体间存在显著差异；（2）1/5 的成人具有较低的读写和计算能力，近 1/3 的成人掌握较少的甚至没有计算机技能；（3）现有终身学习体系无法满足巨大的成人教育与培训需求。

---

① EC. European Commission. Adult Education and Training in Europe：Widening Access to Learning Opportunities［R/OL］. http：//eacea. ec. europa. eu/education/eurydice/documents/thematic _ reports/179EN. pdf，2016.

因此，各国的公共部门实施了一些促进成人教育的政策措施，这些政策措施多注重为成人提供基本技能和从业资格的学习机会，却缺乏详细具体的目标；经合组织进行的"国际成人技能评估"的结果对这些国家的政策产生了一定的影响，但这种影响的程度和范围目前还无法给予清楚的判定。

欧洲层面开展了一些针对成人基本技能和从业资格缺乏现象的教育和培训项目，半数欧盟国家对项目提供方、课程和标准进行了详细的规定，但是这些项目的效果还需进一步研究。所有欧盟国家都为成人提供了接受获得认可的从业资格培训的机会，然而，即使是接受中等水平从业资格培训的成人，其比例在不同国家也大不相同。

成人在学习过程中的参与程度往往与时间限制有关，要提高成人的学习参与度，就需要为他们设计更为灵活的教育与培训项目，如有的国家采取了远程学习的形式。正规教育已经形成了完整的各级各类教育体系，在大多数国家，成人的学习途径往往受传统教育的影响，即某一层次的教育需要前期学习作为基础。因此，加强正规教育与非正规教育的流通性就成了成人教育与培训中的重要问题，对弱势群体而言更是如此。

国际研究表明，成人的学业成就会影响其参与教育培训的积极性及学习兴趣。因此，大多数欧盟国家的公共部门都对低水平或缺少从业资格的成人的学习进行了不同程度的干预。除公共就业服务（public employment service）外，有的国家对成人进行面对面的就业指导，然而效果依然有限；有的国家尝试开发在线工具、建立数据库等，帮助成人实现自我发展。

关于经费支持，只有少数国家针对低水平学习者采取了融拨款、贷款、代币券等形式于一体的联合资助方式，尤其是针对失业者。同时，鼓励雇主为低水平劳动者提供学习机会的资助项目并不多。

二、发布《2014 欧洲高等教育现代化：入学、保持和就业》

2015 年 3 月 27 日，欧盟委员会发布了《2014 欧洲高等教育现代化：入学、保持和就业》（*Modernization of Higher Education in Europe：Access，Retention and Employability 2014*）①报告。报告针对高等教育机会和广泛参与、学生保持、就业以及适应劳动市场三个方面，分析了欧洲 34 个国家在 2014 年间的高等教育政策及实践，其主要内容如下：

---

① EC. European Commission. Modernization of Higher Education in Europe：Access，Retention and Employability 2014［R/OL］. https：//webgate. ec. europa. eu/fpfis/mwikis/eurydice/index. php/Publications：Eury，2016.

（一）高等教育机会

为实现《博洛尼亚进程》，近年来，欧洲高等教育政策越来越关注促进高等教育公平的问题。为此，不同国家制定了不同的政策。多数国家未针对特定人群提出特殊的政策目标，少数国家除外，如比利时计划至 2020 年将父母未受过高等教育的孩子接受高等教育的比例提高到 60%，芬兰致力于提升男性公民接受高等教育的比例。这些政策大多可以从残疾状况、接受高等教育之前的就业情况、高等教育过程中的就业情况、接受高等教育之前获得的职业资格情况、社会经济背景、宗教文化语言或少数族裔、移民情况等方面进行系统监测。相当一部分国家无从得知它们的高等教育人口结构近 10 年来是否发生了巨大的变化，因此，需要建立专门的数据库为高等教育政策的最终确定提供支持。从国家来看，应该对吸引未充分代表的群体来接受高等教育给予鼓励和支持，同时，拓宽高等教育准入途径，改进先前学习的认可机制（Recognition of Prior Learning，RPL），开展研究，为新进学生提供指导和服务等，吸引不同群体参与高等教育。

（二）学生保持

为了让学生在既定时间内完成规定的学习计划，通常各国会明确限定获得学位的期限，在既定时间完成学业的学生会得到经费资助以资鼓励。在欧盟成员国中，未在既定时间完成学业的学生需缴纳额外费用；在有的国家，政府试图通过特定政策让高等教育机构来降低辍学率。然而，这些举措并未与高等教育机构获得的经费相挂钩，因此，未能充分调动高等教育机构自身的积极性。

（三）就业以及向劳动市场的过渡

增加就业是《欧洲教育与培训战略 2020》的重要目标之一。扩大学生的高等教育参与度不仅意味着吸纳未充分代表的群体，也包括学生顺利就业并完成向劳动市场的过渡。因此，各国纷纷采取措施促进毕业生成功就业，比如吸引雇主参与到高等教育课程开发和教学过程中或者提供决策咨询，增加培训人员配置，提供优质的就业指导，监测毕业生的就业情况，在高等教育绩效评价中设立与就业相关的质量评价指标等。

总之，高等教育的广泛参与需要政府和高等教育机构实施基于准入、保持和就业的政策措施。

三、公布"多维度全球大学排名"2015 年榜单

2015 年 3 月 30 日，欧盟公布"多维度全球大学排名"2015 年榜单[①]。此次排

[①] 　European Commission. International University Ranking：U-Multibank Continues to Break New Ground[EB/OL]. http：//ec. europa. eu/education/news/2015/0330-results-u-multirank _ en. htm，2016.

名涵盖了全球 80 余个国家 1200 所大学，是目前全球规模最大的大学排名。

"多维度全球大学排名"于 2014 年提出，强调"多维评价"和"用户导向"，系统评价高等教育机构在科研、教学、知识转移、地区参与及国际合作方面的表现，并将学生、机构及决策者反馈纳入评测指标。此次排名榜单包括学校总体排名榜单及六个专业学科领域排名榜单——计算机科学、医学、心理学、机电工程、商学及物理学。该排名系统强调高校没有一个明确的排名，用户可以根据自己的兴趣和需求，在维度与指标体系中选择不同的标准建立用户的个性化排名表，同时充分尊重高等院校的多样性和用户的需求。[1]

2015 年榜单排名显示，在出版物和专利数量方面，哈佛大学及麻省理工学院占据学校总体排名榜首。该排名还充分体现了不同学校的不同优势。在校企合作方面，表现最为优异的是德国罗伊特林根应用科技大学（Reutlingen University of Applied Sciences in Germany）。在学生流动方面，表现最为优异的是法国斯特拉斯堡管理学院（EM Strasbourg Business School）。

四、发布《通过教育及青年政策应对激进主义危机》

针对 2015 年在丹麦和法国发生的恐怖主义事件，欧盟委员会发布《通过教育及青年政策应对激进主义危机》（*Tackling Radicalization through Education and Youth Action*）[2]。这是继 2015 年 3 月 17 日在巴黎举行的欧盟各国教育部长会议后，欧委会教文总司推出的应对激进主义危机的首项举措。

宣传页内容分成三部分，首先介绍了相关背景，即 3 月 17 日在巴黎举行的教育部长会议提出的应对欧洲激进主义的有关内容。教文委员瑙夫劳契奇在会上表示，"我们将共同致力于促进言论及思想自由、社会融合以及相互尊重，打击挑衅上述价值的任何行为"。为此，欧委会承诺：在《欧洲 2020 战略》框架下推出通过教育提升欧洲价值观的新行动计划；通过"新伊拉斯谟计划"资助以公民价值观为核心的国际交流与合作；扩大高等教育体系外的青年人参与交流的机会等。

其次是通过教育及青年政策倡导欧洲共同价值观。宣传页指出，共同的欧洲价值观，比如个人尊严、言论自由、民主平等和法治等，是欧洲教育和青年政策的基石。成员国政府承担将欧洲共同价值观融入本国教育体系的第一责任。欧委会将通过各类教育及青年项目支持成员国政府在提升共同价值观方面的努力。宣

---

① 王楠. 高等学校分类的欧洲经验与中国思考——就高等学校分类的路径和价值与弗兰斯·范富格特教授的对话[J]. 清华大学教育研究，2013(10).

② EC. European Commission. Tackling Radicalization through Education and Youth Action[R/OL]. http：//ec. europa. eu/programmes/erasmus-plus/documents/fact-sheet-post-paris_en. pdf，2016.

传页分享了部分成功的项目案例，如"青年在行动""信念而非恐惧"等，并指出，在 2014 年，约 49％的欧洲青年参与了各类社会活动。

再次是通过"新伊拉斯谟计划"项目促进学生的跨境流动，促进不同文化间理解与融合。宣传页指出，在过去的 30 年里，"伊拉斯谟计划"资助了约 300 万学生出国学习或培训，促进了青年人对不同文化的理解。"新伊拉斯谟计划"（2014—2020 年）将进一步扩大学生交流机会，并向志愿者、青年人尤其是高等教育体系以外的青年人提供交流机会。预计将有 400 万欧洲青年从中获益。宣传页分享了 SIRIUS 项目的成功经验，该项目针对有移民背景青年人的欧洲政策网络平台。该政策网络平台于 2011—2014 年获得 130 万欧元资助，在促进有移民背景学生及青年融入所在地教育体系方面发挥了重要作用。宣传页最后对"新伊拉斯谟计划"进行了进一步推介，指出了可获益的人群及机构，并指出该计划在总投资 147 亿欧元外，还额外投资 16.8 亿欧元用于资助欧盟国家与盟外国家开展合作。

五、发布《2014—2015 年度欧洲中小学教师和学校管理人员薪酬》

薪酬是影响一个职业的吸引力的重要指标，对于教师而言也不例外。无论对于在职还是职前教师，薪酬不仅影响其工作积极性，更关系到教学质量。为了了解欧盟国家的中小学教师薪酬状况，欧盟发布了《2014—2015 年度欧洲中小学教师和学校管理人员薪酬》（*Teachers' and School Heads' Salaries and Allowances in Europe 2014/15*）①报告。该报告始于 1995 年，从 2010 年以后改为每年度发布一次。报告的研究范围涵盖了 35 个欧洲国家（除欧盟成员国外，冰岛、列支敦士登、挪威和土耳其等也被列入），从比较和量化研究的视角，对各国学前至高中阶段的教师和学校管理人员的最低、最高薪资和补贴、人均 GDP、物价水平等数据进行收集和比较，得出结论供各国教育主管部门参考。

报告认为，在欧洲整体经济下滑的大背景下，欧洲中小学教师的薪资待遇不尽如人意。大部分国家教师的最低年收入低于人均 GDP，但相比 2013—2014 年度，2014—2015 年度教师收入有所增长，这得益于大部分欧洲国家进行工资改革的同时，其他职业工资收入随着经济下滑也相应缩减。与此相对应，学校管理人员的最低薪资则普遍高于人均 GDP。另外，在奥地利、匈牙利和罗马尼亚等中东欧国家，教师的最低工资与最高工资之间的差距正在拉大；而丹麦、英国等

① EC. European Commission. Teachers' and School Heads' Salaries and Allowances in Europe 2014/15［R/OL］. http：//bookshop. europa. eu/is-bin/INTERSHOP. enfinity/WFS/EU-Bookshop-Site/en＿GB/-/EUR/ViewPublication-Start？PublicationKey＝ECAM15002，2016.

西北欧国家的教师工资差距则在不断缩小。有超过 1/3 的国家为教师和管理人员提供额外的补助，但这主要取决于教师是否加班工作或承担"更多的责任"，而教师是否获取新的专业资格认证或取得更好的教学成绩则对薪资影响甚微。该报告还指出，大部分国家公立学校的教师薪资主要由国家教育部门决定，北欧国家则主要由学区决定。私立学校的教师薪酬略高于公立学校，但总体状况与上述趋势一致。

六、发布《欧洲大学合并状况》[①]报告，并首次发布"欧洲大学合并动态地图"[②]

欧洲大学协会于 2015 年 10 月 8 日首次发布"欧洲大学合并动态地图"。据该协会统计，在过去的 15 年间，有超过 100 所欧洲大学进行合并和重组。为更直观地显示欧洲大学重组的历史和现状，比较欧洲大学重组前后的效度和作用，尤其是对各大学经费策略产生的影响，该协会制作了动态地图，以期为欧盟各成员国高等教育主管部门以及相关大学的相关决策提供咨询和参考。

该动态地图涵盖 47 个欧洲国家的超过 2000 所大学，客观翔实地记录了欧洲大学合并前后的名称、地理位置、学生数量、科研成果，以及合并的种类方法等大学评估数据。结合该动态地图，EUA 对欧洲大学合并重组进行了分析评估，认为欧洲大学常见的合并原因包括对高等教育质量的追求（科研和教学质量）、地理因素（如相邻大学的互补程度）、经济因素（如经费来源减少、加强办学资金筹措力度等）或应对内外部变化（如避免设施重复建设）等，但其中经济因素起主要作用。该报告分析认为，欧洲大学在启动合并重组之前，应充分探讨其他合作方式，不应将节省办学经费作为大学合并的主要动因，而应始终将履行学术使命放在首位。在合并过程中，要充分考虑大学合并过渡期及之后所丧失的机会成本，即使在大学合并后，其获取经费模式是否具有可持续性也需慎重考虑。

近年来，在高等教育资源及经费逐年减少的大背景下，部分欧洲大学开始合并或改组，进行教育资源的整合和优化利用，希望通过此举能集中有限的政府办学经费形成规模效应，更好地吸引世界上最优秀的教学、科研人员和学生，以此推动大学国际排名向前大幅迈进，提升其国际竞争力。对此，也有批评声音认为，欧洲大学的重组是新一轮的"官僚主义改革"。

---

① EC. European University Association. Define Thematic Report：University Mergers in Europe[R/OL]. http：//www. eua. be/Libraries/publications-homepage-list/DEFINE _ Thematic _ Report _ 2 _ University _ Mergers _ in _ Europe _ final. pdf? sfvrsn＝2，2016.

② European University Association. About the Tool[EB/OL]. http：//www. university-mergers. eu，2016.

七、提出高水平国际化博士生教育的新标准

EUA 发布《国际博士生教育的准则与实践》(*Principles and Practices for International Doctoral Education*)研究报告①，提出国际化是大学发展博士生教育的核心要素，对于任何一个学科和专业的博士生而言，国际化经历对于其专业发展至关重要，并提议欧洲的大学应从战略的高度重视连续性培养博士生的国际化视野。该报告认为，应从四个维度衡量并提升大学的博士生教育水平，分别为：

第一，研究能力与兼容性。

根据萨尔斯堡(Salzburg)原则与建议，培养科学研究能力是博士生教育的基础，而大学及研究机构的科研平台与导师的科研能力对培养早期科研人员至关重要。具体来说，导师须有指导博士生的丰富经验，并对博士生的研究进行充分的交流互动、指导和反馈。此外，导师及所在院系有持续的项目或资金支持博士生专注于研究。

第二，国际化办学环境。

博士生成长需要多元和国际化的办学环境。大学应组织高质量的国际化学术和交流活动，鼓励招收国际学生，精选合作院校开展联合培养项目或参与大学联盟等，并为博士生提供语言、跨文化交流和科研技巧等培训与服务。博士生导师应活跃于国际化科研活动，为博士生提供跨文化交流和科研的平台。

第三，合理的机构组织。

大学应制定博士生教育的发展战略，拥有良好的管理结构与行政人员，为博士生教育提供必要的行政支持。大学应根据战略发展，以一种趋同的、连贯的方式分配和管理博士生教学和科研资源，应清除那些国际学生流动的障碍，如外国学位和学分认可、项目认证等。行政人员要经过充分培训以处理博士生的教学管理、后勤等事务。

第四，流动性。

流动性是博士生教育国际化的重要指征。学校应为博导和博士生提供持续经费，用来资助国际会议、暑期学校和实习等活动。大学的员工也应有平台进行长期或短期的国际交流和培训，这有助于梳理国际化思维和创新工作思路。博士生必须拥有国际化学术经历，以了解科学前沿和动态。

此外，为帮助高校评估自身的博士生教育水平，EUA 还发布了在线工具 Frindoctool 供大学开展自我测评，该评价工具获得伊拉斯谟世界项目(Erasmus

---

① EC. European University Association. Principles and Practices for International Doctoral Education[R/OL]. http：//www. eua. be/Libraries/publications-homepage-list/eua _ frindoc _ leaflet _ 08 _ 15 _ web. pdf? sfvrsn＝6，2016.

Mundus Programme)资助。

八、出版《创业教育：通往成功之路》，持续关注创业教育

在欧洲核心能力中，将"创业力"定义为一种"将观念转化为行动的能力"。它将创造力、革新意识、风险承担能力、项目计划与管理能力等融为一体，要求个体对其所处的环境以及潜在的机遇具有一定的掌控能力。

在《创业教育：通往成功之路》(*Entrepreneurship Education：A Road to Success*)[①]报告中，创业教育指的是培养具有责任心、进取精神的个体为了实现未来生活的某种目标而需具备的知识、技能与态度的教育。因此，创业教育几乎跨越了教育领域的所有阶段，从小学的创新课堂到研究生阶段的商业研究。

该报告系统论述了创业教育对个体、机构、经济以及社会带来的影响。这里的"影响"主要指的是由创业教育带来的直接变化以及间接效益等，可以通过投入（包括经费、管理、人力资源以及其他投入成本等）、干预产生的直接效果、中期的直接结果/效益、总体影响等方面体现出来。

基于对 23 个欧盟国家、91 个国家和跨国研究项目的分析发现，创业教育可以从多方面对个体、机构乃至整体经济产生积极的影响。就个体而言，创业教育可以提升个体的就业能力，增加个体的就业概率；创业教育使个体获得较高的自我效能感，提升个体完成既定目标、解决问题、应对变化、进行商业计划、开办公司、处理商业合作关系、革新、抓住机遇、评估观点的能力，具有创业基本知识、技能和态度；经历过高等教育阶段创业教育的个体更容易发生行为变化，愿意更多参与到创业行动中；在中等教育阶段，接受过创业教育的个体也具有较高的创业意愿和热情。

就组织机构而言，创业教育有利于在组织机构内形成一种创业文化。从学校来看，创业教育需要各方力量的参与，尤其是教师、家长等相关群体。

就现实经济而言，创业教育提高了青年人创业成功的概率，接受过创业教育的创业者能创造更好的经济效益（较高的营业额）；能够帮助更多的人就业；在一些创新创意产业中更积极活跃。

就社会而言，创业教育有利于个体积极融入社会，有利于社会繁荣。

创业教育的形式主要有：(1)国家/地区层面，国家和地区一般会制定创业教育战略行动计划，并提供一定的项目资助经费；(2)机构变革层面，教育机构制定并实践创业教育的教学内容以及教学方法，如学校整体模式；(3)课程/课堂层

---

① EC. Entrepreneurship Education：A Road to Success[R/OL]. http：//bookshop. europa. eu/en/entrepreneur ship-education-a-road-to-success-pbNB0614225/？CatalogCategoryID ＝ QN4K ABste0YAAAEjFZEY4e5L，2016.

面，学校则为个体提供不同形式的创业教育课程。

因此，在初等教育、中等教育以及高等教育阶段，创业教育有着不同的教育目标以及课程模式。

>> 第五节　联合国儿童基金会的教育政策 <<

2015 年是《儿童权利公约》颁布 25 周年。联合国儿童基金会作为倡导和践行儿童权利的重要国际组织，在 2014—2015 年度主要着眼于 25 年来儿童权利在世界各国的落实情况，重点关注残疾儿童的权利实现、教育机会的公平、全民教育等方面的问题。下面分别介绍联合国儿童基金会在 2014—2015 年度发布的主要政策报告中有关教育的部分内容。

一、发布《世界儿童状况 2015：重新想象未来》[①]

在《儿童权利公约》颁布 25 周年之际，联合国儿童基金会呼吁人们关注长久以来困扰我们的问题——残疾儿童的权利实现。《儿童权利公约》强调儿童应被赋予与成人同样的权利并给予充分的尊重，然而，现实中数百万儿童依然面临着生存、温饱以及不公平对待等种种问题。解决这些问题，需要我们突破地域的限制，加强合作与交流。

在过去一年里，联合国儿童基金会通过组织积极对话、召开全球性专题讨论会，将各行各业人士齐聚一堂，寻求问题的解决办法。这些活动致力于让所有儿童享受到变革带来的收益，为所有儿童提供融入社会的能力和机会；《儿童权利公约》颁布 25 年来，国家间、地区间的差距越来越显著，这种差距甚至已经影响了一代人，因此，减小差距和不公平不仅仅是口号，更应是切实的行动。为进一步促进公平，联合国儿童基金会尝试探索一些革新性项目及行动：鼓励年轻人使用并捍卫自己的权利；提供优质教育和支持帮助年轻人实现其潜能；由儿童、家庭和社区共同探寻包容性持续性地解决问题的途径；让遍布世界各地的革新者都努力缩小差距并寻求解决问题的办法；将革新的最终目标定为促进社会公平以及最贫困者的生存和发展。

---

① UNICEF. The state of the world's children[R/OL]. http：//www.unicef.org/publications/files/SOWC_2015_Summary_and_Tables.pdf，2016.

二、发布《给每个儿童公平的机会》①

基于贫穷和不公在有些国家和地区代际循环的现实，联合国儿童基金会呼吁给予每个儿童公平的机会，尤其是残疾儿童。长期以来，联合国儿童基金会一直关注处境不利儿童的权利保障问题，他们可能由于贫困、残疾、移民、少数族裔、难民等问题无法享有充分的权利。1999—2012 年，初等教育阶段的性别差异显著缩小，高等教育阶段，女性受教育比例显著增加，当然在不同国家和地区存在一定差异。在大多数国家，来自富有和贫困家庭的儿童入学率都呈现显著递增的趋势，但是来自不同经济水平的家庭以及不同性别的儿童学业水平依然存在差异。贫困家庭的儿童有着更高的辍学率，富有家庭的儿童往往有更好的学业表现。

三、发布《儿童权利公约颁布 25 周年：儿童生活在一个更好的世界吗？》②

25 年前，《儿童权利公约》颁布之际，全世界最年轻群体的基本权利尚未得到充分的关注。2014 年 11 月，联合国儿童基金会发布《儿童权利公约颁布 25 周年：儿童生活在一个更好的世界吗？》，对 25 年来联合国儿童基金会为保障儿童权利付出的努力进行全面回顾，其中有关教育的内容主要如下：

1990 年，世界全民教育大会提出了到 2000 年普及初等教育的目标，这也是《儿童权利公约》的重要内容之一。联合国《千年发展目标》提出到 2005 年实现初等教育和中等教育的性别均衡，2015 年普及初等教育。尽管从 1990 年至 2012 年，初等教育的辍学率显著降低，然而《千年发展目标》依然尚未实现。

近年来，各国致力于实现全民初等教育，降低初等教育阶段辍学率。但是，初等教育的质量不尽如人意。全世界尚有 2500 万初等教育阶段的适龄儿童不具备基本的读写能力，师生比在有的国家偏低。在基础设施方面，有的国家的学生还坐在地上或在室外上课，没有洁净水，缺乏营养。这种不平衡到中等教育阶段还增加了性别不平等的因素，少有国家能普及中等教育。有的国家中等教育入学率不足 50%，这就意味着大量成人在进入就业岗位时未进行充分的教育准备。

① UNICEF. For every child, a fair chance[R/OL]. http：//www. unicef. org/publications/index _ 86269. html，2016.

② UNICEF. 25 years of the convention on the rights of the children[R/OL]. http：//www. unicef. org/publications/files/CRC _ at _ 25 _ Anniversary _ Publication _ compilation _ 5Nov2014. pdf，2016.